Sonderseiten

METHODE	Hier kannst du naturwissenschaftliche Arbeitsweisen trainieren.
PINNWAND	Hier findest du Zusatzinformationen für inhaltliche Vertiefungen.
STREIFZUG	Hier findest du Verknüpfungen mit anderen Fachgebieten.
PRAKTIKUM	Hier findest du Anleitungen zum selbstständigen Arbeiten.
LERNEN IM TEAM	Hier findest du Vorschläge für die Projektarbeit mit offen formulierten Handlungsaufträgen.
AUF EINEN BLICK	Hier findest du die Inhalte des Kapitels in kurzer und übersichtlicher Form dargestellt.
BASISKONZEPTE	Hier findest du fachliche Fragestellungen, die nach übergeordneten Blickwinkeln sortiert sind.
LERNCHECK	Hier kannst du deine gewonnenen Kompetenzen überprüfen und du findest Aufgaben zum Wiederholen und Vertiefen.

Förder- und Forderseiten

Die **Förderseiten** stellen die Inhalte des Bereiches anschaulich und sprachlich vereinfacht dar.

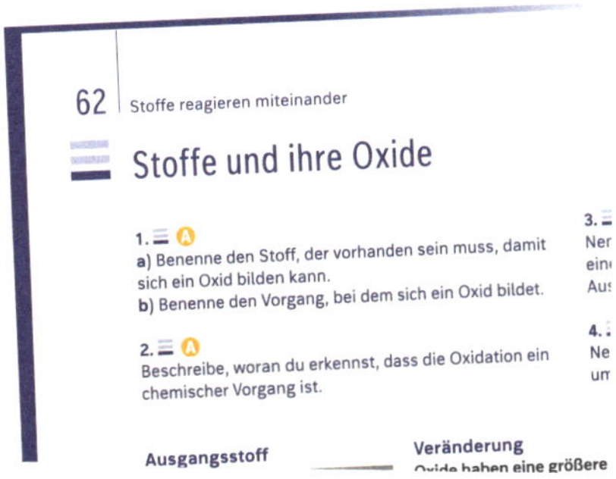
62 Stoffe reagieren miteinander

Stoffe und ihre Oxide

1. a) Benenne den Stoff, der vorhanden sein muss, damit sich ein Oxid bilden kann.
b) Benenne den Vorgang, bei dem sich ein Oxid bildet.

2. Beschreibe, woran du erkennst, dass die Oxidation ein chemischer Vorgang ist.

Ausgangsstoff — Veränderung

Die **Forderseiten** stellen die Inhalte des Bereiches komplexer dar und bieten eine intensivere Auseinandersetzung mit dem Thema.

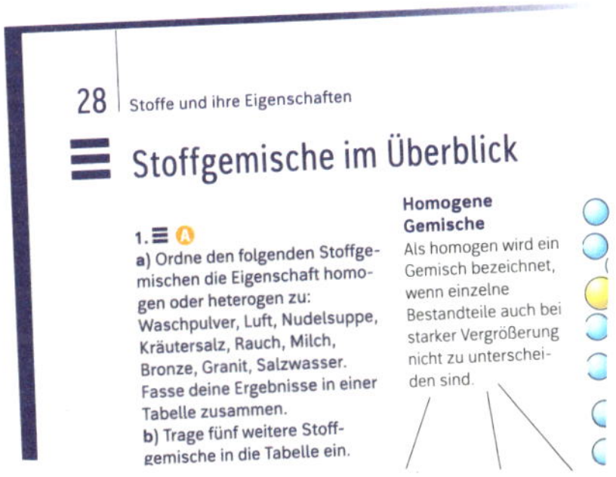
28 Stoffe und ihre Eigenschaften

Stoffgemische im Überblick

1. a) Ordne den folgenden Stoffgemischen die Eigenschaft homogen oder heterogen zu: Waschpulver, Luft, Nudelsuppe, Kräutersalz, Rauch, Milch, Bronze, Granit, Salzwasser. Fasse deine Ergebnisse in einer Tabelle zusammen.
b) Trage fünf weitere Stoffgemische in die Tabelle ein.

Homogene Gemische
Als homogen wird ein Gemisch bezeichnet, wenn einzelne Bestandteile auch bei starker Vergrößerung nicht zu unterscheiden sind.

Horst-Dietmar Kirks
Hans Tegen

Gesamtband

ERLEBNIS
Chemie

Ein Lehr- und Arbeitsbuch
7. – 10. Schuljahr

differenzierende Ausgabe

Schroedel
westermann

ERLEBNIS Chemie

Gesamtband

differenzierende Ausgabe

Herausgeber
Horst-Dietmar Kirks, Hans Tegen

Autoren
Lutz Bassin, H. Michael Carl, Dieter Cieplik, Jennifer Dörschelln, Stephanie Gerecke, Thomas Heppel, Dr. Stefanie Jerems, Christian Kirberger, Horst-Dietmar Kirks, Ursula Schmidt, Albert Steinkamp, Hans Tegen, Reiner Wagner, Reinhard Wendt-Eberhöfer, Erwin Werthebach

Redaktion
Heidi Witte-Gaedecke

Illustrationen
Atelier tigercolor Tom Menzel, Franz-Josef Domke, Julius Ecke, Eike R. Gall, Heike Keis, Liselotte Lüddecke, Karin Mall, Olav Marahrens, Thilo Pustlauk, Birgit und Olaf Schlierf, Ingrid Schobel, Judith Viertel, Werner Wildermuth

Grundlayout und Umschlaggestaltung
SINNSALON
Agentur für Kommunikation und Design

Fotos
Hans Tegen

westermann GRUPPE

Druck A³ / Jahr 2019
Alle Drucke der Serie A sind im Unterricht parallel verwendbar.

Druck und Bindung: Westermann Druck GmbH, Braunschweig

ISBN 978-3-507-**76480**-4

Inhalt

Sicherheit

Stoffe und ihre Eigenschaften

Stoffe reagieren miteinander

Stoffe reagieren miteinander

Neue Stoffe gewinnen

Elemente lassen sich ordnen

Elemente lassen sich ordnen

Chemische Bindung

Chemie und Elektrizität

Säuren, Laugen, Salze

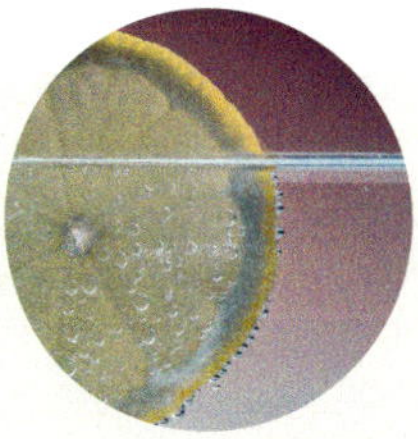

Säuren, Laugen, Salze

Erdöl, Erdgas und Kohle

Kunststoffe – Werkstoffe unserer Zeit

Alkohol, Essig, Ester

Wahlpflicht: Seife und Waschmittel

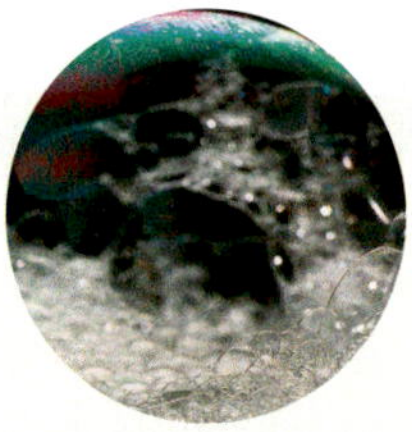

Anhang

Sicheres Experimentieren

METHODE

Gefahrenstoffsymbole

Zum sicheren Umgang mit Chemikalien gehört auch die Kenntnis der Gefahrstoffsymbole.

Die 9 Symbole wurden 2010 eingeführt und sind ab 2015 verbindlich.

Das neue **G**lobal **H**armonisierte **S**ystem (GHS) gilt weltweit einheitlich. Die Symbole werden je nach Chemikalie noch durch die Signalwörter GEFAHR oder ACHTUNG ergänzt.

So findest du zum Beispiel auf der Vorratsflasche für Benzin vier dieser GHS-Symbole und das Signalwort GEFAHR.

Zusätzlich gibt es Sicherheitshinweise, die sogenannten H-Sätze (engl.: **h**azard, Gefahr) und P-Sätze (engl.: **p**recautionary, Vorsichtsmaßnahme).

Symbol		Wirkungsbeispiel
Explodierende Bombe		Explosionsgefahr durch Schlag, Reibung oder Feuer
Flamme		entzündbare Stoffe, auch selbstentzündbar
Flamme über Kreis		entzündend wirkende Stoffe
Gaszylinder		Gefahr durch unkontrolliert ausströmende Gase
Verätzung		ätzende Wirkung auf Haut, Augen und Schleimhäute
Totenkopf		Vergiftungsgefahr durch Berühren, Verschlucken oder Einatmen
Ausrufezeichen		schon einmaliger, kurzzeitiger Kontakt schädigt
Gesundheitsgefahr		Schädigung durch Schlucken, Einatmen, Hautkontakt
Umwelt		akut oder chronisch Gewässer gefährdend

1 GHS-Piktogramme und ihre Bedeutung

UMGANG MIT CHEMIKALIEN

1. Chemikalien dürfen nicht mit den Fingern angefasst werden.
2. Chemikalien dürfen niemals in Lebensmittelbehältern aufbewahrt werden.
3. Die Versuche werden mit möglichst wenig Chemikalien durchgeführt, weil nur so die Abfallmenge gering bleibt.
4. Chemikalienreste werden nicht in die Vorratsgefäße zurückgegeben. Sie werden in besonderen Abfallbehältern gesammelt.
5. Gefährliche Abfälle werden grundsätzlich extra gesammelt.

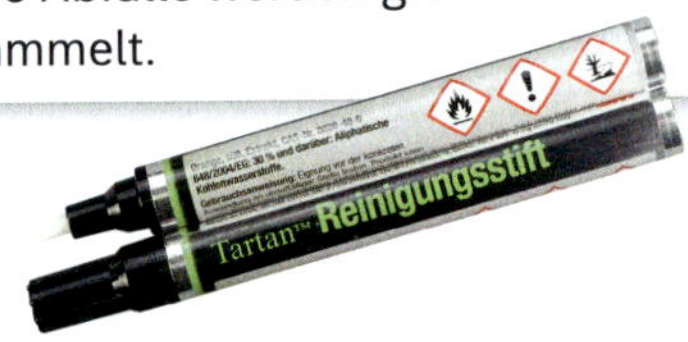

RICHTIGES VERHALTEN

1. In naturwissenschaftlichen Fachräumen darfst du nicht essen und auch nicht trinken.
2. Bei Experimenten mit Chemikalien oder mit einer offenen Flamme musst du eine Schutzbrille tragen.
3. Du darfst keine Geschmacksproben vornehmen.
4. Den Geruch darfst du nur nach erteilter Erlaubnis durch vorsichtiges Zufächeln prüfen.
5. Halte deinen Arbeitsplatz stets sauber und aufgeräumt. Reinige nach den Versuchen alle Geräte und räume sie wieder ein.

SICHERHEITSVORKEHRUNGEN

1. Jacken und Mäntel müssen an Kleiderhaken aufgehängt werden. Stelle deine Schultasche so ab, dass niemand darüber stolpern kann.
2. Informiere dich, wie du dich bei Feuer und Unfällen verhalten musst. Wo befinden sich Feuerlöscher, Löschdecke und Not-Aus-Schalter?
3. Welches ist der Fluchtweg aus diesem Raum und wo ist der Sammelplatz?
4. Bewahre bei Feuer und Unfällen stets Ruhe. Verlasse bei Alarm den Raum zügig, aber ohne zu drängeln.

EXPERIMENTIERTIPPS

1. Lies oder besprich die Versuchsanleitung vor Beginn eines Versuchs ausführlich. Befolge sie genau.
2. Stelle alle benötigten Geräte und Chemikalien vor Versuchsbeginn bereit. Benutze sie erst nach ausdrücklicher Erlaubnis.
3. Baue alle Geräte standsicher auf. Sorge auch dafür, dass die Aufbewahrungsgefäße der Chemikalien sicher stehen.
4. Beachte die Sicherheitsvorschriften.

ABFALLENTSORGUNG

Chemikalienreste werden nach Stoffklassen getrennt gesammelt. Die Entsorgung der Sammelbehälter erfolgt durch ein Entsorgungsunternehmen.

2 Entsorgung von Chemikalien

Abfallentsorgung

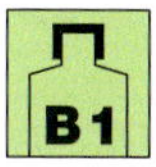

Säuren, Laugen
Beispiele:
Salzsäure, Natronlauge

giftige, anorganische Stoffe
Beispiele:
Kupfersulfat, Silbernitrat

organische Stoffe ohne Halogene
Beispiele:
Benzin, Methanol

organische Stoffe mit Halogenen
Beispiele:
Chlorpropan, Bromhexan

feste, organische Stoffe
Beispiel:
Schwefel

wasserlösliche, nicht schädliche Stoffe
Beispiele:
Zucker, Kochsalz

feste, nicht schädliche Stoffe
Beispiele:
Kohle, Eisenwolle

1. ≡ A
Beschreibe, worauf du beim Umgang mit Stoffen aus dem Haushalt achten musst, die folgende Symbole tragen.

a)    b) 

Führerschein für den Gasbrenner

Im naturwissenschaftlichen Unterricht wirst du häufig Versuche durchführen, bei denen Stoffe erhitzt werden. Für diese Versuche werden **Gasbrenner** für Erdgas oder Propangas verwendet. Damit du mit den Gasbrennern gefahrlos umgehen kannst, musst du bestimmte Regeln beachten:

Vorbereitung

- Stelle den Gasbrenner standsicher auf eine feuerfeste Unterlage.
- Schließe den Gasschlauch des Brenners an die Gaszuleitung am Tisch an. Kontrolliere die Standsicherheit.
- Schließe die Gas- und Luftzufuhr des Brenners.

Inbetriebnahme und Brennereinstellung

- Öffne als erstes die Gaszufuhr am Brenner und dann das Gasventil an der Gaszuleitung. Entzünde das ausströmende Gas. Arbeite zügig, aber ohne Hektik.
- Lass das Gas nie unangezündet ausströmen.
- Stelle die Höhe der Gasflamme mit der Gasregulierungsschraube am Brenner ein.
- Öffne danach die Luftzufuhr, bis die blaue Flamme sichtbar wird.
- Öffne die Luftzufuhr weiter, bis die rauschende Brennerflamme zu hören ist.
- Verringere die Luftzufuhr wieder, bis die Höhe der Flamme etwa der Breite deiner Hand entspricht.
- Arbeite mit der blauen, aber noch nicht rauschenden Brennerflamme.

ACHTUNG
Binde lange Haare immer zusammen und trage beim Arbeiten mit dem Gasbrenner eine Schutzbrille.

ACHTUNG
Der Gasbrenner darf während des Experimentierens nicht unbeaufsichtigt bleiben. Stelle das Gas nach Beendigung der Arbeit an der Gaszufuhr ab.

Untersuchung der Brennerflamme

Die blaue Brennerflamme besteht aus einem kleineren Innenkegel und einem Außenkegel.

a) Untersuche mithilfe eines dünnen Holzstabes die beiden Flammenkegel. Halte dazu das Stäbchen kurz in den Innenkegel. Bewege es dann langsam von unten nach oben in den Außenkegel. Beschreibe jeweils, was mit dem Holzstab passiert. Achte besonders auf die Ränder der Flamme und auf den Übergang vom inneren zum äußeren Flammenkegel. Wo ist die heißeste Zone der Flamme?
b) Schneide dir aus etwa 2 mm starkem Karton ein 15 cm mal 10 cm großes Rechteck aus. Halte es für kurze Zeit direkt über der Öffnung des Brenners senkrecht in die Flamme. Was beobachtest du?

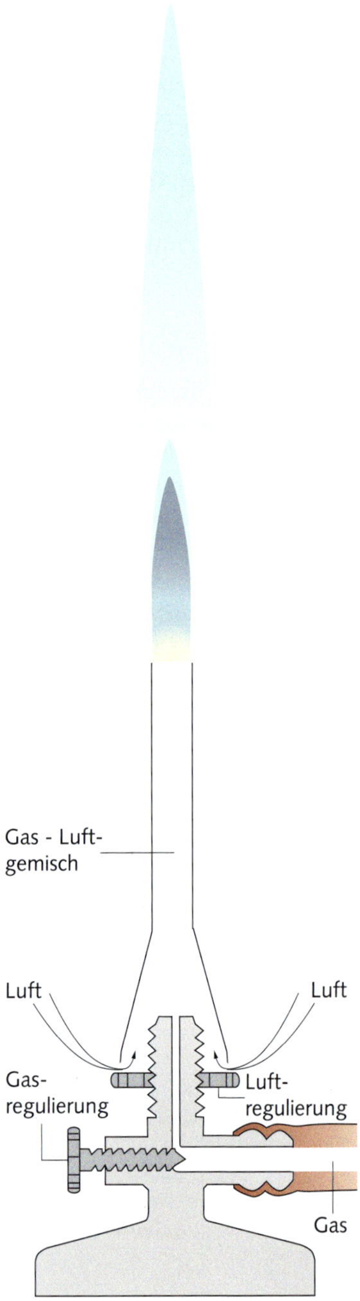

1 Schnitt durch den Gasbrenner für Erdgas oder Propangas

Verschiedene Wärmequellen

Der Gasbrenner für Erdgas und Propangas

Der Kartuschenbrenner

Ein weiterer Gasbrenner, **Kartuschenbrenner,** wird mit Butangas betrieben. In einem Metallbehälter, der Kartusche, befindet sich der Brennstoff in flüssiger Form. Wenn das Gasventil geöffnet wird, tritt dieser Brennstoff als Gas aus.
Beim Kartuschenbrenner muss besonders gut darauf geachtet werden, dass er senkrecht und standsicher auf einer feuerfesten Unterlage steht. Vor dem Anzünden des Gases wird beim Kartuschenbrenner die Luftzufuhr leicht geöffnet.
Erst danach wird das Gasventil geöffnet. Das ausströmende Gas-Luft-Gemisch muss sofort entzündet werden. Da Butangas schwerer ist als Luft, fließt es beim Ausströmen nach unten. Wird das Gas nicht sofort entzündet, sammelt es sich auf der Tischplatte. Beim Anzünden des Gases kann es dann zu einer Stichflamme kommen.
Auch hier gilt: Arbeite zügig, aber ohne Hektik!

1. ≡ Ⓐ
Wo werden Kartuschenbrenner noch als Wärmequelle verwendet?

ACHTUNG
Brenner nicht verwenden bei Experimenten mit brennbaren Materialien!

Die Heizplatte

Nicht alle Stoffe kannst du mit dem Gasbrenner erhitzen. Vor allem, wenn brennbare Flüssigkeiten erhitzt werden müssen, kann es passieren, dass sich die brennbaren Dämpfe an der Brennerflamme entzünden.
Zum Erhitzen brennbarer Flüssigkeiten ist deshalb eine **elektrische Heizplatte** viel besser geeignet, da sich die brennbaren Dämpfe an der elektrisch beheizten Platte nicht so leicht entzünden können.

Mit Basiskonzepten Wissen verknüpfen

Ein Phänomen – viele Fragen

Mit einem Solarkocher ist es möglich, ein Ei zu braten. Zu diesem **naturwissenschaftlichen Phänomen** kannst du verschiedene **Fragen** stellen:

- Woraus besteht der Solarkocher?
- Welche Aufgabe haben die einzelnen Bauteile?
- Woher kommt die Energie, die zum Braten notwendig ist?
- Warum verändern sich die Eigenschaften des Eies?

Andere Sichtweisen – andere Antworten

Um ein naturwissenschaftliches Phänomen zu erklären, kannst du es aus verschiedenen Sichtweisen betrachten. Dadurch erhältst du verschiedene **Antworten** beispielsweise rund um den Solarkocher. Diese Sichtweisen werden **Basiskonzepte** genannt und sind in den folgenden Erklärungen hervorgehoben.

Chemische Sichtweisen

Das Ei wird in der Pfanne des Solarkochers gebraten. Das ist möglich, weil genügend **Energie** in Form von Wärme für diese Stoffumwandlung zur Verfügung steht.

Wird das rohe Ei in der Pfanne erwärmt, wird das Eiklar weiß. Es wandelt sich in festes Eiweiß um. Es entsteht ein neuer Stoff mit neuen Eigenschaften. Diese Stoffumwandlung wird **chemische Reaktion** genannt.

Ein Ei besteht aus einem Eigelb und dem Eiklar. Im Modell werden diese **Stoffe** durch **Teilchen** dargestellt. Die Art der Teilchen, ihre Anordnung und Beweglichkeit stehen in einer Beziehung zu den Eigenschaften des Stoffes.

Erwärmst du ein flüssiges Ei, verändert sich seine Struktur – es wird fest. Das erkennst du an der neuen Farbe. Die **Struktur** und die **Eigenschaften** des Eies stehen in einer Beziehung zueinander.

Umgang mit den Basiskonzepte-Seiten

Hinweis
Auf jeder Basiskonzepte-Seite wird auf diese Methodenseiten hingewiesen.

Basiskonzepte
Hier findest du diejenigen Basiskonzepte, die jeweils eine andere Sichtweise auf das Thema ermöglichen.

Aufgaben
Zu jedem Basiskonzept kannst du geeignete Aufgaben bearbeiten.

Mehrere Sichtweisen
Bei der Erklärung eines Phänomens können häufig mehrere Sichtweisen miteinander verknüpft werden. Es bieten sich also mehrere Inhalte zur Beantwortung der Frage an.

Seitenverweise
Die Seitenzahlen auf den Zetteln verweisen auf die Schulbuchseiten, auf welchen du den Inhalt bereits behandelt hast.

217

→ METHODE S. 12/13

Chemie und Elektrizität

BASISKONZEPTE

Chemische Reaktion | Stoff-Teilchen-Beziehungen | Energie | Struktur-Eigenschafts-Beziehungen

Chemische Reaktion

1. Benenne die Gemeinsamkeiten aller Batterien und Akkus.

2. Beschreibe, was bei der Elektrolyse von Salzlösungen geschieht.

3. Wende das Donator-Akzeptor-Prinzip auf die Vorgänge in einer Brennstoffzelle an. → S. 198/203/214

Energie

6. Erläutere den Unterschied zwischen einer Batterie und einem Akkumulator.

7. Zähle die Bestandteile auf, die zum Bau einer elektrischen Energiequelle mindestens vorhanden sein müssen.

8. Begründe, warum ein edleres Metall aus seiner Salzlösung abgeschieden wird, wenn ein unedleres Metall in diese Salzlösung eintaucht. → S. 206

Stoff-Teilchen-Beziehungen

4. Nenne Metalle, die zum Galvanisieren verwendet werden.

5. Erläutere Gemeinsamkeiten bei der Reaktion von Magnesium zu Magnesiumoxid und zu Magnesiumchlorid. → S. 200/208

Struktur-Eigenschafts-Beziehungen

9. Begründe die Stellung eines Metalls in der Fällungsreihe mit seiner Fähigkeit, Ionen zu bilden. → S. 204

Hinweis
Auf einigen Schulbuchseiten im Kapitel findest du den Verweis auf die Basiskonzepte-Seiten:

Stoffe und ihre Eigenschaften

Woraus bestehen die Stoffe in unserer Umwelt?

Wie verändert sich Zucker, wenn er erhitzt wird?

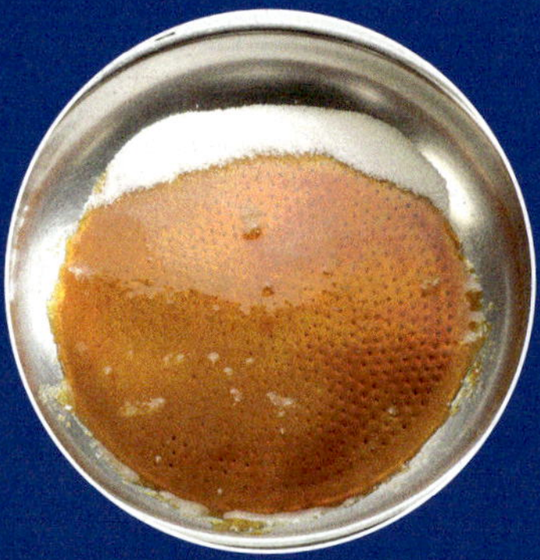

Ist ein Stoff immer nur aus einem einzigen Stoff aufgebaut? Was wäre deine Antwort auf diese Frage?

Alles Stoffe

1. A
Beschreibe anhand von Beispielen, wie der Begriff Stoff umgangssprachlich benutzt wird.

2. Q
Notiere fünf zusammengesetzte Wörter, in denen „Stoff“ im ersten Teil vorkommt, zum Beispiel Stoffgemisch.

3. Q
Notiere mindestens zehn zusammengesetzte Wörter, in denen „Stoff“ im zweiten Teil vorkommt, zum Beispiel Wasserstoff oder Reinstoff.

4. A
Nenne mindestens 10 Stoffe, die in deinem Umfeld benutzt werden.

5. A
Notiere fünf Stoffe, die in einem Chemielabor vorkommen können.

6. Q
Beschreibe, wie unterschiedlich ein Künstler, ein Dachdecker, ein Installateur und ein Elektriker ein Kupferblech betrachten würden.

7. Q
Ist Wasser ein Stoff? Begründe deine Antwort.

Unterschiedliche Stoffe

Stoff ist ein aus Textilfasern gewebtes und meist in Bahnen gerolltes Material. Daraus wird Bekleidung hergestellt, aber auch Handtücher, Tischdecken, Gardinen, Zelte und vieles mehr.

Mit dem Begriff Stoff kann auch der Inhalt eines Romans oder das Thema einer Geschichte gemeint sein. Ebenso wird der Inhalt eines Films oder eines Theaterstücks als Stoff bezeichnet.

Mit Unterrichtsstoff sind die Inhalte oder Themen gemeint, mit denen ihr euch in der Schule beschäftigt.

Die Materialien, aus denen Gegenstände hergestellt werden, werden als Werkstoffe bezeichnet. Zangen und Maulschlüssel werden aus dem Werkstoff Stahl hergestellt.

„Der gibt aber Stoff!“
In der Umgangssprache bedeutet dieser Satz, dass jemand so mit seinem Fahrzeug anfährt, dass die Reifen durchdrehen.

Chemie
Alles, was wir wiegen und wahrnehmen können, ist ein Stoff. Die Chemie ist die Naturwissenschaft, die die Stoffe und ihre Eigenschaften untersucht und beschreibt. Außerdem werden in der Chemie Aufbau und Veränderungen von Stoffen untersucht.

Stoffe in der Chemie
In der Chemie ist ein Stoff das Material, aus dem etwas besteht, zum Beispiel beim Stoff Kupfer. Ganz gleich ob es sich um ein Kupferrohr, ein Kupferblech, eine Kupfermünze oder ein Kupfergefäß handelt, in der Chemie geht es um den Stoff Kupfer selbst. Aus Sicht der Chemie können zu jedem Stoff unterschiedliche Fragen gestellt werden.

Fragen aus Sicht der Chemie
- Wie wird der Stoff hergestellt?
- Bei welcher Temperatur schmilzt der Stoff?
- Wie verhält sich der Stoff in Wasser?
- Wie verhält sich Stoff gegenüber Säuren?
- Aus welchen Teilchen besteht der Stoff?

Oftmals liefern Experimente die Antworten.

1 Alles Stoffe

Du kannst Beispiele für Stoffe im umgangssprachlichen Sinn nennen.
Du kannst beschreiben, was in der Chemie unter einem Stoff verstanden wird.
Du kannst beschreiben, womit sich die Chemie beschäftigt.

Reinstoffe und Stoffgemische
Stoffe im Alltag sind fast immer **Stoffgemische.** Einen absolut **reinen Stoff** gibt es nicht. Selbst hochreine Chemikalien enthalten immer noch kleinste Mengen anderer Stoffe und sind deshalb streng genommen Stoffgemische. Das gilt sowohl für feste wie auch für flüssige und gasförmige Stoffe.

2 Goldbarren mit Reinheitsangabe

Beispiel Gold
999er Gold, ist technisch gesehen reines Gold und wird als reines Gold gehandelt. Es enthält aber immer noch 0,1 % andere Stoffe, weil es nicht möglich ist, alle Verunreinigungen zu entfernen.

Beispiel Alkohol
Wenn in der Chemie mit Alkohol gearbeitet wird, wird meist Alkohol mit einem Gehalt von 96 % verwendet. Er enthält bereits 4 % Wasser. Chemikalien werden oft verunreinigt, indem sie sich zum Beispiel mit dem Wasser aus der Luft vermischen.

Beispiel Sauerstoff
Auch bei technisch gewonnenen Gasen wie beim Sauerstoff sind kleinste Mengen von Stickstoff und anderen Luftbestandteilen enthalten. Es wird dann zwar von reinem Sauerstoff gesprochen, aber absolut rein ist er eben doch nicht.

Stoffeigenschaften untersuchen

1. A
Nenne Eigenschaften von Stoffen, die du allein mit deinen Sinnesorganen feststellen kannst.

2. V
Teste mithilfe einer Prüfstrecke die elektrische Leitfähigkeit von Kupfer, Eisen, Glas, Grafit und Porzellan. Notiere deine Ergebnisse.

3. V
a) Halte 15 cm lange Stäbe aus Kupfer, Glas und Holz sowie ein Magnesiastäbchen mit der Hand 20 s in die Brennerflamme. Beschreibe die Unterschiede. Vorsicht: heiß!
b) Nenne Beispiele aus dem Alltag, bei denen eine gute oder eine schlechte Wärmeleitfähigkeit als Stoffeigenschaft genutzt wird.

4. V
a) Ritze ein Kupferblech mit einem Zinkblech und umgekehrt. Was schließt du aus deiner Beobachtung?
b) Versuche, das Kupferblech und das Zinkblech mit einem Bleistift, einem Eisennagel und einem Stahlnagel zu ritzen. Vergleiche die Ergebnisse.

5. V
a) Erhitze nacheinander mithilfe einer Tiegelzange ein Stück Kupfer und in einem Verbrennungslöffel ein Stück Zink in der blauen Brennerflamme. Was beobachtest du?
b) Entnimm einer Tabelle die Schmelztemperaturen von Kupfer und Zink und vergleiche sie.

6. V
Bestimme die Schmelztemperatur von Schwefel. Fülle dazu ein Reagenzglas zu einem Drittel mit Schwefel. Erhitze den Schwefel vorsichtig mit kleiner Brennerflamme und miss die Temperatur, sobald der Schwefel geschmolzen ist.

7. V
Finde heraus, welche der folgenden Stoffe sich in Wasser lösen: Eisenpulver, Benzin, Natron, Kupfersulfat, Kupfer, Spiritus.

8. V
Halte nacheinander kleine Stücke von Eisen, Kupfer, Grafit, Holz und Papier mithilfe einer Tiegelzange in die Brennerflamme. Prüfe, ob sich die Stoffe entzünden.

9. Q
a) Die Siedetemperatur von Wasser beträgt 100 °C. Recherchiere, bei welcher Temperatur Wasser
- in einem Schnellkochtopf,
- auf einem hohen Berg

siedet.
b) Finde heraus, warum sich in diesen Fällen die Siedetemperatur ändert.

10. V
Prüfe, ob Körper aus Kupfer, Zink, Eisen, Grafit oder Schwefel magnetisierbar sind.

11. A
Schreibe je einen Steckbrief für zwei verschiedene Stoffe dieser Seite.

Steckbrief
Farbe:
Härte:
Löslichkeit:
Wärmeleitfähigkeit:
Elektrische Leitfähigkeit:
Schmelztemperatur:
Siedetemperatur:
Magnetisierbarkeit:
Stoff:

3 Steckbrief

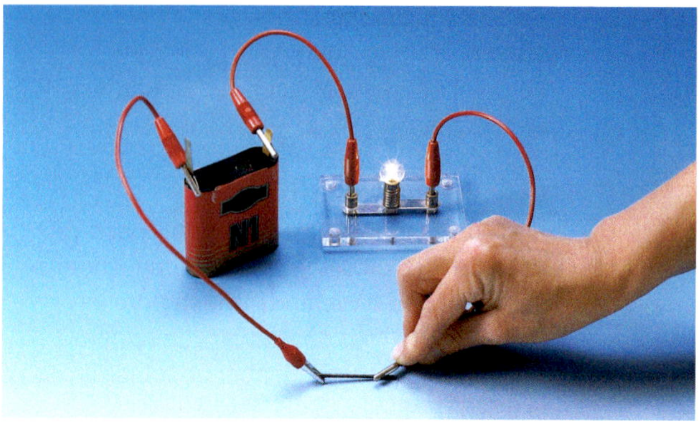
1 Untersuchung der elektrischen Leitfähigkeit

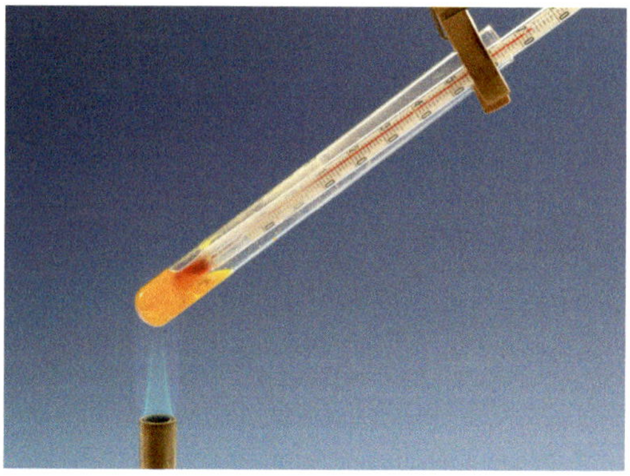
2 Bestimmung der Schmelztemperatur

Sinnesorgane reichen nicht aus
Viele Stoffe sind sich ähnlich. Deshalb ist eine Kennzeichnung der Stoffe im Chemielabor sehr wichtig. Die Bestimmung eines Stoffes mit den Sinnesorganen reicht nicht aus. Es gibt verschiedene Verfahren, mit denen die **Eigenschaften von Stoffen** genauer untersucht werden können.

Elektrische Leitfähigkeit
Mit einer Prüfstrecke kannst du feststellen, ob ein Stoff elektrisch leitend ist oder nicht. So unterscheidest du **elektrische Leiter** und **Nichtleiter.**

Wärmeleitfähigkeit
Hältst du Körper mit der bloßen Hand in eine Brennerflamme, so stellst du fest, dass der Körper sehr unterschiedlich schnell heiß wird. An ihrer Fähigkeit, **Wärme** weiterzuleiten kannst du verschiedene Stoffe unterscheiden.

Härte
Durch Ritzen kannst du ermitteln, wie **hart** ein Stoff ist. Willst du Stoffe miteinander vergleichen, kannst du sie wechselseitig ritzen. Du kannst auch mit einem Bleistift oder einem Nagel Ritzversuche durchführen. An der **Ritztiefe** kannst du die Stoffe unterscheiden.

Löslichkeit
Eine weitere wichtige Eigenschaft von Stoffen ist die **Löslichkeit** in Wasser. Neben Wasser gibt es noch andere **Lösungsmittel.** Dazu gehören unter anderem Alkohol und Benzin.

Brennbarkeit
Zur Prüfung, ob Körper **brennbar** sind, kannst du sie in eine Brennerflamme halten. Wie leicht sie sich entzünden lassen, hängt auch davon ab, wie fein verteilt sie sind.

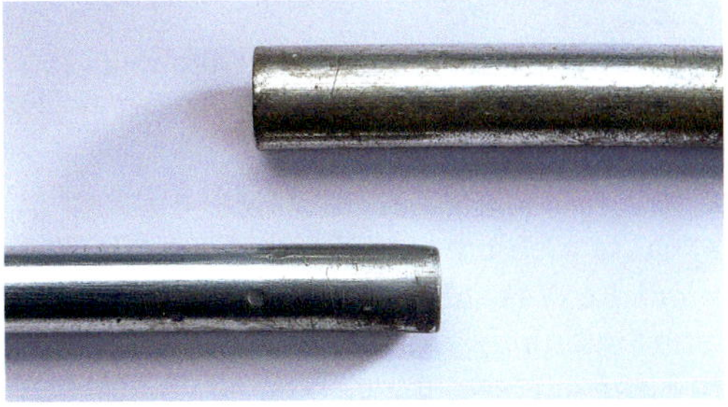

4 Zinn und Zink – so kaum zu unterscheiden

Schmelztemperatur
Wenn feste Körper erwärmt werden, können sie **schmelzen.** Sie werden flüssig. Die Temperatur, bei der ein Stoff vom festen in den flüssigen Aggregatzustand übergeht, heißt **Schmelztemperatur.** Solche Werte kannst du Tabellen entnehmen.

Siedetemperatur
Werden flüssige Stoffe erhitzt, fangen sie an zu **sieden.** Die Temperatur, bei der sie vom flüssigen in den gasförmigen Aggregatzustand übergehen, heißt **Siedetemperatur.**

Magnetisierbarkeit
Mit einem Magneten kannst du überprüfen, ob ein Körper **magnetisch** ist oder ob er sich magnetisieren lässt. Körper, die Eisen, Nickel oder Cobalt enthalten, zeigen diese Eigenschaft. Für alle anderen Stoffe trifft dies nicht zu.

Du kannst wichtige Stoffeigenschaften nennen, passende Versuche dazu beschreiben und durchführen.

5 Prüfen der Wärmeleitfähigkeit

6 Prüfen der Löslichkeit

Stoffgruppen

1. Q
Nenne zehn Metalle, die in der Technik häufig verwendet werden.

2. V
a) Fasse mehrere Metalle mit der bloßen Hand an. Was stellst du fest? Finde dafür eine Erklärung.
b) Biege ein Metallblech oder einen Metalldraht. Benenne eine Eigenschaft, die Metalle haben, andere Stoffe wie Holz oder Glas aber nicht.

3. A
a) Zähle gemeinsame Eigenschaften der Metalle auf und beschreibe, woran du Metalle schnell erkennst.
b) Nenne Metalle, die besondere Eigenschaften haben.

4. Q
a) Zähle sechs möglichst unterschiedliche Stoffe auf, die keine Metalle sind.
b) Kannst du bei diesen Stoffen ähnlich viele typische Eigenschaften angeben wie bei den Metallen? Begründe.

1 Aluminium

2 Brom

Die Stoffgruppe der Metalle

Metalle zeichnen sich durch typische Eigenschaften aus. Dazu gehören:

- der metallische Glanz,
- die elektrische Leitfähigkeit,
- die gute Wärmeleitfähigkeit,
- die gute Verformbarkeit.

Auf den ersten Blick erkennst du die meisten Metalle an ihrer meist silbergrauen Farbe. Nur wenige Metalle wie Gold oder Kupfer bilden eine Ausnahme. Außerdem sind alle Metalle mit Ausnahme von Quecksilber bei Zimmertemperatur fest. Wenige Metalle sind magnetisch oder lassen sich magnetisieren: Eisen, Cobalt und Nickel.

Weitere Stoffgruppen

Stoffe, die nicht zu den Metallen gehören, weisen unterschiedliche Eigenschaften auf. Sie werden deshalb in weitere Stoffgruppen unterteilt. Zum Beispiel können folgende Stoffgruppen gebildet werden:

• Flüchtige Stoffe

Stoffe wie Wasser, Alkohol, Iod und Sauerstoff gehören zu den flüchtigen Stoffen. Sie sind bei Zimmertemperatur flüssig oder gasförmig und lassen sich leicht verdampfen. Ihre Schmelz- und Siedetemperaturen sind entsprechend niedrig. Die meisten flüchtigen Stoffe sind elektrische Nichtleiter oder leiten den elektrischen Strom nur schwach.

• Salzartige Stoffe

Stoffe wie Kochsalz, Kupfersulfat und Calciumcarbonat zählen zu den salzartigen Stoffen. Sie bilden Kristalle und sind hart und spröde. Sie sind nur in wässrigen Lösungen oder als Schmelzen elektrisch leitend. Fast alle haben hohe Schmelz- und Siedetemperaturen.

3 Steinsalz

4 Bergkristall (Quarz)

• Diamantartige Stoffe

Stoffe wie Diamant, Quarz und Edelsteine gehören zu den diamantartigen Stoffen. Sie bilden Kristalle, sind sehr hart und haben hohe Schmelz- und Siedetemperaturen. Sie leiten den elektrischen Strom nicht.

Du kannst Möglichkeiten nennen, wie die Vielfalt der Stoffe in Gruppen eingeteilt werden kann. Du kannst Beispiele für die Gruppen nennen.

Bestimmen der Dichte eines Stoffes

1.

a) Suche fünf Körper aus unterschiedlichen Stoffen aus. Die Körper sollen nicht breiter als 3 cm sein.

b) Übertrage die Tabelle 3 in dein Heft und fülle die Spalten 1 und 2 für die fünf Körper aus.

c) Bestimme jeweils die Masse *m* der Körper und trage die betreffenden Werte in Spalte 3 der Tabelle ein.

d) Bestimme das Volumen *V* der Körper nach der Differenzmethode oder nach der Überlaufmethode. Gib dazu einen Tropfen Spülmittel ins Wasser. Die Körper müssen ganz im Wasser eintauchen. Trage die gemessenen Werte jeweils in Spalte 4 ein.
Hinweis: 1 ml ≙ 1 cm^3

e) Berechne die Werte für die Spalte 5.

2.

a) Nimm zwei Körper jeweils aus dem gleichen Stoff, zum Beispiel aus Kupfer oder aus Knetmasse. Bestimme ihre Dichte. Verfahre dabei wie in den Versuchen 1 b) bis e).

b) Beschreibe, was dir bei den Werten in Spalte 5 der Tabelle auffällt.

3.

a) Bestimme die Dichte von Wasser und die Dichte von Olivenöl.

b) Schütte anschließend beide Flüssigkeiten zusammen. Beschreibe und erkläre das Verhalten der beiden Flüssigkeiten.

4.

a) Begründe mit der Dichte der Stoffe, welche Stoffe auf dem Wasser schwimmen und welche Stoffe untergehen.

b) Nenne die Körper aus Versuch 1, die auf Wasser schwimmen.

5.

In der Technik wird die Dichte auch in $\frac{kg}{dm^3}$ angegeben. Begründe, warum der Wert zahlengleich dem Wert in $\frac{g}{cm^3}$ ist.

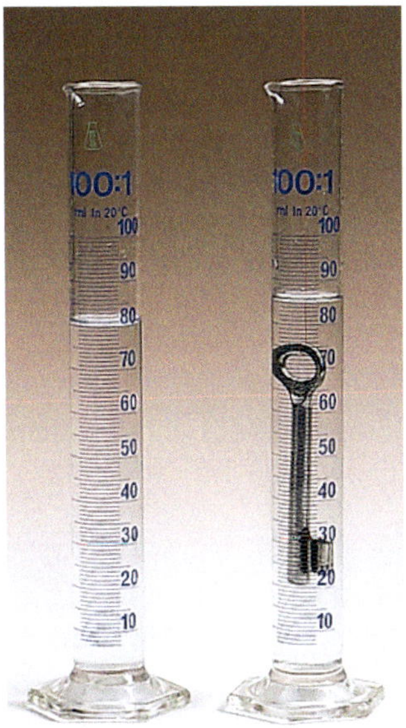

1 Differenzmethode

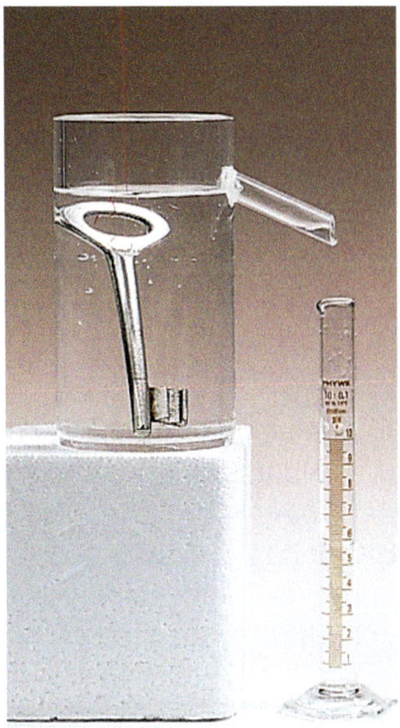

2 Überlaufmethode

Körper	Stoff	Masse *m* in g	Volumen *V* in cm^3	Dichte $\rho = \frac{m}{V}$ in $\frac{g}{cm^3}$
Ring	Silber	8,4	0,8	8,4 : 0,8 = 10,5

3 Tabelle zur Bestimmung der Dichte einiger Stoffe

Bestimmen von Masse und Volumen eines Körpers

Jeder Körper hat eine Masse *m* und ein Volumen *V*. Diese beiden Größen kannst du mit geeigneten Verfahren bestimmen.

Bestimmen der Dichte eines Stoffes

Der Quotient aus der Masse *m* eines Körpers und seines Volumens *V* heißt **Dichte.** Sie hat die Einheit $\frac{g}{cm^3}$.

$$\rho = \frac{m}{V}$$

Die Dichte hat für jeden Stoff einen bestimmten Wert. Sie wird mit ρ (griechischer Buchstabe: rho) bezeichnet.

Stoffe mit unterschiedlichen Dichten

Ob ein fester Körper in einer Flüssigkeit schwimmt oder untergeht, hängt von der Dichte der Stoffe ab.

PRAKTIKUM

Die Dichte von Gasen

1.

a) Pumpe Luft in eine feste Kunststoffkugel. Bestimme ihre Masse.
b) Lasse etwas Luft aus der Kugel ab und bestimme dabei mit einer pneumatischen Wanne das Volumen dieser Luft (Bild 1). Wiege die Kugel erneut.
c) Bestimme die Dichte der Luft.

2.

a) In einem verschlossenen Kolbenprober befinden sich 80 ml Luft. Spanne ihn ein und erwärme ihn vorsichtig mit einem Föhn.
b) Überlege, wie sich die Masse und das Volumen und damit die Dichte der Luft ändern.
c) Erkläre, was zu der Dichteveränderung geführt hat.

3.

a) Drücke den Kolben des verschlossenen Kolbenprobers aus Versuch 2 um ein Viertel ein.
b) Wie ändert sich
- die Masse der Luft,
- das Volumen der Luft,
- die Dichte der Luft?

c) Erkläre, was zu der Dichteveränderung geführt hat.

4.

Zeichne eine Grafik wie in Bild 3, bei der nicht der Druck, sondern die Temperatur geändert wird.

Die Dichte hängt von der Temperatur ab

Durch Zufuhr von Energie wird eine bestimmte Menge Luft erwärmt. Sie dehnt sich aus, obwohl sich die Anzahl der Luftteilchen nicht vermehrt hat. Die Teilchen bewegen sich aufgrund der Energiezufuhr stärker und brauchen jetzt mehr Platz. Umgekehrt bewegen sich die Teilchen bei Energieentzug langsamer. Sie rücken enger zusammen. Das Volumen der Luft wird geringer.
Da sich die Anzahl der Teilchen beim Erwärmen oder beim Abkühlen einer festgelegten Gasportion nicht ändert, bleibt auch die Masse des Gases gleich. Das Volumen der Gasportion verändert sich aber. Daher ist die Dichte eines Gases, das sich wegen der höheren Temperatur ausgedehnt hat, geringer als die Dichte des gleichen Gases bei niedrigeren Temperaturen.

1 Bestimmung des Luftvolumens

Die Dichte des Gases hängt vom Druck ab

Wird eine Gasportion zusammengepresst, ändert sich die Anzahl der Gasteilchen nicht. Die Masse des Gases bleibt konstant. Der Druck, unter dem das Gas steht, wird größer und sein Volumen kleiner. Damit ändert sich die Dichte des Gases. Die Dichte des Gases wird größer.
Deshalb wird bei der Dichte eines Gases immer angegeben, auf welche Temperatur in °C und welchen Druck in hPa (Hektopascal) sich die Angabe bezieht.

Gas	Dichte in $\frac{g}{l}$ bei 0 °C und 1013 hPa
Sauerstoff	1,429
Wasserstoff	0,0899
Stickstoff	1,251

2 Die Dichte einiger Gase

Du kannst angeben, von welchen Größen die Dichte eines Gases abhängt.
Du kannst die Dichte von Luft bestimmen.

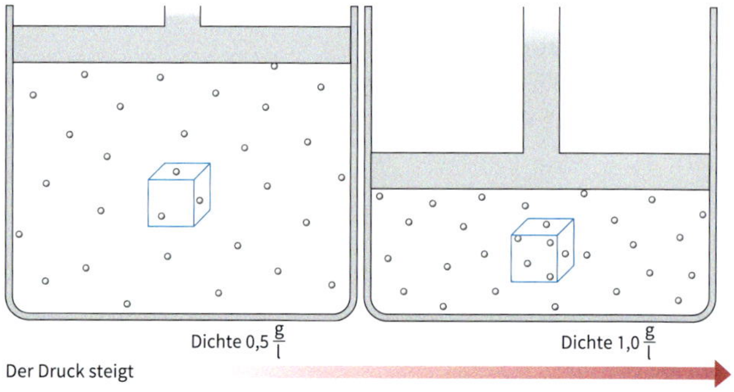

3 Steigt bei gleicher Temperatur der Druck, erhöht sich auch die Dichte.

Schwermetalle und Leichtmetalle

1 Ist aus Schwermetall – sieht aber leicht aus!

Schwermetalle:
Dichte
$\rho > 5 \frac{g}{cm^3}$

Schwermetalle

Das bekannteste und am meisten eingesetzte Schwermetall ist Eisen.
Eisen als Hauptbestandteil von Stahl wird wegen seiner Stabilität als Werkstoff beispielsweise zum Maschinenbau, Gleisbau, Brückenbau und Hochbau eingesetzt. Pro Jahr werden weltweit etwa 750 Millionen t Roheisen produziert. Das ergäbe einen Würfel mit einer Kantenlänge von über 470 m.
Auch Kupfer, Blei, Nickel, Quecksilber und alle Edelmetalle sind Schwermetalle. Viele Schwermetalle sind gesundheitsgefährdend. So sind Bleirohre als Trinkwasserleitungen nicht mehr zugelassen, ebenso Quecksilber als Thermometerflüssigkeit.
Viele Menschen reagieren allergisch auf Hautkontakt mit dem Schwermetall Nickel.

Leichtmetalle

Leichtmetalle:
Dichte
$\rho < 5 \frac{g}{cm^3}$

In der Technik sind Leichtmetalle wie Aluminium, Magnesium und Titan von großer Bedeutung. Sie werden als Werkstoffe eingesetzt. Leichtmetalle werden auch beim Bau von Fahrzeugen verwendet.
Die Rahmen von Fahrrädern werden oft aus Aluminium oder Titan hergestellt. Wegen der geringeren Masse wird beim Fahren weniger Kraft benötigt. Flugzeuge werden aus Leichtmetalllegierungen gebaut. Durch die geringe Masse werden gute Flugeigenschaften erzielt. Der Treibstoffverbrauch verringert sich. Die Verwendung von Leichtmetallen bei Autos macht diese deutlich leichter und verringert damit auch den Treibstoffverbrauch.

1. A
Nenne zwei weitere Beispiele für den Einsatz von
a) Schwermetallen im Bauwesen,
b) Leichtmetallen in Fahrzeugen.

2 Ist aus Leichtmetall – aber sehr stabil!

Teamarbeit präsentieren

METHODE

So wird's gemacht

Mit einer Präsentation könnt ihr die Ergebnisse eurer Arbeit der Klasse, anderen Klassen, den Lehrerinnen und Lehrern, den Eltern oder anderen Gästen vortragen. Schaut beim Vortrag in die Klasse und zeigt dabei auf die Informationen, auf die es gerade ankommt. In der Mitte findet ihr eine Vorlage, wie eure Präsentation ablaufen sollte und was dabei gesprochen werden könnte.

TIPPS

Klärt in eurer Gruppe,
- was bei eurer Arbeit interessant und wichtig war,
- was alle wissen und behalten sollten,
- wie ihr eure Arbeit veranschaulicht (Info-Plakat, Versuche, Gegenstände zum Vorzeigen),
- wer die Zwischentexte spricht, also die Moderation übernimmt,
- wer welchen Teil eurer Arbeit demonstriert,
- was und wie bei der Demonstration jeweils gesprochen werden könnte,
- welche Fragen ihr der Klasse am Ende stellen wollt.

1 Absprachen treffen

2 Einen Versuch demonstrieren

Präsentation der Ergebnisse mit Moderation

1. Besprecht, welchen Auftrag ihr hattet.
   „Wir wollten Vorschläge sammeln, wie der Ausstoß von Kohlenstoffdioxid verringert werden kann."
2. Kündigt an, wer jeweils vorstellt und worüber er oder sie sprechen wird.
   „Lisa berichtet zuerst darüber, wie wir vorgegangen sind."
3. Führt vor und sprecht über euer Vorgehen.
   „Wir zeigen euch jetzt den Aufbau und führen euch dann unseren Versuch vor."
4. Beschreibt, was ihr dabei beobachtet oder erkannt oder gelernt habt.
   „Lana sagt euch jetzt, was wir dabei erkannt haben."
5. Tragt vor und veranschaulicht, was ihr für wichtig haltet.
   „Wir haben euch aufgeschrieben, was ihr euch merken sollt. Wir tragen es euch jetzt der Reihe nach vor."
6. Ermuntert die Klasse, Rückfragen zu stellen und Tipps zu geben.
   „Welche Fragen habt ihr an uns?"

3 Fragen an die Klasse stellen

4 Rückfragen der Klasse beantworten, Tipps annehmen

Reinstoffe und Stoffgemische

1. V
a) Untersuche Gipspulver, Zucker, Vollkornmehl, Backpulver, Kräutersalz, Citronensäure und Waschpulver mit einer Lupe. Beschreibe die Stoffe.
b) Sortiere die Stoffe in einer Tabelle nach Reinstoff und Stoffgemisch.
c) Sortiere auch die Begriffe Luft, destilliertes Wasser, Kohlenstoffdioxid und Mineralwasser in die Tabelle.

2. V
a) Vermische in vier Bechergläsern kleine Mengen Blumenerde, Kaffeemehl, Kräutersalz und Orangensaft mit Wasser.
b) Beschreibe deine Beobachtungen, nachdem die Gemische eine Weile gestanden haben.
c) Wie werden solche Stoffgemische genannt?

3. Q
Stelle unterschiedliche, selbst gewählte Stoffgemische in einer Tabelle zusammen. Notiere in einer Spalte, aus welchen Reinstoffen sie jeweils bestehen.

4. A
a) Vergleiche die Eigenschaften von Suspensionen und Emulsionen miteinander.
b) Nenne Beispiel für solche Gemische im Alltag.

Reinstoffe
Einheitlich aufgebaute Stoffe heißen **Reinstoffe.** Sie haben überall die gleichen Eigenschaften. In der Natur enthalten Reinstoffe immer Verunreinigungen, die je nach Verwendung entfernt werden müssen. Salz ist ein typischer Reinstoff. Seine einzelnen Kristalle haben die gleiche Farbe und Härte. Reiner Alkohol und destilliertes Wasser sind flüssige Reinstoffe. Gasförmige Reinstoffe sind Sauerstoff und Kohlenstoffdioxid.

Stoffgemische
Im Haushalt findest du viele **Stoffgemische.** Ob es die Backmischung für den Nusskuchen ist, die Nudelsuppe, das Müsli oder das Geschirrspüler-Pulver, alle diese Stoffe bestehen aus verschiedenen Bestandteilen. Mineralwasser ist ein Stoffgemisch aus der Flüssigkeit Wasser, dem Gas Kohlenstoffdioxid und gelösten Mineralien. Luft ist ein Gemisch aus mehreren Gasen.

Stoffe werden gemischt
Im Alltag spielen Stoffgemische eine große Rolle. So werden bei der Zubereitung von Speisen verschiedene Zutaten verrührt.

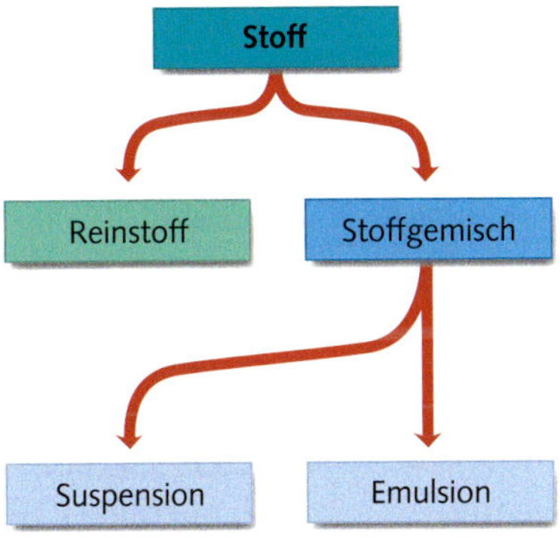

1 Stoffe und Stoffgemische

2 Zucker ist ein Reinstoff. Rote Grütze ist ein Stoffgemisch.

Suspension
Gemische aus einer Flüssigkeit und sichtbaren Feststoffen heißen **Suspensionen.** Beispiele sind Orangensaft, Wandfarben, Mörtel oder Treibsand. Blut ist eine Suspension aus Wasser und verschiedenen, festen Blutkörperchen.

Emulsionen
Stoffe wie Öl und Wasser lassen sich eigentlich nicht mischen. Erst mithilfe eines **Emulgators** entsteht eine für längere Zeit stabile Mischung. Eine solche Mischung heißt **Emulsion.** Majonäse ist eine Emulsion aus Zitronensaft und Pflanzenöl mit Eigelb als Emulgator.
Mit Spülmittel als Emulgator entsteht beim Geschirrspülen eine Emulsion aus Wasser und fettigen Speiseresten, die das Abwaschen erst ermöglicht.

Du kannst die Begriffe Reinstoff, Stoffgemisch sowie Suspension und Emulsion erklären und voneinander unterscheiden.

Wenn sich nichts mehr löst – gesättigte Lösungen

1 A – C Kupfersulfat wird gelöst.

1. V
Finde heraus, wie viel Kochsalz sich in 100 ml Wasser lösen. Notiere die gelöste Salzmenge. **Hinweis:** Beachte, dass sich nach jeder Zugabe alles Salz auflösen muss. Erst wenn auch nach gründlichem Rühren Salzkristalle am Boden liegen bleiben, ist die Lösung gesättigt.

2. V
Wiederhole Versuch 1 mit Kupfersulfat und Natriumcarbonat in jeweils 10 ml Wasser. Notiere auch hier die gelösten Mengen. Rechne auf 100 ml um und vergleiche mit Versuch 1.

3. A
Beschreibe, woran du eine gesättigte Lösung erkennst.

4. V
Stelle mit 20 g Wasser und Kaliumnitrat bei Raumtemperatur eine gesättigte Lösung her. Erwärme die Lösung langsam bis auf 50 °C. Rühre dabei um und gib nochmals 10 g des Salzes hinzu. Beschreibe und formuliere einen Je-desto-Satz zur Temperatur und der gelösten Salzmenge.

5. A
Vergleiche in Bild 2 die gelösten Mengen bei 50 °C.

6. A
Nenne zwei Möglichkeiten, wie du den Bodensatz in einer gesättigten Lösung lösen kannst.

Lösungen

Viele feste, flüssige und gasförmige Stoffe lösen sich in Wasser. So entstehen **Lösungen** aus mindestens zwei Stoffen: dem Lösungsmittel und dem gelösten Stoff. Aber es lassen sich nicht beliebig große Mengen auflösen. In 100 ml Wasser lösen sich höchstens 36 g Kochsalz. Gibst du weiteres Salz hinzu, so löst es sich nicht mehr auf. Es bleibt als **Bodensatz** liegen. Die Lösung ist mit Kochsalz **gesättigt.** Von jedem Stoff löst sich also nur eine bestimmte Menge, bis eine gesättigte Lösung entsteht. Beim Erwärmen verschwindet der Bodensatz oft wieder. Er löst sich zusätzlich in der bereits vorhandenen Lösung auf. Die Löslichkeit von festen Stoffen ist also von der Temperatur abhängig. In der Regel löst sich umso mehr, je höher die Temperatur ist.

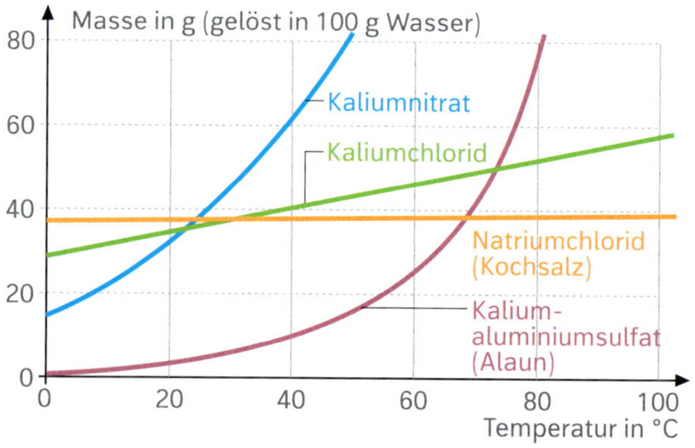

2 Löslichkeit bei verschiedenen Temperaturen

Du kannst erklären, was eine Lösung ist. Du kannst eine gesättigte Lösung herstellen und einen Bodensatz wieder auflösen.

Gase lösen sich in Wasser

1.

a) Öffne eine Flasche mit einem kohlensäurehaltigen Erfrischungsgetränk. Welches Gas entweicht dabei?
b) Beschreibe die Veränderung des Getränks, wenn die Flasche längere Zeit unverschlossen bleibt.
c) Beschreibe die Unterschiede, die du beim Öffnen einer warmen und einer kalten Getränkeflasche feststellst.
d) Beschreibe die Unterschiede, die du beim Öffnen einer geschüttelten und einer nicht geschüttelten Getränkeflasche feststellst.

2.

Erläutere, wo das Gerät in Bild 2 eingesetzt wird und welche Funktion es erfüllt.

3.

a) Fülle einen Standzylinder mit Wasser und decke ihn mit einem Deckglas ab. Stelle ihn wie in Bild 1 mit der Öffnung nach unten in eine mit Wasser gefüllte Wanne. Entferne das Deckglas unter Wasser. Gib eine Brausetablette unter den Standzylinder, sodass das entstehende Gas in den Zylinder gelangt. Markiere die aufgefangene Gasmenge mit einem Stift am Zylinder.
b) Gib dann eine zweite Tablette unter den Standzylinder. Wie viel Wasser verdrängt die zweite Tablette im Vergleich zur ersten? Erkläre dein Ergebnis.
c) Wiederhole den Versuch mit einer dritten Tablette. Was beobachtest du? Notiere und erkläre deine Ergebnisse.

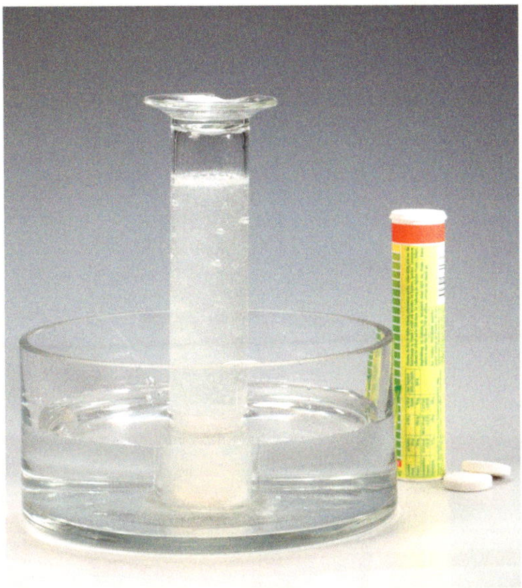

1 Wie viel Wasser wird verdrängt?

Gelöste Gase sind lebensnotwendig

Leben im Wasser wäre ohne gelöste Gase nicht möglich. In der Natur sorgen Hindernisse in Bächen und Flüssen für die notwendige Vermischung des Wassers mit Luft. In Aquarien erfüllen Luftausströmer diese Aufgabe.

Druck und Wärme beeinflussen die Löslichkeit von Gasen

Aus einer unverschlossenen Flasche mit einem Erfrischungsgetränk, in dem Kohlenstoffdioxid (CO_2) gelöst ist, entweicht das Gas nach und nach vollständig.
Bei Erwärmung oder Bewegung läuft dieser Vorgang deutlich schneller ab. Nur der Druck in einer geschlossenen Flasche hält das CO_2 in der Flüssigkeit.

Du kannst Gase nennen, die sich Wasser lösen.
Du kannst die Abhängigkeit der gelösten Mengen von der Temperatur und dem Druck erläutern.

2 Luft löst sich in Wasser.

Sättigung

Eine bestimmte Wassermenge kann nur eine bestimmte Gasmenge aufnehmen. So löst sich das CO_2 aus einer Brausetablette zum großen Teil im Wasser, das in einem Gefäß steht. Wenn weitere Brausetabletten in das Wasser gegeben werden, löst sich kein weiteres CO_2 mehr im Wasser. Das Wasser ist mit Kohlenstoffdioxid **gesättigt.**

3 Gelöstes CO_2 entweicht.

Stoffgemische im Überblick

1. A
a) Ordne den folgenden Stoffgemischen die Eigenschaft homogen oder heterogen zu: Waschpulver, Luft, Nudelsuppe, Kräutersalz, Rauch, Milch, Bronze, Granit, Salzwasser. Fasse deine Ergebnisse in einer Tabelle zusammen.
b) Trage fünf weitere Stoffgemische in die Tabelle ein.

2. Q
Zähle fünf Gemische aus dem Alltag auf und überlege, um welche Art Gemisch es sich handelt.

Homogene Gemische

Als homogen wird ein Gemisch bezeichnet, wenn einzelne Bestandteile auch bei starker Vergrößerung nicht zu unterscheiden sind.

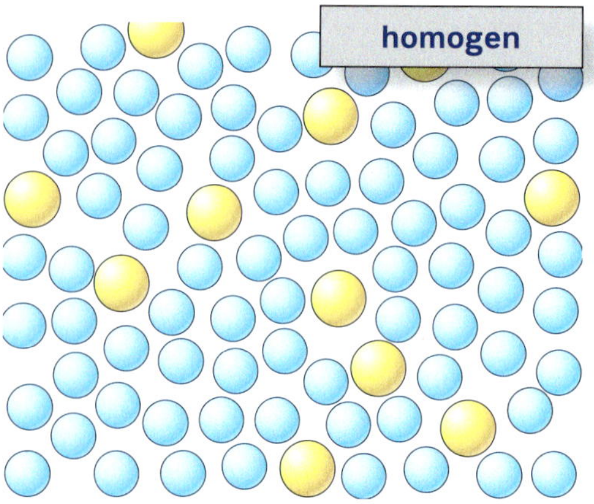

1 Homogenes Gemisch im Teilchenmodell

2 Schweißen mit einem Gasgemisch

3 Mineralwasser ist eine Lösung.

4 Bronze ist eine Legierung.

Gasgemisch

Mehrere gasförmige Stoffe bilden zusammen ein **Gasgemisch.** Die einzelnen Gase lassen sich nicht voneinander unterscheiden. Luft ist das für uns wichtigste Gasgemisch, es besteht aus Stickstoff, Sauerstoff, Edelgasen, Kohlenstoffdioxid und einer unterschiedlichen Menge Wasserdampf.
Im Zylinder eines Fahrzeugs mit Verbrennungsmotor wird ein Gemisch aus gasförmigem Treibstoff und Luft gezündet.
Beim Schweißen kommt oft ein Gasgemisch aus Ethin und Sauerstoff zum Einsatz.

Lösung

Sind Stoffe mit einer Flüssigkeit homogen gemischt, liegt eine **Lösung** vor. Das Gemisch erscheint durchsichtig. Die im Lösungsmittel gelösten Stoffe können gasförmig, flüssig oder fest sein.
Im Mineralwasser sind neben dem Gas Kohlenstoffdioxid noch feste Mineralien gelöst.
Salzwasser ist eine Lösung aus Wasser und festen Salzen.
Alkoholische Getränke sind hauptsächlich Lösungen aus den flüssigen Bestandteilen Wasser und Alkohol.

Legierung

Das Zusammenschmelzen zweier oder mehrerer Metalle ergibt eine **Legierung.** Auch diese gehört zu den homogenen Gemischen.
Seit mehr als 4000 Jahren gibt es Bronze, eine Legierung aus Kupfer und Zinn. Dieser Werkstoff spielt heute immer noch eine beachtliche Rolle, wie zum Beispiel beim Gießen von Glocken.
Eine große Bedeutung haben Stahl-Legierungen wie Chrom-Vanadium-Stahl für Werkzeuge oder Chrom-Nickel-Stahl für Bestecke.

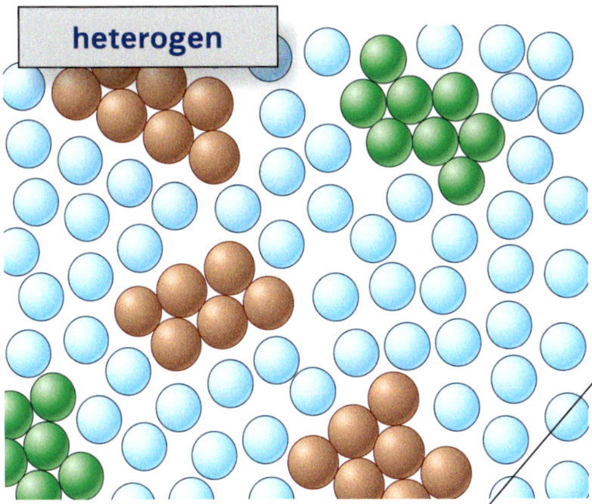

5 Heterogenes Gemisch im Teilchenmodell

Heterogene Gemische

In heterogenen Gemischen sind die einzelnen Bestandteile klar voneinander abgegrenzt. Auch hier gibt es Gemische von Stoffen aller Aggregatzustände.

Gemenge

Sind Feststoffe heterogen gemischt, handelt es sich um ein **Gemenge.** Im Granit kannst du verschiedene Bestandteile wie Quarz und Glimmer erkennen. Müsli ist ein Gemenge aus Haferflocken, Nüssen, Rosinen und anderen Bestandteilen.

Suspension

Sind Feststoffe mit Flüssigkeiten so vermischt, dass wir sie noch unterscheiden können, liegt eine **Suspension** vor. Schlamm ist ein Gemisch aus fein verteilten Feststoffen und wenig Wasser. Mit der Zeit setzt sich der Feststoff am Grund ab.

Nebel

Feinverteilte Flüssigkeiten bilden mit Gasen **Nebel.** Bei bestimmten Wetterlagen bildet sich Nebel: Wasserdampf kondensiert zu kleinen Wassertropfen, die in der Luft schweben.

9 Nebel

Schaum

Schaum ist ein Gemisch aus Flüssigkeit und Gas. Hier wird das Gas in Form von Bläschen von der Flüssigkeit eingeschlossen. Schaum begegnet uns bei Seife und Shampoo, beim Malzbier und auf dem aufgeschäumten Milchkaffee.

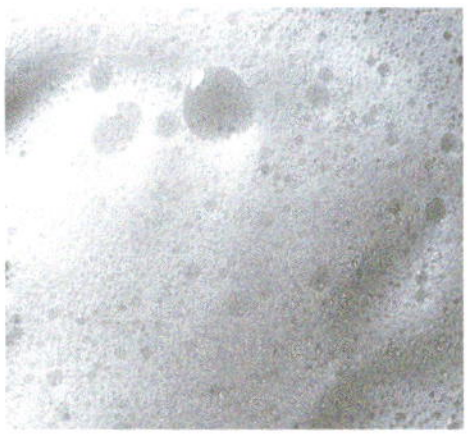

10 Schaum

Emulsion

Flüssigkeiten wie Öl und Wasser mischen sich eigentlich nicht. Durch Umrühren können sich die Bestandteile kurzfristig sehr fein ineinander verteilen. Es entsteht eine **Emulsion.** Mithilfe eines **Emulgators** kann eine dauerhafte Emulsion hergestellt werden. Obwohl dies ein heterogenes Gemisch ist, können die Bestandteile nicht unbedingt voneinander unterschieden werden. Milch ist eine Emulsion aus Fett und Wasser.

Schwebstaub

Sind schwebende Feststoffe in der Luft fein verteilt, liegt das Gemisch **Schwebstaub** vor. Entsteht er bei Verbrennungen, heißt er **Rauch.**

11 Rauch

6 Granit ist ein Gemenge.

7 Suspension

8 Nur durch Rühren entsteht aus Öl und Essig kurzfristig eine Emulsion.

Siedetemperaturen von Reinstoffen und Gemischen

PRAKTIKUM

Stoffe unterscheiden

Brennspiritus und Wasser sehen gleich aus. Beide Flüssigkeiten sind farblos. Nur durch Betrachten kannst du den Stoff nicht bestimmen. Dein Auge kann dir also nicht helfen. Stellst du weitere Eigenschaften im Steckbrief zusammen, wirst du feststellen, dass der Geruch auf unterschiedliche Flüssigkeiten hinweist.
Um Wasser und Brennspiritus eindeutig unterscheiden zu können, kannst du die Siedetemperatur bestimmen. Die Siedetemperatur ist eine messbare Eigenschaft von Stoffen.

1 Brennspiritus oder Wasser?

Material

- Schutzbrille, feuerfeste Unterlage, Gasbrenner
- Bechergläser (150 ml, 400 ml), Reagenzglas
- Siedesteinchen, Thermometer, Rührstab
- Wasser, Brennspiritus

Bestimmung der Siedetemperatur von Wasser

Gib 100 ml Wasser und zwei Siedesteinchen in ein 150 ml-Becherglas. Halte in die Mitte des Becherglases ein Thermometer und lies die Ausgangstemperatur ab. Erhitze das Wasser bis zum Sieden. Miss dabei ständig die Temperatur und trage die Werte in einem Abstand von 30 s in eine Tabelle ein. Beende den Versuch, wenn sich keine Veränderung mehr zeigt. Übertrage die Werte aus der Tabelle in ein Zeit-Temperatur-Diagramm.

Bestimmung der Siedetemperatur von Brennspiritus

Fülle ein 400 ml-Becherglas zur Hälfte mit Wasser und erhitze es auf 90 °C. Stelle die Brennerflamme ab. Gib in ein Reagenzglas 10 ml Brennspiritus und ein Siedesteinchen. Halte es in das heiße Wasser. Miss die Temperatur im Abstand von 30 s, bis der Brennspiritus siedet. Beobachte die Temperatur noch weitere 2 min. Trage die Werte in eine Tabelle ein. Übertrage die Werte anschließend in das Zeit-Temperatur-Diagramm von Versuch 1.

Bestimmung der Siedetemperatur eines Gemisches

Gib 20 ml Brennspiritus und zwei Siedesteinchen in ein 150 ml-Becherglas. Fülle 80 ml Wasser hinzu und mische beide Flüssigkeiten mit einem Rührstab. Halte in die Mitte des Becherglases ein Thermometer und lies die Ausgangstemperatur ab.
Erhitze das Gemisch und miss dabei im Abstand von 30 s die Temperatur. Setze den Versuch noch weitere 3 min fort, auch nachdem das Gemisch zu sieden begonnen hat. Trage die gemessenen Werte in eine Tabelle ein. Übertrage die Werte aus der Tabelle in das Zeit-Temperatur-Diagramm von Versuch 1 und Versuch 2.

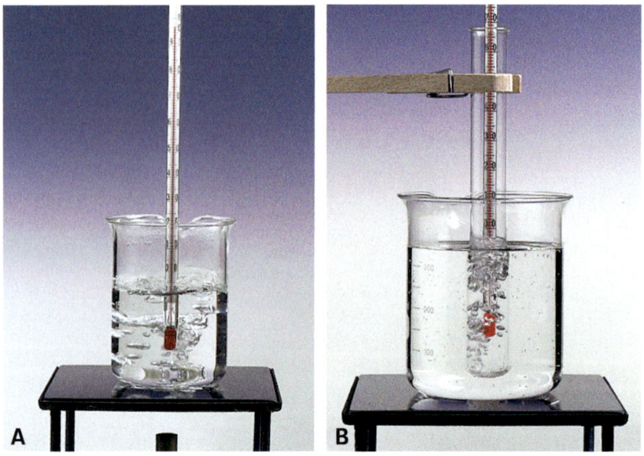

2 Bestimmung der Siedetemperatur: **A** von Wasser, **B** von Brennspiritus

1. ≡ A

a) Vergleiche die Temperaturkurven aus den Versuchen 1 bis 3 und stelle Unterschiede fest.
b) Erläutere, woran du erkennst, dass es sich bei einem untersuchten Stoff um einen Reinstoff handelt.

Messwerte darstellen und interpretieren

1. Ⓐ
a) Zeichne mithilfe der Messwerte aus Bild 1 ein Zeit-Temperatur-Diagramm für die Messungen mit Wasser, Brennspiritus und mit dem Brennspiritus-Wasser-Gemisch.
b) Übertrage die drei Tabellen in dein Heft und ergänze mithilfe des Diagramms auch diejenigen Werte, die nicht gemessen wurden.

2. Ⓐ
Lies aus dem Zeit-Temperatur-Diagramm die Siedetemperaturen für die drei Flüssigkeiten ab.

A

Zeit *t* in min	0	1	1,5	2	2,5	3	4	5	6
Temperatur *T* in °C	18	21		31		41	53	64	74
Zeit *t* in min	6,5	7	8	8,5	9	10	11	12	13
Temperatur *T* in °C		82	90		95	96,5	97,5	98	98

B

Zeit *t* in min	0	0,5	1	1,5	2	3	4	4,5	5
Temperatur *T* in °C	22	53	75		78,5	78,5	78,5		78,5

C

Zeit *t* in min	0	1	1,5	2	3	3,5	4	4,5	5
Temperatur *T* in °C	19	29		42	55		66		78
Zeit *t* in min	6	7	8	9	10	10,5	11	12	13
Temperatur *T* in °C	84	87	88	89	90		91	92	93

1 Temperatur-Messungen: **A** Wasser, **B** Brennspiritus, **C** Brennspiritus-Wasser-Gemisch

3. Ⓐ
Erkläre, warum die Kurve für das Gemisch anders verläuft als die beiden anderen Kurven.

Zeit-Temperatur-Diagramm

Eine übersichtliche Darstellung für Temperaturmessungen ist ein **Zeit-Temperatur-Diagramm.** Darin sind die Temperaturen gezeichnet, die zu bestimmten Zeitpunkten gemessen wurden. Hast du verschiedene Flüssigkeiten unter gleichen Versuchsbedingungen untersucht, kannst du die Kurven wie in Bild 2 in dasselbe Diagramm zeichnen. Das erleichtert den Vergleich und die Auswertung.

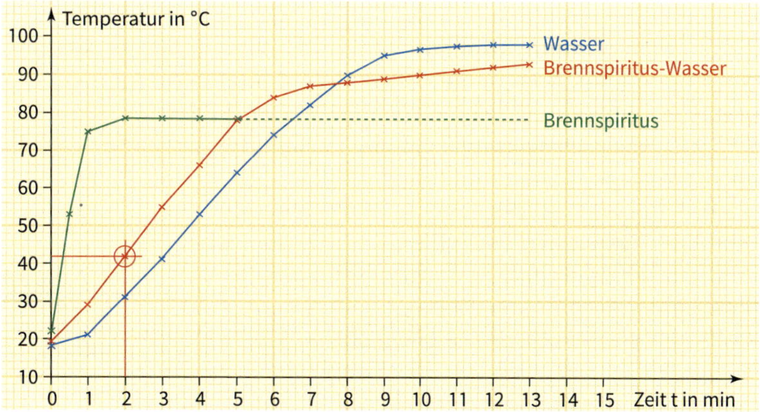

2 Zeit-Temperatur-Diagramm für die Erwärmung dreier Flüssigkeiten

So wird es gemacht!

Für die Einteilung der Achsen musst du den jeweils niedrigsten und den höchsten Temperaturwert aller Versuche heraussuchen. Für das Wertepaar (2 min | 42 °C), das du eintragen willst, suchst du zuerst den Zeitwert 2 min auf der Rechtsachse. Dort ziehst du dünn eine Linie senkrecht nach oben. Am Temperaturwert 42 °C auf der Hochachse zeichnest du eine Linie waagerecht nach rechts, bis du auf die senkrechte Linie triffst. Hier markierst du den Schnittpunkt.

Werte eintragen

Ebenso verfährst du mit allen anderen Paaren von Messwerten. Dann verbindest du immer zwei benachbarte Punkte mit einem Lineal. Es entsteht das Zeit-Temperatur-Diagramm für die untersuchte Flüssigkeit. Dies wiederholst du mit den anderen Flüssigkeiten.

Zeit-Temperatur-Diagramme interpretieren

Wird ein flüssiger Stoff erhitzt und erreicht seine Siedetemperatur, so verdampft er. Die Temperatur bleibt dabei solange konstant, bis die Flüssigkeit vollständig verdampft ist, weil die zugeführte Energie zum Verdampfen benötigt wird. Erst danach steigt die Temperatur wieder. Das Entsprechende passiert, wenn ein fester Stoff durch Erhitzen seine Schmelztemperatur erreicht. Aus einem Zeit-Temperatur-Diagramm lassen sich daher die Schmelz- oder die Siedetemp}eratur von Reinstoffen ablesen. Für Stoffgemische lässt sich nur ein Schmelzbereich oder ein Siedebereich angeben.

Alles verteilt sich gleichmäßig – Diffusion

1. V

a) Gib fünf Tropfen eines kräftigen Parfüms auf ein Uhrglas vorn im Fachraum auf dem Lehrertisch.

b) Jeder aus der Klasse notiert die Zeit, nach der er oder sie das Parfüm zum ersten Mal an seinem Platz wahrgenommen hat.

c) Erkläre das Ergebnis.

2. V **Demonstrationsversuch**

Unter dem Abzug wird ein Tropfen Brom auf eine Glasplatte gegeben. Darüber wird sofort ein leerer Standzylinder gestülpt.

3. A

Beschreibe deine Beobachtungen aus Versuch 2 nach etwa 5 min und erkläre sie mithilfe des Teilchenmodells.

4. V

a) Gib eine kleine Menge flüssiger, blauer Tinte mithilfe einer Pipette oder eines Glasröhrchens auf den Boden eines mit Wasser gefüllten Standylinders. Nicht umrühren! Lass das Gefäß mindestens 1 Stunde stehen.

b) Beschreibe deine Beobachtungen und erkläre sie mithilfe des Teilchenmodells.

1 Nur mit einem Tropfen...

5. A

a) Erkläre, warum Tee, in den Zucker gegeben wurde und der nicht umgerührt wurde, erst einmal nicht süß schmeckt.

b) Erkläre, warum die gleiche Mischung später süß schmeckt.

Süß – auch ohne Umrühren

Wenn du eine Tasse Tee süßen willst, so gibst du Zucker hinein und rührst anschließend um. Die gelösten Zuckerteilchen sollen sich gleichmäßig verteilen. Rührst du nicht um, ist der Tee im oberen Teil weniger süß als am Boden. Wartest du jedoch lange genug, so ist der Tee auch ohne Umrühren überall gleich süß. Die Zuckerteilchen haben sich von selbst gleichmäßig im ganzen Tee verteilt.
Auch Gase verhalten sich ähnlich. Ein stark riechender Stoff, etwa ein Parfüm, das in einem offenen Gefäß steht, ist nach kurzer Zeit überall im Raum wahrzunehmen. Die Geruchsstoffe verdunsten und bewegen sich selbstständig im Raum. Dadurch verteilen sie sich gleichmäßig.
Diese selbstständige Verteilung kleinster Teilchen in einen Raum hinein heißt **Diffusion.**

Teilchenmodell

Nach dem Teilchenmodell bestehen alle Stoffe aus kleinen Teilchen. Die Diffusion lässt sich damit erklären, dass alle Teilchen sich ständig bewegen: in Gasen schnell, in Flüssigkeiten langsamer, in Festkörpern bewegen sie sich kaum noch von der Stelle.
Wird eine gefärbte Flüssigkeit vorsichtig auf den Boden eines mit Wasser gefüllten Zylinders gegeben (Bild 2), so befinden sich zunächst alle Farbteilchen am Boden des Gefäßes. Da sie in ständiger Bewegung sind, verteilen sie sich im Laufe der Zeit gleichmäßig und durchmischen sich mit den Wasserteilchen. Nach einiger Zeit sind alle Teilchen gleichmäßig verteilt. Die gesamte Flüssigkeit ist gefärbt.

2 Tinte verteilt sich in Wasser: **A–B** Versuch, **C–D** Modell

Du kannst die Diffusion mit mindestens zwei Beispielen im Teilchenmodell beschreiben.

Konzentrationsausgleich durch Osmose

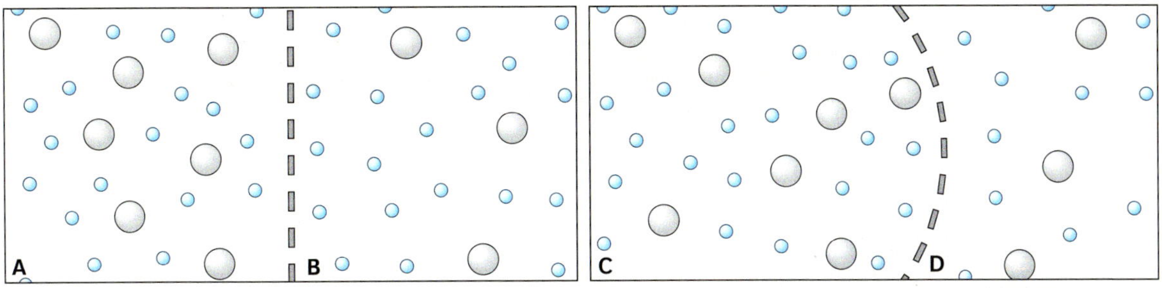

1 Kochsalzlösung: **A – B** Die Konzentrationen sind unterschiedlich, **C – D** Die Konzentrationen sind ausgeglichen.

1. Erläutere mithilfe von Bild 1 den Konzentrationsausgleich.

2. Schneide aus einer Kartoffel zwei Stäbchen von etwa 1 cm × 1 cm × 7 cm. Lege ein Stück in eine konzentrierte Kochsalzlösung und das andere in destilliertes Wasser. Vergleiche beide Kartoffelstückchen nach etwa 45 min und erkläre die Veränderungen.

3. Erkläre die Wirkungsweise einer halbdurchlässigen Membran.

4.
a) Fülle 50 ml gesättigte Zuckerlösung in einen 100 ml-Messzylinder. Verschließe den Zylinder mit Einmach-Fix (Zellglas) und stelle ihn mit der Öffnung nach unten schräg in ein großes Becherglas. Fülle dann destilliertes Wasser in das Becherglas, bis der Wasserstand etwa 1 cm niedriger ist als im Messzylinder (Bild 2).
b) Nimm nach einem Tag den Messzylinder aus dem destillierten Wasser. Drehe ihn um und lies das Volumen der Zuckerlösung ab. Erkläre deine Beobachtung.

2 Versuch zur Osmose

Osmose

Bei Stoffwechselvorgängen zwischen den Zellen von Lebewesen ist die Osmose beteiligt. Dabei spielen **halbdurchlässige Membranen** zwischen den Zellen eine entscheidende Rolle. Sie sind nur für bestimmte Stoffe durchlässig, für andere nicht. Weil die Wasserteilchen die Membran passieren können, die im Wasser gelöste Stoffe aber nicht, kommt es zu einem Konzentrationsausgleich zwischen den Zellen.

Konzentrationsunterschiede

Im Bild 1 stellt die gestrichelte Linie diese halbdurchlässige Trennwand oder Membran dar. In Bild 1A sind mehr Teilchen in der gleichen Wassermenge gelöst als in Bild 1B. Die Konzentration der gelösten Teilchen ist also in Bild 1 A höher als in Bild 1 B.

Konzentrationsausgleich

Die Trennwand zwischen 1A und 1B ist nur für die Wasserteilchen durchlässig. Diese verteilen sich nach und nach so, dass auf beiden Seiten der Trennwand die Konzentration der gelösten Teilchen gleich ist. In Bild 1C ist zu sehen, dass hier Wasserteilchen aufgenommen worden sind. Dieser **Konzentrationsausgleich** durch eine halbdurchlässige Membran wird **Osmose** genannt.

Osmose verhindern

Um den Flüssigkeitsverlust auszugleichen, der nach einer Krankheit oder einem Unfall eingetreten ist, wird eine **isotonische Kochsalzlösung** verwendet. Isotonisch heißt, dass die Salzkonzentration in dieser Lösung der Konzentration der Zellflüssigkeit entspricht. So findet also keine Osmose statt.

Du kannst den Konzentrationsausgleich durch Osmose erklären.

Trennverfahren im Überblick

1.
a) Wo nutzt du im Alltag die hier vorgestellten Trennverfahren? Notiere die Beispiele in einer Tabelle.
b) Welche Stoffeigenschaften werden bei den jeweiligen Trennmethoden genutzt? Ergänze die Tabelle.

2.
Stelle die Gewinnung von Kochsalz aus Steinsalz im Teilchenmodell dar.

Die Kugeln in den Abbildungen stellen Teilchen dar. Wasser-Teilchen werden so ○ dargestellt.

1 Staubmaske

Filtrieren

Der **Filter** einer Staubmaske hat so feine Poren, dass zwar Luft hindurch gelangt, die Staubteilchen aber nicht.
Auch beim Fettfilter der Dunstabzugshaube bleibt das Fett der Abluft hängen, sodass das Abluftrohr weitgehend fettfrei bleibt.

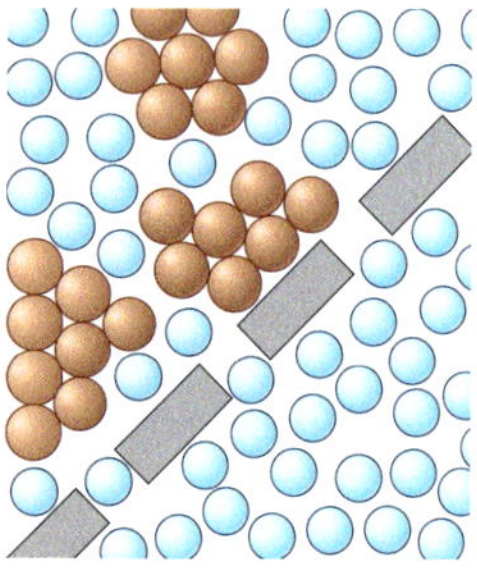

5 Filtrieren

2 Absetzbecken einer Kläranlage

Sedimentieren, Dekantieren

Im Absetzbecken einer Kläranlage kommen die Abwässer zur Ruhe. Die Feststoffe sinken zu Boden, sie **sedimentieren.** Der Überstand fließt weiter zur nächsten Klärstufe. Die Sedimente werden zusammengeschoben und aus dem Becken abgepumpt.

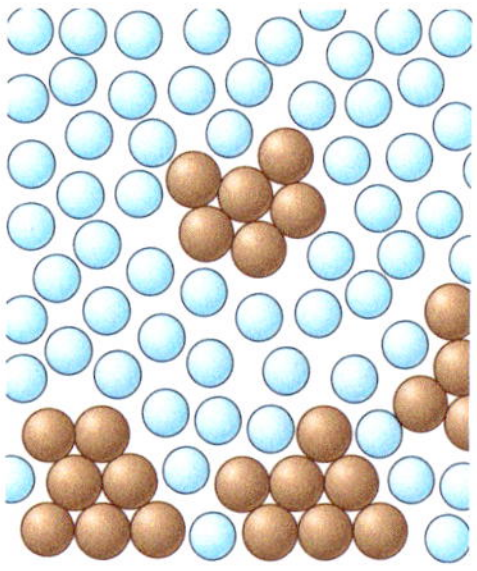

6 Sedimentieren

3 Salzgewinnung im Salzgarten

Verdunsten und Eindampfen

An den Meeren in südlichen Ländern wird Kochsalz in Salzgärten gewonnen. Das Meerwasser wird in flache Becken geleitet. Mithilfe der Sonnenenergie **verdunstet** das Wasser. Das Salz kristallisiert aus. Es wird zusammengeschoben, gereinigt und verpackt.

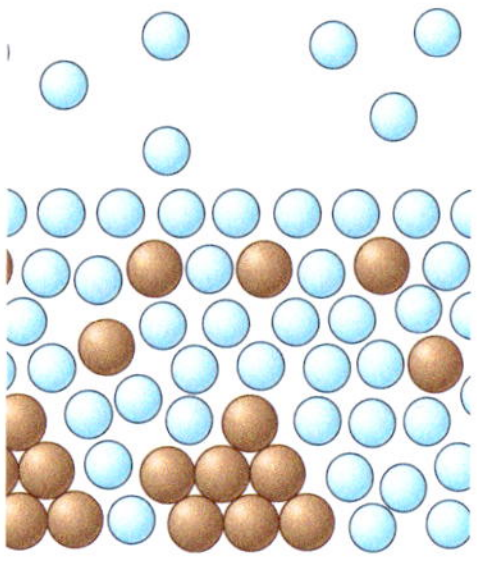

7 Eindampfen

4 Destille

Destillieren

Reines Wasser wird durch **Destillation** gewonnen. Es wird erhitzt, verdampft und kondensiert in einem gekühlten Rohr wieder. Aus dem Rohr tropft destilliertes Wasser. Die gelösten Stoffe bleiben zurück. Auch ein Gemisch aus zwei Flüssigkeiten kann so getrennt werden.

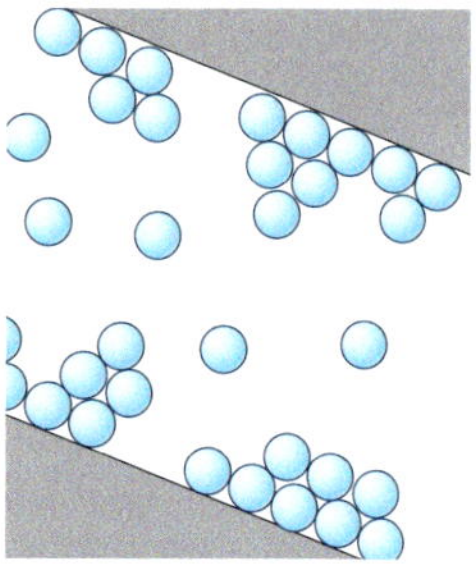

8 Destillat gewinnen

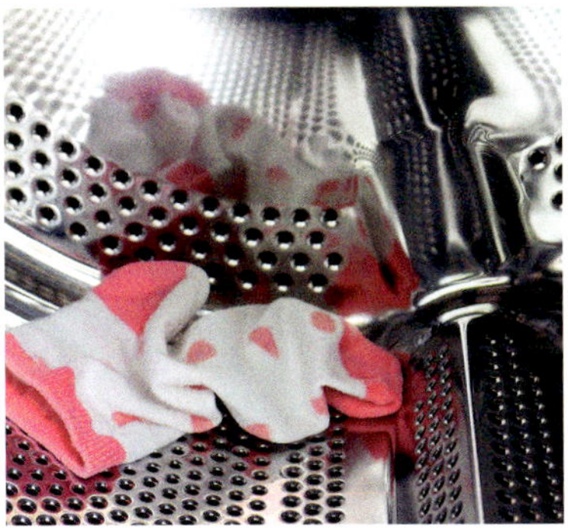

9 Wäscheschleuder

10 Mülltrennung

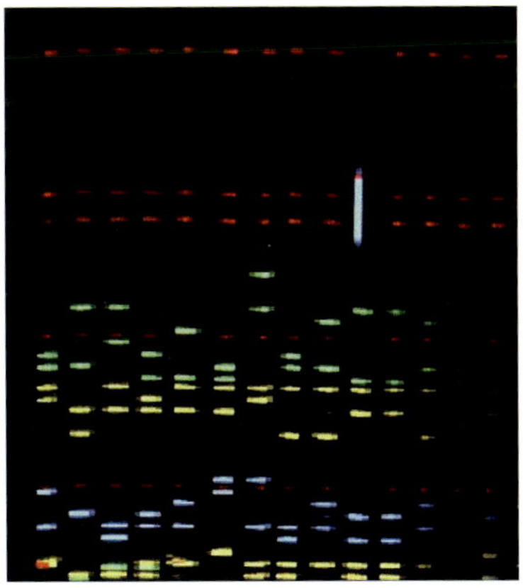

11 DNA-Test

12 Gewinnung von Pflanzenextrakt

Schleudern, Zentrifugieren

In der Wäscheschleuder wird die nasse Wäsche nach außen **geschleudert.** Durch kleine Löcher gelangt das Wasser aus der Trommel.
In einer **Zentrifuge** wird durch sehr schnelles Drehen ein Gemisch getrennt. Die schwereren Teile werden stärker nach außen gedrückt als die leichten.

Magnetscheiden

Bei der Müllsortierung wird der Müll über eine teilweise magnetische Trommel geschoben. Magnetisierbarer Müll wie Eisen bleibt an der Trommel hängen und wird aussortiert. Dieses Verfahren heißt **Magnetscheiden.**

Chromatografieren

Beim **Chromatografieren** werden verschiedene feste Bestandteile aus einem Gemisch getrennt. Die Stoffe wandern mit einem Fließmittel, zum Beispiel Wasser, auf Filterpapier. Sie werden unterschiedlich gut mitgenommen und lagern sich an unterschiedlichen Stellen ab. Auch der DNA-Vergleichstest beruht auf der Chromatografie.

Extrahieren

Pflanzeninhaltsstoffe wie ätherische Öle werden mit **Lösungsmitteln** herausgelöst. Mit dieser Methode werden pflanzliche Heilmittel gewonnen. Auch die Teezubereitung ist eine **Extraktion.** Hier dient heißes Wasser als Extraktionsmittel. Das Wasser löst die Farb- und Aromastoffe aus den getrockneten Teeblättern.

Du kannst Verfahren zur Trennung von Gemischen beschreiben und mit dem Teilchenmodell erklären.

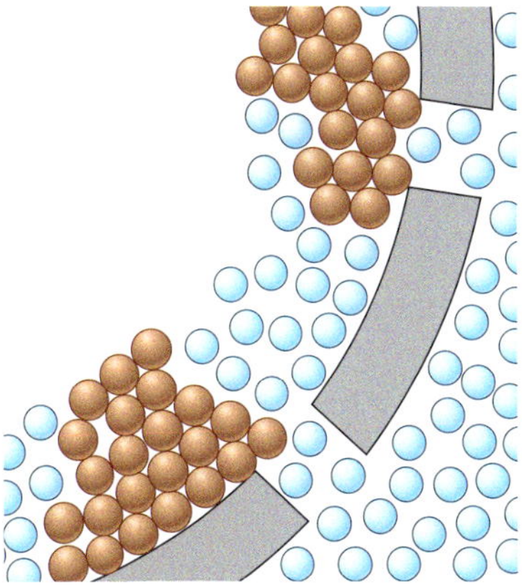

13 Wasserteilchen in der Schleuder

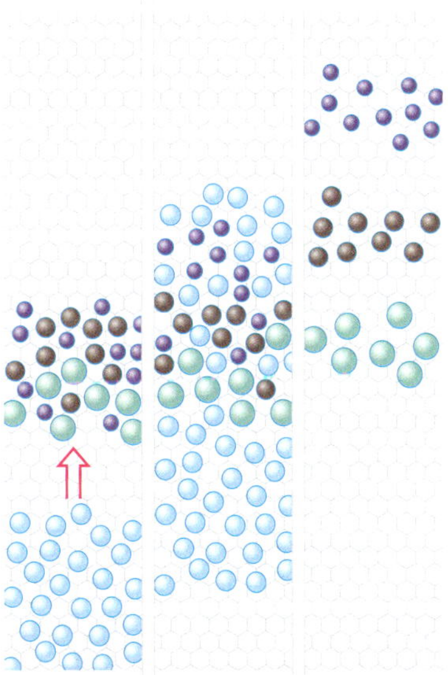

14 Stoffe fließen unterschiedlich mit.

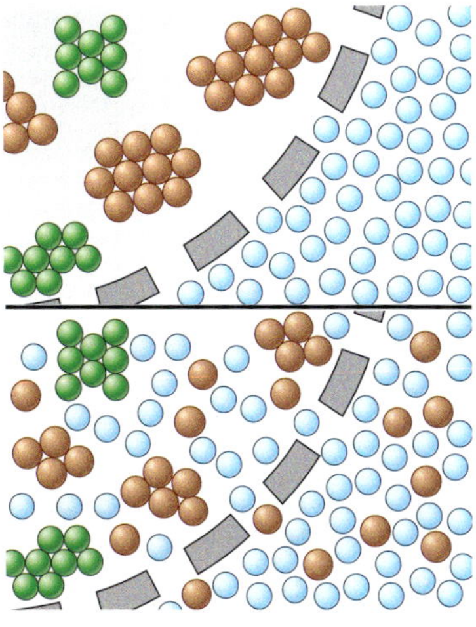

15 Ein Stoff wird extrahiert.

Basiskonzepte S. 45

Kochsalz aus Steinsalz

1.
a) Zerkleinere einen Steinsalzbrocken in einem Mörser. Siebe das Gemisch mit einem grobmaschigen Sieb über einem großen Becherglas.
b) Beschreibe den Rest im Sieb und das Gemisch im Becherglas.

2.
a) Gib zu dem zerkleinerten, gesiebten Steinsalz aus Versuch 1 etwas Wasser und rühre mit einem Glasstab um.
b) Beschreibe deine Beobachtung.

3.
a) Lass die in Versuch 2 hergestellte Mischung einige Zeit stehen. Gieße dann die über dem Bodensatz stehende Flüssigkeit in ein zweites Becherglas.
b) Beschreibe die Flüssigkeit.

4.
a) Gieße die Flüssigkeit aus Versuch 3 durch ein Laborfilter. Falte dazu aus einem Rundfilter eine Filtertüte.
b) Beschreibe den Rückstand im Filter sowie das Filtrat.

5.
a) Fülle eine Abdampfschale etwa 1 cm hoch mit der in Versuch 4 gewonnenen Kochsalzlösung. Erhitze die Salzlösung mit einer klein eingestellten, blauen Brennerflamme. Stelle den Brenner ab, bevor das Wasser ganz verdampft ist.
b) Beschreibe das Ergebnis und erkläre den Vorgang.

ACHTUNG
Gegen Ende des Erwärmens kann Salz herausspritzen!

6.
Zeichne den Ablauf der Salzgewinnung in Form eines Flussdiagramms.

1 A – H Gewinnung von Kochsalz

Flussdiagramm
Mit einem Flussdiagramm können die einzelnen Schritte eines Ablaufes schematisch dargestellt werden. Dazu werden für einen bestimmten Prozess zu jedem einzelnen Bearbeitungsschritt die Art der Bearbeitung und die dabei entstehenden Produkte aufeinander folgend notiert.

Folgt noch ein Bearbeitungsschritt, so wird mit diesem die Reihe fortgeführt.

D

E

F

G

H

Steinsalz als Ausgangsstoff
Ein Teil unseres Kochsalzes wird als Steinsalz in Bergwerken gewonnen. Steinsalzbrocken aus einem Salzbergwerk enthalten noch Verunreinigungen. Steinsalz ist ein Gemisch aus weißem Kochsalz und farbigen Mineralien. Um aus einer Steinsalzprobe reines Kochsalz zu erhalten, muss dieses Gemisch in seine Bestandteile getrennt werden.

Zerkleinern, Aufschlämmen und Sedimentieren
Zunächst wird das Steinsalz in einem Mörser möglichst fein zerrieben. Größere Steine werden durch Sieben entfernt. Das zerkleinerte Steinsalz wird in Wasser gegeben. Es entsteht eine trübe Flüssigkeit, eine **Aufschlämmung.**

Das Salz löst sich im Lösungsmittel Wasser, nicht jedoch die Verunreinigungen. Diese sinken nach einiger Zeit zu Boden und setzen sich dort ab. Dieser Vorgang heißt **Sedimentieren.**

Abgießen
Bleibt die Aufschlämmung längere Zeit stehen, lässt sich die Kochsalzlösung **abgießen.** Der Bodensatz aus Verunreinigungen bleibt zurück. Dieser Vorgang heißt **Dekantieren.**

Reinigen der Lösung
Bei genauer Betrachtung der abgegossenen Flüssigkeit sind noch Verunreinigungen erkennbar. Sie enthält zwar keine großen Schmutzteilchen mehr, sie sieht aber immer noch trübe aus.

Filtrieren
Die kleineren Teilchen können nur mit einem Filter abgetrennt werden. Dieser Vorgang heißt **Filtrieren.** Der Filter hat sehr kleine Löcher, die Filterporen. Feste Teilchen, die größer sind als die Filterporen, bleiben im Filter zurück. Sie bilden den **Rückstand.** Die Flüssigkeit, die durch den Filter läuft, heißt **Filtrat.** Durch das Filtrieren entsteht eine klare Kochsalzlösung. Eine solche Salzlösung heißt auch Sole.

Der letzte Schritt
Aus der Sole kann durch Erhitzen das reine Salz gewonnen werden. Durch die Wärmezufuhr **verdampft** das Wasser nach und nach vollständig. Es bleibt eine weiße Schicht aus kleinen Salzkristallen übrig. Dieses **Kochsalz** könnte nun in der Küche verwendet werden.

> Du kannst aus Steinsalz durch verschiedene Trennverfahren Kochsalz gewinnen.

Basiskonzepte S. 45

Stoffumwandlungen in der Umwelt

1 Glänzende Schienen

2 Altes Eisen

1.
a) Fülle drei Reagenzgläser je zur Hälfte mit etwas fettfreier Eisenwolle. Nimm einen Holzstab zur Hilfe. Drücke die Eisenwolle nicht zu fest zusammen. Lass das erste Glas unverändert stehen. Fülle in das zweite Reagenzglas so viel Wasser, dass die Eisenwolle zur Hälfte mit Wasser bedeckt ist. Im dritten Reagenzglas soll die Eisenwolle ganz in Wasser eintauchen.
b) Betrachte die Gläser nach einer Stunde, einem Tag und nach drei Tagen. Beschreibe die Veränderungen.

2.
Beschreibe die Behandlung eines Eisenblechs, damit es auch im Freien blank bleibt.

3.
Suche dir die Reste eines Laubblattes aus dem letzten Jahr und vergleiche es mit einem frischen Laubblatt. Beschreibe die Veränderungen.

4.
a) Rühre einen Zwei-Komponenten-Kleber nach Gebrauchsanweisung an. Fülle damit den Schraubverschluss einer Mineralwasserflasche. Glätte die Oberfläche mit einem Holzspatel.
b) Beobachte die Kunststoffmasse. Bestimme die Zeit, bis die Masse hart geworden ist.
c) Benenne Beispiele für Reparaturen, bei denen dieser Kunststoff eingesetzt wird.

5.
a) Rühre in der Schulküche einen Teig aus folgenden Zutaten an: 400 g Weizenmehl, ein halber Teelöffel Salz, ein halber Würfel Hefe, 50 g Butter, 150 ml Milch.
b) Lass den Teig nach dem Durchkneten eine halbe Stunde warm und abgedeckt stehen.
c) Forme den Teig zu langen Schnüren und wickle diese um das saubere Ende eines Stockes. Backe ihn über der Glut knusprig. Wende ihn dabei immer hin und her, damit er nicht anbrennt.

6.
Stelle Möglichkeiten dar, wie unerwünschte Stoffumwandlungen vermieden werden können. Zähle dazu mehrere Beispiele auf.

3 Laub im Sommer

4 Laub im Herbst

5 Kompost

6 Ein Schaden...

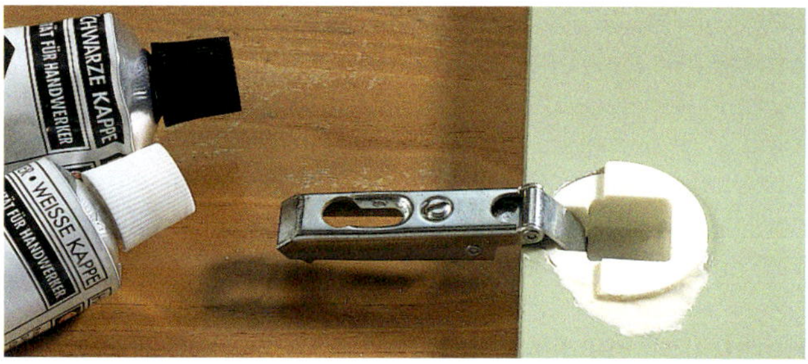

7 ... schon behoben!

Eisen verändert sich ...

Seit vielen Jahren sind keine Züge mehr über die Gleise in Bild 2 gerollt. Sie waren Wind und Wetter ausgesetzt und sind nun stark verrostet.
Eisen **rostet**, wenn es Luft und Wasser ausgesetzt wird. Wird die Oberfläche ständig durch rollende Eisenbahnräder bearbeitet, setzt sich kein Rost fest (Bild 1).

... Laub aber auch ...

Wie Eisen zersetzen sich viele Stoffe in der Natur, manche langsamer, manche schneller. Die Blätter der Laubbäume zersetzen sich im Laufe der Zeit. Riesige Mengen Laub bedecken jeden Herbst den Waldboden. In den meisten Gärten wird das Laub zusammengeharkt und kompostiert.
Nach mehr als einem Jahr ist Komposterde daraus geworden. Auch im Wald volllzieht sich dieser Vorgang. Dort bilden sich jedes Jahr neue Schichten auf dem Waldboden.

... und auch Kunststoff

Ein Scharnier ist ausgebrochen. Die runde Aussparung in der Spanplatte ist zerstört. Mit einer Zwei-Komponenten-Spachtelmasse kann Abhilfe geschaffen werden. Die Schadstelle wird mit dem Kunststoffgemisch fast gefüllt, das Scharnier wird eingesetzt. Nach dem Aushärten kann die Tür wieder eingebaut werden. Aus den beiden zähflüssigen Ausgangsstoffen ist ein harter, fester Werkstoff geworden.

Wärme wird benötigt ...

Durch Erwärmen am Feuer wird aus der weichen Teigmasse ein festes Stockbrot. Der Teig verändert sich beim Erwärmen: er bläht auf, er trocknet und wird an der Oberfläche goldbraun. Damit aus dem Teig Brot wird, ist vorsichtiges Erwärmen erforderlich. Wird der Teig zu stark erwärmt, verkohlt die Außenschicht. Das Brot ist verdorben. Lebensmittel, die so stark erwärmt wurden, dass sie schwarz sind, dürfen nicht mehr verzehrt werden.

... oder es entsteht Wärme

Bei all diesen Beispielen spielten sich bei den Stoffumwandlungen **chemische Reaktionen** ab, teils gewollt wie beim Stockbrot, teils ungewollt wie beim Rosten der Schienen. Im Unterschied zu einem physikalischen Vorgang entstehen durch chemische Reaktionen neue Stoffe mit anderen Eigenschaften.
Umwandlungsprozesse, bei denen keine Wärme zugefügt worden ist, haben eines gemeinsam: bei ihnen wird **Wärme** frei.
Nun wirst du dir bei der rostenden Schiene, beim Laub oder bei der Zwei-Komponenten-Spachtelmasse nicht die Finger verbrennen. Es entsteht nur wenig Wärme. Du kannst sie spüren, wenn frisch gemähtes Gras auf einem Haufen gesammelt wird und sich zersetzt.

Du kannst Stoffumwandlungen in der Umwelt als chemische Reaktionen beschreiben und an Beispielen erläutern.

8 Lagerfeuer – auch zum Backen

9 Stockbrot

Basiskonzepte S. 45

Herstellen von Stoffen mit gewünschten Eigenschaften

PRAKTIKUM

Stoffe mit gewünschten Eigenschaften herstellen

Durch chemische Umwandlung von Ausgangsstoffen können gezielt neue Stoffe gewonnen werden. So können Farbstoffe und Aromastoffe hergestellt werden, wie sie in der Natur nicht vorkommen. Auch neue Werkstoffe lassen sich herstellen.

Herstellen von Farbstoffen, mit denen Lebensmittel gefärbt werden können

Viele Lebensmittel werden industriell hergestellt. Dabei werden den Produkten oft Farbstoffe beigegeben, um sie frischer oder appetitlicher erscheinen zu lassen. Diese Farbstoffe müssen aber gesundheitlich unbedenklich sein.

Material

Rote oder schwarze Holunderbeeren; Heidelbeeren (möglichst Waldheidelbeeren), tiefgekühlte Spinatblätter, 1 l farblose Limonade, 3 rohe Eier, Rührteig, Teesieb, Teelöffel, 9 Bechergläser 500 ml, Trichter, Stativ, Stativklemme, Filterpapier, Trockentuch, 9 Reagenzgläser, Reagenzglasständer, Eierkocher, drei Backformen für Torteletts

Herstellen der Farbstoffe

- Drücke die von Stielen befreiten Holunderbeeren mit dem Teelöffel in einem Sieb über dem Becherglas aus. Koche den Saft im Becherglas etwa 5 min lang. Baue das Stativ mit Klemme und Trichter auf (Bild 2). Umwickle das heiße Becherglas mit dem Trockentuch. Filtriere den Holundersaft vorsichtig in das Becherglas. Fülle den abgekühlten Holundersaft etwa 10 cm hoch in jeweils drei Reagenzgläser. Er dient als Grundfarbstoff, mit dem Lebensmittel und Getränke gefärbt werden können.
- Wiederhole das Verfahren mit den Heidelbeeren, ohne sie zu kochen.
- Taue tiefgekühlte Spinatblätter auf und fange das Tauwasser auf. Koche die Spinatblätter mit dem Auftauwasser aus, filtriere den Saft und fülle ihn ebenso in drei Reagenzgläser.

Verwendung der Farbstoffe

- Gib jeweils einen Teil eines Farbstoffes in ein Becherglas mit 200 ml farbloser Limonade.
- Koche die Eier hart und gib sie mit jeweils 200 ml Wasser und einem Teil jedes Farbstoffes in ein Becherglas. Drehe die Eier mehrmals um.
- Gib jeweils 20 ml des Farbstoffes zur ausreichenden Menge Rührteig in die Backformen, rühre sorgfältig um und backe den Teig im Backofen.
- Vergleiche jeweils die Ergebnisse bei der Verwendung der Farbstoffe.

Diese Vorgänge lassen sich in einem **Ablaufdiagramm** darstellen:

Holunderbeeren —ausspressen→ Holundersaft —kochen→ dunkelroter Farbstoff

1 Holunderbeeren

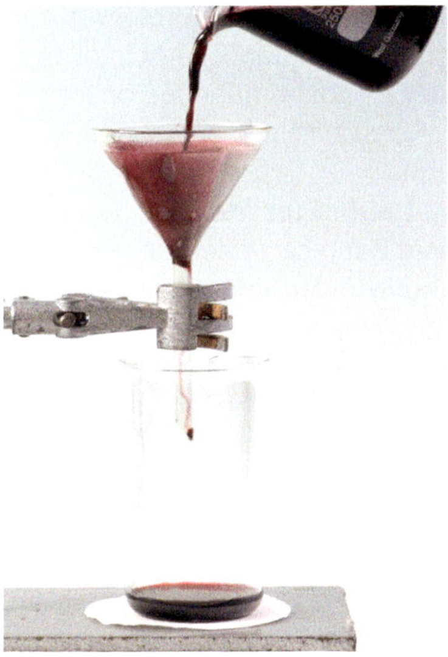

2 Filtrieren des Holundersaftes

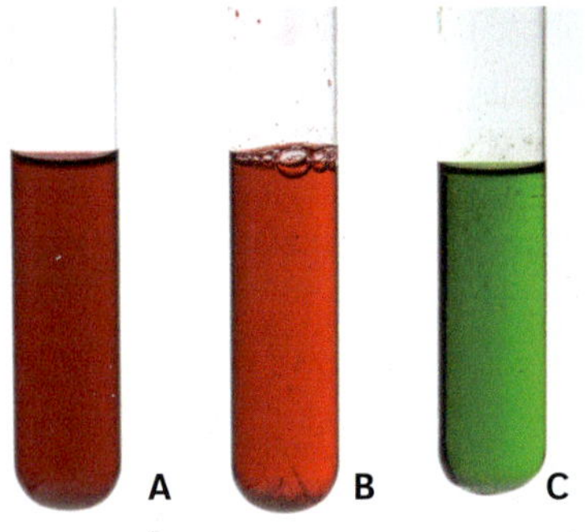

3 Lebensmittelfarbstoffe aus:
A Holunderbeeren, **B** Heidelbeeren und
C Spinatblättern

Herstellung eines Aromastoffes

In der Lebensmittelindustrie werden den Nahrungsmitteln oft Aromastoffe zugesetzt, um einen intensiveren Geschmack oder einen anderen Geschmack zu erreichen.

4 Herstellung von Karamell

Material

- 200 g Kristallzucker,
- 1 l Vollmilch

> **HINWEIS**
> Die Versuche mit Lebensmitteln müssen in der Schulküche durchgeführt werden!

Geräte

Pfanne, Holzlöffel, Topflappen, Trinkgläser

Herstellung von Karamell

Gib in eine Pfanne 150 g Kristallzucker, erhitze die Pfanne. Rühre ständig den Zucker um, bis er flüssig und leicht braun wird. Dann nimm sofort die Pfanne vom Herd, gieße den Inhalt auf ein Backpapier und lass ihn erkalten. Du erhältst eine durchscheinende, gelbbraune Masse. Das ist der Aromastoff Karamell. Du kennst ihn von Bonbons her. Der Zucker hat sich durch die Wärmezufuhr zu Karamell umgewandelt.

Herstellung von Karamellmilch

Brich ein Stück von der Karamellmasse ab und gib es in ein Glas mit Milch und rühre so lange um, bis sich der Karamell aufgelöst hat.

Ablaufdiagramm

Wärme, ständiges Rühren
Zucker ⟶ Karamell

Herstellung von Kunststoff

Kunststoffe sind Werkstoffe, die in der Natur nicht vorkommen. Sie werden künstlich hergestellt.
Es gibt eine Vielzahl von Kunststoffen mit unterschiedlichen Eigenschaften.

5 Ein künstlicher Stoff entsteht.

Material

200 g Epoxidharz, 80 g Härter, 50 g Glasfaserschnitzel (6 mm), Wachstrennmittel

Geräte

Schutzhandschuhe, Sicherheitsbrille, Holzstab zum Umrühren, zwei leere Margarinebecher, zwei leere Jogurtbecher

Herstellung eines Kunststoffes

Trage das Trennmittel dünn auf den Boden und die Seitenwände der sauberen Margarineschalen auf. Rühre nach Vorschrift in beiden Jogurtbechern je 100 g Epoxidharz mit der entsprechenden Menge Härter an, gib zum zweiten Becher noch vier Teelöffel Glasfaserschnitzel, rühre gut um und fülle die Masse jeweils in die Margarinenschale.
Lasse die Masse 48 h lang aushärten und löse sie jeweils aus der Schale. Überprüfe die Biegebeständigkeit und das Verhalten beim Erwärmen.

Ablaufdiagramm

mischen: Epoxidharz + Härter ⟶ (aushärten) Kunststoff

Basiskonzepte S. 45

Kristalle züchten

PRAKTIKUM

Kristalle

Kristalle, die du als Mineralien findest, sind in sehr langen Zeiträumen entstanden. Aus **gesättigten Salzlösungen** kannst du schneller schöne Kristalle züchten.

Material

Glasgefäße (Gurkengläser oder hohe Bechergläser), Holzstäbe, Wollfaden, mit einem kleinen Metallstück beschwert, Zwirnsfaden, Pappdeckel, Kochsalz, Alaun (Kaliumaluminiumsulfat), destilliertes Wasser, Natronwasserglas-Lösung (Natriumsilikat), Eisen(III)-chlorid, Kupfer(II)-chlorid, Eisensulfat und Calciumchlorid

❶ Kristalle am Wollfaden

Gieße eine Lösung aus 35 g Kochsalz und 100 ml Wasser in ein Glasgefäß. Befestige den Wollfaden am Holzstab und hänge ihn in das Glas (Bild 1).
Beobachte einige Tage.

1 Kristalle am Wollfaden

❷ Ein Alaun-Kristall wächst

Löse Alaun (16 g pro 100 ml) in destilliertem Wasser von 50 °C. Filtriere die Lösung und gieße einen Teil davon in eine flache Schale, den Rest in ein Vorratsgefäß. Beim Abkühlen kristallisieren am Boden der Schale Alaun-Kristalle aus. Binde einen dünnen Faden um den schönsten Kristall.

2 Alaun-Kristall

Gieße nun Alaunlösung in ein Becherglas und hänge den Kristall in die Lösung (Bild 2). Stelle das Gefäß an einen Platz mit gleichbleibender Temperatur. Beobachte das Wachsen des Kristalls über einige Wochen. Entferne zwischendurch die kleinen Kristalle, die sich am Faden bilden. Gieße bei Bedarf Alaunlösung von gleicher Temperatur nach.

❸ Zuschauen beim Wachsen

Lege einen Objektträger unter das Mikroskop. Gib einen Tropfen Alaunlösung auf den Träger, beleuchte ihn von unten. Betrachte die Veränderungen.

3 „Chemischer Garten"

❹ Ein chemischer Garten unter Wasser

Mische Natronwasserglas (Natriumsilikat) und Wasser im Verhältnis 1 : 1 und fülle damit ein großes Glasgefäß. Lass nun Kristalle der Eisensalze, des Kupferchlorids und des Calciumchlorids mit einem Spatel an unterschiedlichen Stellen in das Glasgefäß gleiten. Die Kristalle sollten einen Durchmesser von etwa 1 mm bis 2 mm haben. Beobachte die Vorgänge im Glasgefäß etwa 5 min.

Du kannst auch die Reaktion weiterer Salze in einem neuen Versuch ausprobieren. Beachte jedoch dabei immer die Sicherheits- und Entsorgungshinweise. Als Salze eignen sich noch: Chrom(III)-chlorid, Kupfersulfat, Mangansulfat und Calciumnitrat.

Entsorgungshinweis
Gieße das Gemisch aus Natronwasserglas und Wasser vorsichtig in den Ausguss ab und spüle mit viel Wasser nach. Die „Pflanzen" musst du in den Behälter B2 als Schwermetallabfall entsorgen.

Stoffe werden erhitzt

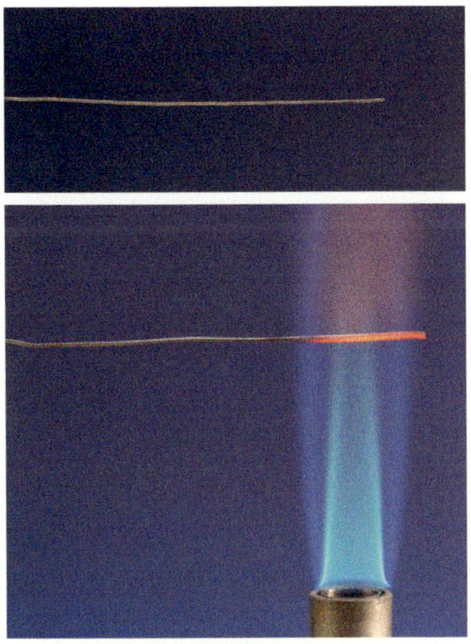
1 Ein Platindraht wird erhitzt.

1. V
Erhitze nacheinander die folgenden Stoffe in der Brennerflamme:
- einen Platindraht,
- ein Magnesiastäbchen,
- Kochsalz in einem Reagenzglas.

2. V
Gib einen gehäuften Spatel Zinkoxid in ein Reagenzglas und erhitze in der Brennerflamme. Was kannst du beobachten?

3. V
Erhitze einen Glasstab in der rauschenden Brennerflamme. Welche Veränderungen kannst du feststellen? Nenne Unterschiede zu Versuch 2.

4. V
Erhitze in einem Reagenzglas einen gehäuften Spatel Haushaltszucker vorsichtig mit kleiner Brennerflamme. Schildere die Veränderungen, die während des Versuchs sichtbar werden.

5. A
Vergleiche das Verhalten der Stoffe in den Versuchen 1 bis 4. Stelle die Ergebnisse in einer Tabelle zusammen.

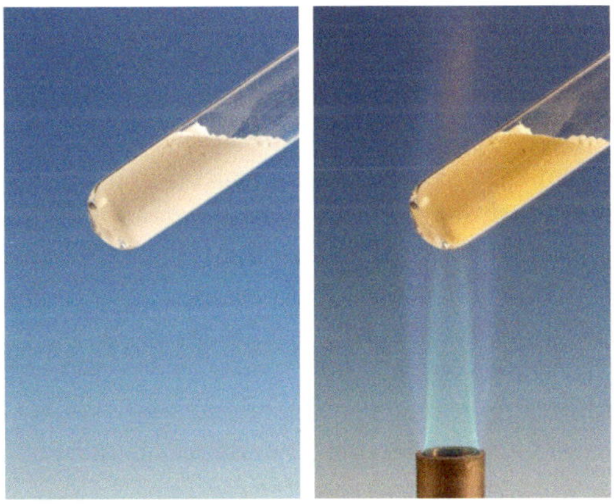
2 Zinkoxid wird erhitzt.

Was geschieht, wenn Stoffe erhitzt werden?

Stoffe verhalten sich beim Erhitzen sehr unterschiedlich. Ein Platindraht oder ein Magnesiastäbchen sehen nach dem Erhitzen noch genauso aus wie zuvor. Die Stoffe haben sich nicht verändert.
Der Glasstab wird beim kräftigen Erhitzen weich und verändert seine Form. Nach dem Abkühlen bleibt diese Änderung erhalten. Der Stoff Glas selbst hat sich durch das Erhitzen aber nicht verändert.
Manche Stoffe sehen in erhitztem Zustand nur vorübergehend anders aus als im kalten. So wird weißes Zinkoxid (Zinkweiß) beim Erhitzen gelb. Nach dem Erkalten ist es dann wieder weiß. Diese Veränderung ist also nicht von Dauer.

3 Zucker wird erhitzt.

Beim Zucker ist es anders

Viele Stoffe verhalten sich beim Erhitzen jedoch ganz anders, zum Beispiel der Zucker. Der weiße Zucker wird beim Erhitzen braun. Er riecht und schmeckt anders als vorher. Das ist eine dauerhafte Änderung. Aus dem Zucker ist ein neuer Stoff entstanden, der Karamell. Eine solche Veränderung, bei der ein neuer Stoff mit neuen Eigenschaften entsteht, ist eine **chemische Reaktion.**

Du kannst die Veränderung von Stoffen beim Erhitzen beschreiben.
Du kannst erläutern, was bei einer chemischen Reaktion mit den Stoffen geschieht.

Stoffe und ihre Eigenschaften

Stoffe und Stoffeigenschaften

Stoffe erkennst du an ihren Eigenschaften. Die Bestimmung aller **Stoffeigenschaften** allein mit den Sinnesorganen ist nicht möglich. Es gibt verschiedene Verfahren, mit denen du die Eigenschaften von Stoffen untersuchen kannst.

Farbe · Härte · Geruch · Geschmack · Wärmeleitfähigkeit · elektrische Leitfähigkeit · Schmelztemperatur · Siedetemperatur · Magnetisierbarkeit/ Brennbarkeit · Dichte

Stoffgruppen

Stoffe lassen sich einteilen in **Metalle** und Nichtmetalle. Metalle zeichnen sich durch für sie typische Eigenschaften aus:
- metallischer Glanz
- elektrische Leitfähigkeit
- Verformbarkeit
- gute Wärmeleitfähigkeit

Dichte

Die **Dichte** ρ eines Stoffe ist der Quotient aus der Masse m eines Körpers und seinem Volumen V.

$$\rho = \frac{m}{V} \qquad \text{Einheit: } \frac{\text{g}}{\text{cm}^3}$$

Metalle, deren Dichte kleiner ist als 5 $\frac{\text{g}}{\text{cm}^3}$, werden als **Leichtmetalle** bezeichnet. Metalle, deren Dichte größer ist als 5 $\frac{\text{g}}{\text{cm}^3}$, werden als **Schwermetalle** bezeichnet. Die **Dichte eines Gases** ist abhängig von seiner Temperatur und auch von dem Druck, unter dem das Gas steht.

Reinstoffe und Stoffgemische

Ein Stoff kann ein **Reinstoff** oder ein **Stoffgemisch** sein. Reinstoffe sind einheitlich zusammengesetzt und haben überall die gleichen Eigenschaften. Stoffgemische bestehen aus mindestens zwei verschiedenen Stoffen.

Name des Gemisch	Aggregatzustand der Bestandteile	Beispiel
Gemenge	fest in fest	Müsli, Granit
Suspension	fest in flüssig	Orangensaft
Rauch	fest in gasförmig	staubige Luft
Emulsion	flüssig in flüssig	Milch, Handcreme
Schaum	gasförmig in flüssig	Badeschaum
Nebel	flüssig in gasförmig	Nebel
Gasgemisch	gasförmig in gasförmig	Luft
Lösung	fest in flüssig	gesüßter Tee
Lösung	flüssig in flüssig	klarer Apfelsaft
Lösung	gasförmig in flüssig	Mineralwasser
Legierung	fest in fest	Messing, Bronze

heterogenes Gemisch **homogenes Gemisch**

Lösung

Eine Lösung besteht aus dem **Lösungsmittel** und dem darin **gelösten Stoff.** Ist das Lösungsmittel gesättigt, bildet sich bei festen Stoffen ein **Bodensatz.** Die **Löslichkeit von Gasen** hängt vom Druck und von der Temperatur ab.

Diffusion und Osmose

Durch **Diffusion** vermischen sich Stoffe selbstständig, da ihre Teilchen ständig in Bewegung sind. Bei der **Osmose** findet ein Konzentrationsausgleich statt.

Chemische Reaktionen

Beim Erhitzen entstehen aus den Ausgangsstoffen neue Stoffe mit neuen Eigenschaften. Es handelt sich um eine **chemische Reaktion.**

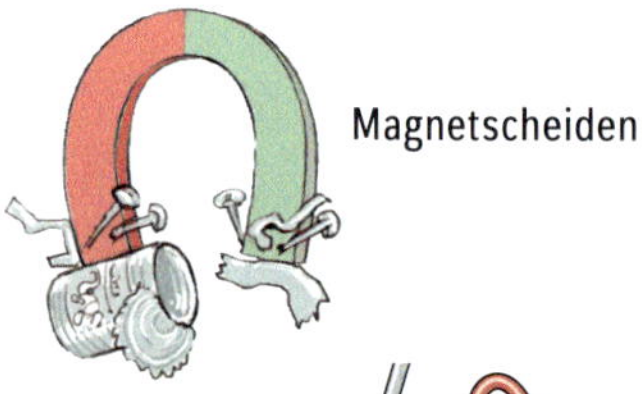

Trennverfahren

Für Stoffe gibt es verschiedene Trennverfahren. Die Trennung erfolgt aufgrund unterschiedlicher Eigenschaften der Stoffe.

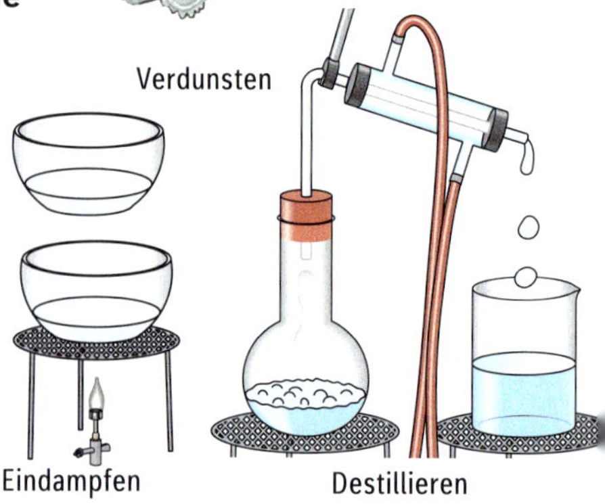

Struktur-Eigenschafts-Beziehungen

Energie

Chemische Reaktion

Struktur-Eigenschafts-Beziehung

1. A

Beim Eindampfen einer Salzlösung bilden sich Salzkristalle. Beschreibe auf der Teilchenebene, welche Vorgänge sich dabei abspielen und zu welchem Ergebnis sie führen. → S. 37

Energie

2. A

Damit der weiche Teig zu einem knusprigen Stockbrot wird, benötigst du die Wärme eines Feuers. Nenne drei weitere Vorgänge, bei denen Energie in Form von Wärme eine Rolle spielt, um Stoffe zu verändern. → S. 39

Chemische Reaktion

3. A

Wird Zucker erhitzt, so entsteht Karamell.

a) Beschreibe, welche Stoffeigenschaften sich verändert haben.

b) Begründe, ob es sich hierbei um eine chemische Reaktion handelt oder nicht. → S. 41

4. A

a) Nenne Methoden der Stofftrennung.

b) Begründe, warum es sich bei Stofftrennungen nicht um eine chemische Reaktion handelt. → S. 35

Stoffe und ihre Eigenschaften

Stoffe und ihre Eigenschaften

Kannst du schon ...

... erläutern, wie der Begriff Stoff in der Umgangssprache und in der Chemie verwendet wird? (S. 16 – 17)
... beschreiben, womit sich die Chemie beschäftigt? (S. 17)
... wichtige Stoffeigenschaften nennen? (S. 18 – 19)
... Stoffgruppen nennen und voneinander unterscheiden? (S. 20)
... erklären, was die Dichte eines Stoffes ist? (S. 21)
... die Dichte eines Stoffes bestimmen? (S. 21)
... erklären, warum die Dichte von Gasen vom Druck und der Temperatur abhängen? (S. 22)
... Schwer- und Leichtmetalle unterscheiden? (S. 23)

Zeig, was du kannst!

1. ≡ Ⓐ
Erläutere die Verwendung des Begriffs Stoff in der Umgangssprache und in der Chemie.

2. ≡ Ⓐ
Nenne Stoffeigenschaften, die du ohne Hilfsmittel mit deinen Sinnen bestimmen kannst.

3. ≡ Ⓐ
Nenne weitere Stoffeigenschaften, für deren Bestimmung du Hilfsmittel verwenden musst.

4. ≡ Ⓐ
Beschreibe zwei Stoffgruppen und nenne dazu jeweils zwei Beispiele.

5. ≡ Ⓐ
Beschreibe dein Vorgehen bei der Bestimmung der Dichte eines Metallgegenstandes.

6. ≡ Ⓐ
Beschreibe, wie die Dichte eines gasförmigen Stoffes bestimmt werden kann.

7. ≡ Ⓐ
Erläutere den Zusammenhang zwischen Temperatur, Druck und Dichte eines Gases.

Reinstoffe und Stoffgemische

Kannst du schon ...

... Beispiele für Reinstoffe aufzählen? (S. 25)
... Beispiele für Stoffgemische aufzählen? (S. 25)
... Reinstoffe und Stoffgemische voneinander unterscheiden? (S. 25)
... eine gesättigte Lösung herstellen? (S. 26)
... erklären, was eine gesättigte Lösung ist? (S. 26)
... ein Zeit-Temperatur-Diagramm zeichnen? (S. 31)
... ein Zeit-Temperatur-Diagramm interpretieren? (S. 31)
... die Diffusion erklären? (S. 32)
... beschreiben, was beim Konzentrationsausgleich durch Osmose geschieht? (S. 33)

Zeig, was du kannst!

8. ≡ Ⓐ
Erkläre den Unterschied zwischen Stoffgemisch und Reinstoff an je drei Beispielen.

9. ≡ Ⓐ
Benenne eine Lösung, in der sich ein Bodensatz gebildet hat.

10. ≡ Ⓐ
Zähle Gase auf, die sich in Wasser lösen.

11. ≡ Ⓐ
Erläutere den Unterschied zwischen einem homogenen und einem heterogenen Stoffgemisch.

12. ≡ Ⓐ
Erläutere an einem vorgegebenen Zeit-Temperatur-Diagramm den Zusammenhang zwischen Zeit und Temperatur.

13. ≡ Ⓐ
Erkläre das Auflösen eines Salzkristalles auch ohne Umrühren.

14. ≡ Ⓐ
Nenne den Fachbegriff für den Konzentrationsausgleich durch eine halbdurchlässige Membran.

Trennverfahren

Kannst du schon ...

... das Trennverfahren Filtrieren beschreiben und auf Teilchenebene darstellen? (S. 34)
... die Trennverfahren Sedimentieren und Dekantieren beschreiben? (S. 34)
... die Trennverfahren Verdunsten und Eindampfen beschreiben? (S. 34)
... eine Destillation beschreiben? (S. 34)
... die Trennverfahren Schleudern und Zentrifugieren darstellen? (S. 35)
... erklären, was beim Magnetscheiden passiert? (S. 35)
... die Chromatografie beschreiben und das Trennverfahren auf Teilchenebene darstellen? (S. 35)
... eine Extraktion beschreiben? (S. 35)
... die Trennverfahren nennen, die notwendig sind, um aus einem Steinsalzbrocken Kochsalz zu gewinnen? (S. 36 – 37)
... mehrere Möglichkeiten beschreiben, Salz zu gewinnen? (S. 36)

Zeig, was du kannst!

15. Ⓐ
Nenne Beispiele für Emulsionen, mit denen du im Alltag zu tun hast.

16. Ⓐ
Stelle dar, wie du ein Gemisch aus Wasser, Sand, Eisenspäne und Salz trennen kannst.

17. Ⓐ
Beschreibe die Verfahren, mit denen du eine Suspension in ihre Bestandteile trennen kannst.

18. Ⓐ
Nenne die richtigen Fachbegriffe für:
• vorsichtig abgießen,
• absetzen lassen.

19. Ⓐ
Begründe, warum sich eine Lösung nicht durch Filtrieren in ihre Bestandteile trennen lässt.

20. Ⓐ
Zeichne eine Destillationsanlage und beschrifte sie.

Stoffumwandlungen

Kannst du schon ...

... an Beispielen beschreiben, was bei Stoffumwandlungen in der Umwelt geschieht? (S. 38 – 39)
... Kristalle züchten? (S. 42)
... eine chemische Reaktion definieren? (S. 39 – 43)
... Beispiele für chemische Reaktionen aus dem Bereich der Lebensmittelzubereitung nennen? (S. 43)

Zeig, was du kannst!

21. Ⓐ
Erläutere, woran du eine chemische Reaktion erkennst.

22. Ⓐ
Beschreibe das Erhitzen von Zucker in einem Reagenzglas.

Wichtige Begriffe

- Stoffe und Stoffeigenschaften
- Dichte, Leichtmetalle, Schwermetalle
- Reinstoffe und Stoffgemische
- Lösungen
- Siedetemperaturen
- Diffusion und Osmose
- Trennverfahren
- Stoffumwandlungen

Stoffe reagieren miteinander

Was bewirkt die Wärmezufuhr?

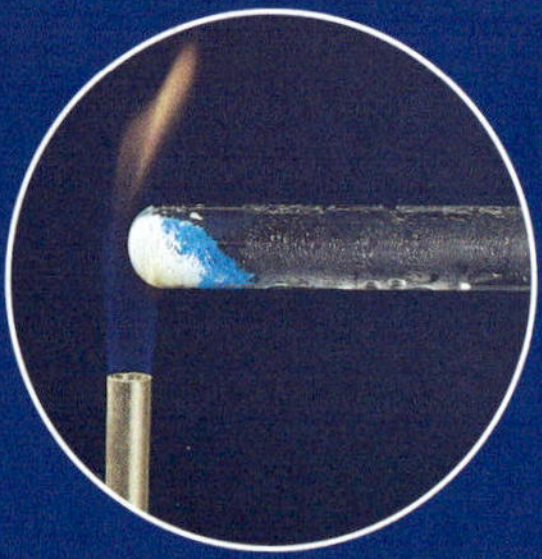

Warum entstehen die Gasbläschen?

Wird an der Glühlampe der Gaskolben entfernt, verbrennt der Wolframdraht, wenn du die Lampe einschaltest. Warum?

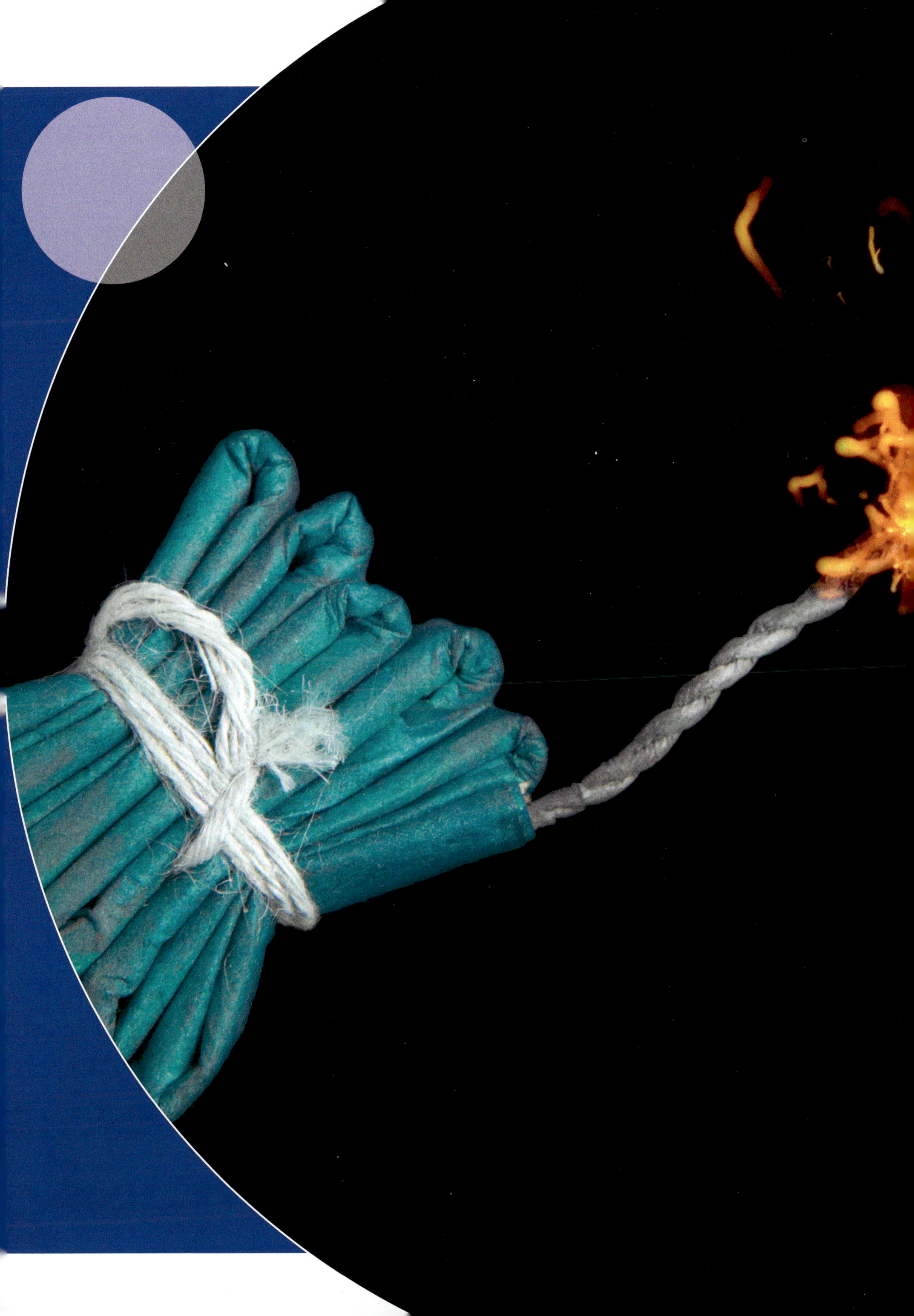

Metalle können brennen

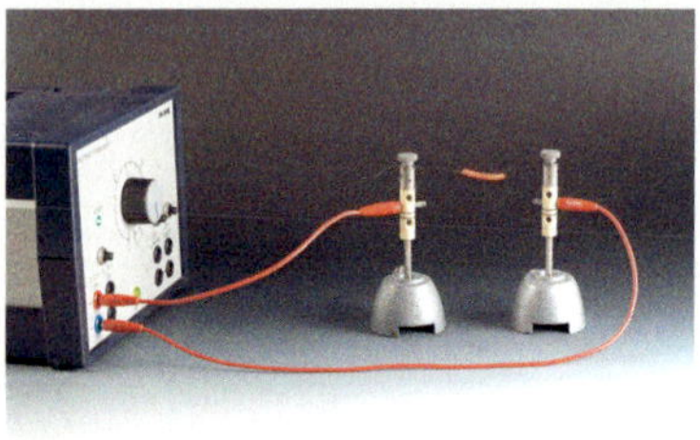

1 Eine Wendel in einer Prüfstrecke

1. V
Vergleiche den Wolframdraht einer Glühlampe vor dem Einschalten und nach dem Ausschalten.

2. V
Wickle einen etwa 20 cm langen, blanken Eisendraht (Durchmesser 0,2 mm) um einen dünnen Holzstab zu einer Wendel. Bau die Wendel in eine Prüfstrecke ein. Regle die Spannung des Stromversorgungsgerätes so, dass sie erst schwach, dann sehr kräftig glüht (Bild 1).

3. A
Vergleiche Ablauf und Ergebnis der Versuche 1 und 2. Beschreibe den grundsätzlichen Unterschied bei diesen beiden Vorgängen.

4. V
a) Schmirgle die Oberfläche eines etwa 5 cm langen Magnesiumbandes blank. Beschreibe dann einige Eigenschaften des Metalls Magnesium.
b) Entzünde das Magnesiumband an einem Ende in der Brennerflamme (Bild 4).
Vorsicht: Nicht in die grelle Flamme schauen!
c) Vergleiche das Verbrennungsprodukt mit dem Ausgangsstoff.

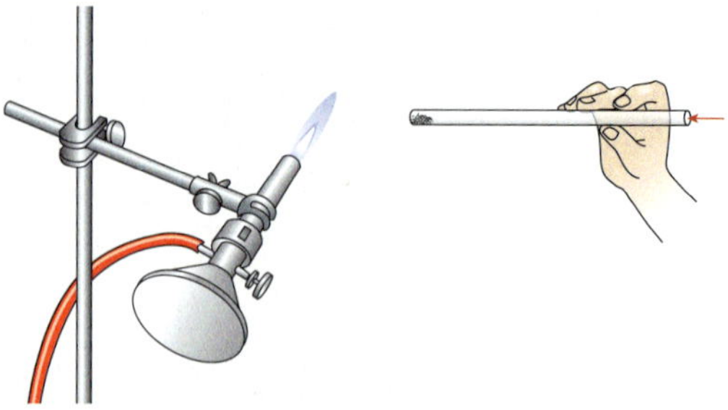

2 Eisenpulver wird in die Flamme gepustet.

5. V
a) Halte mit der Tiegelzange einen dicken Nagel in die rauschende Brennerflamme.
b) Halte einen kleinen Bausch Eisenwolle kurz an eine Brennerflamme.
c) Puste etwas Eisenpulver aus einem Glasrohr in die nicht leuchtende Flamme eines schräg gestellten Gasbrenners (Bild 2).

6. A
Vergleiche den Ablauf und die Ergebnisse der Versuche 5 a) bis c) und erkläre die Unterschiede.

7. V
a) Falte ein Stück Kupferblech einmal zusammen. Biege die Ränder fest um (Bild 5). Erhitze das Kupferblech in der heißen Brennerflamme so lange, bis es einmal gut durchgeglüht ist. Falte diesen „Kupferbrief" nach dem Abkühlen wieder auseinander.
b) Beschreibe, wo sich das Kupferblech verändert hat.
c) Erkläre die Unterschiede.

8. A
Erläutere, warum es Funken gibt, wenn ein Werkzeug aus Stahl geschliffen wird (Bild 3).

9. A
a) Woran erkennst du in Bild 7, dass es sich um eine chemische Reaktion gehandelt hat?
b) Beschreibe diese Reaktion in Form einer Wortgleichung.

3 Stahl wird geschliffen.

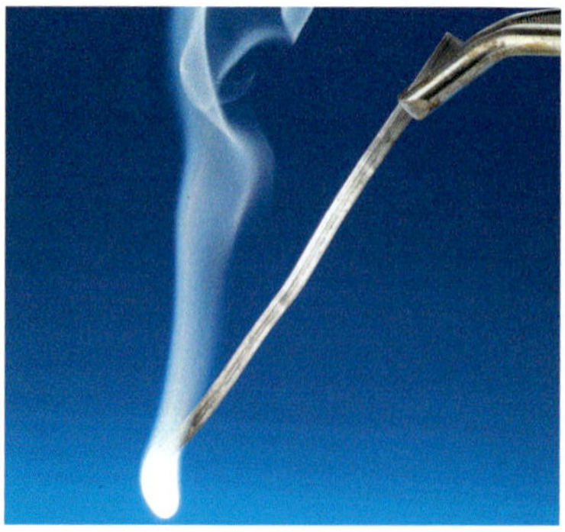

4 Magnesiumband

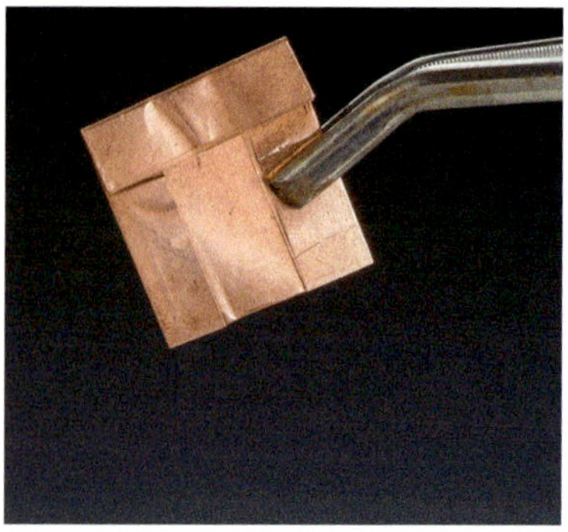

5 Ein Kupferbrief

6 Ohne Glashülle verbrennt der Wolframdraht einer Glühlampe.

Die brennende Glühlampe

Nach dem Einschalten leuchtet der Wolframdraht einer Glühlampe hell auf. Nach dem Ausschalten sieht er so aus wie vorher, er hat sich nicht verändert. Diese vorübergehende Änderung ist ein **physikalischer Vorgang.**

Das sieht ganz anders aus, wenn eine Glühlampe ohne die schützende Glashülle in Betrieb genommen wird. Der Wolframdraht leuchtet nur kurz auf und **verbrennt** dann. Der Draht ist danach nicht mehr zu sehen. Dafür ist als Reaktionsprodukt ein grünes Pulver entstanden. Bei dieser Verbrennung ist aus dem Metall Wolfram und dem Sauerstoff der Luft ein neuer Stoff mit neuen Eigenschaften entstanden. Die Verbrennung ist eine **chemische Reaktion.**

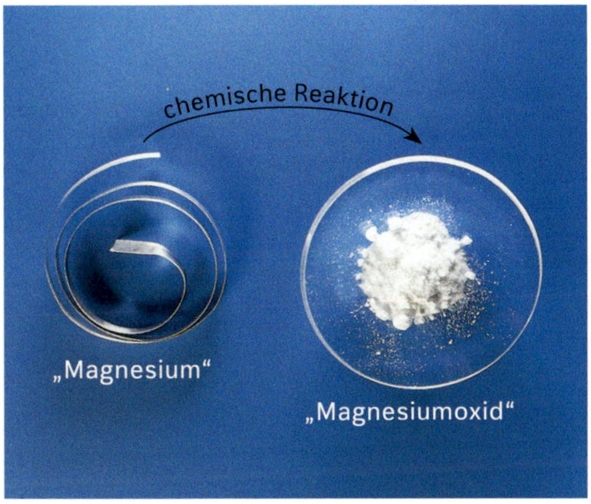

7 Magnesium wurde an der Luft verbrannt.

Oxidation

Die Reaktion eines Stoffes mit Sauerstoff heißt **Oxidation,** die Reaktionsprodukte heißen **Oxide.** Wolfram und Sauerstoff reagieren zu Wolframoxid, Magnesium und Sauerstoff zu Magnesiumoxid. Solche Reaktionen verlaufen umso heftiger, je feiner verteilt die Ausgangsstoffe sind. Wenn kein Sauerstoff vorhanden ist, wie in einer intakten Glühlampe oder an der Innenseite des Kupferbriefes, kann auch keine Oxidation stattfinden.
Bei Verbrennungen wird stets Energie in Form von Wärme an die Umgebung abgegeben. Sie heißt **Verbrennungswärme.**

Wortgleichung

Eine solche Reaktion, etwa zwischen Eisen und Sauerstoff, kann auf folgende Weise kurz beschrieben werden:

Eisen und Sauerstoff reagieren zu Eisenoxid.
Dabei wird Wärme frei.

Die Aussage lässt sich als **Wortgleichung** schreiben:

Eisen + Sauerstoff → Eisenoxid; Wärme wird frei

Das Pluszeichen in einer Wortgleichung wird als „und" gelesen und der Reaktionspfeil als „reagieren zu".

Du kannst beschreiben, was bei einer chemischen Reaktion mit den Ausgangsstoffen geschieht.
Du kannst eine Oxidation definieren.

Die Bestandteile der Luft

1. Ⓐ
Nenne die Eigenschaften der beiden Hauptbestandteile der Luft.

2. Ⓠ
Suche im Internet oder in einem Lexikon nach Beispielen für die Verwendung von Edelgasen.

3. Ⓐ
Erkläre, warum in vielen Lebensmittelverpackungen die Luft durch Stickstoff ersetzt wird.

4. Ⓠ
Informiere dich im Internet, in einem Fachbuch oder Lexikon, wie hoch der Anteil von Kohlenstoffdioxid in der ausgeatmeten Luft ist.

5. Ⓥ
Halte einen Bausch Eisenwolle mit einer Tiegelzange in die Brennerflamme und beobachte.

6. Ⓥ **Demonstrationsversuch**
Auf den Boden eines Gefäßes wird etwas Sand gegeben. Danach wird das Gefäß mit reinem Sauerstoff gefüllt. Ein Bausch Eisenwolle wird mit der Brennerflamme erhitzt, bis er glüht. Dann wird er sofort in das Gefäß gehalten.

7. Ⓐ
Beschreibe deine Beobachtungen zu Versuch 6.

8. Ⓐ
Vergleiche deine Beobachtungen aus den Versuchen 5 und 6. Erkläre die Unterschiede.

9. Ⓥ
Entzünde einen Holzspan und lasse ihn kurze Zeit brennen. Puste ihn aus, sodass er nur noch glimmt. Halte ihn glimmend in ein Reagenzglas mit reinem Sauerstoff. Beschreibe und erkläre deine Beobachtungen.

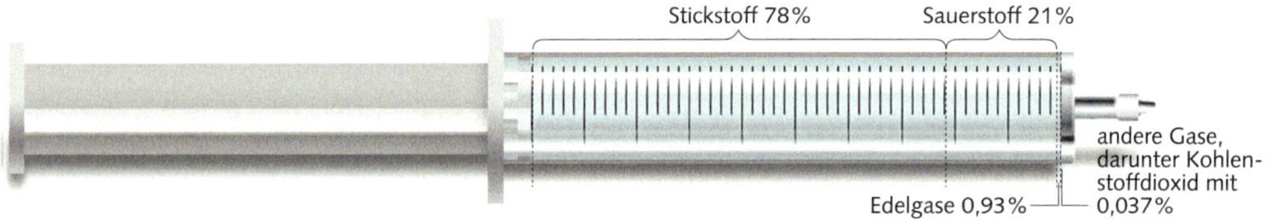

Reiner Sauerstoff

Luft besteht etwa zu einem Fünftel aus Sauerstoff. Zum Atmen und für normale Verbrennungsvorgänge reicht dies völlig aus. In der Technik und der Medizin wird aber häufig **reiner Sauerstoff** eingesetzt.

Nachweis von Sauerstoff

Hältst du einen glimmenden Holzspan in ein Gefäß mit reinem Sauerstoff, so beginnt er mit heller Flamme zu brennen. Dieser Versuch heißt **Glimmspanprobe.** Er dient zum Nachweis von Sauerstoff.

1 Reiner Sauerstoff zum Schweißen

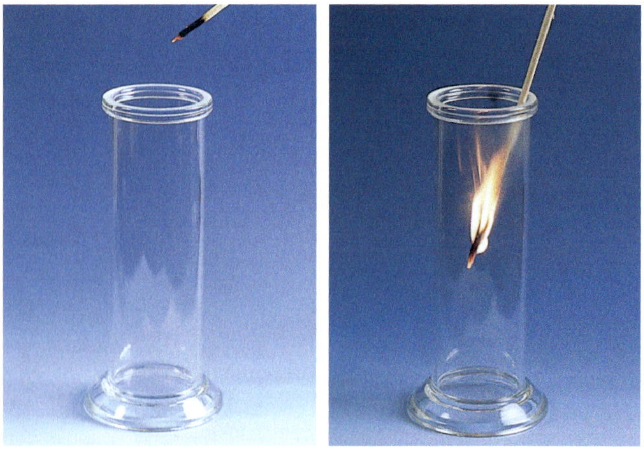

2 Nachweis von Sauerstoff: Glimmspanprobe

3 Hier wird Sauerstoff gebraucht: **A** Raketen, **B** Taucher, **C** Extrembergsteiger

Sauerstoff in der Technik

Beim Schweißen ist eine sehr heiße Flamme erforderlich. Diese ist nur mit reinem Sauerstoff und Acetylen erreichbar.
Allgemein laufen Verbrennungen in reinem Sauerstoff heftiger ab als in der Luft. Deshalb führen auch Raketen in Tanks reinen Sauerstoff mit sich.

Sauerstoff ist lebenswichtig

In Krankenhäusern und Rettungswagen werden Sauerstoffgeräte zur künstlichen Beatmung eingesetzt. Taucher führen Sauerstoff mit sich, um unter Wasser atmen zu können. Auch Bergsteiger, die in große Höhen aufsteigen wollen, brauchen meist Sauerstoff aus einem Atemgerät. Ähnliches gilt für Feuerwehrleute, die bei einem Brand Menschen aus verqualmten Häusern retten.

Stickstoff

- Der Hauptbestandteil der Luft ist Stickstoff.
- Stickstoff ist ein farb- und geruchloses Gas.
- In reinem Stickstoff würden Lebewesen ersticken.
- In Stickstoff kann nichts verbrennen. Eine Kerzenflamme erlischt darin.
- Obst, Gemüse und andere Lebensmittel werden in Stickstoff gelagert. Sie verderben dadurch nicht so schnell wie in Luft.

Edelgase

- Es sind sechs Edelgase bekannt: Helium, Neon, Argon, Krypton, Xenon, Radon.
- Alle Edelgase sind farb- und geruchlos.
- Helium ist leichter als Luft. Daher werden Ballons und Luftschiffe damit gefüllt.
- Argon und Krypton werden in Glühlampen benutzt.
- In Leuchtstoffröhren erzeugen Helium, Neon und Krypton farbiges Licht.
- Manche Autos haben Xenonlicht.

Kohlenstoffdioxid

- Kohlenstoffdioxid ist farb- und geruchlos.
- Die Luft, die du ausatmest, enthält viel mehr Kohlenstoffdioxid als die eingeatmete Luft.
- Die Blasen in Mineralwasser bestehen aus Kohlenstoffdioxid.
- Kohlenstoffdioxid wird als Hauptverursacher für den Klimawandel genannt.

Du kannst die Bestandteile der Luft angeben und den Nachweis für Sauerstoff beschreiben.

4 Stickstoff zur Konservierung

5 Leuchtreklame mit Neon

6 Kohlenstoffdioxid im Mineralwasser

Bestimmung des Sauerstoffgehalts von Luft

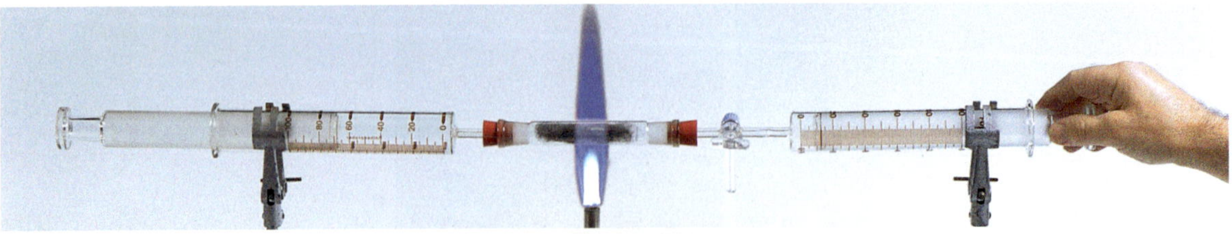

1. V Demonstrationsversuch
In ein schwer schmelzbares Glasrohr wird trockene, fettfreie Eisenwolle geschoben. Das Glasrohr wird mit zwei Kolbenprobern verbunden. In einem der beiden Kolbenprober werden genau 100 ml Luft abgemessen. Die Eisenwolle wird bis zum Glühen erhitzt. Dann wird die Luft mehrfach über die glühende Eisenwolle in den zweiten Kolbenprober und zurück gedrückt. Nach Abkühlung auf Raumtemperatur wird das Volumen im Kolbenprober erneut gemessen.

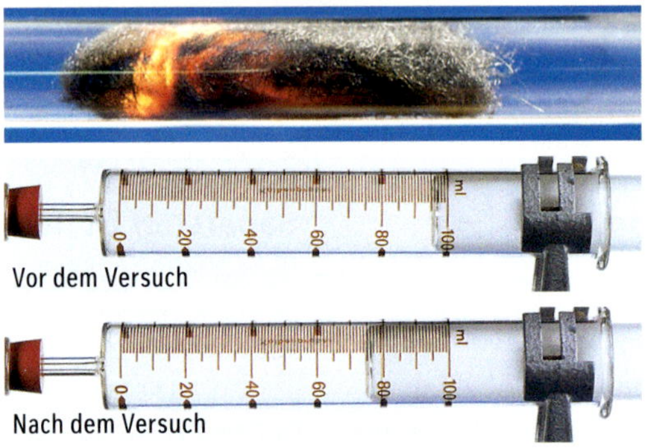

2. A
a) Begründe, warum die Apparatur aus Versuch 1 vor dem Ablesen der Volumenveränderung am Kolbenprober abgekühlt sein muss.
b) Begründe, warum am Ende des Versuchs noch unverbrannte Eisenwolle übrig sein sollte.

3. V
Halte einen brennenden Holzspan in das Restgas des Kolbenprobers (Versuch 1). Erkläre deine Beobachtung.

4. A
Ließe sich der Versuch zur Bestimmung des Sauerstoffgehalts der Luft auch mit Kohlenstoff anstelle von Eisenwolle durchführen? Begründe.

Sauerstoffbestimmung

Mit einem Metall wie Eisen, das mit Sauerstoff ein festes Oxid bildet, lässt sich der Sauerstoffgehalt der Luft bestimmen. Vor der Verbrennung muss eine bestimmte Menge Luft abgemessen werden. Damit die Reaktion vollständig abläuft, muss Metall in Überschuss vorhanden sein. Aus der Restmenge der Luft nach beendeter Reaktion lässt sich der Sauerstoffgehalt bestimmen. Luft besteht etwa zu einem Fünftel aus Sauerstoff. Der Rest ist hauptsächlich Stickstoff (Tabelle 2).

Gas	Anteil in 1000 ml Luft
Stickstoff	780,8 ml
Sauerstoff	209,5 ml
Argon	9,3 ml
Kohlenstoffdioxid	0,37 ml
Sonstige Edelgase	0,024 ml
Methan	0,0016 ml
Wasserstoff	0,0005 ml
Kohlenstoffmonooxid	0,0002 ml
Stickstoffoxide	0,0000005 ml
Ozon	0,0000004 ml

2 Zusammensetzung der Luft

Steckbrief: Sauerstoff

Eigenschaften: farbloses, geruchloses Gas
Dichte: 1,33 $\frac{g}{l}$ (bei 20 °C)
Schmelztemperatur: −219 °C
Siedetemperatur: −183 °C
Löslichkeit in Wasser: 8,8 $\frac{mg}{l}$ (bei 20 °C)
Reagiert mit fast allen Elementen zu Oxiden
Verwendung: als Atemgas in Atemgeräten, als Reaktionspartner beim Schweißen, beim Raketenantrieb
Nachweis: Glimmspanprobe

1 Steckbrief von Sauerstoff

Sauerstoffgewinnung

Sauerstoff kann aus der Luft gewonnen werden. Dazu wird die Luft auf etwa −200 °C abgekühlt. Sie wird flüssig. Danach wird sie langsam erwärmt. Da Stickstoff bei −196 °C und Sauerstoff erst bei −183 °C sieden, lassen sich die Gase durch Destillation trennen. Das Verfahren wird nach CARL VON LINDE (1842 – 1934) **Linde-Verfahren** genannt.

Du kannst angeben, wie sich der Sauerstoffgehalt der Luft bestimmen lässt. Du kannst beschreiben, wie Sauerstoff nach dem Linde-Verfahren gewonnen wird.

Der Schwefel

1.
Informiere dich, wo Schwefel in der Natur vorkommt.

2.
a) Erhitze im Reagenzglas über der kleinen Brennerflamme langsam zwei Spatel Schwefel, bis er verdampft. Schwenke das Reagenzglas dabei ständig leicht.
b) Beschreibe, wie sich der Schwefel vom festen Zustand über den flüssigen Zustand zum gasförmigen Zustand jeweils verändert.

3.
Überprüfe, ob Schwefel den elektrischen Strom leitet.

4. Demonstrationsversuch
Unter dem Abzug wird im Verbrennungslöffel Schwefel verbrannt.

5.
a) Welche Farbe hat die Flamme des brennenden Schwefels in Versuch 4?
b) Beschreibe den Geruch des Verbrennungsproduktes.
c) Benenne den neuen Stoff.

6. Demonstrationsversuch
Ein Apfelstück wird jeweils für 30 min in einen Standzylinder mit Luft und in einen Standzylinder mit Schwefeldioxid gelegt.

7.
a) Beschreibe die Veränderungen bei den Apfelstücken in Versuch 6.
b) Erkläre den Unterschied.

8.
Übertrage den Steckbrief ins Heft und vervollständige ihn.

1 Schwefel

2 Aprikose: geschwefelt und ungeschwefelt

Vorkommen von Schwefel

An den Rändern aktiver Vulkane lassen sich Schwefelkristalle finden. Schwefel wird auch bergmännisch abgebaut. Der größte Teil des in der Industrie benötigten Schwefels wird bei der Entschwefelung von Erdöl und Erdgas gewonnen.

Eigenschaften und Verwendung

Das Nichtmetall Schwefel ist gelb, ungiftig und geschmacklos. Er wird zur Herstellung von Schwarzpulver für Feuerwerksraketen und Böller gebraucht. Schwefel ist Bestandteil der Zündmasse von Streichhölzern. Bei der Herstellung von Autoreifen gibt Schwefel dem Gummi die gewünschte Elastizität. In der Medizin wird Schwefel in Medikamenten zur Heilung von Hauterkrankungen eingesetzt.

Steckbrief
Geruch:
Farbe:
Schmelztemp.:
Siedetemp.:
Vorkommen:
Stoff: Schwefel

Ein Verbrennungsprodukt des Schwefels

Beim Verbrennen von Schwefel entsteht ein gasförmiges Reaktionsprodukt, das **Schwefeldioxid.**

$$\text{Schwefel} + \text{Sauerstoff} \rightarrow \text{Schwefeldioxid}$$
$$S + O_2 \rightarrow SO_2$$

Schwefeldioxid ist giftig. Es tötet viele Bakterien und Schimmelpilze ab. Steht auf einer Packung getrockneter Früchte „geschwefelt", so sind die Früchte zur Haltbarmachung mit Schwefeldioxid behandelt worden, nicht mit elementarem Schwefel. Schwefeldioxid verhindert zugleich, dass die Früchte sich verfärben.

3 Schwefel wird flüssig.

Du kannst Eigenschaften und Verwendungen des Schwefels und seines Verbrennungsprodukts angeben.

Der Stickstoff

1.
Erkläre den Namen Stickstoff. Plane einen Versuch, mit dem du deine Erklärung überprüfen kannst und führe ihn durch.

2.
Begründe, warum zum Füllen von Flugzeugreifen Stickstoff verwendet wird.

3.
Nenne Beispiele für die Verwendung von Stickstoff in der Lebensmittelindustrie.

4.
Informiere dich, warum auf Feldern oft Lupine, Hornklee oder Luzerne als Zwischenfrucht angebaut wird.

5.
Informiere dich über die verschiedenen Stickstoffoxide.

6.
Was ist Lachgas? Wozu wird es verwendet?

7.
Übertrage den Steckbrief ins Heft. Vervollständige ihn.

Eigenschaften und Gewinnung von Stickstoff

Fast vier Fünftel der Luft bestehen aus Stickstoff. Stickstoff ist ein reaktionsträges Gas. Es ist farblos, geruchlos, geschmacklos und ungiftig. Zur Gewinnung des Stickstoffs wird Luft auf −200 °C abgekühlt. Sie wird flüssig.
Danach wird sie langsam erwärmt. Bei −196 °C beginnt der Stickstoff zu sieden, er kann als Gas aufgefangen und in Stahlflaschen abgefüllt werden.

Steckbrief

Geruch:
Farbe:
Schmelztemp.:
Siedetemp.:
Vorkommen:
Stoff: Stickstoff

Verwendung von Stickstoff

Stickstoff eignet sich als Schutzgas beim Verpacken von Obst und Gemüse. Dadurch soll die Haltbarkeit von Obst und Gemüse verlängert werden.
Flüssiger Stickstoff ist so kalt, dass er zum schnellen Gefrieren in der Lebensmittelindustrie und in der Medizin eingesetzt wird. Beim Tunnelbau in loser Erde werden die Seitenwände des Tunnels oft mithilfe von flüssigem Stickstoff so vereist, dass Abstützungen unnötig werden. Stickstoff wird auch zur Herstellung von Kunstdünger gebraucht.

Oxide des Stickstoffs

Bei hohen Temperaturen, zum Beispiel im Automotor, reagiert auch der sonst reaktionsträge Stickstoff mit Sauerstoff.

Stickstoff + Sauerstoff → Stickstoffoxid

Dabei bilden sich verschiedene **Stickstoffoxide.** Sie sind sehr umweltbelastend. Im Abgaskatalysator werden die meisten Stickstoffoxide wieder in Sauerstoff und Stickstoff zerlegt.

Du kannst Eigenschaften, Gewinnung, Verwendung und Oxide des Stickstoffs angeben.

1 Stickstoff sammeln und so düngen

2 Gefrieren mit flüssigem Stickstoff

3 Die Reifen werden heiß.

Der Kohlenstoff

1.
Informiere dich über Vorkommen und Verwendung von Diamant und Grafit.

2.
Versuche sowohl mit einem Diamantsplitter als auch mit einem Stück Grafit eine Kachel, ein Kupferblech und Tafelkreide zu ritzen. Vergleiche und notiere die Ergebnisse.

3.
Plane Versuche zur Überprüfung der elektrischen Leitfähigkeit von Diamant und Grafit. Führe die Versuche durch.

4.
Erstelle einen Kurzvortrag über die Herstellung künstlicher Diamanten und ihre Verwendung.

5.
Entzünde eine Kerze. Halte eine Porzellanschale darüber. Erkläre deine Beobachtung.

6.
Informiere dich über die Bildung und Verwendung von Ruß.

7.
Übertrage die Steckbriefe in dein Heft und ergänze sie.

Reiner Kohlenstoff

Kohlenstoff kommt in der Natur in zwei ganz gegensätzlichen Formen vor, als **Grafit** und als **Diamant.** Diese verschiedenen Erscheinungsformen des Kohlenstoffs werden auch **Modifikationen** des Kohlenstoffs genannt.

1 Rohdiamanten

Diamant

Diamanten sind dir als wertvolle Edelsteine bekannt. Diamant ist der härteste in der Natur vorkommende Stoff. Er wird wegen seiner Härte hauptsächlich als Schleif-, Schneid- und Bohrmittel eingesetzt. Nur etwa ein Zehntel der gefundenen Diamanten wird zu Schmuck weiterverarbeitet.

2 Steckbrief Diamant

3 Teuer!

4 Nicht so teuer!

5 Steckbrief Grafit

Grafit

Grafit kennst du als Hauptbestandteil von Bleistiftminen. Weil er weich ist, eignet sich Grafit auch gut als Schmiermittel. Wegen der elektrischen Leitfähigkeit von Grafit werden die Schleifkontakte von Elektromotoren oder Elektroden aus Grafit hergestellt. Grafit ist widerstandsfähig gegen Chemikalien.

6 Grafitbrocken

Ruß

Auch Ruß ist Grafit. Er besteht aus sehr kleinen Grafitkristallen. Ruß wird in großen Mengen zur Reifenherstellung und zur Farbenherstellung benötigt.

Du kannst die verschiedenen Modifikationen des Kohlenstoffs mit ihren Eigenschaften angeben.

Oxide des Kohlenstoffs

1.
Fülle zwei Waschflaschen etwa 6 cm hoch mit Kalkwasser.
a) Drücke Luft mithilfe eines Kolbenprobers durch das Kalkwasser in der einen Waschflasche.
b) Atme aus und blase dabei die Luft durch das Kalkwasser in der zweiten Waschflasche.
c) Notiere den Unterschied und begründe ihn.

2.
a) Sauge mithilfe einer Wasserstrahlpumpe die Verbrennungsgase von Holzkohle wie in Bild 1 durch eine Waschflasche.
b) Beschreibe, wie du Kohlenstoffdioxid nachweisen kannst.

3.
a) Ist in Keksen Kohlenstoff enthalten? Überlege mit deinen Mitschülerinnen und Mitschülern, wie ihr das überprüfen könnt.
b) Berichte und führe dann den Versuch unter dem Abzug durch.

4.
Übertrage die Steckbriefe in dein Heft und vervollständige sie.

1 Nachweis von CO_2

Kohlenstoffdioxid (CO_2)
Kohlenstoffdioxid ist ein farbloses, geruchloses, unbrennbares Gas. Es entsteht bei der Verbrennung von Kohlenstoff.

$$C + O_2 \rightarrow CO_2$$

Bei –78 °C wird Kohlenstoffdioxid fest. Es wird **Trockeneis** genannt, weil es, ohne flüssig zu werden, vom festen in den gasförmigen Zustand übergeht, es sublimiert. Klares Kalkwasser wird trübe, wenn CO_2 eingeleitet wird. Das ist ein Nachweis für CO_2.

Kohlenstoffmonooxid (CO)
Kohlenstoffmonooxid ist farblos und geruchlos, aber sehr giftig. Es entsteht, wenn bei der Verbrennung von Kohlenstoff nicht ausreichend Sauerstoff vorhanden ist.

$$2\,C + O_2 \rightarrow 2\,CO$$

Da es in den Abgasen der Autos vorkommt, dürfen wegen Vergiftungsgefahr in geschlossenen Räumen keine Motoren laufen. In der chemischen Industrie wird es zur Herstellung von Kunststoffen benötigt.

2 Steckbrief CO_2

3 A CO_2 lässt den Teig aufgehen, **B** Dank CO_2 ist das Gebäck locker.

4 Steckbrief CO

CO_2 im Alltag
Kohlenstoffdioxid löst sich zum Teil in Wasser. Dabei entsteht auch **Kohlensäure.**

$$CO_2 + H_2O \rightarrow H_2CO_3$$

Öffnest du eine Limonadenflasche, entweicht Kohlenstoffdioxid.

CO_2 beim Backen
Backpulver oder Hefe lassen im Kuchenteig Kohlenstoffdioxid entstehen. Dabei bilden sich im Teig kleine Gasbläschen. Dadurch wird der Kuchen locker.

Kohlenstoffdioxid wird im Alltag oft als Kohlensäure bezeichnet.

CO_2 in der Technik
Kohlenstoffdioxid verdrängt den Sauerstoff vom Brandherd und dient als Löschmittel. Mit festem Kohlenstoffdioxid, **Trockeneis,** kann Disconebel erzeugt werden.

Du kannst Oxide des Kohlenstoffs benennen und beschreiben.

Es wird wärmer – leider!

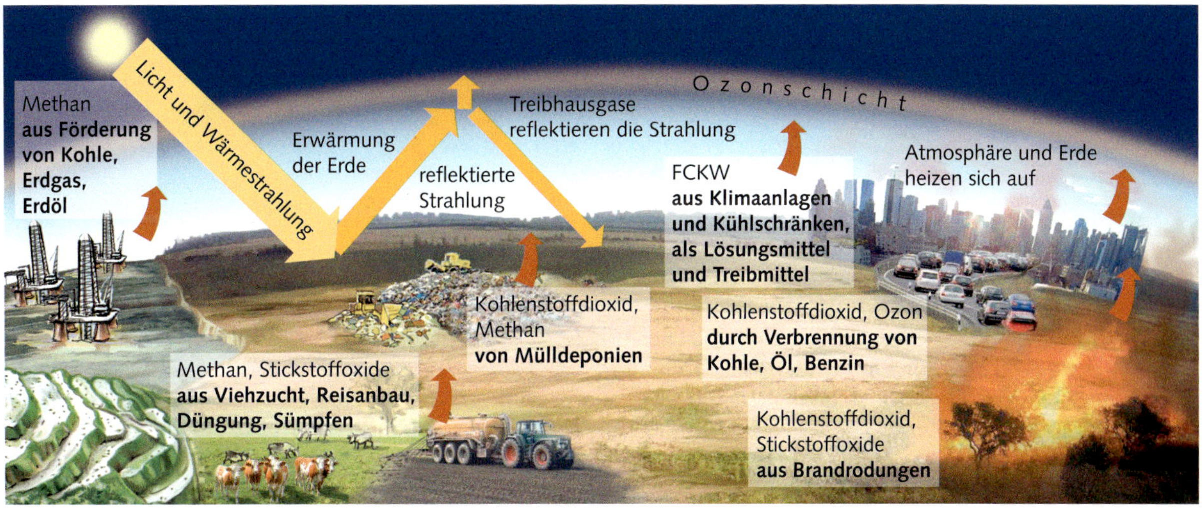

1 Verursacher des zusätzlichen Treibhauseffektes

1. Nenne mögliche Ursachen und Folgen der Klimaveränderung.

2. Informiere dich über die Funktion von Treibhäusern und erkläre den Treibhauseffekt für die Erde.

3. Nenne Maßnahmen, die ergriffen werden, um den Ausstoß von Kohlenstoffdioxid zu verringern.

4. Informiere dich über die Entstehung von Methan in unserer Umwelt. Beschreibe die Auswirkungen des Gases auf unser Klima.

5. Erkläre den Unterschied zwischen dem natürlichen und dem zusätzlichen Treibhauseffekt.

Natürlicher Treibhauseffekt

Die von der Sonne auf die Erde kommende Strahlung erwärmt Boden, Seen und Flüsse, lässt Wasser verdunsten und Wolken entstehen. Wasser, Boden und Luft geben die aufgenommene Energie in Form von Wärmestrahlung in Richtung Weltraum ab. Wolken und Gase in der Lufthülle wirken ähnlich wie das Glasdach eines Gewächshauses. Sie bewirken, dass nur ein Teil der Abstrahlung ins Weltall gelangt. Das ist der **natürliche Treibhauseffekt.**

Durch ihn bleibt die Durchschnittstemperatur der Erde bei 15 °C. Ohne ihn würde die Durchschnittstemperatur der Erde –18 °C betragen.

Zusätzlicher Treibhauseffekt

Seit einiger Zeit wird ein leichtes Ansteigen der Durchschnittstemperatur der Erde beobachtet. Ursache dafür ist das vermehrte Auftreten von bestimmten Gasen in der Lufthülle, die die Wärmeabstrahlung ins Weltall noch zusätzlich behindern. Sie werden **Treibhausgase** genannt.

Zu diesen Gasen gehören hauptsächlich Kohlenstoffdioxid, Stickstoffoxide und Methan (Bild 1). Diese Gase vermindern in den oberen Luftschichten die Wärmeabstrahlung der Erde in den Weltraum. Dadurch steigt die Durchschnittstemperatur auf der Erde. Es entsteht ein vom Menschen verursachter **zusätzlicher Treibhauseffekt.**

Auswirkungen

Durch das Ansteigen der Durchschnittstemperatur auf der Erde entstehen beispielsweise verstärkt Orkane und Unwetter, das Eis der Antarktis und auf Grönland schmilzt ab und lässt den Meeresspiegel ansteigen. Viele Pflanzen und Tiere können in der dann immer wärmer werdenden Umgebung nicht mehr existieren. Die Pflanzen- und Tierwelt verändert sich.

Du kannst die Entstehung und die Auswirkungen des zusätzlichen Treibhauseffektes beschreiben.

Das Ziel für alle: Weniger Kohlenstoffdioxid!

PINNWAND

CO_2-Reduzierung auch bei der Beleuchtung

Nahezu die Hälfte der elektrischen Energie wird in Deutschland in Kraftwerken durch Verbrennung von Braunkohle und Steinkohle erzeugt. Dabei entstehen große Mengen an Kohlenstoffdioxid. Es ist deshalb wichtig, elektrische Energie einzusparen. Beispielsweise wurden Glühlampen durch Energiesparlampen oder LEDs ersetzt: diese brauchen bei gleicher Helligkeit maximal ein Fünftel der elektrischen Energie. Dadurch kann der CO_2-Ausstoß verringert werden.

Sonnenkollektoren

In Sonnenkollektoren auf Dächern von Häusern wird durch Sonneneinstrahlung eine Flüssigkeit aufgeheizt, die ihre Wärme an die Heizungsanlage abgibt. So muss weniger Erdgas oder Heizöl verbrannt werden.

CO_2-Ausstoß beim Auto, Flugzeug und Bahn

Bei einem Mittelklassewagen entstehen im Durchschnitt pro Kilometer Fahrt 170 g Kohlenstoffdioxid. Bei einer Fahrt von Berlin nach München (etwa 600 km) sind das mehr als 100 kg Kohlenstoffdioxid. Für einen Flug von Berlin nach München werden etwa 90 kg Kohlenstoffdioxid pro Person erzeugt, bei einer entsprechenden Bahnfahrt etwa 30 kg.

1. A
Nenne weitere Möglichkeiten zum Einsparen von elektrischer Energie.

2. Q
Nenne Möglichkeiten, wie Sonnenenergie noch genutzt werden kann.

3. A
Berechne den Ausstoß an Kohlenstoffdioxid pro Person, wenn im Auto vier Personen von Berlin nach München fahren.

Bäume als Sauerstofflieferanten

Dieser Baum nimmt an einem strahlenden Sommertag so viel Kohlenstoffdioxid auf, wie ein Mittelklassewagen bei einer Fahrt von 100 km erzeugt. Er liefert uns so viel Sauerstoff, wie zehn Menschen zum Atmen benötigen.

Viele Städte und Gemeinden haben eine Baumschutzsatzung erlassen, nach der Bäume ab einem bestimmten Umfang nur noch mit Erlaubnis gefällt werden dürfen. Werden sie gefällt, so müssen Ersatzbäume gepflanzt werden.

4. A
Berechne, wie viele Bäume an einem Sommertag den Sauerstoffbedarf von dir und deinen Mitschülern decken.

5. A
Begründe, warum eine Baumschutzsatzung sinnvoll ist.

6. Q
Finde weitere Möglichkeiten, den Ausstoß von Kohlenstoffdioxid zu verringern.

Gesundheitsgefahren durch gasförmige Oxide

Schwefeldioxid (SO_2)
Farbloses, stechend riechendes Gas · schwerer als Luft · entsteht bei der Verbrennung schwefelhaltiger Stoffe, vor allem bei Kohle · Hauptverursacher des „Smog" · verbindet sich beim Atmen mit der Feuchtigkeit der Schleimhäute zu schwefliger Säure · verursacht Hustenreiz und Rachenschmerzen · Oxidation zu Schwefelsäure in der Atmosphäre möglich

Stickstoffoxide (NO_x)
Verschiedene Oxide, entstehen aus Luftstickstoff · verbinden sich mit Feuchtigkeit zu Säuren · Oxidation zu Salpetersäure möglich · reizen die Schleimhäute · beteiligt an Klimaerwärmung · Verkehr ist Hauptverursacher

Kohlenstoffdioxid (CO_2)
Farb- und geruchloses Gas · schwerer als Luft · entsteht bei allen Verbrennungsvorgängen mit Kohlenstoff, aber auch bei Gärprozessen (Weinkeller, Grünfutter-Silo) · verbindet sich in der Lunge mit roten Blutkörperchen · Sauerstofftransport wird dadurch erschwert oder unterbunden · lähmt bei einer Konzentration von 40 % in der eingeatmeten Luft in Sekunden lebenswichtige Zentren des Körpers · löst sich beim Einatmen von reinem Sauerstoff wieder von den roten Blutkörperchen

Kohlenstoffmonooxid (CO)
Farb- und geruchloses Gas · sehr giftig · leichter als Luft · entsteht bei Verbrennungsvorgängen, bei denen nicht genug Sauerstoff vorhanden ist · ist auch im Auspuffgas von älteren Benzinmotoren bis zu 3,5 % enthalten · schon bei 1 % Konzentration in der eingeatmeten Luft nach einer Stunde lebensgefährlich · starke Kopfschmerzen, Augenflimmern, Brechreiz, innere Erstickung, da sich die roten Blutkörperchen mit CO verbinden und keinen Sauerstoff mehr transportieren können · erst nach Blutaustausch ist Sauerstofftransport wieder möglich

1. A
Übertrage das Krankenblatt in dein Heft (Bild 1). Auf ihr fehlt die Diagnose. Lies die vier Zettel und ergänze danach die Diagnose auf der Krankenkarte.

2. A
Erstelle ein Krankenblatt zu einer Vergiftung durch Kohlenstoffmonooxid. Überlege mögliche Ursachen.

KRAFT, Markus

Symptome:	klagt über Rachenschmerzen, Übelkeit, Hustenreiz, Schleimhäute im Rachen- und Nasenraum stark gerötet
Ursache:	Einatmen von Dämpfen beim Desinfizieren von Weinfässern
Diagnose:	
Therapie:	Säure an den Schleimhäuten neutralisieren durch Besprühen der Schleimhäute mit schwacher Lauge

1 Krankenblatt

2 Aus Kraftwerken entweichen viele gasförmige Oxide.

3 Aus Kraftfahrzeugen entweichen viele gasförmige Oxide.

STREIFZUG

Stoffe und ihre Oxide

1. (A)
a) Benenne den Stoff, der vorhanden sein muss, damit sich ein Oxid bilden kann.
b) Benenne den Vorgang, bei dem sich ein Oxid bildet.

2. (A)
Beschreibe, woran du erkennst, dass die Oxidation ein chemischer Vorgang ist.

3. (A)
Nenne zwei Beispiele, bei denen das Oxid einen anderen Aggregatzustand hat als der Ausgangsstoff.

4. (A)
Nenne drei gasförmige Oxide, die sehr umweltbelastend sind.

Ausgangsstoff

1 Kupfer

2 Schwefelkristalle

3 Kohlenstoff verbrennt.

Veränderung

Oxide haben eine größere Masse als die jeweiligen Ausgangsstoffe.
Wenn Kupferblech oxidiert, entsteht Kupferoxid. Die Masse des Kupferoxids ist größer als die des Kupfers, weil die Masse des Sauerstoffs noch zur Masse des Kupfers hinzugekommen ist.

Oxide können einen anderen Aggregatzustand als der Ausgangsstoff haben.
Schwefel ist ein ungiftiges Nichtmetall. Er verbrennt mit einer blauen Flamme zu Schwefeldioxid. Schwefeldioxid ist gasförmig und hat einen stechenden Geruch. Es ist giftig. Schwefeldioxid wird zum Bleichen eingesetzt und tötet Bakterien und Schimmelpilze ab. Durch dieses Schwefeln werden Lebensmittel haltbar gemacht.

Manche Ausgangsstoffe können unterschiedliche Oxide bilden.
Ist bei der Verbrennung von Kohlenstoff genügend Sauerstoff vorhanden, bildet sich das geruchlose Gas Kohlenstoffdioxid, CO_2. Dieses Gas ist Bestandteil der Luft. Es kann mit Kalkwasser nachgewiesen werden. Ist bei der Oxidation von Kohlenstoff nicht ausreichend Sauerstoff vorhanden, bildet sich das giftige, geruchlose Gas Kohlenstoffmonooxid, CO.

Oxid

4 Oxidiertes Kupfer

5 Brennender Schwefel

Tote durch Grill
Wegen eines aufziehenden Unwetters stellten zwei Freunde nach einer Grillparty den Holzkohlengrill vom Balkon ins Wohnzimmer. Beim Verglimmen der restlichen Glut entstand das giftige und geruchlose Kohlenstoffmonooxid, das die beiden tötete.

Du kannst Veränderungen der Ausgangsstoffe bei einer Oxidation angeben.

Fest oder blättrig?

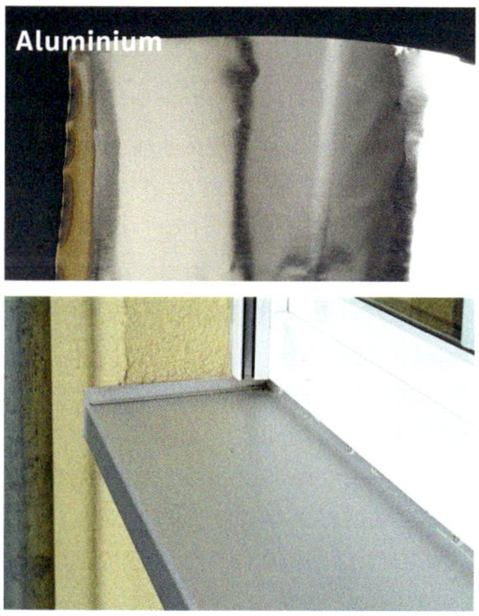

1 Die Oberfläche der Fensterbank aus Aluminium ist verändert worden.

2 Das verzinkte Tor wird lange ohne besondere Pflege halten.

3 Der Eisenpfahl wird bald ersetzt werden müssen.

1.
a) Nimm ein etwa 5 cm langes Stück Magnesiumband. Beschreibe seine Oberfläche.
b) Schabe an einigen Stellen des Bandes an der Oberfläche.
c) Wiederhole den Versuch mit einem stark verrosteten Nagel.
d) Beschreibe und erkläre deine Beobachtungen.

2.
Beschreibe jeweils den Unterschied zwischen den Oberflächen bei den gezeigten Metallen in den Bildern 2 und 3.

3.
Beschreibe, was eloxiertes Aluminium ist.

4.
Nenne den Vorteil der Oxidschicht bei Magnesium, Aluminium und Zink.

5.
Nenne den Nachteil der Rostschicht des Eisens im Vergleich zu den Oxidschichten der Metalle aus Aufgabe 4.

Oberflächen können sich verändern

Viele Metalle verlieren im Laufe der Zeit ihren typischen metallischen Glanz. So ist ein Kupferrohr anfangs noch rötlich-glänzend. Nach einiger Zeit hat das Rohr einen durchgehenden, festen, bräunlich-stumpfen Belag. Wenn du aber an dem Belag kratzt, so erscheint an dieser Stelle wieder der metallische Glanz des Kupfers. Ähnliches kennst du beispielsweise von Bleieindeckungen beim Übergang vom Dachfenster zu den Dachpfannen oder bei Profilen aus Aluminium. Auch hier hat sich ein fester Belag gebildet. Beim Blei entsteht Bleioxid und beim Aluminium Aluminiumoxid.

Langsame Oxidation der Oberfläche

Die Oberflächen der meisten Metalle verbinden sich mit dem Sauerstoff der Luft, sie oxidieren. Bei dieser **langsamen Oxidation** entsteht an der Oberfläche von Kupfer Kupferoxid und beim Aluminium entsteht Aluminiumoxid. Diese Oxidschichten bilden oft einen festen, Sauerstoff undurchlässigen Überzug. Er verhindert eine weitere Oxidation tieferer Schichten. Die Oxidschicht schützt das darunter liegende Metall.

Eisen verhält sich anders

Auch Eisen verändert sich an der Luft. Nur in sehr trockener Luft bildet sich eine Oxidschicht, in feuchter Luft bildet sich **Rost.** Zur Rostbildung ist außer Sauerstoff auch Wasser notwendig. Je feuchter die Umgebung ist, desto schneller bildet sich Rost. Der Rost ist kein fester Überzug, sondern er ist locker und blättrig. Deshalb können Sauerstoff und Wasser auch an die tieferen Eisenschichten gelangen und auch diese immer weiter rosten lassen.

Du kannst unterschiedliche Veränderungen von Metalloberflächen durch Oxidation beschreiben.

Edel oder nicht?

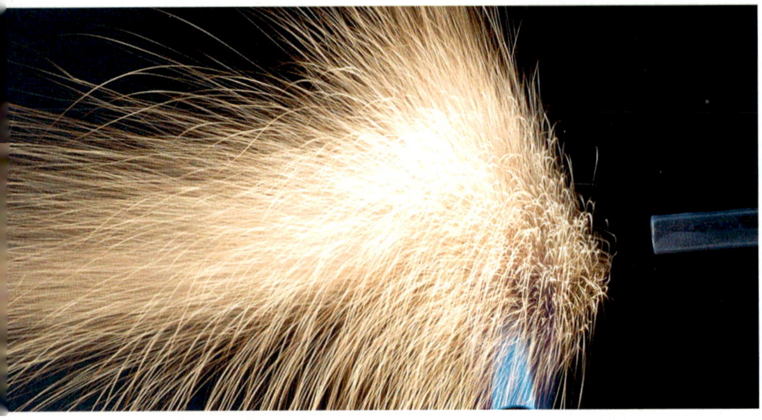

1 Welches Metall reagiert am besten?

1.
a) Informiere dich über Edelmetalle und ihre Verwendung.
b) Finde eine Erklärung für den Begriff „Edelmetall".

2.
a) Spanne den Brenner mit einer Klemme horizontal an einer Stativstange ein. Stelle das Stativ auf eine feuerfeste Unterlage. Gib etwas Kupferpulver in ein Ende eines etwa 50 cm langen Glasrohrs. Puste das Pulver in die rauschende Flamme des Brenners. Was geschieht dabei?
b) Wiederhole Versuch a) erst mit Eisenpulver, dann mit Aluminiumpulver und zuletzt mit Magnesiumpulver. Achte darauf, dass die Pulver etwa gleiche Korngröße haben. Beobachte jeweils die Reaktion.
c) Ordne die Metalle danach, wie heftig sie in der Brennerflamme mit dem Sauerstoff reagiert haben.

Unedle Metalle

Metalle, die sich leicht mit Sauerstoff verbinden, heißen **unedle Metalle.** Sie bilden an der Luft eine Oxidschicht und können sogar verbrennen. Je besser ein Metall mit Sauerstoff reagiert, desto unedler ist es.
Metalle können danach geordnet werden, wie gut sie mit Sauerstoff reagieren. Daraus ergibt sich die **Oxidationsreihe der Metalle.** Am Anfang der Oxidationsreihe stehen diejenigen Metalle, die sehr heftig mit Sauerstoff reagieren, also die unedlen Metalle.

Edelmetalle

Metalle, die kaum oder gar nicht mit Sauerstoff reagieren, heißen **Edelmetalle.** Ihre Oberfläche überzieht sich nicht mit einer Oxidschicht. Diese Metalle behalten ihren typischen Glanz. Deshalb werden Edelmetalle wie Gold und Platin als Schmuckmetalle verwendet.
In der Oxidationsreihe stehen die Edelmetalle rechts.

3 Der Glanz bleibt.

Du kannst Merkmale edler und unedler Metalle angeben.
Du kannst die Oxidationsreihe der Metalle erklären.

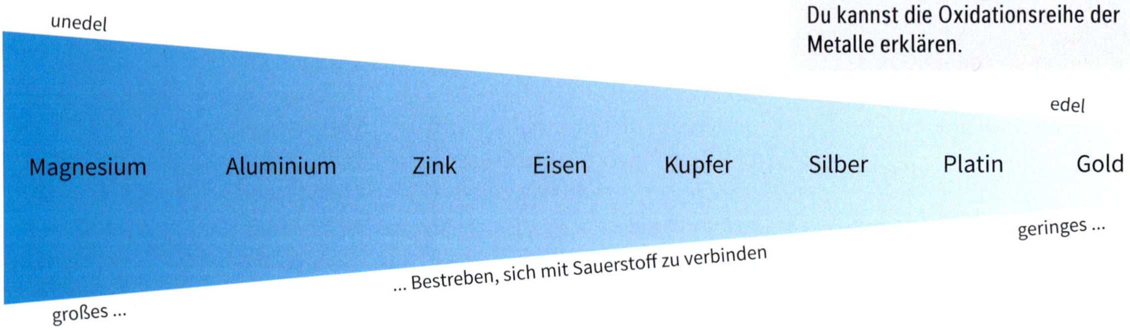

2 Oxidationsreihe der Metalle

Basiskonzepte S. 95

Heiß und heftig!

Die Trennscheibe des Winkelschleifers

Sie dreht sich mit sehr hoher Drehzahl. Sie frisst sich in den Stahlträger und reißt dabei Stahlteilchen heraus. Wegen der Reibung zwischen Trennscheibe und Stahlträger werden die Stahlteilchen sehr heiß. Dabei reagieren sie mit dem Sauerstoff der Luft. Sie glühen auf und oxidieren, während sie von der Trennscheibe mit hoher Geschwindigkeit weggeschleudert werden. Nach Durchtrennung des Stahlträgers sind die Schnittkanten noch so heiß, dass ein Berühren mit der Hand zu Verbrennungen führt.

1.
Erkläre die Notwendigkeit für den Arbeiter, Schutzkleidung zu tragen.

2.
Finde ein weiteres Beispiel, bei dem durch Bearbeiten von Stahl glühende Teilchen wegfliegen.

3.
Informiere dich über den Aufbau von Feststoffraketen und beschreibe ihn.

4.
Erkläre, warum Benzin im Verbrennungsraum des Motors fein zerstäubt wird.

PINNWAND

Raketenantrieb

Vor dem Start wird die Rakete mit flüssigem Wasserstoff und flüssigem Sauerstoff betankt. Der Wasserstoff dient als Treibstoff, der mithilfe des reinen Sauerstoffs verbrennt.

Mehlstaub wirkte wie 20 Tonnen Sprengstoff

Meterweit geschleuderte Gesteinsbrocken, eingestürzte Hauswände, hunderte von eingedrückten Fensterscheiben, dichter Qualm und Brandgeruch, so sah noch 14 Stunden nach dem verheerenden Explosionsunglück die Umgebung der Bremer Rolandmühle am Holz- und Fabrikhafen aus. Die schwerste Explosion, die nach Kriegsende in der Hansestadt zu verzeichnen war, hat wahrscheinlich 14 Todesopfer gefordert.

Mehlstaubexplosion

Werden brennbare Stoffe stark zerkleinert, so wird die Oberfläche vergrößert. Damit wird auch die Kontaktfläche mit dem Sauerstoff der Luft größer. Das führt dazu, dass schon durch einen Funken eigentlich harmlose Stoffe wie Mehl oder Staub sehr heftig verbrennen können, manchmal sogar explosionsartig.

Elemente und Verbindungen

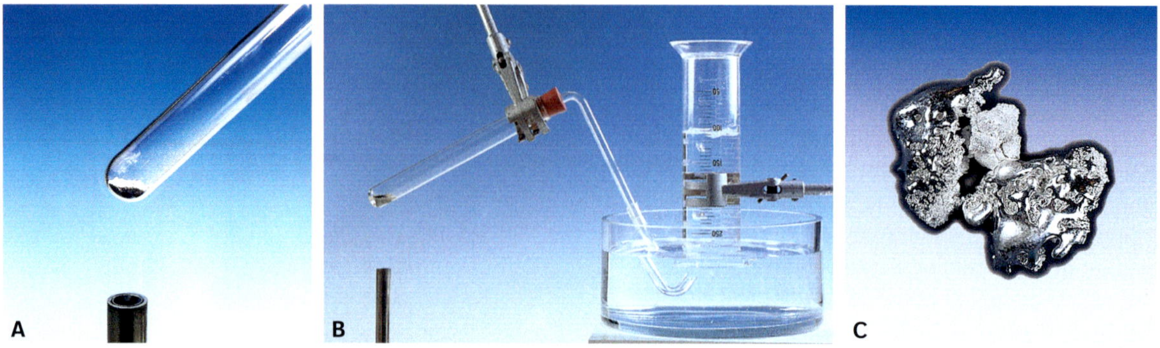

1 A Silberoxid wird erhitzt: **B** Es entstehen ein Gas und **C** ein fester Stoff.

1. V

a) Erhitze schwarzes Silberoxid-Pulver in einem schwer schmelzbaren Reagenzglas. Halte dann einen glimmenden Holzspan in das Reagenzglas.

b) Benenne und beschreibe die beiden Stoffe, die bei dieser Reaktion entstanden sind.

2. A

Beschreibe den Unterschied zwischen einem Element und einer Verbindung.

3. A

Ordne folgende Stoffe in einer Tabelle nach Element und Verbindung: Schwefel, Kohlenstoffdioxid, Zink, Holz, Eisenoxid, Holzkohle, Zucker, Fett, Silber.

Silberoxid wird zerlegt

Silberoxid ist ein schwarzer Feststoff. Es ist ein Reinstoff, der sich durch die üblichen Trennverfahren wie Filtrieren oder Sedimentieren nicht weiter zerlegen lässt.
Wird das Silberoxidpulver jedoch kräftig erhitzt, entsteht daraus eine glühende Kugel. Außerdem entsteht ein Gas. Wie die Glimmspanprobe zeigt, handelt es sich um Sauerstoff. Die erkaltete Kugel glänzt silbern und lässt sich leicht mit einem Hammer verformen – es ist Silber.

Elemente und Verbindungen

Beim Erhitzen wurde das Silberoxid durch eine chemische Reaktion in die beiden Stoffe Silber und Sauerstoff zerlegt. Diese lassen sich durch andere chemische Reaktionen oder Trennverfahren nicht weiter zerlegen. Solche Stoffe heißen chemische **Elemente.**

Stoffe wie das Silberoxid, die sich durch chemische Reaktionen in Elemente zerlegen lassen, heißen **Verbindungen.**

Thermolyse

Die Zerlegung einer Verbindung durch Erhitzen wie hier beim Silberoxid ist eine **Thermolyse.**

Analyse und Synthese

Die Herstellung der Verbindung Silberoxid aus den Elementen Silber und Sauerstoff ist eine **Synthese.** Die Zerlegung einer solchen Verbindung wird auch **Analyse** genannt. Synthese und Analyse lassen sich am Beispiel von Silber, Iod und Silberiodid zeigen (Bilder 2 und 3).

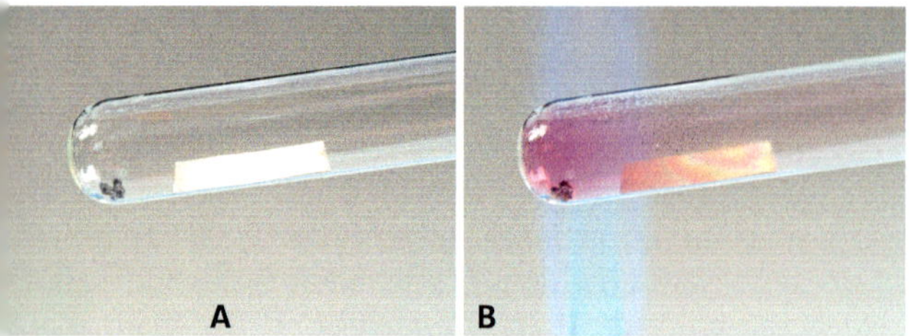

2 Synthese: **A** von Silber und Iod **B** zu Silberiodid

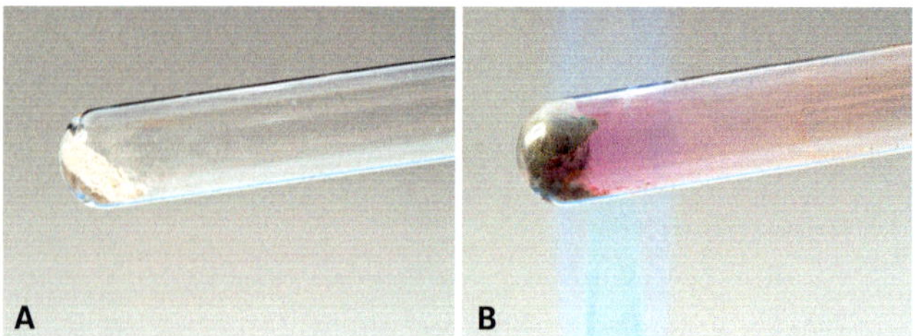

3 Zerlegung: **A** von Silberiodid **B** zu Silber und Iod

Es gibt nur wenige Elemente

Bisher wurden über einhundert Elemente entdeckt. Das ist sehr wenig im Vergleich zur Anzahl der Verbindungen.

Einige Elemente hast du schon kennengelernt: Metalle wie Silber, Magnesium, Aluminium, Eisen und Kupfer oder Nichtmetalle wie Schwefel und Kohlenstoff. Das sind Feststoffe, wie die Mehrzahl der Elemente. Gasförmige Elemente sind zum Beispiel Sauerstoff und Stickstoff.

Es gibt zahllose Verbindungen

In der Natur kommen nur wenige Elemente auch als Elemente vor. Fast alle Stoffe, die in der Natur zu finden sind, sind Verbindungen aus mehreren Elementen.

Das trifft auf Gesteine und Mineralien ebenso zu wie auf die Pflanzen und alle bekannten Nahrungsmittel. Auch Erdöl, Erdgas, Farbstoffe, Kunststoffe und Arzneimittel sind Verbindungen. Und täglich kommen neue Verbindungen hinzu, die in den Chemielabors hergestellt werden.

Du kannst die Begriffe Element und Verbindung erklären.
Du kannst beschreiben, was bei einer Analyse und bei einer Synthese geschieht.

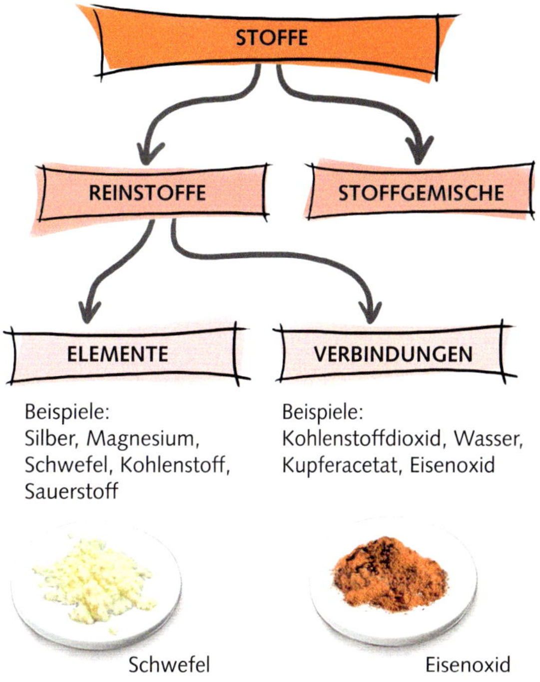

4 Einteilung der Stoffe

Lässt sich Blei in Gold umwandeln?

STREIFZUG

Der Traum der Alchimisten

Im Mittelalter versuchten manche Alchimisten, Metalle wie Blei oder Kupfer in Gold umzuwandeln. Dies ist ihnen aber niemals gelungen.

5 Alchimisten beim Experimentieren

Heute wissen wir, warum das nicht möglich ist. Blei und Gold sind Elemente. Ein Element lässt sich aber nicht in ein anderes Element umwandeln.
Manche Alchimisten verkauften sogar ihre „Rezepturen zur Goldherstellung". Sie befanden sich aber oft auf der Flucht, denn sie wurden für die wertlosen Rezepturen mit dem Tode bestraft, wenn sie gefasst wurden.
Allerdings entdeckten die Alchimisten bei ihren Versuchen viele neue chemische Reaktionen und dadurch auch neue Stoffe. Beispiele dafür sind Phosphor und Schwefelsäure. Sie erfanden auch chemische Geräte und Arbeitstechniken.

DALTONS Atommodell

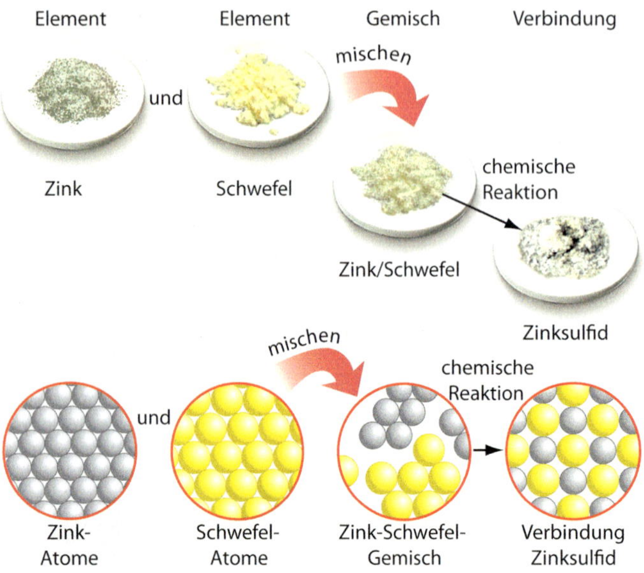

1 Chemische Reaktion als Umgruppierung von Atomen

1. V Demonstrationsversuch
Ein Gemisch aus 6 g Zink und 3 g Schwefel wird unter dem Abzug auf einer feuerfesten Platte entzündet.

2. A
Beschreibe deine Beobachtungen aus Versuch 1 und erkläre sie.

3. A
Erkläre, warum es sich bei DALTONS Überlegungen zum Aufbau der Stoffe um eine Modellvorstellung handelt.

4. A
a) Erkläre, was bei einer chemischen Reaktion mit den Atomen passiert.
b) Was kannst du über Masse und Größe der Atome der verschiedenen Elemente aussagen?

DALTONS Atommodell

Zu Beginn des 19. Jahrhunderts suchte der englische Naturforscher JOHN DALTON (1766–1844) nach einer Erklärung für das Verhalten von Stoffen bei chemischen Reaktionen. Aufgrund seiner Beobachtungen veröffentlichte er 1806 seine Modellvorstellung über den Aufbau der Stoffe:

1. Alle Stoffe sind aus kleinsten, kugelförmigen Teilchen aufgebaut, den Atomen.
2. Atome sind unveränderbar und unteilbar. (atomos, griechisch: unteilbar).
3. Alle Atome eines Elements haben die gleiche Größe und die gleiche Masse.
4. Die Atome unterschiedlicher Elemente unterscheiden sich in ihrer Größe und Masse. Es gibt genau so viele Atomarten, wie es Elemente gibt.
5. Bei einer chemischen Reaktion bleiben die Atome erhalten. Sie werden neu angeordnet.

Atome werden umgeordnet

Wie schwer und wie groß ein Atom ist, konnte DALTON noch nicht ermitteln. Aber sein Atommodell eignet sich gut, den Aufbau von Elementen und Verbindungen auf der **Teilchenebene** zu beschreiben. Die Vorgänge bei chemischen Reaktionen werden dabei als Umgruppierung von Atomen beschrieben. Das kann am Beispiel der Reaktion von Zink und Schwefel gezeigt werden (Bild 1).

Zink und Schwefel reagieren zu Zinksulfid. Das Metall Zink besteht aus Zink-Atomen, das Nichtmetall Schwefel aus Schwefel-Atomen. In beiden Feststoffen sind die Atome regelmäßig angeordnet. Bei der Reaktion werden sowohl die Zink- als auch die Schwefel-Atome durch die zugeführte Energie angeregt, sich neu zu ordnen. Sie bilden nun zusammen die Verbindung Zinksulfid. Bei einer chemischen Reaktion entstehen also keine neuen Atome. Es werden auch keine Atome zerstört. Die bereits in den Ausgangsstoffen vorhandenen Atome werden nur getrennt und ordnen sich neu und regelmäßig an. Sie bilden nach der Umgruppierung den neuen Stoff.

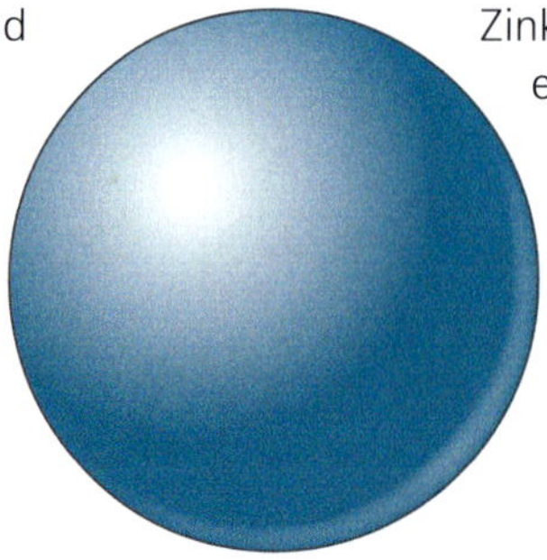

2 Atommodell von DALTON

Du kannst die fünf Aussagen zu DALTONS Atommodell nennen.

DALTONS Atommodell und die Anordnung der Atome

1.
Baue mit Zellstoffkugeln die Modelle folgender Stoffe: Argon, Eisen, Kohlenstoffdioxid, Stickstoff.

2.
Baut in Teams mit Zellstoffkugeln ein Modell der Verbindung Magnesiumoxid. Ihr benötigt 32 kleine, weiße und 32 große, weiße Zellstoffkugeln, rote Wasserfarbe und Klebstoff. Malt die großen Kugeln rot an. Fertigt wie in Bild 2 vier Schichten mit jeweils 8 roten und 8 weißen Kugeln an.

3.
a) Zeichne das Teilchenmodell von Kupfer.
b) Zeichne die Modelle der gasförmigen Verbindung Kohlenstoffmonooxid und des Feststoffs Eisenoxid.

Die Anordnung der Atome in den Elementen

Nur mit Hilfe von Modellvorstellungen lassen sich die unterschiedlichen Anordnungen der Atome in den Stoffen beschreiben.
In Gasen können sich die kleinsten Teilchen unabhängig voneinander bewegen. Die kleinsten Teilchen der Edelgase sind die **Edelgas-Atome.**
In anderen gasförmigen Elementen wie Sauerstoff oder Stickstoff bestehen die kleinsten Teilchen aus zwei oder mehr miteinander verbundenen Atomen. Solche Teilchen heißen **Moleküle.**
In elementaren Feststoffen wie Eisen und Phosphor liegen viele Atome dicht nebeneinander. Sie sind an festen Plätzen regelmäßig angeordnet und bilden einen **Atomverband.**

Die Anordnung der Atome in Verbindungen

In der gasförmigen Verbindung Kohlenstoffdioxid ist jeweils ein Kohlenstoff-Atom mit zwei Sauerstoff-Atomen zu einem Kohlenstoffdioxid-Molekül verbunden.
Wasser und andere Flüssigkeiten bestehen nach der Modellvorstellung der Chemie ebenfalls aus Molekülen. Im Wasser sind dabei jeweils zwei Wasserstoff-Atome mit einem Sauerstoff-Atom miteinander verbunden.
Auch Feststoffe wie Magnesiumoxid sind Verbindungen, die aus zwei oder mehr Atomarten aufgebaut sind. Die Atome sind darin regelmäßig angeordnet und nehmen feste Plätze ein.

Du kannst mit Modellen beschreiben, wie Atome in Elementen und Verbindungen angeordnet sind.

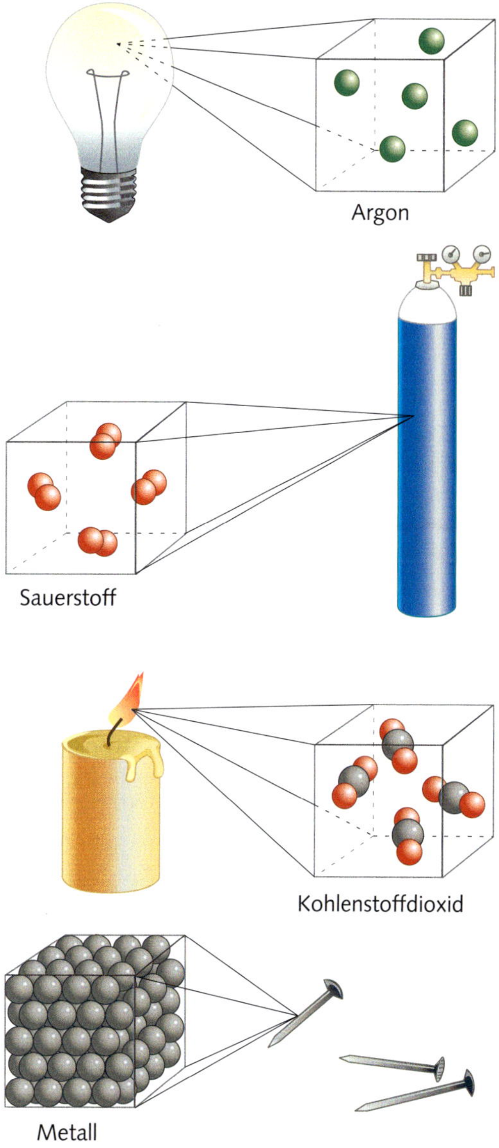

1 Atommodelle verschiedener Stoffe

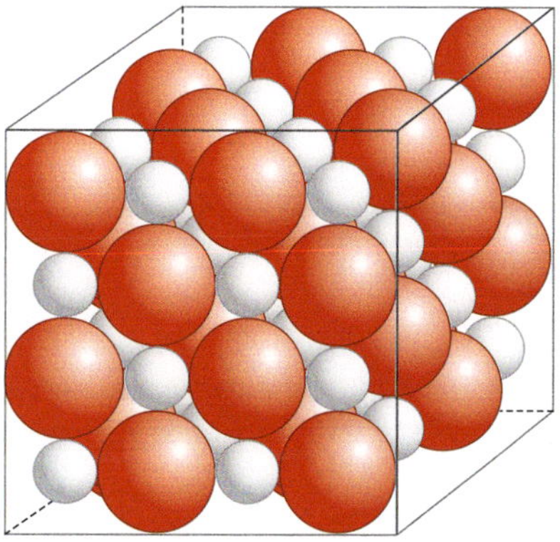
2 Atomverband von Magnesiumoxid

Die Masse bleibt erhalten

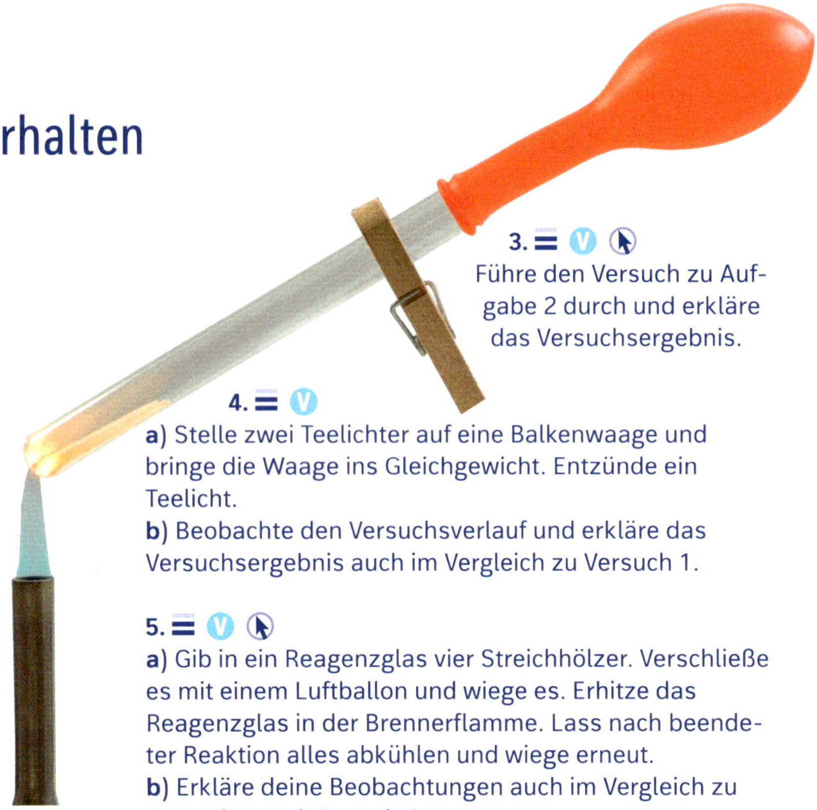

1.

a) Hänge zwei gleiche Büschel Eisenwolle an eine Balkenwaage, sodass diese im Gleichgewicht ist. Entzünde eins der Büschel mit der Brennerflamme.
Hinweis: Sorge dafür, dass die Eisenwolle vollständig durchglüht.
b) Beobachte und beschreibe den Versuchsverlauf. Erkläre deine Beobachtung.

2.

Was wird geschehen, wenn in Versuche 1 auch das andere Büschel Eisenwolle angezündet wird und vollständig durchglüht? Mache dazu eine Voraussage und begründe sie.

3.

Führe den Versuch zu Aufgabe 2 durch und erkläre das Versuchsergebnis.

4.

a) Stelle zwei Teelichter auf eine Balkenwaage und bringe die Waage ins Gleichgewicht. Entzünde ein Teelicht.
b) Beobachte den Versuchsverlauf und erkläre das Versuchsergebnis auch im Vergleich zu Versuch 1.

5.

a) Gib in ein Reagenzglas vier Streichhölzer. Verschließe es mit einem Luftballon und wiege es. Erhitze das Reagenzglas in der Brennerflamme. Lass nach beendeter Reaktion alles abkühlen und wiege erneut.
b) Erkläre deine Beobachtungen auch im Vergleich zu Versuch 1 und Versuch 4.
c) Erläutere die Aufgabe des Luftballons.

LAVOISIER erklärt die Verbrennung

Vor über zweihundert Jahren versuchte der französische Chemiker ANTOINE L. LAVOISIER (1743–1794), die Verbrennung zu erklären, indem er sehr genau die Massen der beteiligten Stoffe bestimmte.
Ihm war natürlich bekannt, dass eine Kerze beim Verbrennen leichter und das Metall dabei schwerer werden. LAVOISIER wollte ausschließen, dass bei einer Verbrennung ein Stoff unbemerkt verloren geht oder hinzukommt. Deshalb führte er die Versuche jeweils in verschlossenen Gefäßen durch. So konnte während der Reaktion nichts verloren gehen und nichts hinzukommen.

Die Masse bleibt erhalten

Als Ergebnis dieser Untersuchungen konnte LAVOISIER zeigen, dass bei chemischen Reaktionen die Gesamtmasse der reagierenden Stoffe, der Edukte immer genauso groß ist wie die Gesamtmasse der Produkte.
Diese Erkenntnis wird als das **Gesetz von der Erhaltung der Masse** bezeichnet.

Du kannst das Gesetz von der Erhaltung der Masse nennen und erläutern.

1 Eisenwolle wird an der Waage verbrannt.

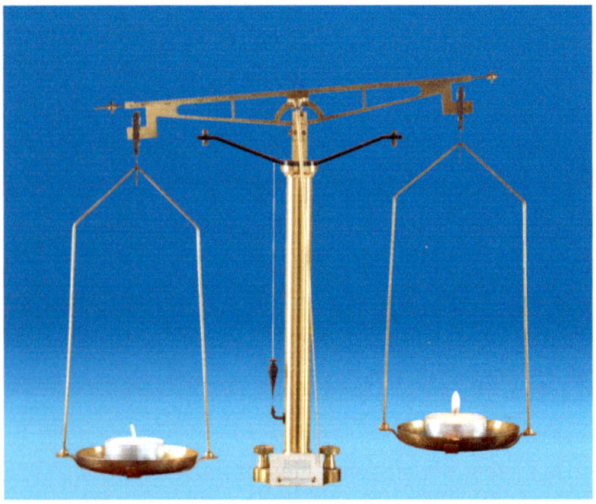

2 Ein Teelicht wird auf der Waage verbrannt.

Basiskonzepte S. 95

Elementsymbole

1.
Nenne Symbole, die im Alltag zur Information eingesetzt werden.

2.
Symbole werden auch im Chemielabor verwendet. Nenne fünf dieser Symbole und erkläre ihre Bedeutung.

3.
Nenne Vorteile der Elementsymbole von BERZELIUS gegenüber DALTONS Elementsymbolen.

4.
Nenne die Namen der Elemente, die mit den folgenden Symbolen abgekürzt werden: Cu, O, N, S.

5.
Benenne die Verbindungen, die durch folgende Formeln beschrieben werden: FeO, MgO, CO_2.

6.
Erkläre, warum es sinnvoll ist, chemische Reaktionen durch Elementsymbole darzustellen.

7.
Manche Elemente wurden nach bekannten Naturwissenschaftlern oder nach Ländern benannt. Suche dafür Beispiele mithilfe deines Schulbuches, eines Lexikons oder des Internets.

1 Elementsymbole nach DALTON

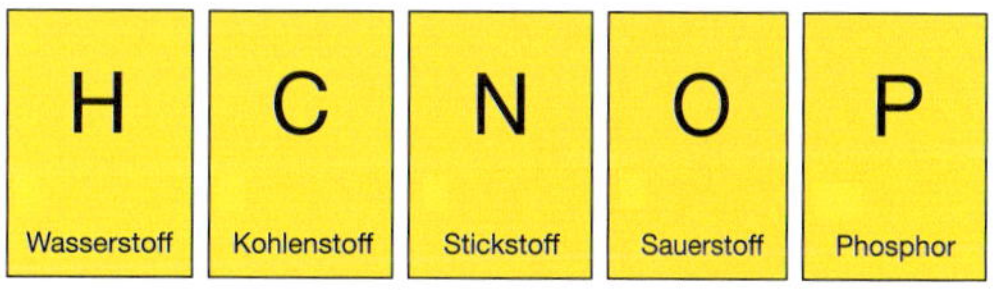

2 Die heutigen Elementsymbole sind international.

Elementsymbole

Die Alchimisten des Mittelalters wollten ihr Wissen für sich behalten. Sie versahen ihre Aufzeichnungen mit Geheimzeichen, damit kein Fremder sie lesen konnte. Später bemühten sich die Chemiker, Zeichen zu entwickeln, die jeder verstehen konnte. Dalton ordnete deshalb jedem Element ein eigenes Elementsymbol zu (Bild 1). Manche dieser Symbole hatten auch schon die Alchimisten benutzt. Die heute gebräuchlichen Symbole für die Elemente gehen auf den schwedischen Chemiker JÖNS JAKOB BERZELIUS (1779 – 1848) zurück. Er schlug vor, von dem lateinischen oder griechischen Namen der Elemente auszugehen. Jeweils der erste Buchstabe oder der erste und ein weiterer Buchstabe bilden das Elementsymbol:

Kohlenstoff	**C**arboneum **C**
Sauerstoff	**O**xygenium **O**
Eisen	**Fe**rrum **Fe**
Kupfer	**Cu**prum **Cu**
Silber	**A**r**g**entum **Ag**
Neon	**Ne**on **Ne**

Jedes Elementsymbol hat eine doppelte Bedeutung. So bedeutet das Elementsymbol Fe zum einen das Element Eisen als auch ein Atom Eisen.

Chemische Formeln

Wenn Elemente miteinander reagieren, entstehen Verbindungen. Auch dafür gibt es eine abgekürzte Schreibweise, die **chemische Formel.** Sie wird aus den Elementsymbolen gebildet. Kupferoxid ist aus Kupfer (Cu) und Sauerstoff (O) entstanden und hat die Formel CuO.

Die Formel H_2O bedeutet, dass ein Wasser-Molekül aus zwei Wasserstoff-Atomen und einem Sauerstoff-Atom aufgebaut ist. Beim Magnesiumoxid bedeutet die Formel MgO, dass die Magnesium- und Sauerstoff-Atome im Anzahlverhältnis 1:1 miteinander verbunden sind.

Du kannst Elemente und Verbindungen mit Elementsymbolen beschreiben.

Einfache Reaktionsgleichungen

1.
a) Entzünde etwas Stahlwolle und halte sie in ein Gefäß, das mit Sauerstoff gefüllt ist.
b) Notiere deine Beobachtungen und beschreibe diese Reaktion durch eine Wortgleichung.

2.
Nenne die Vorgehensweise für das Aufstellen einer Reaktionsgleichung in Symbolschreibweise.

3.
Erstelle folgende Reaktionsgleichung in Symbolschreibweise: Schwefel und Sauerstoff reagieren zu gasförmigen Schwefeldioxid (SO_2).

4.
Stelle entsprechend wie in Bild 1 die Reaktion aus Versuch 1 dar.

5.
Erkläre, warum bei einer Reaktionsgleichung die Anzahl der Atome rechts und links des Reaktionspfeiles gleich groß sein muss.

6.
Erstelle die Reaktionsgleichung mit Symbolen für folgende Reaktionen:
a) Stickstoff und Wasserstoff reagieren zu Ammoniak (NH_3).
b) Aluminium und Sauerstoff reagieren zu Aluminiumoxid (Al_2O_3).

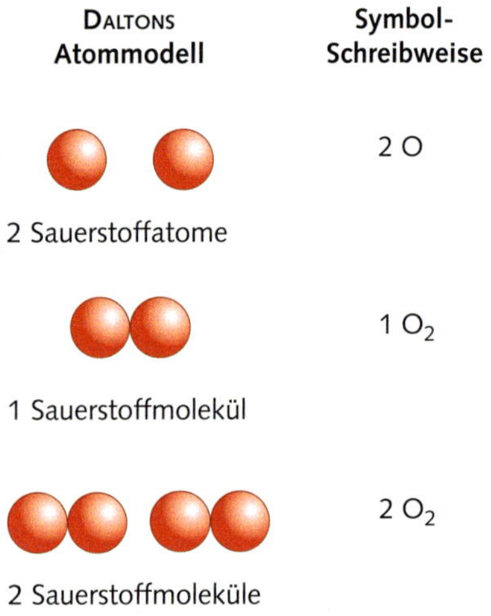

2 Vom Modell zur Symbolschreibweise

Chemische Reaktionen darstellen

Mit Hilfe des Atommodells von DALTON lässt sich eine chemische Reaktion als Umordnung von Atomen erklären. Die chemische Reaktion wird nicht mit Atommodellen dargestellt, sondern mit Reaktionsgleichungen beschrieben. Von Vorteil ist, dass solche Reaktionsgleichungen international verständlich sind, weil ihre Schreibweise in allen Ländern gleich ist.

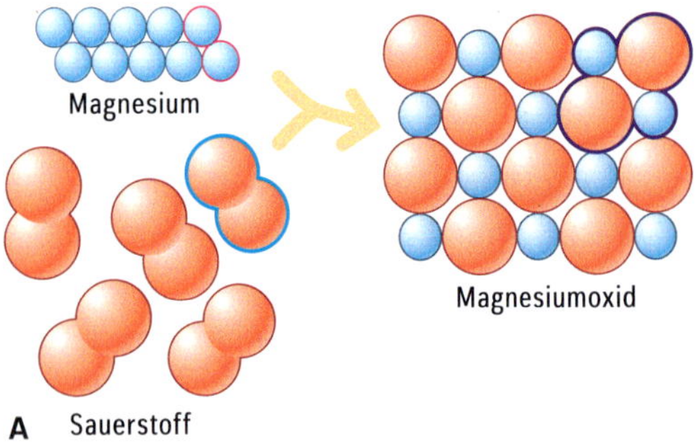

Magnesium + Sauerstoff → Magnesiumoxid

$2\,Mg + O_2 \rightarrow 2\,MgO$

B

1 Die Reaktion von Magnesium mit Sauerstoff:
A Modelle, **B** Reaktionsgleichung

Aufstellen von Reaktionsgleichungen

Gehe so vor, wie es am Beispiel der Verbrennung von Wasserstoff gezeigt wird:

❶ Wortgleichung aufstellen

Wasserstoff + Sauerstoff → Wasser

❷ Symbole und Formeln einsetzen

$H_2 + O_2 \dashrightarrow H_2O$

❸ Reaktionsgleichung einrichten

Die Gesamtzahl der Atome auf der linken und der rechten Seite vom Reaktionspfeil muss gleich groß sein. An den Formeln selbst darf nicht geändert werden. Nur die Anzahl der beteiligten Moleküle wird geändert.

$\mathbf{2}\,H_2 + O_2 \rightarrow \mathbf{2}\,H_2O$

Nun stehen rechts und links des Reaktionspfeils jeweils vier Wasserstoffatome und zwei Sauerstoffatome.

Du kannst Reaktionsgleichungen mit chemischen Symbolen aufstellen.

Basiskonzepte S. 95

Chemische Reaktionen darstellen

1. Gib einen Spatel Schwefelpulver in ein Reagenzglas und spanne es fast waagerecht ein. Gib ein kleines Stück Kupferblech vorne in das Reagenzglas. Verschließe die Öffnung des Reagenzglases mit einem Luftballon. Erhitze zunächst das Kupferblech, bis es vorgewärmt ist. Erhitze dann den Schwefel, bis er verdampft und das Kupfer aufglüht. Entferne den Luftballon, sobald das Kupferblech nicht mehr glüht. Stelle den Versuch wie in den hier abgebildeten Beschreibungen dar.

Verschiedene Darstellungen

Nach der Durchführung eines Versuches ist die Beschreibung des Reaktionsablaufes durch eine chemische Reaktionsgleichung ein wichtiger Bestandteil im Chemieunterricht. Wie du vorgehen kannst, um auf verschiedene Weise eine chemische Reaktion zu beschreiben, lässt sich am Beispiel der Reaktion von Zink mit Schwefel gut zeigen.

METHODE

Beschreibung einer chemischen Reaktion durch einen Text

Das graue Zinkpulver und das gelbe Schwefelpulver werden gut gemischt. Das Gemisch wird auf ein Eisenblech gegeben und mithilfe der Brennerflamme entzündet. In einer heftigen Reaktion verbrennt das Gemisch. Nach der Reaktion bleibt ein weißgelber, poröser Feststoff zurück, der leicht zerbröckelt.

Beschreibung einer chemischen Reaktion durch Fotos

Beschreibung einer chemischen Reaktion durch eine Wortgleichung

Zink + Schwefel → Zinksulfid

Beschreibung einer chemischen Reaktion durch Atommodelle

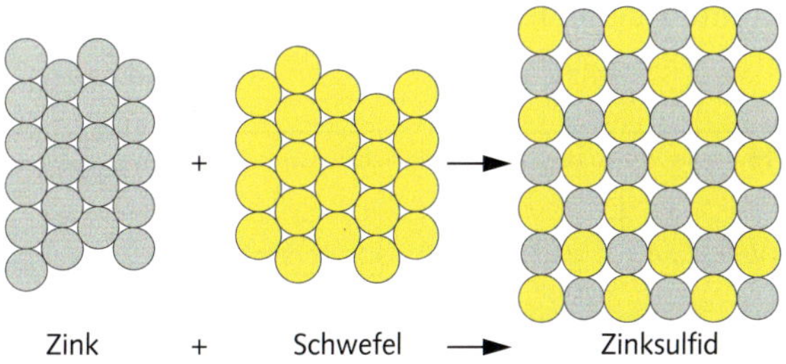

Beschreibung einer chemischen Reaktion durch Symbolschreibweise

$Zn + S \rightarrow ZnS$

Reaktionen im Atommodell

1. Zeichne das Element Zink (Zn) und die Verbindung Bleioxid (PbO) mit dem Atommodell von DALTON.

2.
a) Notiere die chemische Formel von Kohlenstoffdioxid.
b) Bestimme das Atomzahlenverhältnis von Kohlenstoff zu Sauerstoff in der Verbindung Kohlenstoffdioxid.

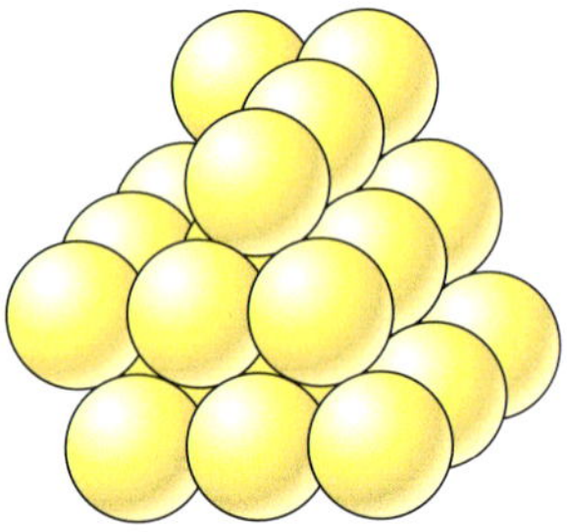

Das Element **Schwefel** besteht nur aus Schwefel-Atomen.

1 Schwefel (S)

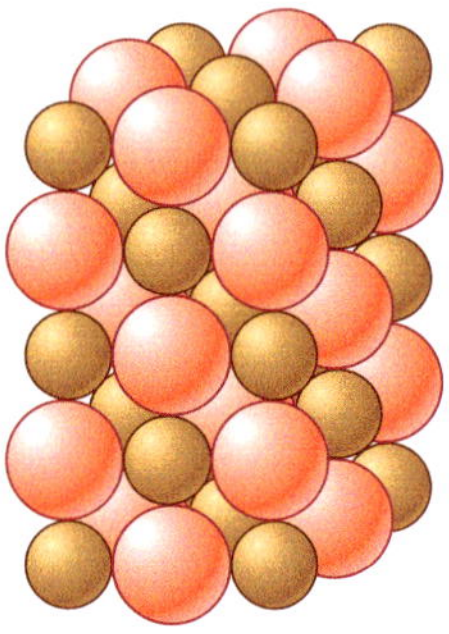

Kupferoxid ist eine Verbindung. Sie besteht aus Kupfer- und Sauerstoff-Atomen.

2 Kupferoxid (CuO)

Element und Verbindung

Elemente sind Stoffe, die nur aus einer Atomsorte bestehen. Sie lassen sich nicht weiter chemisch zerlegen. Bis heute sind über einhundert Elemente bekannt.
Verbindungen sind Stoffe, die aus zwei oder mehr Atomsorten bestehen. Sie lassen sich wieder in die Elemente zerlegen. Die Zahl der bekannten Verbindungen geht in die Millionen.

DALTONS Atommodell

❶ Alle Stoffe sind aus kleinsten, kugelförmigen Teilchen, den Atomen aufgebaut.

❷ Atome sind unveränderbar und unteilbar.

❸ Alle Atome eines Elementes haben gleiche Größe und Masse.

Elementsymbole und Formeln

Elementsymbole stehen sowohl für das jeweilige Element als auch für das einzelne Atom.

H	C	O	Mg	Al	Cl	Cu	Ag
Wasserstoff	Kohlenstoff	Sauerstoff	Magnesium	Aluminium	Chlor	Kupfer	Silber

Verbindungen werden durch **chemische Formeln** beschrieben. Die Formel FeO bedeutet, dass in der Verbindung Eisenoxid Eisen-Atome und Sauerstoff-Atome im Atomzahlenverhältnis 1:1 vorhanden sind.

FeO	**CuO**	**ZnS**	**CO_2**
Eisenoxid	Kupferoxid	Zinksulfid	Kohlenstoffdioxid

3.
Erstelle die Reaktionsgleichung für die Reaktion von Zink und Schwefel zu Zinksulfid in Symbolschreibweise.

4.
Beschreibe, was eine chemische Reaktion auf Stoff- und Teilchenebene unterscheidet.

Chemische Reaktion auf Stoffebene

Chemische Reaktion auf Teilchenebene

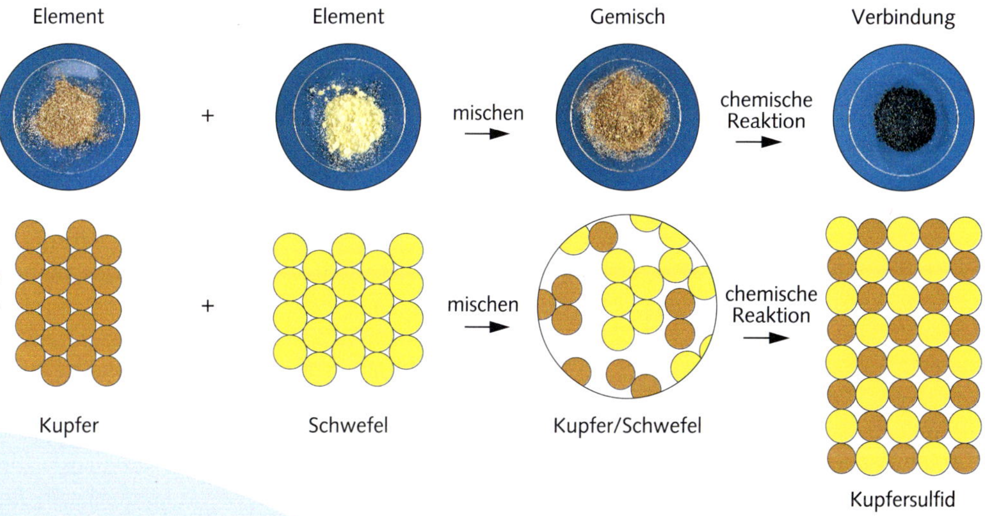

❹ Die Atome unterschiedlicher Elemente unterscheiden sich in ihrer Größe und Masse.

❺ Bei einer chemischen Reaktion bleiben die Atome erhalten. Sie werden neu angeordnet.

Chemische Reaktionen – Atome werden umgeordnet

Bei einer chemischen Reaktion werden die Atome neu angeordnet. Sie bilden dann zusammen einen neuen Stoff mit neuen Eigenschaften.

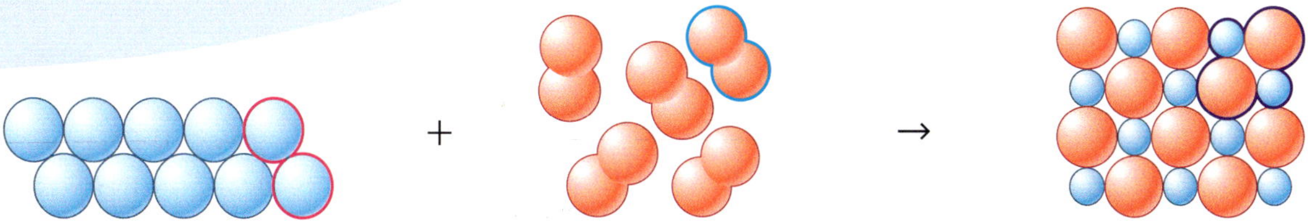

Calcium (Ca) Sauerstoff (O_2) Calciumoxid (CaO)

Reaktionsgleichungen
Reaktionsgleichungen lassen sich durch Wortgleichungen oder in Symbolschreibweise beschreiben.

Wortgleichung:
Calcium + Sauerstoff → Calciumoxid

Symbolschreibweise:
$2\,Ca + O_2 \rightarrow 2\,CaO$

Das Sachbuch hilft weiter

1. Was verstanden die Chemiker unter „Phlogiston"?

2. Erläutere die Phlogiston-Theorie in eigenen Worten.

3. Halte einen Kurzvortrag über die Arbeiten LAVOISIERS.

Das Schulbuch klärt Fragen

Wenn du als Hausaufgabe eine Frage wie in Aufgabe 1 gestellt bekommst, erkennst du an der Formulierung, dass es sich um ein Thema aus der Chemie handelt. Darüber kannst du dich in einem Chemiebuch informieren.

- Am Anfang des Buches befindet sich das **Inhaltsverzeichnis.** Es ist nach Themen gegliedert. Beim Thema Verbrennung findest du Informationen zur Phlogiston-Theorie.
- Am Ende des Buches steht ein **Stichwortverzeichnis.** Es wird auch **Register** genannt. Dort sind alle Fachbegriffe alphabetisch geordnet. Hinter jedem Begriff stehen Seitenzahlen, die angeben, auf welchen Seiten des Buches das gesuchte Wort auftaucht. Ein f. oder ff. hinter der Seitenzahl bedeutet, dass es sich um die genannte und folgende Seiten handelt.

Das Sachbuch berät

Zur 2. Aufgabe eignet sich die Recherche in einem Fachbuch zur Geschichte der Chemie mit Informationen zur Phlogiston-Theorie.

- Suche ein Buch, das sich mit diesem Thema auseinandersetzt. Frage Freunde oder suche in der Schulbücherei oder Leihbücherei nach einem Chemiebuch.
- Auch im Fachbuch findest du ein Inhaltsverzeichnis, das nach Teilgebieten geordnet ist.
- Auch am Ende des Fachbuches gibt es ein Stichwortverzeichnis.
- In manchen Büchern gibt es zusätzlich ein **Glossar.** Es erklärt dir Fachbegriffe in alphabethischer Reihenfolge. Die Begriffe werden mithilfe eines kurzen Textes beschrieben.

Ein Lexikon gibt Auskunft

In einem Schülerlexikon ist Wissen möglichst kurz zusammengefasst. Je mehr Bände das Werk umfasst, desto vielfältiger und umfangreicher sind die Texte zu den einzelnen Begriffen.

- Handelt es sich um ein mehrteiliges Lexikon, findest du auf dem Buchrücken den Bereich des Alphabets, den dieser Band umfasst. Suche also zuerst den richtigen Band heraus.
- Innerhalb des Buches stehen die Wörter in alphabetischer Reihenfolge.
- Hast du den Begriff gefunden, kann es sein, dass in der Erklärung vor einigen Wörtern → Pfeile stehen. Dann gibt es zu diesen Worten weitere Erläuterungen in diesem Lexikon.
- Häufig werden die Inhalte eines Lexikons auch auf CD angeboten.

METHODE

Ein Versuch, die Verbrennung zu erklären

Eine Theorie der Verbrennung von 1697

Vor 300 Jahren erklärten fast alle Gelehrten die Verbrennung mit einer seltsamen Theorie, die der Mediziner und Chemiker GEORG E. STAHL (1659 – 1731) ausgearbeitet hatte. Sie lautet: *„Jeder brennbare Stoff enthält einen unsichtbaren Wärmestoff. Dieser entweicht bei der Verbrennung. Er wird Phlogiston (griechisch: das Verbrannte) genannt."*
Nach dieser Theorie enthalten Brennstoffe wie Holz oder Kerzenwachs viel Phlogiston. Stoffe, die weniger gut brennen, enthalten nur wenig Phlogiston.
So entstehen bei der Verbrennung von Eisen „Eisenkalk", wie damals das verbrannte Eisen genannt wurde, und Phlogiston. Als Wortgleichung geschrieben:

Eisen → „Eisenkalk" + Phlogiston

Die Phlogiston-Theorie bestimmte fast 100 Jahre lang die chemische Wissenschaft, obwohl sie nicht einmal die Verbrennung von Eisen erklären konnte. Der „Eisenkalk" müsste nach dieser Theorie leichter sein als der Ausgangsstoff, weil das Eisen beim Verbrennen Phlogiston abgegeben hat. Doch in Wirklichkeit ist er schwerer. Eine richtige Theorie der Verbrennung zu finden, wäre damals aber gar nicht möglich gewesen, denn der Sauerstoff war noch nicht bekannt. Die Luft wurde als ein passiver Stoff betrachtet, der mit der Verbrennung nichts zu tun hat.

1 Das Ehepaar LAVOISIER (Gemälde aus dem Jahr 1788)

Die Phlogiston-Theorie wird widerlegt

Anders als viele Gelehrte seiner Zeit war der französische Naturwissenschaftler ANTOINE L. LAVOISIER (1743 – 1794) darin geübt, Naturgesetze nicht allein durch Nachdenken, sondern durch Experimentieren und genaues Messen zu begründen. Er behielt diese Arbeitsweise bei, als er sich der Chemie zuwandte.
LAVOISIER vermutete, dass der kurz zuvor entdeckte Sauerstoff und nicht das Phlogiston an der Verbrennung beteiligt ist. Er führte Verbrennungsversuche durch, unter anderem mit Quecksilber. Mit seinen genauen Waagen bestimmte er die Massenzunahme bei der Verbrennung. Durch Erhitzen konnte er das Verbrennungsprodukt wieder in die Ausgangsstoffe zerlegen. Dabei entstanden immer Quecksilber und Sauerstoff, genauso viel wie vorher miteinander reagiert hatten. Bei der Verbrennung verbindet sich immer eine bestimmte Menge Quecksilber mit einer bestimmten Menge Sauerstoff. Das Verbrennungsprodukt ist ein **Oxid,** das Quecksilberoxid.

LAVOISIER und die Oxidation

1785 veröffentlichte LAVOISIER seine Theorie von der Verbrennung. Danach ist jede Verbrennung eine Reaktion mit Sauerstoff. Diese Reaktion wurde Oxidation genannt. Auch das Gesetz von der Erhaltung der Masse konnte er mit seinen Versuchen bestätigen.

1. ≡ Ⓐ
a) Beschreibe die Bildung von Kupferoxid mit einer Wortgleichung.
b) Schreibe die Reaktion im Sinne der Phlogiston-Theorie.

2. ≡ Ⓠ
Halte einen kurzen Vortrag über das Leben von LAVOISIER.

MARIE LAVOISIER (1758 – 1836) half als wichtigste Mitarbeiterin ihrem Mann bei seinen Experimenten. Sie schrieb die Laborberichte und fertigte die Zeichnungen für die Veröffentlichungen an.

Reaktionen und Energie

1 Ein Streichholz wird entzündet.

3. ☰ V
a) Gib blaues Kupfersulfat in ein Reagenzglas. Erhitze es vorsichtig über der kleinen, blauen Brennerflamme. Halte das Reagenzglas immer nur kurz in die Flamme. Notiere deine Beobachtungen.
b) Gib einen Spatel weißes Kupfersulfat in ein Reagenzglas, das in einem Reagenzglasständer steht. Stelle ein Thermometer hinein und lies die Temperatur ab. Tropfe Wasser hinzu. Lies wieder die Temperatur ab und notiere deine Beobachtungen.

1. ☰ V
a) Ein Streichholz kannst du durch Reiben zum Brennen bringen. Überlege, auf welche Weise du es noch entzünden kannst. Plane dazu Versuche und führe sie durch.
b) Überlege, was alle Versuche gemeinsam haben.

2. ☰ A
a) Erkläre den Begriff Aktivierungsenergie.
b) Begründe, warum Bild 2 als Modell für die Aktivierungsenergie dienen kann.
c) Nenne Beispiele für Aktivierungsenergien.

4. ☰ A
Erkläre die Begriffe endotherm und exotherm.

5. ☰ A
Beschreibe die Abläufe der endothermen und exothermen Reaktion in Bild 5 mit eigenen Worten.

Die Aktivierungsenergie

Damit chemische Reaktionen stattfinden, müssen Stoffe vorhanden sein, die miteinander reagieren können. So reagieren das Holz eines Streichholzes und der Sauerstoff der Luft. Im Streichholzkopf oder im Schwarzpulver einer Feuerwerksrakete sind die Ausgangsstoffe, die Edukte, bereits miteinander vermischt.
Damit aber eine chemische Reaktion ausgelöst wird, muss zunächst Energie zugeführt werden. Dafür reicht beim Streichholzkopf bereits die Wärme, die beim Reiben an der Reibfläche entsteht. Das Schwarzpulver in der Feuerwerksrakete kann mithilfe der Wärme der Streichholzflamme entzündet werden.
Die Energie, die benötigt wird, um eine chemische Reaktion überhaupt erst auszulösen, heißt **Aktivierungsenergie.** Ohne Aktivierungsenergie findet keine chemische Reaktion statt. Bei vielen Vorgängen wie zum Beispiel beim Rosten von Eisen reicht als Aktivierungsenergie bereits die Wärme der Luft.

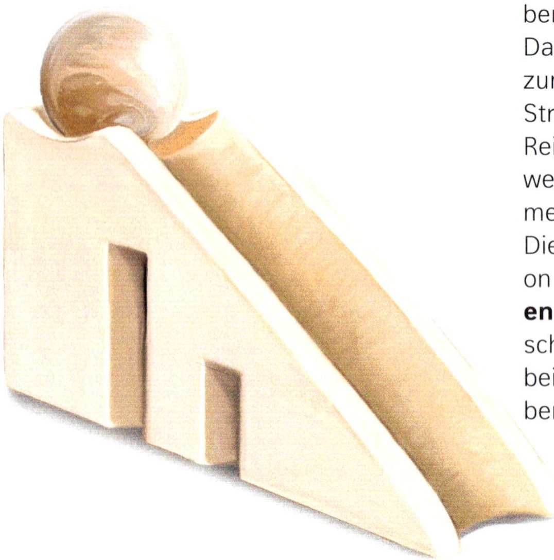

2 Die Kugel kann ohne zusätzliche Energie nicht los rollen.

3 Endotherme Reaktion beim Grillen von Bratwurst

4 Exotherme Reaktion beim Verglühen der Grillkohle

Endotherme Reaktion

Wenn du ein Würstchen grillst, musst du es längere Zeit erhitzen. Ohne ständige Wärmezufuhr können die chemischen Reaktionen, die zum Braten notwendig sind, nicht ablaufen. Solche Reaktionen heißen **endotherme Reaktionen.**

Auch die Umwandlung von blauem, wasserhaltigem Kupfersulfat in weißes, wasserfreies Kupfersulfat ist eine endotherme Reaktion. Es muss ständig Wärme hinzugefügt werden.

Exotherme Reaktion

Hast du ein Streichholz entzündet, brennt es weiter, bis es abgebrannt ist. Die Reaktion setzt ständig Energie frei. Du siehst und spürst die freigesetzte Energie als Wärme und Licht.

Alle Reaktionen, bei denen Wärme freigesetzt wird, heißen **exotherme Reaktionen.**

Sämtliche Verbrennungen sind exotherme Reaktionen. Auch die Reaktion von weißem Kupfersulfat mit Wasser ist exotherm, denn auch dabei wird Wärme frei.

Du kannst beschreiben, wie eine chemische Reaktion ausgelöst wird.
Du kannst erklären, wie Wärmezufuhr und Wärmeabgabe bei endothermen und exothermen Reaktionen ablaufen.

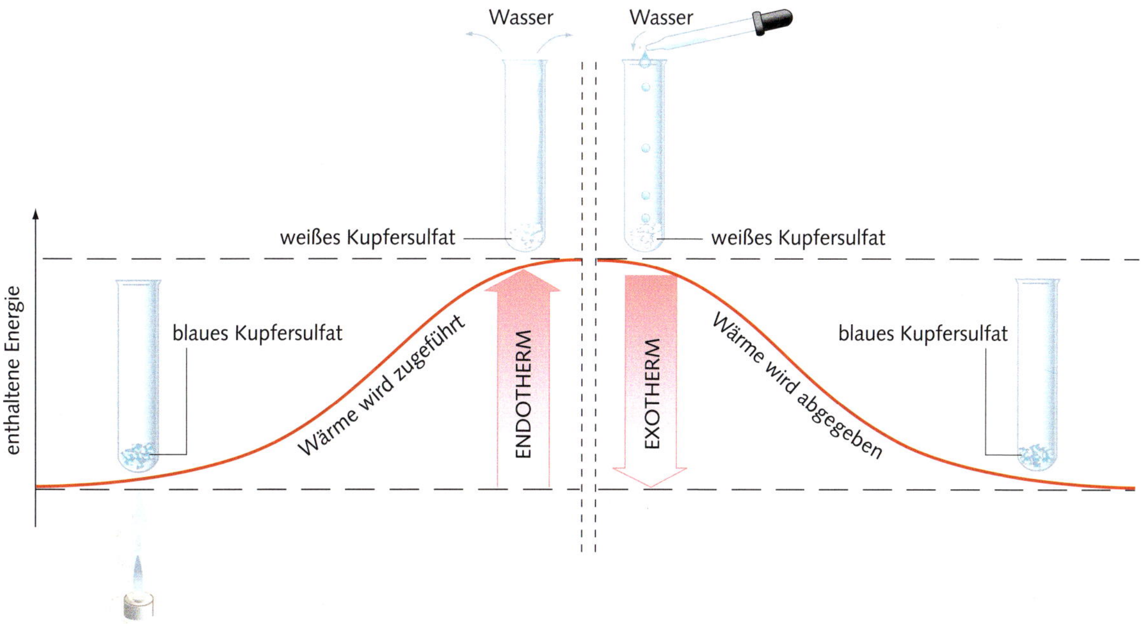

5 Endotherme und exotherme Reaktion am Beispiel von Kupfersulfat

Energie abgeben – Energie aufnehmen

1. Ⓐ

a) Benenne die „Aktivierungsenergie“ bei der Geschichte von Björn und Sven.

b) Wer hat sie geliefert?

Aktivierungsenergie

Durch Zufuhr von **Aktivierungsenergie** werden die beiden Stoffe reaktionsfähig gemacht. Hat die Reaktion erst einmal begonnen, wird ständig so viel Energie frei, dass sie von selbst weiterläuft (Bild B).

Eisen und Schwefel verbinden sich zu Eisensulfid

Ein Gemisch aus Eisen und Schwefel kannst du beliebig lange aufbewahren. Die beiden Stoffe verändern sich nicht, obwohl sie viel chemische Energie enthalten (Bild A).

Aktivierungsenergie

Exotherme Reaktion

Solche Reaktionen, bei denen mehr Energie frei wird, als an Aktivierungsenergie zugeführt werden muss, sind **exotherme Reaktionen** (Bild C).

Enthaltene Energie

Aktiviert zum Training

Die Freunde Björn und Sven spielen in der gleichen Mannschaft Fußball. Dienstag ist Training und Björn hat überhaupt keine Lust: „Null Bock“. Sven kommt wie immer vorbei, um Björn abzuholen. Nur mühsam kann er ihn überzeugen, sich doch aufzuraffen: „Heute soll doch die neue Freistoßvariante geübt werden.“ Das gibt schließlich den Ausschlag und sie gehen gemeinsam. Das Training läuft gut wie immer, beide haben Spaß in ihrer Mannschaft und toben sich aus. Auf dem Heimweg stellen sie gemeinsam fest: „Na, war doch super!“

Energiearm

Das Produkt einer exothermen Reaktion ist energieärmer als die Ausgangsstoffe (Bild D).

Exotherme Reaktion

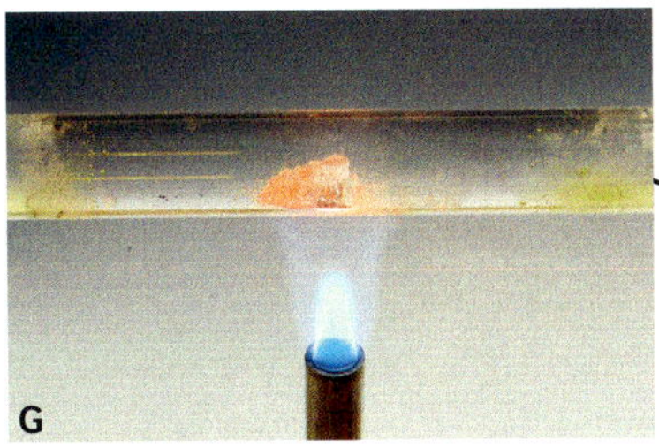

Endotherme Reaktionen

Erst wenn Energie zugeführt wird, kann das Silbersulfid in seine Bestandteile Silber und Schwefel zerlegt werden. Damit die Reaktion abläuft, muss ständig Energie zugeführt werden (Bilder F und G). Dies ist eine **endotherme Reaktion.**

Energiereich

Die Produkte einer endothermen Reaktion (Bild H) sind insgesamt energiereicher als der Ausgangsstoff.

Silbersulfid wird in Silber und Schwefel zerlegt

Silbersulfid ist eine stabile Verbindung aus Silber und Schwefel (Bild E).

Du kannst eine endotherme und eine exotherme Reaktion beschreiben und den Begriff Aktivierungsenergie erklären.

Enthaltene Energie

Endotherme Reaktion

Das Wärmekissen

STREIFZUG

1. V

a) Gib 20 ml Wasser und 200 g des Salzes Natriumacetat-Trihydrat in einen 500 ml-Weithals-Erlenmeyerkolben. Verschließe den Kolben locker mit Watte. Erwärme das Gemisch, bis alles Salz gelöst ist. Lass die Lösung auf Zimmertemperatur abkühlen, ohne den Kolben dabei zu bewegen.

b) Stelle ein Thermometer in die Lösung und rühre leicht um. Beobachte und lies die Temperatur ab.

2. V

Benutze ein Wärmekissen nach der Gebrauchsanleitung. Beschreibe, was passiert.

3. A

Beschreibe die Reaktionen aus Versuch 1 und die Vorgänge beim Wärmekissen in Versuch 2 mit den Begriffen exotherm und endotherm.

1 Wärmekissen: **A** vor dem Gebrauch, **B** während des Gebrauchs

Wärmespeicher für unterwegs

Im Winter hilft ein Wärmekissen gegen kalte Hände. Du drückst an einer bestimmten Stelle und schon kannst du deine Hände wärmen. Was hat dies mit endothermen und exothermen Reaktionen zu tun?

Das Wärmekissen enthält das Salz Natriumacetat-Trihydrat und etwas Wasser. Bevor es benutzt werden kann, wird es in siedendem Wasser erwärmt, bis der Inhalt flüssig geworden ist. Beim Abkühlen bleibt er flüssig und dadurch wird Energie gespeichert. Das Wärmekissen kann nun aufbewahrt werden, bis die gespeicherte Energie als Wärme gebraucht wird. Die Bildung der Kristalle wird durch das Knicken eines kleinen Metallstückes ausgelöst. Die vorher aufgenommene Wärme wird dabei wieder freigesetzt. Der Wärmekisseninhalt wird fest.

Fotosynthese und Atmung

STREIFZUG

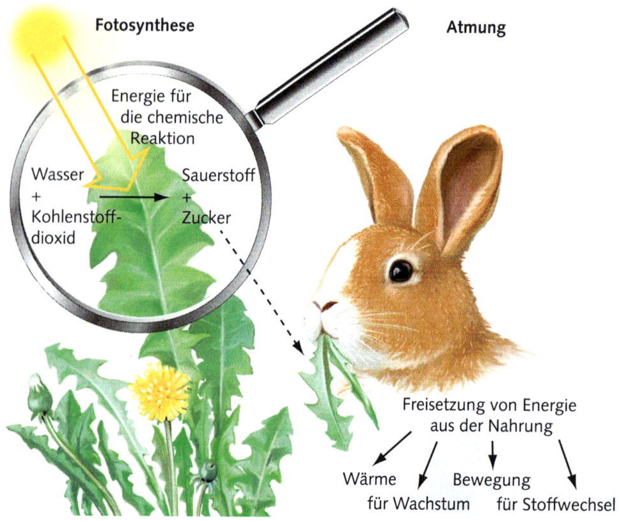

2 Fotosynthese und Atmung

Fotosynthese und Atmung

Energie aus dem Licht von der Sonne wird bei der Fotosynthese in den Blättern der Pflanzen genutzt, um aus Wasser und Kohlenstoffdioxid Traubenzucker und Sauerstoff herzustellen. Im Traubenzucker ist die Energie gespeichert.

Die in der Nahrung gespeicherte Energie versorgt bei allen Lebewesen viele Stoffwechselvorgänge. Sie wird unter anderem während der Atmung wieder freigesetzt.

4. A

Wo wird bei den Vorgängen der Fotosynthese und des Stoffwechsels der Lebewesen Energie zugeführt und wo wird Energie freigesetzt?

Der technische Kreislauf des Kalkes

1. Erhitze ein Stück Marmor längere Zeit mit der rauschenden, blauen Brennerflamme. Vergleiche danach seine Oberfläche mit der eines ungebrannten Marmorstücks.

2. Gib 2 cm hoch Branntkalk in ein Reagenzglas. Stelle einThermometer hinein und gib etwas Wasser hinzu. Beobachte und beschreibe die Veränderung.

3. Welche Reaktionen im Kalkkreislauf sind endotherm, welche sind exotherm?

Kalk brennen

Um den Baustoff Kalkmörtel zu gewinnen, wird Kalkstein aus Steinbrüchen abgebaut. Kalkstein ist Calciumcarbonat, chemische Formel $CaCO_3$. Der Kalkstein wird zerkleinert und in großen Drehrohr-Öfen auf über 1000 °C erhitzt. Er zersetzt sich bei dieser Thermolyse. Kohlenstoffdioxid entweicht und aus dem Kalkstein entsteht **Branntkalk,** das ist Calciumoxid, CaO.

Kalk löschen

Ist der Branntkalk erkaltet, wird er mit einer bestimmten Menge Wasser versetzt. Dieser Vorgang wird als Löschen des Kalks bezeichnet. Bei dieser Reaktion verbindet sich der Branntkalk mit dem Wasser zu **Löschkalk,** das ist Calciumhydroxid, $Ca(OH)_2$. Dabei wird Wärme frei. Der Löschkalk wird getrocknet, fein gemahlen, mit Sand vermischt und dann als Fertigmörtel verkauft.

Der Mörtel bindet ab

Auf der Baustelle wird der Fertigmörtel mit Wasser zu einem zähen Brei angerührt.
Dieser Mörtel wird an der Luft langsam fest, er bindet ab. Der Löschkalk aus dem Mörtel reagiert mit dem Kohlenstoffdioxid aus der Luft wieder zu Kalkstein. Beim **Abbinden** und Aushärten bildet sich zwischen den Sandkörnern ein verbindendes Geflecht aus Calciumcarbonatkristallen. Außerdem bildet sich Wasser.
Kalkmörtel wird nur an der Luft, nicht unter Wasser fest, daher heißt er auch **Luftmörtel.** Das ist der **technische Kreislauf des Kalkes.**

Du kannst den technischen Kreislauf des Kalkes in seinen Teilschritten beschreiben und erläutern.

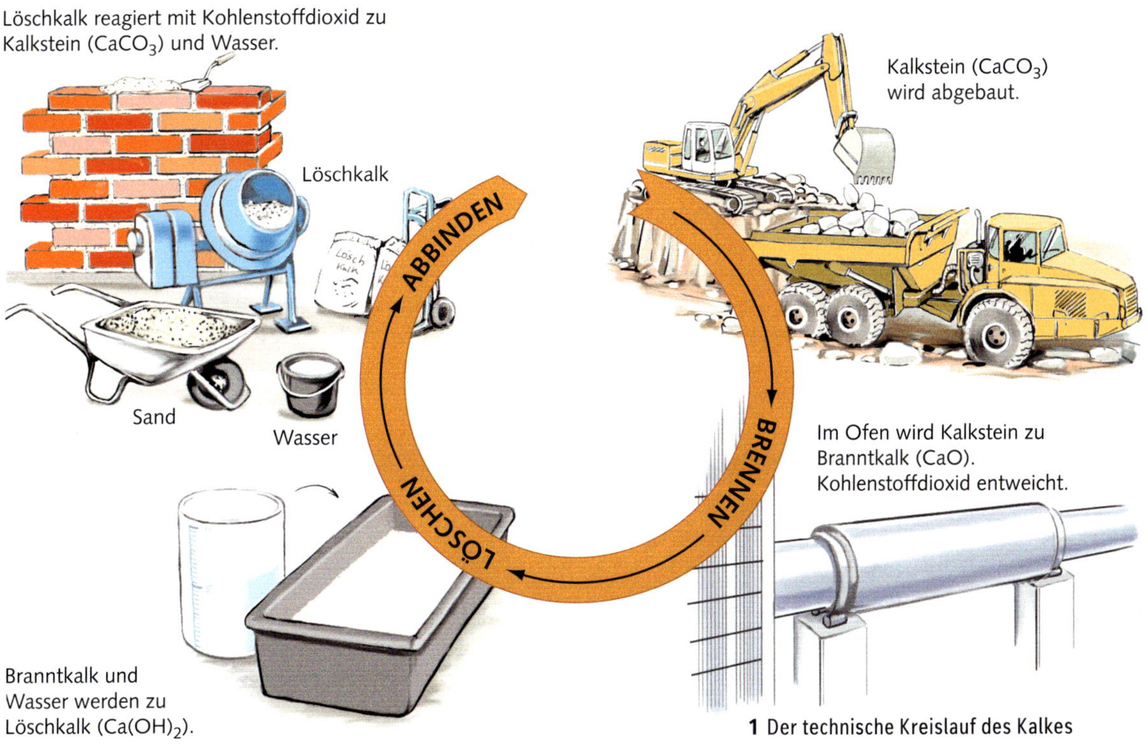

1 Der technische Kreislauf des Kalkes

Gips – schnell härtender Werkstoff

1. V

a) Besorge dir Gipsreste, zum Beispiel eine Gipskartonplatte. Teile sie in drei Proben auf.
b) Lege eine Probe in Backpapier gewickelt für 30 min bei 130 °C in den Backofen.
c) Wickle auch die zweite Probe in Backpapier und erhitze sie bei 200 °C.
d) Lass die dritte Probe unverändert.
e) Zerkleinere die Proben anschließend in einer Reibschale zu Pulver und fülle sie in Jogurtbecher. Verrühre sie mit etwas Wasser zu einem dicken Brei. Miss jeweils die Temperatur der Proben. Beobachte, welche Proben aushärten. Miss dazu die Zeit. Überlege, warum sich die drei Proben unterschiedlich verhalten.
f) Gib an, welche Probe Stuckgips ist und welche Probe Estrichgips ist.

2. A

Beschreibe die Vorgänge beim Aushärten von Gips.

3. A

Sammle verschiedene Beispiele für die Verwendung von Gips und stelle sie in einer Tabelle zusammen.

1 Gips, wie er in der Natur vorkommt

Gips härtet schnell

Nach dem Sturz vom Fahrrad oder Skateboard ist der Unterarm gebrochen. Zur Heilung muss der Arm ruhig gestellt werden. Meist wird dazu Gips verwendet. Über einen Verband werden Gipsbinden gewickelt. Der Gipsverband wird warm, weil der Gips in einer exothermen Reaktion aushärtet.

Beim Aushärten bilden sich Gipskristalle, in die Wasser eingelagert ist. Es entsteht ein **Kristallfilz,** der für das Aushärten des Materials sorgt.

Gewinnung von Gips

Früher wurde Gips vor allem in Steinbrüchen abgebaut. Heute fällt Gips bei vielen chemischen Verfahren wie der Rauchgasentschwefelung an.
Die chemische Bezeichnung für Gips ist **Calciumsulfat.**

In den Gipskristallen ist ein bestimmter Anteil an chemisch gebundenem Wasser enthalten. Es nennt sich **Kristallwasser.** Die chemische Formel für Gips ist $CaSO_4 \cdot 2\,H_2O$.

Gipsherstellung

Neben der Verwendung in der Medizin spielt Gips am Bau eine große Rolle. Um Baugips herzustellen, wird das wasserhaltige Calciumsulfat auf 130 °C erhitzt. Dabei entweicht ein Teil des Kristallwassers und die Kristalle zerfallen. Das Produkt wird gemahlen und als schnell härtender **Stuckgips** verkauft.

Für den langsam härtenden **Estrichgips** wird Gips bei über 200 °C gebrannt. Dadurch wird das Kristallwasser fast vollständig entfernt.

Verwendung am Bau

Gipskartonplatten erleichtern den Trockenausbau. Mit Spachtelmasse aus Gips lassen sich Wände reparieren. Mit Estrichgips werden Böden geglättet.
Da Gips Luftfeuchtigkeit aufnehmen und wieder abgeben kann, sorgt er für ein gutes Raumklima.

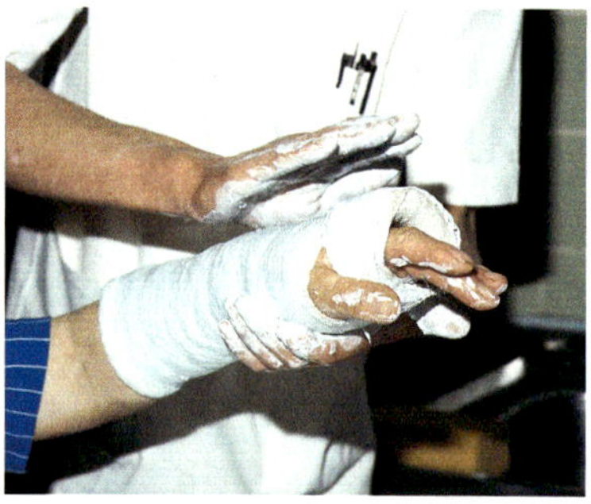

2 Ein Gipsverband

3 Gips als Abfallprodukt

4 Innenausbau mit Gipskartonplatten

Du kannst erklären, wie Gips abbindet und wie er verwendet wird.

Baustoff Gips

Wie entsteht Kristallfilz aus Gips?

Material

Mikroskop, Objektträger, Deckgläser, Zahnstocher, Fließpapier, wasserfester Klebstoff, Pipette, Wasser, Gipspulver

Gib auf den Objektträger einen Tropfen Wasser. Streue eine kleine, mit dem Zahnstocher aufgenommene Menge Gipspulver in das Wasser. Vermische es mit dem Wassertropfen. Decke die Probe mit dem Deckglas ab. Wische austretendes Wasser weg. Dichte den Rand des Deckglases mit Klebstoff ab. Betrachte die Probe im Mikroskop bei starker Vergrößerung sofort, nach einer Stunde und nach einem Tag.
Vergleiche deine Beobachtungen mit Bild 1. Beschreibe den Vorgang der Kristallbildung.

1 Kristallfilz bildet sich aus.

Modellieren mit Stuckgips

In der Kunst wird Gips vor allem gegossen oder modelliert.

Formguss

Bereite mit Wasser und Gipspulver einen gießbaren Brei zu. Stelle eine Gießform her, indem du einen Gegenstand in feuchten Formsand drückst. Nun gieße den Gipsbrei hinein und lass ihn aushärten.

Eine Form modellieren

Um eine Gesichtsmaske herzustellen, besorge dir Gipsbinden im Bastelgeschäft. Das Gesicht muss vorher sorgfältig mit Creme eingerieben werden, die Augenbrauen besonders dick. Die Augen werden abgedeckt. Wenn du die gewässerten Gipsbinden auf das Gesicht legst, musst du Nasenlöcher und Mund freilassen. Mehrere Lagen von Gipsbinden erhöhen die Stabilität.

Woraus besteht Schulkreide?

Die Felsen der Insel Rügen bestehen aus Kreide, einem sehr feinkörnigen Kalkstein. Kalkstein wird nachgewiesen, indem Salzsäure darauf getropft wird. Das hat ein Aufschäumen zur Folge. Prüfe, ob Schulkreide aus Kalk oder aus Gips besteht.

Material

Pipette, Reibschale, Pistill, Löffel, Backpapier, Jogurtbecher, verdünnte Salzsäure, als Proben: weiße Schulkreide, Kalkstein, gehärteter Baugips

Zerkleinere ein Stück Schulkreide. Wickle es in Backpapier und erhitze es im Backofen auf etwa 130 °C. Prüfe nach dem Abkühlen, ob die Probe mit Wasser abbindet. Tropfe dann etwas Salzsäure auf die 3 Proben. Entscheide, ob Schulkreide aus Gips oder aus Kalk besteht.

2 Gips oder Kalk?

Wer war der Täter?

Gipsabdrücke spielen in der Arbeit der Kriminalpolizei immer noch eine wichtige Rolle.

Bildet zwei Gruppen und stellt die Arbeit der Spurensicherung wie folgt nach:

Eine Gruppe stellt vier Fahrräder mit ähnlichen Reifen bereit. Ohne dass jemand aus der anderen Gruppe etwas davon sieht, wird mit einem Fahrrad in lockerer Erde eine Spur eingedrückt.

Die andere Gruppe stellt von der Spur einen Gipsabdruck her: Füllt dazu etwa 100 ml Wasser in den Becher. Streut unter Umrühren so viel Gipspulver in das Wasser, bis ein dickflüssiger Brei entsteht. Gießt den Brei in die Reifenspur und lasst ihn aushärten. Nun kann der Reifenabdruck mit den Profilen der Fahrräder verglichen werden.
Die jeweils andere Gruppe kann den Versuch entsprechend mit Fußspuren durchführen.

Aus Wasser entstehen zwei Gase

1.
a) Fülle den Hofmannschen Wasserzersetzungsapparat mit destilliertem Wasser. Diesem muss zuvor etwas Schwefelsäure zugesetzt werden, damit es elektrisch leitet. Verbinde die Elektroden mit dem Pluspol und dem Minuspol eines Stromversorgungsgerätes und stelle eine Gleichspannung von 20 V ein. Was beobachtest du an den Elektroden?

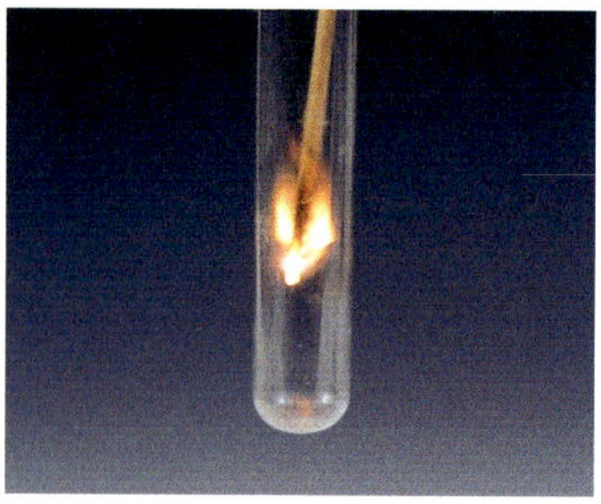

1 Glimmspanprobe

b) Entnimm das Gas, das sich über dem Pluspol angesammelt hat. Untersuche es mit der Glimmspanprobe (Bild 1). Um welches Gas handelt es sich?
c) Entnimm das Gas über dem Minuspol. Verschließe die Öffnung des Reagenzglases mit dem Daumen. Öffne es dann kurz vor einer Flamme (Bild 3). Beschreibe was im Reagenzglas geschieht. Um welches Gas handelt es sich?

2.
Beschreibe eine Elektrolyse.

3.
Begründe, warum die beiden Gase unterschiedlich aufgefangen werden.

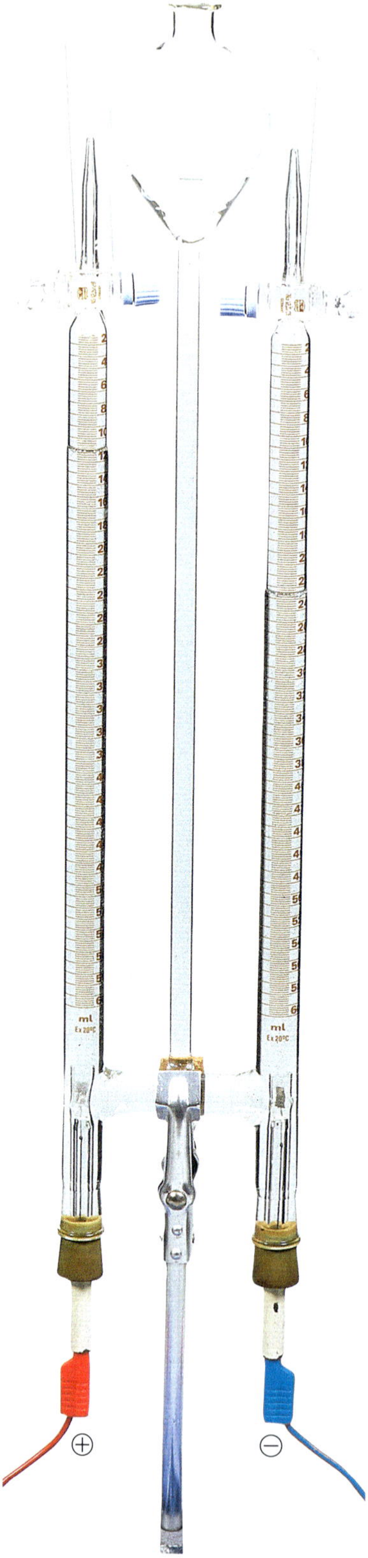

2 Hofmannscher Wasserzersetzungsapparat

Der Zersetzungsapparat

Die Elektroden eines mit Wasser gefüllten Hofmannschen Wasserzersetzungsapparates sind mit dem Pluspol und dem Minuspol eines Stromversorgungsgerätes verbunden.
Beim Anlegen einer Gleichspannung entstehen aus dem Wasser zwei Gase. Am **Pluspol** entsteht **Sauerstoff (O2),** der durch die **Glimmspanprobe** nachgewiesen wird.
Am **Minuspol** hat sich eine doppelt so große Menge eines brennbaren Gases gesammelt. Es heißt **Wasserstoff (H_2)** und lässt sich mit der **Knallgasprobe** nachweisen.

3 Knallgasprobe

Analyse und Elektrolyse

Die Untersuchung eines Stoffes oder die Zerlegung in seine Bestandteile heißt **Analyse.** Geschieht dies mithilfe der Elektrizität ist das eine **Elektrolyse.** Die chemische Verbindung Wasser wird dabei in die Elemente Wasserstoff und Sauerstoff zerlegt.

Du kannst Wasser in seine Bestandteile Wasserstoff und Sauerstoff zerlegen.
Du kannst eine Elektrolyse beschreiben.

Basiskonzepte S. 95

Wasserstoff verbrennt zu Wasser

1.
Fülle ein Reagenzglas wie in Bild 1 mit Wasserstoff. Beschreibe das Aussehen. Prüfe und beschreibe den Geruch.

2.
Fülle ein Reagenzglas mit Wasserstoff und verschließe es mit dem Daumen. Halte es in der Nähe der Brennerflamme schräg nach unten und öffne es (Bild 2). Was beobachtest du? Beschreibe auch die Veränderungen im Reagenzglas.

3.
Gib mit einem Spatel einige Körnchen weißes Kupfersulfat auf die Tropfen im Reagenzglas aus Versuch 2. Notiere deine Beobachtungen.

4.
Benenne das Verbrennungsprodukt von Wasserstoff.

5.
Nenne die korrekte chemische Bezeichnung der Verbindung H_2O, die üblicherweise als Wasser bezeichnet wird.

Wasserstoff	+	Sauerstoff	→	Wasser
$2\ H_2$	+	O_2	→	$2\ H_2O$
				Energie wird frei

Wasserstoff reagiert mit Sauerstoff

Wasserstoff ist das leichteste aller Elemente. An der Luft verbrennt es mit farbloser, heißer Flamme. Gemische aus Wasserstoff und Luft sind gefährlich, denn sie explodieren schon beim kleinsten Funken. Darauf beruht die **Knallgasprobe** als Wasserstoffnachweis. Reiner Wasserstoff in einem Reagenzglas verbrennt mit ruhiger Flamme. Ein **Wasserstoff-Luft-Gemisch** verbrennt dagegen explosionsartig mit pfeifendem Knall. Im Reagenzglas entstehen kleine Tropfen. Sie lassen sich mit weißem Kupfersulfat als Wasser nachweisen.

Zwei Gase bilden eine Flüssigkeit

Wenn Wasserstoff verbrennt, verbindet er sich mit dem Sauerstoff der Luft. Es entsteht Wasser. Dabei wird Energie frei. Diese **Synthese,** also die Bildung von Wasser aus den Elementen, ist der entscheidende Nachweis dafür, dass Wasser eine chemische Verbindung nur aus Wasserstoff und Sauerstoff ist.

Du kannst die Synthese von Wasser beschreiben. Du kannst erklären, warum Wasser kein Element ist.

Das leichteste Gas der Welt

Als leichtestes Gas wurde Wasserstoff früher zum Befüllen von Ballons und Luftschiffen verwendet. Wegen seiner Brennbarkeit ist er heute weitgehend durch Helium ersetzt worden. Wetterforscher schicken aber weiterhin mit Wasserstoff gefüllte Ballons in die Atmosphäre. Mit Wasserstoff können große Höhen erreicht werden.

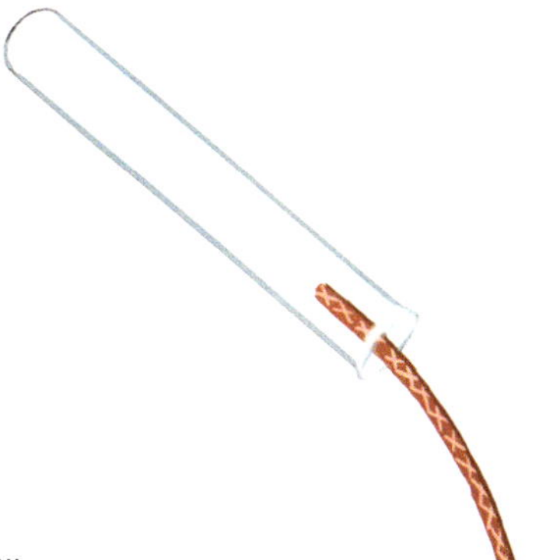

1 Befüllen

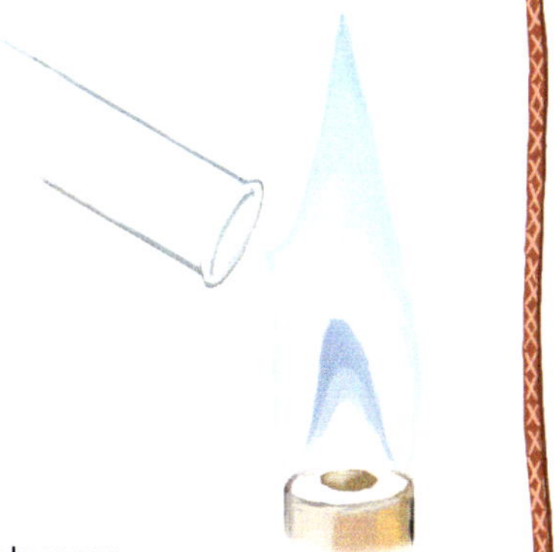

2 Verbrennen

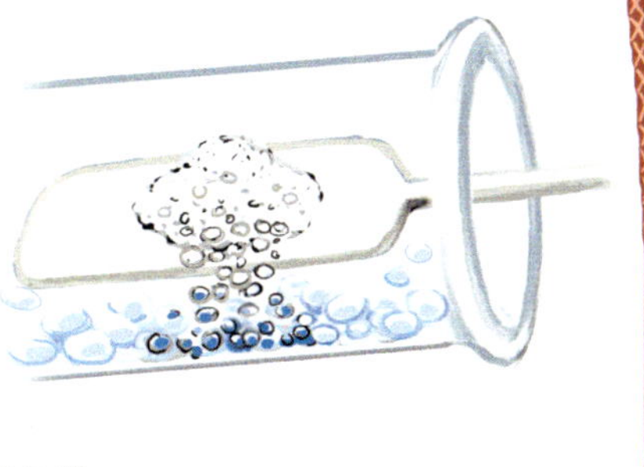

3 Prüfen

4 Stahlflasche für Wasserstoff

Brennstoffzellen liefern elektrische Energie und Wärme

1. ≡ V
a) Erzeuge mithilfe der Modellanlage die Elektrizität zum Betrieb des Motors mit der Luftschraube (Bild 1).
b) Beschreibe den Aufbau und die Arbeitsweise der Anlage. Fertige dazu eine Zeichnung an.

2. ≡ V
a) Miss die Spannung an den Solarzellen in Versuch 1.
b) Miss die Spannung auch an der Brennstoffzelle.
c) Vergleiche die Werte und formuliere eine Aussage zum Verhältnis der Spannungen der Modellanlage zueinander.

3. ≡ A
a) Begründe, warum die Elektrizität aus der Solarzelle nicht direkt zum Antrieb des Motors benutzt wird.
b) Erläutere die Vorteile der Speicherung der elektrischen Energie in Form chemischer Energie als Wasserstoff und Sauerstoff.

4. ≡ Q
Informiere dich über Brennstoffzellen und beschreibe ihren Aufbau und ihre Funktionsweise.

5. ≡ A
Ist es zum Betrieb der Brennstoffzelle notwendig, bei der Elektrolyse des Wassers auch den Sauerstoff aufzufangen? Begründe deine Antwort.

6. ≡ A
Stelle die Vorteile des Antriebs durch Brennstoffzellen bei Kraftfahrzeugen dar.

7. ≡ Q
Benenne die Energiequellen, mit denen Wasserstoff erzeugt werden muss, damit er ein umweltfreundlicher Energieträger ist. Stelle deine Überlegungen in einer Diskussionsrunde vor.

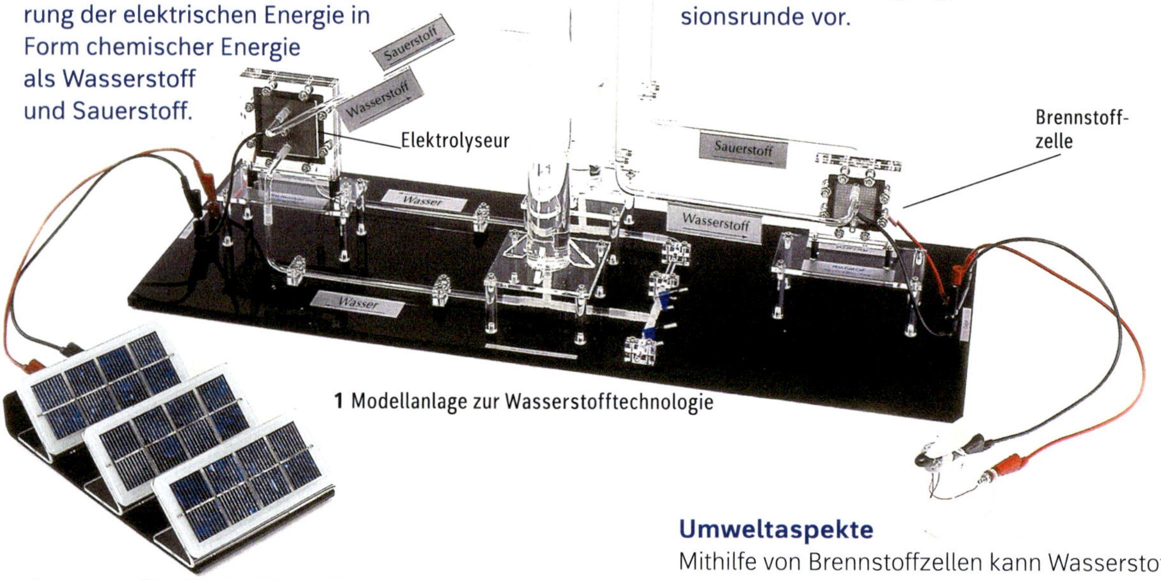

1 Modellanlage zur Wasserstofftechnologie

Brennstoffzelle im Modell

Die Modellanlage zur Wasserstofftechnologie besteht aus fünf Modulen mit unterschiedlichen Funktionen.
In den **Solarzellen** wird Elekrizität erzeugt. Im **Elektrolyseur** wird Wasser in die Elemente Wasserstoff und Sauerstoff zerlegt. Die beiden Zylinder dienen als **Speicher** für diese beiden Gase. In den Gasen ist jetzt die eingesetzte Energie gespeichert. In einer **Brennstoffzelle** werden diese Gase wieder zusammengeführt und erzeugen dort Elektrizität. Mithilfe dieser Elektrizität wird ein **Motor** angetrieben. Dessen Achse ist mit einer Luftschraube versehen, die die Drehung sichtbar macht.

Umweltaspekte

Mithilfe von Brennstoffzellen kann Wasserstoff zur Erzeugung elektrischer Energie eingesetzt werden, ohne die Umwelt zu belasten. Dazu sollte die elektrische Energie zur Erzeugung des Wasserstoffs aber aus erneuerbaren Energiequellen stammen. Solche Energiequellen sind unter anderem der Wind oder strömendes Wasser, die Sonne und Erdwärme. Wird die elektrische Energie zur Herstellung von Wasserstoff in herkömmlichen Kraftwerken erzeugt, gibt es keine Vorteile für die Umwelt. Er werden große Mengen Abgase erzeugt oder es entstehen radioaktive Abfälle.

2 Brennstoffzellen im Einsatz

Brennstoffzellen im Einsatz

Brennstoffzellen werden in vielen Fahrzeugen großer Automobilhersteller erprobt. Untersucht wird auch der Einsatz in anderen Bereichen. So gibt es zum Beispiel Versuche, Handys, Notebooks oder DVD-Player durch Brennstoffzellen mit elektrischer Energie zu versorgen. Auch Fahrräder und sogar ein Roller wurden schon mit Brennstoffzellen ausgestattet. Sehr große Zellen werden benutzt, um ganze Stadtteile mit Elektrizität zu beliefern. In diesen Kraftwerken wird auch die entstehende Wärme genutzt, zum Beispiel als Fernwärme zum Beheizen von Wohnungen.

Vor- und Nachteile der Brennstoffzelle

Die Brennstoffzelle hat viele Vorteile. So entsteht als Abgas Wasserdampf. Außerdem wird die eingesetzte Energie gut ausgenutzt und es gibt keine Lärmbelästigungen. Die lange Lebensdauer der Brennstoffzellen ist ein weiterer Pluspunkt. Leider gibt es aber auch noch erhebliche Nachteile, so zum Beispiel der hohe Preis und die große Masse einer Brennstoffzelle, wie sie im Auto nötig wäre. Nachteilig ist weiterhin, dass es keine flächendeckende Versorgung mit Wasserstoff durch ein Tankstellennetz gibt.

Du kannst den Aufbau und die Funktionsweise einer Brennstoffzelle beschreiben, Anwendungen nennen und Vor-und Nachteile darstellen.

Katalysatoren

STREIFZUG

Es funktioniert nur mit Katalysatoren

Ein Katalysator ermöglicht chemische Reaktionen, die sonst gar nicht oder erst bei höheren Temperaturen ablaufen würden. Der Katalysator selber ist nach der chemischen Reaktion unverändert. Oft sind Katalysatoren sehr fein verteilte Metallschichten, zum Beispiel aus Platin auf Keramik-Trägern.

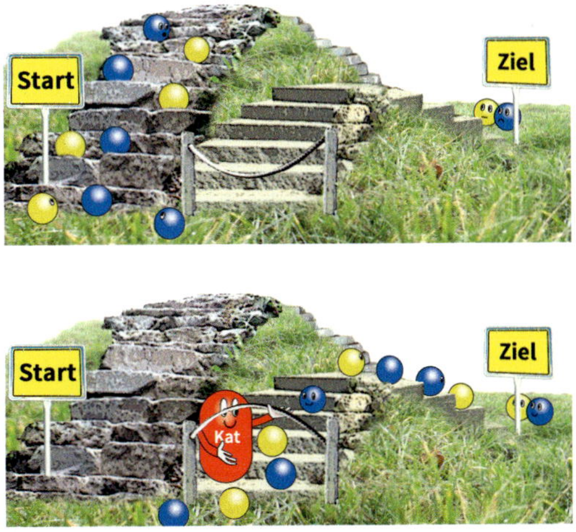

3 Modell zur Funktionsweise von Katalysatoren

Elektrolyseur und Brennstoffzelle

Im Elektrolyseur und in der Brennstoffzelle werden hauchdünne Platinschichten als Katalysatoren eingesetzt. So kann Wasser in Wasserstoff und Sauerstoff zerlegt werden. In der Brennstoffzelle wird aus beiden Gasen dann wieder Wasser. Dabei entstehen elektrische Energie und Wärme.

Einsatz in der chemischen Industrie

Die Schwefelsäureherstellung ist ein Beispiel für katalytische Verfahren in der chemischen Industrie. Hierbei sorgt der Katalysator Vanadiumpentoxid (V_2O_5) für die wirtschaftliche Herstellung der benötigten Mengen Schwefeltrioxid (SO_3), das sich dann mit Wasser zu Schwefelsäure (H_2SO_4) verbinden kann.

1. A
Beschreibe anhand von Bild 3 den Weg der Ausgangsstoffe zum Endstoff mit und ohne den Katalysator. Erläutere dabei die Funktion des Katalysators.

Die Brennstoffzelle

1. Nenne Beispiele für den Einsatz von Brennstoffzellen.

2. Gib an, welche Stoffe einer Brennstoffzelle zugeführt werden.

3. Erkläre, was mit dem Wasserstoff (H_2) am Minus-Pol geschieht.

4. Beschreibe, wofür die Elektrolyt-Membran durchlässig ist und wofür nicht.

5. Beschreibe, wozu die Elektronen im äußeren Stromkreis benutzt werden können.

6. Erkläre, aus welchen Stoffen am Plus-Pol Wasser entsteht.

7. Nenne das Abgas, das in einer Brennstoffzelle entsteht.

8. Stelle dar, wie der Einsatz von Brennstoffzellen zur Verringerung des CO_2-Ausstoßes beitragen kann.

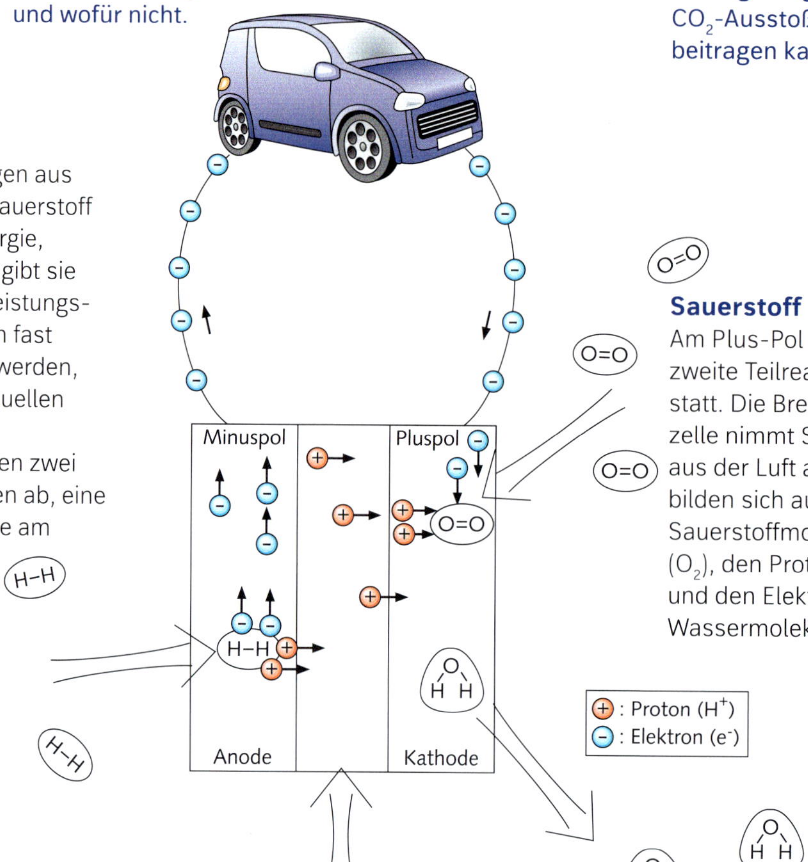

Brennstoffzellen

Brennstoffzellen erzeugen aus Wasserstoff und dem Sauerstoff der Luft elektrische Energie, Wasser und Wärme. Es gibt sie mit unterschiedlicher Leistungsfähigkeit und sie können fast überall dort eingesetzt werden, wo elektrische Energiequellen gebraucht werden.
In Brennstoffzellen laufen zwei chemische Teilreaktionen ab, eine am Minuspol, die andere am Pluspol.

Wasserstoff

Dem Minuspol wird Wasserstoff (H_2) zugeführt. Hier läuft die erste Teilreaktion ab. Jedes Wasserstoffmolekül wird zerlegt in 2 Protonen (H^+) und 2 Elektronen (e^-).

Sauerstoff

Am Plus-Pol findet die zweite Teilreaktion statt. Die Brennstoffzelle nimmt Sauerstoff aus der Luft auf. Hier bilden sich aus den Sauerstoffmolekülen (O_2), den Protonen (H^+) und den Elektronen (e^-) Wassermoleküle (H_2O).

Die Elektrolyt-Membran

Die Elektrolyt-Membran ist das Kernstück einer Brennstoffzelle. Nur Protonen können durch die Membran zum anderen Pol wandern. Die Elektronen wandern im äußeren Stromkreis zum Pluspol. Dabei können sie zum Beispiel einen Elektromotor antreiben.

Wasser entsteht

Als Abgas der Brennstoffzelle entsteht Wasserdampf. Außerdem entsteht Wärme. Wenn kein zusätzliches, klimaschädliches CO_2 freigesetzt werden soll, muss der Wasserstoff durch Solarenergie oder andere erneuerbare Energien erzeugt werden. So kann die Brennstoffzelle wirklich zu einem umweltfreundlichen Antrieb werden.

Du kann beschreiben, wie Brennstoffzellen funktionieren, wo sie eingesetzt werden können und wie sie zu einem wirklich umweltfreundlichen Antrieb werden können.

Die Funktionsweise einer Brennstoffzelle

Die Reaktion innerhalb einer Brennstoffzelle

Um eine Brennstoffzelle zu betreiben, sind Wasserstoff (H_2) und Sauerstoff (O_2) notwendig. Die beiden Gase können aus Gasflaschen entnommen oder durch **Elektrolyse** gewonnen werden.

In einem **Elektrolyseur** wird Wasser mithilfe von elektrischer Energie in Wasserstoff und Sauerstoff zerlegt. Dabei entsteht doppelt so viel Wasserstoff wie Sauerstoff. Beide Gase werden in Gasspeichern aufgefangen.

$$2\,H_2O \xrightarrow{\text{elektrische Energie}} 2\,H_2 + O_2$$

Um die Brennstoffzelle zu betreiben, wird der Wasserstoff zu einer Elektrode der Zelle geleitet. An dieser Elektrode spaltet der **Katalysator** die Wasserstoffmoleküle in positiv geladene Wasserstoff-Ionen H^+, die Protonen, sowie in negativ geladene Elektronen e^-.

① $$2\,H_2 \rightarrow 4\,H^+ + 4\,e^-$$

Der Katalysator

Ein Katalysator ist ein Stoff, der die Reaktionsgeschwindigkeit einer chemischen Reaktion erhöht. Wenn ein Katalysator vorhanden ist, wird weniger Aktivierungsenergie benötigt, um die Reaktion in Gang zu setzen. Der Katalysator selbst verändert sich bei diesem Vorgang nicht. Bei der Oxidation von Wasserstoff wird das Edelmetall Platin als Katalysator eingesetzt.

Überschuss und Mangel

Jetzt herrscht an der Wasserstoff-Elektrode Elektronenüberschuss. Sie ist zum Minuspol der Brennstoffzelle geworden. Die freien Elektronen können durch den äußeren Stromkreis zur anderen Elektrode fließen. An dieser Elektrode werden die Sauerstoffmoleküle unter Einwirkung des Katalysators in Atome gespalten und nehmen aus dem äußeren Stromkreis Elektronen auf. Es entstehen O^{2-}-Ionen. Die Sauerstoff-Elektrode ist dadurch zum Pluspol der Brennstoffzelle geworden.

② $$O_2 + 4\,e^- \rightarrow 2\,O^{2-}$$

Gleichzeitig wandern die Wasserstoff-Ionen, die Protonen, durch die protonendurchlässige Membran (PEM) und reagieren mit den O^{2-}-Ionen zu Wasser.

③ $$4\,H^+ + 2\,O^{2-} \rightarrow 2\,H_2O$$

Daraus ergibt sich für die Brennstoffzelle folgende Gesamtreaktion:

$$2\,H_2 + O_2 \rightarrow 2\,H_2O + \text{elektrische Energie} + \text{Wärme}$$

Die Synthese in der Brennstoffzelle ist die Umkehrung der Elektrolyse im Elektrolyseur.

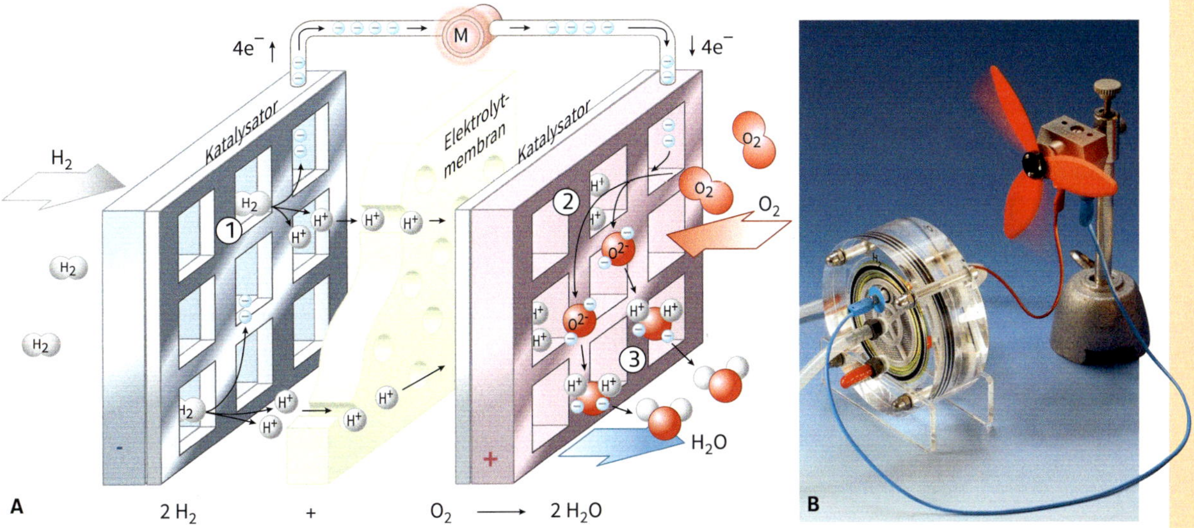

1 Brennstoffzelle: **A** Funktionsweise, **B** Aufbau

Elektrolyse und Synthese – Energiebetrachtung

1. Ⓐ
a) Nenne die Produkte, die bei der Zerlegung von Wasser entstehen.
b) Erkläre den Namen Diwasserstoffoxid für die Verbindung H_2O.

2. Ⓐ
Begründe, warum Wasserstoff und Sauerstoff sowohl Produkte als auch Edukte sein können.

3. Ⓐ
Schreibe die Wortgleichung und die Formelgleichung für die Synthese von Wasser auf.

4. Ⓐ
Begründe die Zufuhr von Aktivierungsenergie bei der Synthese von Wasser.

5. Ⓐ
Erläutere den Energiegehalt der Edukte und Produkte
a) bei der Zerlegung von Wasser in Wasserstoff und Sauerstoff,
b) bei der Synthese von Wasser aus Wasserstoff und Sauerstoff.

Energie wird gespeichert

Durch Elektrolyse kann Wasser mithilfe elektrischer Energie in seine Bestandteile Wasserstoff und Sauerstoff zerlegt werden. Bei diesem Vorgang ist Wasser der Ausgangsstoff, das Edukt. Wasserstoff und Sauerstoff sind die Endstoffe, die Produkte.

Die neu gebildeten Moleküle speichern die bei der Zerlegung aufgewandte elektrische Energie als chemische Energie. Sie können diese Energie bei chemischen Reaktionen wieder abgeben.

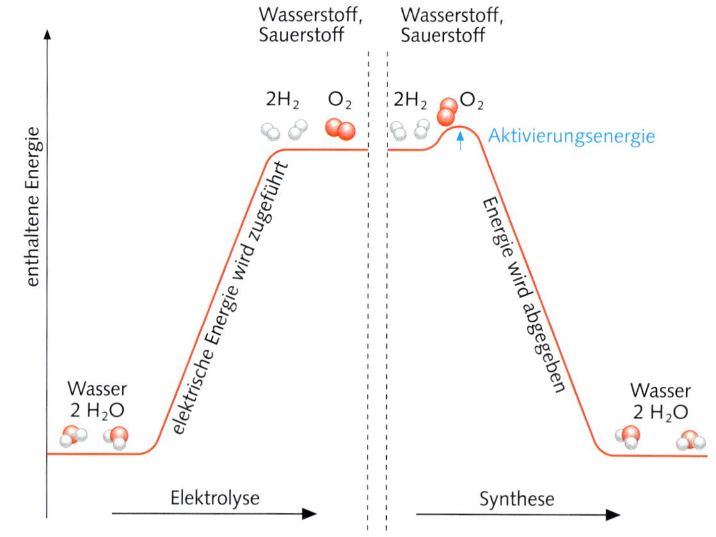

1 Energien bei der Elektrolyse und Synthese von Wasser

Energie wird wieder frei

Der Wasserstoff verbrennt mit dem Sauerstoff zu Wasserstoffoxid, also zu Wasser. Die korrekte chemische Bezeichnung der Verbindung ist H_2O. Dabei wird Energie frei und zwar genau die Menge, die zuvor aufgewandt wurde, um die Gase aus Wasser herzustellen.
Dies kann auch explosionsartig geschehen, wobei die Energie in Form von Bewegungsenergie, Wärme und Licht frei wird.

Vorgängen in der Brennstoffzelle

Werden die beiden Gase in einer Brennstoffzelle zu einer kontrollierten Reaktion gebracht, entsteht ebenfalls Wasser. Elektrische Energie und Wärme werden freigesetzt. Bei dieser Reaktion sind die Gase Wasserstoff und Sauerstoff die Edukte und das gebildete Wasser ist das Produkt.

Du kannst die Synthese von Wasser beschreiben.
Du kannst erklären, warum Wasser kein Element ist.

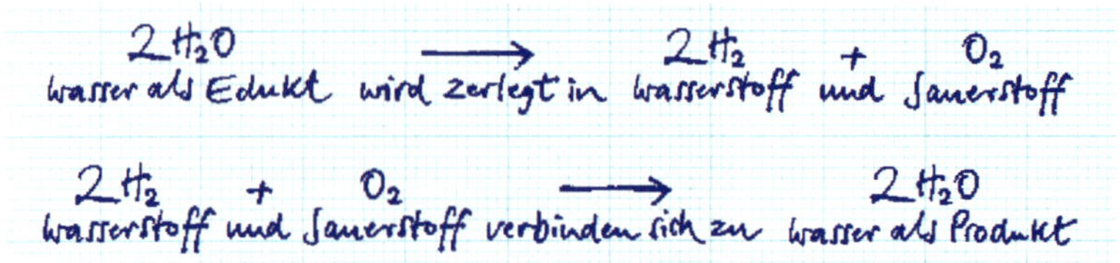

2 Die chemischen Reaktionen

Energieumwandlung in Technik und Natur

Fotosynthese

Pflanzen nutzen das Licht der Sonne, um in den grünen Chloroplasten der Blattzellen durch Fotosynthese energiereiche Moleküle herzustellen. Aus Kohlenstoffdioxid und Wasser werden Zuckermoleküle aufgebaut. Außerdem entsteht Sauerstoff.

$$6\ CO_2 + 6\ H_2O \xrightarrow{\text{Energie}} C_6H_{12}O_6 + 6\ O_2$$

In den Zuckermolekülen ist die Energie in Form chemischer Energie für weitere Stoffwechselvorgänge gespeichert, für den Aufbau von Cellulose und für die Umwandlung in Stärke.

Kraftwerke, Automotor, Heizung

Bei allen Prozessen der Technik finden Energieumwandlungen statt. Die Energie, die bei chemischen Reaktionen wie Verbrennungen frei wird, wird als Wärme oder Bewegungsenergie genutzt.
In Kraftwerken wird die chemische Energie fossiler Brennstoffe wie Kohle oder Erdgas über Wärme und Bewegungsenergie in elektrische Energie umgewandelt.
In den Verbrennungsmotoren der Kraftfahrzeuge verläuft die Energieumwandlung von der chemischen Energie aus Benzin oder Dieselöl zur Bewegungsenergie. Dabei wird auch Wärme freigesetzt.
Gas-, Holzpellet- und Ölheizungen wandeln chemische Energie in Wärme um.

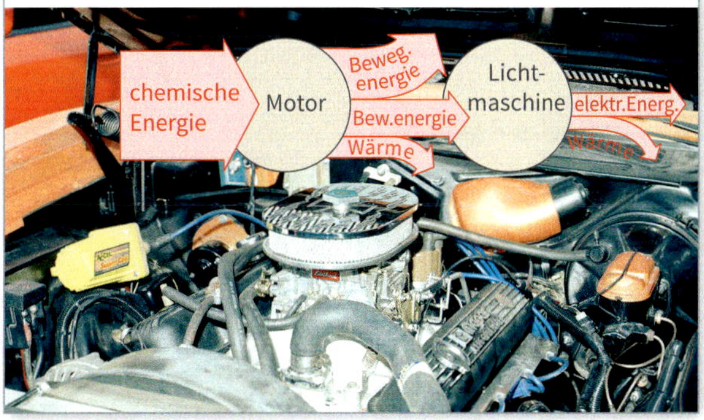

Ernährung und Atmung

Menschen und Tiere nutzen die in den Blattzellen gespeicherte chemische Energie für ihre Ernährung und Atmung. Energiereiche Moleküle wie Zucker, Stärke, Fette und Eiweiße werden in Stoffwechselprozessen umgesetzt. Dabei entstehen hauptsächlich wieder die energieärmeren Moleküle Kohlenstoffdioxid und Wasser. Durch diese Stoffwechselprozesse wird das Wachstum der Lebewesen ermöglicht. Durch Energieumwandlung kommt es zur Bewegung von Muskeln und zur Produktion von Wärme.

1. Q
Informiere dich, woher die im Benzin gespeicherte Energie stammt. Fasse die Ergebnisse in einer Grafik zusammen.

2. A
Fasse die Energieumwandlungen von der Pflanze bis zur Muskelbewegung beim Tier oder Menschen als Diagramm zusammen.

PINNWAND

Stoffe reagieren miteinander

Kohlenstoff und Oxide

Reiner Kohlenstoff tritt in seinen Modifikationen **Diamant** und **Grafit** auf. Sie haben sehr unterschiedliche Eigenschaften.

Bei einer Oxidation bilden sich neue Stoffe. Wird Kohlenstoff oxidiert, entsteht **Kohlenstoffdioxid** (CO_2) oder das giftige **Kohlenstoffmonooxid** (CO).

CO_2 ist als ein **Treibhausgas** für die Klimaveränderung mitverantwortlich.

Klares Kalkwasser wird durch Kohlenstoffdioxid getrübt und ist deshalb ein **Nachweismittel** für Kohlenstoffdioxid.

Chemische Reaktion

Werden Stoffe erhitzt, verändern sie sich vorübergehend oder bleibend. Entstehen dabei aus den Ausgangsstoffen neue Stoffe mit neuen Eigenschaften, handelt es sich um eine **chemische Reaktion.**

Verbrennungen sind chemische Reaktionen. Dabei verbindet sich ein Stoff mit Sauerstoff. Diese chemische Reaktion wird **Oxidation** genannt. Die Stoffe, die dabei entstehen heißen **Oxide.**

Metalle reagieren mit Sauerstoff

Wenn Metalle mit dem Sauerstoff der Luft reagieren, bilden sich meist feste Oxide. Bei Eisen bildet sich Rost, wenn neben Sauerstoff auch Wasser vorhanden ist. Rost bildet keine feste Oxidschicht, sondern eine blättrige und lockere Oberfläche.

Wasser

Wasser ist eine chemische Verbindung aus den Elementen Wasserstoff und Sauerstoff.

Wasserstoff als Energieträger

Im **Elektrolyseur** wird Wasser mithilfe elektrischer Energie in Wasserstoff und Sauerstoff zerlegt.
In den **Brennstoffzellen** reagieren Wasserstoff und Sauerstoff zu Wasser. Dabei entstehen elektrische Energie und Wärme.

Elemente und Verbindungen

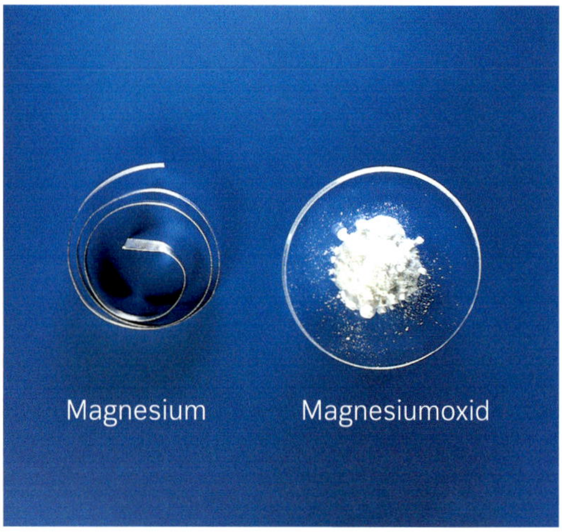

Symbole

Elemente werden durch Elementsymbole, Verbindungen durch eine chemische Formel dargestellt. Chemische Reaktionen werden durch Reaktionsgleichungen beschrieben.

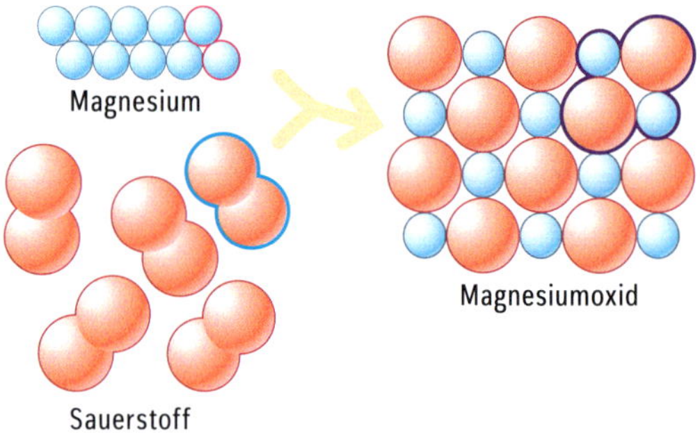

Magnesium + Sauerstoff → Magnesiumoxid

$2\,Mg + O_2 \rightarrow 2\,MgO$

DALTONS Atommodell

- Alle Stoffe bestehen aus Atomen.
- Atome sind unteilbar.
- Alle Atome eines Elements haben die gleiche Größe und Masse.
- Es gibt so viele Atomsorten, wie es Elemente gibt.
- Bei einer chemischen Reaktion werden die Atome umgeordnet.

Gesetz von der Erhaltung der Masse

Bei einer chemischen Reaktion ist die Masse der Ausgangsstoffe immer gleich der Masse der Endprodukte.

BASISKONZEPTE

Struktur-Eigenschafts-Beziehungen

Chemische Reaktion

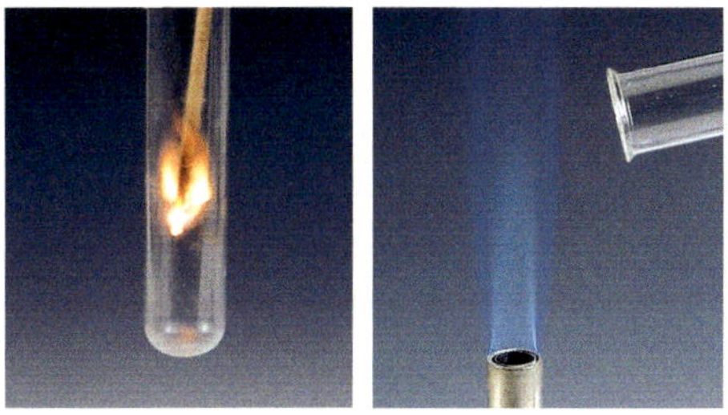

Stoff-Teilchen-Beziehungen

1. Ⓐ

a) Beschreibe die beiden abgebildeten Nachweisreaktionen.

b) Gib an, welcher Stoff jeweils nachgewiesen wird. → S. 86

Chemische Reaktion

3. Ⓐ

Metalle können nach ihrem Verhalten dem Sauerstoff gegenüber in zwei Gruppen eingeteilt werden.

a) Nenne die beiden Gruppen.

b) Gib an, woran du bei einem Metall erkennen kannst, zu welcher Gruppe es gehört. → S. 64

Stoff-Teilchen-Beziehungen

2. Ⓐ

Stoffe können aus Elementen oder Verbindungen bestehen. Erkläre den Unterschied auf Teilchenebene. → S. 72

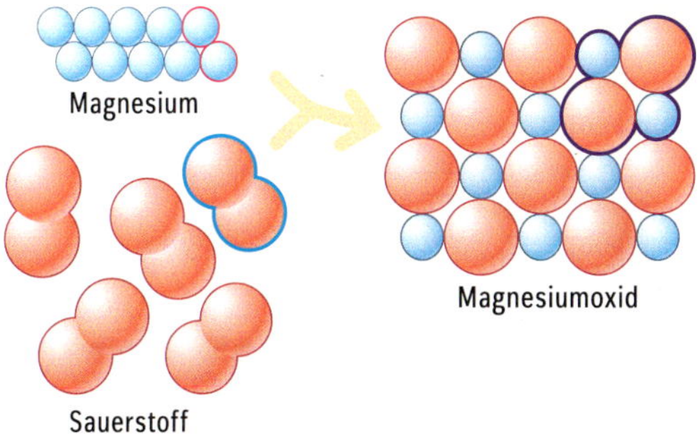

Chemische Reaktion

4. Ⓐ

Bei chemischen Reaktionen werden Stoffe in andere Stoffe umgewandelt. Erkläre, ob sich die Masse der Ausgangsstoffe von der Masse der Endprodukte unterscheidet. → S. 70

Stoffe reagieren miteinander

Nichtmetalle und Oxide

Kannst du schon ...

... den Begriff Modifikation erklären? (S. 57)
... die Oxide des Kohlenstoffs nennen? (S. 58)
... Verwendungen für die Oxide angeben? (S. 58)
... die Auswirkungen des vermehrten Ausstoßes von Kohlenstoffdioxid beschreiben? (S. 59)
... ein Oxid des Schwefels nennen? (S. 55)
... zwei Verwendungen für Stickstoff angeben? (S. 56)

Zeig, was du kannst!

1. A
Nenne drei Unterschiede zwischen Diamant und Grafit.

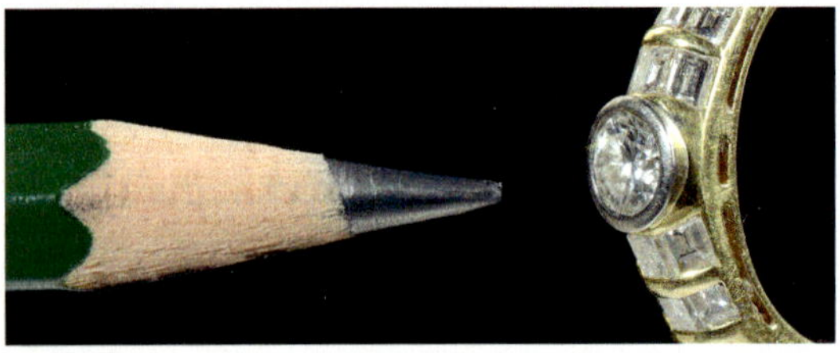

2. A
Gib an, welches Oxid des Kohlenstoffs entsteht, wenn nicht genügend Sauerstoff vorhanden ist.

3. A
Nenne drei Verwendungsmöglichkeiten für Kohlenstoffdioxid.

4. A
Gib zwei Folgen des Klimawandels an.

5. A
Woran erkennst du, dass die Oxidation ein chemischer Vorgang ist?

Metalle und Oxide

Kannst du schon ...

... angeben, wie sich die Oberfläche eines Metalls beim Oxidieren verändert? (S. 63)
... das Ordnungsprinzip bei der Oxidationsreihe der Metalle angeben? (S. 64)
... begründen, warum für Schmuck meist Edelmetalle eingesetzt werden? (S. 64)
... erklären, warum ein Eisenpfahl durchrosten kann? (S. 63)

Zeig, was du kannst!

6. A
Gib jeweils die Namen der Stoffe an, die entstehen, wenn sich folgende Metalle mit Sauerstoff verbinden: Blei, Kupfer, Zink, Eisen.

7. A
Einige Metalle verbinden sich nicht oder nur schwer mit Sauerstoff.
a) Nenne zwei dieser Metalle.
b) Gib die Stoffgruppe an, zu der diese Metalle gehören.

8. A
Nenne die Bedingungen, die erfüllt sein müssen, damit sich Rost bilden kann.

9. A
Begründe, warum die Oxidschicht bei Aluminium, Blei oder Zink oft erwünscht ist.

DALTONS Atommodell

Kannst du schon ...

... den Unterschied zwischen Element und Verbindung beschreiben? (S. 66)
... das Atommodell von DALTON beschreiben? (S. 68)
... die Anordnung der Atome in Elementen und Verbindungen beschreiben? (S. 69)
... das Gesetz von der Erhaltung der Masse nennen? (S. 70)
... die Vorteile von Elementsymbolen nennen? (S. 71)
... einfache Reaktionsgleichungen aufstellen? (S. 72)

Zeig, was du kannst!

10. Ⓐ
Erkläre den Begriff Thermolyse.

11. Ⓐ
Nenne die Merkmale von DALTONS Atommodell.

12. Ⓐ
Gib an, wie die kleinsten Teilchen der Edelgase und die kleinsten Teilchen anderer elementarer Gase heißen.

13. Ⓐ
Beschreibe, was nach DALTON bei einer chemischen Reaktion mit den Atomen passiert.

14. Ⓐ
Nenne die Namen der Elemente mit folgenden Elementsymbolen: Fe, Pb, Ne, Ag.

15. Ⓐ
Nenne die Namen der Verbindungen, die folgende Formeln haben: PbO, Ag_2S, H_2O, ZnS.

Energie bei chemischen Reaktionen

Kannst du schon ...

... den Begriff Aktivierungsenergie erklären? (S. 78)
... beschreiben, wie eine endotherme und eine exotherme Reaktion ablaufen? (S. 79)
... begründen, ob Wasser ein chemisches Element oder eine Verbindung ist? (S. 87)
... die Verbrennung von Wasserstoff mit einer Reaktionsgleichung beschreiben? (S. 87)
... entscheiden, ob die Elektrolyse von Wasser eine endotherme oder exotherme Reaktion ist? (S. 92)

Zeig, was du kannst!

16. Ⓐ
Nenne Beispiele für Aktivierungsenergie bei chemischen Reaktionen.

17. Ⓐ
Entscheide für folgende Reaktionen, ob sie endotherm oder exotherm sind:
a) Braten eines Spiegeleies,
b) Abbrennen einer Wunderkerze,
c) Kühlkissen beim Gebrauch.

18. Ⓐ
Schreibe die Synthese von Wasser als Wortgleichung auf.

19. Ⓐ
Gib an, wie du Wasserstoff nachweisen kannst.

20. Ⓐ
Beschreibe den Aufbau einer Brennstoffzelle.

Wichtige Begriffe

- Modifikation
- Oxidationsreihe
- Aktivierungsenergie
- exotherm, endotherm
- Analyse, Synthese
- Molekül
- Atommodell

Neue Stoffe gewinnen

Gegenstände aus Eisen rosten. Wie lassen sie sich schützen?

Diese türkisfarbene Schicht enthält Kupfer. Aber wie lässt es sich gewinnen?

Eisenerz wird in riesigen Tagebauen abgebaut. Wie wird aus dem Erz Roheisen?

Überall Metalle

Lithium wird in Akkus und Batterien verwendet. Deren Vorteile sind das geringe Gewicht und die hohen elektrischen Spannungen, die erzielt werden können. Handys und Kameras enthalten Lithium-Akkus. Auch Elektrofahrräder und Elektroautos nutzen sie.

Aluminium wird im Raketen- und Flugzeugbau eingesetzt und ist ein wichtiges Metall für Legierungen beim Motorenbau.

Magnesium wird im Fahrzeugbau eingesetzt und dient zum Beispiel als Legierungsmetall für Alufelgen.

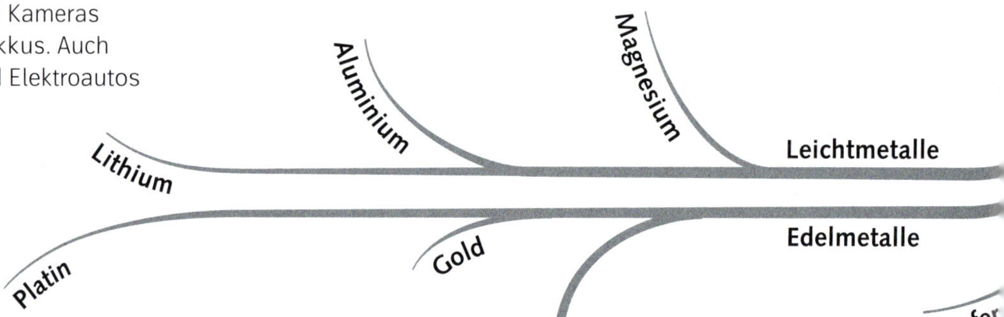

Eine dünne Schicht aus **Platin** dient in der Abgasanlage eines Autos als Katalysator. Er hilft Schadstoffe zu verringern.

Gold wird für Kontakte in der Elektronik eingesetzt. Gold oxidiert nicht.

Silber

Gold und **Silber** werden seit Jahrtausenden für Schmuck und als Geldanlage verwendet.

Kupfer

Kupfer wird wegen seiner guten elektrischen Leitfähigkeit in Kabeln benutzt. Da es an der Luft eine Schutzschicht bildet, wird es im Außenbereich zum Beispiel für Dachrinnen verwendet.

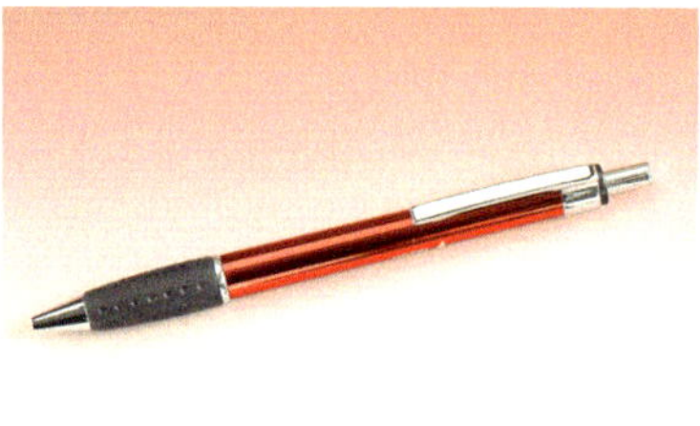

Chrom

Kugelschreiber haben manchmal einen Überzug aus **Chrom.** Auch Wasserhähne und Fahrzeugteile werden verchromt.

Blei

Bleche aus dem gut verformbaren und witterungsbeständigen **Blei** werden vom Dachdecker für Anschlüsse von Dacheindeckungen am Schornstein verwendet.

1. Welche Metalle werden in Batterien verwendet? Stelle deine Ergebnisse in einer Tabelle dar.

2. Suche für die Metalle dieser Doppelseite die Schmelz- und die Siedetemperaturen heraus und notiere sie.

Eisen ist unser wichtigstes Gebrauchsmetall. In reiner Form wird Eisen aber nur sehr selten verwendet. Technisch verwendetes Eisen ist immer eine Legierung aus Eisen und Kohlenstoff.

Meist wird **Eisen** heute zu Stahl weiterverarbeitet. Dazu werden vor allem weitere Metalle dem Eisen beigemischt, um die Eigenschaften zu verbessern. Im Bild oben siehst du zwei häufige Stahlarten: **Chrom-Vanadium-Stahl** für Schraubenschlüssel und **Spannstahl** als Baustoff für die Decke eines Hauses.

Zink dient als Rostschutzüberzug für Eisen und als Elektrodenmaterial für Batterien.

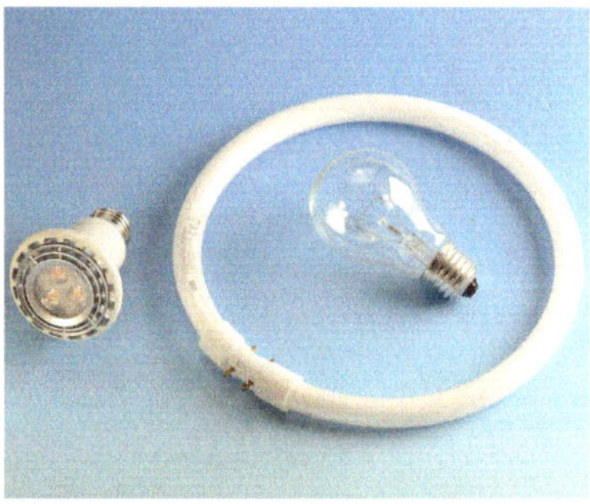

In allen Lampen sind Metalle verarbeitet. Die alten Glühlampen und Halogenlampen nutzen einen Glühdraht aus **Wolfram.** Energiesparlampen benötigen eine geringe Menge **Quecksilber** und müssen daher als Sondermüll entsorgt werden. In **LED-Lampen** wird Gallium verarbeitet.

Gallium ist Teil von Mikrochips und Solarmodulen. Mit einem Zusatz von **Neodym** werden aus Stahlmagneten Supermagnete. Solche Magnete werden zum Beispiel eingesetzt in Kernspintomographen, Lasern, Computer-Festplatten und Windkraftanlagen. **Indium** wird in der Elektronik gebraucht, zum Beispiel bei der Herstellung von Displays für Smartphones oder Tablets.

Du kannst die wichtigsten Metalle, ihre Eigenschaften und Möglichkeiten für ihre Verwendung nennen.

Eigenschaften der Metalle

1. Q
Nenne für mindestens fünf Metalle möglichst vielfältige Anwendungsbereiche.

2. A
a) Nenne vier gemeinsame Eigenschaften aller Metalle.
b) Bei zwei weiteren Eigenschaften von Metallen gibt es einige wenige Ausnahmen. Nenne die beiden Eigenschaften und die Ausnahmen.

3. Q
Nenne Beispiele für Anwendungen, wo die besonderen Eigenschaften der Metalle genutzt werden.

4. V
Bestimme die Dichte von Aluminium, Magnesium, Eisen und Blei nach der Differenzmethode oder der Überlaufmethode. Notiere die Werte in einer Tabelle.

5. Q
Recherchiere, ob es Metalle gibt, die auf Wasser schwimmen. Notiere entsprechende Beispiele.

6. A
Erstelle eine Tabelle mit allen Metallen dieser Seite. Notiere darin die bisher festgestellten Eigenschaften und ergänze mit Werten zu Schmelz- und Siedetemperaturen und Härtegraden.

Was bedeuten Metalle für den Menschen?

Seit gut 10 000 Jahren nutzt der Mensch Metalle. Im Laufe der Jahre haben sie immer größere Bedeutung erlangt. Heute gibt es kaum einen Anwendungsbereich, in dem Metalle nicht verwendet werden.

Eisen wird meist zu Stahl weiterverarbeitet und beispielsweise zur Herstellung von Eisenbahnbrücken oder Autos eingesetzt. Blei findet sich in Akkus, Aluminium wird für Lebensmittelverpackungen verwendet, Zinn zum Löten gebraucht.

Legierungen wie Messing oder Bronze, wo zwei oder mehr Metalle im flüssigen Zustand vermischt werden, erweitern den Verwendungsbereich.

Eine Reihe von Berufen zur Metallbearbeitung wie Schmied, Schlosser oder Zerspanungsmechaniker sind entstanden.

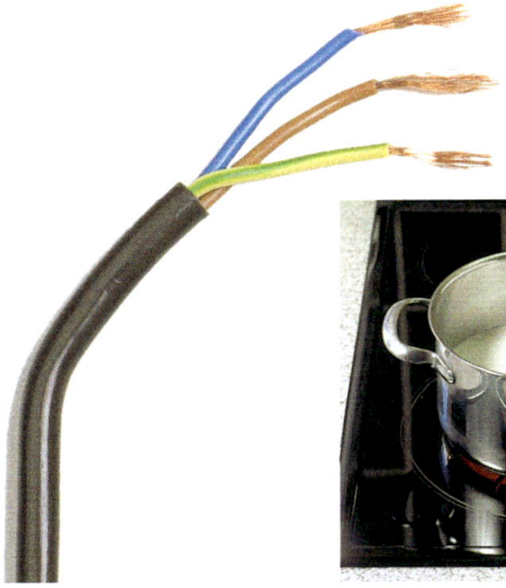

1 Metalle leiten Elektrizität.

2 Metalle leiten Wärme.

3 Ein Hufeisen wird geformt.

Nützliche Metalleigenschaften

Durch ihren beständigen **Glanz** sind Edelmetalle für Schmuck, Spiegel, Medaillen und Verzierungen an Gebäuden geeignet (Bild 4).
Die sehr gute **elektrische Leitfähigkeit** von Kupfer oder auch Silber wird für elektrische Installationen genutzt (Bild 1).

Aufgrund der guten **Wärmeleitfähigkeit** werden Töpfe und Pfannen aus Aluminium, Kupfer oder Eisen hergestellt. Auch bei Heizkörpern wird diese Eigenschaft genutzt (Bild 2).
Die gute **Verformbarkeit** von Metallen führte zur Verwendung etwa im Motorenbau, wo beispielsweise Kurbelwellen geschmiedet werden. Sie ist aber auch von Hufeisen für Pferde bekannt, die problemlos vom Hufschmied jedem Huf angepasst werden können (Bild 3). Metalle können durch Biegen, Pressen, Walzen und andere Verfahren verformt werden.

Gemeinsame Eigenschaften mit Ausnahmen

Die Stoffgruppe der Metalle verbindet bestimmte Eigenschaften. Fast alle Metalle sind von silbergrauer Farbe, Ausnahmen sind etwa Kupfer und Gold. Es gibt zudem nur ein bei Raumtemperatur flüssiges Metall, das Quecksilber. Alle anderen sind feste Stoffe. Als reine Metalle sind Eisen, Nickel und Cobalt magnetisierbar.

Schwermetalle und Leichtmetalle

Häufig werden Metalle in **Schwermetalle** und **Leichtmetalle** unterschieden. Metalle mit einer Dichte unter 5 $\frac{g}{cm^3}$ werden Leichtmetalle genannt. Zu ihnen zählen bekannte Stoffe wie Magnesium und Aluminium, aber auch Lithium oder Natrium. Die beiden letzten haben sogar eine geringere Dichte als Wasser. Schwermetalle haben eine Dichte über 5 $\frac{g}{cm^3}$. Außer Blei und Quecksilber zählen auch Zink, Nickel, Kupfer oder Eisen dazu.
Zudem sind alle **Edelmetalle** wie Gold, Silber und Platin Schwermetalle. Schwermetalle und ihre chemischen Verbindungen sind oft giftig.

Edle und unedle Metalle

Edelmetalle gehen keine oder nur selten chemische Reaktionen ein, bleiben also lange unverändert. Daher werden sie edel genannt. Die meisten anderen Metalle oxidieren mehr oder weniger schnell und heißen daher **unedle Metalle.** Dazu zählen Nickel, Eisen, Zink, Aluminium und Kalium.

4 Gold–eine Ausnahme bei den Metallen

Du kannst einen Überblick über die Eigenschaften und Verwendung der Metalle geben und sie aufgrund ihrer Eigenschaften in mehrere Gruppen einteilen.

Besondere Metalle

STREIFZUG

Seltene Erden

Neben Eisen, Kupfer oder Aluminium nutzt der Mensch auch eine Reihe weniger bekannter Metalle. Dazu zählen die Metalle der **seltenen Erden.** Der Name kommt von der früheren irrtümlichen Annahme, dass sie nur in geringen Anteilen auf der Erde vorkommen.
Europium wird für Plasmabildschirme benötigt. Zur Herstellung von Dauermagneten für Elektromotoren in Elektroautos wird **Neodym** eingesetzt. **Cer** eignet sich für Auto-Katalysatoren und Rußfilter. **Scandium** und **Yttrium** sind notwendig zur Produktion von Lasern und Brennstoffzellen. **Lanthan** steckt in Nickel-Metallhydrid-Akkus.

Meteoriten enthalten Metalle

Meteoriten sind Gesteinsbrocken aus dem Weltall, die auf ihrer Flugbahn in die Erdatmosphäre gelangt sind. Durch die Reibung an der Luft werden sie sehr heiß und glühen auf. Dadurch werden sie für uns als Sternschnuppen sichtbar. Als außerirdisches Material sind sie interessante Untersuchungsobjekte für Wissenschaftler.

Bei Meteoriten, die von fernen Himmelskörpern unseres Sonnensystems stammen, wurden bei den verschiedenen Untersuchungen die auch auf der Erde bekannten Metalle wie Eisen und Nickel gefunden.

5 Eisenmeteorit

Kupfer – das älteste Gebrauchsmetall

1. V
a) Prüfe die Härte von Kupferblech. Benutze dazu einen Eisennagel, ein Aluminiumblech, einen Holzstab und einen Stein.
b) Prüfe die Magnetisierbarkeit und die elektrische Leitfähigkeit von Kupfer.
c) Stelle fest, ob das Kupferblech brennbar ist.
d) Untersuche die Wärmeleitfähigkeit von Kupfer. Vergleiche sie mit der Wärmeleitfähigkeit von Eisen, Aluminium, Holz und Kunststoff. Stelle dazu vergleichbare Stücke von Kupfer, Eisen, Aluminium, Holz und Kunststoff in ein Becherglas, das mit heißem Wasser gefüllt ist.

2. A
Übertrage den unvollständigen Steckbrief in Bild 3 in dein Heft und ergänze ihn mithilfe deiner Ergebnisse aus Versuch 1.

3. Q
Ergänze den Steckbrief aus Aufgabe 2 mit der Dichte und der Schmelz- und der Siedetemperatur von Kupfer.

4. Q
Erkläre, aufgrund welcher Eigenschaften Kupfer in der Elektro- und Elektronikindustrie verwendet wird.

Kupfer begleitet den Menschen

Für viele Jahrtausende waren Knochen, Holz und Stein die wichtigsten Werkstoffe des Menschen. Aber auch die Metalle Kupfer und Gold wurden verwendet. Beide Metalle konnten gediegen, das heißt in metallischer Form gefunden werden. Aus dem Kupfer wurden Werkzeuge, Waffen und Schmuck hergestellt. Doch reines Kupfer war selten zu finden.
Erst als es den Menschen gelang, Kupfer aus **Kupfererz** zu gewinnen, nahm die Bedeutung von Kupfer als Gebrauchsmetall zu. Ein solches Kupfererz ist das grüne Erz **Malachit.** Das Verfahren, Kupfer aus Kupfererz zu gewinnen, breitete sich von Vorderasien nach Europa aus und gelangte so auch wahrscheinlich bis in die Ötztaler Alpen.

Verwendung von Kupfer

Heute wird Kupfer wegen seiner guten elektrischen Leitfähigkeit vor allem in der Elektrotechnik verwendet. Ein großer Teil des Kupfers wird hier verarbeitet. Wegen seiner guten Wärmeleitfähigkeit wird Kupfer auch überall dort eingesetzt, wo auf eine gute Wärmeübertragung Wert gelegt wird, zum Beispiel in Wärmetauschern.

Kupfer ist sehr witterungsbeständig und wird deshalb auch für Dächer verwendet. Auf dem Kupfer bildet sich eine grüne Schutzschicht, die **Patina.** Dadurch bleibt das darunter liegende Kupfer über Jahrzehnte unverändert.

Du kannst Kupfer als das älteste Gebrauchmetall nennen und seine Eigenschaften beschreiben.

1 Kupferschmuck aus der Bronzezeit

2 Kupfer und Malachit

Steckbrief

Aussehen:
Geruch:
Härte:
Verformbarkeit:
elektrische Leitfähigkeit:
Magnetisierbarkeit:
Löslichkeit in Wasser:
Dichte:
Schmelztemperatur:
Siedetemperatur:

Stoff:

3 Unvollständiger Steckbrief von Kupfer

Der Mann aus dem Eis

Ötzis Fundort
1991 entdeckten zwei Wanderer in den Ötztaler Alpen auf 3200 m Höhe, einen Toten im Eis. Die Vermutung, dass es sich um einen vermissten Wanderer handelt, erwies sich als falsch. Die Mumie aus dem Eis stammt aus der Steinzeit und ist 5300 Jahre alt. Sie bekam aufgrund ihres Fundortes den Namen Ötzi.

Ötzis Ausrüstung
Ötzi hatte auf seinem Weg durch das Gebirge eine Reihe von Waffen dabei. Neben einem Bogen aus Eibenholz mit Pfeilen hatte er einen Feuersteindolch und ein Beil mit Kupferklinge dabei. Von seiner Kleidung und Ausrüstung wurden nur Reste gefunden und im Laufe der letzten Jahre rekonstruiert.

Rekonstruierte Kleidungs- und Ausrüstungsgegenstände
Dazu gehören Schuhe aus Hirschleder, innen mit Gras und Heu gefüllt, eine Mütze aus Bärenfell und ein Gürtel mit Gürteltasche.

1. A
Nenne den Fundort der Mumie.

2. A
Wann hat Ötzi gelebt? Ordne seine Lebzeit in die Zeitleiste ein.

3. A
Gib an, welche Waffe für einen Menschen der Steinzeit ungewöhnlich ist.

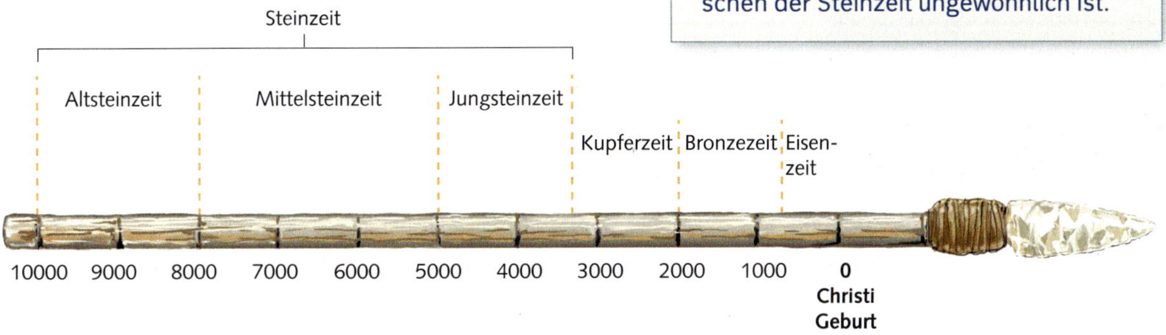

Metalle aus Oxiden gewinnen

1 Silberoxid wird erhitzt.

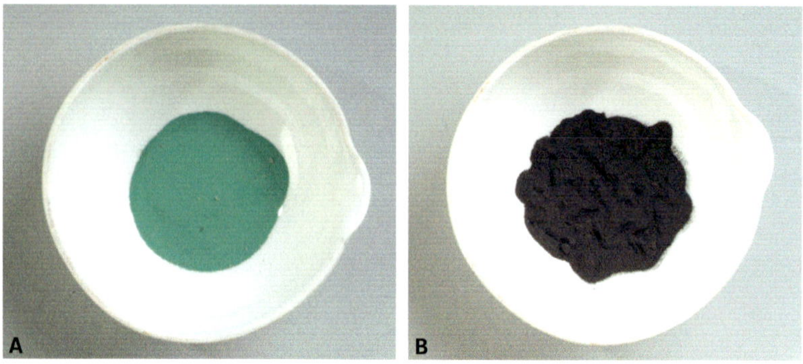

2 Malachit: A vor, B nach dem Erhitzen

1.

a) Gib etwas Silberoxid in ein schwer schmelzbares Reagenzglas und erhitze es kräftig mit der Brennerflamme. Halte nach einiger Zeit einen glimmenden Holzspan in die Reagenzglasöffnung. Notiere deine Beobachtungen.
b) Nenne die Stoffe, die bei dieser Reaktion entstanden sind.
c) Formuliere für diese Reaktion die Reaktionsgleichung in Worten.

2.

a) Zerkleinere etwas Malachit im Mörser und gib einen Spatel davon in ein Reagenzglas. Erhitze das Malachit und beschreibe seine Veränderungen.
b) Vermische das Produkt aus Versuch a) in einer Porzellanschale mit einem Spatel Holzkohlepulver. Erhitze das Gemisch in einem Reagenzglas über der Brennerflamme. Lass es abkühlen und schütte alles auf ein Uhrglas. Betrachte das Gemisch durch eine Lupe. Was kannst du beobachten?

3.

a) Erhitze schwarzes Kupferoxid in einem Reagenzglas über der Brennerflamme. Was kannst du beobachten, nachdem das Kupferoxid abgekühlt ist?
b) Gib ein Gemisch aus Kupferoxid und Holzkohle in ein Reagenzglas. Verschließe es mit einem durchbohrten Gummistopfen, der mit einem gewinkelten Glasrohr versehen ist (Bild 4). Erhitze das Gemisch in der Brennerflamme. Tauche dabei das Glasrohr in ein Becherglas mit Kalkwasser. Nimm den Brenner beiseite, sobald das Gemisch aufglüht. Entferne sofort nach Beendigung der Reaktion das Glasrohr aus dem Kalkwasser.
c) Untersuche das Reaktionsprodukt nach dem Abkühlen und notiere deine Beobachtungen.

4.

a) Vergleiche deine Beobachtungen aus Versuch 2 b) mit denen aus 3 b). Welche Schlussfolgerungen ziehst du?
b) Erkläre die Veränderung des Kalkwassers in Versuch 3 b).

5.

a) Nenne den Stoff, der in Versuch 3 b) oxidiert, und den Stoff, der reduziert worden ist.
b) Nenne in Versuch 3 b) jeweils das Oxidationsmittel und das Reduktionsmittel.

3 Kupfer aus Malachit

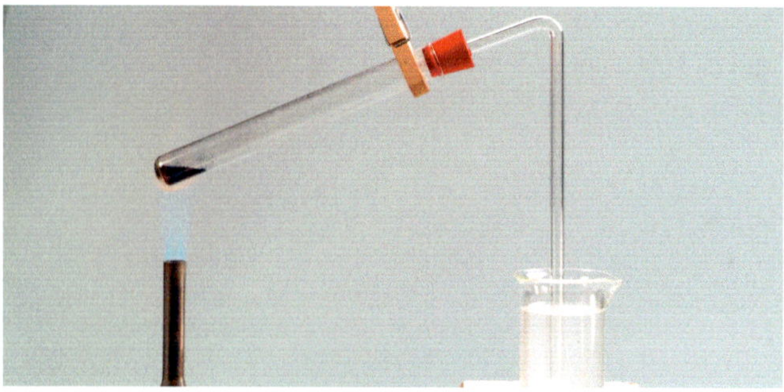

4 Kupferoxid reagiert mit Holzkohle.

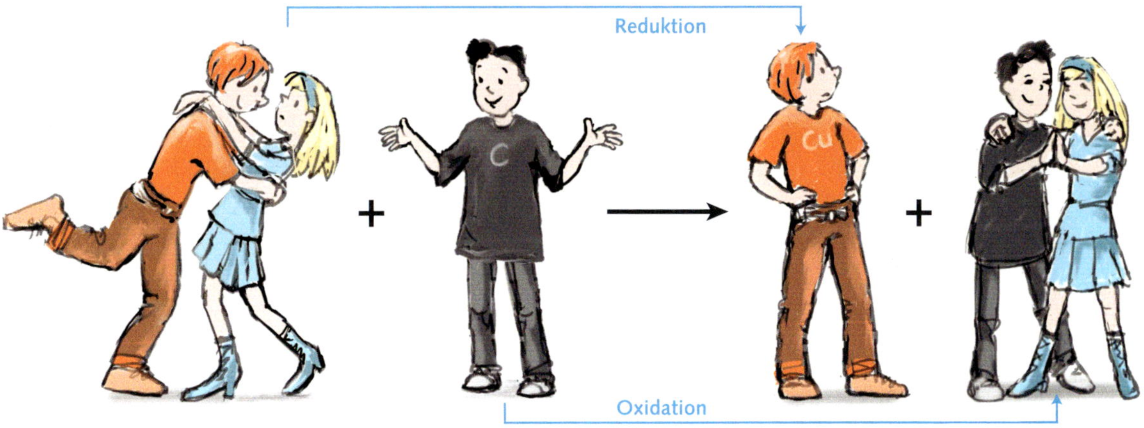

5 Ein Modell der Redoxreaktion: Partnerwechsel des Sauerstoffs

Vom Metalloxid zum Metall

Metalloxide kommen in der Natur häufig vor. Sie sind wichtige Rohstoffe zur Metallgewinnung. So lässt sich aus Silberoxid durch kräftiges Erhitzen Silber gewinnen. Dabei wird das Silberoxid in die beiden Ausgangsstoffe Silber und Sauerstoff gespalten. Nur wenige Metalloxide lassen sich allein durch einfaches Erhitzen in Metall und Sauerstoff spalten. Die meisten Metalloxide lassen sich nur mithilfe eines Reaktionspartners in Metall und Sauerstoff zerlegen.

Der Zufall half

Die Herstellung von Kupfer aus Malachit ist vermutlich Zufall gewesen. Die Menschen der Steinzeit verzierten ihre Tongefäße oft mit einer Farbschicht. Dazu verwendeten sie auch das grüne Malachit. Zusammen mit Holzkohle wurden die Gefäße im Töpferofen gebrannt. Es bildete sich aber nicht überall eine grüne Farbschicht. Dort, wo das Malachit zufällig mit der Holzkohle in Kontakt gekommen war, bildete sich ein neuer, rotbraun glänzender Stoff. Kupfer war entstanden.

Aus Malachit Kupfer gewinnen

Wird Malachit erhitzt, entsteht daraus zunächst schwarzes Kupferoxid. Aus dem Kupferoxid lässt sich aber allein durch Erhitzen kein Kupfer herstellen. Erst wenn das Kupferoxid mit dem Kohlenstoff in der Holzkohle in Kontakt kommt, gelingt es, aus dem Kupferoxid Kupfer zu gewinnen.

Die Redoxreaktion

Kohlenstoff kann in einer chemischen Reaktion dem Kupferoxid den Sauerstoff entziehen, weil Kohlenstoff den Sauerstoff stärker bindet als Kupfer. Eine solche Reaktion, bei der einem Oxid der Sauerstoff entzogen wird, heißt **Reduktion.** Das Kupferoxid wird **reduziert.** Gleichzeitig verbindet sich der Kohlenstoff mit dem freigewordenen Sauerstoff zu Kohlenstoffdioxid. Das ist eine **Oxidation.** Der Kohlenstoff wird **oxidiert.**

Beide Reaktionen, **Red**uktion und **Ox**idation, laufen immer gleichzeitig ab. Das wird als **Redoxreaktion** bezeichnet. Dabei wechselt der Sauerstoff den Partner. Das Kupferoxid hat bei dieser Reaktion den Sauerstoff abgegeben. Dadurch hat es die Oxidation des Kohlenstoffs ermöglicht. Das Kupferoxid ist ein **Oxidationsmittel.** Der Kohlenstoff hat dem Kupferoxid den Sauerstoff entzogen. Er wird deshalb als **Reduktionsmittel** bezeichnet.

Du kannst die Redoxreaktion beschreiben und die Begriffe Oxidationsmittel und Reduktionsmittel anwenden.

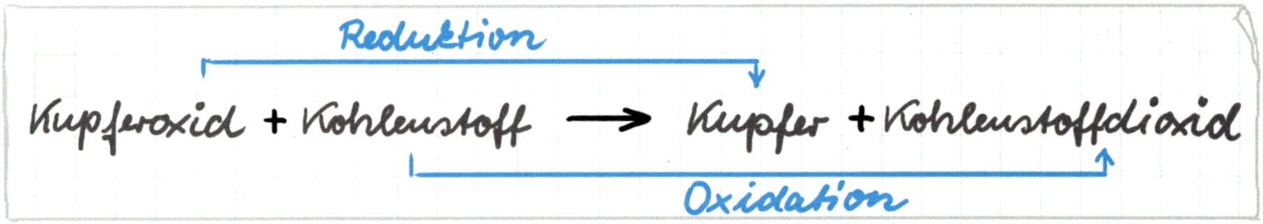

6 Die Redoxreaktion

Metalle als Reduktionsmittel

1 Die Ausgangsstoffe

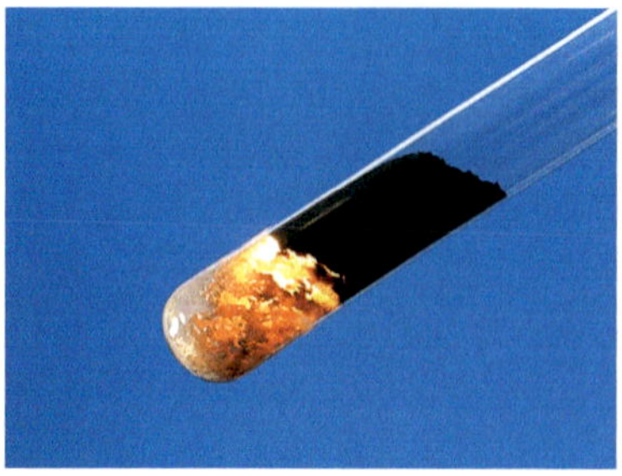

2 Kupferoxid reagiert mit Eisen.

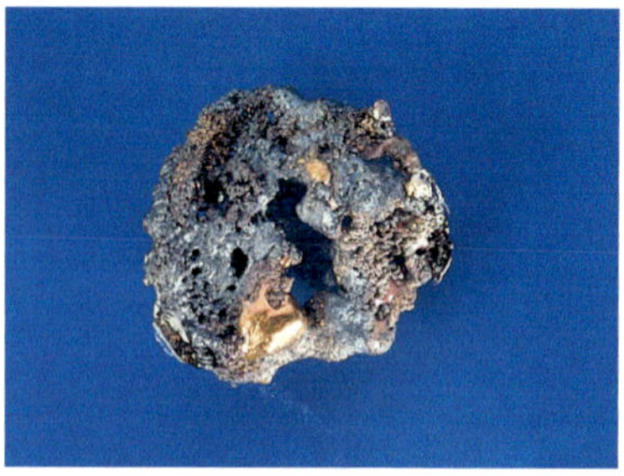

3 Das Endprodukt

Die Redox-Reihe der Metalle

In der Redox-Reihe der Metalle sind die Metalle nach ihrer Wirkung als Reduktionsmittel geordnet. Links in der Reihe stehen die starken Reduktionsmittel. Je unedler ein Metall ist, desto größer ist sein Bestreben, sich mit Sauerstoff zu verbinden. Die Edelmetalle haben nur eine geringe Reduktionswirkung, sie stehen rechts in der Redox-Reihe.

Material

Eisenpulver, Eisenoxid, Kupferpulver, schwarzes Kupferoxid, Zinkpulver, Zinkoxid.

Geräte

Reagenzgläser, Porzellanschalen, Uhrgläser, Lupe, Spatel, Brenner, Stativ, Universalklemme, Waage, Schutzbrille.

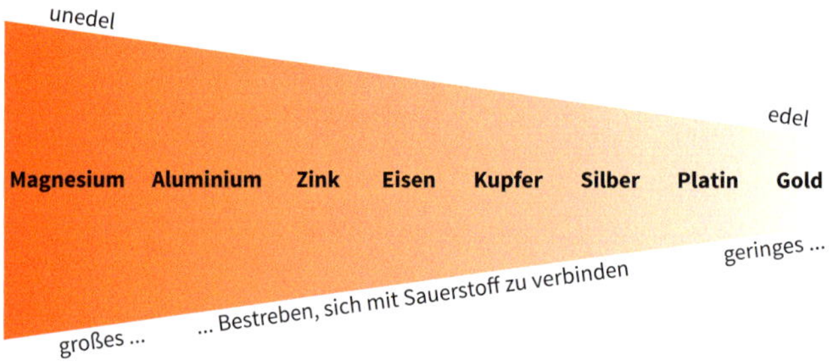

Reduziert Eisen Kupferoxid?

- Gib 5 g eines Gemisches aus Kupferoxid und Eisen in ein Reagenzglas. Befestige es leicht schräg an einem Stativ und erhitze den Boden des Reagenzglases. Entferne den Brenner, sobald eine Reaktion beginnt. Beobachte den weiteren Reaktionsablauf. Gib das Reaktionsprodukt nach dem Abkühlen auf ein Uhrglas und betrachte es durch eine Lupe. Vergleiche es mit den Ausgangsstoffen.
  Wiederhole den Versuch mit einem Gemisch aus Eisenoxid und Kupferpulver.
- Erkläre, warum das Eisen das Kupferoxid reduzieren kann, Kupfer das Eisenoxid dagegen nicht.
- Erstelle die Reaktionsgleichung in Worten und benenne Reduktion und Oxidation.

Reduziert Zink Eisenoxid?

- Gib eine Spatelspitze eines Gemisches aus Eisenoxid und Zink in ein Reagenzglas. Verschließe die Öffnung des Reagenzglases locker mit einem Stopfen. Erhitze das Gemisch mit der Brennerflamme.
- Wiederhole den Versuch mit einem Gemisch aus Eisenpulver und Zinkoxid.
- Vergleiche die Versuchsergebnisse. Erkläre, warum nur bei einem der beiden Gemische eine Redoxreaktion abgelaufen ist.

1. Blei kann Kupferoxid reduzieren. Blei kann Eisenoxid nicht reduzieren. Ordne Blei in die Redox-Reihe der Metalle ein.

2. Welches Metall ist geeignet, Magnesiumoxid zu Magnesium zu reduzieren?

Redoxreaktion

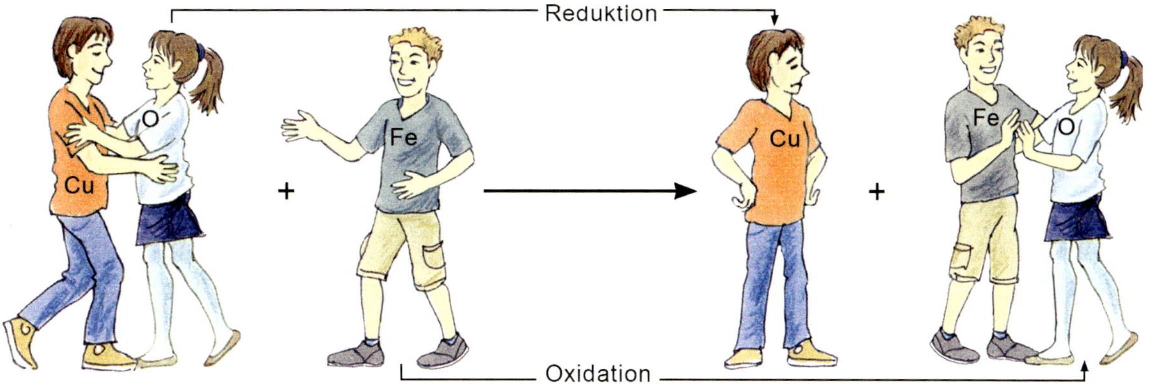

1 Eisen bindet Sauerstoff stärker als Kupfer.

1.
a) Erkläre mithilfe der Redox-Reihe der Metalle, warum Kupfer Magnesiumoxid nicht reduzieren kann.
b) Nenne die Metalle in Bild 2, die Aluminiumoxid zu Aluminium reduzieren können. Begründe deine Entscheidung.

Wer gibt Sauerstoff ab?

Eisen ist unedler als Kupfer und bindet deshalb Sauerstoff stärker. Eisen kann deshalb in einer chemischen Reaktion dem Kupferoxid den Sauerstoff entziehen. Elementares Kupfer bleibt zurück (Bild 1). Eine solche Reaktion, bei der einem Oxid der Sauerstoff entzogen wird, wird als **Reduktion** bezeichnet.

Wer nimmt Sauerstoff auf?

Der bei der Reaktion frei gewordene Sauerstoff verbindet sich sofort mit dem Eisen zu Eisenoxid. Eine solche Reaktion, bei der sich ein Element mit Sauerstoff verbindet, wird als **Oxidation** bezeichnet.

Beide Reaktionen laufen gleichzeitig ab

Reduktion und **Ox**idation sind miteinander gekoppelt und laufen deshalb immer gleichzeitig ab. Eine solche Reaktion wird als **Redoxreaktion** bezeichnet. Der Sauerstoff wechselt dabei den Partner. Eine Redoxreaktion läuft nur dann ab, wenn der Partner den Sauerstoff stärker bindet als der Stoff, der vorher mit dem Sauerstoff verbunden war.

In der **Redox-Reihe der Metalle** sind die Metalle nach ihrem Bestreben geordnet, sich mit Sauerstoff zu verbinden (Bild 2). So kann Eisen dem Zinkoxid nicht den Sauerstoff entziehen (Bild 3).

Du kannst eine Redoxreaktion beschreiben. Du kannst die Redox-Reihe der Metalle anwenden.

2 Redox-Reihe der Metalle

3 Zink bindet Sauerstoff stärker als Eisen.

Anwendung von Kupfer

Kupfer leitet gut
Kupfer wird aufgrund seiner guten elektrischen Leitfähigkeit in der Elektroindustrie sowie in elektronischen Bauteilen in vielen Bereichen eingesetzt.

Münzen enthalten Kupfer
Bei den Euro-Münzen wird vor allem Kupfer verwendet, obwohl du es oft nicht direkt erkennen kannst. In den 10 Cent-, 20 Cent- und 50 Cent-Münzen beträgt der Kupferanteil etwa 90 %.

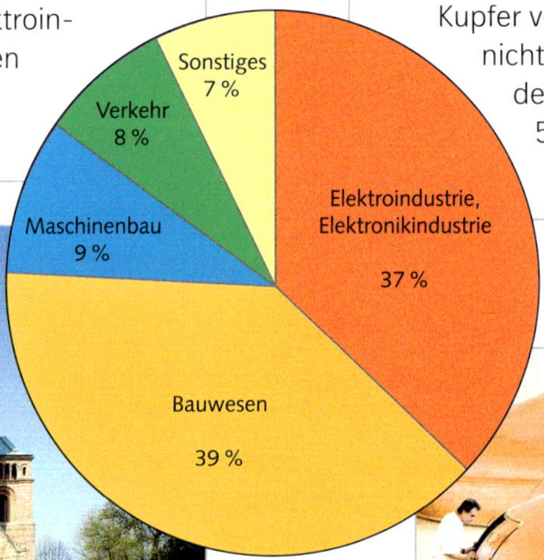

Kupfer in der Bauindustrie
Kupfer ist ein wichtiger Werkstoffe in der Bauindustrie. Wasserleitungen, Fallrohre und Dachrinnen bestehen aus Kupfer. Früher wurden sogar ganze Dächer mit Kupfer gedeckt.

Gute Wärmeleitfähigkeit
Bei der Herstellung von Bier in einer Brauerei kommt es auf eine rasche, aber auch gleichmäßige Verteilung der zugeführten Wärme im Kessel an. Kupfer ist aufgrund seiner guten Wärmeleitfähigkeit dafür gut geeignet.

1. Nenne je drei Beispiele für den Einsatz von Kupfer in der Elektroindustrie und in elektronischen Bauteilen.

2. Informiere dich, wo Kupfer beim Hausbau verwendet wird.

3. Woran kannst du erkennen, ob ein Dach mit Kupfer gedeckt wurde?

4. Informiere dich im Internet, bei Sparkassen oder Banken, wie hoch der Kupferanteil bei 1 Euro- und 2 Euro-Münzen ist.

5. Nenne weitere Beispiele für den Einsatz von Kupfer als Wärmeleiter.

Kupfergewinnung – früher und heute

1 Vorkommen von Kupfererzen, die um 3500 v. Chr. bekannt waren

1. A
Nenne die Orte, an denen zuerst Kupfer aus Kupfererz gewonnen wurde.

2. A
Gib an, woher hat das Kupfer seinen Namen hat.

3. A
Beschreibe, von wo aus sich die Kupferverhüttung nach Europa ausgebreitet hat.

4. Q
Stelle mithilfe geeigneter Karten fest, wo sich Kupfererzlagerstätten befinden.

Kupfergewinnung früher
Kupfer wurde bereits vor etwa 9000 Jahren im Süden der heutigen Türkei aus Malachit gewonnen. Vermutlich verbreitete sich von dort aus die Kupferverhüttung in andere Länder. Die Ägypter betrieben einen umfangreichen Kupferbergbau am B}erg Sinai. Aus dem gewonnenen Kupfer wurden große Mengen an Waffen und Werkzeugen hergestellt.

Die Kupferzeit in Europa
In Europa gewann das Kupfer erst in der Jungsteinzeit an Bedeutung. Wahrscheinlich gelangte die Kenntnis der Kupferverhüttung über den Balkan in die Alpenregion, in der es Kupfererzlagerstätten gab. Über eine Kupferhandelsroute fand sie ihren Weg auch in die Ötztaler Alpen.

Woher hat das Kupfer seinen Namen?
Die Römer nannten das Kupfer nach der kupfererzreichen Mittelmeerinsel Zypern „aes cyprium", Erz aus Zypern. Daraus wurde schließlich lateinisch „cuprum" und später im deutschen Sprachraum Kupfer.

Steigender Kupferbedarf
Durch immer neue Verwendungsmöglichkeiten stieg der Bedarf an Kupfer. Weitere Kupfererzlager wurden in Europa entdeckt. Bis ins 19. Jahrhundert war Europa das Zentrum der Kupferproduktion. Mit wachsender Industrialisierung erhöhte sich der Bedarf weiter. Die Vorkommen in Europa reichten nicht mehr aus oder waren erschöpft. Heute wird das meiste Kupfererz in Süd- und Nordamerika abgebaut.

2 Kupfergewinnung aus Malachit vor 5000 Jahren

STREIFZUG

Bronze, Messing und Neusilber

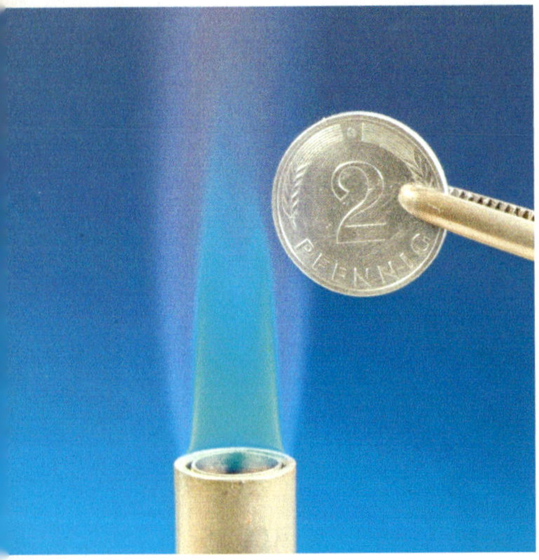

1 Die veränderte Kupfermünze

1. V

a) Gib 30 ml konzentrierte Natronlauge und einen halben Spatel Zinkpulver in ein kleines Becherglas. Lege eine mit Spiritus und verdünnter Salzsäure gereinigte Kupfermünze in das Glas. Erhitze das Gemisch und rühre dabei mit einem Glasstab um. Nimm die Münze mit einer Tiegelzange heraus, sobald das Gemisch siedet. Betrachte ihre Oberfläche. Spüle die Münze mit Wasser gut ab. Halte sie danach mit der Tiegelzange kurz in die blaue Brennerflamme.

b) Erkläre die Veränderungen an der Oberfläche der Münze nach dem Sieden und nach dem Erhitzen.

2. A

Nenne Stoffeigenschaften des Kupfers, die beim Legieren verändert werden.

3. A

Für welche Gegenstände wird Messing vor allem verwendet?

4. A

Nenne Stoffeigenschaften von Neusilber.

Legierungen

Reine Metalle sind für viele Verwendungszwecke nicht geeignet. Deshalb werden sie mit anderen Metallen zusammengeschmolzen. Die so entstandenen Gemische heißen **Legierungen.** Legierungen haben andere Eigenschaften als die Ausgangsstoffe.

Bronze

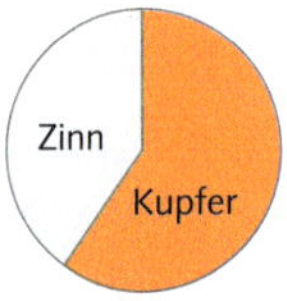

Eine Legierung aus Kupfer und Zinn ist **Bronze.** Dieser Werkstoff ist viel härter als Kupfer. Nach dieser Legierung wurde sogar ein ganzes Zeitalter benannt. Während früher daraus vor allem Waffen und Werkzeuge hergestellt wurden, werden heute daraus Skulpturen, Glocken, aber auch Achsenlager und Elektronikteile hergestellt.

Messing

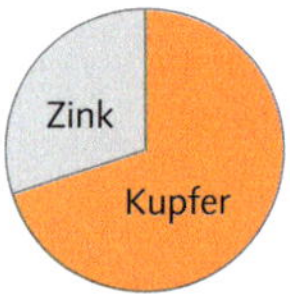

Messing ist eine Legierung aus Kupfer und Zink.
Die Farbe von Messing ähnelt der von Gold. Messing wird zu Blechblasinstrumenten und dekorativen Gegenständen verarbeitet. Auch Armaturen, Türklinken, Zahnräder für Uhren werden aus der harten Legierung hergestellt. Im Schiffbau wird Messing wegen seiner Korrosionsbeständigkeit verwendet.

Neusilber

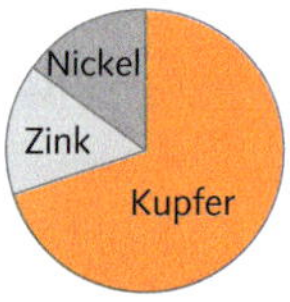

Die Legierung aus Kupfer, Nickel und Zink wird als **Neusilber** bezeichnet. Sie ist besonders hart und korrosionsbeständig. Neusilber lässt sich vielseitig verwenden, so für Essbestecke, Schienenprofile von Modelleisenbahnen, Musikinstrumente und Schmuckgegenstände.

Du kannst Kupferlegierungen und ihre Verwendung nennen.

2 Eine Skulptur aus Bronze

3 Eine Schiffschraube aus Messing

4 Eine Querflöte aus Neusilber

Basiskonzepte S. 131

Metalle und Metallzeitalter

STREIFZUG

Metallzeitalter
Metalle haben die Geschichte der Menschheit geprägt. Nach manchen Metallen wurden ganze Zeitalter benannt.

Die Kupferzeit
Bereits vor mehr als 7000 Jahren wurde Kupfer aus Kupferverbindungen, den Kupfererzen, in Schmelzöfen gewonnen. Doch Kupfer war selten und deshalb teuer. Aus diesem Grund wurde es oft nur für repräsentative Werkzeuge und Schmuck verwendet.

1 Kupfergewinnung heute

Bronzezeit
Die zunehmende Erfahrung bei der Kupferherstellung führte zu der Entdeckung, dass sich aus einer Mischung von Kupfer und Zinn ein neuer Werkstoff mit neuen Eigenschaften herstellen lässt. Es ist die Bronze. Bronze löste Kupfer als Werkstoff ab. Bronze ist härter als Kupfer und lässt sich wegen der niedrigeren Schmelztemperatur leicht gießen. Wegen ihrer hervorragenden Materialeigenschaften ist die Bronze bis heute ein wichtiger Werkstoff in Kunst und Technik.

Eisenzeit
Der Wechsel von Kupfer und Bronze zum Werkstoff Eisen geschah langsam. Waffen aus Eisen brachten zunächst die Reitervölker aus Asien mit. Die Rohstoffe zur Eisengewinnung, Holz und Eisenerz, waren zwar fast überall vorhanden, aber die Herstellung war aufwändig, da höhere Temperaturen erzeugt werden mussten. Eisen besitzt noch bessere Materialeigenschaften als Bronze. Die Überlegenheit des Eisens beruht vor allem auf seiner größeren Härte und der besseren Schneidfähigkeit. Ein Nachteil des Eisens ist das Rosten.

2 Eisenverarbeitung früher

Abfolge der Zeitalter
Eine überall gültige Abfolge der verschiedenen Zeitalter hat es nicht gegeben. So arbeiteten zu einer bestimmten Zeit in einer Region Menschen noch mit Werkzeugen aus Kupfer, während an anderen Orten bereits Bronze verwendet wurde.

Wichtige Metalle unserer Zeit
Heute sind neben Eisen viele andere Metalle aus dem Alltag nicht mehr wegzudenken. In Mobiltelefonen, Computern, Spielekonsolen und Fernsehern sind Cobalt, Palladium, Germanium oder Indium zu finden. Eine Legierung aus Indium und Zinn sorgt dafür, dass sich Bildschirme von Smartphones und Tablet-Computern durch eine leichte Berührung mit den Fingern bedienen lassen. Der steigende Bedarf dieser seltenen Metalle führt aber dazu, dass sie immer knapper werden. Deshalb wird die Wiederaufbereitung gebrauchter Elektro- und Elektronikartikel immer wichtiger.

Kunststoffzeitalter
In den vergangenen Jahrzehnten haben immer mehr Kunststoffe die Metalle als Werkstoffe verdrängt. Sie haben unsere Alltagswelt in großer Vielzahl erobert.

3 Tabletcomputer

1. ≡ A
Beschreibe die Kupfergewinnung aus Kupfererzen.

2. ≡ A
Nenne die Vorteile von Bronze gegenüber Kupfer.

3. ≡ A
Erkläre, warum die Erzeugung von Eisen aufwändiger ist als die von Bronze.

4. ≡ Q
Welches Metall wird in Supermagneten verwendet?

Eisen aus dem Hochofen

1. Suche in einem Lexikon oder im Internet nach verschiedenen Arten von Eisenerz und notiere sie.

2. Nenne die Teile der Hochofenanlage und beschreibe ihre Aufgabe. Benutze dazu auch die Bilder 1 und 5.

3. Im Hochofen sind hohe Temperaturen notwendig. Erkläre, warum dennoch eine Wasserkühlung benötigt wird.

4. Stelle zur Wortgleichung, die die Vorgänge im Hochofen beschreibt, die Reaktionsgleichung auf.

Eisenerz

Gelbliche oder rötliche Verfärbungen, die du im Erdboden findest, zeigen häufig Eisenvorkommen an. Allerdings ist der Eisenanteil meist so gering, dass sich eine Gewinnung nicht lohnt. Erst wenn der Eisenanteil auf über 30 % steigt, wird von Eisenerz (Bild 2 und 3) gesprochen. Große Abbaugebiete gibt es zum Beispiel in Schweden, Brasilien, Australien, China und Russland.
Bereits 1500 v. Chr. nutzte der Mensch dieses Metall zur Herstellung von Werkzeugen, Waffen und Geräten. Dazu musste er in der Lage sein, das Eisen aus dem Erz zu gewinnen. Eisen liegt in der Natur nicht als Metall vor, sondern in Form seiner Verbindungen. Fast immer sind es Oxide.

1 Hochofenanlage

Hochofen

Von den primitiven Öfen der Vorzeit bis zu den modernen **Hochöfen** heute hat sich am Prinzip nichts geändert. Kohlenstoff hilft zunächst, die nötige Hitze zu entwickeln. Unsere Vorfahren benutzten Holzkohle, heute wird **Koks** (Bild 4) verwendet. Er wird in der Kokerei aus Steinkohle hergestellt. Koks ist fast reiner Kohlenstoff.

Die chemischen Vorgänge

Im Hochofen (Bild 5) wird zur Verbrennung des Kohlenstoffs Heißluft eingeblasen, sodass der Kohlenstoff zu Kohlenstoffmonooxid (CO) verbrennt. Das Kohlenstoffmonooxid kann noch weiteren Sauerstoff aufnehmen. Den entzieht es dem Eisenoxid (FeO). Das Eisenoxid wird zu metallischem Eisen reduziert, das Kohlenstoffmonooxid wird dabei zu Kohlenstoffdioxid (CO_2) oxidiert. Es handelt sich also um eine Redoxreaktion. Bei diesen Vorgängen entsteht sehr viel Wärme.

Eisenoxid + Kohlenstoffmonooxid → Eisen + Kohlenstoffdioxid

2 Roteisenerz

3 Magneteisenerz

4 Koks

Winderhitzer

Die Winderhitzer sind ein wichtiger Teil der Hochofenanlage. Sie werden mit den brennbaren Abgasen des Hochofens, den Gichtgasen aufgeheizt. Ist ein Winderhitzer heiß genug, wird Luft hindurchgeblasen. Sie erhitzt sich auf über 1000 °C. Die Heißluft gelangt in den unteren Teil des Hochofens und liefert zusätzliche Wärme bei der Verbrennung des Kokses.

Du kannst die Gewinnung von Eisen im Hochofen mithilfe von Wortgleichungen beschreiben.

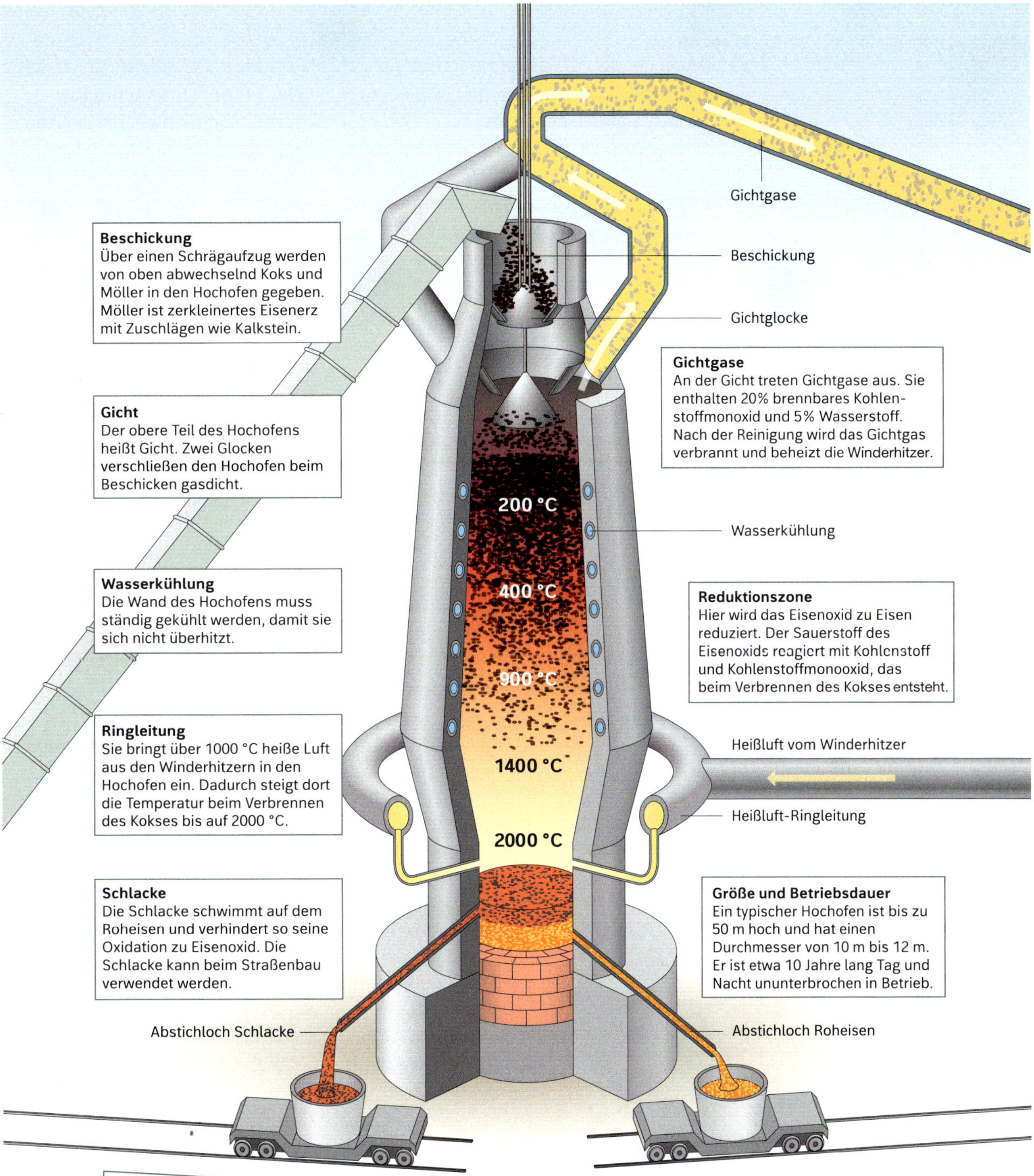

Tagesproduktion eines Hochofens

Einsatz	Abgabe
15 800 t Erz	11 000 t Roheisen
2 300 t Zuschläge	3 500 t Schlacke
5 000 t Koks	23 600 t Gichtgas und Staub
15 000 t Heißwind	96 000 t erwärmtes Kühlwasser
96 000 t Kühlwasser	

Roheisenabstich
Das flüssige Roheisen ist schwerer als die anderen Stoffe. Es sinkt dadurch im Hochofen nach unten. Das Abstichloch für Roheisen befindet sich am tiefsten Punkt des Hochofens.

5 Hochofen

Aus Roheisen wird Stahl

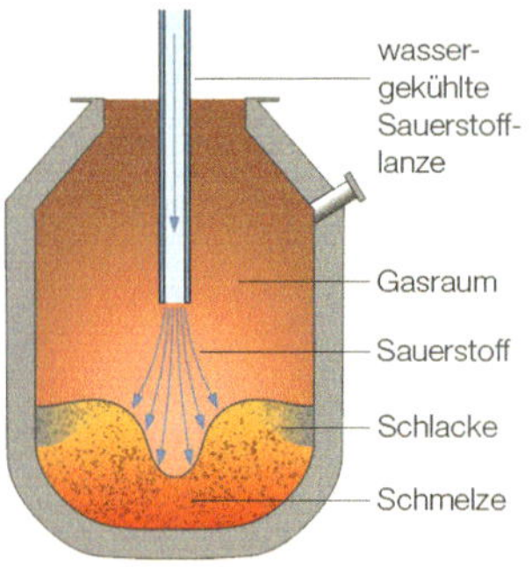

1 Sauerstoff-Aufblasverfahren im Konverter

1. V

a) Vergleiche die Verformbarkeit und die Elastizität eines Blumendrahtes und eines Stahldrahtes gleicher Stärke.
b) Erhitze beide Drähte bis zum Glühen und vergleiche nach dem Abkühlen erneut.
c) Erhitze die beiden Drähte nochmals und schrecke sie anschließend unter kaltem Wasser ab. Prüfe erneut.
d) Welche Veränderungen kannst du an den beiden Drähten nach den jeweiligen Versuchen feststellen?

2. Q

Erläutere den Begriff Gusseisen. Was ist der Unterschied zu Stahl? Suche in einem Lexikon oder im Internet nach Verwendungsmöglichkeiten für Gusseisen.

3. Q

Informiere dich über die Produktionsmengen von Stahl in Deutschland und weltweit.

2 Das flüssige Roheisen wird in den Konverter gefüllt.

3 Stahlblechrollen

Stahlherstellung

Das Roheisen aus dem Hochofen ist verunreinigt. Aus dem Hochofenkoks hat es Kohlenstoff aufgenommen. Außerdem enthält es noch Fremdstoffe wie Phosphor oder Schwefel. Diese Stoffe machen das Eisen spröde. Es lässt sich weder schmieden noch walzen. Erst durch die Umwandlung in Stahl erhält das Material die gewünschten Eigenschaften, zum Beispiel die Elastizität eines Stahldrahtes.

Reinigung im Konverter

Zunächst muss das Roheisen gereinigt werden. Die Schmelze kommt in einen bis 500 t fassenden **Konverter.** Durch ein Wasser gekühltes Rohr, die Lanze, wird mit hohem Druck Sauerstoff auf die Schmelze geblasen. Die unerwünschten Bestandteile werden dadurch fast vollständig oxidiert. Die meisten der dabei entstehenden Oxide sind Gase wie Schwefeldioxid oder Kohlenstoffdioxid. Sie entweichen aus der Schmelze. Es entstehen aber auch feste Stoffe wie die Oxide von Phosphor und Silicium. Sie schwimmen als Schlacke auf der Schmelze. Die Schlacke wird deshalb durch ein seitliches Abstichloch aus dem Konverter entleert.

Kohlenstoffgehalt

Der Kohlenstoffgehalt bestimmt die Eigenschaften des Stahls, vor allem seine Härte und Elastizität. Deshalb wird der Kohlenstoff nicht vollständig entfernt, sondern auf einen Anteil von 0,3 % bis 1,7 % verringert. Das beschriebene Verfahren heißt **Sauerstoff-Aufblasverfahren.** Das Endprodukt ist Stahl. Er wird noch weiter verarbeitet.

Du kannst beschreiben, wie im Sauerstoff-Aufblasverfahren unerwünschte Begleitstoffe aus dem Roheisen entfernt werden.

Stahl ist nicht nur Eisen

1.
a) Ritze Glas mit einem Eisennagel und mit einem Stahlnagel. Erkläre das Ergebnis.
b) Nenne Unterschiede zwischen Eisen und Stahl.

2.
Nenne je einen Verwendungszweck, für den Stahl besonders hart, elastisch, hitzebeständig oder rostfrei sein muss.

3.
a) Suche im Internet oder in einem Lexikon, wie Stahl nach dem Elektrostahl-Verfahren hergestellt wird. Beschreibe dieses Verfahren.
b) Benenne die Stahlsorten, für die das Verfahren vorwiegend eingesetzt wird.
c) Nenne Vor- und Nachteile des Elektrostahl-Verfahrens gegenüber dem Sauerstoff-Aufblasverfahren.

4.
Du kennst Edelmetalle wie Silber oder Gold. Erkläre, was an Edelstahl "edel" ist.

Legierung	Zusätze	Eigenschaften, Verwendung
Chrom-Nickel-Stahl	18 % Chrom 8 % Nickel	zäh, nichtrostend; Haushaltsgeräte
Chrom-Vanadium-Stahl	0,3 % Kohlenstoff 0,75 % Chrom 1 % Vanadium	hart, zäh; Werkzeuge wie Schraubenschlüssel
Schnellarbeitsstahl (HSS-Stahl)	6 % Wolfram 5 % Molybdän 2 % Vanadium	hitzebeständig, sehr hart; Bohrer, Sägeblätter

1 Wichtige Stahllegierungen

2 Stahlherstellung im Elektroofen

Stahllegierungen

Um die Eigenschaften von Stahl noch zu verbessern, werden weitere Metalle wie Chrom, Nickel oder Vanadium in den geschmolzenen Stahl gegeben. Es entstehen **Stahllegierungen** (Tabelle 1).
Die Legierungen besitzen gegenüber Roheisen andere Eigenschaften. Sie können besonders hart und zäh sein oder bessere Elastizität und größere Hitzebeständigkeit aufweisen. Edelstahl war ursprünglich eine Bezeichnung für rostfreien Stahl. Heute werden viele Spezialstähle so genannt. Zur Herstellung von Edelstahl eignet sich das Elektrostahl-Verfahren.

Bearbeitung des Stahls

Der Stahl, der aus dem Konverter kommt, wird noch weiter bearbeitet. Durch Walzen werden beispielsweise Eisenbahnschienen oder Draht, durch Schmieden Kurbelwellen für Automotoren hergestellt.

Du kannst erklären, wie Stahllegierungen ihre jeweils gewünschten Eigenschaften erhalten und wie Stahl bearbeitet werden kann.

3 Walzstraße

Korrosion und Korrosionsschutz

2 „Rostlaube"

1. V

a) Stecke drei Eisennägel, von denen einer mit Rostschutzfarbe gestrichen ist, einer eingefettet und ein dritter unbehandelt ist, in feuchte Watte. Überprüfe nach einigen Tagen, wie stark sich die einzelnen Eisennägel verändert haben.
b) Welche Folgerungen kannst du aus deinen Beobachtungen ziehen?

2. V

Tauche je einen Bausch fettfreier Eisenwolle in destilliertes Wasser, Salzwasser, Essig und Maschinenöl. Schiebe die gut abgetropfte Eisenwolle jeweils in ein Reagenzglas. Gib in ein fünftes Reagenzglas trockene Eisenwolle. Tauche die Reagenzgläser wie in Bild 1 etwa 1 cm tief in Wasser. Betrachte am Ende der Unterrichtsstunde die Veränderungen an der Eisenwolle und den Wasserstand. Vergleiche die unterschiedlichen Ergebnisse in den fünf Reagenzgläsern und erkläre sie.

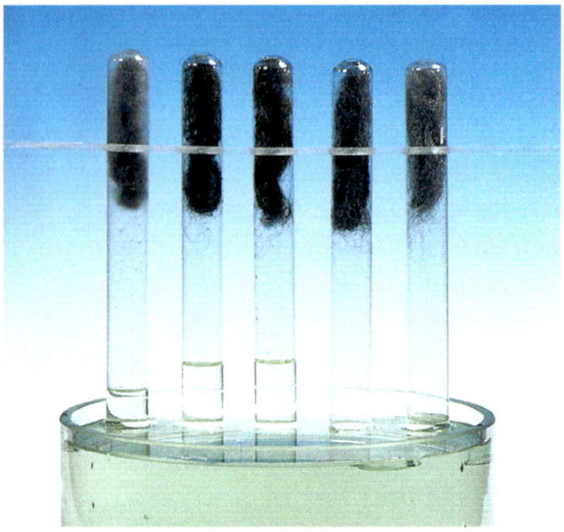

1 Korrosionsversuche mit Eisenwolle

3. A

a) Zähle Stoffe auf, die für das Rosten von Eisen verantwortlich sind.
b) Nenne Möglichkeiten, wie Metallteile, Drähte und Drahtzäune aus Eisen vor Rost geschützt werden können.
c) Nenne Anwendungsbeispiele für verschiedene Korrosionsschutzverfahren.

Teurer Rost

Bei der Herstellung von Eisen im Hochofen wird Eisenoxid zu metallischem Eisen reduziert. Grundsätzlich ist eine solche chemische Reaktion umkehrbar, was beim Rosten, der langsamen Oxidation von Eisen in feuchter Luft geschieht. Eiserne Gegenstände werden von der Oberfläche her angegriffen und können vollständig zerstört werden. Dieser Vorgang heißt allgemein **Korrosion.**
Eisen korrodiert besonders stark, weil Rost eine raue, lockere Oberfläche bildet, die ein Weiterrosten nicht verhindert. Durch Korrosion und die Folgeschäden entstehen in Deutschland Kosten von vielen Milliarden Euro im Jahr.
Auch andere Metalle wie Aluminium oder Zink können langsam oxidieren. Gegenüber dem Eisen haben diese aber den Vorteil, dass ihre Oxide dauerhafte Schichten auf der Oberfläche bilden, die vor weiterer Oxidation schützen.

Korrosionsschutz

Natürlich ist Korrosion vor allem bei Eisen unerwünscht. Es gibt daher eine Reihe von Verfahren zum Korrosionsschutz. So wird Eisen mit einer Schutzschicht versehen. Sie soll verhindern, dass Sauerstoff und Wasser an das Metall gelangen. Das wird durch Kunststoffüberzüge, Rostschutzfarben und Lacke, Einfetten, Einölen oder Einwachsen erreicht.

Du kannst beschreiben, wie Korrosion entsteht und wie sie verhindert werden kann.

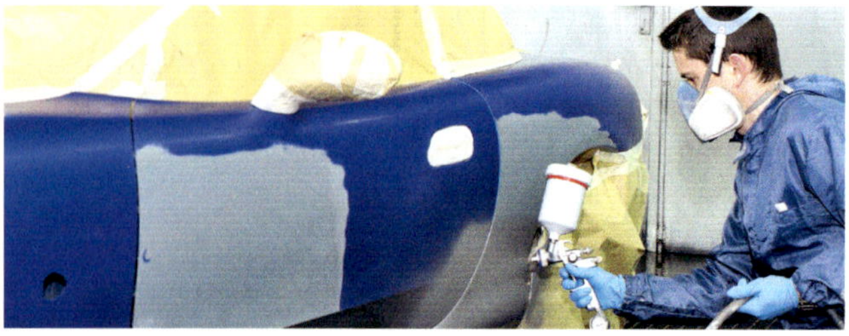

3 Korrosionsschutz durch Lackieren

Basiskonzepte S. 131

Ein besonderes Korrosionsschutzverfahren

Galvanisieren

Ein besonders wirkungsvolles Verfahren zum Korrosionsschutz ist das **Galvanisieren.** Hierbei wird mithilfe des elektrischen Stromes ein korrosionsfestes Metall auf das Eisen aufgebracht. Die Schicht ist sehr dünn, aber gut haltbar.
Mit diesem Verfahren wird vernickelt, verkupfert, verzinkt oder verchromt. Sogar Vergolden oder Versilbern ist möglich.

Verzinken eines Eisenblechs

Löse das Zinksulfat im Wasser und der Essigsäure auf. Hänge das gut gereinigte und entfettete Eisenblech als Minuspol in die Lösung. Schalte die Graphitelektrode als Pluspol. Achte darauf, dass sich die Elektroden nicht berühren.

Lass den Versuch bei einer Spannung von 5 V etwa 5 min laufen. Baue das Eisenblech aus und spüle es ab. Beschreibe die Veränderungen.

Material

Stromquelle, Kabel, Elektrodenhalter, Graphitelektrode, Eisenblech, 100 ml-Becherglas,
10 g Zinksulfat, 50 ml Wasser,
5 ml Essigsäure (5 %)

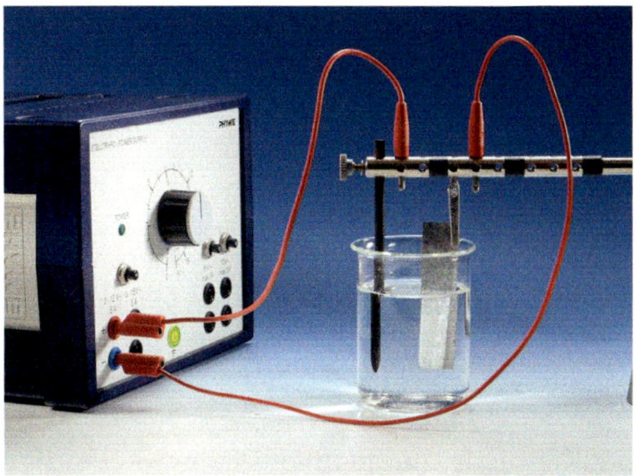

1 Galvanisieren

Rostschutz beim Auto

Guter Rostschutz ist möglich

Autofirmen können heute mit langen Garantiezeiten gegen Durchrostungsschäden an der Karosserie werben. Wie ist dies möglich?

Autokarosserien erhalten eine ganze Reihe verschiedener Schutzschichten. Eine der wichtigsten ist ein Metallüberzug, der durch Galvanisieren aufgebracht wird.

Die gesamte Karosserie wird in ein Bad aus einer Zinksalzlösung eingetaucht. Mithilfe des elektrischen Stromes wird das Zink an allen Stellen der Karosserie gleichmäßig aufgebracht.

Verschiedene Lackschichten

Danach werden verschiedene Lackschichten aufgetragen, schließlich der eigentliche Farblack und zuletzt ein Klarlack, der für Schutz und Glanz sorgt. Er muss besonders haltbar sein, da er direkt Luft, Wasser, Sonne, Streusalz und Steinschlag ausgesetzt ist.
Der gesamte Lackaufbau aus mindestens sechs Schichten ist insgesamt nur ein Zehntel Millimeter dick.

2 Rostschutz bei einer Autotür

Stahllegierungen

PINNWAND

Nichtrostender Stahl

Nichtrostender Stahl ist eine Legierung aus Eisen, Chrom und Nickel. Töpfe, Siebe, Schüsseln und Besteck werden daraus hergestellt. Die Bezeichnung 18/10 besagt, dass der Anteil an Chrom 18 %, der an Nickel 10 % beträgt. In der Technik wird diese Stahllegierung als V2A-Stahl bezeichnet.

Damaszener Stahl

Der Damaszener Stahl verdankt seinen Namen der syrischen Stadt Damaskus. Durch die besondere Schmiedetechnik entsteht die typische Maserung der Damaszenerklingen. Heute wird er vor allem für Messer und Schwerter, aber auch für Werkzeuge verwendet.

Schnellarbeitsstahl

Schnellarbeitsstahl, kurz **HSS-Stahl** (engl.: high speed steel) wird für Bohrer, Meißel, Fräswerkzeuge und Sägeblätter verwendet. Er ist dafür gut geeignet, da er bruchfest ist und auch bei Rotglut hart bleibt. Metalle für diese Legierung sind neben Cobalt und Wolfram auch Chrom, Vanadium und Mangan.

Spannstahl

Spannstahl enthält außer Kohlenstoff keine weiteren Zusätze. Er wird deshalb als Kohlenstoff legierter Stahl bezeichnet. Spannstahl wird vor allem beim Brückenbau und Spannbetonbau eingesetzt. Er besitzt eine hohe Zugfestigkeit.

1. Nenne Gegenstände aus eurem Haushalt, die aus nichtrostendem Stahl bestehen.

2. Nenne Handelsnamen für nichtrostenden Stahl.

3. Informiere dich über die Herstellung von Damaszener Stahl.

Basiskonzepte S. 131

Ein wichtiges Leichtmetall

1. A

a) Nenne möglichst vielfältige Beispiele, wofür Aluminium verwendet wird.
b) Zähle Vorteile dieses Metalls auf.

2. A

Erkläre, warum Aluminium der wichtigste Werkstoff im Flugzeug- und im Waggonbau ist.

3. V

Gib in ein Becherglas etwa 150 ml 10 %ige Oxalsäurelösung. Befestige an einem Stativ mit Isolierstielen einen Kohlestab und ein Aluminiumblech. Tauche beide gleich tief in die Oxalsäurelösung ein. Schließe den Pluspol einer Stromquelle an das Aluminiumblech, den Minuspol an den Kohlestab an. Lass das Stromversorgungsgerät 10 min bei 15 V Gleichspannung eingeschaltet. Beobachte die Reaktion im Becherglas.

4. V

a) Reinige das Aluminiumblech aus Versuch 3 mit Wasser und trockne es. Baue eine Prüfstrecke auf und teste die elektrische Leitfähigkeit des Aluminiumblechs
- an der Stelle, wo es eingetaucht war,
- an einer unbehandelten Stelle.

b) Vergleiche und erkläre die beiden Ergebnisse.

5. Q

Diskutiere den Vorschlag, weniger Aluminium zu verwenden, weil bei der Herstellung viel Energie benötigt wird.

1 Beim Fahrzeugbau wird Aluminium verwendet.

Verwendung von Aluminium

Aus dem Haushalt kennst du Aluminium (Al) als Verpackungsmaterial für Lebensmittel, als Unterlage zum Grillen oder als Material für Küchengeräte. Es wird in großen Mengen für Fenster, Maschinenteile, Flugzeuge, Eisenbahnwaggons und vieles mehr verwendet. Aluminium ist gut verformbar und leitet sehr gut Wärme und elektrischen Strom. Es ist stabil und sehr leicht. Aluminium ist ein Leichtmetall.

Schutz vor Korrosion

Aluminium ist sehr korrosionsbeständig, weil sich auf seiner Oberfläche eine dünne, aber feste Oxidschicht bildet. Für Anwendungen im Freien ist diese Schutzschicht häufig noch zu dünn. Mit dem **Eloxal-Verfahren** wird diese Schicht noch widerstandsfähiger. Dabei können auch Farben mit aufgebracht werden.

Gewinnung

Ausgangsstoff für die Gewinnung von Aluminium ist das Erz Bauxit. Es besteht hauptsächlich aus Aluminiumoxid. Nach mehreren Aufbereitungsschritten wird Aluminiumoxid durch eine **Schmelzflusselektrolyse** wie in Bild 2 in seine Bestandteile zerlegt. Das geschmolzene Aluminiumoxid wird dabei mithilfe des elektrischen Stromes reduziert. Der Bedarf an elektrischer Energie ist sehr hoch. Aluminium verursacht daher bei seiner Herstellung erhebliche Kosten.

Du kannst schildern, wie Aluminium gewonnen wird und wozu das Eloxal-Verfahren dient.

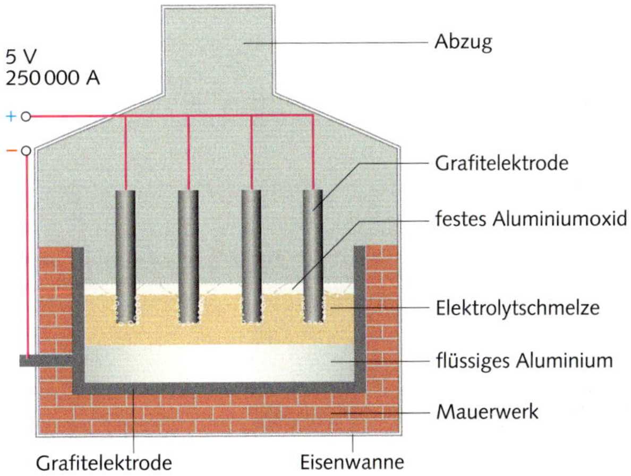

2 Schmelzflusselektrolyse bei Aluminium

Thermitschweißen von Schienen

Schienen vor Ort reparieren

Schnell muss es gehen, wenn an einer viel befahrenen Bahnstrecke ein Schienenstück ausgewechselt werden soll. Zuerst wird das schadhafte Teil herausgeschnitten. Dann wird das neue Schienenstück so eingepasst, dass an jeder Seite ein Spalt von etwa 2,5 cm frei bleibt. Um eine feste, aber auch elektrisch leitende Verbindung herzustellen, wird diese Lücke mit flüssigem Eisen verschweißt. Es wird an Ort und Stelle mithilfe einer Redoxreaktion aus Thermit gewonnen. Thermit ist eine Mischung aus grobkörnigem Eisenoxid und Aluminiumgrieß.

1 Thermitschweißen von Schienen

Thermit schweißt Schienen

Zum Verschweißen wird am Schienenspalt eine Gießform angebracht, die mit einem feuerfesten Reaktionsofen verbunden ist. In den Ofen wird das Thermit gegeben. Es enthält noch einige andere Metalle wie Vanadium und Mangan, damit die Schweißnaht sehr fest wird.
Die Schienenenden werden zunächst auf 900 °C vorgewärmt. Dann wird die Mischung mit einer Art Wunderkerze entzündet. Sofort setzt eine heftige Reaktion ein.
Eisen und Aluminiumoxid entstehen. Dabei wird eine Temperatur von etwa 2000 °C erreicht.
Die bei dieser Reaktion entstandene weißglühende Eisenschmelze fließt aus dem Ofen in die Gießform und füllt die Lücke zwischen den beiden Schienenstücken aus. Nach dem Abkühlen wird die Gießform zerschlagen und die Schienenoberfläche wird glatt geschliffen. In weniger als einer halben Stunde ist die Reparatur beendet.

1. A

a) Erläutere die Thermitreaktion. Welcher Stoff ist reduziert, welcher oxidiert worden?

b) Formuliere die Reaktionsgleichung in Worten.

c) Nenne Reduktionsmittel und Oxidationsmittel dieser Reaktion.

2. Q

Erkläre, warum die Schienenstücke elektrisch leitend verbunden sein müssen.

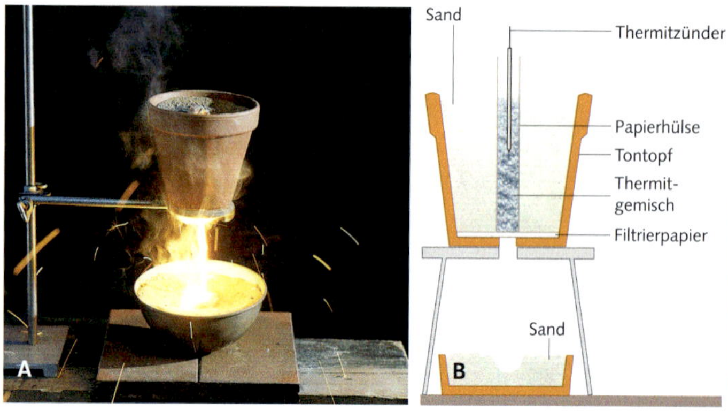

2 Thermitreaktion: **A** im Laborversuch, **B** Schnittbild

3 Eine fertig geschweißte Schiene

Metallabfälle sind Rohstoffe

1. Informiere dich im Internet, wie hoch die Recyclingraten bei den Metallen Kupfer und Zink sind.

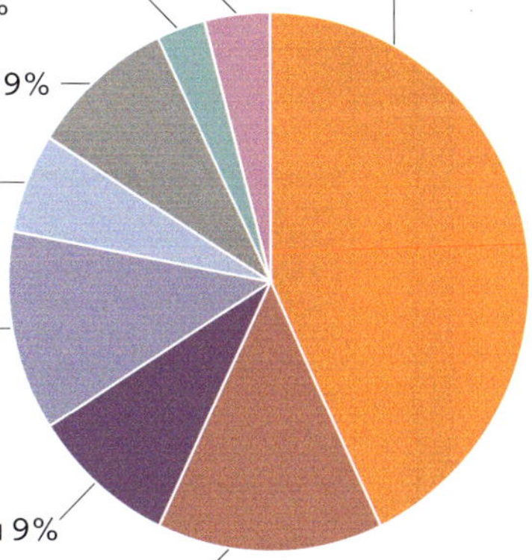

2 Aluminiumverbrauch in Deutschland

Recycling von Metallen

Alle Rohstoffe der Erde sind nur in begrenzten Mengen vorhanden. Auch wenn sie voraussichtlich noch für Jahrzehnte ausreichen, werden sie irgendwann einmal zur Neige gehen.
Kupfererz beispielsweise wird bei derzeitigem Verbrauch in einigen Jahrzehnten aufgebraucht sein. Daher ist die Wiederverwendung von Metallabfällen durch Recycling von großer Bedeutung.

Durch Korrosionsschutz und Recycling werden Rohstoffreserven und Umwelt geschont und Kosten eingespart.

1 Sammelstelle für Aluminium

Recycling von Aluminium

Bei Metallen ist die Wiederverwertung besonders sinnvoll. Es werden nicht nur wertvolle Rohstoffe gespart, sondern auch viel Energie. Zur Gewinnung der Metalle aus ihren Erzen wird nämlich sehr viel Energie benötigt.

Das Recycling von Aluminium lohnt sich wegen des hohen Energiebedarfs bei der Herstellung ganz besonders. Wird dieses Metall nach einer ersten Verwendung wieder eingeschmolzen, können gegenüber dem aus Bauxit neu gewonnenen Aluminium 96 % Energie eingespart werden. Auch im Haushalt kannst du dazu einen Beitrag leisten und Aluminium über den gelben Sack oder die gelbe Tonne entsorgen.

Recycling von Eisenschrott

Ein altbewährtes Beispiel für das Recycling von Metallen liefert die Stahlherstellung, denn hier war Eisenschrott schon immer ein wertvoller Rohstoff.
Bei der Stahlherstellung laufen heftige Oxidationsvorgänge ab. Dabei wird so viel Wärme frei, dass die Temperatur der Schmelze bis auf 2000 °C ansteigen kann. Dann wird dem flüssigen Roheisen etwa 25 % Eisenschrott zugegeben.
Durch die Zugabe des Eisenschrotts wird die Schmelze etwas kühler, was für den Prozess erwünscht ist. Gleichzeitig wird Eisenschrott energie- und kostengünstig eingeschmolzen.

3 Eisenschrott – ein wertvoller Rohstoff

STREIFZUG

Basiskonzepte S. 131

Das Internet als Informationsquelle

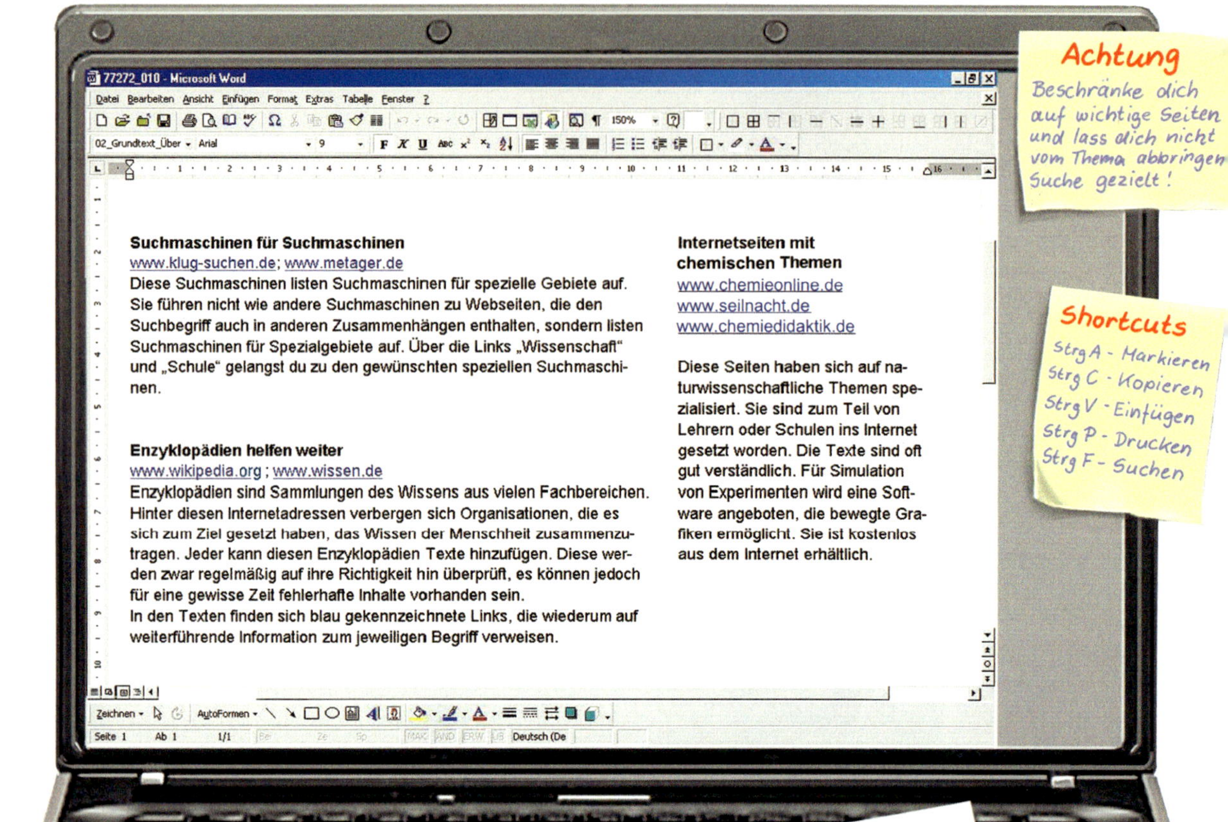

Achtung
Beschränke dich auf wichtige Seiten und lass dich nicht vom Thema abbringen. Suche gezielt!

Shortcuts
Strg A - Markieren
Strg C - Kopieren
Strg V - Einfügen
Strg P - Drucken
Strg F - Suchen

Quellenangabe und Datum
Texte, die du im Internet findest, unterliegen dem Urheberrecht. Wenn du sie wörtlich übernimmst, musst du das in deinem Text deutlich kennzeichnen. Am Ende des Textes muss dann ein Quellenverzeichnis erscheinen, in dem die Quellen mit genauer Internetadresse und Datum des Zugriffs verzeichnet sind. Auch bei Übernahmen, die nur den Inhalt eines Textes wiedergeben, ist die Quellenangabe sinnvoll.
Beachte: Die Angabe einer Suchmaschine ist keine Quellenangabe.

Es ist nicht alles Gold, was glänzt
In das Internet kann jeder Texte setzen, egal ob sie wahr oder falsch sind. Deshalb ist es wichtig zu entscheiden, welche Seiten genommen werden sollen. Hochschulen, Schulen und bekannten Institutionen kannst du in der Regel vertrauen.

Verdächtige Seiten
Hin und wieder gelangst du auf Seiten, die Gewalt, Straftaten oder sexuelle Inhalte darstellen. Ziehe dann sofort einen Erwachsenen zu Rate. Er kann dafür sorgen, dass der Anbieter angezeigt wird. Schließe auch niemals ohne Zustimmung deiner Eltern Verträge im Internet ab. Gib keine privaten Daten, Telefonnummern oder Bankverbindungen an. Auch Preisausschreiben sind oft ein Vorwand, um an deine persönlichen Daten zu kommen und sie dann an andere weiterzugeben.

METHODE

1. Informiere dich über die Stoffgruppen der Metalle. Überlege dir Suchbegriffe, mit deren Hilfe du mehr zu diesem Thema erfahren kannst.

Energie bei chemischen Reaktionen

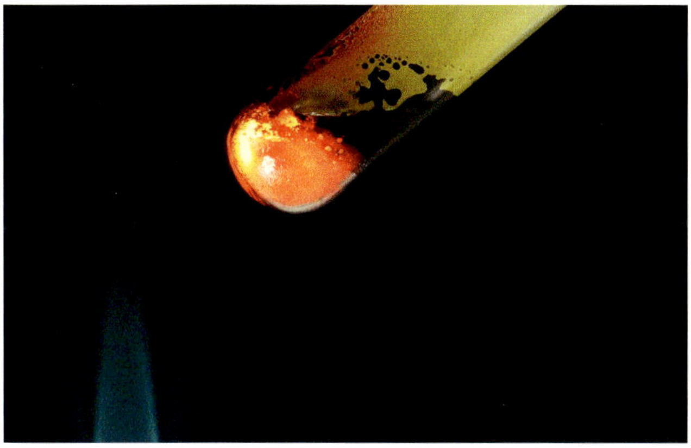

1 Schwefel und Eisen reagieren miteinander.

3 Kupferiodid wird erhitzt.

1.

Mische 3,5 g Schwefel- und 2 g Eisenpulver sorgfältig miteinander. Gib das Gemisch in ein Reagenzglas und spanne es schräg ein. Erhitze das Reagenzglas kurz und kräftig am unteren Ende. Stelle den Brenner beiseite, sobald das Gemisch aufglüht. Beschreibe deine Beobachtungen.

2.

Erhitze etwas Kupferiodid in einem Reagenzglas. Beschreibe und deute deine Beobachtungen.

Exotherme Reaktion

Werden Eisen und Schwefel miteinander vermischt und an einer Stelle kurzzeitig erhitzt, reagieren sie miteinander. Die Reaktion setzt sichtbar und fühlbar Energie frei. Sie läuft auch nach Ausstellen des Brenners weiter, solange noch Eisen und Schwefel vorhanden sind. Die Energie der Brennerflamme hat die Aktivierungsenergie geliefert, um die Reaktion in Gang zu setzen. Es handelt sich um eine **exotherme** chemische Reaktion.

Endotherme Reaktion

Wird Kupferiodid erhitzt, zerfällt die Verbindung in ihre Elemente. Die Energie des Brenners liefert die Aktivierungsenergie, um die chemische Reaktion zu starten. Aber auch danach muss mithilfe des Brenners ständig Energie zugeführt werden, damit die Reaktion weiterläuft. Es handelt sich um eine **endotherme** chemische Reaktion. In Energieverlaufsdiagrammen lassen sich die Vorgänge übersichtlich darstellen (Bild 2 und 4).

Du kannst exotherme und endotherme Reaktionen beschreiben und unterscheiden.

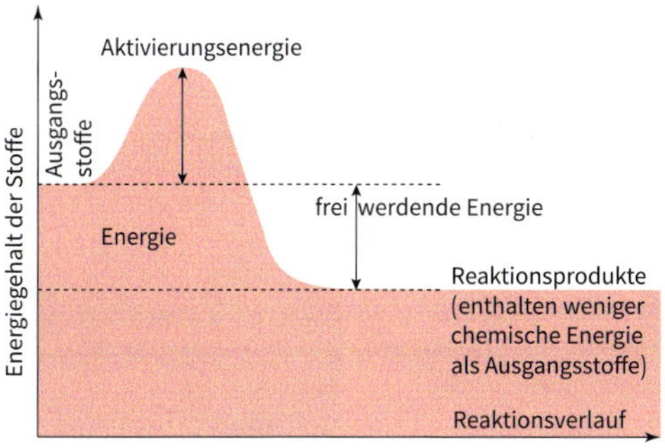

2 Energieverlauf einer exothermen Reaktion

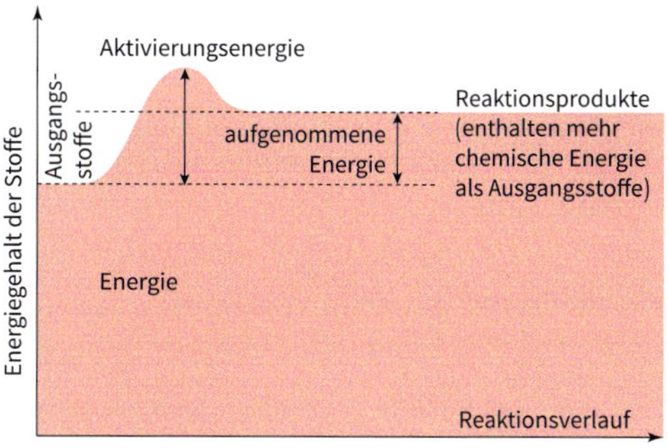

4 Energieverlauf einer endothermen Reaktion

Basiskonzepte S. 131

Edelmetalle – nicht nur für Schmuck

Metall	Wichtige Förderländer	Jahresproduktion 2013	Preis für 1 kg 2013
Silber	Mexiko, Peru	26 000 t	578,02 €
Gold	Südafrika, USA	2 770 t	34.230,70 €
Platin	Südafrika	192 t	36.042,07 €
Stahl	–	1,6 Mrd. t	0,50 €

1 Wirtschaftsdaten von Edelmetallen und Stahl

1. Vergleiche die Produktionsdaten und die Preise der in der Tabelle 1 genannten Metalle.

2. Suche im Lexikon und im Internet nach weiteren Anwendungen der Edelmetalle in der Medizin, in der Technik und in der Kunst.

Edelmetalle sind wertvoll

Gold, Silber und Platin sind kostbare Metalle. Chemisch betrachtet zeichnen sich diese **Edelmetalle** dadurch aus, dass sie sehr beständig und korrosionsfest sind.
Gold ist das am längsten bekannte Edelmetall. Es war seit jeher das Material zur Schmuckherstellung, aber auch die Grundlage vieler Währungen. Schon vor 2600 Jahren wurden Goldmünzen geprägt. Gold ist das dehnbarste aller Metalle. Aus 1 g Gold lässt sich ein 3 km langer Draht ziehen. 1 kg Gold ist nicht größer als ein 50 g Schokoriegel! Technische Verwendung findet das Gold vorwiegend in der Elektronik. Kontakte und dünne Zuleitungsdrähte aus Gold sind in jedem Computer zu finden.

3 Gold, das Metall für beste Kontakte

2 Silber, das Schmuckmetall

Silber

Das meistverwendete Edelmetall ist **Silber.** Es ist nicht so beständig wie Gold. So reagiert es mit schwefelhaltigen Stoffen, zum Beispiel mit Eiweiß. Es läuft schwarz an. Deshalb muss Silberschmuck öfter geputzt werden. Silber ist der beste elektrische Leiter, der beste Wärmeleiter und hat ein hohes Reflexionsvermögen. Beim Fotografieren wurde früher die Lichtempfindlichkeit von Silberverbindungen genutzt.

Platin

Das beständigste Edelmetall ist **Platin.** Bis vor 300 Jahren galt es noch als unbrauchbar, denn wegen seiner hohen Schmelztemperatur (1770 °C) und seiner Härte ließ es sich kaum verarbeiten. Seine herausragende Bedeutung hat das Platin jedoch als Katalysator. Im Abgaskatalysator sorgt fein verteiltes Platin dafür, dass schädliche Abgase in unschädliche Stoffe umgewandelt werden. Über 40 % des Platins werden dafür eingesetzt.

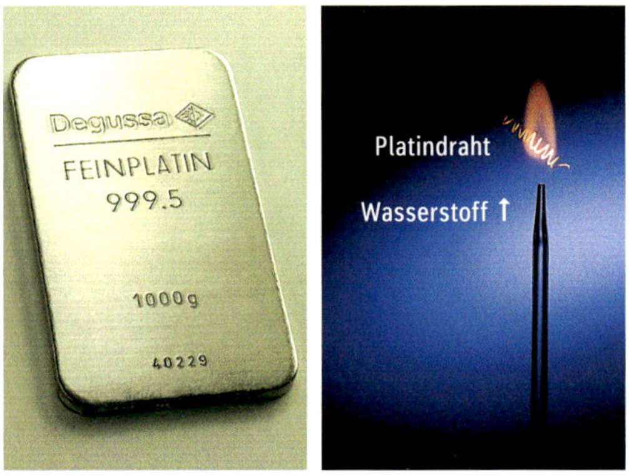

4 Platin, das Katalysatormetall

Du kannst den Begriff Edelmetalle erklären und technische Anwendungen dieser Metalle nennen.

Der Goldrausch und seine Folgen

Die Suche nach Gold

Schon seit Jahrtausenden wird nach Gold gesucht. Zuerst wurden die gelbglänzenden Goldkörnchen aus Flussbetten oder aus goldhaltigen Erdschichten einfach aufgelesen. Später wurde Gold „gewaschen". Dabei werden goldhaltiger Sand und Kies mit viel Wasser aufgerührt oder in flachen Goldwaschpfannen umgeschwenkt. Das schwere Gold sinkt viel schneller ab als der Sand und sammelt sich am Boden der Gefäße an.

Nennenswerte Umweltschäden entstehen nicht, wenn einzelne Goldsucher an einem Fluss Gold waschen. Doch wenn in großem Maßstab industriell nach Gold gesucht wird, können verwüstete Kraterlandschaften zurückbleiben. Nachhaltige Umweltprobleme ergaben sich vor allem, als die Chemie ins Spiel kam.

2 Gold löst sich in Quecksilber.

1 Goldsucher in Brasilien

Goldminen vergiften die Umwelt durch Cyanide

Bei einem Gehalt von 3 g Gold pro Tonne Gestein gilt eine Goldlagerstätte in der Regel noch als abbauwürdig. Doch heute wird sogar noch Gestein verarbeitet, das nur 0,5 g Gold je Tonne enthält, zum Beispiel die Abraumhalden alter Goldminen. Das ist nur durch den Einsatz von Natriumcyanid möglich.

Gold löst sich in einer Natriumcyanidlauge und lässt sich später daraus leicht zurückgewinnen. Das Abwasser, das dabei entsteht, wird in großen Sammelbecken gespeichert. Natriumcyanid ist hochgiftig.

Schon 0,2 g davon sind für einen erwachsenen Menschen tödlich. Undichte Stellen oder Dammbrüche wie in Bild 3, wie sie an den Sammelbecken leider immer wieder vorkommen, können deshalb zu schwerwiegenden Umweltkatastrophen führen.

Quecksilber vergiftet Flüsse und Böden

Um noch die kleinsten, mit bloßem Auge kaum erkennbaren Goldkörnchen zu erhalten, wird das zerkleinerte goldhaltige Gemenge mit Quecksilber versetzt. Nur das Gold verbindet sich im Quecksilber, es entsteht festes Goldamalgam. Nach dem Filtrieren wird das Goldamalgam auf 600 °C erhitzt. Dabei verdampft das Quecksilber, Gold bleibt zurück.
Allein im brasilianischen Amazonasgebiet vergiften Tausende von Goldsuchern auf diese Weise die Umwelt jährlich mit über 200 t Quecksilber.

3 Dammbruch eines Sammelbeckens

Ausbildungsberufe „Metall“

PINNWAND

Industrielle Ausbildungsberufe

Anlagenmechanikerinnen und -mechaniker stellen beispielsweise Bauteile für Behälter, Anlagen und Apparate für Kraftwerke, Lebensmittel industrie, Erdöl- und Erdgasförderung her und bauen sie zusammen. Außerdem können sie Anlagen instand halten und umbauen.

Zerspanungsmechanikerinnen und -mechaniker arbeiten in metallverarbeitenden Betrieben wie Maschinen-, Stahl- und Fahrzeugbau. Zu den Hauptaufgaben gehören metallbearbeitende Tätigkeiten wie Bohren, Drehen, Fräsen und Schleifen. Dazu richten sie computergesteuerte Maschinen ein und überwachen auch die Fertigung.

Industriemechanikerinnen und -mechaniker fertigen Geräteteile für Maschinen und Produktionsanlagen, bauen die Teile zusammen, reparieren und warten die Maschinen und bauen sie um. Sie arbeiten im Maschinen- und Fahrzeugbau, in der Elektro-, Textil-, Holz- und Papierindustrie.

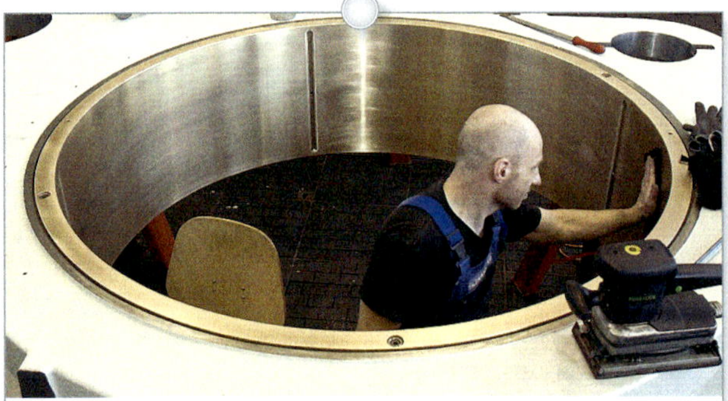

Konstruktionsmechanikerinnen und -mechaniker stellen aus Rohren, Metallprofilen und Blechen Bauteile her, die im Stahl-, Maschinen- und Schiffsbau sowie im Baugewerbe eingesetzt werden.

1. Aus welchem Metall stellt die Anlagenmechanikerin die Bauteile überwiegend her?

2. Finde zwei Betriebe in deiner Umgebung heraus, die zum Industriemechaniker ausbilden.

3. Nenne zwei Gegenstände, die vom Zerspanungsmechaniker hergestellt werden.

4. Beschreibe, wie Bleche hergestellt werden.

Handwerkliche Ausbildungsberufe

Mechanikerinnen und Mechaniker für Land- und Baumaschinentechnik
überprüfen und warten Maschinen, die in der Landwirtschaft, im Forst- und Gartenbau und in der Bauwirtschaft eingesetzt werden. Defekte Teile werden ausgebaut und durch neue Teile ersetzt. Fertigkeiten in der Metallbearbeitung und Kenntnisse in der Elektronik sind sehr wichtig. Funktionsprüfungen werden oft computerunterstützt durchgeführt.

Metallbauerinnen und Metallbauer Fachbereich Metallgestaltung
stellen Gegenstände wie Tore, Gitter, Geländer, Beschläge oder Ziergegenstände aus Eisen, Bronze und Kupfer her. Dazu werden die Ausgangsmaterialien wie Bleche, Profile, Flacheisen und Rohre durch Bearbeitungstechniken wie Schmieden und Treiben in die gewünschte Form gebracht.

Klempnerinnen und Klempner
stellen Blechbauteile für Hausfassaden und Hausdächer her, montieren, reparieren und warten sie.
Neben dem Lesen von Konstruktionsplänen müssen auch das Zuschneiden von Blechen, die Montage von Regel- und Steuereinrichtungen und das Umformen von Metallen beherrscht werden.

Feinmechanikerinnen und Feinmechaniker
stellen Maschinen und Geräte her, warten und reparieren sie. Meist arbeiten sie in Betrieben, die optische und feinmechanische Geräte oder Mess- und Kontrollinstrumente herstellen.

5. Nenne drei Maschinenarten, die ein Landmaschinenmechaniker betreut.

6. Welche Teile des Daches werden vom Klempner hergestellt?

7. Erstelle einen Entwurf für das Eingangstor eines Parks.

8. Nenne drei Geräte, die von der Feinmechanikerin hergestellt werden.

9. Informiere dich über die Ausbildungszeiten für die genannten Berufe.

Neue Stoffe gewinnen

Metalle haben gemeinsame Eigenschaften

Die gemeinsamen Eigenschaften der Metalle sind die elektrische Leitfähigkeit, die Wärmeleitfähigkeit, die gute Verformbarkeit und der Glanz.
Die Metalle werden oft in Schwermetalle und Leichtmetalle eingeteilt.

Metallgewinnung

Edle Metalle kommen oft gediegen vor. Unedle Metalle kommen nur in Verbindungen vor. Das sind oft Metalloxide. Das Metall lässt sich daraus durch eine Redoxreaktion gewinnen.

Reduktion und Oxidation

Eine **Reduktion** ist eine chemische Reaktion, bei der einem Oxid der Sauerstoff entzogen wird. Das Oxid wird **reduziert.** Bei der **Oxidation** verbindet sich ein Stoff mit Sauerstoff zum Oxid. Der Stoff wird **oxidiert.**

Redoxreaktion

Reduktion und **Ox**idation laufen gleichzeitig ab, es handelt sich um eine **Redoxreaktion.**
Das **Oxidationsmittel** gibt den Sauerstoff ab und wird dabei **reduziert.** Das **Reduktionsmittel** nimmt den Sauerstoff auf und wird dabei **oxidiert.**

Kupfer

Kupfer ist das älteste Gebrauchsmetall des Menschen. Es wurde teilweise in gediegener Form gefunden. Bereits vor etwa 9000 Jahren gelang es dem Menschen, Kupfer aus **Kupfererz** zu gewinnen. Dabei reagiert das im Kupfererz enthaltene Kupferoxid mit Kohlenstoff in einer Redoxreaktion zu Kupfer.

Aluminium

Aluminium wird durch **Schmelzflusselektrolyse** unter hohem Energieaufwand aus dem Erz Bauxit gewonnen. Durch das **Eloxal-Verfahren** wird Aluminium widerstandsfähig gegen Korrosion.

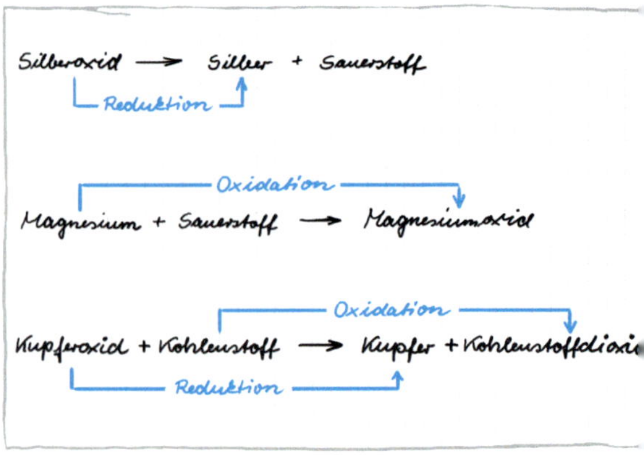

Eisen und Stahl

Zur Gewinnung von Roheisen wird Eisenerz zusammen mit Koks im **Hochofen** erhitzt. Das Eisenoxid wird in einer Redoxreaktion aus dem **Eisenerz** zu metallischen Eisen reduziert. Der Kohlenstoff aus dem Koks wird oxidiert.
Aus dem Roheisen wird mit dem **Sauerstoff-Aufblasverfahren Stahl** hergestellt. Dabei werden aus dem Roheisen Fremdstoffe entfernt und der Kohlenstoffgehalt verringert. Stahl wird durch Zugabe weiterer Metalle zu **Stahllegierungen** veredelt.

Legierungen

Werden reine Metalle mit anderen Metallen verschmolzen, entstehen **Legierungen.** Sie unterscheiden sich in Härte, elektrischer Leitfähigkeit, Schmelztemperatur, Farbe, Verformbarkeit und Dichte von den Ausgangsmetallen.

Korrosion

Metalle korrodieren unter dem Einfluss von Sauerstoff und Feuchtigkeit. Durch **Einfetten, Lackieren** oder **Galvanisieren** kann die Metalloberfläche geschützt werden. Korrosionsschutz ist vor allem bei Eisen wichtig.

Metallrecycling

Durch die Wiederaufbereitung von Metallschrott werden Rohstoffreserven sowie die Umwelt geschont und Kosten gespart.
Eisenschrott wird deshalb bei der Stahlherstellung eingesetzt. Aluminiumabfälle werden eingeschmolzen und lassen sich so wiederverwenden. Dabei wird, im Vergleich zur Schmelzflusselektrolyse, viel Energie gespart.

Struktur-Eigenschafts-Beziehungen

Chemische Reaktion

Energie

Struktur-Eigenschafts-Beziehungen

1. Ⓐ
Beschreibe die unterschiedlichen Eigenschaften von Kupfer- und Stahllegierungen im Vergleich zu ihren Ausgangsmetallen. → S. 112/120

Energie

2. Ⓐ
Erkläre, warum die Energiebilanz beim Recycling von Aluminium besser ist als bei der Gewinnung von Aluminium aus Bauxit. → S. 123

Chemische Reaktion, Energie

3. Ⓐ
a) Beschreibe die Gewinnung von Eisen aus Eisenoxid (FeO) mithilfe von Kohlenstoff als Redoxreaktion in Symbolschreibweise.
b) Nenne das Oxidations- und das Reduktionsmittel.

4. Ⓐ
Erkläre, warum es sich beim Rosten um eine chemische Reaktion handelt. → S. 118

Chemische Reaktion, Energie

5. Ⓐ
Gib an, ob es sich bei der Korrosion von Zink um eine endotherme oder exotherme chemische Reaktion handelt.
→ S. 125

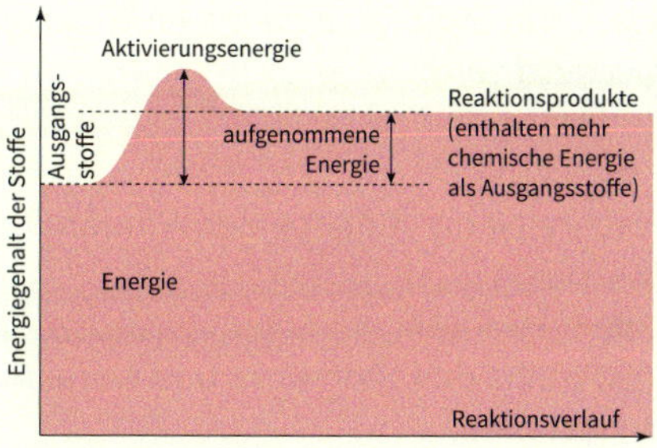

Neue Stoffe gewinnen

Metalle und ihre Eigenschaften

Kannst du schon ...

... die Eigenschaften der Metalle nennen? (S. 102 – 103)
... das älteste Gebrauchsmetall nennen? (S. 104)
... angeben, wann Ötzi, der Mann aus dem Eis, gelebt hat? (S. 105)
... angeben, wie Metalle aus Oxiden gewonnen werden? (S. 106 – 107)
... erklären, was eine Redoxreaktion ist? (S. 106 – 109)
... die Redox-Reihe der Metalle erklären? (S. 109)
... Verwendungsmöglichkeiten für Kupfer nennen? (S. 110)
... beschreiben, wie Kupfer früher gewonnen wurde? (S. 111)
... drei Kupferlegierungen nennen? (S. 112)
... verschiedene Metallzeitalter nennen und diese zeitlich einordnen? (S. 113)
... den Hochofenprozess beschreiben? (S. 114 – 115)
... das Sauerstoff-Aufblasverfahren beschreiben? (S. 116)
... verschiedene Stahllegierungen nennen? (S. 117)

Zeig, was du kannst!

1. A
Nenne Eigenschaften, die Kupfer zu einem vielseitigen Werkstoff machen.

2. A
Bei der Reaktion von Bleioxid (PbO_2) mit Holzkohle entstehen Blei und Kohlenstoffdioxid.
a) Formuliere die Reaktionsgleichung in Symbolschreibweise.
b) Benenne Reduktion und Oxidation sowie das Reduktionsmittel und das Oxidationsmittel.

3. A
Nenne die Bestandteile der Legierungen Messing, Bronze, Neusilber.

4. A
Nenne die Stoffe, mit denen ein Hochofen beschickt wird.

5. A
Beschreibe die Aufgabe der Winderhitzer.

6. A
Beschreibe den Stoff Koks und seine Aufgabe im Hochofen.

7. A
Übertrage die folgenden Wortgleichungen zu den chemischen Vorgängen im Hochofen in dein Heft und ergänze sie:
a) Kohlenstoff + ☐ → ☐
b) Kohlenstoffmonooxid + ☐ → Eisen + ☐

8. A
Gib an, welche Metalle dem Stahl beigegeben werden können, um seine Eigenschaften zu verbessern.

9. A
Erkläre, welche Stoffe aus dem Roheisen im Konverter entfernt werden.

10. A
Nenne Eigenschaften des Stahls, die durch den Kohlenstoffgehalt beeinflusst werden können.

11. A
Nenne Eigenschaften und Verwendung von Chrom-Nickel-Stahl.

Rosten und Rostschutz

Kannst du schon ...

... erklären, was eine langsame Oxidation ist? (S. 118)
... den Begriff Korrosion erklären? (S. 118)
... verschiedene Korrosionsschutzmaßnahmen nennen? (S. 118 – 119)
... Rostschutzverfahren bei der Autoherstellung beschreiben? (S. 119)

Zeig, was du kannst!

12. Ⓐ
Erkläre den Begriff Rosten beim Eisen.

13. Ⓐ
Erkläre, warum Eisen gegenüber Witterungseinflüssen besonders empfindlich ist und deshalb immer weiter korrodiert.

14. Ⓐ
Nenne Vorteile von Korrosionsschutz und Metallrecycling.

Energie bei Reaktion von Metallen

Kannst du schon ...

... das Herstellungsverfahren von Aluminium beschreiben? (S. 121)
... erklären, warum die Herstellung von Aluminium so energieaufwändig ist? (S. 121)
... Beispiele für die Verwendung von Aluminium nennen? (S. 121)
... erklären, warum sich das Recyceln von Aluminium lohnt? (S. 121)
... das Thermitverfahren erklären? (S. 122)
... das Recycling von Metallabfällen beschreiben? (S. 123)
... den Unterschied zwischen einer exothermen und einer endothermen chemischen Reaktion erklären? (S. 125)

Zeig, was du kannst!

15. Ⓐ
Mit welchem Verfahren wird die Oxidschicht des Aluminiums noch widerstandsfähiger?

16. Ⓐ
Gib an, warum sich Aluminium gut für den Fahrzeugbau eignet.

17. Ⓐ
Die Aluminiumerzeugung ist teuer. Erkläre, warum das so ist.

Wichtige Begriffe

- Reduktion, Oxidation
- Redoxreaktion
- Redox-Reihe der Metalle
- Legierungen
- Elektrische Leitfähigkeit
- Wärmeleitfähigkeit
- Metall, Metalloxid
- Metallbindung
- Metallgitter
- Erz, Hochofen
- Roheisen, Stahl
- Korrosion, Korrosionsschutz

Elemente lassen sich ordnen

Welches Gas bringt
Luftballons zum
Fliegen?

Woraus bestehen
die Kreidefelsen
auf Rügen?

Ein farbenfrohes Feuerwerk – möglich machen das die Salze der Alkali- und Erdalkalimetalle. Welche Eigenschaften haben diese seltsamen Metalle noch? Was sind Elementfamilien?

Ag
107.868
962 1.34
2212 1.9
(Kr) 5 s¹ 4 d¹⁰
METAL
SEMIMETAL
NON METAL
H
Li
Br
COLUMN LABELLING
tronic configuration
TRANSITION ELEMENTS
21 Sc 44.9559
22 Ti 47.88
23 V 50.9414
24 Cr 51.996
25 Mn 54.9380
26 Fe 55.847
27 Co 58.9332
28 Ni 58.69
29 Cu 63.546
39 Y 88.9059
40 Zr 91.22
41 Nb 92.9064
44 Ru 101.07
45 Rh 102.9055
46 Pd 106.42
47 Ag 107.868
73 Ta 180.9479
76 Os 190.2
79 Au 196.9665
105 Ha* (260)
SCHOTT
DURAN
500 ml
Co·1·2
APPROX. VOL.
Made in Germany
Retrace Code

Alkalimetalle – unscheinbar und sehr reaktionsfreudig

1.
Gib ein kleines Stück Lithium in einen Erlenmeyerkolben mit Wasser. Notiere, was geschieht.

2.
Lass dir ein Stück Lithium geben. Plane einen Versuch zur elektrischen Leitfähigkeit von Lithium und führe ihn durch. **Hinweis:** Berühre das Lithium nicht mit den Fingern!

3. Demonstrationsversuch
Ein kleines Stück Natrium wird entrindet und in Wasser gegeben.

4.
Beschreibe deine Beobachtungen bei Versuch 3.

5.
Vergleiche die Eigenschaften von Lithium und Natrium mit denen von Eisen.

6.
Warum kommen Alkalimetalle in der Natur nicht als Elemente vor?

7.
Begründe die Aufbewahrungsart von Alkalimetallen.

8.
Nimm nacheinander einige Körnchen Lithiumchlorid, Kaliumchlorid und Natriumchlorid mit Magnesiastäbchen auf. Halte die Stäbchen in die blaue Brennerflamme. Notiere jeweils deine Beobachtungen.

1 Frisch geschnittenes Lithium

Seltsame Stoffe
Es sind unscheinbare Brocken, die da in Petroleum lagern (Bild 2). Die Stoffe heißen **Lithium** und **Natrium.** Bei näherer Betrachtung ist eine Art Kruste zu sehen, die die Brocken umgibt (Bild 2). Mit einem Messer lässt sich alles schneiden. Die Schnittfläche ist silbrig-glänzend. An der Luft verschwindet der Glanz sehr schnell. Ob dies der Grund für die besondere Lagerung ist?
Die Frage klärt sich schnell, wenn Lithium oder Natrium in Wasser gegeben wird. Es gibt eine heftige Reaktion. Sie müssen also vor Feuchtigkeit geschützt in Petroleum oder Paraffin gelagert werden. Da Lithium auch schon mit der Feuchtigkeit der Haut reagiert, darfst du es auf keinen Fall berühren.
Der Glanz der frischen Oberfläche ist ein Hinweis, zu welcher Stoffgruppe Lithium und Natrium gehören. Die Untersuchung der Leitfähigkeit bringt weitere Klarheit: Es sind Metalle.

Lithium
Die frische Schnittfläche an einem Stück Lithium verfärbt sich langsam. In Wasser reagiert es mit heftiger Gasentwicklung. Lithium findet verbreitet Verwendung als Bestandteil leistungsfähiger Akkus wie für Notebooks oder Digitalkameras. Diese Akkus halten die Ladung lange und lassen in ihrer Leistung nur langsam nach.

Natrium
Natrium verliert seinen frischen Glanz sehr schnell. Mit Wasser reagiert es noch heftiger als Lithium. Natrium ist das sechsthäufigste Element in der Erdrinde. Wie Lithium reagiert es schnell und kommt daher nur in Verbindungen vor. Kochsalz ist die bekannteste Natriumverbindung, es ist Natriumchlorid.

2 Lithium und Natrium müssen in Petroleum aufbewahrt werden.

3 Natrium reagiert brennend mit Wasser.

Element	Dichte in $\frac{g}{cm^3}$	Schmelztemperatur in °C	Härte	Reaktion mit Wasser
Lithium	0,53	180	nimmt ab	wird heftiger
Natrium	0,97	98		
Kalium	0,86	64		
Rubidium	1,53	39		
Caesium	1,87	29		

4 Eigenschaften der Alkalimetalle

6 Lithium

7 Natrium

8 Kalium

9 Rubidium

10 Caesium

Kalium

Die Reaktionsfähigkeit von **Kalium** ist noch stärker als die von Lithium oder Natrium. Bei der Reaktion mit Wasser entsteht Wasserstoff, der sich sehr schnell mit dem Sauerstoff der Luft verbindet und entzündet. Oft gibt es sogar eine kleine Explosion.

Verbindungen von Kalium sind in den oberen Schichten der Erdkruste fast so häufig wie die von Natrium. Kaliumverbindungen sind wichtige Bestandteile von Düngemitteln. Auch im Stoffwechsel von Lebewesen spielt Kalium eine wichtige Rolle.

Rubidium und Caesium

Das wachsweiche **Rubidium** kann sich nach wenigen Sekunden an der Luft spontan entzünden. Beim **Caesium** geht dies noch schneller. Es ist somit das reaktionsfähigste und unedelste Metall.

Die Alkalimetalle

Lithium, Natrium, Kalium, Rubidium und Caesium sind Elemente mit sehr ähnlichen Eigenschaften. Sie sind weich, haben eine geringe Dichte und sind sehr reaktionsfähig. In Anlehnung an den Namen Kalium werden sie zur Elementfamilie der **Alkalimetalle** zusammengefasst.

Flammenfärbung

Verbindungen der Alkalimetalle lassen sich gut erkennen, weil die Metalle eine charakteristische Flammenfärbung erzeugen. Dies wird für Farbeffekte in Feuerwerkskörpern genutzt.

Du kannst die Gemeinsamkeiten der Alkalimetalle nennen und beschreiben.

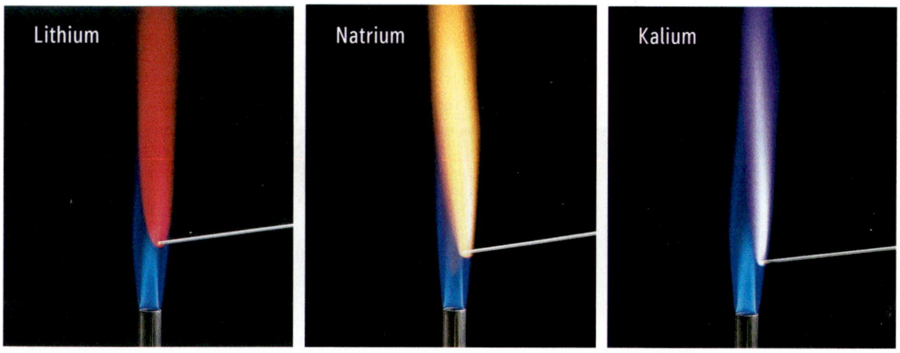

5 Flammenfärbung von Alkalimetallen

Erdalkalimetalle – gesteinsbildend und reaktiv

1. ≡ Ⓥ
a) Gib einige Krümel Calcium in ein Reagenzglas mit warmem Wasser.
b) Schütte etwas Magnesiumpulver in ein Reagenzglas mit warmem Wasser.
c) Vergleiche deine Beobachtungen.

2. ≡ Ⓥ
Plane einen Versuch, um die elektrische Leitfähigkeit von Calcium und Magnesium zu überprüfen, und führe ihn durch.

3. ≡ Ⓐ
Vergleiche Alkalimetalle und Erdalkalimetalle.

4. ≡ Ⓥ
a) Halte ein Magnesiastäbchen in die blaue Brennerflamme. Nimm damit etwas Bariumnitrat auf und halte es in die Brennerflamme.
b) Wiederhole den Versuch mit Calcium- und Magnesiumchlorid.
c) Beschreibe die Flammenfärbungen.

1 Beryllium

2 Magnesium

3 Calcium

4 Strontium

5 Barium

Calcium

Calcium ist in der Natur sehr häufig, kommt aber nicht in elementarer Form vor. Die häufigste Calciumverbindung ist **Kalk.** So werden die Steilküsten von Rügen oder vom englischen Dover von Kreidefelsen gebildet. Das ist besonders weiches Kalkgestein. Auch Teile der Alpen bestehen aus Kalk. Neben der Kreide besteht auch Marmor aus Kalk.

Für den Menschen ist Calcium ein lebenswichtiges Element. Der Körper des Menschen enthält im Durchschnitt 1 kg Calcium in gebundener Form.
Calcium ist ein Metall, aber nicht gleich als Metall erkennbar. An frischen Bruchstellen glänzt es silbrig, wird aber schnell wieder matt. Es reagiert mit dem Sauerstoff, dem Kohlenstoffdioxid und der Feuchtigkeit der Luft. In seinen Eigenschaften und Reaktionen ähnelt es den Alkalimetallen. Es ist jedoch härter und nicht ganz so reaktionsfreudig wie die Alkalimetalle. Calcium gehört zur Gruppe der **Erdalkalimetalle.** Der Name weist darauf hin, dass viele Verbindungen dieser Elemente am Aufbau der Erdrinde beteiligt sind.

Weitere Erdalkalimetalle

Das Erdalkalimetall **Magnesium** ist Bestandteil des Blattgrüns. Auch Magnesium ist ein lebenswichtiger Mineralstoff. Magnesiummangel kann unter anderem zu Muskelkrämpfen führen.

Strontium ist vor allem durch sein radioaktives Isotop Strontium 90 bekannt. Es gelangte durch Nuklearkatastrophen und Kernwaffentests in die Atmosphäre.

Weitere Vertreter der Erdalkalimetalle sind **Beryllium, Barium** und das radioaktive **Radium.**

Du kannst die Elemente der Erdalkalimetalle nennen und ihre Eigenschaften beschreiben.

Element	Dichte in $\frac{g}{cm^3}$	Schmelztemperatur in °C	Härte	Reaktion mit Wasser
Beryllium	1,84	1280	nimmt ab	wird heftiger
Magnesium	1,74	650		
Calcium	1,55	838		
Strontium	2,60	770		
Barium	3,50	714		

6 Eigenschaften der Erdalkalimetalle

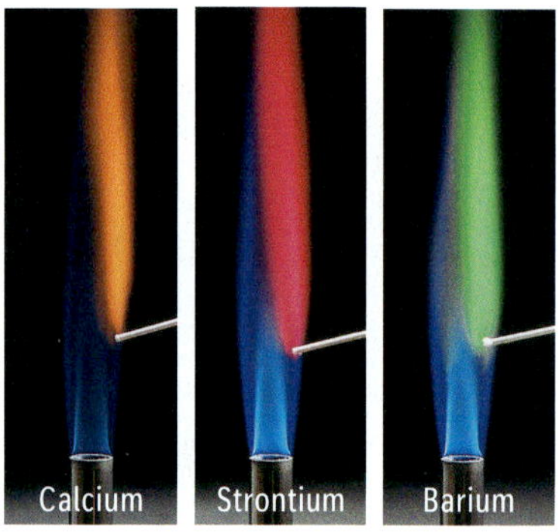

7 Flammenfärbung der Erdalkalimetalle

Alkali- und Erdalkalimetalle im Alltag

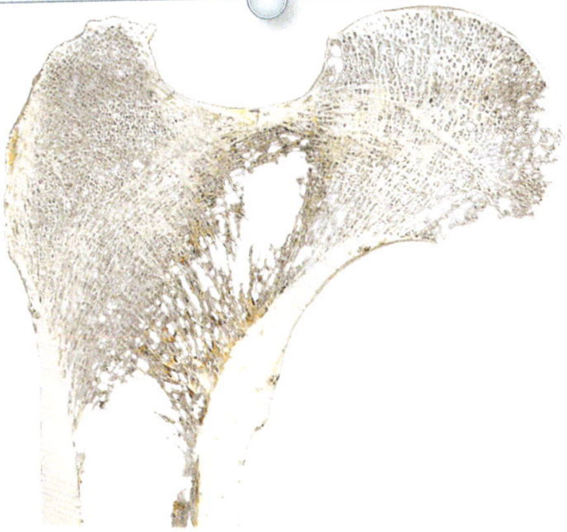

Calcium macht Knochen stabil

Unsere Knochen sind sehr stabil. So ist ein Oberschenkelknochen zwar nur etwa 1 kg schwer, ist aber mit über 1500 kg belastbar. Möglich wird dies durch feine Knochenbälkchen, die als Gitterwerk angeordnet sind. Ihre Stabilität erhalten die Knochensubstanz wie auch unsere Zähne durch Calciumphosphat und Calciumcarbonat.
Während des Wachstums benötigen Kinder und Jugendliche daher viel von diesen Calciumverbindungen. Umgerechnet muss ein Jugendlicher pro Tag fast 1 g Calcium zu sich nehmen. Nicht in allen Nahrungsmitteln ist genügend Calcium enthalten, daher sollten viele Milchprodukte wie Jogurt oder Käse auf dem Speiseplan stehen. Sie enthalten von Natur aus viel Calcium.

Feuerwerk

Die prächtig leuchtenden Farben eines Feuerwerks sind vor allem den Verbindungen der Alkali- und Erdalkalimetalle zu verdanken. Verbrennt das Schwarzpulver, entsteht je nach beigemischter Metallverbindung intensives Licht einer bestimmten Farbe. Lithium- und Strontiumverbindungen leuchten rot. Bariumverbindungen erzeugen grünes Licht. Magnesiumpulver sorgt für blendend weiße Lichtblitze.

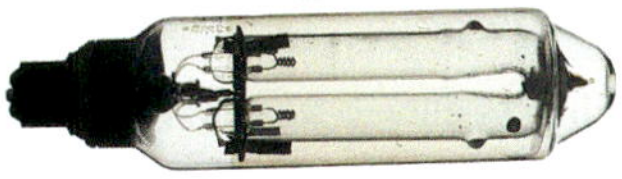

Natriumdampflampen

Natriumdampflampen bestehen aus zwei Glaskolben. Dazwischen ist ein fast luftleerer Raum, der wie bei einer Thermoskanne als Isolierung dient. Im inneren Rohr befinden sich ein Edelgas und Natriumkügelchen. Außerdem gibt es eine Glühwendel aus Wolframdraht. Beim Einschalten heizt sich der Wolframdraht auf, sodass das Natrium verdampft. Zum Zünden ist eine Spannung bis zu 5000 V notwendig. Nach etwa 15 min erreicht der Natriumdampf die volle Leuchtkraft. Eingesetzt werden diese Lampen heute noch zur Straßenbeleuchtung.

1. A
Nenne Alkali- und Erdalkaliverbindungen für eine besonders farbenfrohe Silvesterrakete.

2. Q
Notiere den Calciumgehalt dreier Milchprodukte.

3. Q
Recherchiere und stelle zusammen, wie viel Milch, Jogurt, Käse oder Bananen ein Jugendlicher pro Tag essen sollte, um seinen Calciumbedarf zu decken.

4. Q
Finde Vor- und Nachteile von Natriumdampflampen.

PINNWAND

Halogene

1. V
Demonstrationsversuch

a) Unter dem Abzug wird Chlor hergestellt. Dazu wird in einem Gasentwickler konzentrierte Salzsäure auf Kaliumpermanganat getropft. Dabei entsteht Chlorgas. Das Gas wird in zwei Standzylinder geleitet, die mit Glasplatten abgedeckt sind.

1 Chlor wird hergestellt.

b) In je einen mit Chlor gefüllten Standzylinder werden unter dem Abzug farbige Blüten und Textilreste gegeben.

2. A
Erkläre den Einsatz von Chlor in Badeanstalten.

3. A
Erläutere, warum Fluor, Chlor, Brom und Iod eine Elementfamilie bilden.

Schwimmbadgeruch

Sicher kennst du den typischen Geruch im Schwimmbad. Er rührt vom **Chlor** her, das in den meisten Bädern zur Desinfektion des Wassers verwendet wird. Ohne diese Desinfektion würden sich Bakterien im warmen Wasser schnell vermehren. Schon 0,3 mg Chlor in 1 l Wasser töten Krankheitserreger zuverlässig ab. Aber auch für den Menschen ist Chlor sehr giftig. Es verätzt die Atemwege und zerstört die Lungenbläschen. Schon ein Anteil von 0,1 % Chlor in der Atemluft ist tödlich. Daher müssen in Schwimmbädern strenge Sicherheitsbestimmungen eingehalten werden.

Die Halogene

Chlor gehört zur Gruppe der **Halogene,** zu denen auch Fluor, Brom und Iod zählen. Es sind reaktionsfreudige Nichtmetalle. Fluor ist das reaktionsfähigste und giftigste Halogen. Die Reaktionsfähigkeit und die Giftigkeit nehmen über Chlor und Brom zum Iod hin immer weiter ab.

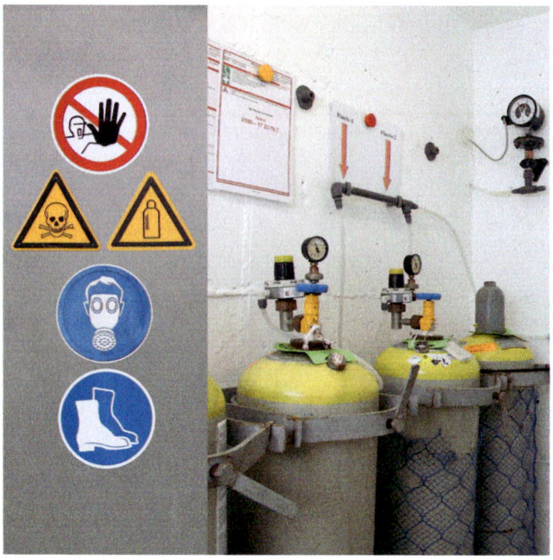

2 Chlorraum im Schwimmbad

Fluor

Fluor ist bei Zimmertemperatur gasförmig. Es ist sehr giftig, ätzend und äußerst reaktionsfreudig. Es hat eine hellgelbe Farbe und riecht stechend.
In der Natur kommt Fluor nur in Verbindungen vor. Reines Fluor wird vor allem aus Flussspat (Calciumfluorid, CaF_2) gewonnen.
Einige Fluorverbindungen sind für den Menschen sehr wichtig, weil sie am Aufbau von Knochen und Zähnen beteiligt sind. Auch Zahnpasta enthält oft Fluorverbindungen, die den Zahnschmelz stärken. Sie heißen **Fluoride.** Verwendung findet Fluor zum Beispiel bei der Herstellung von Kunststoffen (Teflon) und bei der Urangewinnung.

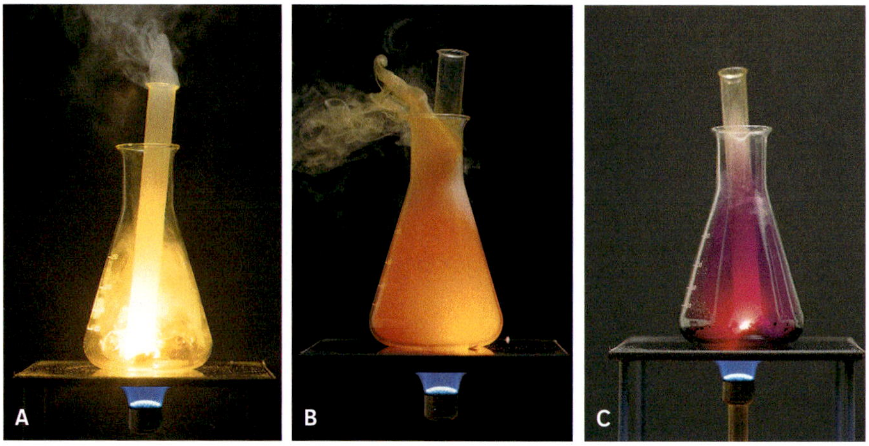

3 Unterschiedlich heftige Reaktionen mit Natrium: **A** Chlor, **B** Brom, **C** Iod

Basiskonzepte S. 161

Element	Farbe	Schmelztemperatur in °C	Siedetemperatur in °C	Aggregatzustand	Reaktionsfähigkeit
Fluor	gelblich	−220	−188	gasförmig	nimmt ab
Chlor	gelbgrün	−101	−34	gasförmig	
Brom	rotbraun	−7	59	flüssig	
Iod	blauschwarz	114	185	fest	

4 Eigenschaften der Halogene

Chlor

Chlor ist ein gelbgrünes, sehr giftiges Gas. Es hat einen stechenden Geruch und ist ein sehr reaktionsfreudiges Element. Chlor kommt nur in Verbindungen vor. Eine der häufigsten Chlorverbindungen ist das ungiftige **Natriumchlorid,** das Kochsalz. Aus Kochsalz wird Chlor für viele Verwendungszwecke gewonnen. Reines Chlor wird bei der Wasseraufbereitung eingesetzt. Es spielt auch in der Kunststoffindustrie eine große Rolle, vor allem bei der Herstellung des Kunststoffes PVC. Im ersten Weltkrieg wurde Chlor als Giftgas eingesetzt.

Brom

Das dritte Element in der Reihe der Halogene ist das **Brom.** Es ist eine dunkelbraune, ätzende Flüssigkeit. Brom verdampft leicht und bildet beißende, giftige Dämpfe. Brom kommt in der Natur nur in Verbindungen vor. Bromsalze, die **Bromide,** sind Bestandteile des Meerwassers.

Fast die Hälfte des produzierten Broms wird jährlich für Feuerschutzmittel verwendet. Außerdem ist Brom Ausgangsstoff für Farbstoffe und auch für Tränengas. Halogenlampen enthalten meist Bromdampf stattdessen aber auch Ioddampf.

Iod

Als Feststoff bildet **Iod** violettschwarze Kristalle, die bereits bei 20 °C sublimieren. Iodverbindungen spielen in Lebewesen eine wichtige Rolle. Ein Iodmangel führt beim Menschen zu Schilddrüsenerkrankungen. Verwendung finden Iod und Iod salze zum Beispiel als Desinfektionsmittel für Wunden. In der chemischen Industrie dient Iod als Katalysator.

5 Chlor bleicht Blüten.

Du kannst die Gruppe der Halogene nennen und mit ihren wichtigsten Eigenschaften beschreiben.

Wie funktionieren Halogenlampen?

STREIFZUG

Der Glühdraht bricht früh

Der Wolframdraht in einer Glühlampe sendet bei Temperaturen von 2000 °C helles Licht aus. Dabei verdampfen nach und nach Wolfram-Atome, die innen an der Glaswand einen schwarzen Belag bilden. Der Glühdraht wird dadurch im Laufe der Zeit immer dünner.

Nach etwa 1000 h Brenndauer ist er so dünn geworden, dass er bricht. In einer Halogenlampe ist das anders. Zwar kommt auch hier das Licht von einem Glühdraht. Allerdings ist bei der Halogenlampe der Gasfüllung ein Halogen beigemischt, meist etwas Bromdampf.

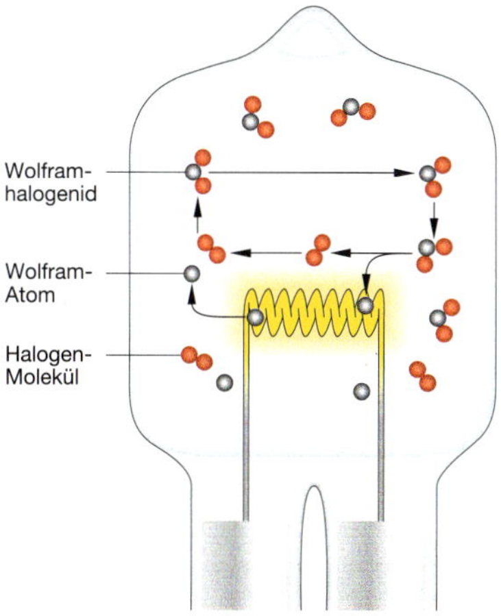

6 Chemische Reaktion in der Halogenlampe

Brom verlängert Lebensdauer

Verdampfen bei der Halogenlampe Wolfram-Atome, reagieren sie in der etwas kühleren Randzone der Gasfüllung mit den Halogen-Molekülen. Es entstehen gasförmige Verbindungen aus Wolfram und Halogenen. Gelangen diese Wolfram-Halogenide in die Nähe der sehr heißen Glühwendel, zerfallen sie wieder. Die Wolfram-Atome setzen sich an der Wendel ab. Die Halogen-Atome bilden wieder Moleküle und stehen für einen neuen Kreislauf zur Verfügung. Dieser Kreislauf sorgt dafür, dass sich am Glaskolben kaum Wolfram niederschlägt. Die Lebensdauer einer Halogenlampe beträgt etwa 2000 bis 3000 Betriebsstunden. Auch diese Glühlampentechnik wird inzwischen durch energiesparende LED-Technik verdrängt.

Edelgase – beziehungslos und träge

1 Zeppeline sind heute mit Helium gefüllt.

1. Trage in einer Tabelle Verwendungen verschiedener Edelgase zusammen.

2. Informiere dich und berichte darüber, warum Helium gut als Füllgas von Ballons und Zeppelinen geeignet ist.

Reaktionsträge Gase

Edelgase sind natürliche Bestandteile der Luft. Ihr Name kommt daher, dass sie sehr reaktionsträge sind und unter normalen Bedingungen keine Verbindungen mit anderen Stoffen eingehen. So ähneln sie den Edelmetallen.

Helium

Das leichteste Edelgas, **Helium,** kommt vor allem im Erdgas, aber auch in geringen Mengen in der Luft vor. Es wurde 1868 als Bestandteil der Sonne entdeckt. Seinen Namen bekam es vom griechischen Wort für Sonne, Helios.

Helium wird als Füllgas für Ballons und Zeppeline verwendet, außerdem als Kältemittel in der Forschung sowie als Beimischung zum Tauchgas für tiefes Tauchen.

Neon

Das seltene Gas **Neon** gab den ersten Leuchtröhren den Namen Neonröhren. Diese strahlen ein orangerotes Licht ab und werden oft zu Reklamezwecken eingesetzt.

Argon

Das häufigste Edelgas ist **Argon.** Die Luft besteht zu 0,93 % aus Argon. Es dient als preiswertes Schutzgas beim Schweißen. Es wird zur Füllung von Glühlampen und blauen Leuchtröhren verwendet.

2 Xenonlampen leuchten heller.

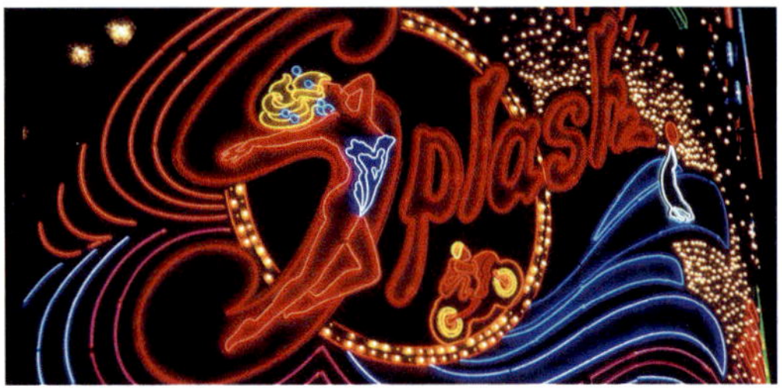

3 Leuchtröhren enthalten oft Edelgase.

Krypton und Xenon

Die Edelgase **Krypton** und **Xenon** zählen zu den seltenen Elementen. Mit Krypton werden Glühlampen gefüllt. Die Lichtausbeute solcher Lampen ist besonders hoch, da sie heißer betrieben werden können. Xenon dient vorwiegend zur Füllung von Gasentladungslampen in Fotoblitzen und von Autoscheinwerfern.

Radon

Das schwerste Edelgas ist **Radon.** Es ist das einzig gefährliche, weil es radioaktiv ist. Es wird in größeren Mengen bei Vulkanausbrüchen freigesetzt. In manchen Regionen kommt es durch das Radon im Boden zur erhöhten Belastung in Kellerräumen.

Du kannst Eigenschaften und Verwendung der Edelgase beschreiben.

Edelgas	Siedetemperatur
Helium	−269 °C
Neon	−246 °C
Argon	−186 °C
Krypton	−153 °C
Xenon	−108 °C
Radon	− 62 °C

4 Siedetemperaturen der Edelgase

Tauchen mit Edelgasen

Gefahren in der Tiefe
Taucher müssen für längere Tauchgänge die zum Atmen notwendige Luft in Druckflaschen mitnehmen. Für Tauchtiefen bis etwa 40 m reicht normale Luft aus. In größeren Tiefen ergeben sich aber durch den steigenden Wasserdruck Probleme. Es löst sich dann nicht nur Sauerstoff, sondern auch Stickstoff im Blut. Der Stickstoff kann beim Auftauchen im Blut ausperlen. Dieser Sprudelflascheneffekt kann zu einem lebensgefährlichen Aufschäumen des Blutes führen. Ein weiteres Problem ist, dass Stickstoff von einem bestimmten Druck an Rausch- oder Angstzustände bewirken kann.

Helium hilft beim Atmen
Würde der Taucher in große Tiefen reinen Sauerstoff mitnehmen, käme es wiederum durch den hohen Druck zu einer Vergiftung, weil sich zu viel Sauerstoff im Blut lösen würde. Es wird deshalb ein Gemisch aus Helium und Sauerstoff als Atemluft benutzt. Der Taucher muss zwar nun noch langsamer auftauchen, um das Ausperlen zu verhindern. Dafür lässt sich das Gasgemisch deutlich leichter atmen. Mit einem Helium-Sauerstoff-Gemisch erreichen professionelle Taucher Tiefen von mehreren 100 m.

1 Ein Helium-Sauerstoff-Gemisch ermöglicht Tieftauchen.

STREIFZUG

Schutzgas zum Schweißen

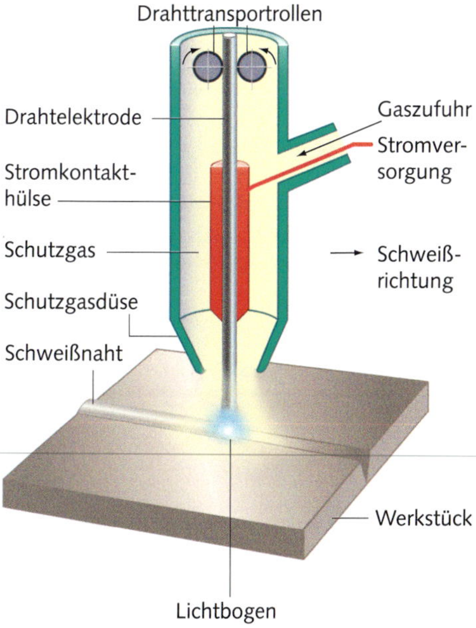

2 Aufbau eines Schutzgas-Elektroschweißgerätes

Safeknacker bei der Arbeit
Du kennst bestimmt Filmszenen, in denen ein Tresor aufgeschweißt wird. Dies gelingt nur, wenn der Stahl des Tresors nicht nur erhitzt, sondern gleichzeitig auch verbrannt wird. Dazu muss der Stahl mit Sauerstoff reagieren.

Schutz vor Oxidation
Sollen Stahlteile zusammengeschweißt werden, darf der Stahl nicht mit Sauerstoff reagieren, denn die Stahlteile dürfen beim Schweißen nicht beschädigt werden.
Das **Elektroschweißen** ist eine Möglichkeit, die Oxidation des Stahls zu verhindern. Durch eine sehr hohe Stromstärke wird ein so heißer Lichtbogen erzeugt, dass der Stahl schmilzt. Dabei kann aber immer noch der Sauerstoff der Luft mit dem Stahl reagieren.
Für besonders haltbare Verbindungen zwischen Stahlteilen wird das **Schutzgasschweißen** angewandt. Dabei wird das Edelgas Argon auf die Schweißstelle geblasen. Der Stahl kann dann nicht mehr oxidieren, da kein Sauerstoff mehr an die Schweißstelle gelangt.

STREIFZUG

Überall elektrische Ladungen

1. V

Reibe einen Bernstein oder eine Kunststofffolie mit Wolle. Berühre danach bei gedämpftem Licht die geriebene Oberfläche an verschiedenen Stellen mit dem Metallkontakt einer Glimmlampe (Bild 2). Beschreibe und erkläre deine Beobachtung.

2. A

Erläutere, wie sich der in Bild 1 dargestellte Teppich elektrisch aufladen konnte und was beim Berühren der Türklinke geschieht.

Der geladene Teppich

Wenn du bei trockener Luft über einen Kunststoffteppich gehst, kannst du beim Berühren der Türklinke einen leichten elektrischen Schlag bekommen. Es zuckt in den Fingerspitzen. War der Teppich elektrisch geladen?

Tatsächlich enthalten alle Stoffe elektrische Ladungen, Salze ebenso wie Metalle, der Teppich ebenso wie der Bernstein. Im Alltag spüren wir davon meistens nichts. Es gibt zwei Arten elektrischer Ladungen, die positive und die negative. Alle Stoffe enthalten normalerweise gleich viele **positive** und **negative** Ladungen. Sie heben sich in ihrer Wirkung nach außen hin gegenseitig auf. Die Stoffe erscheinen deshalb elektrisch **neutral.** Träger der negativen Ladungen sind die sehr kleinen, leichtbeweglichen **Elektronen.** Träger der positiven Ladungen sind die im Atom fest verankerten **Protonen.**

1 Durch die Reibung der Schuhsohlen werden Ladungen getrennt.

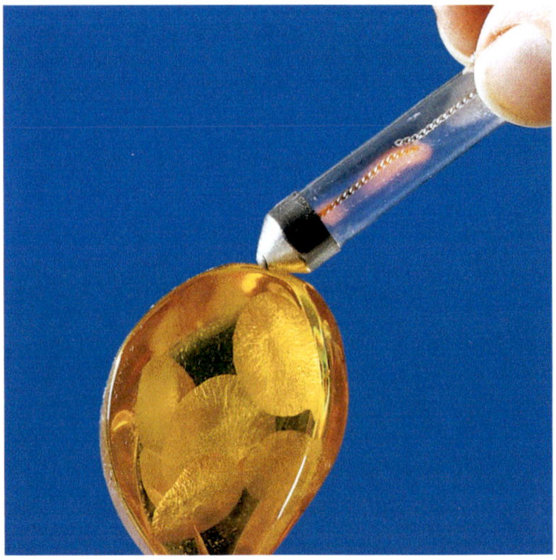

2 Eine Glimmlampe weist elektrische Ladungen nach.

Ladungen lassen sich trennen

Die elektrischen Ladungen können nachgewiesen werden, wenn sie voneinander getrennt wurden. Das kann sehr einfach durch Reiben geschehen. Wird zum Beispiel Bernstein mit Wolle gerieben, werden Elektronen von der Oberfläche der Wollfasern auf den Bernstein übertragen. Die positiven Ladungen bleiben dabei unverändert an ihren Plätzen. Durch den **Elektronenüberschuss** ist die Oberfläche des Bernsteins danach negativ geladen. Auf der Oberfläche der Wolle herrscht dagegen **Elektronenmangel.** Sie ist durch den Überschuss an Protonen positiv geladen.

Die Glimmlampe als Nachweisgerät

Mit einer Glimmlampe können die auf dem Bernstein gesammelten Elektronen nachgewiesen werden. Beim Berühren der geladenen Bernsteinoberfläche mit dem Metallkontakt fließen die Elektronen durch die Glimmlampe ab. Dabei leuchtet das Neon-Gas in der Lampe an der Elektrode kurz auf.

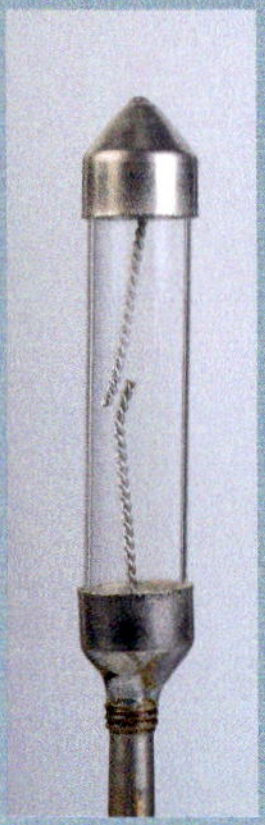

3.
a) Lege zwei etwa 5 cm × 20 cm große Streifen aus nicht zu dünner Kunststofffolie und ein ebenso großes Stück Seidenpapier bereit. Reibe eine Folie zusammen mit dem Papier. Ziehe beide Streifen auseinander und nähere sie danach wieder einander an.
b) Reibe zwei einzelne Kunststofffolien mit Papier und nähere sie danach einander an.
c) Hänge zwei ungeladene Kunststoff- oder Papierstreifen dicht nebeneinander auf.
d) Beobachte und beschreibe diese Versuche und erkläre die unterschiedlichen Ergebnisse.

4.
Reibe einen Bernstein mit Wolle und halte ihn danach über kleine Papierschnipsel. Erkläre deine Beobachtung.

5.
Reibe einen Luftballon an deinen Haaren. Sie müssen dabei trocken sein. Beschreibe und erkläre den Vorgang.

6.
Finde heraus und erkläre, warum dünne Haushaltsfolie im Englischen „cling foil" heißt.

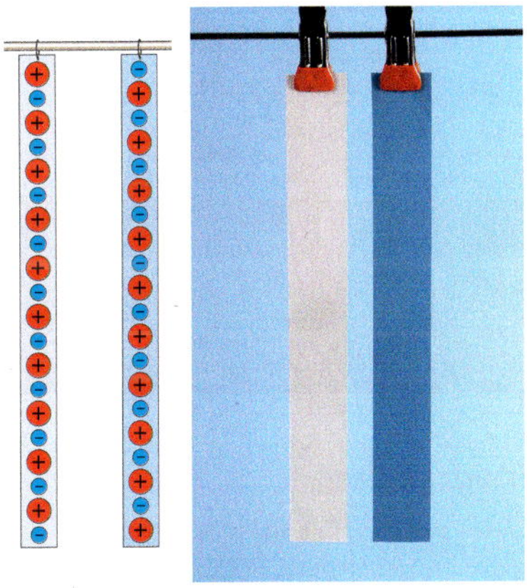

3 Ungeladene Folien

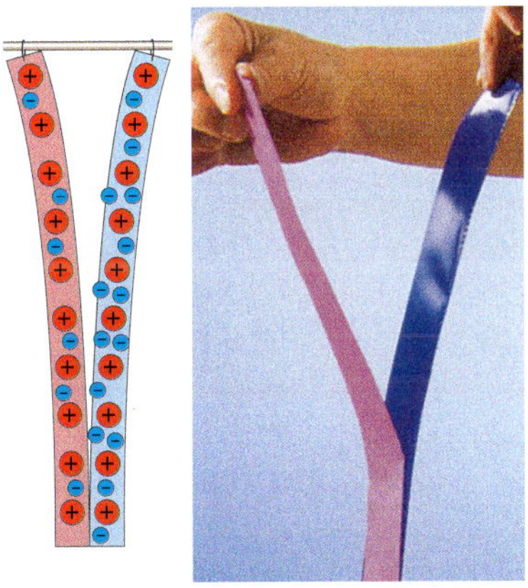

4 Entgegengesetzt geladene Folien

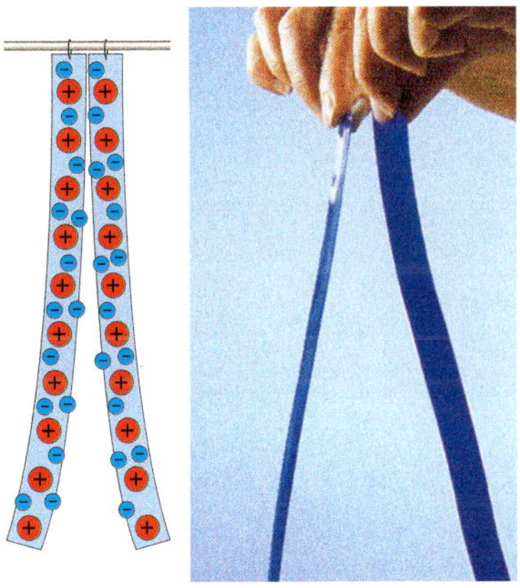

5 Gleichartig geladene Folien

Anziehung und Abstoßung

Folien aus Kunststoff lassen sich besonders leicht durch Reiben aufladen. Mit Papier gerieben lädt sich die Oberfläche der Folie negativ auf. Das Papier ist danach positiv geladen. Es klebt recht fest auf der Folie, denn entgegengesetzt geladene Körper ziehen sich an. Zwei geriebene, gleichartig geladene Folien stoßen sich dagegen ab.
Im Alltag sind diese Erscheinungen der Reibungselektrizität oft zu beobachten. Meistens störend, aber manchmal auch erwünscht, etwa wenn die Frischhaltefolie eine Porzellanschüssel dicht verschließt.

6 Mit Wolle geriebener Bernstein zieht Papierschnipsel an.

Ein universelles Naturgesetz

Die elektrischen Kräfte sind allgegenwärtig. Sie wirken in allen Stoffen und halten auch die Atome zusammen. Ohne diese elektrostatischen Anziehungskräfte würde die ganze Welt auseinanderfallen. Es gilt also immer: Entgegengesetzte elektrische Ladungen ziehen sich an, gleichartige elektrische Ladungen stoßen sich ab.

Du kannst die Reibungselektrizität erklären.
Du kannst die Bedeutung der elektrostatischen Anziehung und Abstoßung darlegen.

Elektrische Ladung im Atom

1. Ⓐ
Erkläre, warum ein Atom elektrisch neutral ist, obwohl es elektrische Ladungen enthält.

2. Ⓐ
Nenne wesentliche Unterschiede zwischen den Atommodellen von DALTON und von RUTHERFORD.

3. Ⓐ
Berechne, wie groß nach dem Kern-Hülle-Modell ein Atom sein müsste, wenn es einen Kern von der Größe einer Erbse ($d = 6$ mm) hätte.

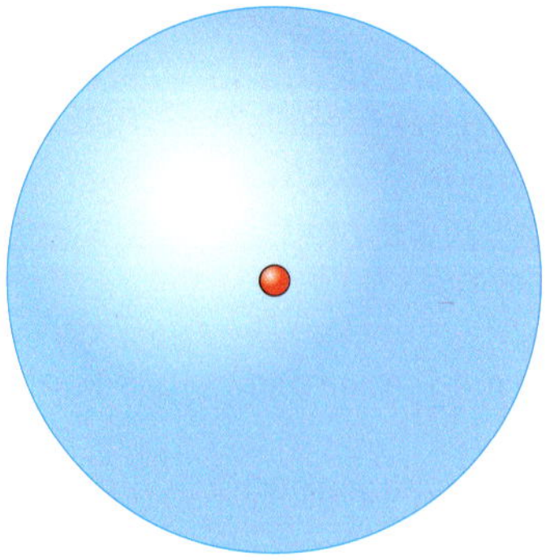

1 RUTHERFORDS Atommodell

Wo im Atom befinden sich die elektrischen Ladungen? Diese Frage beschäftigte im 19. Jahrhundert viele Naturwissenschaftler. Der Durchbruch gelang dem Physiker ERNEST RUTHERFORD (1871 – 1937).

RUTHERFORDS Atommodell

Im Jahr 1911 veröffentlichte er das **Kern-Hülle-Modell** vom Atom. Danach besitzt jedes Atom ein Massezentrum mit **positiver** Ladung. Das ist der **Atomkern.** Er enthält über 99,9 % der Atommasse, ist aber etwa 10 000-mal kleiner als das ganze Atom. Um den Atomkern bewegen sich die **negativ** geladenen Elektronen. Sie bilden die **Atomhülle.** Das Atom ist insgesamt elektrisch **neutral.** Es enthält ebenso viele positive Ladungen im Kern wie negative Ladungen in der Hülle.

Du kannst das Kern-Hülle-Modell des Atoms beschreiben.

STREIFZUG

Die Entdeckung des Atomkerns

RUTHERFORDS Streuversuche

RUTHERFORD wollte die innere Struktur von Atomen mithilfe der kurz zuvor entdeckten radioaktiven Strahlen untersuchen.

Er ließ sehr dünne Goldfolien mit α-Strahlen beschießen. Diese bestehen aus positiven Teilchen, die sich mit sehr hoher Geschwindigkeit bewegen. Mit einem Zinksulfid-Schirm konnte beobachtet werden, wo sie auftreffen. Sie erzeugen dort einen Lichtblitz.

Im Jahr 1909 hatten Rutherfords Mitarbeiter in zwei Jahren experimenteller Arbeit über 100 000 Lichtblitze gezählt. Die meisten α-Teilchen waren fast ohne Ablenkung durch die Gold-Atome hindurchgeflogen. Doch manche wurden sehr stark abgelenkt. Einige wurden sogar in die Ausgangsrichtung zurückgeworfen, als wären sie auf ein festes Hindernis geprallt.

Das Ergebnis der Streuversuche

RUTHERFORD benötigte noch zwei Jahre, bis er eine Erklärung für diese Versuchsergebnisse gefunden hatte. Aus der starken Ablenkung einiger α-Teilchen konnte er berechnen, dass sich im Zentrum jedes Atoms ein sehr kleiner, sehr schwerer, positiv geladener **Atomkern** befindet. Er enthält über 99,9 % der Masse des Atoms, ist aber viel kleiner als das ganze Atom. Die meisten α-Teilchen flogen ungehindert durch die Atome. Daraus konnte er schließen, dass der Kern von einer **Atomhülle** umgeben ist, die fast leer ist. Sie wird von den Elektronen gebildet.

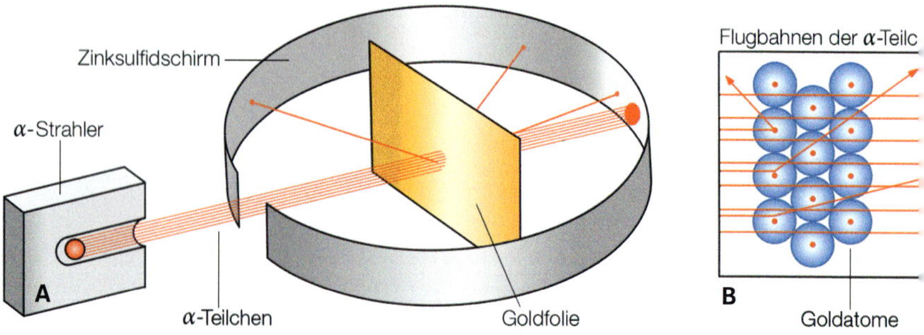

2 A Schematische Darstellung des Streuversuchs,
B α-Teilchen durchdringen die Gold-Atome.

Basiskonzepte S. 161

Elementarteilchen

1. Ⓐ
Nenne Unterschiede zwischen Atomen und Elementarteilchen.

2. Ⓐ
a) Zeichne den Atomkern $^{9}_{4}Be$.
b) Nenne die Anzahl der Protonen, Elektronen und Neutronen für $^{12}_{6}C$, $^{14}_{6}C$, $^{18}_{8}O$, $^{27}_{13}Al$ und $^{197}_{79}Au$.
c) Gib die Massen dieser Atome an.

3. Ⓐ
Erläutere, warum Elektronen bei der Bestimmung der Atommassen nicht berücksichtigt werden.

Elementarteilchen	Symbol	Masse	Ladung	Ort
Elektron ⊖	e^-	$\frac{1}{2000}$ u	–1	Hülle
Proton ⊕	p	1 u	+1	Kern
Neutron	n	1 u	0	Kern

1 Wichtige Elementarteilchen

Die Elementarteilchen

Atomkerne sind aus zwei Arten von Elementarteilchen aufgebaut, den **Protonen** und den **Neutronen.** Beide haben die gleiche Masse. Sie beträgt etwa eine **atomare Masseneinheit,** genannt 1 **u** (englisch: mass **u**nit).

Die Protonen tragen die kleinstmögliche positive Ladung, die **positive Elementarladung (+1).** Die Neutronen sind **elektrisch neutral (0).** Die Kernteilchen Proton und Neutron werden als **Nukleonen** bezeichnet.

Noch viel kleiner und etwa 2000mal leichter als die Kernteilchen sind die leicht beweglichen **Elektronen.** Ein Elektron trägt die kleinstmögliche negative Ladung, die **negative Elementarladung (–1).** Proton und Elektron sind entgegengesetzt gleich geladen.

Bau der einfachsten Atome

Am einfachsten ist das Wasserstoff-Atom gebaut. Ein Proton bildet den Kern, ein Elektron die Hülle. Die Masse dieses Atoms beträgt 1 u.
Das nächstgrößere Atom, das Helium-Atom, hat im Kern 2 Protonen und 2 Neutronen. Dieser Kern aus 4 Nukleonen hat also die **Massenzahl** 4 u.
2 Elektronen bilden die Hülle.

Der Lithium-Atomkern besteht aus 3 Protonen und 4 Neutronen. In der Hülle befinden sich 3 Elektronen. Das Lithium-Atom hat die Massenzahl 7 u. Von Element zu Element kommen also ein Proton und ein Elektron und zusätzlich Neutronen hinzu.

Die Protonenzahl bestimmt

Die Anzahl der Protonen im Kern wird auch **Kernladungszahl** oder **Ordnungszahl** genannt. Sie gibt zugleich die Anzahl der Elektronen an und das Element, zu welchem das Atom gehört.
Die Anzahl der Neutronen kann schwanken. So gibt es Lithium-Atome mit 3, 5 oder 6 Neutronen. Solche Atome des gleichen Elements, die sich nur in der Neutronenzahl unterscheiden heißen **Isotope.** Sie haben bei unterschiedlichen Massen gleiche chemische Eigenschaften.

Du kannst die Elementarteilchen und ihre Bedeutung im Atom beschreiben.

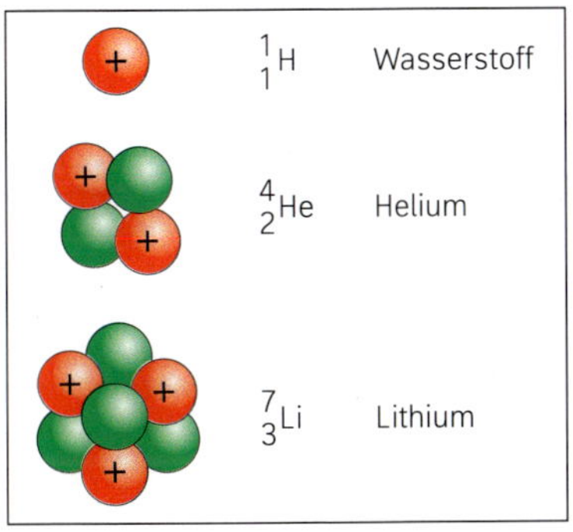

2 Bau der einfachsten Atomkerne

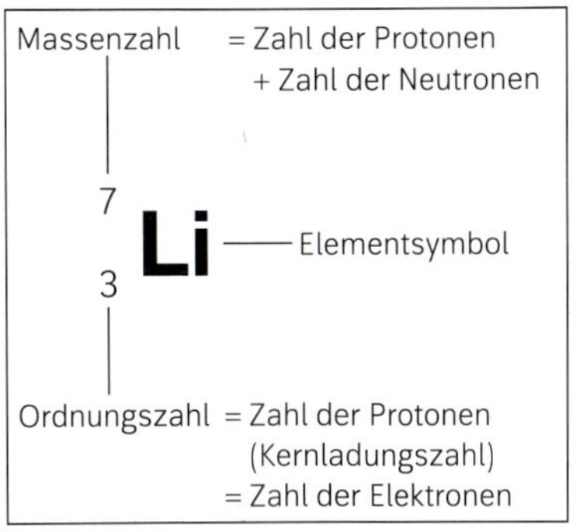

3 Symbolschreibweise für Atome

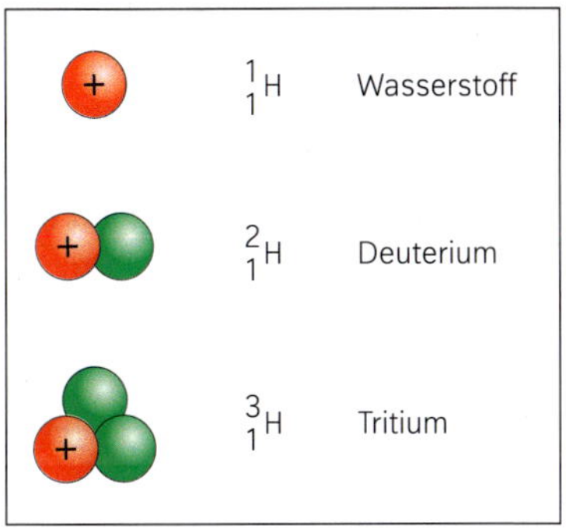

4 Isotope des Wasserstoffs

Basiskonzepte S. 161

Ordnung in der Elektronenhülle

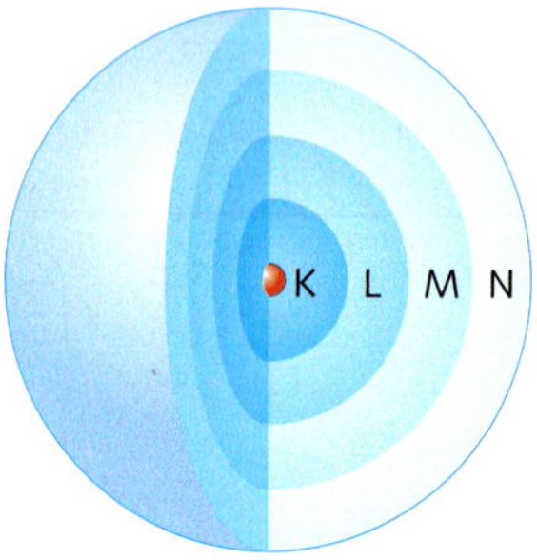

1.
Erläutere, warum die Elektronenzahl für die chemischen Eigenschaften eines Elements von Bedeutung ist.

2.
Zeichne Schalenmodelle für je ein Fluor-, Neon-, Magnesium-, Natrium- und Chlor-Atom.

3.
Erkläre, warum die Metalle Lithium und Natrium ähnliche chemische Eigenschaften haben.

4.
a) Nenne Gemeinsamkeiten aller Edelgas-Atome.
b) Welche Eigenschaft der Edelgase lässt sich damit erklären?

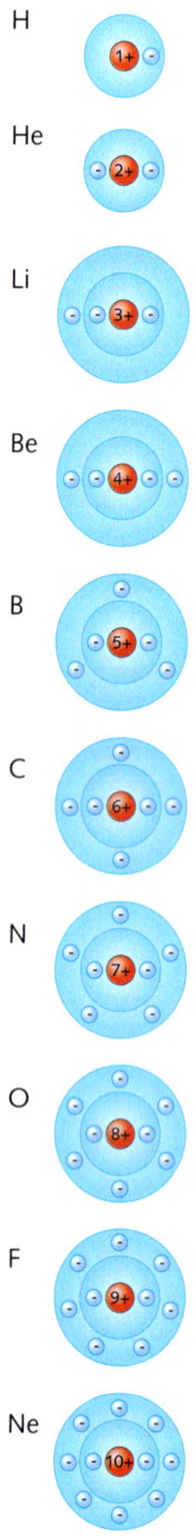

1 Schalenmodelle der ersten 10 Atome

Die Atomhülle

Das einfache Kern-Hülle-Modell sagt nichts über den Aufbau der Atomhülle aus. Mit steigender Protonenzahl haben die Elemente immer mehr Elektronen. Beim Gold-Atom sind es bereits 79 Elektronen. Wie sollen sich diese vielen Elektronen in der Hülle bewegen, ohne sich zu behindern?

Bohrs Schalenmodell

Im Jahr 1913 veröffentlichte der Physiker Niels Bohr (1885 – 1962) eine Theorie, die das erklären sollte. Danach umkreisen die Elektronen den Kern mit unterschiedlicher Energie. Das ist nur auf ganz bestimmten Umlaufbahnen ohne Energieverlust möglich. Diese Energiestufen können als **Elektronenschalen** dargestellt werden, die wie die Schalen einer Zwiebel um den Kern angeordnet sind. Mit dieser Theorie konnte Bohr auch das Periodensystem erklären.

Benennung der Schalen

Die Schalen wurden von innen nach außen mit den Buchstaben **K**, **L**, **M**... bis **Q** bezeichnet. Jede Schale kann nur eine begrenzte Zahl von Elektronen aufnehmen, die K-Schale zwei, die L-Schale acht, die M-Schale achtzehn Elektronen.

Die Elektronen auf der äußersten Schale heißen **Außenelektronen.** Sie sind für die chemischen Eigenschaften der Elemente verantwortlich. **Außenschalen** können maximal acht Elektronen aufnehmen.

Belegung der Schalen

Das Elektron des Wasserstoff-Atoms befindet sich in der K-Schale. Beim Helium-Atom befinden sich zwei Elektronen in der K-Schale. Sie ist damit voll besetzt. Beginnend mit dem Lithium-Atom wird dann die L-Schale aufgefüllt, bis sie mit acht Elektronen voll besetzt ist. Das ist beim Neon-Atom der Fall. Mit dem Natrium-Atom beginnt die Besetzung der M-Schale. Danach folgen weitere Schalen.

Bedeutung der Außenelektronen

Die Leichtmetalle Lithium und Natrium haben ähnliche Eigenschaften. Beide reagieren heftig mit Wasser und verbrennen mit farbiger Flamme. Ein Blick auf den Bau der zugehörigen Atome zeigt eine Übereinstimmung. Beide besitzen nur ein Außenelektron.

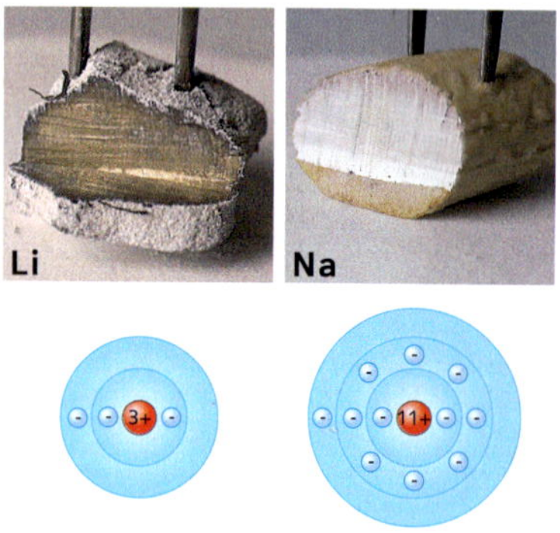

2 Elemente und Schalenmodelle

Basiskonzepte S. 161

Außenschalen und chemische Eigenschaften

Maßgeblich für die chemischen Eigenschaften aller Elemente ist die Besetzung der Außenschalen ihrer Atome. Der Idealzustand sind voll besetzte Außenschalen. So ausgestattete Atome sind besonders stabil. Die Elemente, die dazu gehören, die **Edelgase,** sind praktisch nicht reaktionsfähig.

Bis auf das Helium-Atom mit zwei Außenelektronen haben alle anderen Edelgas-Atome acht Außenelektronen. Eine so besetzte Außenschale wird **Edelgasschale,** aber auch Achterschale oder **Edelgaskonfiguration** genannt.

Atome, die keine Edelgasschale besitzen sind nicht dauerhaft stabil. Sie können jedoch durch Aufnahme oder Abgabe von Elektronen den Edelgaszustand erreichen.

LEWIS-Schreibweise

Die Besetzung der Außenschalen ist also für die chemischen Eigenschaften eines Elements entscheidend. Nach einem Vorschlag des Chemikers GILBERT NEWTON LEWIS (1875 – 1946) werden deshalb die Außenelektronen als Punkte um das Elementsymbol geschrieben.

H· He: Li· Be· ·B· ·C· ·N: ·O: :F: :Ne:

3 Punktschreibweise für Außenelektronen

Du kannst mit dem Schalenmodell erläutern, dass die Anzahl der Außenelektronen die chemischen Eigenschaften der Elemente bestimmt.

Das Licht verrät den Bau der Elektronenhülle

STREIFZUG

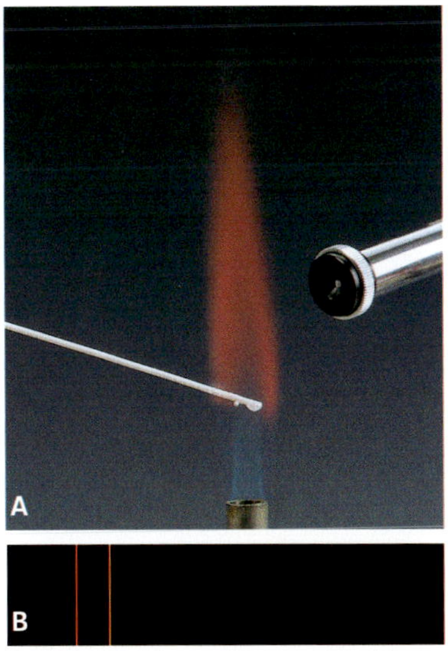

4 A Eine Lithium-Flamme wird durch ein Spektroskop betrachtet, **B** Spektrallinien des Lithiums.

Versuch: Halte einen Kristall des Salzes Lithiumchlorid mithilfe eines angefeuchteten Magnesiastäbchens in die heiße Brennerflamme. Betrachte die Flamme durch ein Spektroskop.

Atomhülle und Spektrallinien

Warum entsteht Licht bestimmter Farbe, wenn ein Element wie Lithium erhitzt wird?
Um das zu untersuchen, wird die Flamme durch ein Spektroskop betrachtet. Darin fällt das Licht durch einen Spalt und wird durch ein Prisma in Einzelfarben zerlegt. Es zeigen sich farbige Linien, sie heißen **Spektrallinien.**
Das Licht entsteht in den Elektronenhüllen der Atome. Jedes Element ist an einem typischen Muster solcher Spektrallinien zu erkennen. Beim Lithium fallen zwei rote Linien auf.

Aus Untersuchungen am Spektroskop fand BOHR heraus, dass in den Elektronenhüllen eine strenge Ordnung herrscht. Die Elektronen können sich nur auf bestimmten Umlaufbahnen ohne Energieverlust bewegen. Durch Energiezufuhr kann ein Elektron auf eine höhere Bahn gehoben werden.

Bau der Elektronenhülle

Das Elektron fällt nach kurzer Zeit auf die alte Bahn zurück und gibt die Energie als Licht bestimmter Farbe wieder ab. Sie erscheint als Spektrallinie. Aus solchen Beobachtungen an verschiedenen Elementen konnte BOHR den Bau der Elektronenhüllen entschlüsseln.

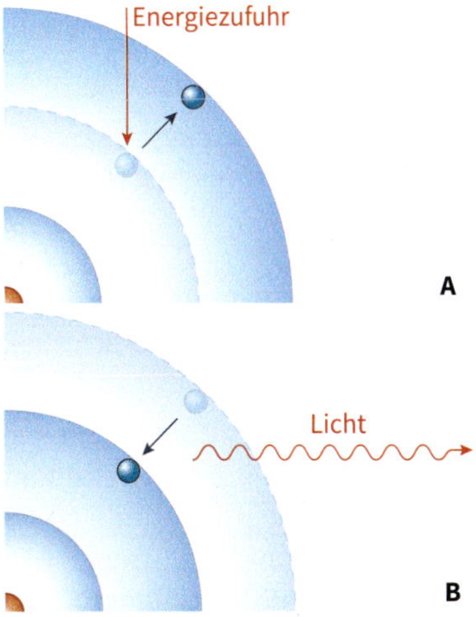

5 A Energiezufuhr, **B** Energieabgabe

Atome – unvorstellbar klein

STREIFZUG

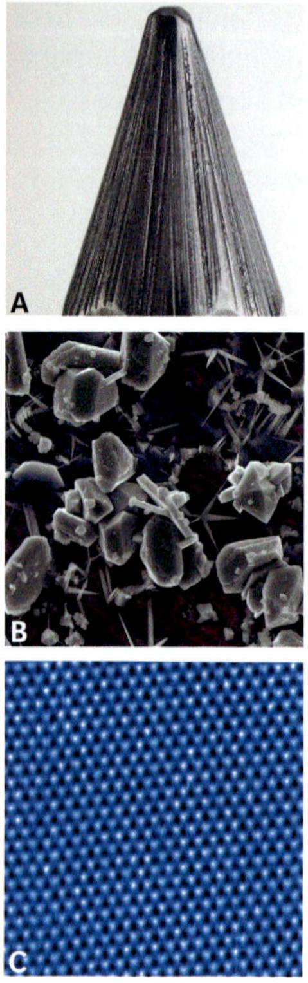

1 Grafit: **A** Nahaufnahme, **B** Elektronenmikroskopaufnahme, **C** Raster-Tunnel-Mikroskopbild

Atome sind sehr klein

Ein Grafitstab besteht aus Kohlenstoff-Atomen. Die sind mit bloßem Auge nicht zu erkennen. Auch beim Blick durch eine Lupe oder ein Mikroskop werden sie nicht sichtbar.

Auch ein Elektronenmikroskop zeigt bei 50 000facher Vergrößerung noch keine Kohlenstoff-Atome. Der Aufbau aus Kohlenstoffkristallen wird jedoch sichtbar.

Erst das Raster-Tunnel-Mikroskop zeigt bei mehr als 2 000 000-facher Vergrößerung, dass die Kristalloberfläche von Atomen gebildet wird. Diese Bilder werden durch Abtasten gewonnen. Es sind eigentlich keine Fotos, sondern Computergrafiken.

Wie groß sind Atome?

Der Durchmesser eines Wasserstoff-Atoms beträgt 0,04 nm oder 0,000 000 04 mm, der eines Kohlenstoff-Atoms 0,08 nm und der eines Gold-Atoms 0,15 nm.
Weil Atome so klein sind, sind schon in kleinsten Stoffportionen sehr viele Atome enthalten. So enthält ein Würfel aus Gold von nur 1,5 mm Kantenlänge eine Trilliarde, also 10^{21} Gold-Atome.

1. Gib die Durchmesser der oben genannten Atome in mm an.

2. Ein gedruckter Punkt in diesem Buch lässt sich als Quadrat mit 0,2 mm Seitenlänge darstellen. Wie viele Kohlenstoff-Atome passen auf diese Fläche?
Hinweis: Auf eine Strecke von 0,2 mm passen etwa 2 500 000 Kohlenstoff-Atome.

Atome sind sehr leicht

Weil Atome so klein sind, sind sie natürlich auch sehr leicht. Die Masse eines Kohlenstoff-Atoms beträgt nur

0,000 000 000 000 000 000 000 0199 g.

Mit solchen Zahlen zu rechnen ist unpraktisch. Um die Massen von Atomen einfacher angeben und vor allem miteinander vergleichen zu können, wurde die **Atommasseneinheit u** (engl.: mass unit) eingeführt. Es gilt

$$1\ \text{g} = 602\,200\,000\,000\,000\,000\,000\,000\ \text{u} \approx 6 \cdot 10^{23}\ \text{u}$$

$$1\ \text{u} = \frac{1}{602\,200\,000\,000\,000\,000\,000\,000}\ \text{g}$$

$$1\ \text{u} = 0{,}000\,000\,000\,000\,000\,000\,000\,00166\ \text{g}$$

1 u entspricht der Masse eines Wasserstoff-Atoms

Weil Atome so leicht sind, werden sehr viele davon benötigt, um wägbare Mengen zu erhalten. Erst $6 \cdot 10^{23}$ Wasserstoff-Atome ergeben 1 g Wasserstoff.

Eine Maschine, die in einer Sekunde 1 Million Wasserstoff-Atome zählen könnte, würde zum Zählen der Atome in 1 g Wasserstoff 20 Milliarden Jahre brauchen.

Mit diesen unhandlichen Zahlen brauchst du aber nicht zu rechnen. Es genügt, dass sich mithilfe der Atommasseneinheit u die Massen der Atome vergleichen lassen.

Element	Atommasse in u	
	gerundeter Wert	genauer Wert
Wasserstoff	1	1,00794
Kohlenstoff	12	12,001
Sauerstoff	16	15,9994
Magnesium	24	24,3050
Schwefel	32	32,066
Eisen	56	55,847
Gold	197	196,9665
Uran	238	238,0289

3 Atommassen einiger Elemente

Mit der Waage zählen

1 1 mol verschiedener Stoffe

1.
Schrauben und Muttern sollen für den Verkauf in Päckchen mit je 120 Stück gefüllt werden. Schlage ein möglichst zeitsparendes Verfahren vor. Eine genaue Waage ist vorhanden.

2.
Berechne die Masse von 1 mol MgO, 3 mol C, 1 mol O_2, 0,5 mol S, 2 mol NaCl.

3.
Nenne die Anzahl der Atome in 4 g Helium, 64 g Schwefel, 6 g Kohlenstoff, 197 g Gold.

Chemische Reaktionen und Atomanzahl

Eisen und Schwefel reagieren nach der Gleichung $Fe + S \rightarrow FeS$ zu Eisensulfid. Damit die Stoffe vollständig miteinander reagieren können, müssen die Reaktionspartner im richtigen Verhältnis stehen. In diesem Beispiel müssen es gleich viele Eisen- und Schwefel-Atome sein. Die vielen Trilliarden Atome, die für eine solche Reaktion benötigt werden, lassen sich natürlich nicht abzählen. Aber vielleicht lassen sie sich abwiegen?

Die Atommassen aller Elemente sind bekannt. In diesem Buch sind sie in den Tabellen zur Chemie und im Periodensystem der Elemente zusammengestellt. Sie werden in der Atommasseneinheit u angegeben. Bekannt ist auch der Umrechnungsfaktor 6 · 1023. Er führt zu wägbaren Mengen in Gramm. Für Eisen und Schwefel gilt:

1	Eisen-Atom hat die Masse	56 u,
$6 \cdot 10^{23}$	Eisen-Atome haben die Masse	56 g.
1	Schwefel-Atom hat die Masse	32 u,
$6 \cdot 10^{23}$	Schwefel-Atome haben die Masse	32 g.

56 g Eisen und 32 g Schwefel bestehen aus jeweils 6 · 1023 Atomen, also aus gleich vielen Teilchen. Sie sind also mit der Waage „abgezählt" worden.

Das Mol

Die $6 \cdot 10^{23}$ Teilchen werden zu einer Zähleinheit mit dem Namen **1 mol** zusammengefasst.
Das **Mol** ist die Einheit für die Stoffmenge ***n***. Das ist die Anzahl der Teilchen einer bestimmten Stoffportion. Die Teilchen können Atome oder Moleküle sein.
Zum Beispiel sind 1 mol H-Atome $1 \cdot 6 \cdot 10^{23}$ H-Atome, also $6 \cdot 10^{23}$ H-Atome.

Die molare Masse

Um 1 mol Teilchen abzumessen, muss bekannt sein, wie viel Gramm das jeweils sind. Dieser Wert ist die **molare Masse.** Genaue Werte für einzelne Stoffe finden sich auch auf Chemikalienetiketten. Sie werden für einzelne Atome in der Einheit u angegeben. Bei Verbindungen müssen die Atommassen der Bestandteile addiert werden.

1 H_2O-Molekül hat die Masse
$2 \cdot 1\,u + 16\,u = 18\,u$.

1 mol H_2O-Moleküle hat die molare Masse
$2 \cdot 1\,g + 16\,g = \mathbf{18\,g}$.

5 mol H_2O-Moleküle haben die molare Masse
$5 \cdot 2 \cdot 1\,g + 5 \cdot 16\,g$
$5 \cdot (2 \cdot 1\,g + 16\,g) = 5 \cdot 18\,g = \mathbf{90\,g}$.

Das Molvolumen

Während 1 mol Teilchen fester oder flüssiger Stoffe unterschiedliche Volumen einnehmen, ist das bei Gasen anders. Hier nehmen die $6 \cdot 10^{23}$ Teilchen für jedes Gas bei gleichem Druck und gleicher Temperatur immer das gleiche Volumen ein. Es beträgt bei Raumtemperatur (20 °C) und normalem Luftdruck etwa 24 l.

Du kannst das Mol als Einheit der Stoffmenge *n* erläutern. Du kannst die Teilchenzahl für die Stoffmenge *n* = 1 mol nennen.

Chemische Verwandtschaften

$^{24}_{12}\text{Mg}$

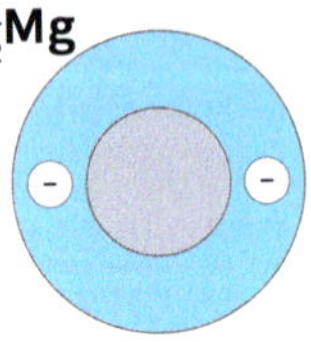

Magnesium, ein Leichtmetall

Dichte bei 20 °C:	1,74 $\frac{g}{cm^3}$
Schmelztemperatur:	648 °C
Siedetemperatur:	1 090 °C

silberfarben, ziemlich hart, reaktionsfähig, verbrennt mit grell-weißer Flamme zu Magnesiumoxid **(MgO)**

$^{20}_{10}\text{Ne}$

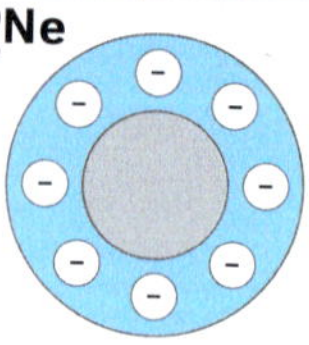

Neon, ein Edelgas

Dichte bei 20 °C:	0,84 $\frac{g}{l}$
Schmelztemperatur:	−248,7 °C
Siedetemperatur:	−246,1 °C

chemisch nicht reaktionsfähig, sendet in Leuchtröhren orange-rotes Licht aus

$^{127}_{53}\text{I}$

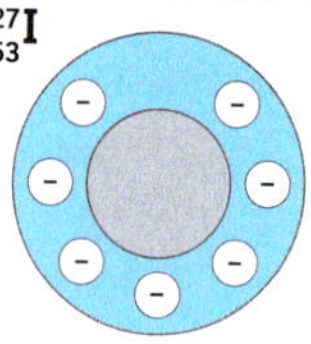

Iod, ein Nichtmetall

Dichte bei 20 °C:	4,94 $\frac{g}{cm^3}$
Schmelztemperatur:	114 °C
Siedetemperatur:	184 °C

violette Kristalle, gesundheitsschädlich, reaktionsfähig, reagiert mit Wasserstoff zu Iodwasserstoff **(HI)**

$^{39}_{19}\text{K}$

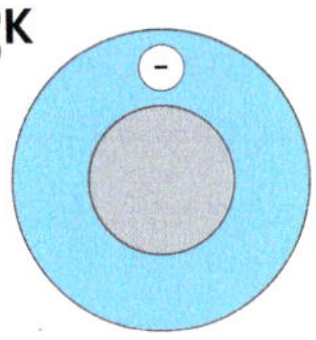

Kalium, ein Leichtmetall

Dichte bei 20 °C:	0,86 $\frac{g}{cm^3}$
Schmelztemperatur:	63,7 °C
Siedetemperatur:	774 °C

sehr weich, sehr reaktionsfähig, reagiert sehr heftig mit Wasser, muss unter Petroleum aufbewahrt werden, verbrennt mit blassblauer Flamme zu Kaliumoxid **(K_2O)**

$^{7}_{3}\text{Li}$

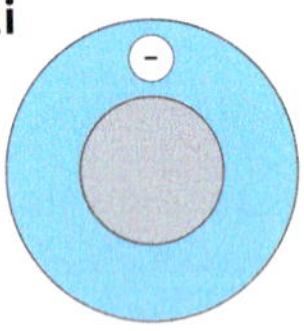

Lithium, ein Leichtmetall

Dichte bei 20 °C:	0,53 $\frac{g}{cm^3}$
Schmelztemperatur:	181 °C
Siedetemperatur:	1 347 °C

weich; sehr reaktionsfähig, reagiert mit Wasser, muss unter Luftabschluss aufbewahrt werden, verbrennt mit roter Flamme zu Lithiumoxid **(Li_2O)**

$^{35}_{17}\text{Cl}$

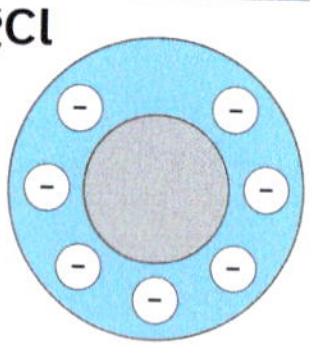

Chlor, ein Nichtmetall

Dichte bei 20 °C:	2,95 $\frac{g}{l}$
Schmelztemperatur:	−101 °C
Siedetemperatur:	−34,6 °C

gelbgrünes, sehr giftiges Gas mit typischem Geruch, sehr reaktionsfähig, reagiert mit Wasserstoff zu Chlorwasserstoff **(HCl)**

$^{80}_{35}Br$

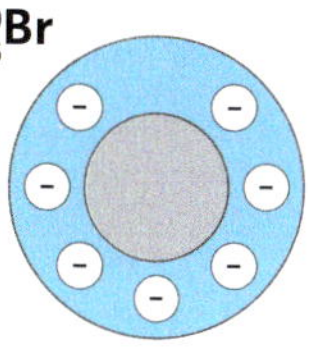

Brom, ein Nichtmetall

Dichte bei 20 °C:	3,14 $\frac{g}{cm^3}$
Schmelztemperatur:	−7,2 °C
Siedetemperatur:	58,8 °C

rötlich-braune, giftige Flüssigkeit von typischem Geruch, verdampft leicht, reaktionsfähig, reagiert mit Wasserstoff zu Bromwasserstoff **(HBr)**

$^{40}_{18}Ar$

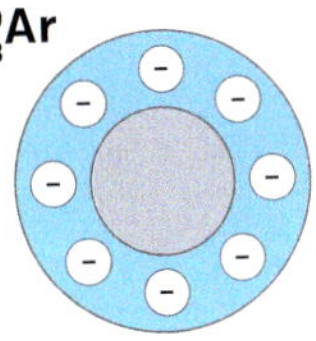

Argon, ein Edelgas

Dichte bei 20 °C:	1,66 $\frac{g}{l}$
Schmelztemperatur:	−189 °C
Siedetemperatur:	−186 °C

chemisch nicht reaktionsfähig, sendet in elektrischen Entladungsröhren blassviolettes Licht aus

$^{40}_{20}Ca$

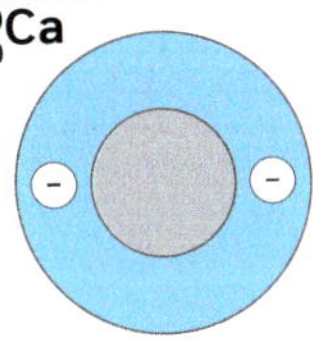

Calcium, ein Leichtmetall

Dichte bei 20 °C:	1,54 $\frac{g}{cm^3}$
Schmelztemperatur:	839 °C
Siedetemperatur:	1 484 °C

ziemlich weich, reaktionsfähig, verbrennt mit rötlicher Flamme zu Calciumoxid **(CaO)**

$^{23}_{11}Na$

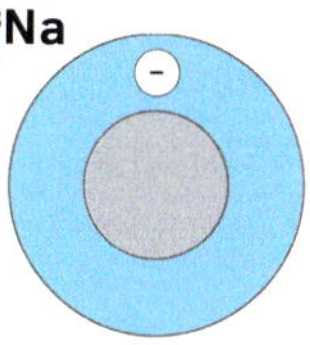

Natrium, ein Leichtmetall

Dichte bei 20 °C:	0,97 $\frac{g}{cm^3}$
Schmelztemperatur:	97,8 °C
Siedetemperatur:	882,9 °C

weich, sehr reaktionsfähig, reagiert heftig mit Wasser und muss unter Petroleum aufbewahrt werden, verbrennt mit gelber Flamme zu Natriumoxid **(Na_2O)**

$^{84}_{36}Kr$

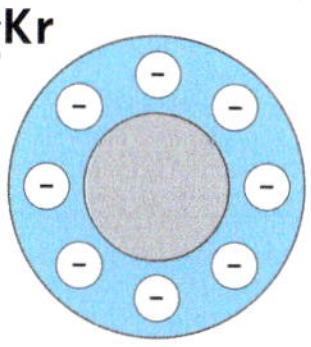

Krypton, ein Edelgas

Dichte bei 20 °C:	3,48 $\frac{g}{l}$
Schmelztemperatur:	−157 °C
Siedetemperatur:	−152 °C

chemisch nicht reaktionsfähig, sendet in elektrischen Entladungsröhren blassgrünes Licht aus

1. Begründe, warum die vereinfachte Darstellung der Atommodelle auf diesen Steckbriefen für einen Vergleich der chemischen Eigenschaften der vorgestellten Stoffe ausreicht.

2. Finde eine sinnvolle Anordnung für diese 11 Elemente. Du kannst dabei auch den Begriff Elementfamilien verwenden.

3. Finde jeweils mindestens ein wichtiges Anwendungsbeispiel für die genannten Elemente.

MENDELEJEW und das Periodensystem der Elemente

1 Chemielabor zu MENDELEJEWS Zeiten

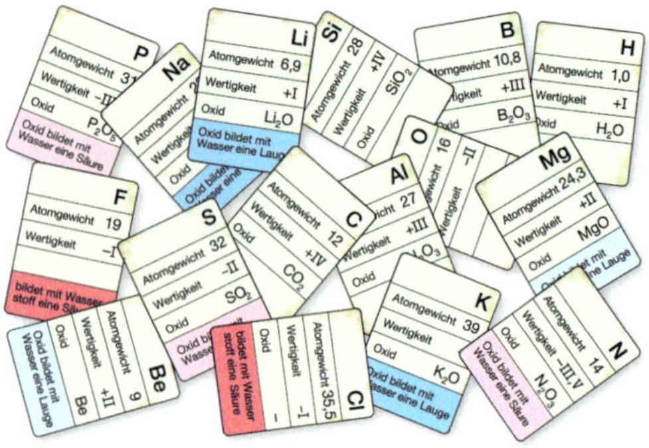

2 Elementkarten

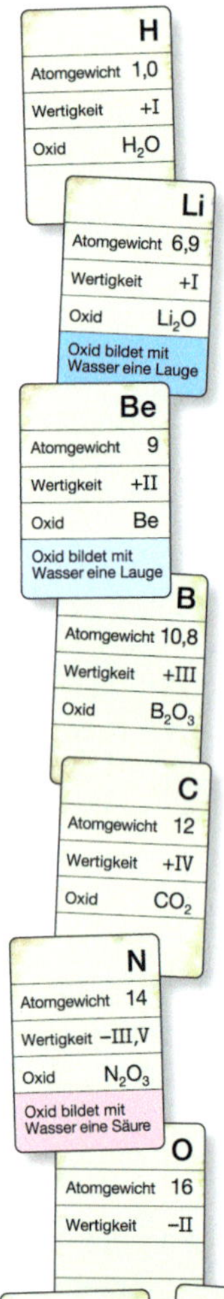
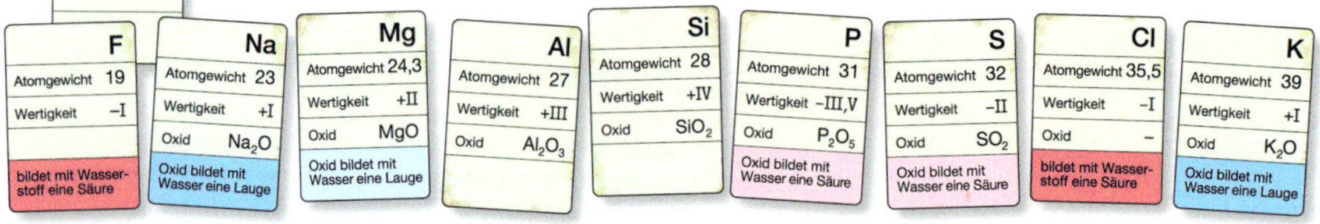

1. (A)
Nenne je 10 Elemente, die im Jahr 1869
- bekannt waren,
- noch nicht bekannt waren.

2. (A)
a) Mendelejew sagte für Gallium eine Masse von 68 voraus. Bewerte seine Schätzung.
b) Gib ein weiteres Element an, dessen Atommasse Mendelejew nur geschätzt hat.

Ordnung gesucht

1869 waren 63 chemische Elemente entdeckt und beschrieben. Ihre Atomgewichte, ihre chemische Reaktionsfähigkeit, ihre Wertigkeiten und mögliche Verbindungen waren den Chemikern bekannt. Einige Chemiker, wie MEYER oder MENDELEJEW, versuchten herauszufinden, wie sich diese Elemente sinnvoll ordnen ließen.

Vom Kartenspiel …

MENDELEJEW lehrte Chemie und schrieb Chemiebücher. Darin wollte er den Studenten eine Ordnung der Elemente liefern. Dazu probierte er Sortierungen nach verschiedenen Eigenschaften.
Er schrieb Elemente und ihre Eigenschaften auf Karten und probierte wie bei einem Kartenlegespiel verschiedene Anordnungen. Zur besseren Übersicht kennzeichnete er Elemente mit ähnlichen Eigenschaften.

3 DIMITRI I. MENDELEJEW (1834–1907)

… zum System

MENDELEJEW ordnete die Elementekarten nach steigendem Atomgewicht in einer Reihe an. Er bemerkte, dass ähnliche Eigenschaften regelmäßig, also periodisch, wiederkehrten. Danach legte er die Elementekarten mit gleichen Eigenschaften nebeneinander (Bild 5). Die Elementreihen, die sich so ergaben, bildeten die Grundlage der heutigen Hauptgruppen im Periodensystem.

4 Nach zunehmenden Atommassen (Atomgewicht) sortiert kehren Eigenschaften periodisch wieder.

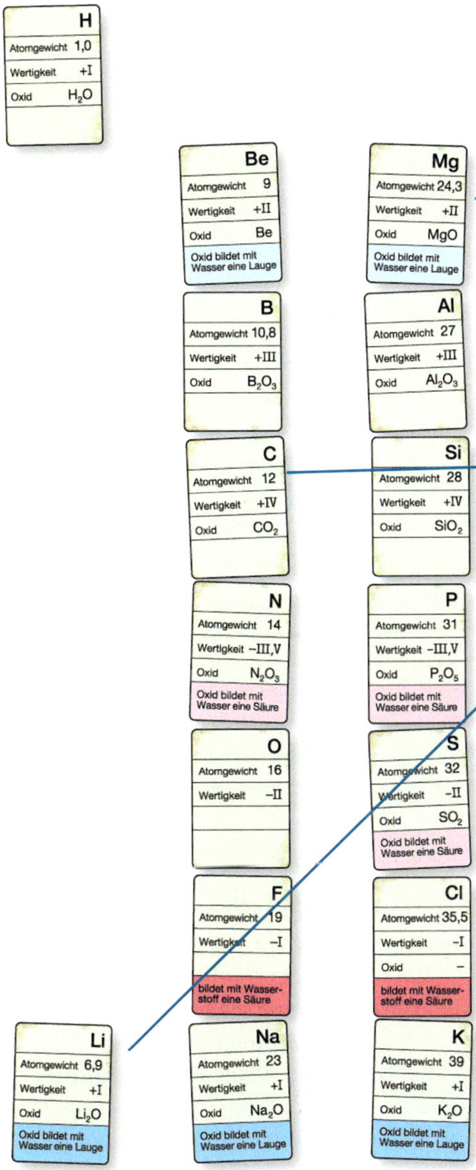

5 Ein System entsteht.

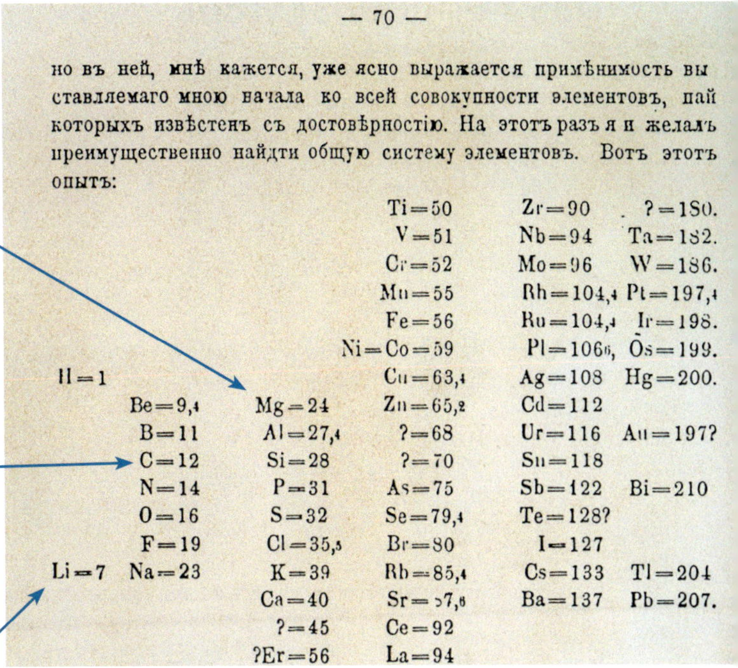

— 70 —

но въ ней, мнѣ кажется, уже ясно выражается примѣнимость вы ставляемаго мною начала ко всей совокупности элементовъ, пай которыхъ извѣстенъ съ достовѣрностію. На этотъ разъ я и желалъ преимущественно найдти общую систему элементовъ. Вотъ этотъ опытъ:

			Ti=50	Zr=90	?=180.
			V=51	Nb=94	Ta=182.
			Cr=52	Mo=96	W=186.
			Mn=55	Rh=104,4	Pt=197,4
			Fe=56	Ru=104,4	Ir=198.
			Ni=Co=59	Pl=106,6	Os=199.
H=1			Cu=63,4	Ag=108	Hg=200.
	Be=9,4	Mg=24	Zn=65,2	Cd=112	
	B=11	Al=27,4	?=68	Ur=116	Au=197?
	C=12	Si=28	?=70	Sn=118	
	N=14	P=31	As=75	Sb=122	Bi=210
	O=16	S=32	Se=79,4	Te=128?	
	F=19	Cl=35,5	Br=80	I=127	
Li=7	Na=23	K=39	Rb=85,4	Cs=133	Tl=204
		Ca=40	Sr=87,6	Ba=137	Pb=207.
		?=45	Ce=92		
		?Er=56	La=94		

7 Die Veröffentlichung Mendelejews

Mendelejew behält Recht

In seinem System ergaben sich Lücken, weshalb es viele Chemiker ablehnten. Mendelejew ließ sich aber nicht beirren. Für die Lücken sagte er Elemente voraus, die noch nicht entdeckt waren. Die „Lückenelemente" wie das Gallium wurden später entdeckt und passten genau in sein System. Die bis 1900 entdeckten Edelgase fügten sich später als eigene Gruppe in das System ein.

Umsortierung

Weitere Verbesserungen erfuhr das System durch den Tausch von Spalten und Zeilen, bis die heutige Anordnung feststand: Die Spalten bilden die **Gruppen der Elemente** mit ähnlichen Eigenschaften. In den Zeilen wiederholen sich ähnliche Eigenschaften in gleicher Abfolge, also periodisch. Deshalb wurden die Zeilen **Perioden** genannt.

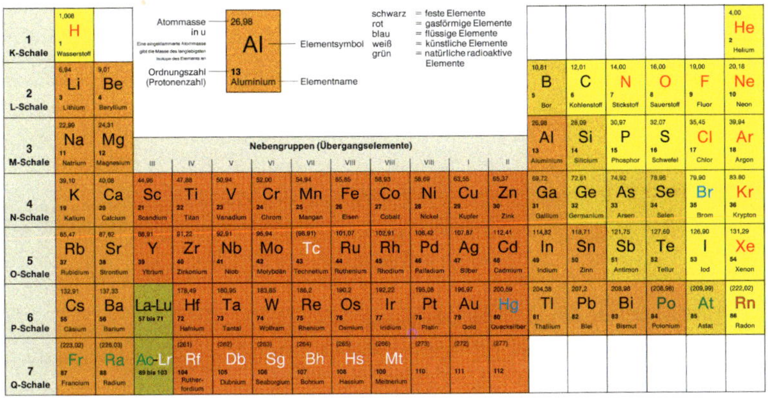

6 Die heutige Anordnung im Periodensystem

Erst jetzt hatte das **Periodensystem der Elemente** das Aussehen, wie du es heute kennst.

Du kannst beschreiben, wie Mendelejew die Elemente nach steigenden Atommassen und chemischen Verwandtschaften in Spalten und Zeilen ordnete.

Das Periodensystem

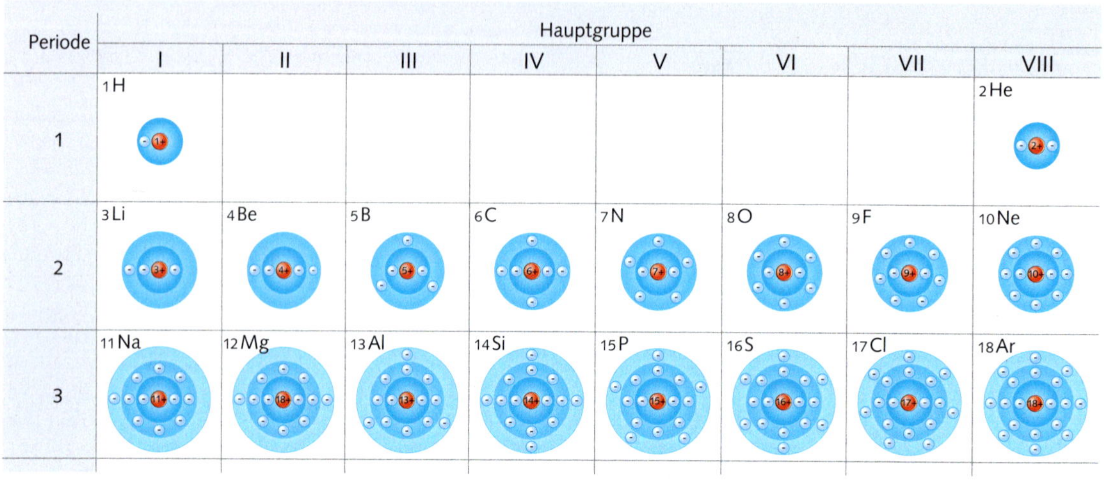

1 Das Periodensystem der Elemente (PSE) bis zur 3. Periode als Schalenmodell

1. Beschreibe den Aufbau des Periodensystems der Elemente mit seinen Gruppen und Perioden.

2. Übertrage das verkürzte Periodensystem in dein Heft. Kennzeichne alle Außenelektronen durch Punkte um die Elementsymbole.

3. Vergleiche die Regeln, nach denen MENDELEJEW 1869 und BOHR 1913 die Elemente im Periodensystem angeordnet haben.

Elektronenhülle und Periodensystem

MENDELEJEW hatte die Elemente ohne Kenntnis des Atombaus in der Reihenfolge ihrer Atommassen und nach ihrer chemischen Verwandtschaft in einem periodischen System angeordnet.
Später konnte BOHR nachweisen, dass die Anordnung der Elemente vom Bau der Elektronenhüllen abhängt. Die Anzahl der Elektronen wird von der **Protonenzahl** bestimmt. Das ist die entscheidende Größe für den Bau der Elektronenhülle.

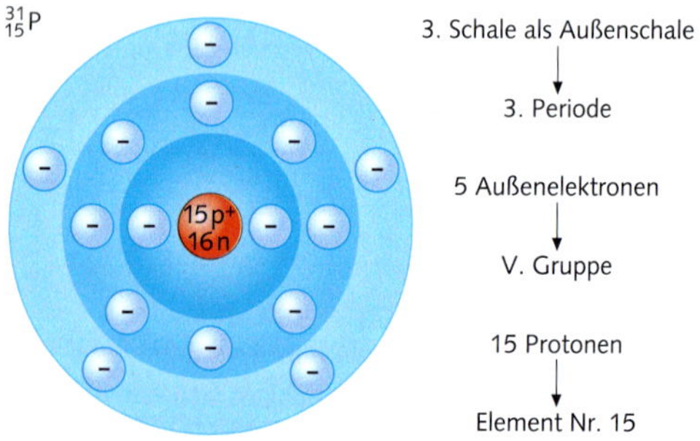

2 Das Phosphor-Atom im Periodensystem

Das Hauptgruppensystem

Im Periodensystem sind die Elemente nach steigender Protonenzahl angeordnet. Die Elemente, deren Atome gleich viele Außenelektronen besitzen, stehen in Spalten untereinander. Das sind die **Hauptgruppen** des Periodensystems. Die Gruppennummer gibt die Anzahl der Außenelektronen mit römischen Zahlen an.
Die Elemente, deren Atome gleich viele Elektronenschalen besitzen, stehen in einer Reihe, der **Periode,** nebeneinander. Von links nach rechts nimmt die Zahl der Elektronen in der Außenschale immer um eins zu. Bei den Edelgasen am Ende einer Periode ist die Außenschale vollständig gefüllt. Die Nummer der Periode gibt die Anzahl der Schalen an.
Im vollständigen Periodensystem sind zwischen der II. und III. Hauptgruppe noch die Nebengruppen eingefügt.

Du kannst die Anordnung der chemischen Elemente nach Gruppen und Perioden im Periodensystem beschreiben.

PSE-Training

METHODE

Viele Infos auf einen Blick

Sicherlich hängt auch in eurem Chemieraum eine große Tafel mit dem **Periodensystem der Elemente (PSE)** an der Wand. Auf den ersten Blick wirkt es verwirrend.
Aber du weißt inzwischen genug über das Periodensystem, dass du es benutzen kannst, um schnell Informationen zu erhalten.
Da die Elemente nach der Anzahl der Protonen geordnet sind, wird diese Zahl auch Ordnungszahl genannt.

1. A
Nenne das Element mit nur einem Proton.

2. A
Überlege, warum die Protonenzahl auch Ordnungszahl heißt.

3. A
Zähle die Elemente mit gefüllter Außenschale auf.

4. Q
Recherchiere gemeinsame Eigenschaften der Elemente
a) in der I. Hauptgruppe,
b) in der VII. Hauptgruppe.

5. A
An welcher Stelle im PSE steht ein Atom mit 3 Elektronenschalen und 6 Außenelektronen? Wie heißt es?

6. A
Spielt dieses Quiz mit der Tischgruppe oder mit der ganzen Klasse: Wer kann die Fragen am schnellsten beantworten? Überlegt euch weitere Fragen.
a) Wie viele Außenelektronen hat Neon?
b) Nenne die Elemente mit 3 Außenelektronen.
c) Was haben Kohlenstoff und Silicium gemeinsam?
d) Wie viele Elektronenschalen hat das Al-Atom?
e) Nenne die ersten vier Elemente der VIII. Hauptgruppe.
f) Wie viele Elektronen hat die innere Schale von Lithium?
g) Beschreibe die Position von Phosphor im Periodensystem.
h) Nenne die Elektronenzahl des Elementes über Al.
i) Wie viele Elektronenschalen haben die Elemente der 3. Periode?
j) Wie viele Protonen hat ein Natriumatom?
k) Nenne die Elektronenzahl des Chlor-Atoms.
l) Nenne die Zahl der Elektronenschalen von Argon.

Atommodelle im Überblick

1. Ⓐ
Erläutere, was den Atommodellen von Dalton und von Bohr gemeinsam ist.

2. Ⓐ
Nenne die Unterschiede zwischen den Atommodellen von Thomson und von Rutherford.

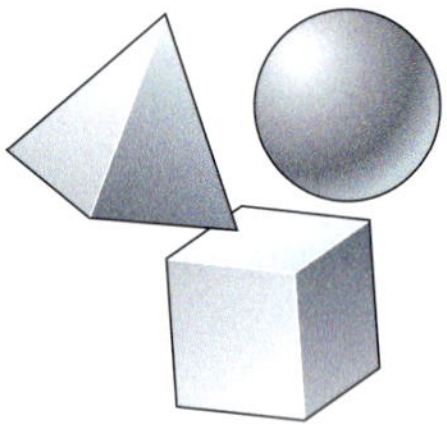

Demokrit: Atome sind unteilbar

Schon vor Jahrtausenden hatten Menschen darüber nachgedacht, wie unsere Welt aufgebaut ist. Der griechische Philosoph Demokrit kam um 450 v. Chr. zu der Auffassung, dass sie aus winzig kleinen, nicht mehr sichtbaren Teilchen zusammengesetzt ist. Diese Teilchen lassen sich nicht weiter zerlegen, deshalb nannte er sie **Atome** (griechisch: atomos, unzerschneidbar). In den folgenden 2000 Jahren ging diese Erkenntnis leider wieder verloren.

Dalton: Atome sind Kugeln

Erst 2000 Jahre nach Demokrit wurde die Idee von den Atomen, wieder aufgegriffen.

Im Jahr 1808 veröffentlichte der englische Naturforscher Dalton seine Modellvorstellung vom Aufbau der Stoffe aus kugelförmigen Teilchen. Es ist das **Kugelteilchenmodell** vom Atom. Nach Dalton sind alle Atome eines Elements gleich groß und gleich schwer und haben dieselben Eigenschaften. Mit den Atomen konnte Dalton wichtige chemische Gesetze erklären.

Thomson: Atome sind geladen

Die elektrischen Eigenschaften der Materie und die Kräfte, die die Atome zusammenhalten, lassen sich mit Daltons Atommodell nicht erklären. Es enthalt keine elektrischen Ladungen. Deshalb wurde ein Atommodell mit elektrischen Ladungen benötigt.

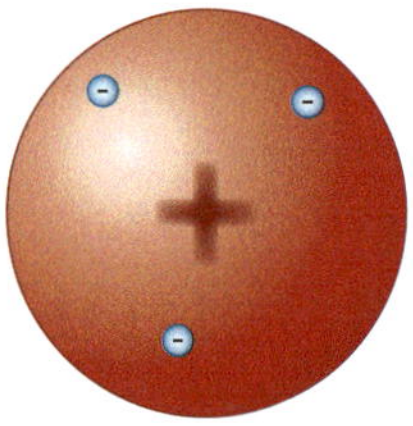

Nach einem Vorschlag von Thomson aus dem Jahr 1904 besteht ein Atom aus einer positiven Ladungswolke. Darin eingebettet sind die negativgeladenen Elektronen. Das war das **„Rosinenkuchenmodell“** vom Atom.

Rutherford: Atome sind leer

Mit der Entdeckung der Radioaktivität ergaben sich neue Möglichkeiten zur Erforschung der Atome. Rutherford ließ Goldatome in einer dünnen Goldfolie mit α-Teilchen beschießen, um aus deren Ablenkung etwas über die innere Struktur der Atome zu erfahren. Im Jahr 1911 veröffentlichte er das **Kern-Hülle-Modell** vom Atom. Danach besteht ein Atom aus einem winzigen, positiv geladenen Kern, der fast die gesamte Masse des Atoms enthält.

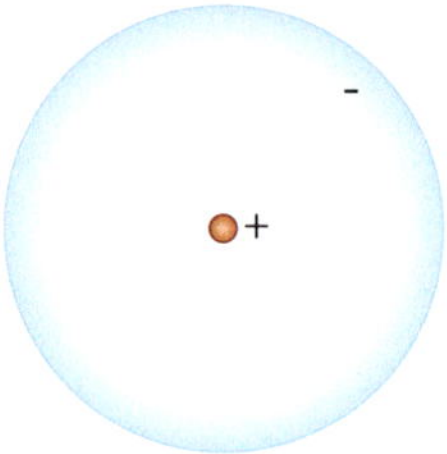

Die Atomhülle ist praktisch leer, denn sie wird nur von den Elektronen gebildet, die um den Kern kreisen. Sie ist negativ geladen.

Bohr: Atomhüllen sind wie Zwiebelschalen

Atome sind also keine massiven Kugeln. Nach außen hin sind sie nur durch die schnell kreisenden Elektronen begrenzt. Dennoch sind sie sehr stabil. Das Kern-Hülle-Modell sagt aber nichts darüber, wie die Elektronen in der Atomhülle angeordnet sind. Dazu veröffentlichte der Physiker Bohr 1913 ein neues Modell der Atomhülle, das **Schalenmodell.** Nach diesem Modell bewegen sich die Elektronen nur auf bestimmten Bahnen in festgelegten Schalen um den Kern. Diese Anordnung ist für jede Atomsorte unterschiedlich.

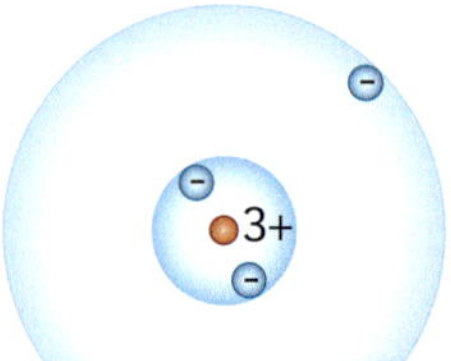

Du kannst verschiedene Atommodelle vergleichen.

Feuer, Wasser, Luft und Erde

1. ≡ Q
Halte ein Kurzreferat über einen in diesem Kapitel genannten Wissenschaftler.

2. ≡ Q
Recherchiere, welche Entdeckungen von Alchimisten gemacht wurden.

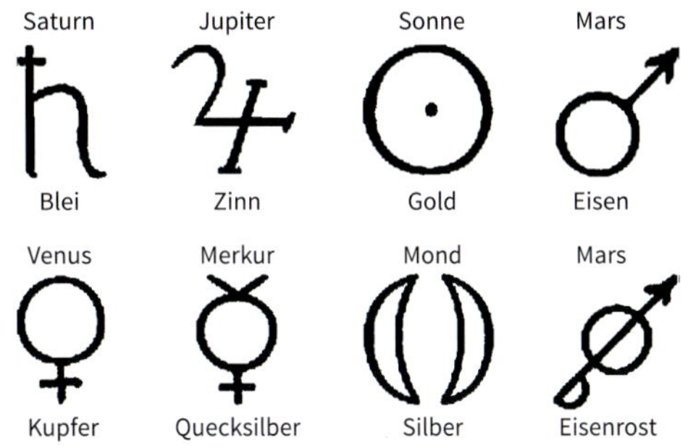

1 Geheimsymbole der Alchemisten

Die Alchimie

Der Begriff Alchemie oder Alchimie kommt wahrscheinlich von dem arabischen Wort „Alkimiya“. Die Menschen, die dieser Wissenschaft nachgingen, wurden **Alchimisten** genannt.

ARISTOTELES und die Alchimie

Die Alchimie wurde ganz stark von den naturwissenschaftlichen Vorstellungen des griechischen Philosophen ARISTOTELES (384 – 322 v. Chr.) bestimmt. Nach ARISTOTELES bestehen alle Stoffe aus den vier Grundelementen Feuer, Wasser, Luft und Erde, denen er die Grundeigenschaften warm, feucht, trocken und kalt zuordnete.

Danach sind alle Stoffe aus einem einheitlichen Urstoff aufgebaut. Die unterschiedlichen Erscheinungsformen der Stoffe erklärte ARISTOTELES durch die unterschiedlichen Anteile vier Grundelemente. Den Vorgang der Umwandlung von einem Stoff zum anderen beschrieb er für uns unverständlich: „Zum Beispiel aus Feuer wird Luft entstehen, wenn nur das eine von von beiden sich verändert; hinwiederum aber aus Luft Wasser, wenn das Warme von dem Kalten überwältigt wird.“

Blei zu Gold

Für die Alchimisten war es selbstverständlich, dass alle Elemente durch den Wechsel ihrer Grundeigenschaften in einander übergehen können. Deshalb kann sogar Blei in Gold verwandelt werden. Die vielen Misserfolge bei der Herstellung von Gold aus unedlen Metallen ließ die Alchimisten nach einer geheimnisvollen Schlüsselsubstanz suchen, dem „Stein der Weisen“. Um ihre „chemische und göttliche Kunst“ geheim zu halten, führten sie Geheimsymbole ein. Gegen Ende des 16. Jahrhunderts neigte sich die Epoche der Alchimie ihrem Ende zu.

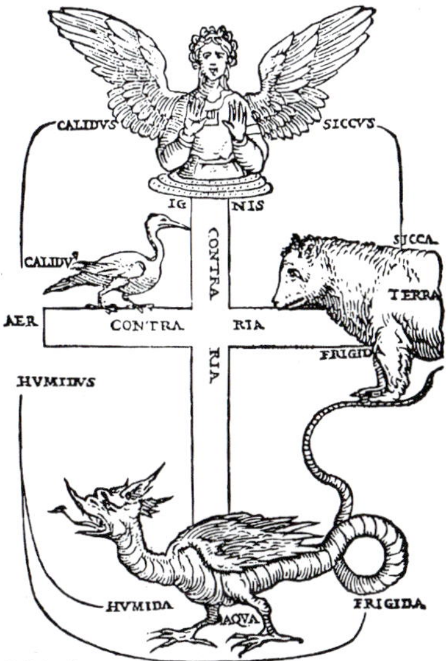

2 Die Darstellung der vier Elemente

Naturwissenschaftliche Elementvorstellungen

Einen wichtigen Schritt in Richtung heutiger Elementvorstellungen machte ROBERT BOYLE (1627 – 1691). Er zweifelte den Elementbegriff der Alchimie an. Durch seine Forschungen nahm er an, dass es eine Vielzahl an Elementen geben müsse, um die Vielfalt der Stoffe zu erklären. Die Elemente waren für ihn Stoffe, die sich auf keine Weise in zwei andere zerlegen lassen. LAVOISIER räumte endgültig mit der Vorstellung auf, dass alle Stoffe aus den vier Grundelementen bestehen. Er konnte die Vermutung von BOYLE bestätigen. Es gelang ihm, Wasser in die Elemente Wasserstoff und Sauerstoff zu zerlegen, sowie aus ihnen wieder Wasser herzustellen.

DALTONS Atomtheorie

Durch DALTONS Atomtheorie wurde der Begriff der Elemente bestätigt, aber auch erweitert. Nach DALTON besteht jedes Element aus einer eigenen Sorte Atome. Diese Aussage gilt bis heute unverändert.

STREIFZUG

Element lassen sich ordnen

Alkalimetalle
- Leichtmetalle
- elektrisch leitfähig
- weich
- äußerst reaktionsfreudig
- kommen in der Natur nur in Verbindungen vor
- charakteristische Flammenfärbung

Lithium, Natrium, Kalium, Rubidium und Caesium sind **Alkalimetalle.**

Erdalkalimetalle
- Leichtmetalle
- elektrisch leitfähig
- härter als Alkalimetalle
- weniger reaktionsfreudig als Alkalimetalle
- kommen in der Natur nur in Verbindungen vor
- charakteristische Flammenfärbung

Beryllium, Magnesium, Calcium, Strontium und Barium sind **Erdalkalimetalle.**

Halogene
- sehr reaktionsfähig
- meist giftig
- kommen in der Natur nur in Verbindungen vor

Fluor, Chlor, Brom und Iod sind **Halogene.**

Edelgase
- kommen als natürlicher Bestandteil der Luft vor
- sehr reaktionsträge
- gehen unter normalen Bedingungen keine Verbindungen mit anderen Stoffen ein

Helium, Neon, Argon, Krypton, Xenon und Radon sind **Edelgase.**

Elementfamilien
Elemente mit ähnlichen Eigenschaften werden zu **Elementfamilien** zusammengefasst.

Kern-Hülle-Modell
Atome enthalten **elektrische Ladungen.** Zur Erklärung entwickelte RUTHERFORD **das Kern-Hülle-Modell.**

Atomkern
Der Atomkern besteht aus positiv geladenen **Protonen** und elektrisch neutralen **Neutronen.** Er ist sehr klein und macht dennoch fast die gesamte Masse des Atoms aus.

Die Anzahl von Protonen und Neutronen bestimmt die **Atommasse.** Die Anzahl der Protonen bestimmt, um welches Element es sich handelt.

Atomhülle
Die Atomhülle wird von den negativ geladenen **Elektronen** gebildet. Sie ist nahezu leer. Die Elektronen bewegen sich in **Elektronenschalen.**
Die Anzahl an Elektronen in der äußersten Schale bestimmt das chemische Verhalten eines Elementes.

Schalenmodell der Atomhülle

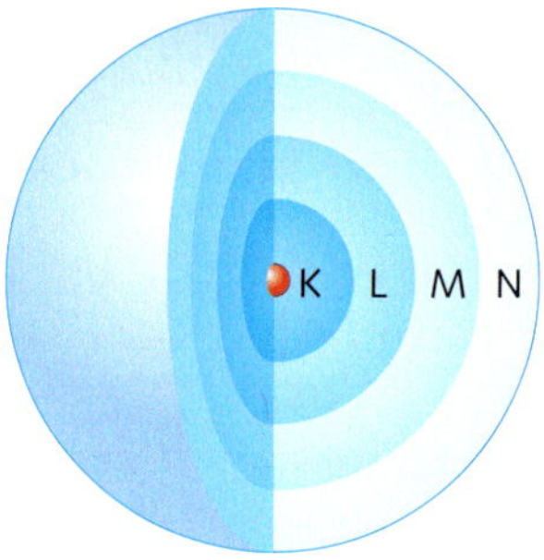

Kennzeichnung der Elemente
Massenzahl: Zahl der Protonen und Neutronen — 4

He

Kernladungszahl: Zahl der Protonen = Zahl der Elektronen — 2

Periodensystem der Elemente (PSE)
Im **Periodensystem** sind die Elemente nach steigender Protonenzahl und nach dem Bau ihrer Elektronenhüllen in **Perioden** und **Gruppen** geordnet. Elemente mit gleicher Anzahl von Elektronenschalen bilden eine Periode. Elemente mit gleicher Anzahl von Außenelektronen bilden eine Gruppe.

Atommasse in u — 26,98 — Al — Elementsymbol
Eine eingeklammerte Atommasse gibt die Masse des langlebigsten Isotops des Elements an
Ordnungszahl (Protonenzahl) — 13 — Aluminium — Elementname

schwarz = feste Elemente
rot = gasförmige Elemente
blau = flüssige Elemente
weiß = künstliche Elemente
grün = natürliche radioaktive Elemente

Nebengruppen (Übergangselemente)

			III	IV	V	VI	VII	VIII	VIII	VIII	I	II						
1 K-Schale	1,008 H 1 Wasserstoff																	4,00 He 2 Helium
2 L-Schale	6,94 Li 3 Lithium	9,01 Be 4 Beryllium											10,81 B 5 Bor	12,01 C 6 Kohlenstoff	14,00 N 7 Stickstoff	16,00 O 8 Sauerstoff	19,00 F 9 Fluor	20,18 Ne 10 Neon
3 M-Schale	22,99 Na 11 Natrium	24,31 Mg 12 Magnesium											26,98 Al 13 Aluminium	28,09 Si 14 Silicium	30,97 P 15 Phosphor	32,07 S 16 Schwefel	35,45 Cl 17 Chlor	39,94 Ar 18 Argon
4 N-Schale	39,10 K 19 Kalium	40,08 Ca 20 Calcium	44,96 Sc 21 Scandium	47,88 Ti 22 Titan	50,94 V 23 Vanadium	52,00 Cr 24 Chrom	54,94 Mn 25 Mangan	55,85 Fe 26 Eisen	58,93 Co 27 Cobalt	58,69 Ni 28 Nickel	63,55 Cu 29 Kupfer	65,37 Zn 30 Zink	69,72 Ga 31 Gallium	72,61 Ge 32 Germanium	74,92 As 33 Arsen	78,96 Se 34 Selen	79,90 Br 35 Brom	83,80 Kr 36 Krypton
5 O-Schale	85,47 Rb 37 Rubidium	87,62 Sr 38 Strontium	88,91 Y 39 Yttrium	91,22 Zr 40 Zirkonium	92,91 Nb 41 Niob	95,94 Mo 42 Molybdän	(98,91) Tc 43 Technetium	101,07 Ru 44 Ruthenium	102,91 Rh 45 Rhodium	106,42 Pd 46 Palladium	107,87 Ag 47 Silber	112,41 Cd 48 Cadmium	114,82 In 49 Indium	118,71 Sn 50 Zinn	121,75 Sb 51 Antimon	127,60 Te 52 Tellur	126,90 I 53 Iod	131,29 Xe 54 Xenon
6 P-Schale	132,91 Cs 55 Cäsium	137,33 Ba 56 Barium	La-Lu 57 bis 71	178,49 Hf 72 Hafnium	180,95 Ta 73 Tantal	183,85 W 74 Wolfram	186,2 Re 75 Rhenium	190,2 Os 76 Osmium	192,22 Ir 77 Iridium	195,08 Pt 78 Platin	196,97 Au 79 Gold	200,59 Hg 80 Quecksilber	204,38 Tl 81 Thallium	207,2 Pb 82 Blei	208,98 Bi 83 Bismut	(208,98) Po 84 Polonium	(209,99) At 85 Astat	(222,02) Rn 86 Radon
7 Q-Schale	(223,02) Fr 87 Francium	(226,03) Ra 88 Radium	Ac-Lr 89 bis 103	(261) Rf 104 Rutherfordium	(262) Db 105 Dubnium	(263) Sg 106 Seaborgium	(264) Bh 107 Bohrium	(265) Hs 108 Hassium	(266) Mt 109 Meitnerium	(273) 110	(272) 111	(277) 112						

→ METHODE S. 12/13

Elemente lassen sich ordnen

Stoff-Teil-chen-Bezie-hungen

Struktur-Eigenschafts-Beziehungen

Chemische Reaktion

Stoff-Teilchen-Beziehungen

Elementarteilchen	Symbol	Masse	Ladung	Ort
Elektron ⊖	e^-	$\frac{1}{2000}$ u	−1	Hülle
Proton ⊕	p	1 u	+1	Kern
Neutron	n	1 u	0	Kern

1. Ⓐ
Beschreibe den Aufbau von Atomen mithilfe der Elektronen, Protonen und Neutronen. → S. 147

Chemische Reaktion

2. Ⓐ
Erkläre mithilfe der Elektronenanordnung in den Außenschalen die starke Reaktionsfähigkeit zwischen Alkalimetallen und Halogenen.
→ S. 140

Struktur-Eigenschafts-Beziehungen

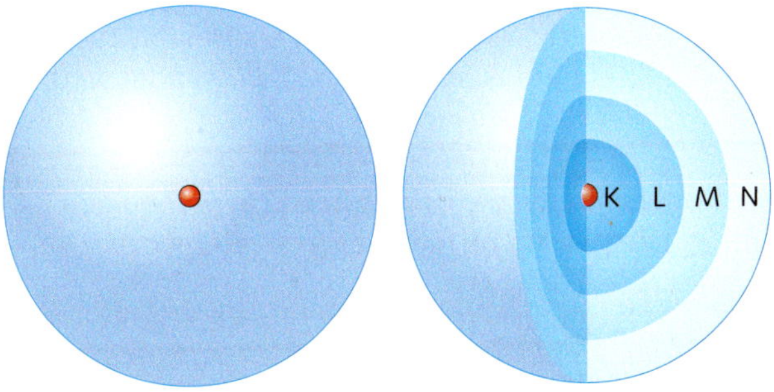

3. Ⓐ
Vergleiche das Kern-Hülle-Modell mit dem Schalenmodell. Nenne Gemeinsamkeiten und Unterschiede.

→ S. 146/148

Elemente lassen sich ordnen

LERNCHECK

Alkalimetalle und Erdalkalimetalle

Kannst du schon ...

... beschreiben, wie Natrium mit Wasser reagiert? (S. 136)
... begründen, warum die Alkalimetalle in Petroleum oder Paraffin aufbewahrt werden? (S. 136)
... Verwendungsmöglichkeiten für Lithium nennen? (S. 136)
... die bekannteste und häufigste Natriumverbindung nennen? (S. 136)
... nennen, welcher Stoff sich bei der Reaktion von Kalium und Wasser entzündet? (S. 137)
... die gemeinsamen Eigenschaften der Alkalimetalle nennen? (S. 137)
... angeben, wozu die Flammenfärbung angewendet wird? (S. 137)
... die häufigste Calciumverbindung und ihr Vorkommen nennen? (S. 138)
... Unterschiede zwischen den Alkalimetallen und den Erdalkalimetallen nennen? (S. 138)
... beschreiben, wie sich Dichte und Schmelztemperatur innerhalb der Gruppe der Erdalkalimetalle verändern? (S. 138)
... die Flammenfarben von Calcium, Strontium und Barium nennen? (S. 138)

Zeig, was du kannst!

1. A
Vergleiche Eigenschaften von Lithium und Natrium miteinander.

2. A
Beschreibe die Veränderungen an einem Stück Natrium, das an der Luft liegen gelassen wurde.

3. A
Beschreibe die Stellung der Erdalkalimetalle im Periodensystem.

4. A
Beschreibe Besonderheiten des Magnesiums.

Halogene und Edelgase

Kannst du schon ...

... erklären, wozu Chlor im Schwimmbad eingesetzt wird? (S. 140)
... wichtige Eigenschaften von Fluor nennen? (S. 140)
... eine wichtige Verwendung der Fluoride nennen? (S. 140)
... den Stoff Chlor beschreiben? (S. 141)
... Vorkommen von Bromiden nennen? (S. 141)
... aufzählen, wofür Iod verwendet wird? (S. 141)
... gemeinsame Eigenschaften der Halogene nennen? (S. 140 – 141)
... den Namen Edelgase erklären? (S. 142)
... erklären, warum Helium als Füllgas für Ballons und Zeppeline verwendet wird? (S. 142)
... erklären, warum Neon den Leuchtstoffröhren ihren Namen gab? (S. 142)
... wichtige Verwendungsmöglichkeiten von Argon nennen? (S. 142)
... begründen, warum Radon ein gefährliches Edelgas ist? (S. 142)
... erklären, warum Helium beim Tieftauchen hilft? (S. 143)
... beschreiben, wie Schutzgasschweißen mit Argon funktioniert? (S. 143)

Zeig, was du kannst!

5. A
Beschreibe, warum Chlor dem Menschen gefährlich werden kann.

6. A
Erläutere, warum Iod nicht als Desinfektionsmittel für das Schwimmbad verwendet wird.

7. A
Beschreibe die Unterschiede zwischen den Edelgasen und allen anderen Elementen.

8. A
Sammle Informationen über die Verwendung von Edelgasen.

Ladungen und Elementarteilchen

Kannst du schon …

… erklären, was Reibungselektrizität ist? (S. 144 – 145)

… das Kern-Hülle-Modell des Atoms und die dort vorhandenen elektrischen Ladungen beschreiben? (S. 146)

… den Atombau mit Protonen, Neutronen und Elektronen beschreiben? (S. 147)

… erklären, was die Atommasseneinheit u bedeutet? (S. 151)

… die Einheit für die Stoffmenge *n* benennen? (S. 151)

… die Anzahl der Teilchen nennen, die in 1 mol eines Stoffes enthalten sind? (S. 151)

Zeig, was du kannst!

9. Ⓐ
Beschreibe, wie sich zwei entgegengesetzt geladene Folien bei Annäherung verhalten.

10. Ⓐ
Nenne das elektrostatische Naturgesetz.

11. Ⓐ
Schildere den Versuch von RUTHERFORD, der zum Kern-Hülle-Modell des Atoms geführt hat.

12. Ⓐ
Benenne die Teilchen des Atomkerns und ihre Ladung.

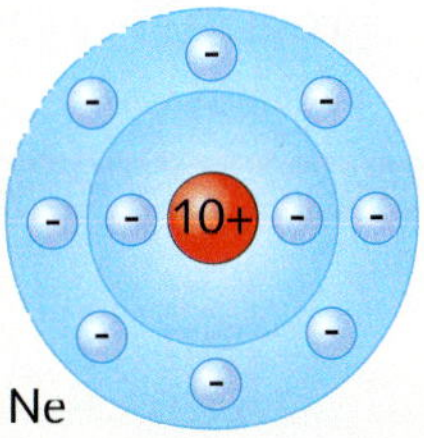

13. Ⓐ
Berechne die molare Masse von 10 mol H_2O.

Ordnung in Gruppen und Perioden

Kannst du schon …

… die Struktur der Elektronenhülle beschreiben? (S. 148)

… die Bedeutung der Außenelektronen in Hinblick auf chemische Eigenschaften nennen? (S. 148)

… erklären, was eine Edelgaskonfiguration ist? (S. 149)

… das System benennen, in dem alle Elemente geordnet sind? (S. 154 – 156)

… erklären, wie die Elemente in Perioden und Gruppen eingeteilt sind? (S. 154 – 156)

… das Element der VII. Gruppe in der 3. Periode benennen? (S. 156)

… das Leichtmetall Calcium mit der Protonenzahl 20 richtig in das Periodensystem der Elemente einordnen? (S. 156)

Zeig, was du kannst!

14. Ⓐ
Erkläre die Bedeutung der Außenschale eines Atoms.

15. Ⓐ
Beschreibe die Vorgänge, durch die Atome einen stabilen Zustand erreichen können.

16. Ⓐ
Begründe, warum Lithium, Natrium und Kalium im Periodensystem der Elemente untereinander stehen.

17. Ⓐ
Benenne die Ausnahme von der Oktett-Regel.

Wichtige Begriffe

- Elektrische Ladung
- Kern-Hülle-Modell
- Atommasseneinheit [u]
- Massenzahl
- Ordnungszahl
- Edelgaskonfiguration
- Periodensystem

Chemische Bindung

Wie sind gasförmige Stoffe aufgebaut?

Warum brechen Kristalle und sind nicht verformbar?

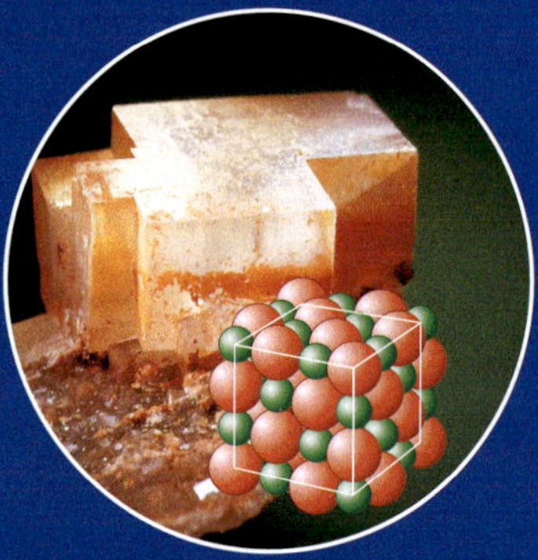

Metalle haben eine glänzende Oberfläche. Sie sind elektrisch leitend und verformbar. Wie lassen sich die Eigenschaften aus dem inneren Aufbau erklären?

Atome bilden Ionen

1.
a) Zeichne die Schalenmodelle der Atome von Lithium, Aluminium, Schwefel und Fluor.
b) Stelle fest, wie viele Elektronen jeweils aufgenommen oder abgegeben werden müssen, um eine Edelgaskonfiguration zu erhalten.
c) Nenne die Atome, die in der entsprechenden Edelgaskonfiguration positiv oder negativ geladene Ionen bilden.

2.
Zeichne als Schalenmodell wie in Bild 1 die Bildung von Ionen bei der Reaktion zwischen Natrium und Fluor, Magnesium und Chlor, Magnesium und Sauerstoff.

3.
a) Erkläre, warum Atome aus der 7. Hauptgruppe einfach negativ geladene Ionen bilden.
b) Erkläre, warum Atome aus der 2. Hauptgruppe zweifach positiv geladene Ionen bilden.

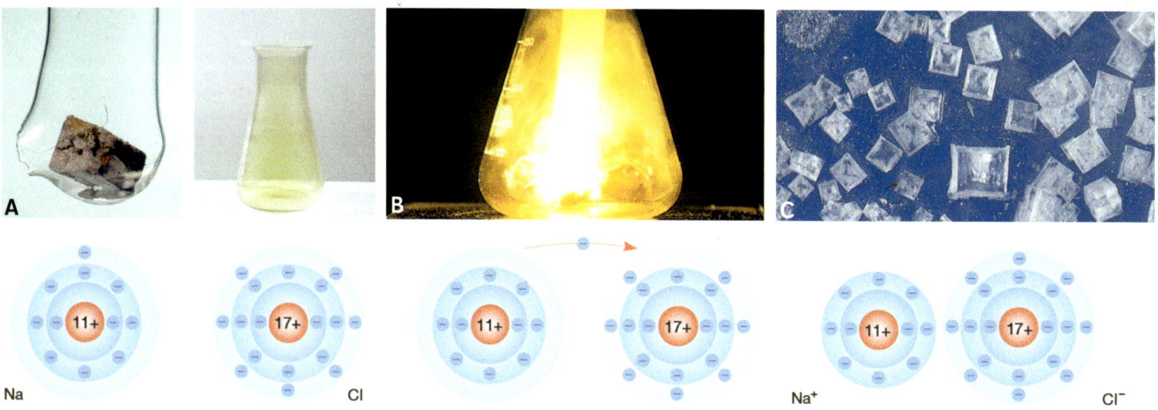

1 Natrium und Chlor reagieren zu Natriumchlorid: **A** Ausgangsstoffe, **B** Reaktion, **C** Endstoff

Atome werden zu Ionen

Wird geschmolzenes Natrium in Chlorgas gehalten, setzt eine heftige Reaktion ein. Unter grellgelbem Leuchten entsteht ein weißer, kristalliner Feststoff, es ist das Salz **Natriumchlorid.**

Durch diese chemische Reaktion erhalten die Natrium-Atome eine stabile Außenschale. Diese ist wie beim Neon mit acht Elektronen besetzt. Das ist die **Edelgaskonfiguration.** Zuvor hatte das Natrium-Atom ein Außenelektron. Dieses wird bei der Reaktion abgegeben. Aus dem elektrisch neutralen Atom wird ein einfach positiv geladenes Teilchen. Es ist das **Natrium-Ion** (Na^+). Dieses Ion hat die Ladungszahl +1.

$$Na \rightarrow Na^+ + 1e^-$$

Das Chlor-Atom nimmt bei der chemischen Reaktion das abgegebene Elektron auf und erreicht so die stabile Außenschale von Argon. Ein negativ geladenes **Chlorid-Ion** (Cl^-) entsteht. Dieses Ion hat die Ladungszahl −1.

$$Cl + 1e^- \rightarrow Cl^-$$

Basiskonzepte S. 193

Eigenschaften von Ionen

Ionen haben andere Eigenschaften als die ursprünglichen Atome. Da Ionen die gleichen Elektronenhüllen wie Edelgas-Atome haben, sind sie wie diese reaktionsträge, aber im Gegensatz zu diesen elektrisch geladen.

Wer gibt ab, wer nimmt auf?

Ionen entstehen, wenn bei chemischen Reaktionen zum Erreichen der Edelgaskonfiguration Elektronen übertragen werden. Atome mit wenigen Außenelektronen wie die Metall-Atome geben Elektronen ab. Es entstehen positiv geladene Ionen. Atome mit 5 bis 7 Außenelektronen wie die meisten Nichtmetall-Atome nehmen Elektronen auf und bilden negativ geladene Ionen.

Du kannst die Bildung von Ionen mit dem Schalenmodell beschreiben und erklären. Du kannst den Begriff Edelgaskonfiguration erklären.

Die Ionenbindung

1.
Erkläre den Begriff Ionenbindung.

2.
Stelle die Verhältnisformeln für Lithiumbromid, Calciumoxid und Aluminiumchlorid auf.

3.
a) Vergleiche die Schmelz- und Siedetemperaturen von Kaliumbromid, Magnesiumoxid und Aluminiumchlorid.
b) Erkläre die Unterschiede.

Ionenbildung	Ladungszahl des Ions	Hauptgruppe im PSE
Elektronenabgabe		
$Li \rightarrow Li^{+} + 1e^{-}$	+1	I
$Ca \rightarrow Ca^{2+} + 2e^{-}$	+2	II
$Al \rightarrow Al^{3+} + 3e^{-}$	+3	III
Elektronenaufnahme		
$N + 3e^{-} \rightarrow N^{3-}$	−3	V
$O + 2e^{-} \rightarrow O^{2-}$	−2	VI
$Br + 1e^{-} \rightarrow Br^{-}$	−1	VII

1 Ionenbildung und Ladungszahlen

Ionenbindung

Positiv und negativ geladene Ionen ziehen sich aufgrund ihrer unterschiedlichen Ladung an. So entsteht eine feste chemische Bindung, die **Ionenbindung.** Salze und Metalloxide sind Ionenverbindungen.
In einem Natriumchlorid-Kristall sind positiv geladene Natrium-Ionen und negativ geladene Chlorid-Ionen regelmäßig angeordnet. Sie ziehen sich gegenseitig an und bilden einen Ionenkristall. Eine solche regelmäßige Anordnung in einem Kristall heißt **Ionengitter.**

Kristalle

Große, würfelförmige Salzkristalle lassen sich in Steinsalzlagerstätten finden. Auch die Salzkristalle aus dem Salzstreuer sehen unter der Lupe wie Würfel aus. Unter dem Elektronenmikroskop lässt sich erkennen, dass sogar feinster Salzstaub aus würfelförmigen Kristallen aufgebaut ist.

Eigenschaften von Salzen

Aufgrund der unterschiedlich geladenen Ionen sind Salze hart und spröde. Bei einem Schlag zerbrechen sie deshalb in viele kleine, regelmäßige Kristalle.
Die hohen Schmelz- und Siedetemperaturen der Salze lassen sich ebenfalls mit der starken Bindung zwischen den positiv und negativ geladenen Ionen erklären.
In einem Ionenkristall sind die Ionen an feste Plätze gebunden. Salzkristalle sind daher Nichtleiter. In Salzschmelzen und Salzlösungen sind die Ionen frei beweglich. Sie sind deshalb elektrische Leiter.

Verhältnisformel

Nach außen sind Ionenkristalle elektrisch neutral, deshalb müssen beim Aufstellen der Verhältnisformel die Ladungszahlen der beteiligten Ionen beachtet werden. So wird die Formel von Magnesiumchlorid aus zweifach positiv geladenen Magnesium-Ionen und der doppelten Anzahl einfach geladener Chlorid-Ionen gebildet. Die Verhältnisformel ist deshalb $MgCl_2$:

$$Mg^{2+} + 2\,Cl^{-} \rightarrow MgCl_2$$

Aluminiumoxid hat die Verhältnisformel Al_2O_3. Das bedeutet, dass in der Verbindung auf zwei Aluminium-Ionen drei Sauerstoff-Ionen kommen.

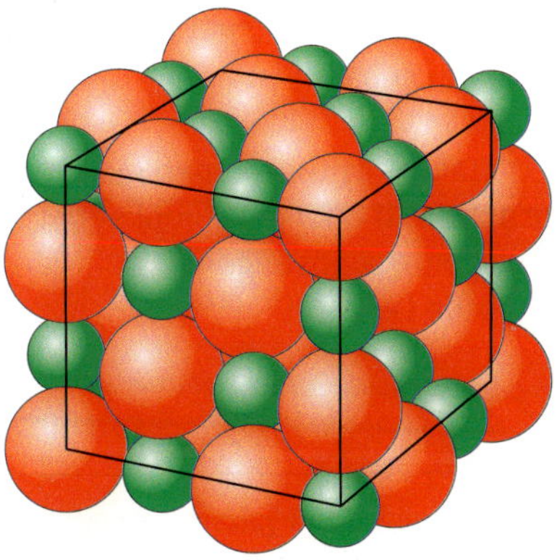

2 Modell eines Kochsalzkristalls

3 Kochsalzkristall und Ionengitter

Du kannst die Ionenbindung beschreiben und erklären.

Basiskonzepte S. 193

Leitfähigkeit von Salzlösungen

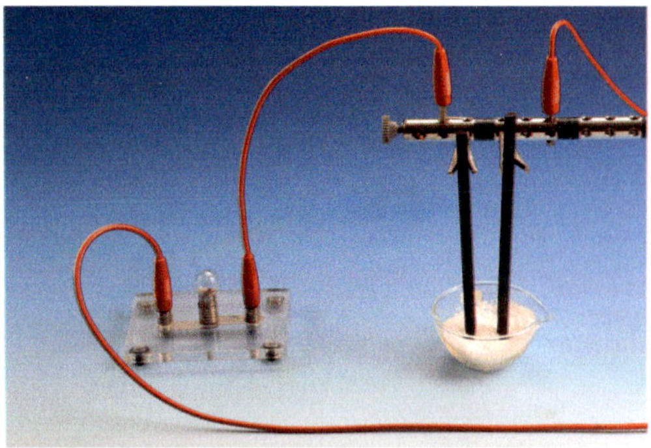

1 Festes Salz ist ein Nichtleiter.

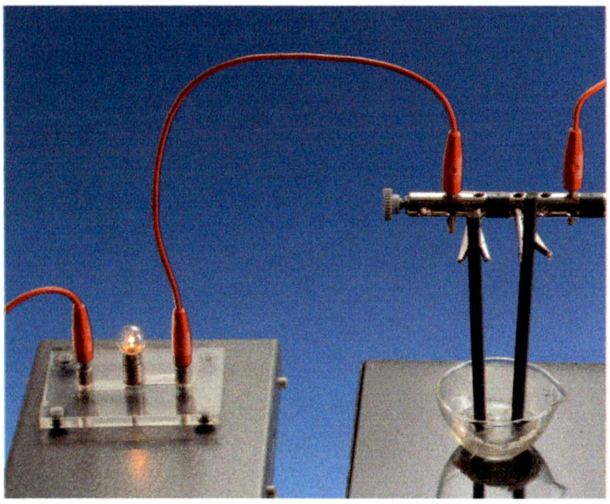

2 Eine Salzschmelze leitet Elektrizität.

1.
Untersuche die elektrische Leitfähigkeit von Salzkristallen. Baue dazu wie in Bild 1 eine geeignete Prüfstrecke auf. Notiere dein Ergebnis.

2.
Fülle ein feuerfestes Glasschälchen zur Hälfte mit Kaliumnitrat und tauche wie in Bild 2 zwei Elektroden ein. Sie sollen mit einer Glühlampe einen Stromkreis bilden. Schalte das Stromversorgungsgerät ein und erhitze das Salz, bis es geschmolzen ist. Beobachte die Lampe und notiere das Ergebnis.

3.
Löse in einem Becherglas wie in Bild 3 in destilliertem Wasser einen Spatelllöffel Kochsalz und teste, ob die Salzlösung Elektrizität leitet. Halte deine Beobachtungen in einem Protokoll fest.

4.
Untersuche wie in Versuch 3 die elektrische Leitfähigkeit von destilliertem Wasser. Notiere auch hier dein Ergebnis.

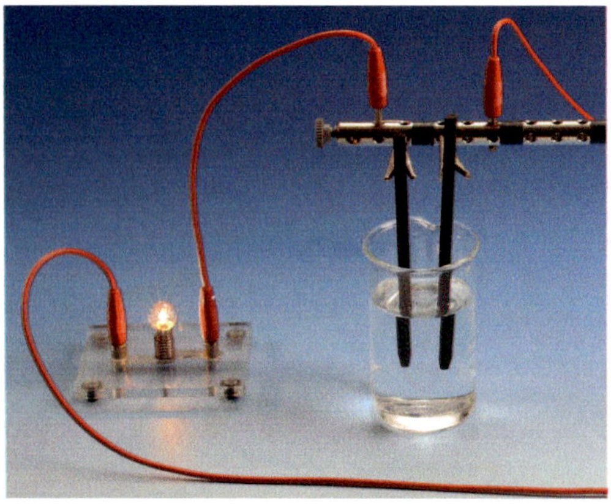

3 Eine Salzlösung leitet Elektrizität.

Metalle leiten Elektrizität
Die elektrische Leitfähigkeit der Metalle beruht auf freien Elektronen in deren Metallgitter.
Die leicht beweglichen Elektronen dort sind Ladungsträger.

Salzlösungen leiten
Weder Wasser allein noch festes Salz leiten Elektrizität. Sie enthalten keine frei beweglichen Ladungsträger.
Eine Salzlösung hingegen leitet Elektrizität. Eine leuchtende Glühlampe macht dies deutlich.

Salze bestehen aus Ionen
Die Leitfähigkeit von Salzlösungen beruht darauf, dass alle Salze aus zwei Arten von elektrisch geladenen Teilchen bestehen. Die einen sind negativ geladen und die anderen sind positiv geladen. Diese geladenen Teilchen werden **Ionen** (griechisch: Wandernde) genannt.

Im festen Salz, den Salzkristallen, sind die Ionen nicht beweglich. Wird das Salz aufgelöst oder geschmolzen, können sich die Ionen bewegen. Salzlösungen und Salzschmelzen sind elektrische Leiter.

Du kannst erklären, warum Salzlösungen und Salzschmelzen Elektrizität leiten und warum Salzkristalle keine Leiter sind.

Elektrische Leitfähigkeit im Teilchenmodell

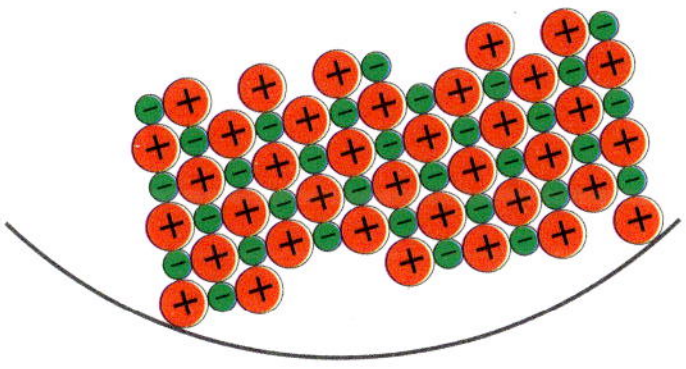

1 Festes Salz

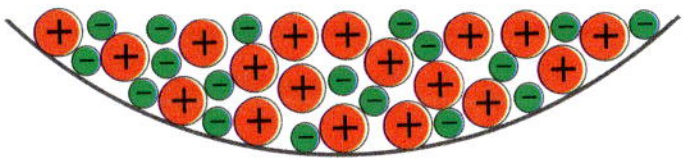

2 Salzschmelze

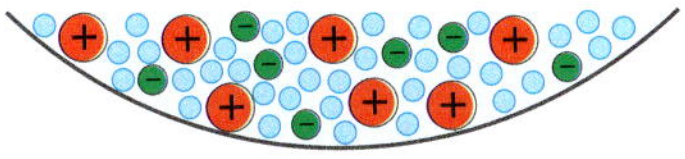

3 Salzlösung

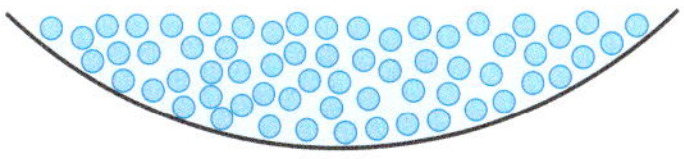

4 Destilliertes Wasser

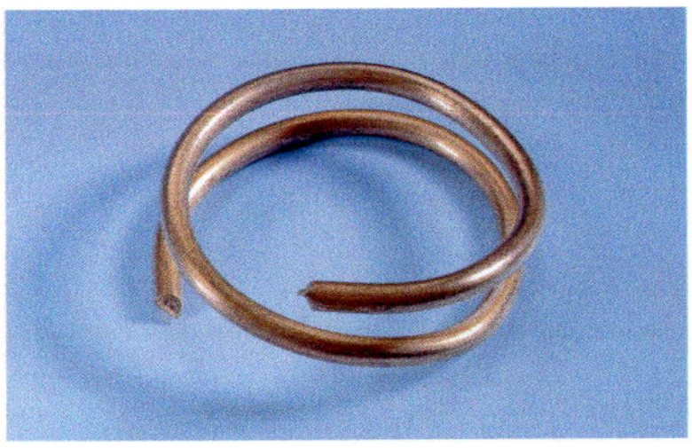
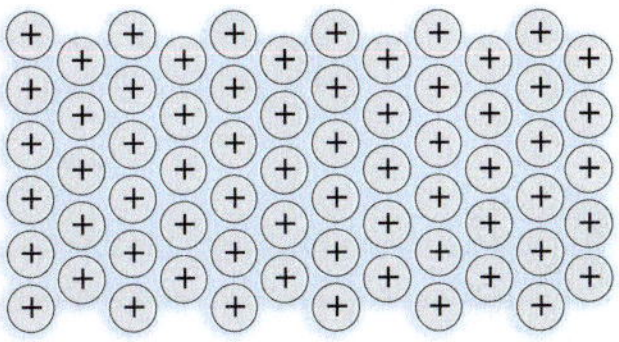

5 Metall

1. Ⓐ
Erkläre mit dem Teilchenmodell, warum Stoffe leiten, andere nicht.

Festes Salz

In Salzkristallen haben die kleinen Teilchen eines Salzes, die Ionen, einen festen Platz. Hier kann Elektrizität nicht geleitet werden, weil es keine beweglichen Ladungsträger gibt.

Salzschmelze

In einer Salzschmelze können sich die Ionen frei bewegen und können Elektrizität transportieren. Salzschmelzen sind elektrische Leiter.

Salzlösung

Auch in einer Salzlösung können sich die Ionen frei bewegen und haben so die Möglichkeit, Elektrizität zu transportieren. Salzlösungen sind elektrische Leiter.

Reines Wasser

Die kleinsten Wasserteilchen sind zwar beweglich, haben aber keine Möglichkeit Elektrizität zu transportieren. Reines Wasser ist ein Nichtleiter, weil keine Ladungsträger vorhanden sind.

Metalle

Metalle sind die idealen elektrischen Leiter. Hier können sich die Elektronen besonders leicht und schnell zwischen den ortsfesten, positiv geladenen Teilchen im Metallgitter bewegen.

Du kannst die elektrische Leitfähigkeit verschiedener Stoffe im Teilchenmodell beschreiben.

Basiskonzepte S. 193

Ein Ionenmodell basteln

PRAKTIKUM

Aufgabe
In diesem Praktikum baust du ein Modell, das den Aufbau des Natriumchlorid-Kristalls zeigt.

Material
- je 32 Styroporkugeln mit Ø 6 cm und mit Ø 3 cm
- 1 Päckchen Zahnstocher
- 16 Fahrradspeichen, auf 17 cm gekürzt und einseitig angespitzt
- Holzspieße
- Styroporkleber
- Schnitzmesser
- Wandfarbe je 500 ml rot und grün
- 2 Behälter für die Farbbäder

Natriumchlorid - Kochsalz
Die chemische Formel für unser Kochsalz ist NaCl. Diese Formel drückt aus, dass Natrium-Ionen und Chlorid-Ionen im Verhältnis von 1:1 das Natriumchlorid bilden.
Die entgegengesetzt geladenen Ionen ziehen sich gegenseitig stark an und bilden ein regelmäßiges, würfelförmiges Kristallgitter.
Die dichte Packung des Kristalls ist möglich, weil die Natrium-Ionen etwa halb so groß wie die Chlorid-Ionen sind und so genau die Zwischenräume ausfüllen.
So ist jedes Chlorid-Ion von sechs Natrium-Ionen umgeben und umgekehrt.

Vorbereitungen
Die Kugeln werden mithilfe der Holzspieße in die entsprechenden Farbbäder getaucht. Die großen Kugeln für die Chlorid-Ionen werden rot gefärbt und die kleine Kugeln für die Natrium-Ionen grün.

Zusammenbau 1
Zwei rote und zwei grüne Kugeln werden abwechselnd auf einer Speiche befestigt. So werden 16 Reihen erstellt.

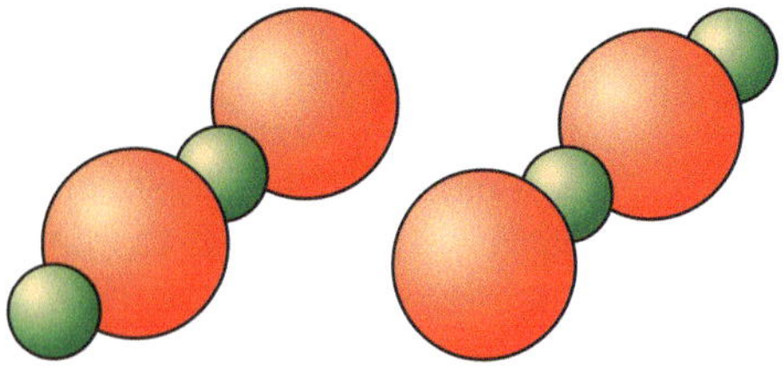

Zusammenbau 2
Dann wird eine erste Schicht aus vier solcher Reihen mit den halbierten Zahnstochern zusammengefügt. Sie müssen vor dem Einstechen in die Kugeln mit Styroporkleber bestrichen werden. So werden vier Schichten erstellt.

Zusammenbau 3
Aus den vier Schichten wird mithilfe halbierter Zahnstocher ein Würfel zusammengesetzt.

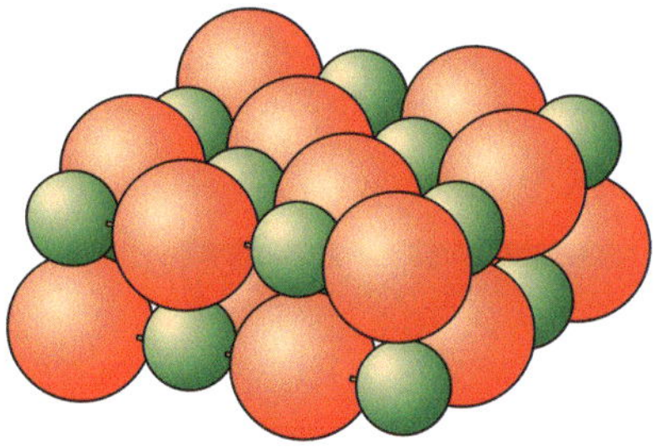

1 Das fertige Modell eines Natriumchlorid-Kristalls

Giftgas im Supermarkt?

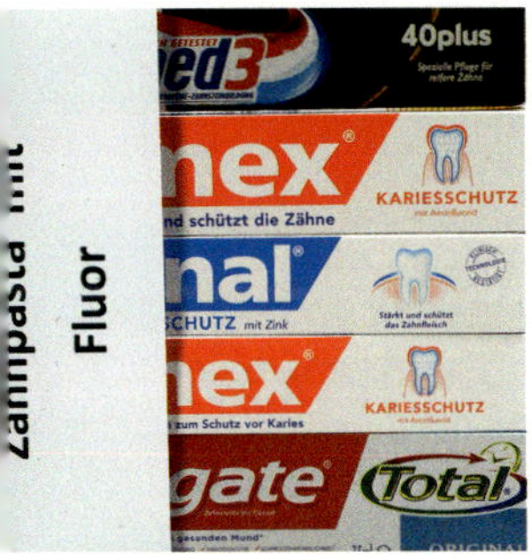

1 Im Supermarkt

1. ☰ Q
Im Supermarkt steht am Regal mit der Zahnpasta der Hinweis „mit Fluor". Informiere dich über das Element Fluor.

2. ☰ Q
a) Berichte, warum der Zahnpasta Fluor zugesetzt wird.
b) Erkläre, warum dafür Natriumfluorid verwendet wird.

3. ☰ A
a) Zeichne die folgenden Schalenmodelle nebeneinander: Fluor-Atom (F), Fluorid-Ion (F^-), Neon-Atom (Ne), Natrium-Ion (Na^+), Natrium-Atom (Na).
b) Beschreibe, was dir auffällt.

4. ☰ A
Das Salz Natriumfluorid besteht aus Na^+- und F^--Ionen. Begründe anhand der Schalenmodelle in den Bildern 2 und 3, warum dieses Salz andere Eigenschaften hat als die Elemente Natrium und Fluor.

Fluor

Fluor gehört zur Gruppe der **Halogene.** Es ist das reaktionsfähigste aller Elemente. Fluor ist ein sehr giftiges Gas. Für elementares Fluor gibt es kaum technische Verwendungen. Wichtige Fluor-Verbindungen sind die Flusssäure (HF) oder der Kunststoff Teflon (C_2F_4).

Fluor ist deshalb so reaktionsfähig, weil das Fluor-Atom mit seinen 7 Außenelektronen benachbarten Atomen leicht ein Elektron entreißen kann. Dabei wird viel Energie frei.

Es entsteht ein negativ geladenes Fluorid-Ion. Das besitzt eine Edelgasschale und ist im Gegensatz zum Fluor-Atom chemisch nur gering aktiv.

2 Der Gefahrstoff Fluor:

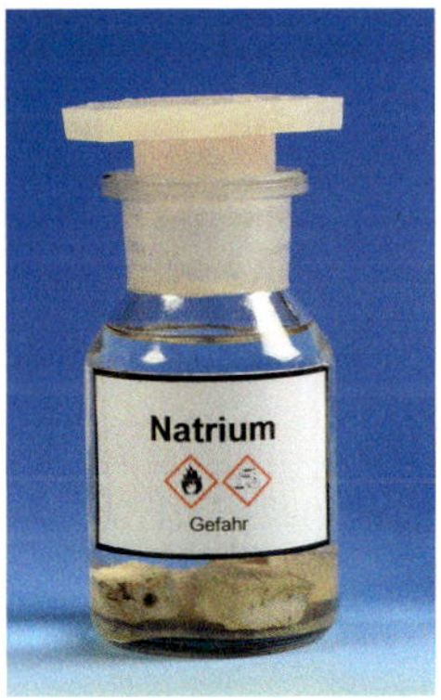

3 Der Gefahrstoff Natrium:

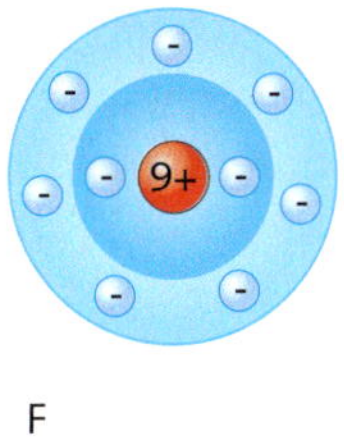

A Modell: Fluor-Atom,

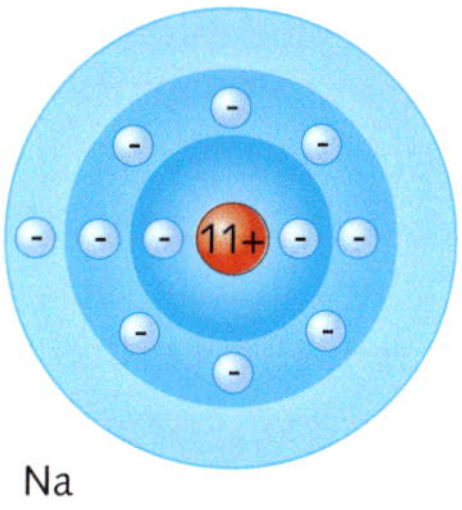

A Modell: Natrium-Atom,

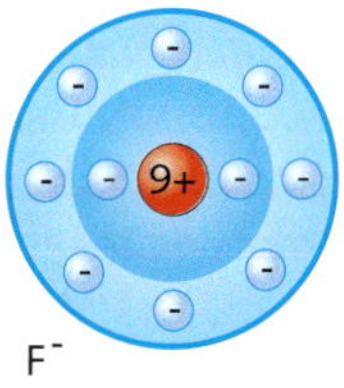

B Modell: Fluorid-Ion

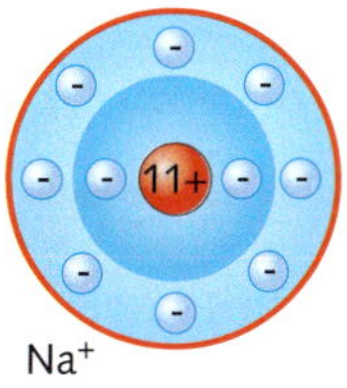

B Modell: Natrium-Ion

Natrium

Natrium ist ein sehr reaktionsfähiges **Alkalimetall.** Es reagiert mit Wasser, ist leicht brennbar und stark ätzend. Elementares Natrium wird wenig verwendet, zum Beispiel als Kühlmittel in Turbinen. Natrium-Verbindungen wie das Kochsalz sind dagegen allgegenwärtig.

Natrium ist sehr reaktionsfähig, weil das Natrium-Atom sein Außenelektron sehr leicht abgeben kann.
Dabei entsteht ein positiv geladenes, chemisch gering aktives Natrium-Ion mit einer Edelgasschale. Aus den Natrium- und Fluorid-Ionen entsteht das Salz Natriumfluorid. Dessen Ionen werden in geringen Mengen vom Körper benötigt.

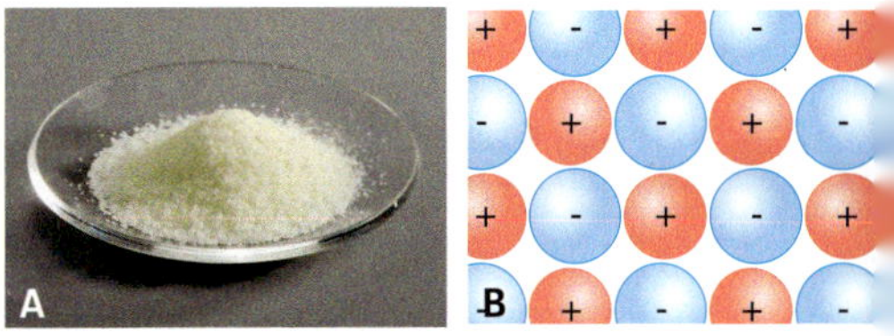

4 A Natriumfluorid (NaF), **B** Modell

Du kannst erläutern, warum Natrium und Fluor als Elemente andere Eigenschaften haben als in einer Verbindung.

Atome bilden Moleküle

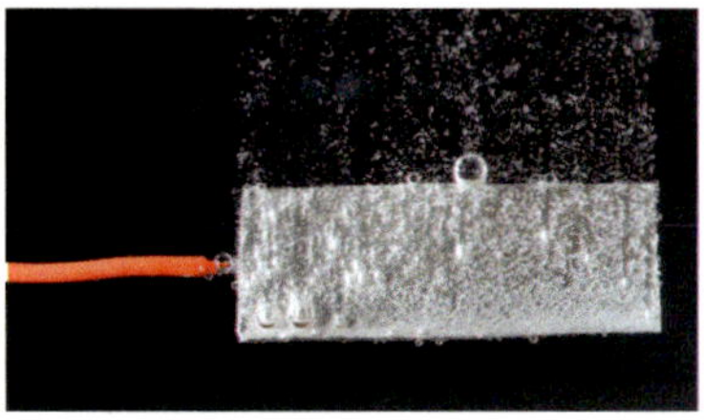

1 Bei der Elektrolyse entsteht Wasserstoff.

Bei der Elektrolyse entstehen zuerst Wasserstoff-Atome. Sie sind chemisch nicht stabil, weil sie keine Edelgasschale besitzen.

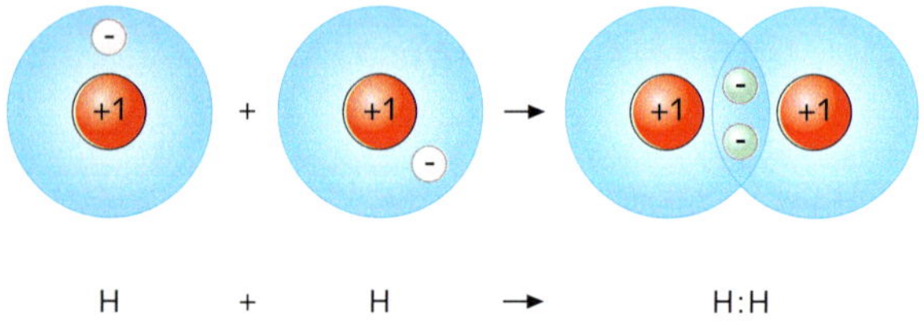

2 Zwei Wasserstoff-Atome bilden ein Wasserstoff-Molekül (H_2).

1. Ⓐ
Erkläre den Begriff Elektronenpaarbindung.

2. Ⓐ
a) Durch welche Kräfte werden Atome in Molekülen zusammengehalten?
b) Begründe, warum Edelgas-Atome keine Moleküle bilden können.
c) Erläutere die Oktettregel.

3. Ⓐ
Zeichne wie in Tabelle 3 die Strukturformeln für die Moleküle von Brom (Br_2) und Iod (I_2)..

Vereinfachte Strukturformel	Summenformel
Cl – Cl	Cl_2
O = O	O_2
N ≡ N	N_2

3 Die chemischen Reaktionen

Was Moleküle zusammenhält

Die meisten Stoffe, die flüssig oder gasförmig sind, bestehen aus Molekülen. In Molekülen sind Atome fest miteinander verbunden. Aber was hält die Atome eigentlich zusammen?

Das soll am Beispiel der Wasserstoff-Moleküle erklärt werden, die sich bei der Elektrolyse von Wasser bilden (Bild 1). Zuerst entstehen Wasserstoff-Atome. Sie sind instabil, denn sie besitzen nur ein Elektron in der Hülle. Sobald zwei Atome aufeinander treffen, durchdringen sich ihre Elektronenhüllen. Die Elektronen halten sich danach überwiegend zwischen den Kernen auf, denn sie werden von beiden Atomkernen gleich stark angezogen. Diese Elektronen bilden ein **bindende Elektronenpaar** (Bild 2). Die starken elektrostatischen Anziehungskräfte zwischen dem negativ geladenen Elektronenpaar und den positiv geladenen Atomkernen halten das Wasserstoff-Molekül (H_2) fest zusammen. Diese Art der chemischen Bindung heißt **Elektronenpaarbindung** oder **Atombindung.**

Im Molekül bilden die Elektronen eine gemeinsame Elektronenhülle. So verfügt jedes Wasserstoff-Atom über zwei Außenelektronen. Das entspricht der stabilen Hülle des Edelgases Helium.

In Strukturformeln wird das gemeinsame Elektronenpaar als Doppelpunkt (H : H) oder als Strich (H – H) geschrieben.

Oktettregel

Nichtmetall-Atome – außer Wasserstoff – benötigen acht Außenelektronen, um eine stabile, edelgasähnliche Elektronenhülle zu erreichen. So werden im Fluor-Molekül (F_2) zwei Fluor-Atome mit ihren jeweils sieben Außenelektronen durch eine Elektronenpaarbindung zusammengehalten (F – F). Dadurch erreicht jedes Fluor-Atom die stabile Außenschale des Neon-Atoms mit acht Außenelektronen. Außer beim Wasserstoff gilt diese **Oktettregel** (okto, griech.: acht) bei allen Molekülen.

Mehrfachbindungen

Sauerstoff-Atome mit sechs Außenelektronen benötigen zwei gemeinsame Elektronenpaare, um die Oktettregel zu erfüllen. Im Sauerstoff-Molekül (O_2) werden deshalb die Atome durch eine **Doppelbindung** zusammengehalten. Stickstoffatome mit fünf Außenelektronen benötigen drei gemeinsame Elektronenpaare. Im Stickstoff-Molekül (N_2) gibt es deshalb eine **Dreifachbindung.**

Du kannst mithilfe der Elektronenpaarbindung erklären, wie sich Moleküle bilden.
Du kannst die Oktettregel erläutern.

Molekülverbindungen aus verschiedenen Atomen

Formel	Schalenmodell	Strukturformel	vereinfachte Strukturformel
Wasser H_2O	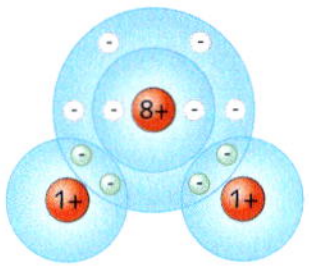	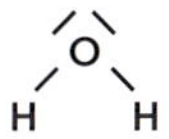	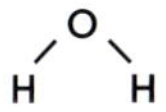
Kohlenstoffdioxid CO_2	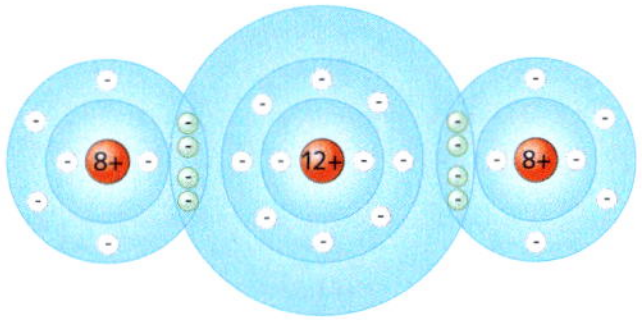	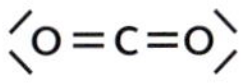	$O=C=O$

1 Moleküle aus unterschiedlichen Atomen

1. ≡ Ⓐ
Erkläre, warum das Kohlenstoffdioxid-Molekül zwei Doppelbindungen hat.

2. ≡ Ⓐ
a) Zeichne die vereinfachte Strukturformel von Methan (CH_4).
b) Vergleiche sie mit der Strukturformel von Kohlenstoffdioxid. Erkläre die Unterschiede.

3. ≡ Ⓐ
Zeichne das Schalenmodell von Fluorwasserstoff (HF).

Moleküle aus unterschiedlichen Atomen

In Molekülen werden die Atome durch Elektronenpaarbindungen zusammengehalten. Ausgehend von der Oktettregel gehen dabei die Atome Einfach- oder Mehrfachbindungen miteinander ein.

Das Wassermolekül

Das Wassermolekül besteht aus zwei Wasserstoff-Atomen und einem Sauerstoff-Atom. Das Sauerstoff-Atom mit seinen sechs Außenelektronen benötigt zwei Elektronen, um den Edelgaszustand zu erreichen. Die zwei Wasserstoff-Atome benötigen jeweils nur ein Elektron. Das Sauerstoff-Atom ist deshalb mit den zwei Wasserstoff-Atomen durch jeweils eine Elektronenpaarbindung verbunden. So verfügt jedes Atom im Wassermolekül über ein gefüllte Außenschale (Bild1). Neben den beiden bindenden Elektronenpaaren hat das Sauerstoff-Atom noch zwei **freie, nicht bindende Elektronenpaare.**

Das Kohlenstoffdioxid-Molekül

Das Kohlenstoffdioxid-Molekül besteht aus einem Kohlenstoff-Atom und zwei Sauerstoff-Atomen. Das zentrale Kohlenstoff-Atom benötigt vier Elektronen, um den Edelgaszustand von acht Außenelektronen zu erreichen. Deshalb geht das Kohlenstoff-Atom mit jedem der zwei Sauerstoff-Atome eine **Doppelbindung** ein.

Jede Doppelbindung besteht aus zwei Bindungselektronenpaaren. In ihr sind zwei der vier Außenelektronen des Kohlenstoff-Atoms jeweils mit zwei Außenelektronen des Sauerstoff-Atoms verbunden.
Da alle vier Außenelektronen des Kohlenstoff-Atoms gebunden sind, hat es keine freien Elektronen mehr.

Vereinfachte Strukturformeln

In den Strukturformeln werden die freien Elektronenpaare außen an die Elementsymbole geschrieben. In den vereinfachten Strukturformeln werden nur die bindenden Elektronenpaare berücksichtigt.

Du kannst Molekülverbindungen aus verschiedenen Atomen unterschiedlich darstellen.

Kohlenstoff – sehr variabel

1. V
a) Untersuche mittels einer Prüfstrecke die elektrische Leitfähigkeit von Grafit und Diamant. Benutze dazu eine Bleistiftmine und ein Schmuckstück oder einen größeren Industriediamanten.
b) Nenne weitere Unterschiede zwischen Grafit und Diamant.

2. V
Verbrenne einen Industriediamanten in einem Quarzrohr in reinem Sauerstoff. Sauge die Verbrennungsgase mithilfe einer Wasserstrahlpumpe durch eine Waschflasche mit Kalkwasser. Welchen Stoff kannst du nachweisen?

3. Q
a) Suche in einem Atlas oder im Internet nach Fundorten von Grafit und von Diamanten.
b) Nenne Verwendungsmöglichkeiten von Grafit und Diamant. Benutze dazu ein Lexikon oder das Internet.

Kohlenstoff

Wird Grafit in reinem Sauerstoff verbrannt, entsteht Kohlenstoffdioxid. Grafit muss somit aus Kohlenstoff bestehen. Der gleiche Nachweis gelingt überraschenderweise auch bei Diamant. Also besteht auch ein Diamant aus reinem Kohlenstoff. Das Element Kohlenstoff kommt in der Natur in verschiedenen Erscheinungsformen vor. Grafit und Diamant sind zwei **Modifikationen** von Kohlenstoff.

2 Grafit

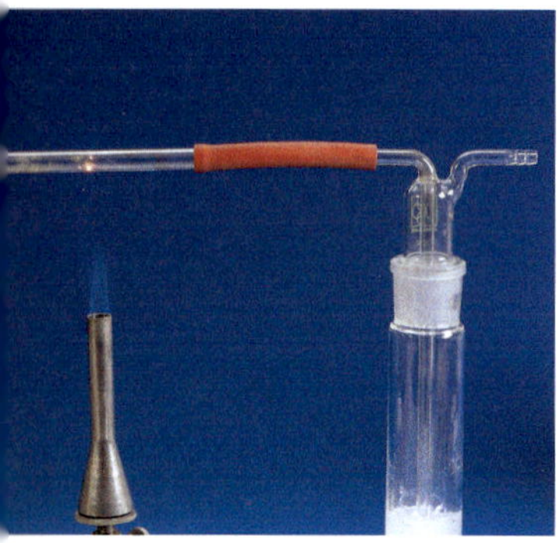
1 Diamanten werden verbrannt.

Die Kohlenstoff-Atome sind in beiden Stoffen zu einem Gitternetzwerk, **Atomgitter** genannt, verknüpft.
Obwohl Grafit und Diamant aus Kohlenstoff-Atomen bestehen, unterscheiden sie sich im Aussehen und in ihren Eigenschaften ganz deutlich voneinander. Gemeinsam ist ihnen, dass sie mit Sauerstoff vollständig zu Kohlenstoffdioxid verbrennen.

Grafit

Grafit wird in Bergwerken abgebaut und ist ein schwarzer, sehr weicher Feststoff, mit einer glänzenden Oberfläche. Er leitet den elektrischen Strom und hinterlässt beim Schreiben eine schwarze Spur aus winzigen Grafitplättchen auf dem Papier. Außer für Bleistifte wird er unter anderem als Schmiermittel für Lager verwendet. Als guter elektrischer Leiter wird Grafit für Schleifkontakte in Elektromotoren oder für Elektroden in Batterien eingesetzt.

Ruß

Ruß ist ein Bestandteil von Abgasen und besteht aus winzigen Grafitkristallen. Ruß wird in Tonern von Laserdruckern und Kopierern, als Druckerschwärze und als Zusatz in Autoreifen verwendet.

Diamant

Rohdiamanten sind nicht nur farblos. Sie können durch geringe Verunreiniguten gefärbt werden. Im Gegensatz zu Grafit sind Diamanten elektrische Nichtleiter. Kennzeichnend für diesen teuersten Edelstein sind die starke Lichtbrechung und der besonders schöne Glanz. Diese Eigenschaft kommt aber erst beim Schleifen zum Brillianten voll zur Geltung.
Der Diamant ist der härteste in der Natur vorkommende Stoff. Splitter aus der Herstellung von Schmuckdiamanten und verunreinigte Rohdiamanten finden in Bohrköpfen von Erdölbohrern, Trennscheiben für Beton oder Schneidwerkzeugen für Glas Verwendung.

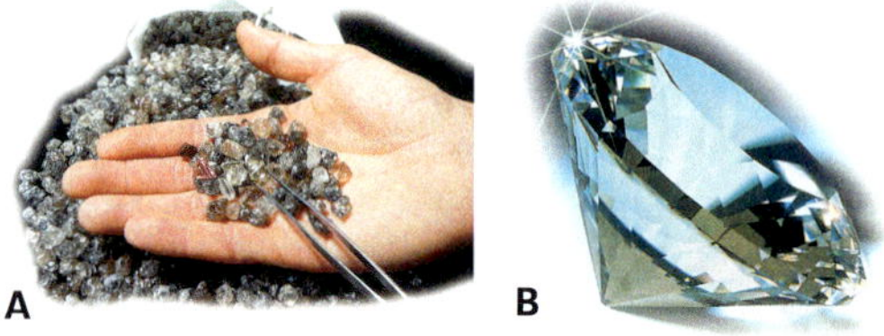
A B
3 A Rohdiamanten, **B** Brillant

Künstliche Diamanten

Diamanten für industrielle Zwecke werden heute oft künstlich hergestellt. Dazu wird Grafit in speziellen Hochdruckpressen einer Temperatur von 2000 °C und einem Druck von 150 000 bar ausgesetzt.

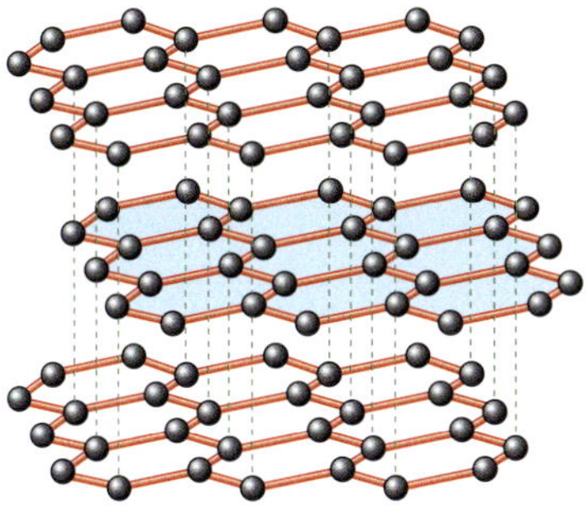

4 Grafitgitter

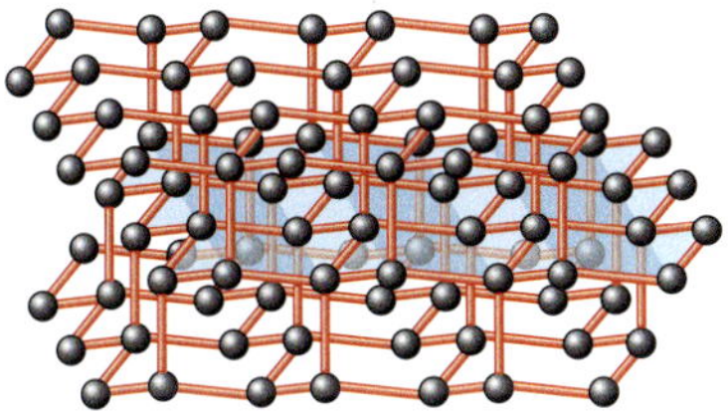

5 Diamantgitter

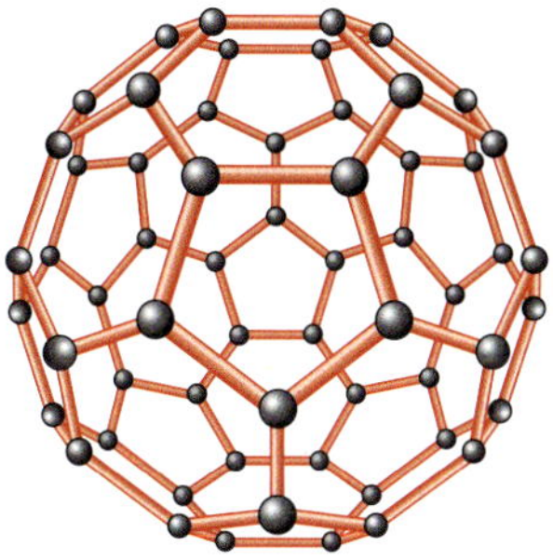

6 Fulleren-Molekül

Grafitstruktur

In Grafit bilden die Kohlenstoff-Atome Schichten. Zwischen den Schichten wirken nur schwache Anziehungskräfte. Die Schichten lassen sich daher leicht gegeneinander verschieben (Bild 4). Deshalb ist Grafit weich und kann auch als Schmiermittel eingesetzt werden.

Jedes Atom in einer Schicht ist mit drei anderen durch eine Elektronenpaarbindung fest verknüpft. Jede Schicht besteht aus Ringen von sechs Kohlenstoff-Atomen, die ähnlich wie Bienenwaben angeordnet sind. Das vierte Außenelektron ist frei beweglich. Deshalb ist Grafit elektrisch leitend.

Diamantstruktur

In Diamanten sind die Kohlenstoff-Atome dicht gepackt. Jedes Kohlenstoff-Atom ist mit vier weiteren Atomen durch eine Elektronenpaarbindung fest verbunden. Dadurch ergibt sich ein dreidimensionales Diamantgitter (Bild 5). Diese besonders gleichmäßigen und stabilen Bindungen erklären die große Härte des Diamanten. Da alle vier Außenelektronen der Kohlenstoff-Atome fest gebunden sind, ist der Diamant auch kein elektrischer Leiter.

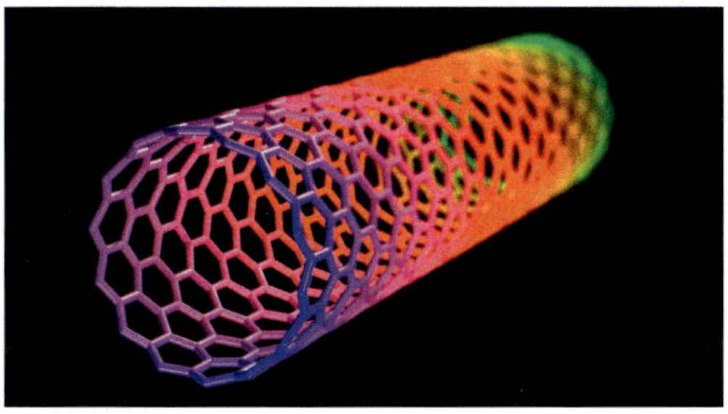

7 Nanoröhren

Fullerene

Seit 1985 ist eine weitere Modifikation des Kohlenstoffs bekannt, die **Fullerene.** Die aus Fulleren-Molekülen aufgebauten Stoffe sind bei Zimmertemperatur kristallin, weich und elastisch.
Eine besondere Klasse der Fullerene sind die **Nanoröhren.** Je nach Aufbau sind sie elektrische Leiter oder **Halbleiter.** Sie besitzen die Festigkeit von Diamanten. Mit Kunststoffen vermischt erhöhen sie deren Festigkeit. Außerdem sind sie als Speichermaterial für Wasserstoff geeignet.

Fullerenstruktur

Fulleren-Moleküle bestehen aus 60 bis 100 Kohlenstoff-Atome. Das bekannteste Fulleren, das Buckminster-Fulleren, besteht aus 60 Atomen. Es erinnert in seiner Form an einen Fußball (Bild 6). Die Atome sind in Form von abwechselnden Fünf- und Sechsecken verbunden. Wie in Grafit ist jedes Kohlenstoff-Atom nur mit drei weiteren Atomen verbunden. Das vierte Außenelektron ist frei beweglich. Fullerene besitzen deshalb Halbleitereigenschaften.

Du kannst die Modifikationen des Kohlenstoffs nennen und ihre unterschiedlichen Eigenschaften beschreiben.

	Grafit	Diamant	Fulleren
Aussehen	undurchsichtig, grauschwarz glänzend, fühlt sich fettig an	durchsichtig, stark Licht brechend	schwarz, glänzend
elektrische Leitfähigkeit	gut	nicht leitend	Halbleiter
Härte	sehr weich	sehr hart	weich
Dichte	2,25 $\frac{g}{cm^3}$	3,51 $\frac{g}{cm^3}$	1,65 $\frac{g}{cm^3}$
chemisches Verhalten	widerstandsfähig gegen alle Chemikalien, verbrennt bei 3500°C	widerstandsfähig gegen alle Chemikalien, verbrennt bei 3000°C	reagiert mit verschiedenen Chemikalien

8 Eigenschaften der Kohlenstoff-Modifikationen

Die Metallbindung

1.
a) Nenne gemeinsame Eigenschaften der Metalle.
b) Beschreibe den inneren Aufbau von Metallen.

2.
Vergleiche den Aufbau eines Metallgitters und eines Ionengitters.

3.
a) Erkläre die gute Wärmeleitfähigkeit und elektrische Leitfähigkeit der Metalle.
b) Erkläre, warum Metalle verformbar sind, Salze dagegen nicht.

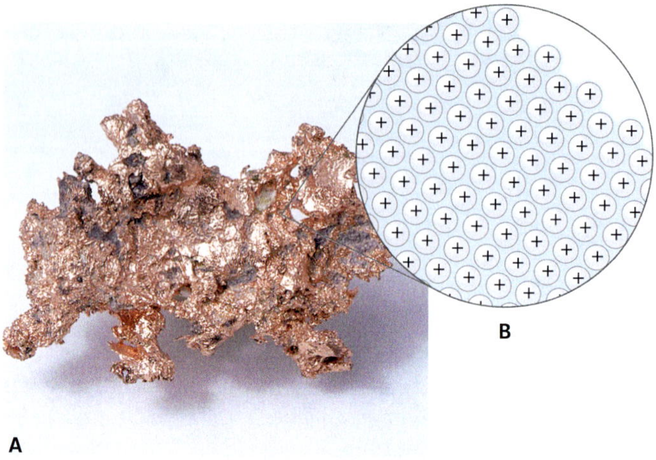

1 Kupfer: **A** Nugget, **B** Modell vom Metallgitter

Eigenschaften der Metalle

Metalle sind **kristalline Feststoffe.** Sie unterscheiden sich in ihren Eigenschaften aber deutlich von den Salzen. Metalle lassen sich gut verformen und sind gute elektrische Leiter. Diese typischen Eigenschaften lassen sich durch ihren inneren Aufbau erklären.

Der Aufbau der Metalle

In Metallen liegen die Metall-Atome in einer raumsparenden Anordnung dicht nebeneinander. Sie bilden ein regelmäßiges **Metallgitter.** Im Metallgitter können sich die Metall-Atome nicht von ihren Plätzen bewegen.

Die Metallbindung

Am Beispiel des Aluminiums lässt sich der innere Aufbau von Metallen beschreiben. Aluminium besteht aus dicht gepackten Aluminium-Atomen.

Dadurch können die Elektronen in der äußersten Schale leicht abgegeben werden. Zurück bleiben positiv geladene Restatome. Zwischen den jetzt fast frei beweglichen Elektronen und den positiven Atomen entstehen Anziehungskräfte, die die Atome im Metallgitter zusammenhalten. Diese Art der Bindung wird **Metallbindung** genannt.

Wärmeleitfähigkeit

Nimmst du ein Stück Metall bei Raumtemperatur in die Hand, fühlt es sich zunächst kalt an. Das Metall leitet die Wärme deiner Hand schnell ab. Umgekehrt wird Wärme von einem heißen Metall schnell auf einen kälteren Gegenstand übertragen.
Die gute Wärmeleitfähigkeit der Metalle lässt sich mit dem Modell der frei beweglichen Elektronen erklären.

Die frei beweglichen Elektronen im Metallgitter nehmen deine Körperwärme leicht auf. Durch Zusammenstöße mit anderen freien Elektronen wird die Wärmeenergie schnell von einem Elektron auf das nächste übertragen. Zusätzlich wird die Wärmeenergie aber auch durch Zusammenstöße der Metall-Atome übertragen.
Da die Energie durch die Elektronen sehr schnell übertragen wird, haben Metalle ein hohe Wärmeleitfähigkeit.

Elektrische Leitfähigkeit

Wird ein Kupferdraht mit einer Gleichspannungsquelle verbunden, werden die im Kupfer frei beweglichen Elektronen vom Minuspol zum Pluspol verschoben. Der Minuspol wirkt dabei wie eine Pumpe und drückt die Elektronen in den Draht. Am Pluspol herrscht Elektronenmangel. Dort werden die Elektronen aus dem Draht gezogen.

Basiskonzepte S. 193

Worin sich Metall und Salze unterscheiden

Die Verformbarkeit der Metalle beruht darauf, dass die Schichten der positiven Metall-Atome aneinander vorbeigleiten können. Da sie auch in der neuen Lage von freien Elektronen umgeben sind, werden sie auch nach der Verformung fest zusammengehalten. Ionenkristalle können dagegen nicht verformt werden. Sie zerbrechen bereits, wenn durch einen Schlag das Ionengitter um eine Schicht verschoben wird. Dann stehen sich gleich geladene Ionen gegenüber. Sie stoßen sich gegenseitig ab, der Kristall bricht auseinander (Bild 2).
Im Vergleich zu den Metallen haben Ionenkristalle oft höhere Schmelz- und Siedetemperaturen. Ursache dafür sind die starken Anziehungskräfte zwischen den unterschiedlich geladenen Ionen.

Du kannst die Metallbindung beschreiben und die Wärmeleitfähigkeit und elektrische Leitfähigkeit der Metalle erklären.

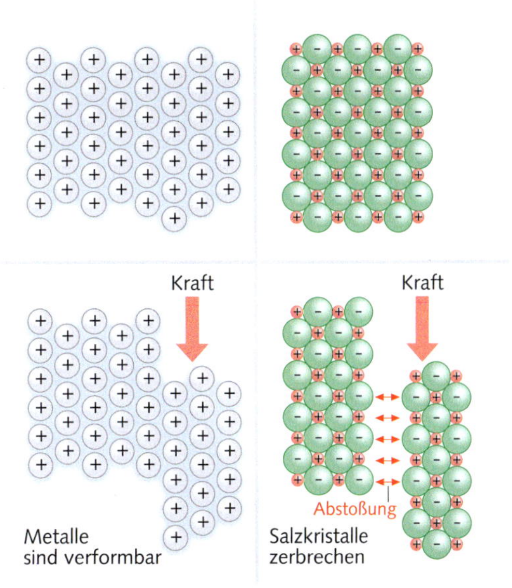

2 Metallkristalle und Ionenkristalle unterscheiden sich.

Nobelpreis für ein Supermikroskop

STREIFZUG

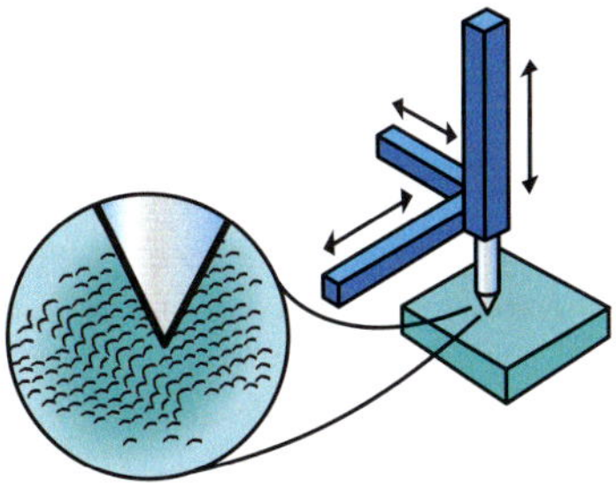

3 Eine Probe wird abgetastet.

Raster-Tunnel-Mikroskop

Die freien Außenelektronen eines Metalls umgeben die positiv geladenen Restatome auch auf der Metalloberfläche. Die Physiker GERD BINNIG und HANS ROHRER wollten den Elektronenstrom messen, der daraus nach außen abfließen kann. Sie entwickelten eine Versuchsanordnung, die zum **Raster-Tunnel-Mikroskop (RTM)** führte. Damit war es möglich, in bisher unbekannte atomare Bereiche vorzustoßen.

Messtechnik

Eine Messsonde aus einem Wolframdraht mit extrem feiner Spitze wird bis auf wenige Atomdurchmesser (etwa 0,000001 mm) an die zu untersuchende Metalloberfläche herangeführt. An den Draht wird eine positive Spannung angelegt. Es fließen Elektronen von der Metalloberfläche ab. Die Probe wird zeilenweise abgetastet. Die Spitze des Wolframdrahtes wird dabei so gesteuert, dass sie stets den gleichen Abstand zu den Restatomen an der Oberfläche einhält.
Aus den Steuerungssignalen errechnet ein Computer das Profil der Metalloberfläche und verarbeitet es zu einem etwa 100 000 000-fach vergrößerten Bild.
Für die Entwicklung dieses Supermikroskops erhielten BINNIG und ROHRER im Jahre 1986 den Nobelpreis für Physik.

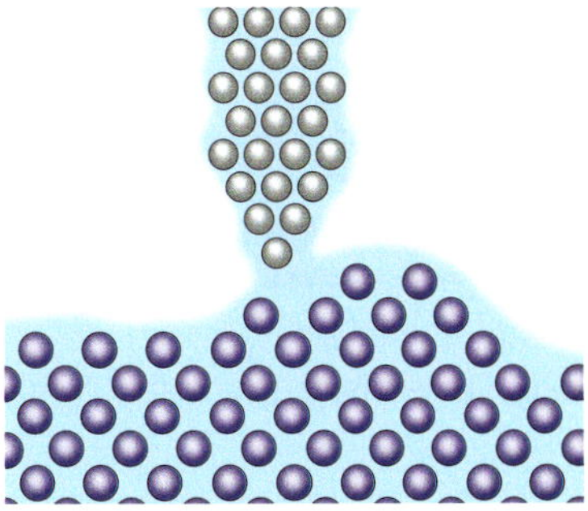

4 Der Wolframdraht als Messsonde

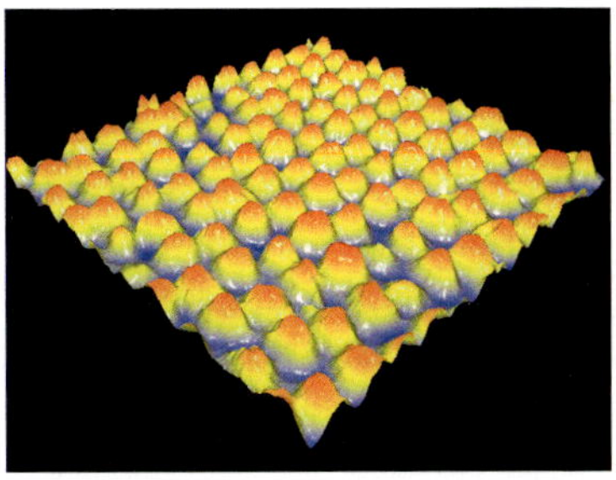

5 RTM – Bild einer Metalloberfläche

Basiskonzepte S. 193

Magnesium-Atome und Magnesium-Ionen

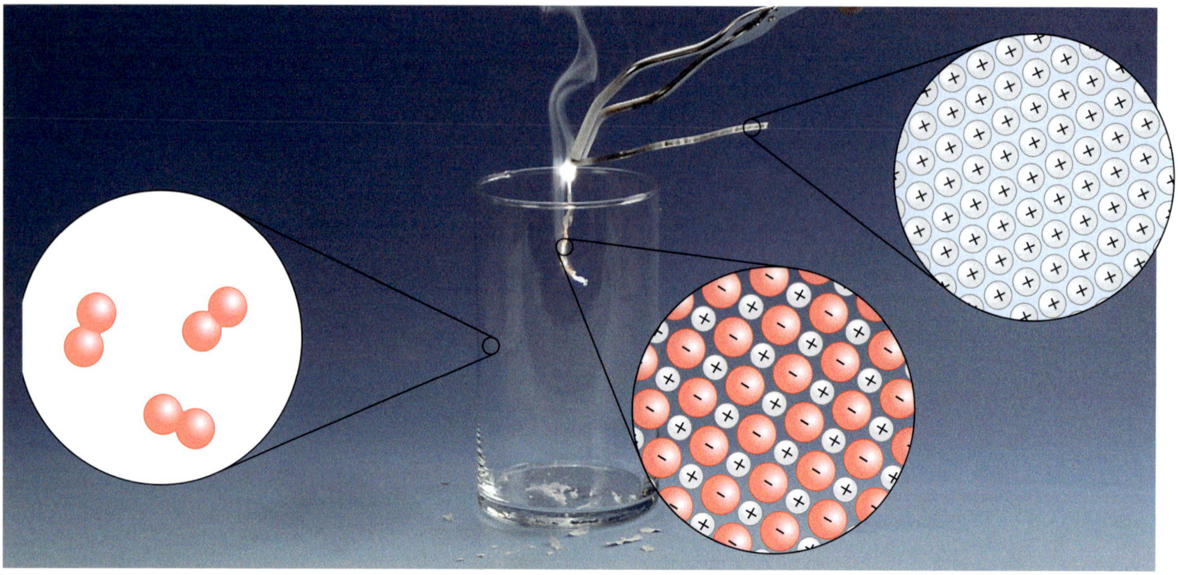

1 Metallisches Magnesium verbrennt in Sauerstoff zu Magnesiumoxid.

Magnesium als Metall

Das metallisch glänzende Magnesiumband besteht aus regelmäßig angeordneten, positiv geladenen Magnesium-Atomen. Sie sind aus Magnesium-Atomen entstanden, die ihre zwei Außenelektronen als freie Elektronen abgegeben haben.

Alle Elektronen befinden sich noch im Metallgitter. Für jedes Magnesium-Restatom stehen dabei zwei Elektronen zur Verfügung. Das Magnesiumband besteht also dadurch aus vollständigen Magnesium-Atomen.

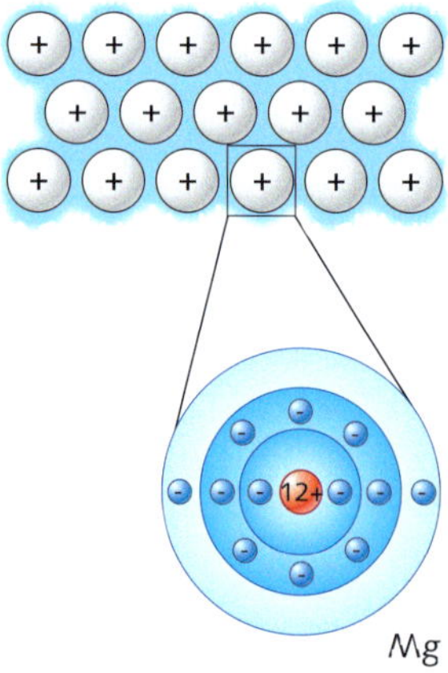

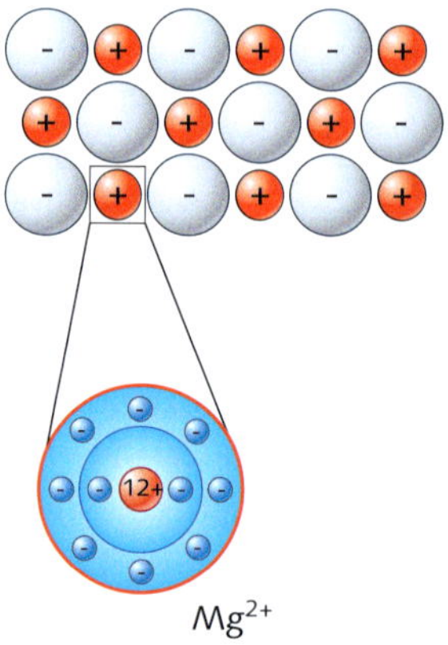

Magnesium als Oxid

Magnesiumoxid lässt sich durch Verbrennung von Magnesium in Sauerstoff herstellen. Dabei entsteht aus dem glänzenden Metall ein weißes, feinkristallines Pulver.

Bei der Bildung des Magnesiumoxids haben die Magnesium-Atome ihre Außenelektronen jeweils dauerhaft an die Sauerstoff-Atome abgegeben. Dabei entsteht ein stabiles Ionengitter aus positiv geladenen Magnesium-Ionen (Mg^{2+}) und negativ geladenen Sauerstoff-Ionen (O^{2-}).

1. A
Metallisches Magnesium ist ein elektrischer Leiter. Begründe, warum das Magnesiumoxid, das ebenfalls Magnesium enthält, ein Nichtleiter ist.

2. A
Nenne einige Metalle, die unser Körper benötigt. Finde heraus, in welcher Form diese Stoffe dem Körper zugeführt werden müssen.

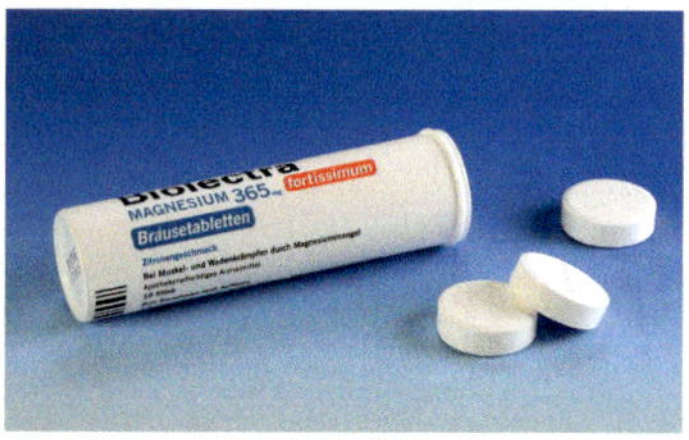

Die Redoxreaktion – eine Übertragung von Elektronen

1. (V) Demonstrationsversuch
Ein Gemisch aus Kupferoxid und Magnesium wird einem Reagenzglas mit der blauen Brennerflamme erhitzt.
Hinweis: Die Reagenzglasöffnung wird mit etwas Glaswolle verschlossen.

2. ≡ (A)
a) Notiere deine Beobachtungen zu Versuch 1.
b) Schreibe die Reaktionsgleichung in Symbolschreibweise auf und benenne Elektronendonator und Elektronenakzeptor.

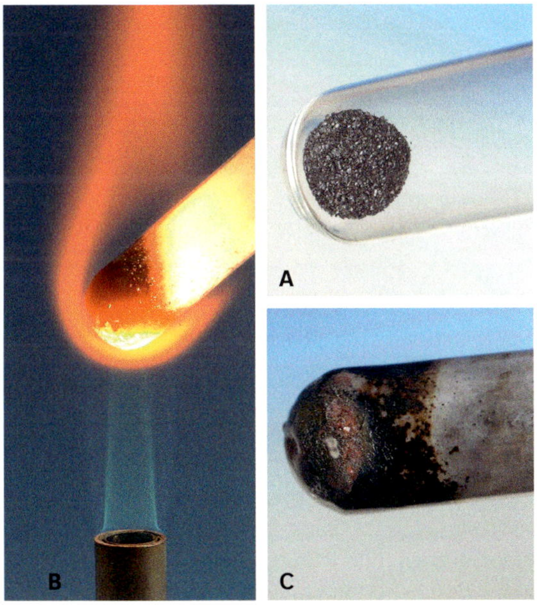

1 Kupferoxid reagiert mit Magnesium:
A Ausgangsstoffe, **B** Reaktion, **C** Produkte

Redoxreaktion und Elektronenübertragung

Magnesium bindet den Sauerstoff stärker als Kupfer, deshalb wird dem Kupferoxid bei einer Redoxreaktion der Sauerstoff entzogen. Elementares Kupfer bleibt zurück. Bei der Betrachtung auf der Teilchenebene findet eine Übertragung von Elektronen statt.

Oxidation – Elektronenabgabe

Die Magnesium-Atome geben während der Redoxreaktion ihre Außenelektronen ab. Die Magnesium-Atome werden zu Magnesium-Ionen:

Elektronenabgabe: $Mg \rightarrow Mg^{2+} + 2e^-$

Die Abgabe von Elektronen ist eine **Oxidation.**

Reduktion – Elektronenaufnahme

Die von den Magnesium-Atomen abgegebenen Außenelektronen werden von den Kupfer-Ionen aufgenommen. Die Kupfer-Ionen werden dadurch zu Kupfer-Atomen:

Elektronenaufnahme: $Cu^{2+} + 2e^- \rightarrow Cu$

Die Aufnahme von Elektronen ist eine **Reduktion.**

Redoxreaktion

Elektronenabgabe und Elektronenaufnahme laufen gleichzeitig ab. Eine Redoxreaktion ist also eine **Elektronen-Übertragungsreaktion.** Teilchen, die Elektronen abgeben sind **Elektronendonatoren** (donare, lat.: schenken). Teilchen, die die Elektronen aufnehmen, sind **Elektronenakzeptoren** (acceptare, lat.: annehmen).

Du kannst die Redoxreaktion als eine Elektronen-Übertragungsreaktion beschreiben.

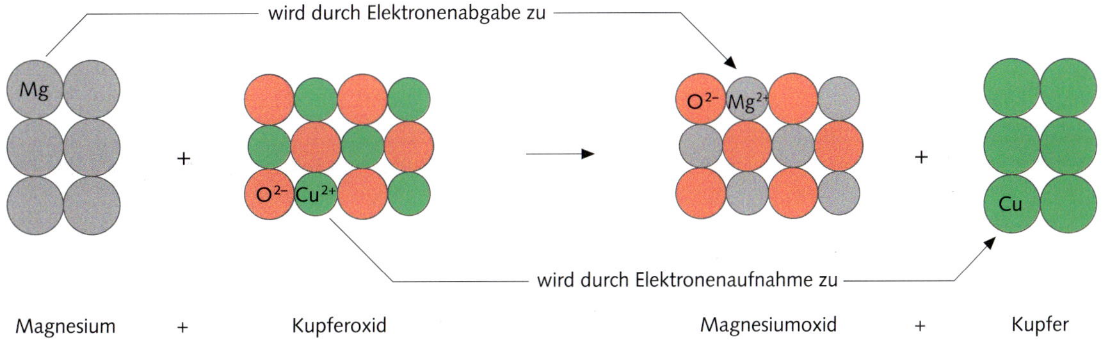

2 Die Redoxreaktion als Elektronen-Übertragungsreaktion

Reine Metalle und Legierungen

1. A
Es gibt Eisennägel und Stahlnägel. Erläutere den unterschiedlichen Verwendungszweck und nenne Vor- und Nachteile beider Sorten.

2. Q
Finde heraus und begründe,
a) wo reines Gold verwendet wird,
b) wo Goldlegierungen eingesetzt werden.
Erkläre die Unterschiede.

1 Der Eisennagel ist verbogen.

2 Der Stahlnagel könnte brechen.

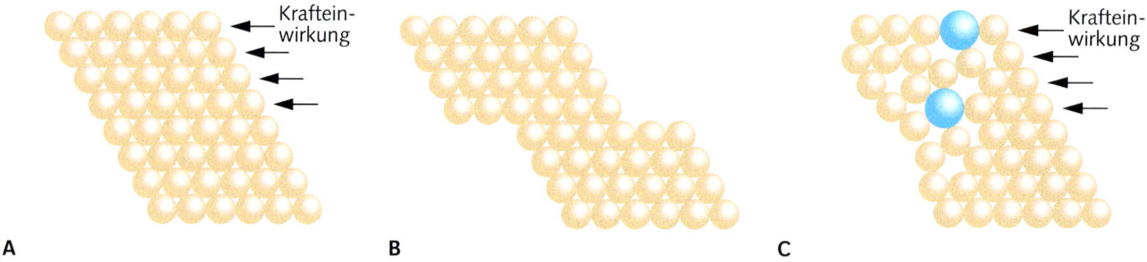

3 Anordnung von Metall-Atomen **A** vor einer Krafteinwirkung, **B** nach einer Krafteinwirkung, **C** Atome in einer Legierung

Legierungen – besser als reine Metalle?

Wir haben täglich mit Metallen zu tun, aber nie mit reinen Metallen, etwa beim Eisen. Es ist das wichtigste Gebrauchsmetall. Im Alltag begegnet es uns aber nur in Form von unterschiedlich zusammengesetzten Legierungen. Ein unverzichtbarer Legierungsbestandteil ist dabei der Kohlenstoff.

In der Technik werden alle Eisenlegierungen mit bis zu 2 % Kohlenstoffanteil als **Stahl** bezeichnet.

Ein einfaches Beispiel für Stahllegierungen mit unterschiedlichem Kohlenstoffanteil sind Nägel. Es gibt sie unter anderem für Holz als „Drahtstifte“. Das sind nicht allzu harte, verformbare Eisennägel, die weniger als 0,5 % Kohlenstoff enthalten. Daneben gibt es Nägel für Mauerwerk als „Stahlnägel“ mit etwa 1,5 % Kohlenstoff. Solche Nägel sind sehr hart und spröde und können zerbrechen.

Das gestörte Metallgitter

Im reinen Metall sind die Metallatome regelmäßig angeordnet. So entsteht ein **Metallgitter.** Die positiv geladenen Restatome werden von Elektronen zusammengehalten. Wird eine Kraft ausgeübt, können die Atomschichten aneinander vorbeigleiten (Bild 3 A und 3 B). Danach sind die Atome erneut zu einer dicht gepackten Struktur angeordnet. In einer **Legierung** wird die regelmäßige Anordnung der Atome durch Fremdatome abweichender Größe unterbrochen (Bild 3 C). Beim Stahl sind es eingebaute Kohlenstoffatome, die den Gitteraufbau beeinflussen. In beiden Fällen wird so das Gleiten der Atomschichten erheblich behindert. Auf diese Weise entstehen Werkstoffe, die härter und fester, aber weniger gut verformbar sind als die reinen Metalle. Die **elektrische Leitfähigkeit** ist bei Legierungen allerdings deutlich schlechter als bei reinen Metallen. Die Fremdatome behindern die Beweglichkeit der Elektronen.

Du kannst Eigenschaften von Metallen und Legierungen aus ihrem inneren Aufbau erklären.

Basiskonzepte S. 193

Zwei Metalle für eine Batterie – die Volta-Säule

In diesem Praktikum baust du die erste Stromquelle nach, die elektrischen Strom lieferte. ALESSANDRO VOLTA (1745 – 1827) erfand sie um 1800. Sie wird als **Volta-Säule** bezeichnet. VOLTA zu Ehren erhielt die elektrische Spannung die Maßeinheit Volt.

Material

- 15 Kupferscheiben, zum Beispiel 5 ct-Münzen
- 15 verzinkte Unterlegscheiben in der Größe der Kupferscheiben
- 15 passende Scheiben aus Haushaltspapier
- 2 dünne Kupferkabel, etwa 20 cm lang
- 1 rote Leuchtdiode
- verdünnte Schwefelsäure als Elektrolyt
- 3 Holzstäbchen, etwa 12 cm lang
- 1 Holzbrettchen (6 cm x 6 cm x 2 cm)
- Messgerät
- Bohrer, Messer, Schere
- Klebstoff, Tesafilm

Metalle in Batterien

Mit Metallen wie Blei, Silber, Lithium, Magnesium und Mangan und einigen Metallverbindungen und einem Elektrolyten können Batterien hergestellt werden.

Auch Zink gehört zu diesen Metallen und ist Bestandteil vieler Batterien. Zink bildet immer den Minuspol. Zink-Atome werden dabei oxidiert, sie geben jeweils zwei Elektronen ab und werden zu zweifach positiven geladenen Zink-Ionen:

$$Zn \rightarrow Zn^{2+} + 2e^-$$

Die Elektronen fließen in einem äußeren Stromkreis zum anderen Pol der Batterie. Sie können Motoren antreiben oder Lampen zum Leuchten bringen. Sind alle Zink-Atome einer Batterie zu Zink-Ionen geworden, werden keine Elektronen mehr freigesetzt – die Batterie ist „leer".

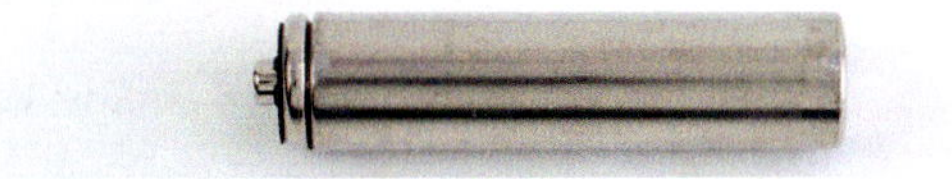

3 Zink als Batteriemetall

Vorbereitung

- Markiere auf dem Brettchen den Umriss einer 5 ct-Münze und bohre drei Löcher für die Holzstäbchen. Gib etwas Klebstoff in die Löcher und befestige die Holzstäbchen.
- Reinige und entfette alle Münzen und Unterlegscheiben.
- Entferne an jedem Ende der Kabel etwa 2 cm der Isolierung. Fächere an jeweils einem Ende die Litzen auf. Befestige das eine Kabel auf eine Kupfermünze und das andere auf eine Unterlegscheibe (Bild 1).
- Tränke die Scheiben aus Haushaltspapier mit dem Elektrolyten.

1 Verbindung Kupfermünze-Kabel

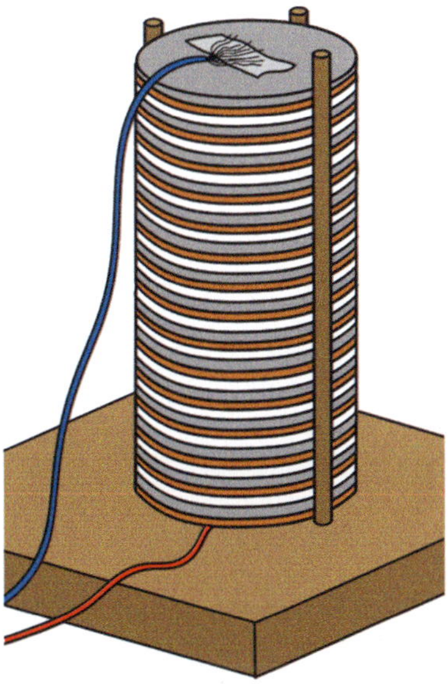

2 Die nachgebaute Voltasäule

Aufbau

Schichte nun zwischen den Holzstäbchen einen Turm aus Kupfermünzen, Unterlegscheiben und den Papierscheiben auf. Beginne mit der Kupfermünze, die mit einem Kabel verbunden ist. Der Kabelanschluss kommt auf die Unterseite. Dann folgt eine Papierscheibe und eine Unterlegscheibe. Und in der Reihenfolge geht es weiter:

- Kupfermünze,
- Papier,
- Unterlegscheibe,
- Kupfermünze, ...

Ganz nach oben kommt die Unterlegscheibe, die mit dem Kabel verbunden ist. Hier ist das Kabel auf der Oberseite (Bild 2).

Funktionsprüfung

Mit einem Messgerät kannst du nun eine Spannung von mehreren Volt nachweisen oder eine rote Leuchtdiode zum Leuchten bringen.

Wasser – ein besonderer Stoff?

1.
Halte einen durch Reibung negativ geladenen Kunststoffstab an einen dünnen Wasserstrahl aus einen Bürette. Notiere deine Beobachtungen.

2.
Überlege, wie der Versuch 1 mit einem positiv geladenen Stab ablaufen würde. Fertige dazu eine Skizze wie in Bild 1 an.

3.
a) Tropfe mithilfe einer Pipette so viel Wasser wie möglich auf eine 2 ct-Münze.
b) Wiederhole den Versuch mit Waschbenzin.
c) Beschreibe die Ergebnisse und erkläre die Unterschiede.

Wassermoleküle sind Dipole

Ein dünner Wasserstrahl wird von einem elektrisch geladenen Stab angezogen. Also müssen auch die Wassermoleküle elektrische Ladungen tragen.

In Wassermolekülen sind jeweils zwei Wasserstoff-Atome durch Elektronenpaarbindungen mit einem Sauerstoff-Atom verbunden. Die Bindungselektronen sind aber nicht gleichmäßig zwischen den Bindungspartnern verteilt, sondern das Sauerstoff-Atom zieht die Bindungselektronen stärker an sich heran.

Am Sauerstoff-Atom entsteht ein Überschuss an negativer Ladung. Hier bildet sich ein Minuspol (δ^-). Die beiden Wasserstoff-Atome haben dadurch einen Mangel an negativer Ladung und bilden Pluspole (δ^+). Solche Moleküle mit positiven und negativen Polen werden **Dipolmoleküle** genannt.

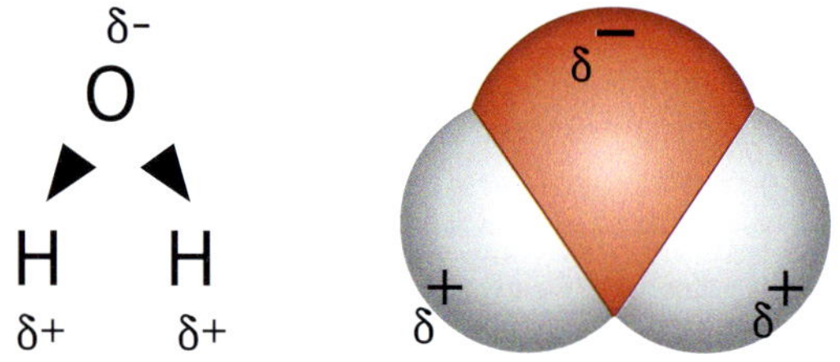

2 Dipolmoleküle

Die Wasserstoffbrückenbindung

Auch untereinander ziehen sich die Wassermoleküle mit ihren entgegengesetzt geladenen Polen an und schließen sich zu Molekülgruppen zusammen. Die starken Anziehungskräfte zwischen den Molekülen heißen **Wasserstoffbrückenbindungen** (Bild 2).
An der Wasseroberfläche wirken diese Bindungen, als hätte das Wasser eine Haut. Diese Eigenschaft wird als **Oberflächenspannung** bezeichnet.

Du kannst Wassermoleküle als Dipolmoleküle beschreiben und erklären, wie Wasserstoffbrückenbindungen entstehen.
Du kannst die Eigenschaft der Oberflächenspannung erklären.

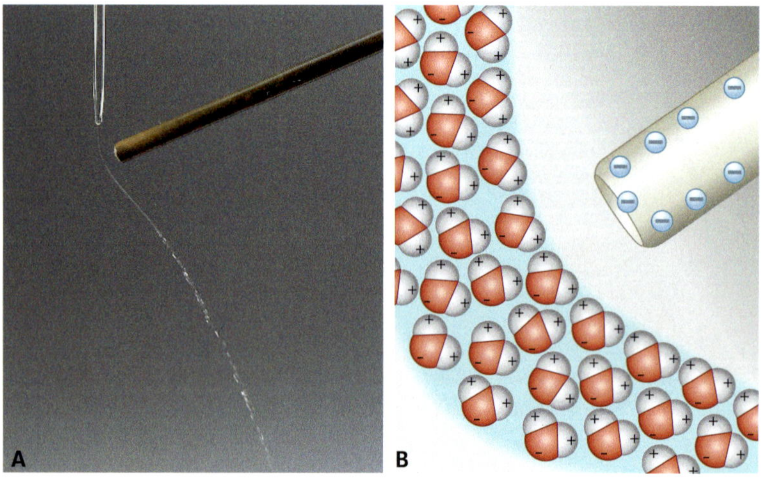

1 Ein Wasserstrahl wird abgelenkt: **A** Versuch, **B** Modell

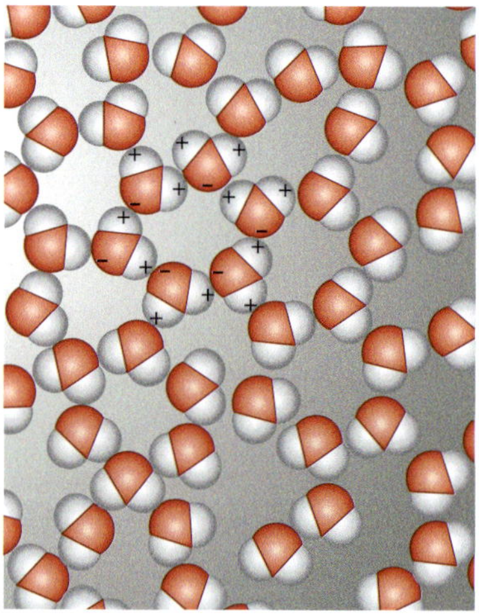

3 Wasserstoffbrückenbindungen

Wasser löst Salze

1. ☰ V
Gib 5 g Kochsalz in ein Becherglas mit 50 ml Wasser. Rühre langsam um und notiere deine Beobachtungen.

2. ☰ V
Gib 5 g Calciumcarbonat in ein Becherglas mit 50 ml Wasser. Rühre ebenfalls langsam um und notiere deine Beobachtungen.

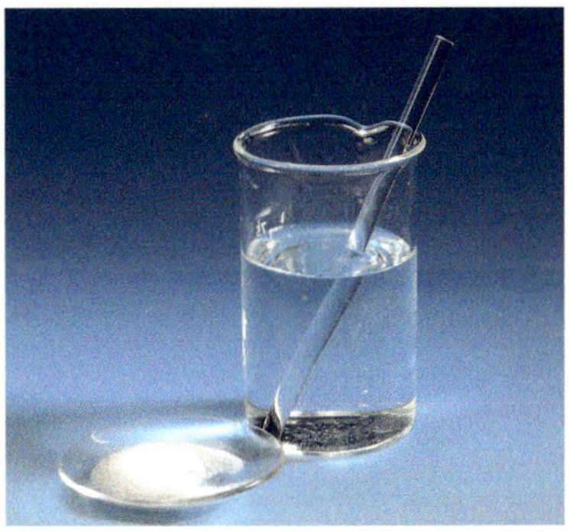
1 Kochsalz wird in Wasser gelöst.

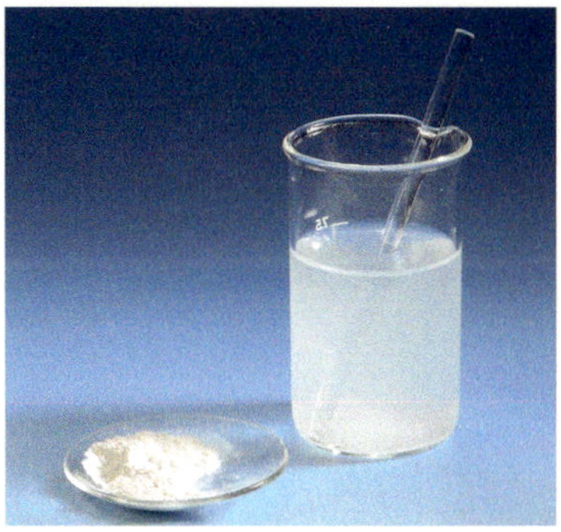
2 Calciumcarbonat wird in Wasser gelöst.

Wie Wasser Salz löst

Die Suppe ist versalzen und nicht genießbar. Dass zu viel Salz in der Suppe ist, konntest du erst beim Abschmecken feststellen.
Das Lösen von Salzen in Wasser, wie von Kochsalz lässt sich mit den Dipoleigenschaften des Wassers erklären. Werden Kochsalzkristalle ins Wasser gegeben, greifen die Dipol-Moleküle des Wassers zuerst an den Ecken und Kanten an. Um die positiv geladenen Natrium-Ionen drängen sich die Dipol-Moleküle mit ihrer negativen Ladungsseite und lösen die Natrium-Ionen aus dem Gitter heraus. Bei den Chlorid-Ionen ist es umgekehrt. Der Lösungsvorgang geht von außen nach innen voran, bis das Ionengitter völlig aufgelöst ist.

Wassermoleküle bilden Hydrathüllen

Die Wassermoleküle umhüllen jedes Ion und bilden eine **Hydrathülle.** Sie schirmt die Ionen voneinander ab, so dass sie sich nicht wieder zu einem Kristall zusammenlagern.

Wasser löst nicht alle Salze gut

Nicht alle Salze lösen sich gleich gut in Wasser. So löst sich Calciumcarbonat nur wenig in Wasser. Die Löslichkeit von Salzen ist von den Anziehungskräften zwischen den Ionen des Salzes abhängig. Je stärker die Anziehungskräfte zwischen den Ionen sind, umso schlechter löst sich das Salz in Wasser.

Du kannst Löslichkeit von Salzen in Wasser mithilfe der Dipoleigenschaften des Wassers erklären.
Du kannst beschreiben, wie Wasser-Moleküle eine Hydrathülle bilden.

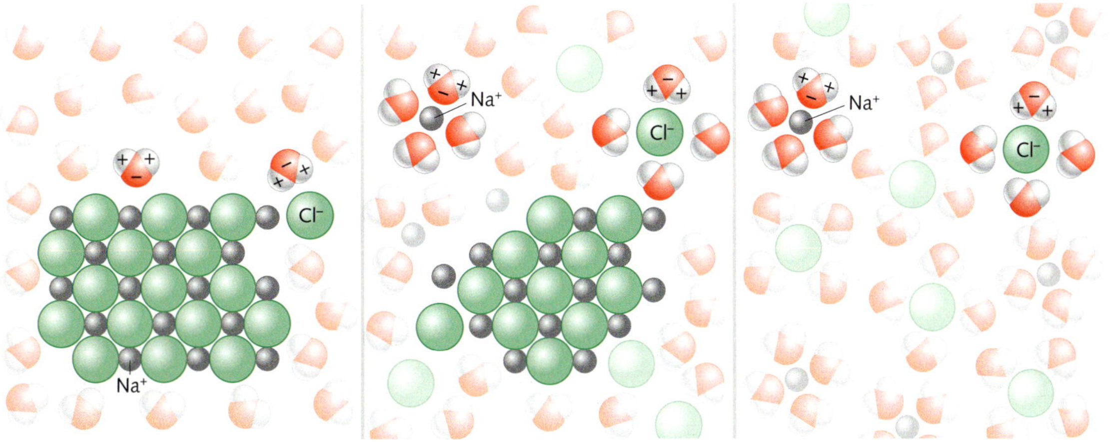

3 Der Lösungsvorgang von Kochsalz in Wasser

Moleküle als Dipole

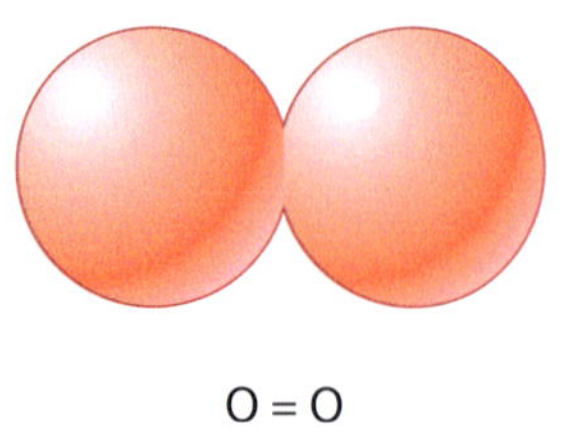

1 Unpolare Elektronenpaarbindung im Sauerstoff-Molekül

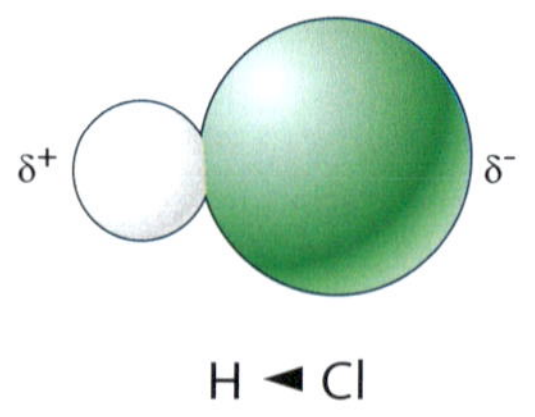

2 Polare Elektronenpaarbindung im Chlorwasserstoff-Molekül

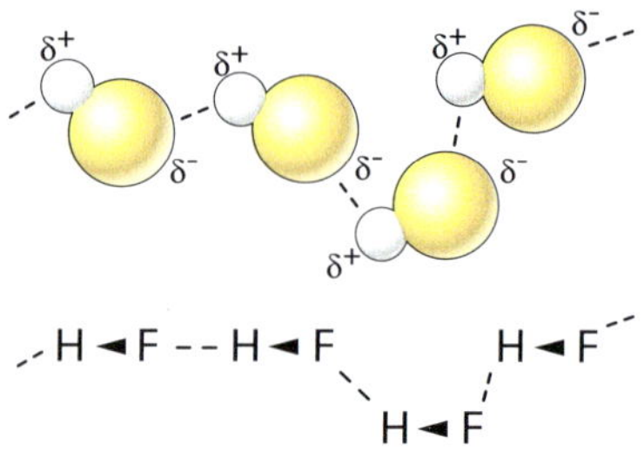

3 Wasserstoffbrückenbindung zwischen den polaren Fluorwasserstoff-Molekülen

STREIFZUG

Unpolare Bindung

Im Sauerstoff-Molekül (O_2) sind die elektrischen Ladungen symmetrisch verteilt, da die Bindungselektronen von beiden Atomkernen gleich stark angezogen werden. Es bilden sich keine nach außen wirkenden elektrischen Pole. Bei dieser Bindung handelt es sich deshalb um eine **unpolare Elektronenpaarbindung** (Bild 1). Alle Moleküle, die aus zwei gleichen Atomen aufgebaut sind, verhalten sich ebenso. Sie sind nach außen hin elektrisch neutral:

$$N \equiv N, \quad H - H, \quad F - F, \quad O{=}O$$

Polare Bindung

Bei Molekülen aus verschiedenen Atomen sind die Ladungen oft ungleich verteilt. So werden im Chlorwasserstoff-Molekül (HCl) die Bindungselektronen vom Chlor-Atom stärker angezogen als vom Wasserstoff-Atom. So entsteht auf der Seite des Chlor-Atoms ein negativer Pol (δ^-), auf der Seite des Wasserstoff-Atoms ein positiver Pol (δ^+). Ein solches Molekül ist ein **elektrischer Dipol.** Diese Art der Bindung heißt **polare Elektronenpaarbindung** (Bild 2):

$$\overset{\delta^+}{H} - \overset{\delta^-}{Cl} \qquad H \blacktriangleleft Cl$$

Elektronegativität

Als Maß für die unterschiedlichen Anziehungskräfte, die auf die Bindungselektronen wirken, wurde vom amerikanischen Chemiker LINUS PAULING (1901 – 1994) der Begriff **Elektronegativität (EN)** eingeführt. Dem am stärksten elektronegativen Element, dem Fluor, wurde der Wert 4 zugeordnet (Bild 4).

Ist die Elektronegativität beider Atome in einer Verbindung gleich, liegen unpolare Moleküle vor. Je größer die EN-Differenz zwischen zwei Atomen ist, desto stärker polar ist die Bindung zwischen ihnen. Bei einer EN-Differenz größer als 1,7 liegt eine Ionenbindung vor.

Wasserstoffbrückenbindung

Wenn sich Wasserstoff-Atome mit Fluor-, Stickstoff- oder Sauerstoff-Atomen verbinden, kommt es zu einer polaren Bildung mit einer positiven Ladung am Wasserstoff-Atom. Zwischen den benachbarten Molekülen wirken dann starke Anziehungskräfte (Bild 3). Die negativ geladenen Fluor-, Stickstoff- oder Sauerstoff-Atome in diesen Molekülen ziehen die Wasserstoff-Atome in benachbarten Molekülen an. Diese starken Anziehungskräfte zwischen den Molekülen werden als **Wasserstoffbrückenbindungen** bezeichnet.

1. ☰ Ⓐ
a) Berechne die EN-Differenz zwischen folgenden Atomen: S und H, H und Br, Na und Cl.
b) Erkläre, welcher dieser Verbindungen eine Ionenbindung oder eine polare Elektronenpaarbindung ist.

	I	II	III	IV	V	VI	VII	VIII
1	2,1 $_{1}$H							- - $_{2}$He
2	1,0 $_{3}$Li	1,5 $_{4}$Be	2,0 $_{5}$B	2,5 $_{6}$C	3,0 $_{7}$N	3,5 $_{8}$O	4,0 $_{9}$F	- - $_{10}$Ne
3	0,9 $_{11}$Na	1,2 $_{12}$Mg	1,5 $_{13}$Al	1,8 $_{14}$Si	2,1 $_{15}$P	2,5 $_{16}$S	3,0 $_{17}$Cl	- - $_{18}$Ar
4	0,8 $_{19}$K	1,0 $_{20}$Ca	1,6 $_{31}$Ga	1,8 $_{32}$Ge	2,0 $_{33}$As	2,4 $_{34}$Se	2,8 $_{35}$Br	- - $_{36}$Kr
5	0,8 $_{37}$Rb	1,0 $_{38}$Sr	1,7 $_{49}$In	1,8 $_{50}$Sn	1,9 $_{51}$Sb	2,1 $_{52}$Te	2,5 $_{53}$I	- - $_{54}$Xe
6	0,7 $_{55}$Cs	0,9 $_{56}$Ba	1,8 $_{81}$Tl	1,8 $_{82}$Pb	1,9 $_{83}$Bi	2,0 $_{84}$Po	2,2 $_{85}$At	- - $_{86}$Rn

4 Elektronegativitätswerte

Zwischenmolekulare Kräfte

STREIFZUG

1 Iod-Molekül-Kristalle

1. Erkläre, wie es in einem unpolaren Molekül zur Bildung eines Dipols kommen kann.

2. Erkläre die unterschiedlichen Schmelz- und Siedetemperaturen bei den Halogenen.

3. Vergleiche die Stärke der Van-der-Waals-Kräfte mit den Anziehungskräften bei Wasserstoffbrückenbindungen und zwischen Ionen.

Die Anziehung macht`s

Ein Gecko kann über Wände und Decken laufen. Fotolacke haften auf glatten Flächen. Aus Ioddampf scheiden sich an kalten Flächen dunkelviolette Iod-Kristalle ab. Wie lassen sich diese unterschiedlichen Erscheinungen erklären?

Anziehungskräfte

Moleküle mit einer unpolaren Elektronenpaarbindung bilden keine nach außen wirkenden elektrischen Pole. Zwischen den Molekülen können sich aber elektrostatische Anziehungskräfte bilden. In Atomen und Molekülen sind die Elektronen in ständiger Bewegung. Dies führt dazu, dass sich die Ladungen kurzzeitig ungleichmäßig verteilen können. Kurzfristig entsteht ein Dipol (Bild 2 A).

Van-der-Waals-Kräfte

Nähert sich ein solches Dipolmolekül einem unpolaren Molekül, so kann dieses ebenfalls polarisiert werden. Weitere kurzzeitige Dipolmoleküle entstehen (Bild 2 B). Zwischen ihnen bestehen schwache Anziehungskräfte.

Diese schwachen Anziehungskräfte zwischen den Molekülen werden nach JOHANNES VAN DER WAALS (1837–1923) als **Van-der-Waals-Kräfte** bezeichnet.

Sie sind viel schwächer als die elektrostatischen Anziehungskräfte zwischen Ionen oder die Bindungskräfte zwischen den Atomen innerhalb der Moleküle. Daher haben Molekülverbindungen wie Iod niedrige Schmelz- und Siedetemperaturen.

Die Elektronenanzahl beeinflusst die Stärke

Die Van-der-Waals-Kräfte sind umso stärker, je größer die Anzahl der Elektronen ist.
Mit zunehmender Schalenanzahl lassen sich die Außenelektronen leichter verschieben, weshalb größere Atome leichter polarisierbar sind.

Aber auch die Größe und damit die Oberfläche eines Moleküls beeinflussen die Stärke der Kräfte. Das hat auch Auswirkungen auf die Schmelz- und Siedetemperaturen. Am Beispiel der Halogene kann das gezeigt werden (Bild 3).

A

B

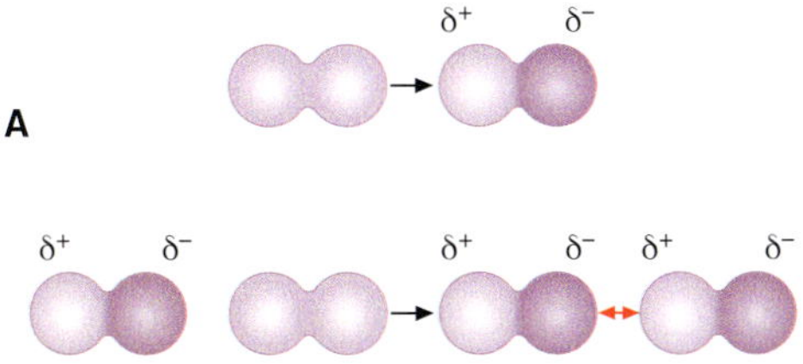

2 A–B Die Bildung von Van-der-Waals-Kräften zwischen Iod-Molekülen (I–I)

Stoff	Molekül	Schalen	Schmelztemperatur in °C	Siedetemperatur in °C
Fluor		2	–220	–188
Chlor		3	–102	–34
Brom		4	–7	58
Iod		5	114	184

3 Schalenanzahl und Schmelz- und Siedetemperaturen der Halogene.

Van-der-Waals-Kräfte

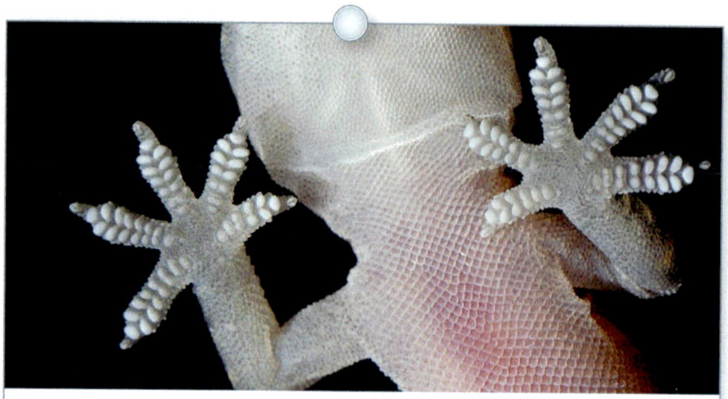

Geckos fallen nicht herunter

Ein Gecko kann glatte Wände hochlaufen oder stundenlang an der Decke hängen, ohne herunter zu fallen.
Das liegt an den Lamellen am Fuß des Geckos. Sie sind in unzählige mikroskopisch feine Härchen verästelt. Zwischen ihnen und den Molekülen der Deckenoberfläche können sich so zahllose Van-der-Waals-Kräfte ausbilden. Sie sind so stark, dass der Gecko an der Decke hängen bleibt oder sogar gehen kann.

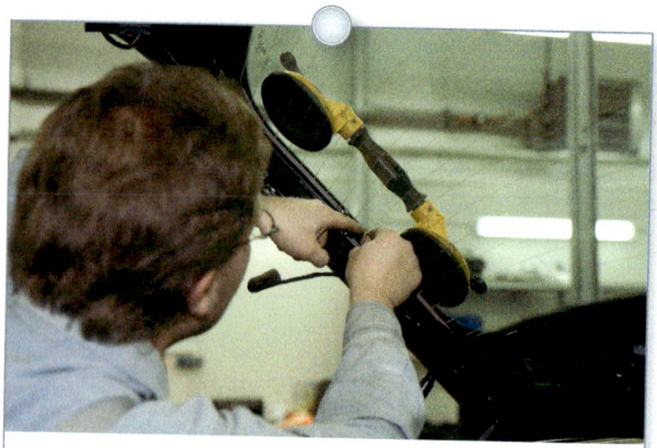

Van-der-Waals-Kräfte helfen kleben

Auch beim Kleben spielen Van-der-Waals-Kräfte eine große Rolle.
Diese Kräfte sind so stark sein, dass Klebstoffe sogar im Flugzeug- und Fahrzeugbau eingesetzt werden.

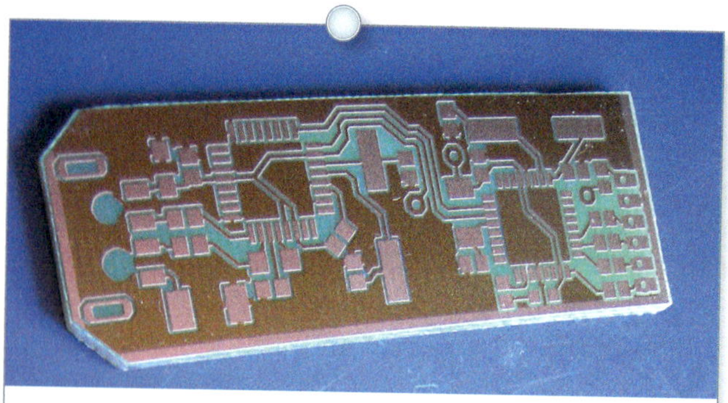

Fotolack hilft Platinen ätzen

Beschichtungen spielen in der Elektronikindustrie eine wichtige Rolle. Ein Beispiel ist die Beschichtung von Silicium-Wafern mit einem speziellen Lack, um Leiterplatten für Computerchips herzustellen. Diese Lacke, Fotolacke genannt, müssen auf dem Wafer sehr gut haften.
Van-der-Waals-Kräfte zwischen den Lackmolekülen und den Molekülen der Silicium-Oberfläche spielen hier die entscheidende Rolle.

Auch Frischhaltefolien kleben

Frischhaltefolie wird aus Kunststoffkörnchen hergestellt. Die Körnchen werden geschmolzen und beim Austritt durch eine Düse bläst Luft den Kunststoff wie einen Heißluftballon auf. So entsteht ein nur etwa einhundertstel Millimeter dünner, geschmeidiger Film.
Besonders gut haftet Folie an Folie, aber auch Folie an glatten Glasoberflächen. An rauen Oberflächen haftet Frischhaltefolie schlecht, weil nur an wenigen Stellen Van-der-Waals-Kräfte entstehen können.

Wasserstoffbrücken verursachen Anomalie

1. Erkläre, warum Wasser nicht als Thermometerflüssigkeit geeignet ist.

2. Erkläre die unterschiedliche Dichte von Wasser bei 0 °C, 4 °C und 20 °C mithilfe der Grafiken in Bild 1.

3. Seen und Teiche frieren im Winter von oben nach unten zu. Erkläre dieses Phänomen.

2 Schneekristalle

3 Geröllkegel

Aus Wasser wird Eis

Eisberge schwimmen auf Wasser, aber nahezu alle anderen festen Stoffe gehen in ihrer Schmelze unter. Eingefrorene Wasserleitungen können bei Frost platzen. Das Wasser am Grund eines Sees ist auch im Winter nicht kälter als 4 °C. Wasser ist also keine gewöhnliche Flüssigkeit.
Die besonderen Eigenschaften des Wassers beruhen darauf, dass das Wasser aus Dipolmolekülen besteht. Sie bilden miteinander **Wasserstoffbrückenbindungen aus.** Zu festen Wasserstoffbrückenbindungen kommt es, wenn flüssiges Wasser bei 0 °C zu Eis wird. Durch diese feste Verknüpfung der Wassermoleküle bildet das Eis eine weitmaschige Gitterstruktur mit sechseckigen Hohlräumen (Bild 1). Die Folge ist eine Volumenzunahmeum 10 %. Aus 1 l Wasser werden 1,1 l Eis.

Volumenzunahme beim Erstarren

Durch die Volumenzunahme hat Eis eine geringere Dichte als Wasser und schwimmt auf dem Wasser. Diese Besonderheit erklärt, dass im Winter Wasserrohre platzen können und sogar Gestein von einem Berg abgesprengt wird (Bild 3).

Größte Dichte bei 4 °C

Wird Eis geschmolzen, bricht die Gitterstruktur des Eises zusammen. Die Wassermoleküle können dichter zusammen rücken. Wasser hat bei 4 °C seine größte Dichte. Es ist schwerer als die gleiche Menge Wasser von 0 °C und sinkt deshalb nach unten. Erst bei Temperaturen über 4 °C verhält es sich wie die meisten anderen Stoffe. Die Dichte nimmt ab, da die Moleküle aufgrund ihrer Bewegung mehr Platz brauchen.

Diese Abweichungen der Eigenschaften des Wassers werden als **Anomalie des Wassers** bezeichnet.

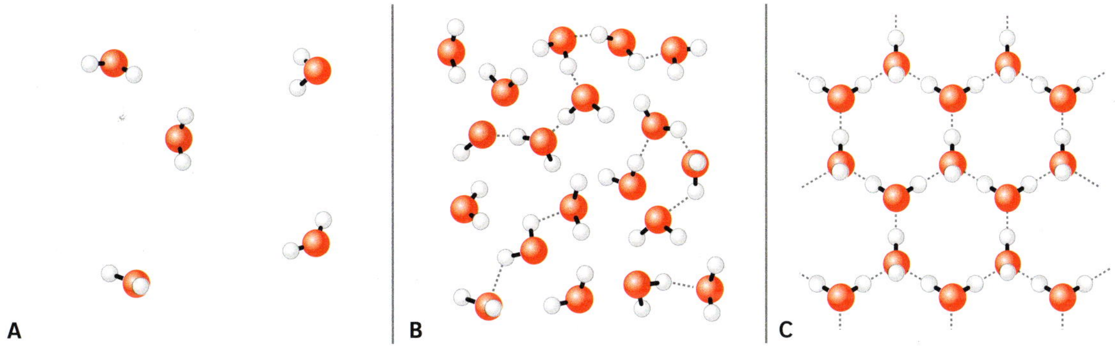

1 Anordnung der Wassermoleküle: **A** bei 20 °C, **B** bei 4 °C, **C** bei 0 °C

STREIFZUG

Die Wertigkeit

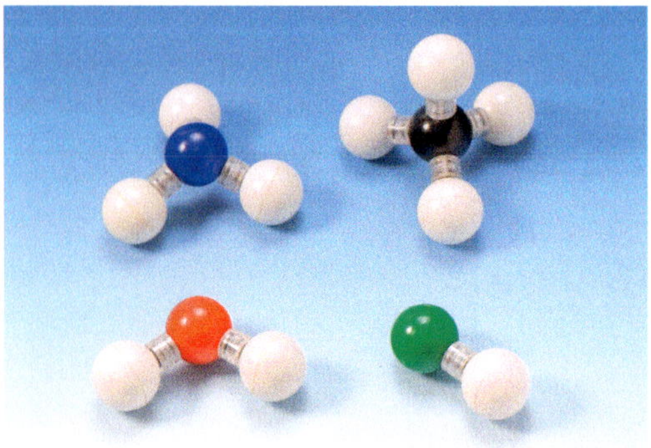

1 Molekülmodelle von Wasserstoffverbindungen

Element	Symbol	Wertigkeit
Wasserstoff	H	I
Chlor	Cl	I
Natrium	Na	I
Sauerstoff	O	II
Magnesium	Mg	II
Kupfer	Cu	II (I)
Eisen	Fe	III (II)
Aluminium	Al	III
Kohlenstoff	C	IV
Schwefel	S	II (IV, VI)

2 Tabelle der Wertigkeit einiger Elemente

1. A
Nenne die Wertigkeiten der Elemente in den Verbindungen CaO, Li_2O, SiO_2 und CaF_2.

2. A
Aluminium-Atome sind dreiwertig. Wie lautet die Formel für Aluminiumchlorid?

3. A
Welche Wertigkeiten haben die Stickstoff-Atome in den Verbindungen NO_2 und N_2O_3?

4. A
Bestimme die unterschiedlichen Wertigkeiten für Schwefel in den Verbindungen SO_2, SO_3 und H_2S.

Die Wertigkeit

HCl, H_2O, NH_3 und CH_4 sind Formeln für Verbindungen mit dem Element Wasserstoff. Aus den Formeln ergibt sich, dass sich die Atome der verschiedenen Elemente mit unterschiedlich vielen Wasserstoff-Atomen verbinden. Die Bindefähigkeit oder **Wertigkeit** dieser Elemente gegenüber Wasserstoff ist also unterschiedlich.
Das Wasserstoff-Atom ist immer **einwertig.** Daraus lassen sich die Wertigkeiten der Atome anderer Elemente ableiten. Das Chlor-Atom ist ebenfalls einwertig, da es sich mit einem Wasserstoff-Atom zu Salzsäure (HCl) verbindet. Sauerstoff ist **zweiwertig,** denn ein Sauerstoff-Atom verbindet sich mit zwei Wasserstoff-Atomen zu einem Wasser-Molekül (H_2O). Das Stickstoff-Atom im Ammoniak (NH_3) ist **dreiwertig.** Das Kohlenstoff-Atom im Methan (CH_4) ist **vierwertig.**
Sind die Wertigkeiten der Elemente bekannt, lassen sich auch die Formeln von Verbindungen aufstellen, die keinen Wasserstoff enthalten. In jeder Verbindung müssen die Wertigkeiten der beteiligten Elemente ausgeglichen sein. In einem Schwefeldioxid-Molekül (SO_2) ist das Schwefel-Atom vierwertig, da es mit zwei Sauerstoff-Atomen verbunden ist, die jeweils zweiwertig sind.

Elemente mit mehreren Wertigkeiten

Einige Elemente wie Kupfer, Eisen oder Stickstoff können in verschiedenen Wertigkeiten auftreten. Je nach Reaktionsbedingungen entsteht bei der Herstellung von Kupferoxid entweder rotes Kupferoxid (Cu_2O) oder schwarzes Kupferoxid (CuO). Beim roten Kupferoxid haben doppelt so viele Kupferatome wie Sauerstoff-Atome miteinander reagiert. Die Kupfer-Atome sind hier einwertig. Im schwarzen Kupferoxid sind die Kupfer-Atome dagegen zweiwertig.
Zur Unterscheidung der beiden Stoffe wird die Wertigkeit des Kupfer-Atoms als römische Zahl in den Namen mit aufgenommen:
Kupfer(I)-oxid (lies: Kupfer-eins-oxid),
Kupfer(II)-oxid (lies: Kupfer-zwei-oxid).

3 Rotes und schwarzes Kupferoxid

Ausgehend vom Wasserstoff-Atom kannst du die Wertigkeiten von Atomen in einfachen Verbindungen bestimmen.

Aufstellen von Formeln mithilfe der Wertigkeit

Aufstellen von Formeln

Die Wertigkeiten von Atomen lassen sich durch verschieden große Steckbausteine darstellen. Die Anzahl der Noppen auf den Bausteinen gibt die Wertigkeit an. Damit lassen sich Formeln aufstellen und überprüfen.

Wasserstoff H
Chlor Cl
Sauerstoff O
Stickstoff N
Kohlenstoff C

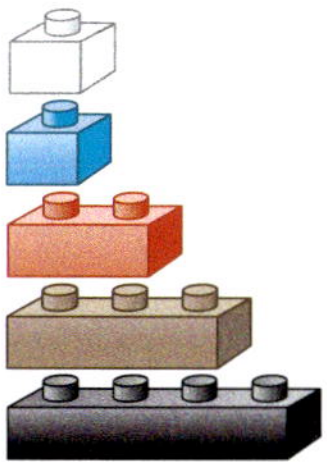

In einer Verbindung muss die Summe der Wertigkeiten ausgeglichen sein. Also muss die Gesamtlänge der Bausteine beider Bindungspartner insgesamt gleich sein. Dabei wird nicht unterschieden, ob es sich bei dem dargestellten Stoff um eine Molekülverbindung (H_2O) oder um eine Ionenverbindung (Al_2O_3) handelt.
Das lässt sich am Beispiel der Formeln von Wasser und Aluminiumoxid zeigen.

Zwei Wasserstoff-Bausteine haben die gleiche Länge wie der Baustein eines Sauerstoff-Atoms. Also ist die Formel für Wasser H_2O:

Entsprechend lässt sich die Formel von Aluminiumoxid ermitteln:

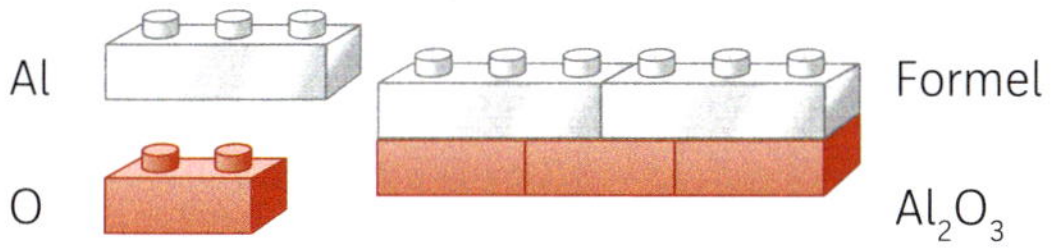

Namen von Molekülverbindungen

In Molekülverbindungen wird oft die Anzahl der beteiligten Atome als griechische Zahl mit in den Namen aufgenommen. Das gilt vor allem dann, wenn die beteiligten Elemente in unterschiedlichen Wertigkeiten auftreten können.
So lautet der Name für das Oxid des Kohlenstoffs mit zwei Sauerstoff-Atomen Kohlenstoff**di**oxid (CO_2), für das Oxid mit einem Sauerstoff-Atom Kohlenstoff**mono**oxid (CO).

Anzahl	Silbe
1	mono
2	di
3	tri
4	tetra
5	penta
6	hexa
7	hepta
8	octo

Unterschiedliche Wertigkeiten

Kupfer ist ein Element, das in unterschiedlichen Wertigkeiten vorkommt. Auch hier hilft das Bausteinmodell weiter.

Für Kupfer(I)-oxid gilt:

Für Kupfer(II)-oxid gilt:

METHODE

1. Erstelle mithilfe des Steckbausteinmodells die Formeln von Aluminiumchlorid, Eisenoxid und Zinkoxid.

2. Bestimme die Wertigkeit der Atome in folgenden Verbindungen: CuS, PbO_2, $FeCl_3$ und $CuCl_2$.

3. Erstelle die Formeln folgender Verbindungen: Kupfer(I)-sulfid, Eisen(III)-oxid, Blei(II)-oxid, Stickstoff(III)-oxid und Silber(I)-oxid.

4. Ordne den Namen die richtige Formel zu. Namen: Eisen(II)-chlorid, Calciumoxid, Blei(IV)-oxid. Formeln: $FeCl_3$, PbO_2, $FeCl_2$, CaO, PbO.

5.
a) Wie heißen die Verbindungen mit folgenden Formeln: SO_2, SO_3, NO_2, P_2O_5?
b) Welche Wertigkeiten haben die beteiligten Elemente?

Bindungen im Überblick

Bindungsart	**Ionenbindung**	**Elektronenpaarbindung**	**Metallbindung**
Beispiel	Natriumchlorid 	Brom 	Magnesium 
Kleinste Teilchen	positiv und negativ geladene Ionen Natriumchlorid: Na^+- und Cl^- -Ionen	Moleküle Brom: Br_2	positiv geladene Metall-Ionen und frei bewegliche Elektronen Magnesium: $Mg^{2+} + 2e^-$
Bindung	Anziehung der entgegengesetzt geladenen Ionen	Anziehung zwischen gemeinsamen Elektronenpaaren (–) und Atomkernen (+)	Anziehung zwischen Metall-Ionen (+) und freien Elektronen (–)
Bindungsstruktur	Ionengitter 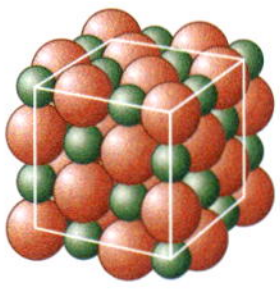	Moleküle 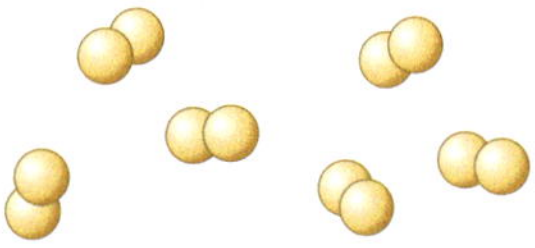	Metallgitter 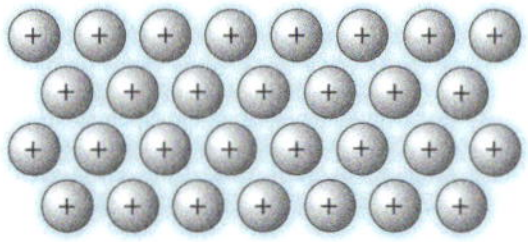
Eigenschaften	• Ionenverbindungen sind oft wasserlöslich. • Salzlösungen und Salzschmelzen leiten den elektrischen Strom. • Feste Salzkristalle sind Nichtleiter. • Ionenverbindungen sind hart und spröde. • Sie besitzen recht hohe Schmelz- und Siedetemperaturen. Natriumchlorid: Schmelztemperatur: 801 °C Siedetemperatur: 1465 °C	• Viele Molekülverbindungen sind schlecht löslich in Wasser. • Bei Raumtemperatur sind es meist Gase oder Flüssigkeiten. • Molekülverbindungen sind Nichtleiter. • Molekülverbindungen besitzen niedrige Schmelz- und Siedetemperaturen. Brom: Schmelztemperatur: –7 °C Siedetemperatur: 59 °C	• Metalle sind unlöslich in Wasser. • Sie sind gut verformbar. • Sie sind sehr gute elektrische Leiter und gute Wärmeleiter. • Metalle sind bei Raumtemperatur fest (Ausnahme Quecksilber). • Fast alle Metalle besitzen hohe Schmelz- und Siedetemperaturen. Magnesium: Schmelztemperatur: 650 °C Siedetemperatur: 1105 °C

Dem PSE Informationen entnehmen

Aus der Stellung eines Elements im Periodensystem der Elemente, kurz **PSE,** kannst du Informationen über die chemischen Eigenschaften ablesen. Dazu musst du die Angaben über den Atombau des betreffenden Elements richtig lesen.

Am wichtigsten ist die **Gruppenzugehörigkeit,** weil du daran die Anzahl der Außenelektronen erkennen kannst. Ihre Anzahl ist in der Regel entscheidend für das chemische Verhalten eines Elements. An den Beispielen Calcium (Ca), Brom (Br) und Xenon (Xe) sowie Sauerstoff (O) und Kalium (K) soll das hier gezeigt werden.

Gruppe / Periode	I	II	III	IV	V	VI	VII	VIII
1	H							He
2	Li	Be	B	C	N	**O**	F	Ne
3	Na	Mg	Al	Si	P	S	Cl	Ar
4	**K**	**Ca**	Ga	Ge	As	Se	**Br**	Kr
5	Rb	Sr	In	Sn	Sb	Te	I	**Xe**
6	Cs	Ba	Tl	Pb	Bi	Po	At	Rn

1 Das Periodensystem der Elemente

Calcium

Calcium steht in der 2. Gruppe und hat daher 2 Außenelektronen. Es ist es ein recht reaktionsfähiges Element. Um eine stabile Edelgasschale zu erreichen, werden die 2 Außenelektronen abgegeben. Es entstehen zweifach positiv geladene Calcium-Ionen (Ca^{2+}).

Calcium reagiert mit Sauerstoff

Sauerstoff steht in der 6. Gruppe und hat 6 Außenelektronen. Zur stabilen Edelgasschale fehlen 2 Elektronen. Reagiert Calcium mit Sauerstoff, werden die beiden Außenelektronen des Calciums vom Sauerstoff aufgenommen. Es entsteht die Verbindung Calciumoxid, CaO, eine Ionenverbindung aus Ca^{2+}-Ionen und O^{2-}-Ionen.

Brom

Brom steht in der 7. Gruppe und hat 7 Außenelektronen. Brom fehlt nur 1 Elektron zur stabilen Edelgasschale. Es ist ein sehr reaktionsfähiges Element.

Brom reagiert mit Kalium

Kalium steht in der 1. Gruppe und hat daher ein Außenelektron. Um eine stabile Edelgasschale zu erreichen, kann Kalium dieses eine Außenelektron abgeben. Bei der Reaktion mit Brom nimmt Brom ein Elektron auf. Es entsteht die Verbindung Kaliumbromid, KBr, eine Ionenverbindung aus Kalium-Ionen (K^+) und Bromid-Ionen (Br^-).

Xenon

Xenon steht in der 8. Gruppe des PSE, der **Edelgasgruppe.** Es hat somit 8 Außenelektronen. Es reagiert mit anderen Elementen unter normalen Bedingungen nicht. Unter extremen Druck- und Temperaturverhältnissen können einige Verbindungen hergestellt werden. Das Gas Xenon kennst du von der Verwendung in Autoscheinwerfern. Die Lampen sind mit Xenon gefüllt und leuchten mit extrem hellem Licht (Xenon-Scheinwerfer).

2 Brom ist bei Zimmertemperatur eine braune Flüssigkeit.

1. A
Nenne die Anzahl der Außenelektronen von Magnesium, Chlor, Aluminium und Schwefel.

2. A
Nenne die Formeln der Verbindungen Magnesiumoxid und Kaliumchlorid.

3. A
a) Nenne die Anzahl der Wasserstoffatome, die ein Sauerstoffatom binden kann.
b) Schreibe die entsprechende Formel auf.
c) Benenne diesen Stoff.

4. A
Stelle die Formel von Aluminiumbromid auf.

METHODE

Chemische Bindung

Salzschmelzen und Salzlösungen

Geschmolzene Salze und Salzlösungen leiten Elektrizität, weil sie bewegliche Ionen enthalten.

Bildung von Ionen

Ionen bilden sich aus Atomen, indem sie ein oder mehrere Elektronen aufnehmen oder abgeben. Nehmen sie Elektronen auf, werden sie zu negativ geladenen Ionen. Geben sie Elektronen ab, werden sie zu positiv geladenen Ionen.

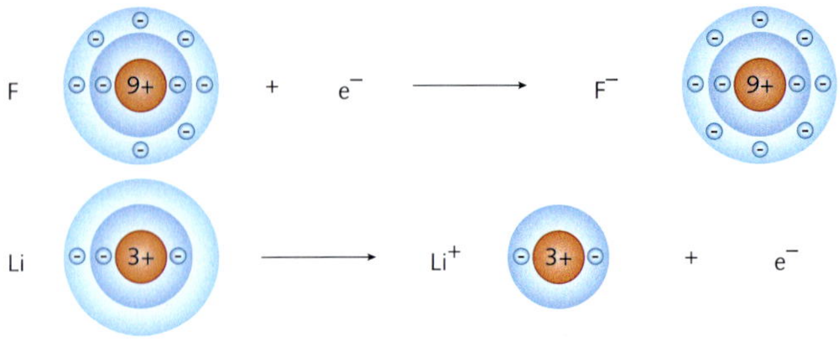

Ionenbindung

Positiv und negativ geladene Ionen ziehen sich aufgrund der unterschiedlichen Ladung an. Es entsteht eine feste, chemische Bindung, die **Ionenbindung.** In einem Ionenkristall sind die Ionen regelmäßig angeordnet. Es entsteht ein **Ionengitter.**

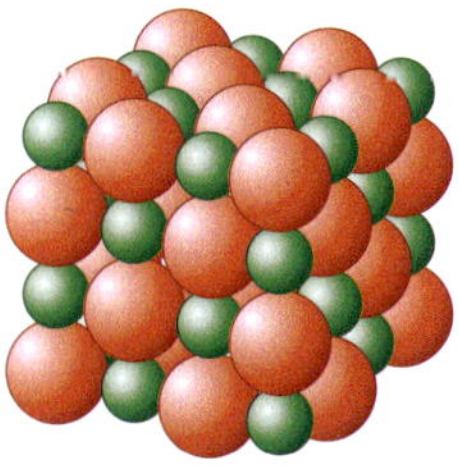

Ionenkristall

Elektronenpaarbindung

In Molekülen sind die Atome durch gemeinsame Elektronenpaar miteinander verbunden. Auch bei dieser Bindungsart, der **Elektronenpaarbindung,** wird die **Oktettregel** eingehalten.

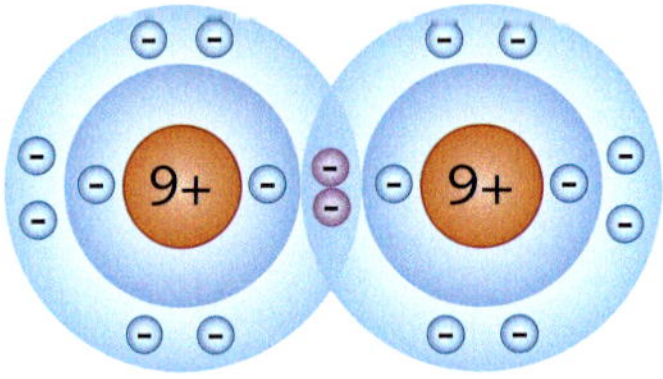

F_2

Metallbindung

Metalle können ihre Außenelektronen leicht abgeben. Es entstehen positiv geladene Metall-Ionen. Die freien Außenelektronen halten, ähnlich wie ein Klebstoff, die Metall-Ionen zusammen. Es entsteht eine **Metallbindung.**

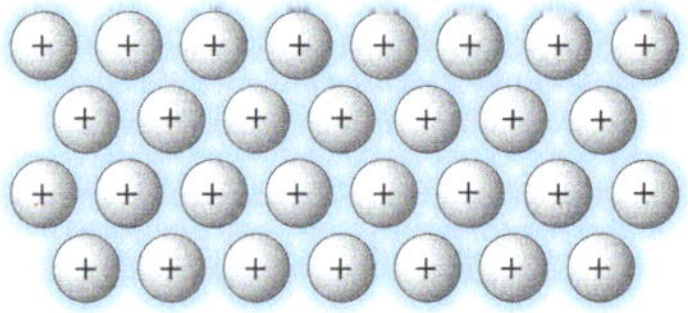

Metall

Oktettregel

In Molekülen erreichen Atome durch die Bindung von gemeinsamen Elektronenpaaren eine stabile Edelgasschale mit acht Außenelektronen, ein **Elektronenoktett.** Diese **Oktettregel** gilt bei allen Molekülen mit Ausnahme von Wasserstoff.

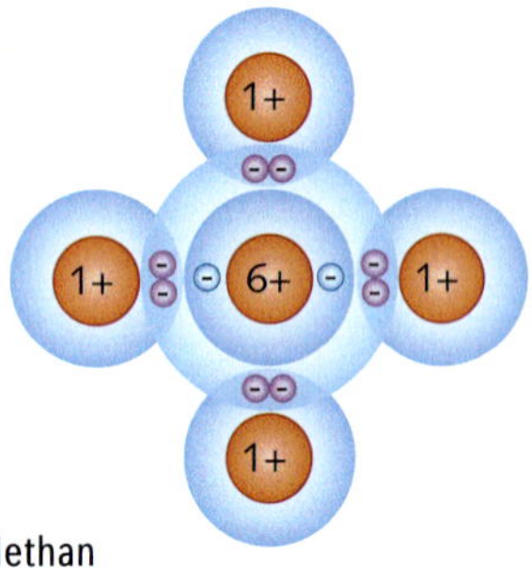

Methan

Wasser, ein besonderer Stoff

Wassermoleküle bestehen aus **Dipolmolekülen.** Dipolmoleküle haben einen positiven und einen negativen Pol.
Wassermoleküle können untereinander Wasserstoffbrückenbindungen bilden. Damit ist die **Anomalie des Wassers** zu erklären.

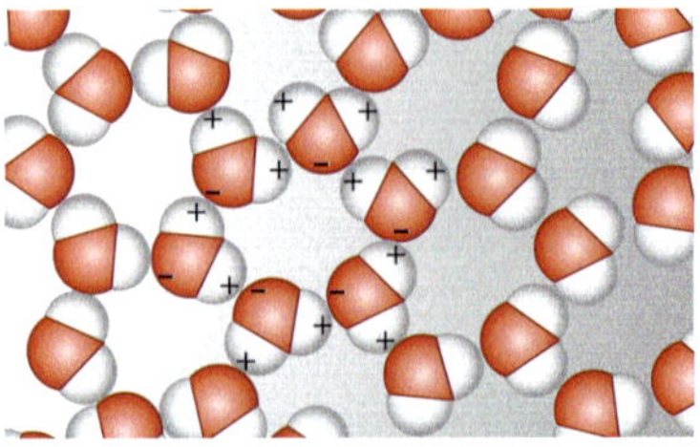

Wasserstoffbrückenbindungen

Wertigkeit

Die **Wertigkeit** gibt an, wie viele Wasserstoff-Atome ein Atom eines Elementes binden oder in einer Verbindung ersetzen kann. Mithilfe der Wertigkeit lassen sich Formeln von Verbindungen aufstellen. Wasserstoff hat dabei immer die Wertigkeit 1.

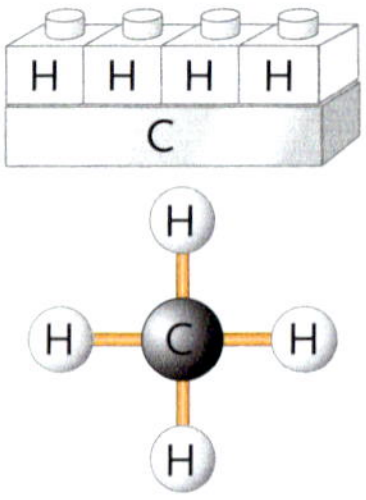

Methan

Stoff-Teilchen-Beziehungen

Struktur-Eigenschafts-Beziehungen

Struktur-Eigenschafts-Beziehungen

1. Ⓐ
Beschreibe, wie sich die Ionen im festen Salzkristall anordnen und wodurch sie zusammengehalten werden.

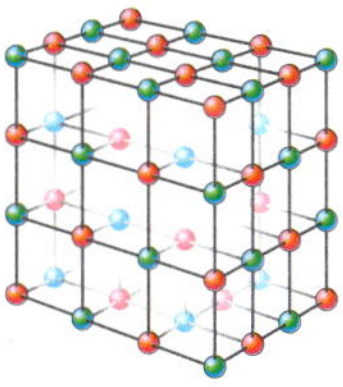

2. Ⓐ
Kochsalz besteht aus Natrium- und Chlorid-Ionen.
a) Beschreibe die Struktur von Kochsalz.
b) Wenn etwas Kochsalz in Wasser gegeben wird, ist es nach dem Umrühren nicht mehr zu sehen. Beschreibe den Vorgang auf Teilchenebene.

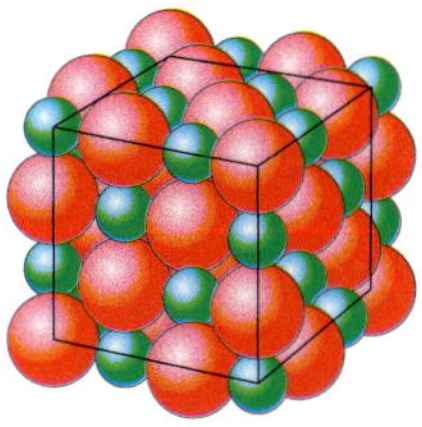

→ S. 167

Stoff-Teilchen-Beziehungen

3. Ⓐ
Zeichne die Reaktion von Natrium und Chlor und die entstehenden Ionen im Schalenmodell.

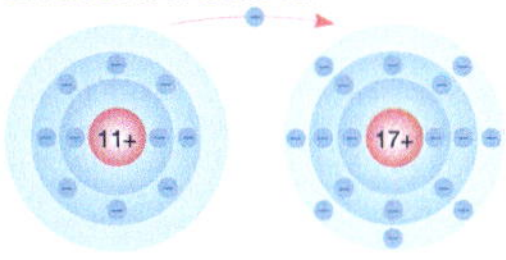

→ S. 166

Stoff-Teilchen-Beziehungen

5. Ⓐ
Beschreibe, warum Metalle die Elektrizität leiten. → S. 176

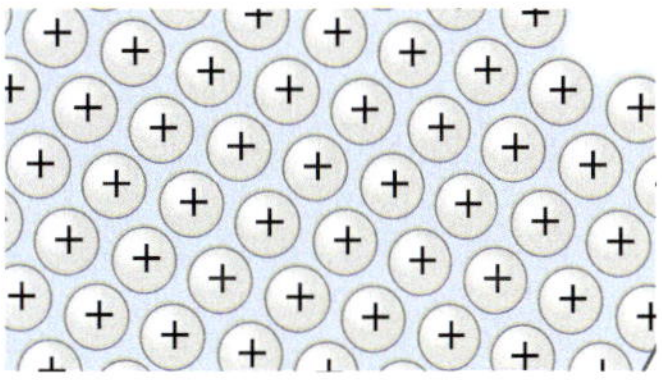

Stoff-Teilchen-Beziehungen

4. Ⓐ
Erkläre mithilfe des Teilchenmodells warum die Salze spröde und hart sind. → S.169

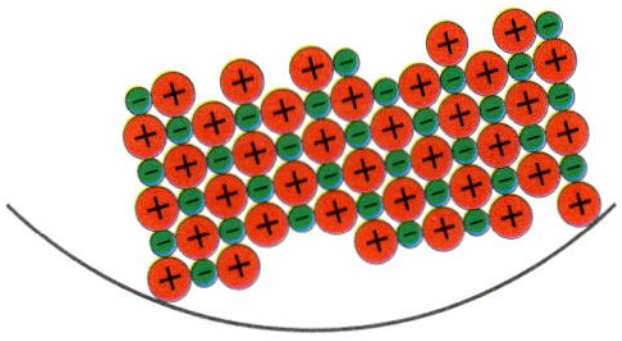

Struktur-Eigenschaft-Beziehungen

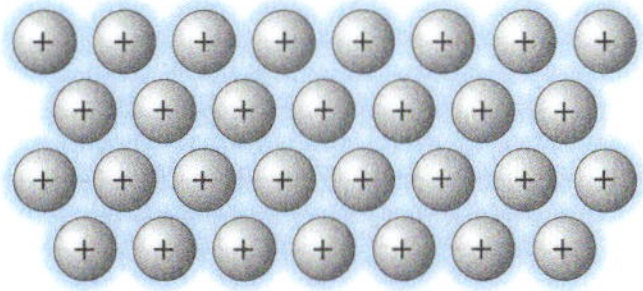

6. Ⓐ
Nenne die Teilchen aus denen Metalle aufgebaut sind.

7. Ⓐ
a) Beschreibe den Unterschied zwischen der Struktur eines Metalls und einer Legierung.
b) Stelle deine Aussage auch grafisch dar.

Stoff-Teilchen-Beziehungen

8. Ⓐ
Vergleiche den Aufbau des reinen Metallgitters mit dem Aufbau des Metallgitters einer Legierung. → S. 177/180

LERNCHECK

Chemische Bindung

Kannst du schon...

... erläutern, was eine Edelgaskonfiguration ist? (S. 166)
... mithilfe des Schalenmodells beschreiben, wie ein positives und wie ein negatives Ion entstehen? (S. 166)
... darlegen, welche Atome in der Regel Elektronen abgeben und welche Atome Elektronen aufnehmen? (S. 166)
... beschreiben, was eine Ionenbindung ist? (S. 167)
... erklären, wie sich positiv und negativ geladene Ionen in einem Salzkristall anordnen? (S. 167)
... die elektrische Leitfähigkeit von Salzlösungen und Salzschmelzen im Teilchenmodell darstellen? (S.168 – 169)
... darlegen, was ein negativ geladenes Fluor-Ion von einem Fluor-Atom unterscheidet? (S. 171)
... darlegen, wie sich Atome zu Molekülen verbinden? (S. 172)
... den Begriff Elektronenpaarbindung erklären? (S. 172)
... die Strukturformel eines Kohlenstoffdioxid-Moleküls zeichnen? (S. 173)
... den Unterschied zwischen Grafit und Diamant beschreiben? (S. 174)
... die Metallbindung an einem Beispiel erklären? (S. 176)

Zeig, was du kannst

1. A
Beschreibe die Vorgänge, durch die Atome einen stabilen Zustand erreichen können.

2. A
Durch welche Veränderungen werden aus elektrisch neutralen Atomen Ionen.

3. A
Beschreibe an einem Beispiel die Entstehung eines dreifach negativ geladenen Ions.

4. A
Nenne die Ionen, die in Bild rechts im Schalenmodell dargestellt sind.

5. A
Begründe, warum feste Salze Elektrizität nicht leiten können.

6. A
Beschreibe die Metallbindung.

7. A
Erkläre den Unterschied zwischen einer Ionenbindung und einer Metallbindung.

8. A
a) Zeichne das Schalenmodell von Methan (CH_4).
b) Zeichne die Strukturformel von Methan.

9. A
a) Nenne die Modifikationen des Kohlenstoffs.
b) Erkläre mithilfe der Gitterstruktur die Eigenschaften der jeweiligen Modifikationen.

10. A
Beschreibe, in welcher Form die Kohlenstoff-Atome in den Fullerenen miteinander verbunden sind.

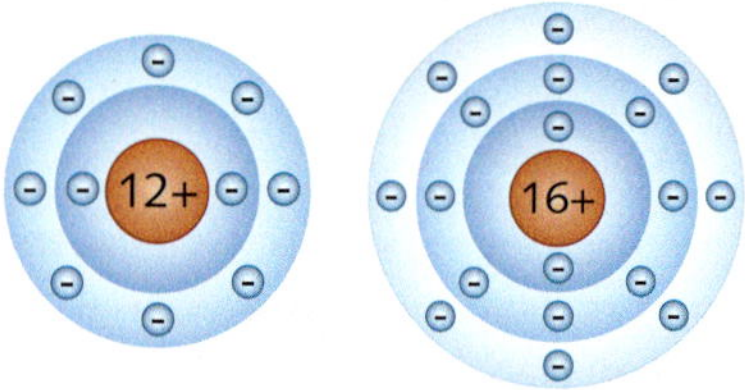

Chemische Bindung

Kannst du schon...

... den Unterschied zwischen Magnesium-Atomen und Magnesium-Ionen erklären? (S. 178)
... die Eigenschaften von Legierungen auf Teilchenebene erklären? (S. 180)
... begründen, warum Wassermoleküle Dipole sind? (S. 182)
... die Entstehung von Wasserstoffbrückenbindungen erklären? (S. 182)
... erklären, wie sich Salz in Wasser löst? (S. 183)
... erklären, wie Dipol-Moleküle gebildet werden? (S. 184)
... beschreiben, wie sich zwischen unpolaren Molekülen Van-der-Waals-Kräfte bilden? (S. 185)
... die Wirkung von Van-der-Waals-Kräften beschreiben? (S. 186)
... Folgen der Anomalie des Wassers nennen? (S. 187)
... erklären, was der Begriff der Wertigkeit bedeutet? (S. 188)
... die Wertigkeit von Elementen bestimmen? (S. 188)
... mithilfe der Wertigkeit chemische Formeln aufstellen? (S. 189)
... dem Periodensystem der Elemente sachgerecht Informationen entnehmen? (S. 191)

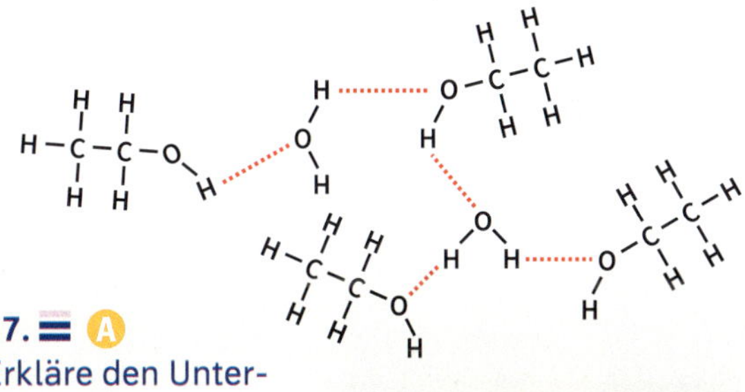

Zeig, was du kannst

11. Ⓐ
Gib an, aus welcher Teilchenart, also Atom, Molekül, Ion, freies Elektron, jeweils die Stoffe Krypton, Eis, Kaliumchlorid, Platin; Brom, Magnesiumoxid bestehen.

12. Ⓐ
Erkläre, warum Legierungen meist schlechtere elektrische Leiter sind als Metalle.

13. Ⓐ
Beschreibe, wie sich zwischen Wassermolekülen Wasserstoffbrückenbindungen bilden.

14. Ⓐ
Begründe, warum Eis eine geringere Dichte hat als flüssiges Wasser.

15. Ⓐ
Bromwasserstoffmoleküle (HBr) sind Dipolmoleküle. Zeichne die Strukturformel von Bromwasserstoff und trage die positiven und negativen Teilladungen ein.

16. Ⓐ
Erkläre den Unterschied zwischen einer unpolaren und einer polaren Elektronenpaarbindung.

17. Ⓐ
Erkläre den Unterschied zwischen Van-der-Waals-Kräften und den Bindungskräften zwischen Ionen.

18. Ⓐ
Erkläre, warum ein Gecko an der Decke laufen kann.

19. Ⓐ
Ermittle die Wertigkeit der Atome in folgenden Verbindungen: CCl_4, Ag_2O, H_2Se, Fe_2O_3.

20. Ⓐ
Erkläre die Begriffe Oktettregel, Doppelbindung und Dreifachbindung.

Wichtige Begriffe

- Ionenbindung, Elektronenpaarbindung
- Edelgaskonfiguration
- Wasserstoffbrückenbindung, Van-der-Waals-Kräfte
- Wertigkeit

Chemie und Elektrizität

Zweimal um den Sportplatz, ohne anzuhalten – wie ist das möglich?

Glänzender Schmuck – ist das alles massives Gold?

Wie verändern sich die Metalle einer Obstbatterie bei der Energieabgabe?

CROWN

Chemische Energiequellen

1 Eine Uhr mit Zitronenbatterie

TIPP
Verwende für alle Versuche gereinigte, blanke Metallstreifen!

1.
Stecke eine Zinkelektrode und eine Kupferelektrode in eine Zitrone und prüfe die elektrische Spannung.

2.
a) Stelle zwei Kupferblechstreifen in 2 %ige Natronlauge. Miss die Spannung zwischen den Elektroden.
b) Ersetze einen der Kupferstreifen durch einen Zinkblechstreifen. Miss erneut die Spannung, vergleiche und erkläre deine Beobachtungen (Bild 3).

3.
Wiederhole Versuch 2 mit Elektroden aus anderen Metallen. Notiere in einer Tabelle, welche Kombination welche Spannung liefert.

4.
Begründe, warum eine galvanische Zelle nicht beliebig lange elektrische Energie zur Verfügung stellen kann.

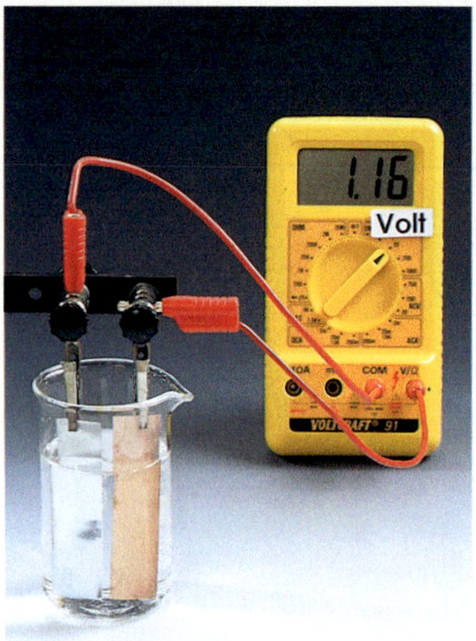

2 Galvanisches Element

5.
a) Untersuche eine Flachbatterie. Achte darauf, dass die Isolierung zwischen den Zellen nicht entfernt wird! Prüfe, wie die einzelnen Zellen miteinander verbunden sind. Fertige einen Schaltplan an und vergleiche ihn mit dem Schaltzeichen für eine 4,5 V-Batterie.
b) Miss die Spannungen der einzelnen Zellen und der ganzen Batterie. Vergleiche die Messwerte.

Die Zitronenbatterie

Eine Zitrone, ein Blechstreifen aus Kupfer und einer aus Zink – fertig ist eine einfache Batterie. Sie gibt etwa 1 V Spannung ab. Auch andere Früchte und andere Blechstreifen-Kombinationen ergeben eine Batterie. Eine elektrisch leitfähige Lösung, ein **Elektrolyt,** und zwei unterschiedliche Metalle bilden eine **galvanische Zelle.** Sie ist nach dem italienischen Forscher LUIGI GALVANI (1737–1798) benannt. Die Ursache der Spannung sind chemische Reaktionen an den Metallen. Das jeweils unedlere Metall, hier das Zink, löst sich schneller auf. Dabei geben die Zink-Atome Elektronen ab und werden zu positiv geladenen Zink-Ionen. Die Elektronen fließen im äußeren Stromkreis zur anderen Elektrode. Diese Reaktion ist nur so lange möglich, bis die unedlere Elektrode verbraucht ist.

Galvanische Zellen im Alltag

Zink-Kohle-Zellen bestehen aus einem Zinkbecher als Minuspol und einem Ruß-Braunstein-Gemisch als Pluspol. In dessen Mitte steckt ein Kohlestab, der den Kontakt zwischen Pluspol und Stromkreis herstellt. Als Elektrolyt dient eine Salzlösung, mit der das Ruß-Braunstein-Gemisch getränkt ist. Weil sich der Zinkbecher bei der chemischen Reaktion im Laufe der Zeit auflöst, können solche Batterien auslaufen. Bei **Alkali-Mangan-** oder **Alkaline-Zellen** befindet sich die Zinkelektrode im Inneren eines Stahlbechers. Der Elektrolyt ist Kalilauge. Diese Batterien sind auslaufsicher.

Basiskonzepte S. 217

3 Minuspol und Pluspol

4 Flachbatterie aus Zink-Kohle-Zellen

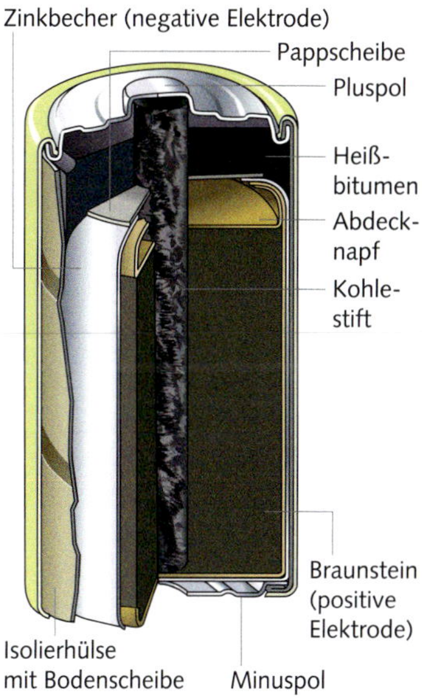

5 Zink-Kohle-Zelle

6. Stelle mit einer Kohle- und einer Zinkelektrode eine galvanische Zelle zusammen. Verwende als Elektrolyt eine Ammoniumchlorid-Lösung. Miss die Spannung.

7. Erkläre, warum Zink-Kohle-Zellen auslaufen können.

8. Skizziere den Aufbau einer Alkali-Mangan-Blockbatterie, die eine Spannung von 9 V hat.

9. Begründe, warum Batterien entfernt werden sollten, wenn ein Gerät längere Zeit nicht benötigt wird.

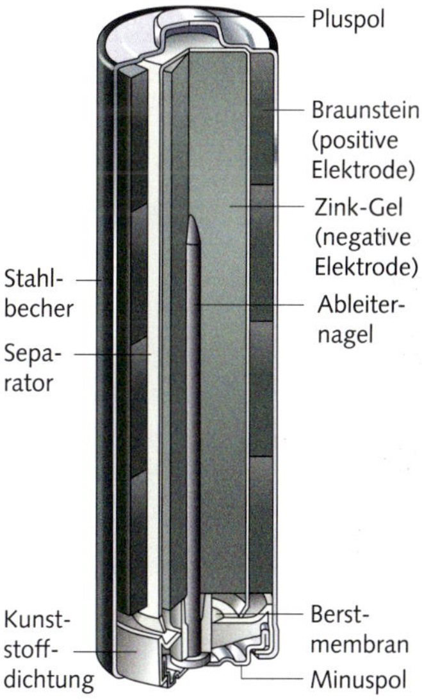

6 Alkali-Mangan-Zelle

Bezeichnung	Zink-Kohle (ZnC)	Alkali-Mangan (AlMn)	Silberoxid (AgO)
Spannung	1,5 V	1,5 V	1,55 V
Besondere Merkmale	für wenig anspruchsvolle Anwendungen	wird hoher Stromanforderung und Dauernutzung gerecht	hohe bis mittelere Belastbarkeit
Anwendungen	Taschenlampen, Spielzeuge	tragbare Audiogeräte, Fotoapparate, Spielzeug	Uhren, Fotoapparate, Taschenrechner

Der Begriff Batterie

Eine Flachbatterie wie in Bild 4 ist eine Batterie, weil sie aus mehreren hintereinander geschalteten galvanischen Zellen besteht. Im Alltag werden aber auch schon einzelne Zellen als Batterie bezeichnet.

Du kannst den Aufbau einer Zitronenbatterie beschreiben und erklären, warum eine Spannung entsteht. Du kannst unterschiedliche galvanische Zellen beschreiben.

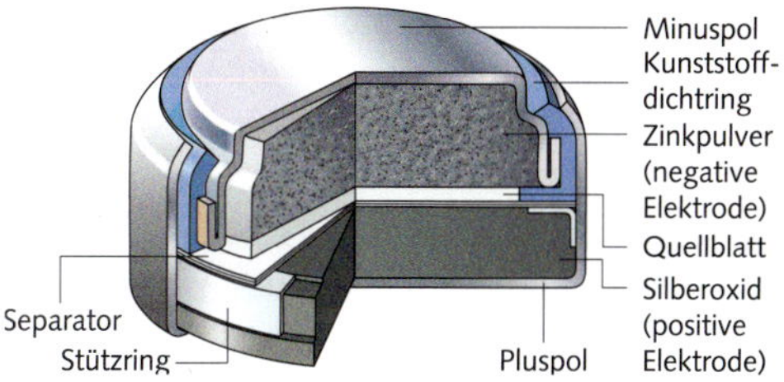

7 Silberoxid-Zelle

Oberflächen schützen und veredeln

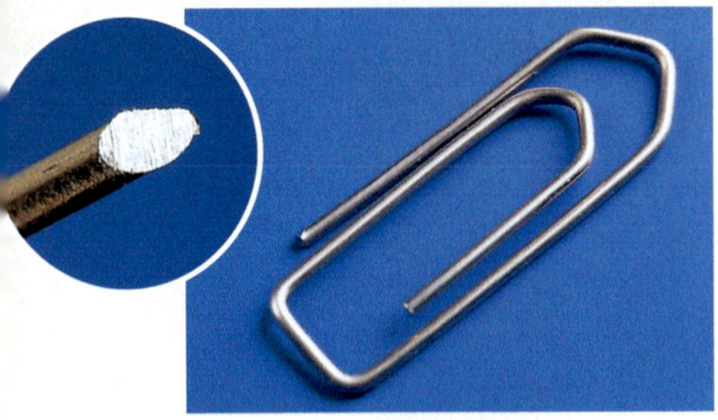

1 Der Kern einer Büroklammer

1. (V)
Schleife das Ende einer kupferfarbenen Büroklammer schräg an. Betrachte die Fläche mit einer Lupe. Beschreibe ihr Aussehen.

2. (A)
Erkläre, warum kupfer- und silberglänzende Büroklammern von einem Magneten angezogen werden.

3 Ein goldener Schlüssel?

3. (A)
Gib an, welche Eigenschaften Gegenstände haben müssen, die galvanisch beschichtet werden sollen.

4. (Q)
Nenne Verfahren, um Gegenstände aus Eisen vor dem Rosten zu schützen.

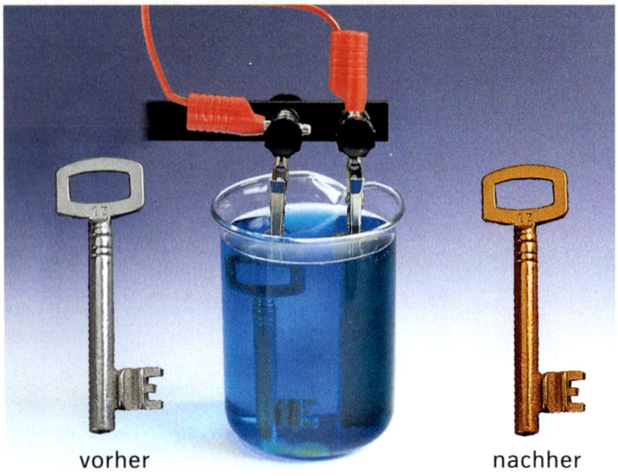

2 Verkupfern eines Schlüssels

5. (V)
a) Reinige einen Schlüssel gründlich. Entfette ihn dann mit Spiritus. Verbinde ihn mit dem Minuspol einer Gleichstromquelle (3 V).
b) Stelle in einem 250 ml-Becherglas eine Lösung aus 100 ml Wasser, 1 g Kupfersulfat, 10 g Kaliumnatriumtartrat und 0,5 g Natriumhydroxid her. Tauche dann den Schlüssel als Minuspol und einen Kupferblechstreifen als Pluspol in die Lösung ein.
c) Schalte die Stromquelle ein und beobachte die Vorgänge an den Polen. Beende den Versuch nach etwa 4 min. Beschreibe, wie sich der Schlüssel verändert hat.

Schutz durch Galvanisieren

An den abgeschliffenen Enden einer kupferfarbenen Büroklammer kannst du unter der Lupe erkennen, dass sie mit einer dünnen Kupferschicht überzogen ist. Das ungeschützte Eisen würde nach kurzer Zeit rosten und die zusammengeklammerten Dokumente verschmutzen.
Viele Gegenstände des Alltags sind mit dünnen Metallschichten überzogen. So glänzen die Armaturen in der Küche und im Bad, weil sie mit einer dünnen Schicht des Metalls Chrom überzogen sind. Sie sind verchromt. Sicherheitsnadeln, Druckknöpfe, Scheren und Reißverschlüsse sind ebenfalls mit einer solchen schützenden Metallschicht überzogen. Das Verfahren, Gegenstände mit metallischen Schutzschichten zu überziehen, heißt Galvanisieren. Es ist eine technische Anwendung der Elektrolyse.

Metallüberzug durch Elektrolyse

Ob ein Gegenstand verchromt, verkupfert, oder verzinkt werden soll, das Herstellungsverfahren bleibt immer gleich. Es ist eine Elektrolyse. Der Gegenstand, der mit einer Metallschicht überzogen werden soll, wird als Kathode (Minuspol) in eine passende Salzlösung eingetaucht. Es entsteht dort ein Metallüberzug, weil die entsprechenden Ionen Elektronen aufnehmen und zu Metall-Atomen werden.
In einer Kupfersalz-Lösung entsteht so ein Kupferüberzug, in einer Chromsalz-Lösung ein Chromüberzug und in einer Zinksalz-Lösung ein Zinküberzug.

Du kannst einen kleinen Metallgegenstand verkupfern. Du kannst erklären, was beim Galvanisieren geschieht.

Basiskonzepte S. 217

Versilbern und vergolden

1. Ⓐ
Begründe, warum Modeschmuck oft vergoldet oder versilbert ist.

2. Ⓐ
Zähle mindestens 5 Gegenstände auf, die versilbert oder vergoldet sind.

3. Ⓥ
Reinige die Schale einer Muschel, lass sie trocknen und sprühe sie dann mit Leitlack ein. Verbinde sie dann mit dem Minuspol eines Hand-Galvanisier-Gerätes (Bild 2). Tauche den Schwamm, der über den Metallstreifen gespannt ist, in eine Silbersalz-Lösung. Bestreiche mehrmals die Muschelschale und tauche zwischendurch den Schwamm immer wieder in die Lösung. Wie verändert sich die Oberfläche der Muschel?

2 Versilbern einer Muschel

Leitfähig und glänzend

Steckverbindungen in der Elektronik sind häufig durch Galvanisieren vergoldet. So können sie nicht korrodieren und eine gute elektrische Leitfähigkeit bleibt erhalten. Viele elektrische Verbindungen in Computern sind deshalb vergoldet oder ganz aus Gold. Nicht leitende Gegenstände werden vor dem Galvanisieren mit Leitlack überzogen und können dann galvanisiert werden.

1 Vergoldeter Cinch-Stecker

Du kannst begründen, warum Gegenstände mit Edelmetallen überzogen werden

Vom Schrott zum Edelteil

STREIFZUG

Schrott

Oft sind Teile eines alten Fahrzeugs, zum Beispiel eines Motorrades, in einem schlechten Zustand. Sie sind verrostet, beschädigt oder einfach unansehnlich.

Reinigung

Mit viel Aufwand können sie in mehreren Arbeitsschritten repariert und restauriert werden. Zuerst werden sie durch Sandstrahlen gründlich gereinigt und alte Beschichtungen entfernt.

Reparatur

Dann erfolgt gegebenenfalls eine Reparatur, damit die Teile wieder einwandfrei funktionieren. Eine erneute Reinigung, die völlig Entfettung und ein Polieren der Oberfläche schließen sich an.

Beschichtung

Da Chrom auf den Metallteilen, die meistens aus Stahl bestehen, schlecht haftet, werden vorher zwei andere Metallschichten aufgetragen: Kupfer und Nickel. Mehrfach wird verkupfert und dazwischen immer wieder gereinigt und poliert. Dann wird vernickelt und wieder poliert.

3 Erst wird auseinander gebaut.

4 Alles glänzt wieder.

Hochglanz

Der letzte Arbeitsschritt ist nun das Verchromen und erneute Polieren auf Hochglanz.
Auch Kunststoffteile können galvanisiert werden. Dazu wird ihre Oberfläche mit einer fast unsichtbaren Metallschicht elektrisch leitfähig gemacht.

Elektrolyse

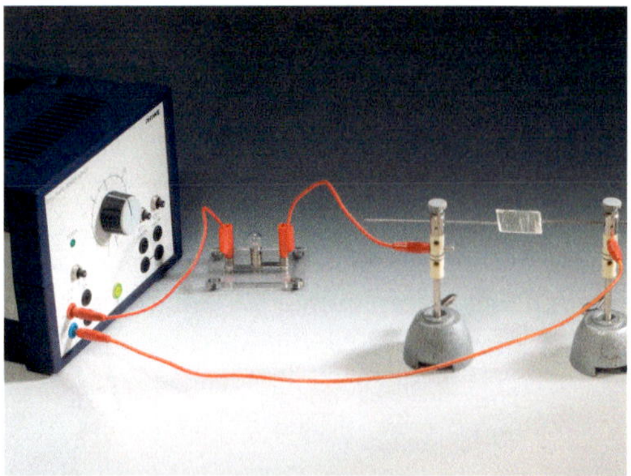

1 Feste Salzkristalle sind nicht elektrisch leitend.

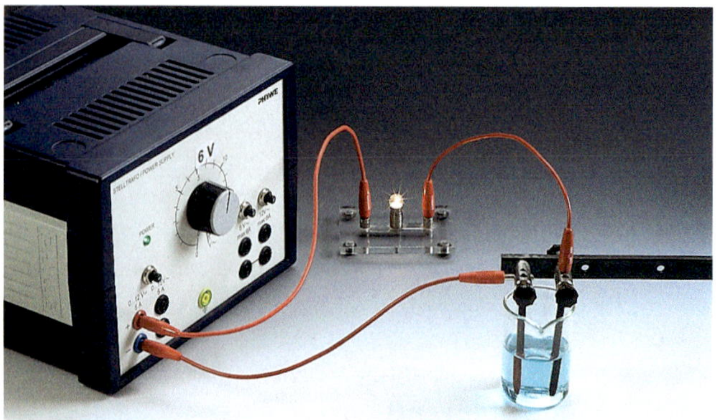

2 Elektrolyse einer Kupferchlorid-Lösung

Elektrische Leitfähigkeit
Alle elektrisch leitenden Stoffe haben bewegliche Ladungsträger. Dazu gehören die Metalle. Im Metallgitter können sich die Außenelektronen der Metallatome fast beliebig bewegen. Auch eine Salzlösung ist elektrisch leitend. Dafür sind Ionen verantwortlich. Sie können sich im Wasser bewegen. In einer Salzschmelze sind ebenfalls bewegliche Ionen vorhanden. Auch sie ist daher elektrisch leitend. Zu den elektrisch nicht leitenden Stoffen gehören destilliertes Wasser und feste Salzkristalle, denn sie enthalten keine beweglichen Ladungsträger.

1.
a) Löse in einem Becherglas einen halben Spatel Kupferchlorid in 100 ml destilliertem Wasser. Stelle zwei Kohleelektroden hinein. Baue einen Stromkreis auf und schalte eine Glühlampe (4 V | 0,1 A) in Reihe (Bild 2). Stelle am Stromversorgungsgerät eine Gleichspannung von 6 V ein.
b) Lass den Versuch etwa 10 min laufen und beobachte die Vorgänge an den Elektroden. Beende den Versuch und nimm dann die Elektroden aus der Lösung.
c) Vergleiche Farbe und Geruch an der Anode (Pluspol) und an der Kathode (Minuspol).

2.
Erkläre, warum die Elektrolyse einer Salzschmelze möglich ist.

3.
Erkläre die Vorgänge an den Elektroden bei der Elektrolyse einer Zinkiodid-Lösung.

4.
Erläutere, warum die Leitfähigkeit im Laufe einer Elektrolyse abnimmt.

5.
Begründe, warum es sich bei einer Elektrolyse um eine chemische Reaktion handelt.

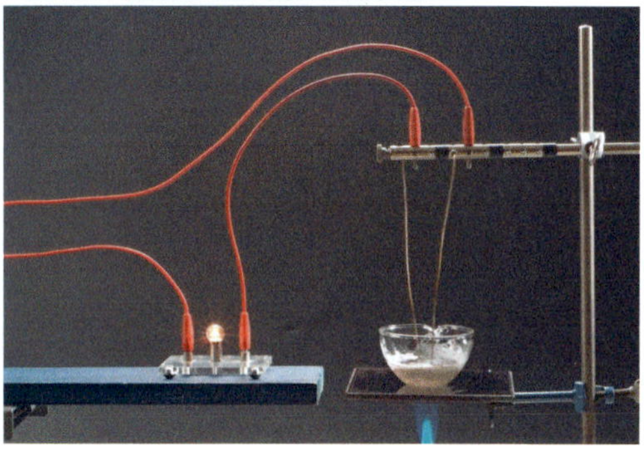

3 Salzschmelzen leiten Elektrizität.

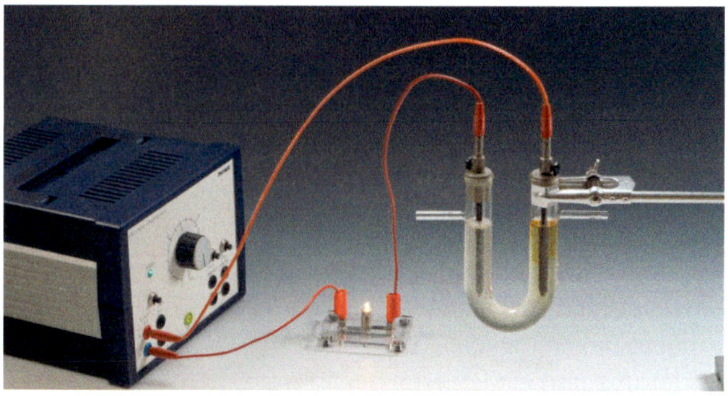

4 Elektrolyse einer Zinkiodid-Lösung

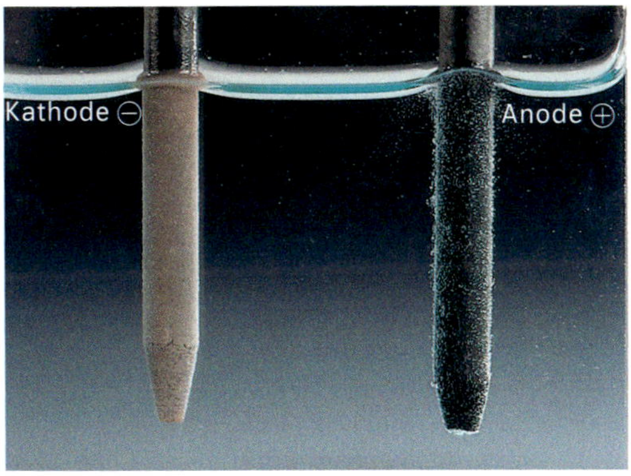

5 Elektroden bei der Elektrolyse einer Kupferchlorid-Lösung

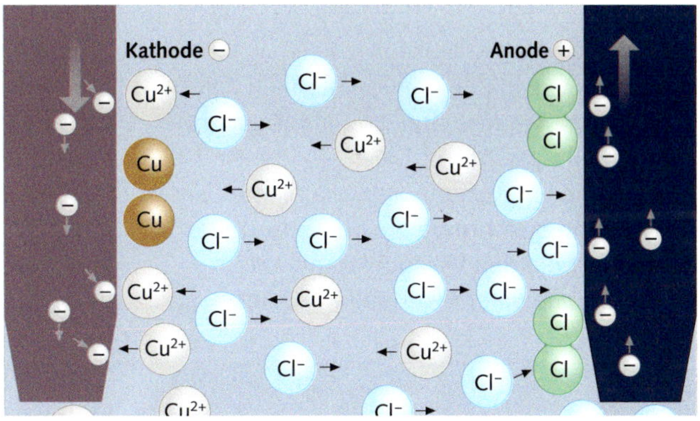

6 Vorgänge an den Elektroden im Teilchenmodell

Was geschieht bei der Elektrolyse?

In der Kupferchlorid-Lösung in Bild 2 und 5 befinden sich positiv geladene Kupfer-Ionen, Cu^{2+} und negativ geladene Chlorid-Ionen, Cl^-. Sie werden von den entgegengesetzt geladenen Elektroden angezogen, Bild 6.

An der Kathode (Minuspol) nehmen die positiv geladenen Kupfer-Ionen jeweils 2 Elektronen auf. Sie werden zu elektrisch neutralen Kupfer-Atomen. Deshalb überzieht sich die Kathode mit metallischem Kupfer (Bild 5).

Die negativ geladenen Chlorid-Ionen bewegen sich zur Anode (Pluspol) und geben dort ihr überschüssiges Elektron ab. Sie werden zu neutralen Chlor-Atomen. An der Anode steigt gasförmiges Chlor auf. Die Zerlegung einer Kupferchlorid-Lösung in ihre Bestandteile Kupfer und Chlor ist eine Elektrolyse.

Elektrolyse von Zinkiodid

Bei der Elektrolyse einer Zinkiodid-Lösung finden die gleichen chemischen Reaktionen statt, wie bei der Kupferchlorid-Lösung. Kupfer ist durch Zink und die Chlorid-Ionen sind durch Iodid-Ionen ersetzt.

Lösungen und Schmelzen leiten

In Salzlösungen befinden sich frei bewegliche Ionen. Auch in geschmolzenem Salz sind frei bewegliche Ionen vorhanden.
Nach Anlegen einer Spannung bewegen sich die positiv geladenen Ionen zum Minuspol und nehmen Elektronen auf.
Die negativ geladenen Ionen bewegen sich zum Pluspol und geben dort Elektronen ab. Sie werden so zu neutralen Atomen. Abgabe und Aufnahme von Elektronen ermöglichen einen Elektronenfluss im äußeren Stromkreis. Diese Elektrolyse kann nur so lange ablaufen, wie noch Ionen in der Lösung vorhanden sind. Sind keine Ionen mehr vorhanden, leitet die Flüssigkeit nicht mehr.

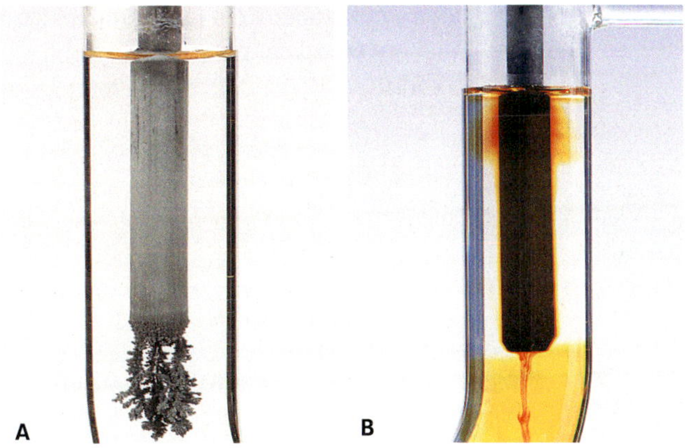

7 A–B Elektroden bei der Elektrolyse einer Zinkiodid-Lösung

Du kannst die chemischen Reaktionen bei der Elektrolyse einer Kupferchlorid-Lösung beschreiben und dabei die Begriffe Anode, Kathode, Ionen, Elektronenaufnahme, Elektronenabgabe, Moleküle und neutrale Atome richtig verwenden.
Du kannst die Elektrolyse einer Zinkiodid-Lösung richtig beschreiben.

Basiskonzepte S. 217

Fällungsreihe

1.

a) Tauche wie in Bild 1 einen blanken Eisenstab in eine Kupfersulfat-Lösung. Beschreibe deine Beobachtung.
b) Lass die Versuchsanordnung einige Zeit stehen und beschreibe die Veränderungen.
c) Wiederhole den Versuch a) mit einem Kupferstab in einer Eisensulfat-Lösung.

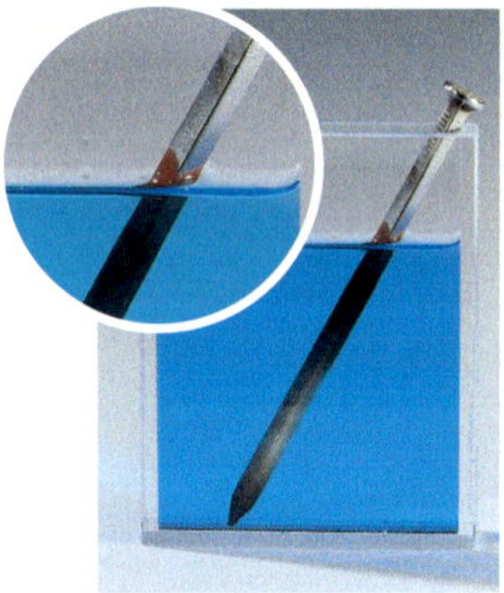

1 Eisennagel in Kupfersalzlösung

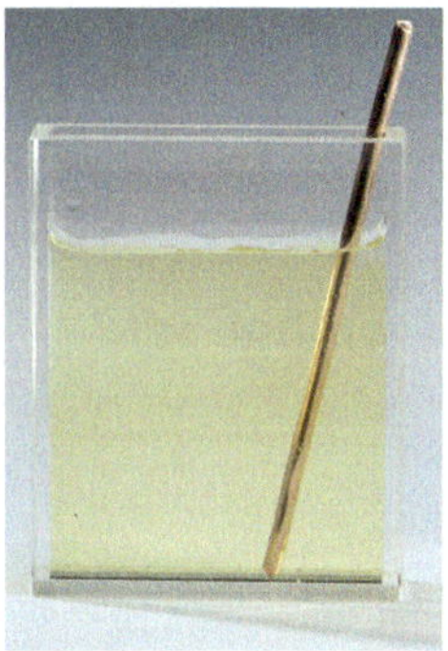

2 Kupferstange in Eisensalzlösung

2.

a) Bearbeitet den folgenden Versuch in mindestens vier Gruppen. Jede Gruppe erhält eine der folgenden Lösungen: Kupfersulfat-Lösung, Zinksulfat-Lösung, Eisensulfat-Lösung oder Silbernitrat-Lösung (1%). Taucht nun in jeder Gruppe nacheinander vier unterschiedliche Metalle in die Lösung: einen Kupferstab, ein Stück Zinkblech, einen Eisennagel und einen Silberdraht.
b) Fasst eure Beobachtungen in einer Tabelle zusammen. Notiert, in welcher Salzlösung sich auf welchem Metallstab ein Niederschlag gebildet hat.
c) Ermittelt aus den Versuchsergebnissen welches Metall einer Versuchsanordnung jeweils das edlere ist und erstellt eine Reihenfolge von „unedel" zu „edel".

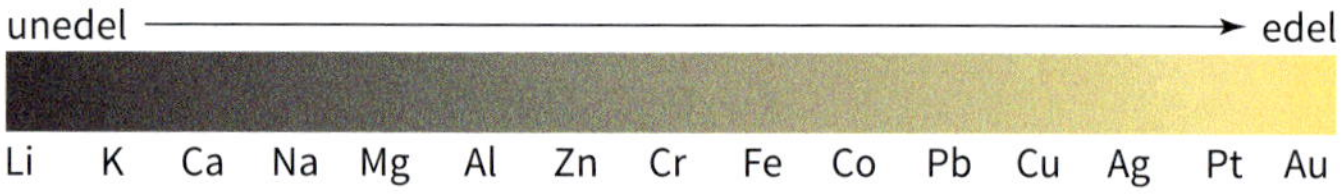

3 Fällungsreihe – Spannungsreihe der Metalle

Ein Eisennagel wird verkupfert

Steht ein blanker Eisennagel in einer Kupfersalz-Lösung, scheidet sich elementares Kupfer ab. Der blanke Nagel überzieht sich mit einer Kupferschicht. Dafür sorgen die Kupfer-Ionen (Cu^{2+}), die in der blauen Kupfersalz-Lösung enthalten sind. Um zu einem Kupfer-Atom zu werden, benötigt jedes Kupfer-Ion zwei Elektronen:

$$Cu^{2+} + 2\,e^- \rightarrow Cu$$

Diese Elektronen werden von den Eisen-Atomen aus dem Eisennagel geliefert. Die Eisen-Atome geben je 2 Elektronen ab und gehen als Eisen-Ionen in Lösung:

$$Fe \rightarrow Fe^{2+} + 2\,e^-$$

Eisen ist also unedler als Kupfer. Das metallische Eisen hat Kupfer aus der Kupfersalz-Lösung ausgefällt. Wird umgekehrt ein Kupferstab in eine Eisensalz-Lösung gestellt, gibt es keine Reaktion. Die Kupfer-Atome geben keine Elektronen an die Eisen-Ionen in der Lösung ab. Kupfer ist edler als Eisen.

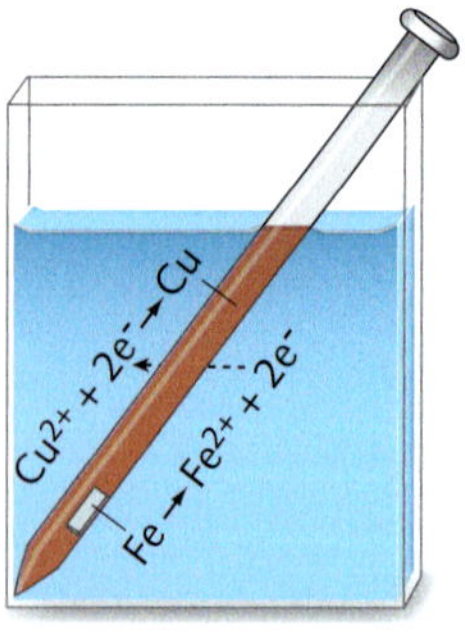

4 Kupfer fällt aus.

Fällungsreihe

Auch andere Metalle können ein Element aus seiner Salzlösung ausfällen. Aus vielen solcher Versuche ergibt sich eine Reihenfolge der Metalle, von unedel nach edel. Das jeweils unedlere Metall ist in der Lage, das edlere Metall aus seiner Salzlösung auszufällen. Diese Reihenfolge heißt **Fällungsreihe der Metalle.**

Spannungsreihe

Die Fällungsreihe wird auch **Spannungsreihe** der Metalle genannt, weil zwischen zwei verschiedenen Metallen, die in einem Elektrolyten tauchen, eine Spannung gemessen werden kann.

Du kannst die Begriffe Fällungsreihe und Spannungsreihe erklären.
Du kannst die chemischen Reaktionen beschreiben, die ablaufen, wenn ein Eisennagel in eine Kupfersalz-Lösung taucht.

Basiskonzepte S. 217

Das Daniell-Element

1. V

Stelle in ein Becherglas einen Tonzylinder etwa gleicher Höhe, aber mit wesentlich geringerem Durchmesser. Fülle den Tonzylinder mit Kupfersulfat-Lösung und tauche einen Kupferstab hinein. Fülle das Becherglas mit Zinksulfat-Lösung, bis beide Lösungen etwa gleich hoch stehen. Tauche in diese Lösung einen Zinkstab. Verbinde den Zinkstab mit dem Minuspol eines Spannungsmessgerätes und den Kupferstab mit dem Pluspol. Lies die Spannung ab.

2. A

Beschreibe für Versuch 1 die Reaktionen am Zinkstab und am Kupferstab.

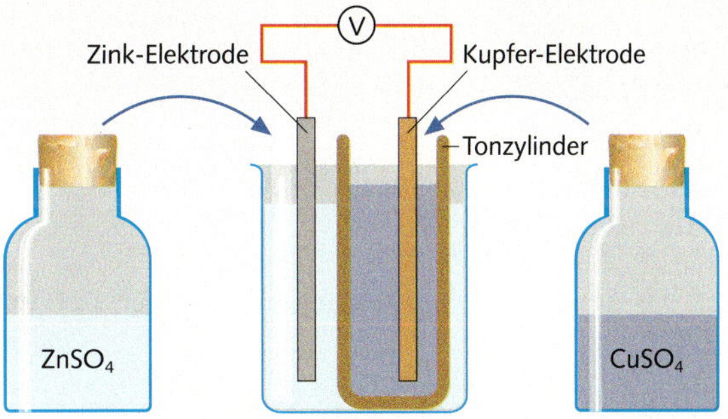

2 Versuchsaufbau zum Daniell-Element

3. A

Erkläre, warum in Versuch 1 der Zinkstab der Minuspol und der Kupferstab der Pluspol eines galvanischen Elements sind.

Erfindung und Verwendung

Um 1830 erfand John FREDERIC DANIELL (1790 – 1845) diese galvanische Zelle. Sie wurde als Energiequelle in der Telegraphie, der ersten elektrischen Nachrichtenübermittlung eingesetzt.

Der Aufbau

Das Daniell-Element besteht aus einer Zink- und einer Kupferelektrode. Die Zinkelektrode taucht in eine Zinksulfat-Lösung ein und die Kupferelektrode in eine Kupfersulfat-Lösung. Beide Lösungen sind durch einen porösen Tonzylinder voneinander getrennt.

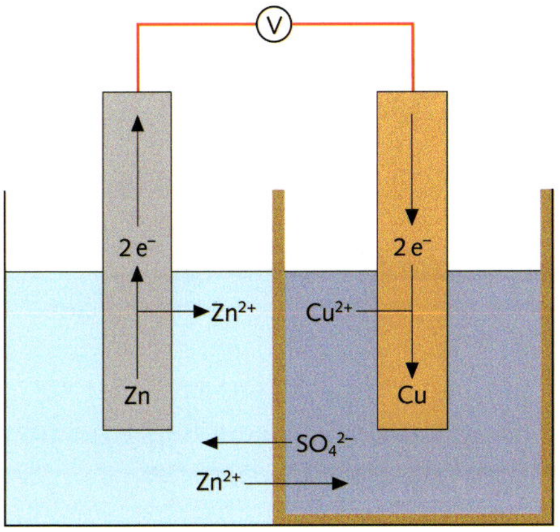

1 Chemische Reaktionen im Daniell-Element

Die Reaktionen

Werden die beiden Elektroden durch eine elektrische Leitung miteinander verbunden, fließen Elektronen von der Zinkelektrode zur Kupferelektrode. Es ist eine Spannung von etwa 1,1 V zu messen.

An der Zinkelektrode

Zink-Atome geben leichter Elektronen ab als Kupfer-Atome. Zink-Atome gehen als Zink-Ionen in Lösung:

$Zn \rightarrow Zn^{2+} + 2\,e^-$

An der Kupferelektrode

Kupfer-Ionen werden leichter zu Kupfer-Atomen als Zink-Ionen zu Zink-Atomen. Die Kupfer-Ionen nehmen an der Kupferelektrode Elektronen auf und scheiden sich als Kupfer-Atome ab:

$Cu^{2+} + 2\,e^- \rightarrow Cu$

Die Gesamtreaktion

An der Zinkelektrode erhöht sich die Zahl der Zink-Ionen. An der Kupferelektrode bilden sich Kupfer-Atome, es werden also immer weniger Kupfer-Ionen. Zink-Ionen wandern daher zum Ladungsausgleich durch die poröse Wand des Tonzylinders.

Oxidation: (Elektronenabgabe) $Zn \rightarrow Zn^{2+} + 2\,e^-$

Reduktion: (Elektronenaufnahme) $Cu^{2+} + 2\,e^- \rightarrow Cu$

Redoxreaktion: $Cu^{2+} + Zn \rightarrow Cu + Zn^{2+}$

Der Bleiakkumulator – eine wieder aufladbare Stromquelle

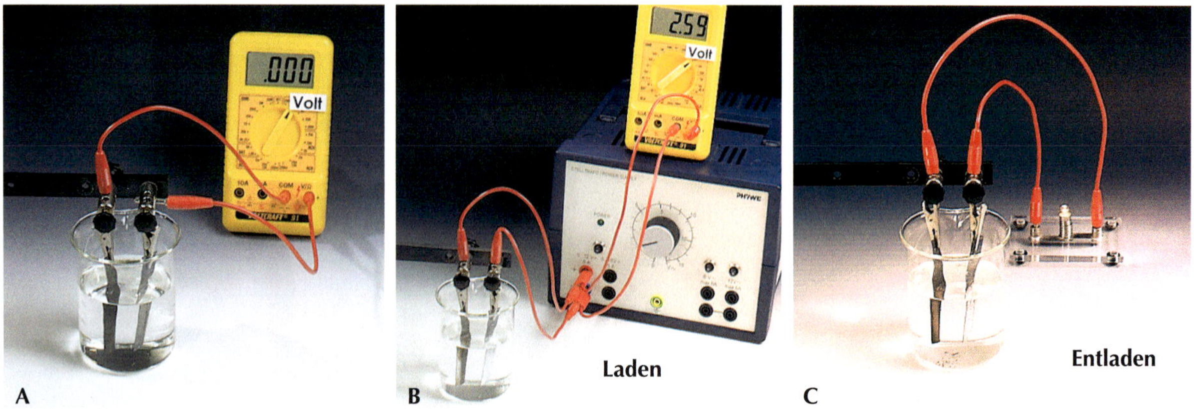

1 A–C Laden und Entladen einer Bleiakkumulatorzelle im Modellversuch

1. V Demonstrationsversuch

a) Zwei saubere Bleibleche werden als Elektroden in eine 20 %ige Schwefelsäure gestellt. Die Bleche dürfen sich nicht berühren. Nun wird die Spannung zwischen den Elektroden gemessen (Bild 1 A).

b) Die Elektroden werden für etwa 20 min an eine Gleichspannungsquelle mit etwa 2,5 V angeschlossen (Bild 1 B). Nun wird erneut die Spannung gemessen.

c) Eine Glühlampe (1,5 V|0,1 A) wird an die Elektroden angeschlossen (Bild 1 C). Nach dem Erlöschen der Lampe wird erneut die Spannung gemessen.

2. Q

Beschreibe die Veränderungen an den Bleiblechen in Versuch 1.

3. Q

Vergleiche die Spannungen aus Versuch 1 vor und nach dem Laden.

4. A

Nenne Einsatzbereiche von Bleiakkus.

5. A

Erläutere die elektrochemischen Vorgänge beim Laden und Entladen eines Bleiakkus.

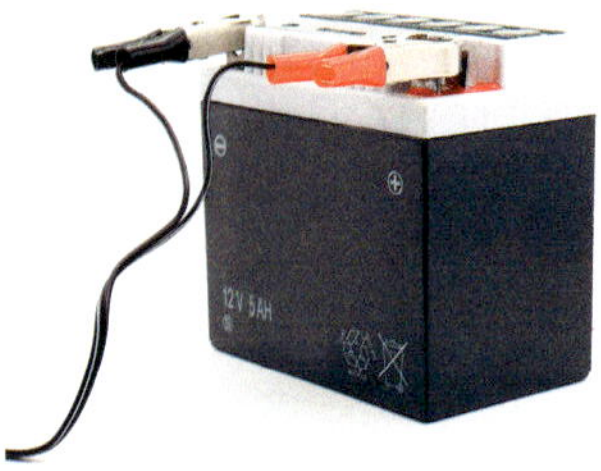

2 Ein Bleiakku

Modellversuch und Wirklichkeit

Im Modellversuch werden als Elektroden zwei Bleche aus Blei benutzt. In einem industriell hergestellten Bleiakkumulator, kurz Bleiakku genannt, ist nur eine Elektrode aus Blei, die andere ist aus Bleidioxid. So ist ein gekaufter Bleiakku schon betriebsbereit aufgeladen.

Der Pluspol verändert sich

Beim Laden des Modellakkus überzieht sich die Bleiplatte, die mit dem Pluspol verbunden ist, mit einer braunen Schicht aus Bleidioxid. Am Minuspol sind keine Veränderungen zu erkennen.

3 Eingebaute Autobatterie im Motorraum

Der Anlasser wird vom Akku versorgt

Beim Start bringt ein Elektromotor, der Anlasser, den Motor zum Laufen. Er wird vom Akku versorgt. Während der Motor läuft, lädt die Lichtmaschine, ein Generator, den Akku wieder auf. So wird der Akku in der Regel mehrere Jahre immer wieder entladen und aufgeladen.
Die elektrische Energie von der Lichtmaschine wird im Akku als chemische Energie gespeichert. Beim Entladen wird sie wieder als elektrische Energie abgegeben.

Basiskonzepte S. 217

Der Aufbau des Bleiakkus

Der Akku enthält unterschiedliche Elektroden, die zu Plattensätzen zusammengefasst sind (Bild 4). Bleiplatten bilden den Minuspol und Bleidioxidplatten den Pluspol. Dazwischen befinden sich durchlässige Platten aus Kunststoff, die eine Berührung der Plattensätze verhindern. Zwei solcher Plattensätze befinden sich in einer Akku-Zelle und ergeben mit Schwefelsäure als Elektrolyt eine Spannung von etwa 2 V. Um eine Spannung von 12 V zu erreichen, sind sechs solche Zellen hintereinandergeschaltet.

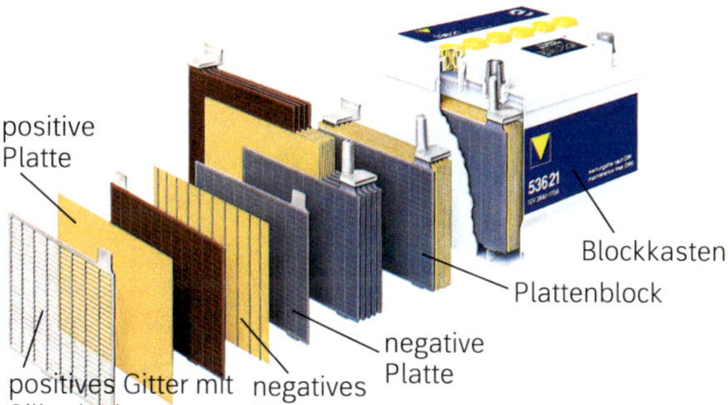

4 Der Aufbau eines Bleiakkus

Elektrochemische Vorgänge beim Entladen

Blei (Pb) kann unterschiedlich geladene Ionen bilden: Pb^{2+}-Ionen und Pb^{4+}-Ionen.
Beim Entladen geben Blei-Atome am Minuspol Elektronen ab. Es entstehen Pb^{2+}-Ionen. Am Pluspol werden durch Elektronenaufnahme aus den Pb^{4+}-Ionen zweifach geladene Pb^{2+}-Ionen.

Vorgänge beim Laden

Wird der Akku durch die Lichtmaschine oder durch ein Ladegerät wieder aufgeladen, kehren sich die elektrochemischen Vorgänge um. Am Minuspol entsteht wieder Blei und am Pluspol bilden sich Pb^{4+}-Ionen.

Entladen:

Minuspol: $Pb \rightarrow Pb^{2+} + 2\,e^-$

Pluspol: $Pb^{4+} + 2\,e^- \rightarrow Pb^{2+}$

Laden:

Minuspol: $Pb^{2+} + 2\,e^- \rightarrow Pb$

Pluspol: $Pb^{2+} \rightarrow Pb^{4+} + 2\,e^-$

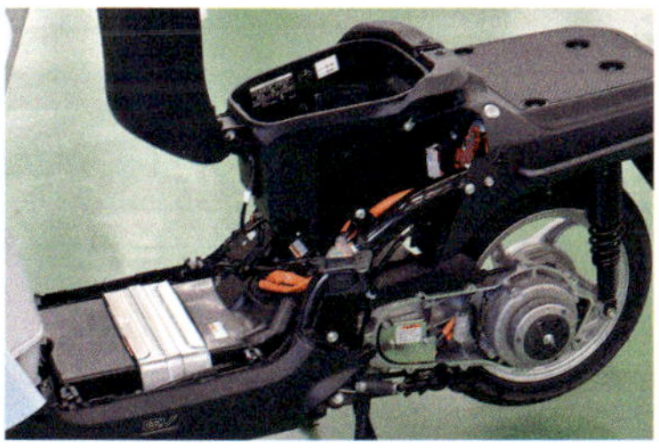
5 Kleiner Bleiakku in einem Roller

6 Bleiakkus als stationärer Speicher

7 Bleiakkus für einen Gabelstapler

Starterbatterie

Fast alle Verbrennungsmotoren werden mit einem Anlasser gestartet. Dies ist ein Elektromotor, der von einem Bleiakku versorgt wird. Hier wird der Bleiakku dann auch Starterbatterie genannt.

Die Bleiakkus der Zweiräder sind unter anderem wegen des Gewichts wesentlich kleiner als in einem PKW. Aber auch sie liefern eine Spannung von 12 V.

Gespeicherte Energie

Betreiber von Fotovoltaikanlagen, die nicht immer in ein Netz einspeisen, benutzen Blöcke von Bleiakkus zum Speichern elektrischer Energie.

In vielen Bereichen, unter anderem in Operationssälen, ist eine unterbrechungsfreie Stromversorgung lebensnotwendig. Hier sorgen Blöcke aus vielen Bleiakkus für diese Sicherheit.

Das Gewicht – ein Vorteil

In Gabelstaplern werden Blöcke von Bleiakkus verwendet, die nicht nur sehr viel elektrische Energie speichern können, sondern durch ihr Gewicht den Staplern auch Stabilität verleihen. Hier ist das hohe Gewicht der Bleiakkus ein Vorteil.

Du kannst den Aufbau und die elektrochemischen Vorgänge in einem Bleiakku beschreiben.
Du kannst Anwendungsbeispiele aufzählen und Vor- und Nachteile erörtern.

Oxidation ohne Sauerstoff?

1 Reaktion in Sauerstoff

Magnesium brennt

Wird brennendes Magnesium in einen Standzylinder mit Sauerstoff gehalten, verbrennt es mit greller Flamme. Dabei entsteht ein weißer Feststoff, Magnesiumoxid. Wird in einem zweiten Versuch brennendes Magnesium in einen Standzylinder mit Chlor gehalten, brennt es ebenfalls mit greller Flamme weiter. Auch dabei entsteht ein weißer Feststoff. Es ist Magnesiumchlorid.

Beide Reaktionen verlaufen sehr ähnlich. Die Reaktion von Magnesium mit Sauerstoff wird als Oxidation bezeichnet. Worum handelt es sich dann bei der Reaktion von Magnesium mit Chlor?

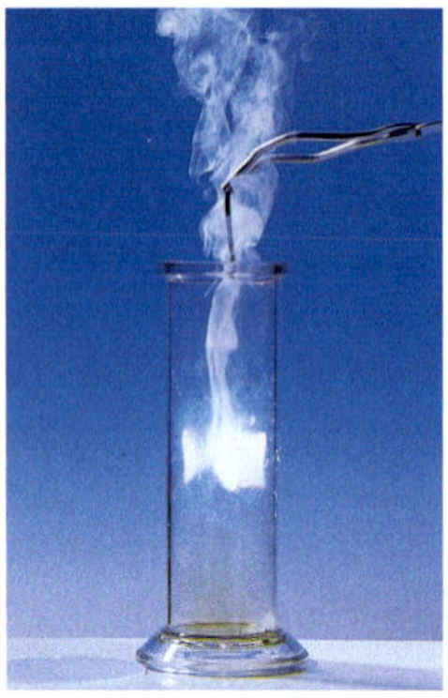

2 Reaktion in Chlor

STREIFZUG

Oxidation – Elektronenabgabe

In der Chemie werden beide Vorgänge als Oxidationen bezeichnet. Ihre Gemeinsamkeiten werden besonders deutlich, wenn die Vorgänge auf der Teilchenebene betrachtet werden.
In beiden Reaktionen entstehen aus den Magnesium-Atomen Magnesium-Ionen. Die Magnesium-Atome geben jeweils zwei Elektronen ab. Sie sind **Elektronen-Donatoren** und werden zu positiv geladenen Magnesium-Ionen. Eine solche **Abgabe von Elektronen** ist eine **Oxidation**.

Reduktion – Elektronenaufnahme

Die Reaktionspartner nehmen die Elektronen auf und werden zu negativ geladenen Ionen. Sie sind die **Elektronen-Akzeptoren.** Diese **Aufnahme von Elektronen** heißt **Reduktion.** Die Elektronenabgabe und die Elektronenaufnahme können nur gemeinsam ablaufen. **Red**uktion und **Ox**idation sind immer miteinander gekoppelt. Die ganze Reaktion heißt deshalb **Redox**reaktion. Nach dieser erweiterten Definition können Redoxreaktionen also auch ohne Sauerstoff ablaufen. Es kommt nur auf den **Austausch von Elektronen an.**

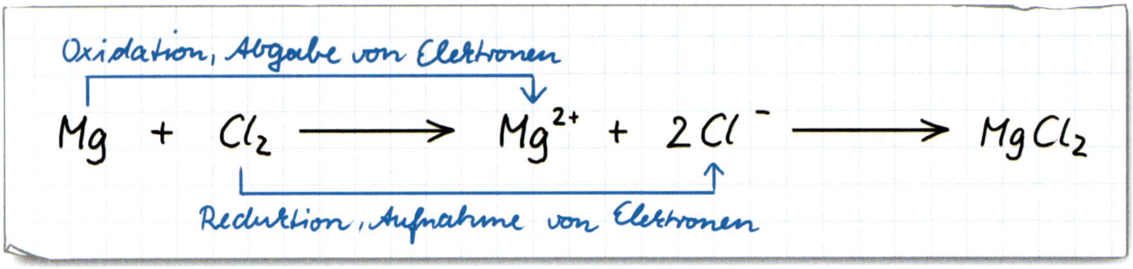

3 Magnesium und Chlor verbinden sich zu Magnesiumchlorid.

1. Formuliere entsprechend wie in Abbildung 3 die Reaktionsgleichung für
a) Magnesium und Sauerstoff,
b) Natrium und Chlor.

2. **a)** Beschreibe, welche Ionen in einer Kupferchloridlösung sind.
b) Nenne die Ionen, die beim Verkupfern eines Gegenstandes reduziert werden.

3. Benenne die Ionen, die bei der Elektrolyse einer Kupferchloridlösung reduziert werden und die Ionen, die oxidiert werden.

4. **a)** Benenne den Vorgang, bei dem aus Kupfer-Ionen Kupfer-Atome werden.
b) Entscheide, ob die Kupfer-Ionen hier Akzeptoren oder Donatoren sind.

Basiskonzepte S. 217

Galvanisieren – eine Redoxreaktion

1. Begründe, an welchem Pol der Gleichstromquelle ein Gegenstand angeschlossen sein muss, wenn er galvanisiert werden soll.

2. Erkläre, warum sich die Chlorid-Ionen zur Anode bewegen.

3. Begründe, warum Chlorid-Ionen Donatoren und Nickel-Ionen Akzeptoren sind.

4. Erläutere, warum Nickel-Ionen als Kationen und Chlorid-Ionen als Anionen bezeichnet werden.

5. Benenne die Teilchen, die in der Darstellung der Nickelchlorid-Lösung fehlen und ohne die diese Reaktionen nicht ablaufen würden.

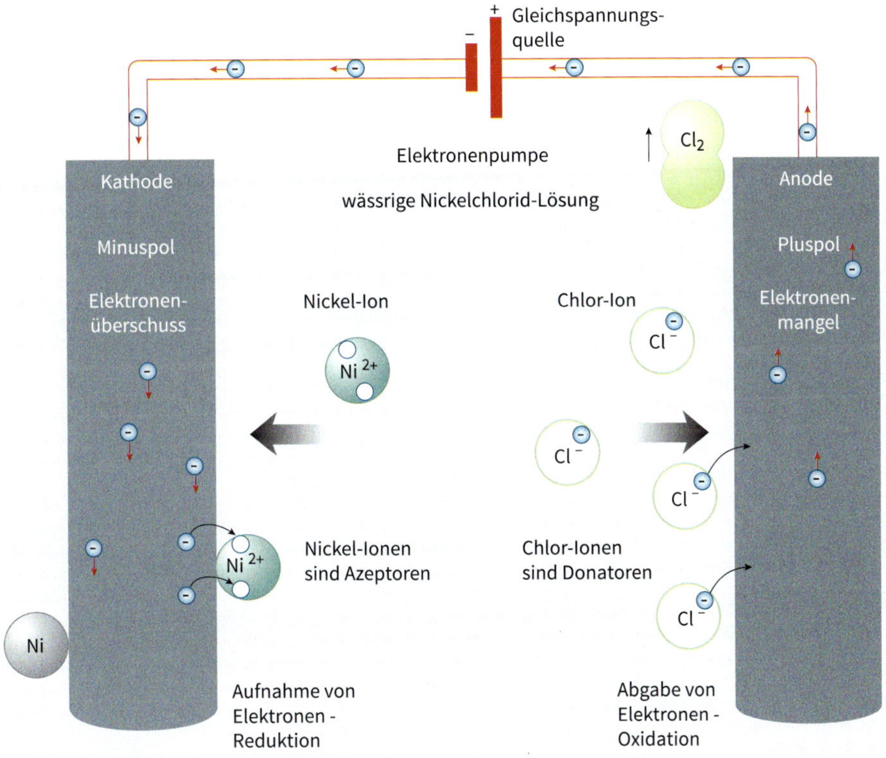

Elektronenabgabe und -aufnahme

Beim Galvanisieren werden von den Ionen einer Salzlösung Elektronen aufgenommen oder abgegeben. Das ist auch das Kennzeichen einer Redoxreaktion. Jedoch tauschen beim Galvanisieren die Ionen der Salzlösung die Elektronen nicht unmittelbar miteinander aus. Die beiden Teilreaktionen Oxidation und Reduktion laufen räumlich getrennt ab.

Donatoren

An der Anode findet die Oxidation statt. In einer Nickelchlorid-Lösung geben hier die Chlorid-Ionen jeweils ein Elektron ab. Die Chlorid-Ionen sind die Elektronen-Donatoren. Sie bilden Moleküle und steigen als Gas zur Oberfläche auf.

Akzeptoren

An der Kathode findet die Reduktion statt. Hier nehmen Nickel-Ionen jeweils zwei Elektronen auf. Sie sind die Elektronen-Akzeptoren. Es bildet sich eine Schicht aus metallischem Nickel.

Du kannst die chemischen Reaktionen beim Galvanisieren in einer Nickelchlorid-Lösung beschreiben. Du kannst dabei die Begriffe Oxidation, Reduktion, Redoxreaktion, Anionen, Kationen, Donatoren und Akzeptoren richtig verwenden.

Lokalelemente

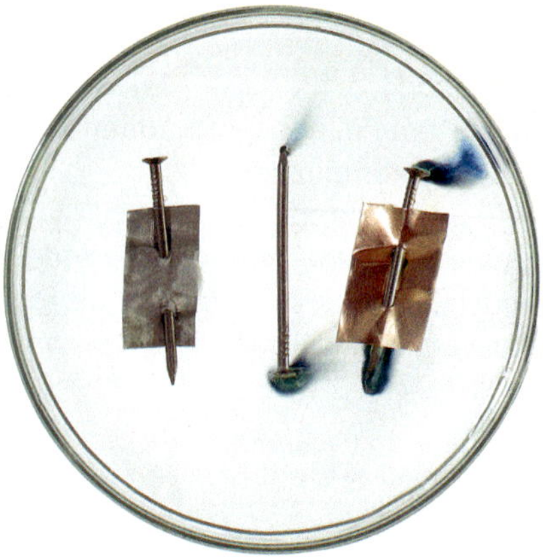

1.
a) Schmirgle zwei Eisennägel blank. Stecke einen Nagel durch ein dünnes Zinkblech und den zweiten durch ein dünnes Kupferblech. Lege die Nägel in eine Petrischale. Löse eine Spatelspitze Kochsalz und etwas gelbes Blutlaugensalz in 50 ml Wasser. Gieße so viel von der Lösung in die Petrischale, bis die Nägel gerade bedeckt sind. Lass die Schale etwa 20 min stehen. Beschreibe und erkläre die Veränderungen.
b) Wiederhole den Versuch mit leicht angeschmirgelte, verkupferten und verzinkten Büroklammern.
Hinweis: Gelbes Blutlaugensalz bildet mit Eisen-Ionen einen blauen Niederschlag.

2.
Nenne verschiedene Möglichkeiten, Eisen vor Rost zu schützen.

3.
In manchen Altbauten gibt es Wasserleitungsrohre aus Eisen. Warum darf daran keine Leitung aus Kupfer angeschlossen werden?

4.
Informiere dich über die Möglichkeiten, stählerne Schiffsrümpfe vor Korrosion zu schützen.

Metalle schützen Metalle

Bei der Verwendung von Eisen, unserem wichtigsten Gebrauchsmetall, gibt es ein Problem, die Korrosion. Eisen rostet. Die Oberflächen müssen deshalb vor feuchter Luft und aggressiven Stoffen geschützt werden. Das ist zum Beispiel durch Beschichten mit korrosionsbeständigeren Metallen wie Kupfer oder Zink möglich.

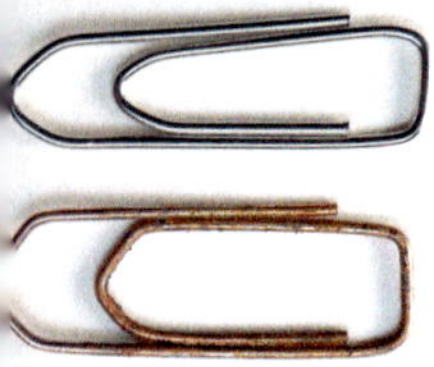

Gegenstände aus Eisen, die durch solche Metallschichten geschützt sind, sehen aber nur gut aus, so lange sie neu sind. Im praktischen Gebrauch zeigen sich bald deutliche Unterschiede. So rosten verkupferte Büroklammern in feuchter Luft sehr schnell, verzinkte rosten nicht.

Das liegt an den elektrochemischen Eigenschaften der Metalle. Wird die Schutzschicht beschädigt und kommt als Elektrolyt noch Wasser oder eine Salzlösung hinzu, bildet sich ein galvanisches Element. Wie bei einer Batterie bildet das unedlere Metall den Minuspol, das edlere den Pluspol. Das unedlere Metall gibt Elektronen ab. Es entstehen Metall-Ionen, das Metall löst sich auf. Es korrodiert. Das edlere Metall wird dadurch geschützt. Es bleibt erhalten.

Ein solches galvanisches Element, bei dem sich zwei Metalle berühren, heißt **Lokalelement.** In der Technik werden Lokalelemente als Korrosionsschutz genutzt.

Lokalelemente können schützen

Beim verzinkten Eisen ist das Zink das unedlere Metall, deshalb löst es sich langsam auf. Das darunter liegende edlere Eisen wird so lange vor Korrosion geschützt, wie noch Zink vorhanden ist.

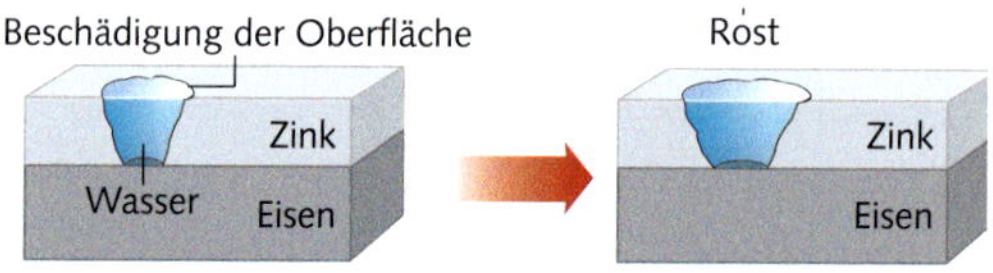

Beim verkupferten Eisen ist das Eisen das unedlere Metall und löst sich auf. Das edlere Kupfer bleibt erhalten. Eisen kann also durch eine Kupferschicht nicht dauerhaft geschützt werden.

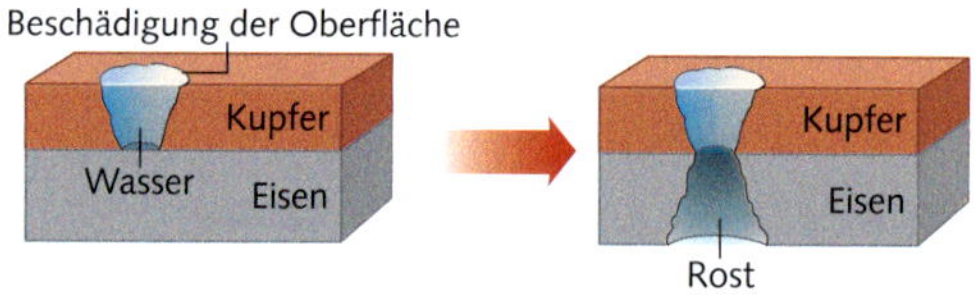

Schutz für stählerne Schiffsrümpfe

Am Rumpf stählerner Schiffe werden Blöcke aus Magnesium oder Zink angebracht. Sie bilden jeweils den Minuspol eines Lokalelements und lösen sich allmählich auf. So lange ist der Stahlrumpf vor Korrosion geschützt.

Du kannst beschreiben, wie Eisen durch ein Lokalelement vor Korrosion geschützt werden kann. Du kannst die dabei ablaufenden chemischen Reaktionen darstellen.

Chemieberufe

Lacklaborantin/-laborant

Lacklaborantinnen und Lacklaboranten arbeiten in der Entwicklung und Herstellung unterschiedlicher Beschichtungsstoffe und Beschichtungssysteme mit. Sie prüfen außerdem die Qualität von Lacken und Farben im Labor, werten Messdaten aus und dokumentieren die Ergebnisse.

Oberfächenbeschichterin/-beschichter

Elektrolytbad, Metallsalzlösung, Feuerverzinken, Legierungsschicht und Galvanisierbad sind Begriffe aus der Berufswelt der Oberflächenbeschichterin und des Oberflächenbeschichters. Sie stellen mit unterschiedlichen Verfahren und Techniken metallische Überzüge auf Metallen und Kunststoffen her.

Produktionsfachkraft Chemie

Bedienen und Pflegen von Produktionsgeräten und Produktionsanlagen, Herstellen von Präparaten und Produkten und Wartungstechnik – dies sind nur einige Ausbildungsschwerpunkte für die Produktionsfachkraft Chemie. Nach 2-jähriger Ausbildung ist sie in der Regel für den reibungslosen Ablauf der Produktion in Chemiebetrieben mit verantwortlich.

Pharmakantin/Pharmakant

In pharmazeutischen Herstellungs- und Verpackungsbetrieben arbeiten Pharmakantinnen und Pharmakanten. Sie arbeiten mit Wirkstoffen (Arzneistoffe) und Hilfsstoffen wie Stärke, Talkum, Zucker, Fetten, Ölen und Wasser. Bei der Herstellung von Arzneimitteln aller Art ist genaues und verantwortungsbewusstes Arbeiten sehr wichtig.

1. Wähle einen der vorgestellten Berufe aus und stelle ihn ausführlich dar.

PINNWAND

Batterien und Akkus im Überblick

1. Ⓐ
Erstelle eine Liste der auf dieser Seite genannten Metalle und Metallverbindungen.

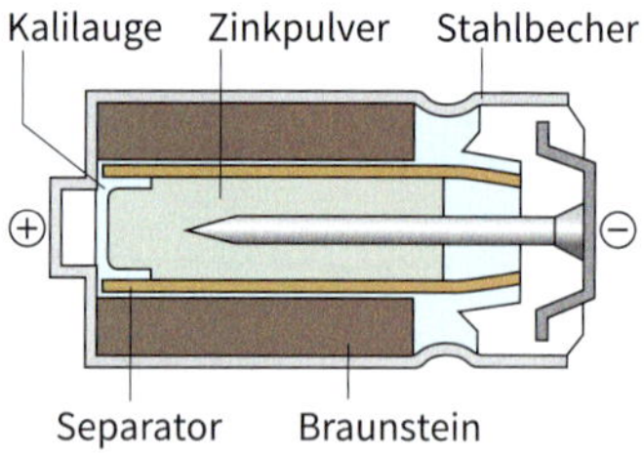

1 Alkali-Mangan-Batterie

Alkali-Mangan-Batterie

Minuspol: Zink **Pluspol:** Mangandioxid
Elektrolyt: Kalilauge **Spannung:** 1,5 V
Eigenschaften: langlebig, auslaufsicher, hohe Stromstärke
Verwendung: Taschenlampen, Fernbedienungen, Radios, Spielzeug

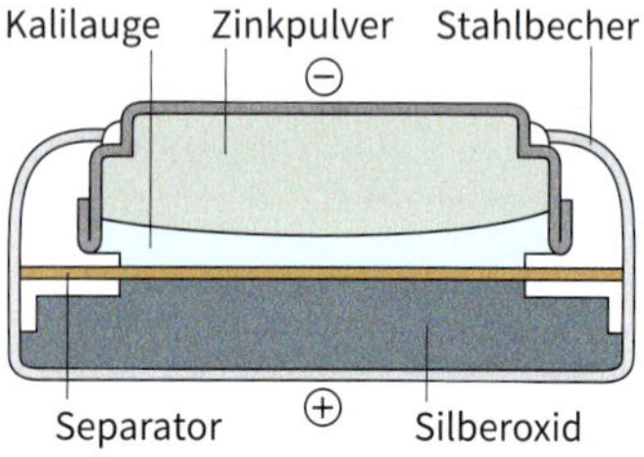

2 Zink-Silberoxid-Batterie

Zink-Silberoxid-Batterie

Minuspol: Zink **Pluspol:** Silberoxid
Elektrolyt: Kalilauge **Spannung:** 1,5 V
Eigenschaften: lange gleichbleibende Spannung
Verwendung: Computer, Uhren, Taschenrechner, Hörgeräte, Kameras

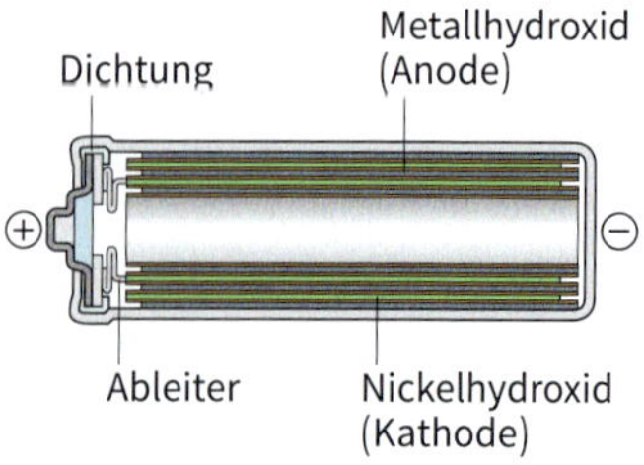

3 Nickel-Metallhydrid-Akku

Nickel-Metallhydrid-Akku

Minuspol: Wasserstoff als Metallhydrid
Pluspol: Nickeloxidhydroxid
Elektrolyt: Kalilauge **Spannung:** 1,2 V
Eigenschaften: hohe Stromstärke, langlebig
Verwendung: Elektrowerkzeuge, Audio-, Foto- und Videogeräte

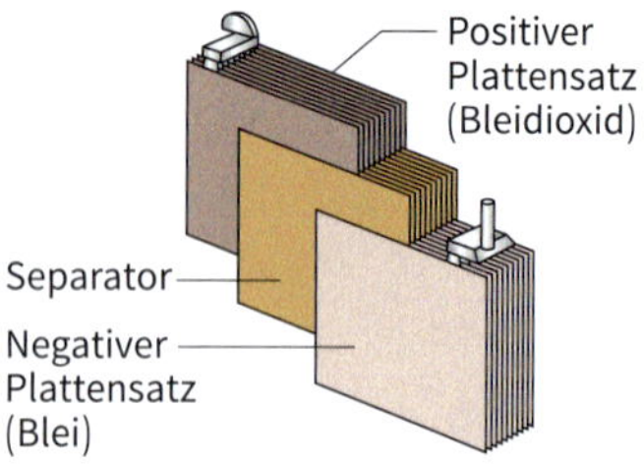

4 Blei-Akku

Blei-Akku

Minuspol: Blei **Pluspol:** Bleidioxid
Elektrolyt: Schwefelsäure
Spannung: 2 V pro Zelle
Eigenschaften: hohe Stromstärke, langlebig, zuverlässig, hohes Gewicht, umweltbelastend
Verwendung: Starterbatterie für Verbrennungsmotoren

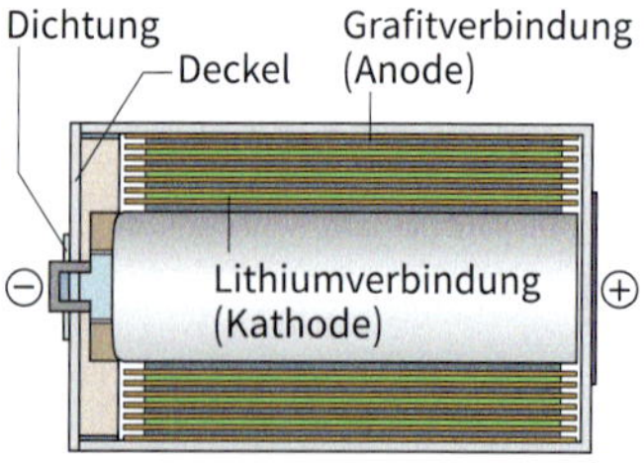

5 Lithium-Ionen-Akku

Lithium-Ionen-Akku

Minuspol: Kohlenstoff
Pluspol: Nickel/Mangan
Spannung: 3,7 V
Elektrolyt: Lithiumsalze in Lösungsmittel
Eigenschaften: hohe Stromstärke, extrem langlebig
Verwendung: Elektrowerkzeuge, Smartphones, Tablet-PCs, Modellbau

Batterien, Akkus und Umwelt

Batterien und Akkus werden gesammelt

Laut Batteriegesetz vom 25. Juni 2009 sind alle Verbraucher verpflichtet, gebrauchte Batterien zurückzugeben. Sammelstellen gibt es unter anderem im Handel, in Schulen und Verwaltungen. Die Entsorgung der Batterien über den Hausmüll ist wegen der hohen Anteile giftiger Stoffe gesetzlich verboten.

Sortierte Batterien vor der Wiederverwertung

Alle Batteriehersteller müssen sich entweder an der Stiftung Gemeinsames Rücknahmesystem Batterien (GRS Batterien) beteiligen oder eigene Rücknahmesysteme betreiben. Etwa 18.700 t Geräte-Altbatterien wurden 2013 wiederverwertet, davon etwa 80% Alkali-Mangan-Batterien. Nur etwa die Hälfte dieser Klein-Batterien wird recycelt.

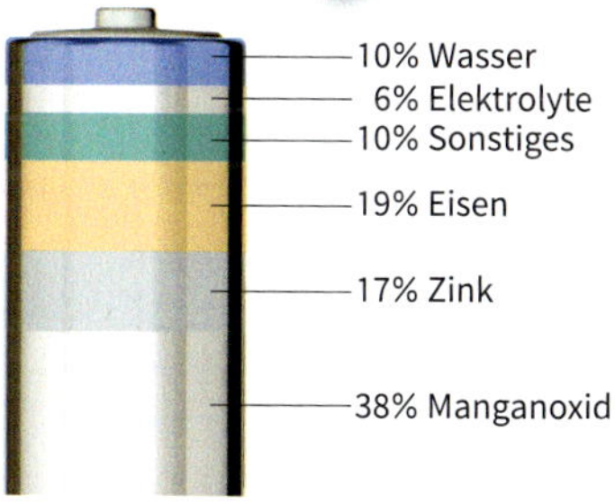

Typische Zusammensetzung einer Alkali-Mangan-Batterie

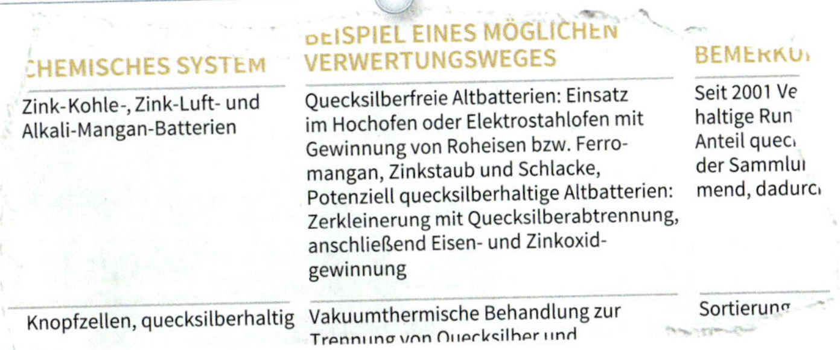

CHEMISCHES SYSTEM	BEISPIEL EINES MÖGLICHEN VERWERTUNGSWEGES	BEMERKU
Zink-Kohle-, Zink-Luft- und Alkali-Mangan-Batterien	Quecksilberfreie Altbatterien: Einsatz im Hochofen oder Elektrostahlofen mit Gewinnung von Roheisen bzw. Ferromangan, Zinkstaub und Schlacke, Potenziell quecksilberhaltige Altbatterien: Zerkleinerung mit Quecksilberabtrennung, anschließend Eisen- und Zinkoxidgewinnung	Seit 2001 Ve haltige Run Anteil quec der Sammlu mend, dadurc
Knopfzellen, quecksilberhaltig	Vakuumthermische Behandlung zur Trennung von Quecksilber und	Sortierung

Verwertungswege für Batterien

1. A
Begründe die Notwendigkeit des Sammelns von gebrauchten Batterien und Akkus.

2. Q
Finde heraus, was im Batteriegesetz vom 25. Juni 2009 als Gerätebatterie bezeichnet wird.

3. Q
Erstelle eine Liste mit den aktuellen Rücknahmesystemen.

4. Q
Erstelle eine Tabelle unter der Überschrift „Verwertungswege für Batterien“.
Hinweis: Recherchiere beim Umweltbundesamt.

5. Q
Berechne die Zinkmenge, die aus recycelten Batterien 2013 gewonnen wurde.

6. Q
Erstelle ein Kreis-Diagramm, das die Verwendung von Zink darstellt.

Die Brennstoffzelle

1. Ⓐ
Ein Elektromotor kann direkt an eine Solarzelle angeschlossen werden. Schildere Fälle, in denen ein Umweg nötig wird, zum Beispiel über die Wasserstofftechnologie wie in Bild 1.

2. Ⓥ
a) Betreibe einen Kleinstmotor mit einer Solarzelle.
b) Erweitere den Aufbau mit einem Elektrolyseur mit Gasspeichern und einer Brennstoffzelle.
c) Nutze die Sonnenenergie bei geschlossenem und bei offenem Fenster.
d) Ersetze das Sonnenlicht durch das Licht einer Lampe.
e) Vergleiche die erzeugten Gasmengen.

3. Ⓐ
Beschreibe den Aufbau einer PEM-Brennstoffzelle.

Brennstoffzellensystem mit Energiespeicherung

In den 60er Jahren des letzten Jahrhunderts wurde für die bemannte Raumfahrt ein System gesucht, das sowohl elektrische Energie als auch Wasser liefern kann. Deshalb gelangte die Entwicklung der **Brennstoffzelle** von Sir WILLIAM ROBERT GROVE (1811–1896) aus dem Jahre 1839 zu neuen Ehren.
Wird ein Motor an eine Solarzelle angeschlossen, kann er arbeiten, solange Sonnenenergie zur Verfügung steht. Soll er jederzeit arbeiten, muss die durch die Solarzelle gewonnene Energie gespeichert werden.

Funktionsweise des Systems

Die Solarzelle (Bild 1 A) wandelt die Sonnenenergie in elektrische Energie um. Damit wird im Elektrolyseur (Bild 1 B) Wasser durch **Elektrolyse** in Wasserstoff und Sauerstoff zerlegt. Da diese Gase in Gasspeichern aufgefangen werden, steht jetzt ein Teil der eingesetzten Energie in gespeicherter Form zur Verfügung. Die Gase werden in die Brennstoffzelle geleitet (Bild 1 D). Dort reagiert der Wasserstoff mit Sauerstoff zu Wasser. Durch diese **Synthese** wird der größte Teil der elektrischen Energie wieder frei, die bei der Elektrolyse zugeführt wurde. Zusätzlich entsteht Wärme.

Die PEM-Brennstoffzelle

Es gibt verschiedene Brennstoffzellentypen. Einer davon ist die **PEM**-Brennstoffzelle (**P**roton-**E**xchange-**M**embran). Sie besteht aus einem geschlossenen Behälter mit zwei Elektroden. Diese sind aus leitfähigem Kohlenstoff gefertigt, in den feinst verteiltes Platin eingelagert ist. Die beiden Elektroden sind voneinander durch eine **Membran** getrennt.
An der Wasserstoff-Elektrode herrscht Elektronenüberschuss, an der Sauerstoff-Elektrode herrscht Elektronenmangel. Damit besteht eine Spannung, die wie bei einer Batterie genutzt werden kann. Die elektrische Energie kann in einem äußeren Stromkreis zum Betrieb eines Elektrogerätes, zum Beispiel eines Motors, genutzt werden.

Du kannst den Aufbau und den Einsatz von Brennstoffzellen beschreiben.
Du kannst die chemischen Vorgänge in der Brennstoffzelle beschreiben.

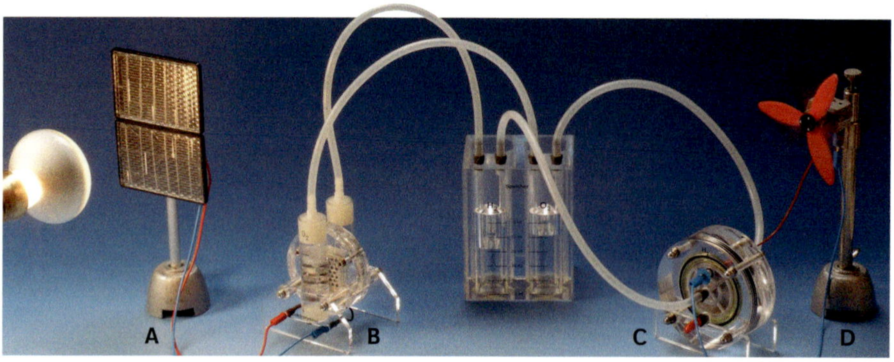

1 Energie aus Wasserstoff: **A** Solarzelle, **B** Elektrolyseur, **C** Brennstoffzelle, **D** Motor

Basiskonzepte S. 217

Anwendung der Wasserstofftechnologie

Brennstoffzellenauto

Manche Autos sind mit Brennstoffzellen und Elektromotoren ausgestattet. Diese Autos werden mit Wasserstoff betankt und produzieren als Abgas nur Wasserdampf. Die Brennstoffzelle erzeugt die elektrische Energie, die den Elektromotor antreibt. Brennstoffzellenautos konnten sich bisher auf dem Markt nicht durchsetzen. Das liegt vor allem an den Problemen, die mit der Wasserstoffspeicherung einhergehen.

Wasserstoffheizung

In modernen Wasserstoffheizungen verbrennt statt Heizöl oder Erdgas Wasserstoff zu Wasser. Eine Speicherung des Wasserstoffs entfällt, da er in einem Reformer zunächst aus Erdgas hergestellt wird. Dabei entstehen jedoch unter anderem Kohlenstoffmonooxid und Kohlenstoffdioxid. Der Wasserstoff wird danach direkt in der Heizanlage verbrannt. Der Wirkungsgrad der Wasserstoffheizung ist günstig.

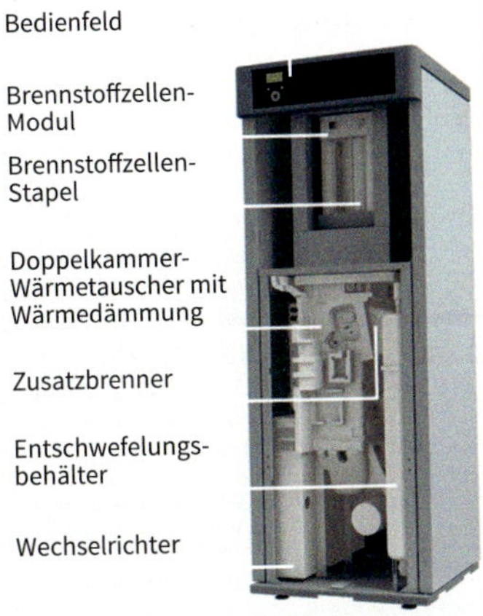

Wasserstoffspeicher

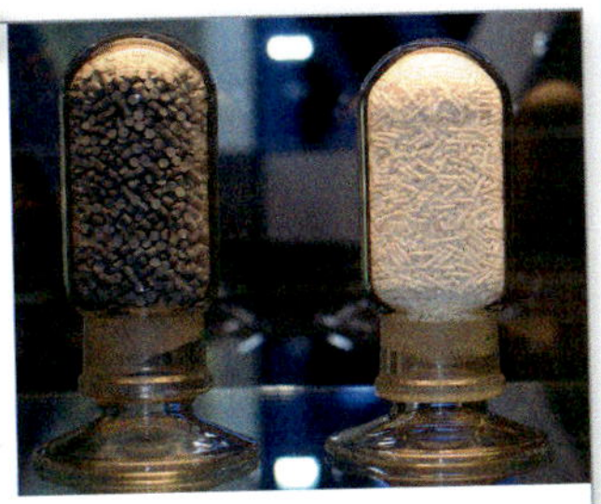

Bisher konnte Wasserstoff in Tanks und in sogenannten Metallhydriden gespeichert werden. Mithilfe der Nanotechnologie ist es heute möglich, **m**etall**o**rganische **G**erüststrukturen (**MOF**s) herzustellen. Diese können ebenso als Wasserstoffspeicher dienen. Die Speichermenge des Wasserstoffs ist abhängig von der Oberfläche des Speichermaterials. 1 g eines MOFs hat eine Oberfläche von bis zu 5500 m^2. Dadurch ist die mögliche Menge des speicherbaren Wasserstoffs im Verhältnis zum Gewicht sehr groß. Überschüssige elektrische Energie, die in Anlagen mit erneuerbarer Energie erzeugt wird, kann zur Herstellung von Wasserstoff verwendet werden. Wasserstoff dient auf diese Weise als Energiespeicher.

Wasserstofftraktor

Auch Traktorenhersteller nutzen die Wasserstofftechnologie. Der Wasserstofftraktor auf dem Bild hat drei Brennstoffzellenstapel mit insgesamt 384 einzelnen Brennstoffzellen. Da jeder Stapel eine Leistung von 100 kW erreicht, ist die Leistung des Wasserstofftraktors mit der eines Traktors mit Verbrennungsmotor der gleichen Größe vergleichbar.

1. Ⓐ
Beschreibe die Speichermöglichkeiten für Wasserstoff in MOFs.

2. Ⓠ
Informiere dich über die Funktionsweise eines Reformers und bewerte seinen Einsatz.

3. Ⓠ
Bewerte eine der vorgestellten Wasserstofftechnologien.

PINNWAND

Chemie und Elektrizität

Galvanisches Element
Zwei verschiedene Metalle und ein Elektrolyt bilden ein galvanisches Element. Ein Elektrolyt enthält bewegliche Ionen.

Batterien
Aus galvanischen Zellen wurden Batterien entwickelt, das sind mehrere hintereinander geschaltete Zellen. Meistens wird auch schon eine einzelne Zelle als Batterie bezeichnet.

Hg

Zink-Silberoxid-Zelle
Zink und **Silberoxid** bilden die Elektroden in einer häufig verwendeten Batterieart. Sie kann in Computern, Hörgeräten und Kameras verwendet werden.

edel

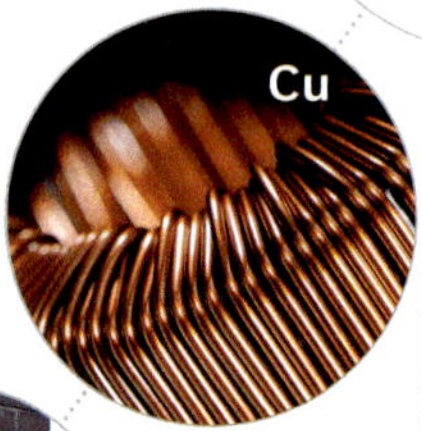

Elektrolyse
Wird Elektrizität durch eine Salzlösung geleitet, scheidet sich am Minuspol meistens ein Metall ab. Bei einer solchen Elektrolyse werden die Metall-Ionen reduziert, sie nehmen Elektronen auf.

Bleiakku – genannt Autobatterie
Blei und Bleioxid sind die Elektroden und Schwefelsäure der Elektrolyt in der Autobatterie. Läuft der Motor, wird die Batterie durch die Lichmaschine, ein Generator geladen. Beim Starten liefert sie die Energie für den Anlasser.

Fällungsreihe

Galvanisieren
Hier wird ein Gegenstand durch Elektrolyse mit einer Metallschicht überzogen. **Eisen** wird zum Schutz **verzinkt.** Schmuck kann vergoldet werden.

Fällungsreihe
Ein unedles Metall fällt ein edleres aus seiner Salzlösung aus. Aus einer Kupfersalzlösung fällt **Eisen Kupfer** aus. Eisen geht in Lösung.

Cr

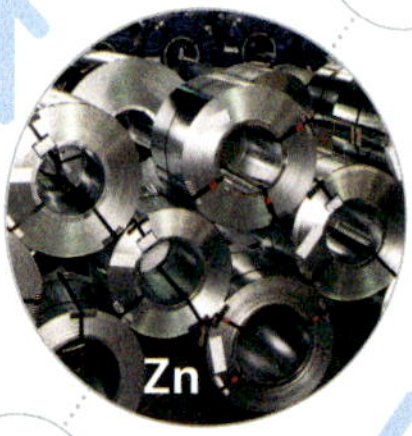

Daniell-Element
Metallisches **Kupfer** in einer Kupfersalzlösung und metallisches **Zink** in einer Zinksalzlösung bilden das Daniell-Element, eine elektrische Stromquelle.

unedel

Al

Oxidation ohne Sauerstoff
Magnesium verbrennt in Chlorgas zu Magnesiumchlorid. Es gibt zwei Elektronen ab. Diese Abgabe ist eine Oxidation, Chlor nimmt zwei Elektronen auf und wird reduziert.

Spannung mit Wasserstoff
In Brennstoffzellen verbindet sich Wasserstoff mithilfe eines Katalysators mit Sauerstoff zu Wasser. Dabei werden Elektrizität und Wärme erzeugt.

→ METHODE S. 12/13

Chemische Reaktion

Stoff-Teilchen-Beziehungen

Energie

Struktur-Eigenschafts-Beziehungen

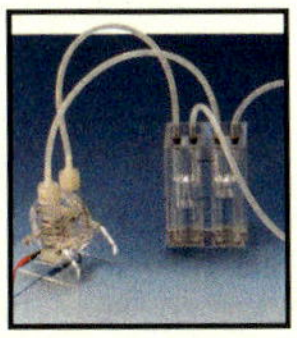

Chemische Reaktion

1. Ⓐ
Benenne die Gemeinsamkeiten aller Batterien und Akkus.

2. Ⓐ
Beschreibe, was bei der Elektrolyse von Salzlösungen geschieht.

3. Ⓐ
Wende das Donator-Akzeptor-Prinzip auf die Vorgänge in einer Brennstoffzelle an.

→ S. 198/203/214

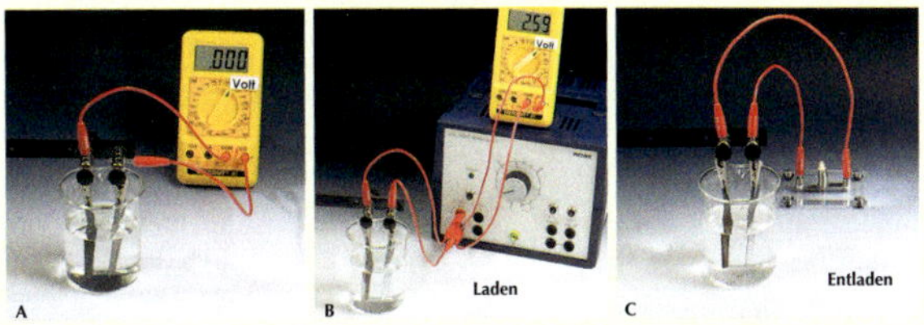

Energie

6. Ⓐ
Erläutere den Unterschied zwischen einer Batterie und einem Akkumulator.

7. Ⓐ
Zähle die Bestandteile auf, die zum Bau einer elektrischen Energiequelle mindestens vorhanden sein müssen.

8. Ⓐ
Begründe, warum ein edleres Metall aus seiner Salzlösung abgeschieden wird, wenn ein unedleres Metall in diese Salzlösung eintaucht.

→ S. 206

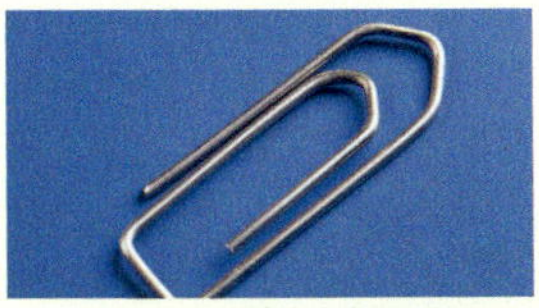

Stoff-Teilchen-Beziehungen

4. Ⓐ
Nenne Metalle, die zum Galvanisieren verwendet werden.

5. Ⓐ
Erläutere Gemeinsamkeiten bei der Reaktion von Magnesium zu Magnesiumoxid und zu Magnesiumchlorid.

→ S. 200/208

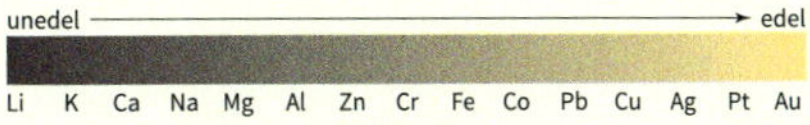

Struktur-Eigenschafts-Beziehungen

9. Ⓐ
Begründe die Stellung eines Metalls in der Fällungsreihe mit seiner Fähigkeit, Ionen zu bilden.

→ S. 204

Chemie und Elektrizität

Chemische Reaktionen liefern Energie

Kannst du schon ...

... eine Zitronenbatterie bauen und ihre Funktionsweise beschreiben? (S. 198)

... erläutern, was eine galvanische Zelle ist? (S. 198)

... unterschiedliche galvanische Zellen beschreiben? (S. 199)

... den Aufbau eines Bleiakkus darstellen? (S. 206 – 207)

... Verwendungsbereiche für den Bleiakku aufzählen? (S. 206 – 207)

... die chemischen Reaktionen beim Laden und beim Entladen eines Bleiakkus erläutern? (S. 207)

... verschiedene Akkus und ihre Einsatzbereiche nennen? (S. 212)

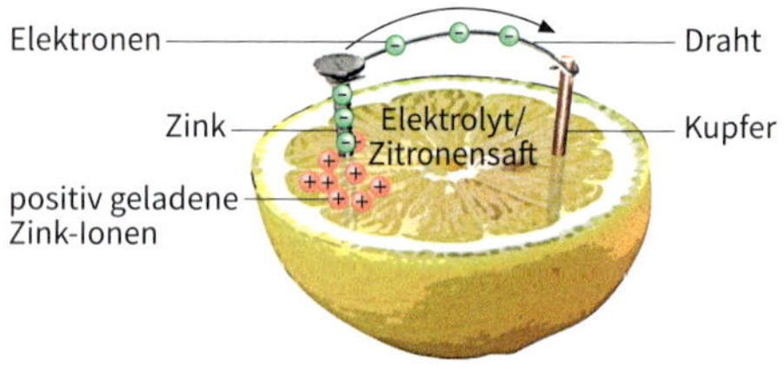

Zeig, was du kannst!

1. Ⓥ
Baue eine „Obstbatterie“ ohne Zitrone und miss die erreichte Spannung.

2. Ⓐ
Erläutere die notwendige Eigenschaft eines Elektrolyten.

3. Ⓐ
Beschreibe die Erfindung des italienischen Forschers LUIGI GALVANI.

4. Ⓐ
Nenne die Elektroden und den Elektrolyten, mit denen im Bleiakku elektrische Energie erzeugt wird.

5. Ⓐ
Begründe, warum Autobatterie eine falsche Bezeichnung für eine Energiequelle im Auto ist.

6. Ⓐ
Stelle Vor- und Nachteile des Bleiakkus zusammen.

Glänzende Chemie

Kannst du schon ...

... erläutern, wie eine Elektrolyse und das Galvanisieren eines Gegenstandes zusammenhängen? (S. 200)

... verschiedene Metalle aufzählen, die zum Galvanisieren benutzt werden? (S. 201)

... mehrere Gründe nennen, warum Gegenstände mit einer Schutzschicht überzogen werden? (S. 201)

... erläutern, was eine Elektrolyse ist und dabei die Begriffe Anode und Kathode richtig verwenden? (S. 202 – 203)

... die chemischen Reaktionen bei der Elektrolyse einer Kupferchlorid-Lösung erklären? (S. 202 – 203)

... das Galvanisieren als Redoxreaktion darstellen und dabei die Begriffe Donator und Akzeptor richtig verwenden? (S. 209)

Zeig, was du kannst!

7. Ⓐ
Nenne Gemeinsamkeiten der chemischen Vorgänge Elektrolyse und Galvanisieren.

8. Ⓐ
Erkläre die Eigenschaften von Stoffen, die in der Lage sind, Elektrizität zu leiten.

9. Ⓐ
Notiere die chemischen Reaktionen bei der Elektrolyse einer Kupferchlorid-Lösung.

10. Ⓐ
Erläutere die Besonderheiten der Redoxreaktion beim Galvanisieren.

Elektronenübertragungen

Kannst du schon ...

... erklären, was die Fällungsreihe der Metalle ist und dabei die Begriffe edel und unedel richtig verwenden? (S. 204)

... die chemischen Reaktionen beschreiben, die ablaufen, wenn ein Eisennagel in einer Kupfersalzlösung steht? (S. 204)

... eine Oxidation ohne Sauerstoff erläutern? (S. 208)

... am Beispiel der Reaktion von Magnesium in Chlor den Begriff der Redoxreaktion erklären? (S. 208)

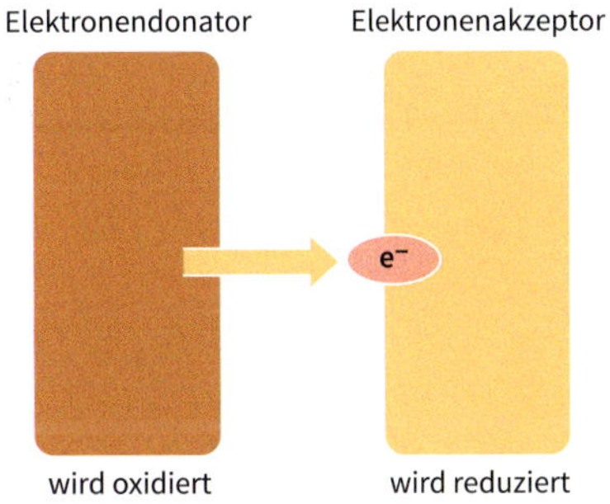

Zeig, was du kannst!

11. Ⓐ
Erkläre die Anordnung der Metalle in der Fällungsreihe.

12. Ⓐ
Zähle mindestens drei Edelmetalle und drei unedle Metalle auf.

13. Ⓐ
Beschreibe die chemischen Reaktionen, die ablaufen, wenn ein Kupferstab in einer Silbernitratlösung steht.

14. Ⓐ
Erläutere die Reaktionsgleichung von Magnesium mit Sauerstoff und verwende dabei auch die Begriffe Donator und Akzeptor.

Wasserstoff liefert Energie

Kannst du schon ...

... beschreiben, wie Brennstoffzellen funktionieren? (S. 214)

... erläutern, wo Brennstoffzellen eingesetzt werden? (S. 214 – 215)

... die Begriffe Elektrolyse und Synthese im Zusammenhang mit der Brennstoffzelle richtig anwenden? (S. 214)

... die Funktionsweise der PEM-Brennstoffzelle beschreiben? (S. 214)

... beschreiben, unter welchen Voraussetzungen Wasserstoff ein Antrieb werden könnte, der kein CO_2 freisetzt? (S. 215)

Zeig, was du kannst!

15. Ⓐ
Beschreibe den Aufbau und die Funktionsweise einer Brennstoffzelle.

16. Ⓐ
Ordne den Reaktionen am Plus- und Minuspol einer Brennstoffzelle die Begriffe Oxidation und Reduktion richtig zu.

17. Ⓐ
Beschreibe Probleme, die zurzeit noch einen flächendeckenden Einsatz von Brennstoffzellen behindern.

Wichtige Begriffe

- Batterie und Akkumulator
- Galvanisches Element
- Elektrolyse und Galvanisieren
- Oxidation, Reduktion, Redoxreaktion
- Donator, Akzeptor
- Brennstoffzelle

Säuren, Laugen, Salze

Was haben Laugenbrezeln mit Laugen zu tun?

Enthält Essig Säure? Ist das dann nicht gefährlich, wenn wir ihn mit Salat essen?

Wo wird nach dieser alten Methode noch Salz gewonnen? Welche weiteren Möglichkeiten gibt es? Stammt das Salz im Supermarkt auch aus dem Meer?

Säuren und Laugen – zwei neue Stoffgruppen

1 Tee verfärbt sich durch Säure oder Lauge.

2 Ein besonderer Geschmack durch Brezellauge

1. Q
Nenne möglichst viele verschiedene Lebensmittel, die sauer schmecken.

2. V
Gieße zu schwarzem Tee etwas Zitronensaft. Beobachte und beschreibe.

3. V
Gib schwarzen Tee in ein Becherglas und rühre etwas Waschpulver ein. Beobachte und vergleiche mit Versuch 2.

4. V
Wiederhole Versuch 3 mit Essig, Zucker und Seifenlauge. Vergleiche die einzelnen Ergebnisse.

5. A
Benenne die Stoffgruppen, die den Tee verfärben.

6. A
Nenne weitere Säuren und Laugen aus dem Haushalt, einer Werkstatt oder aus dem Chemielabor.

7. A
Erkläre die Bedeutung der Symbole in Bild 3.

3 GHS-Symbole

Zwei neue Stoffgruppen

Schwarzer Tee verändert durch die Zugabe von sauren Stoffen wie Zitronensaft nicht nur seinen Geschmack, sondern er wird auch deutlich heller. Solche Stoffe, die sauer schmecken und bestimmte Farben verändern, werden als **Säuren** bezeichnet.
Die **Laugen** bilden ebenfalls eine Stoffgruppe. Laugen werden auch als Basen bezeichnet. Damit verfärbt sich der Tee dunkel. Zu dieser Stoffgruppe gehört auch die Lauge, die einer Brezel beim Backen den typischen Geschmack gibt.

Säuren und Laugen kommen im Alltag häufig vor, doch viele sind gesundheitsschädlich. Bereits Seifenlauge oder Zitronensaft reizen Augen oder Wunden. Besonders gefährlich sind die starken Säuren und Laugen aus dem Chemielabor, wie Salzsäure, Schwefelsäure und Natronlauge. Die Behälter für diese Stoffe müssen daher mit Gefahrstoffsymbolen wie in Bild 3 versehen sein.

VORSICHT BEIM ARBEITEN MIT SÄUREN UND LAUGEN!
Achte darauf, dass kein Tropfen auf deine Kleidung oder gar auf deine Haut gelangt! Nach Gebrauch müssen Säuren und Laugen nach bestimmten Vorschriften entsorgt werden.

Indikatoren

Säuren und Laugen verfärben den Tee. Tee dient hier als Anzeiger für Säuren und Laugen. Andere Stoffe zeigen eine solche Farbänderung noch deutlicher. Diese Farbstoffe werden **Indikatoren** genannt (indicare, lat.: anzeigen). Es gibt verschiedene Arten von Indikatoren, zum Beispiel als Flüssigkeit oder als Teststreifen.

Du weißt, wo Säuren vorkommen und wie sie sich nachweisen lassen.

Viele Indikatoren für Säuren und Laugen

1.
Stelle für die folgenden Versuche Rotkohlsaft her. Koche den klein geschnittenen Rotkohl mit Wasser etwa 5 min. Gieße dann den Saft ab.

2.
Fülle mehrere Reagenzgläser zu einem Viertel mit Rotkohlsaft.
a) Gib Stoffe aus dem Haushalt wie Wasser, Essig, Zitronensaft, Seifenlauge und Duschgel hinzu.
b) Gib Stoffe aus dem Chemielabor wie verdünnte Salzsäure und verdünnte Natronlauge hinzu.
c) Beschreibe deine Beobachtungen.

1 Rotkohl oder Blaukraut?

3.
Fülle 7 Reagenzgläser 2 cm hoch mit den Stoffen aus Versuch 2 und gib jeweils einige Tropfen Universalindikator-Lösung hinzu. Ordne die verschiedenen Farben anhand der Farbskala den unterschiedlichen Zahlenwerten zu. Was geben die Zahlenwerte an?

4.
Vergleiche die jeweiligen Farbumschläge für denselben Stoff in den Versuchen 2 und 3.

5.
Erläutere, wo du den Begriff pH-Wert in deinem Alltag schon einmal gehört oder gelesen hast.

Nachweis von Säuren und Laugen

Säuren und Laugen lassen sich mit vielen Pflanzenfarbstoffen anzeigen, so auch mit dem Saft von Rotkohl. Rotkohl müsste eigentlich wie in Bayern Blaukraut heißen. Er wird nämlich erst rot, wenn du Essig oder Zitrone hinzugibst. Auch Rotkohlsaft ist ein Indikator. Er zeigt sehr genau an, ob eine Säure oder eine Lauge vorliegt. Mit unterschiedlichen Farben zeigt er sogar an, wie stark diese sind. Da Rotkohlsaft nicht lange haltbar ist, werden im Chemielabor zur Anzeige von Säuren und Laugen spezielle Farbstoffgemische verwendet. Sie heißen **Universalindikatoren.** Bei ihrer Verwendung müssen die jeweils zugehörigen Farbskalen benutzt werden.

Der pH-Wert

Das Maß für die Stärke einer Säure oder Lauge ist der **pH-Wert.** Seine Skala reicht von 0 bis 14. Werte kleiner als 7 zeigen Säuren an. Es sind **saure Lösungen.**
Ist der pH-Wert größer als 7, handelt es sich um **alkalische Lösungen,** die Laugen. Lösungen, die genau den pH-Wert 7 haben, werden **neutral** genannt, zum Beispiel destilliertes Wasser. Je weiter sich der Wert von 7 entfernt, umso stärker ist die Säure oder Lauge.
Der pH-Wert lässt sich außer mit Indikatorfarbstoffen auch mit elektronischen Messgeräten bestimmen.

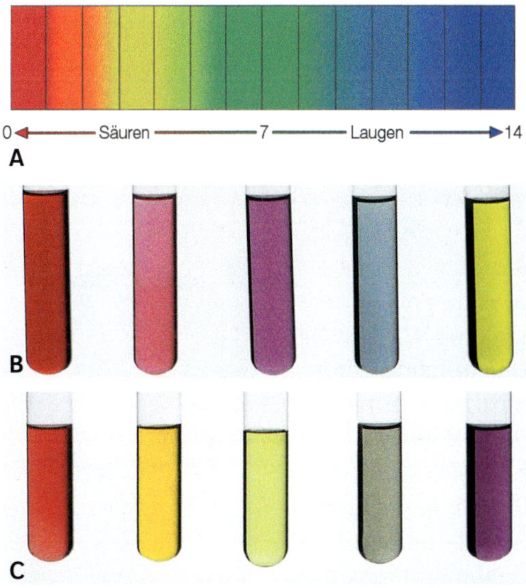

2 A pH-Wert-Skala, **B** Farbumschlag beim Rotkohlsaft, **C** Farbumschlag beim Universalindikator

Du kannst mehrere Indikatoren für Säuren und Laugen nennen und erklären, was der pH-Wert ausdrückt.

Basiskonzepte S. 275

So entstehen Säuren

1 Schwefel wird verbrannt.

2 Der Winzer bereitet sein Fass vor: **A** Spülen, **B** Schwefeln

1. V Demonstrationsversuch
Ein Standzylinder wird etwa 2 cm hoch mit Wasser und einer Indikator-Lösung gefüllt. Unter dem Abzug wird auf einem Verbrennungslöffel etwas Schwefel entzündet. Er wird in den Standzylinder gehalten, der danach mit einem Deckglas verschlossen wird.
Der Verbrennungslöffel wird herausgenommen, wenn der Schwefel verbrannt ist. Das Deckglas wird wieder aufgelegt und festgehalten. Der Standzylinder wird geschüttelt.

2. A
Beobachte den Versuchsablauf und beschreibe und erkläre die Veränderungen von Versuch 1.

3. V
a) Fülle ein Becherglas mit Wasser. Gib Universalindikator hinzu und ermittle den pH-Wert.
b) Stelle Sprudel her, indem du mit einem Sprudelbereiter Kohlenstoffdioxid in Wasser mit Universalindikator einleitest. Bestimme den pH-Wert und vergleiche mit dem Ergebnis aus Versuch a).

3 Sprudelherstellung

Schweflige Säure

In Bild 2 bereitet der Winzer ein Fass vor, um neuen Wein einlagern zu können. Dazu spritzt er das Weinfass mit Wasser aus. Dann verbrennt er darin Schwefel. Aus dem gelben Nichtmetall Schwefel entsteht das giftige Gas Schwefeldioxid. Es reagiert mit dem Wasser und bildet schweflige Säure.

Schwefel	+	Sauerstoff	→	Schwefeldioxid
S	+	O_2	→	SO_2

Schwefeldioxid	+	Wasser	→	schweflige Säure
SO_2	+	H_2O	→	H_2SO_3

Schwefeldioxid und schweflige Säure töten schädliche Mikroorganismen ab. Das Fass wird keimfrei und der Wein wird für längere Zeit haltbar gemacht.

Kohlensäure

Durch Zugabe von Kohlenstoffdioxid zu Wasser entsteht die Kohlensäure. Auch das Oxid des Nichtmetalls Kohlenstoff ergibt also mit Wasser eine Säure.

Kohlenstoffdioxid	+	Wasser	→	Kohlensäure
CO_2	+	H_2O	→	H_2CO_3

Wird Kohlenstoffdioxid in Wasser geleitet, löst sich darin der größte Teil als Gas. Nur ein geringer Teil reagiert mit dem Wasser zu Säure. Die Kohlensäure ist nur eine schwache Säure.

Du kannst beschreiben, wie Säuren entstehen und einen Versuch dazu durchführen.
Du kannst Angaben zu Eigenschaften und Verwendung von Kohlensäure und schwefliger Säure machen.

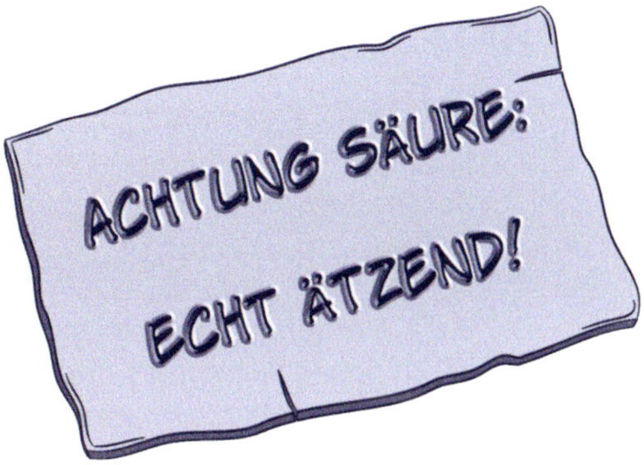

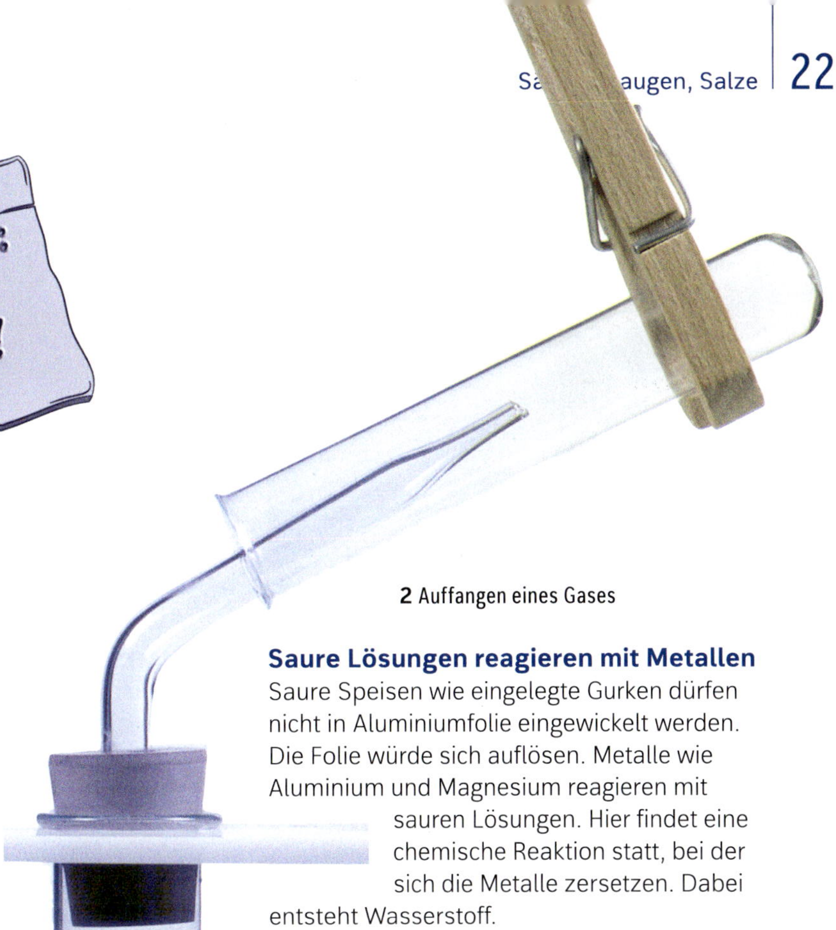

2 Auffangen eines Gases

1. Packe eine angeschnittene Zitrone in Alufolie und kontrolliere nach einigen Tagen. Was kannst du beobachten?

2. Gib in ein Reagenzglas zu verdünnter Salzsäure ein Stück Magnesiumband. Verschließe das Reagenzglas sofort mit einem Gummistopfen, in dem ein Glasrohr steckt. Fange mit einem zweiten Reagenzglas das entstehende Gas auf, wie es Bild 2 zeigt. Halte die Öffnung dieses Reagenzglases über eine Brennerflamme. Welches Gas kannst du nachweisen?

3. Wiederhole Versuch 2 mit Zink und 10 %iger Schwefelsäure.

4. **Demonstrationsversuch**
Ein Stückchen Blattgold wird unter dem Abzug zu konzentrierter Salpetersäure gegeben.

5. Was kannst du bei Versuch 4 beobachten?

6. **a)** Warum müssen Sauerkrautdosen von innen mit einer Kunststofffolie beschichtet sein?
b) Warum werden Kochtöpfe aus Eisen emailliert?

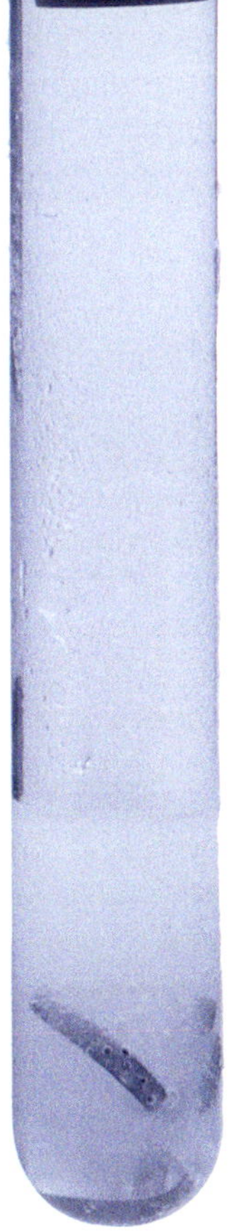

1 Salzsäure reagiert mit Magnesium.

Saure Lösungen reagieren mit Metallen

Saure Speisen wie eingelegte Gurken dürfen nicht in Aluminiumfolie eingewickelt werden. Die Folie würde sich auflösen. Metalle wie Aluminium und Magnesium reagieren mit sauren Lösungen. Hier findet eine chemische Reaktion statt, bei der sich die Metalle zersetzen. Dabei entsteht Wasserstoff.

$$Mg + 2\,HCl \rightarrow MgCl_2 + H_2$$

Der freigesetzte Wasserstoff kann nur aus der Säure stammen, weil Metalle chemische Elemente sind. Sie enthalten keine weiteren Stoffe.

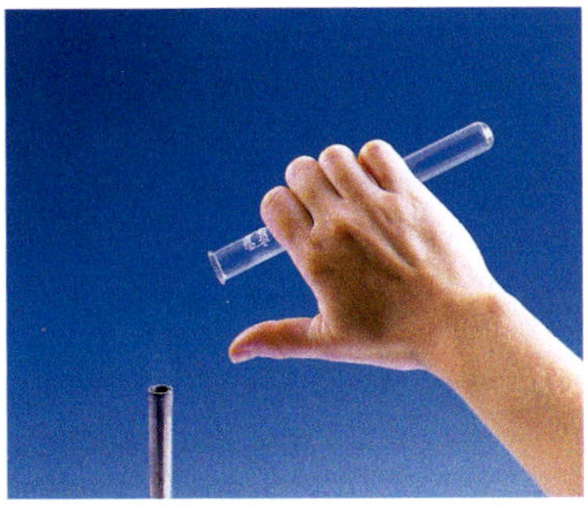

3 Knallgasprobe

Edelmetalle

Nicht alle Metalle werden von Säuren angegriffen. Edelmetalle wie Silber, Gold oder Platin sind gegenüber den meisten Säuren beständig.

Du kannst die Reaktion von Säuren mit Metallen beschreiben.

Säuren reagieren nicht nur mit Metallen

1 Fliesen werden nach dem Verlegen gereinigt.

1.
a) Nimm ein Glas aus der Chemiesammlung, das einen deutlichen Kalkschleier hat. Fülle das Glas mit verdünnter Salzsäure. Beobachte und beschreibe.
b) Welches Gas entsteht bei der Reaktion?
c) Plane einen Versuch, mit dem du das entstehende Gas nachweisen kannst und führe ihn durch.

2. V Demonstrationsversuch
Einige Tropfen konzentrierte Salpetersäure werden auf Eiklar gegeben.

3. A
Schildere deine Beobachtungen bei Versuch 2.

4. V Demonstrationsversuch
Konzentrierte Schwefelsäure wird auf folgende Stoffe gegeben
a) ein Stück Baumwollstoff, der nach wenigen Sekunden ausgewaschen wird,
b) ein Papiertaschentuch,
c) ein Holzstäbchen.

5. A
Beschreibe jeweils deine Beobachtungen bei Versuch 4.

6. V Demonstrationsversuch
In ein hohes Becherglas wird zur Hälfte Haushaltszucker gegeben. Der Zucker wird leicht angefeuchtet. Darauf wird etwas konzentrierte Schwefelsäure gegossen.

7. A
Schildere und erkläre deine Beobachtungen bei Versuch 6.

8. V Demonstrationsversuch
Ein Becherglas wird halb mit Wasser gefüllt. Dann wird vorsichtig etwas konzentrierte Schwefelsäure hinzugegeben.

9. A
Wie verändert sich bei Versuch 8 die Temperatur der Lösung?

Salzsäure

Der Fliesenleger reinigt die Wand mit verdünnter **Salzsäure,** um den Kalkschleier zu entfernen. Die Salzsäure zersetzt den Kalk. Dabei entsteht Kohlenstoffdioxid. Installateure nutzen Salzsäure als **Lötwasser,** um vor dem Verbinden von Rohren die Lötstellen zu reinigen.

2 Schwefelsäure und Zucker

Schwefelsäure

Bei Versuchen mit Säuren muss Schutzkleidung getragen werden. Besonders gefährlich ist die **Schwefelsäure.** Auch wenn ein Spritzer sofort ausgewaschen wird, ist der Kleidungsstoff nach kurzer Zeit zerstört.

Schwefelsäure hat eine stark Wasser anziehende Wirkung. Sie zersetzt organische Stoffe wie Wolle, Papier oder Zucker. Diese Stoffe bestehen aus Kohlenstoff und chemisch gebundenem Wasser. Die Schwefelsäure ist in der Lage, diesen Verbindungen das Wasser zu entziehen. Stoffe mit dieser Eigenschaft heißen **hygroskopisch.**

Salpetersäure

Auch andere Säuren sind gefährlich. **Salpetersäure** zersetzt Eiweißstoffe und verätzt dadurch deine Haut. Der Goldschmied kann Salpetersäure als Scheidewasser benutzen. Es löst Silber auf, Gold hält ihr stand.

3 Edelmetalle in Salpetersäure

Du kannst die Eigenschaften mehrerer Säuren nennen.

Herstellung von Salzsäure

1.
Beobachte eine geöffnete Flasche mit „rauchender“ Salzsäure. Fächle dir sehr vorsichtig etwas „Rauch“ zu und beschreibe den Geruch.

2.
Halte erst trockenes, dann angefeuchtetes Universalindikator-Papier über konzentrierte Salzsäure. Erkläre deine Beobachtung.

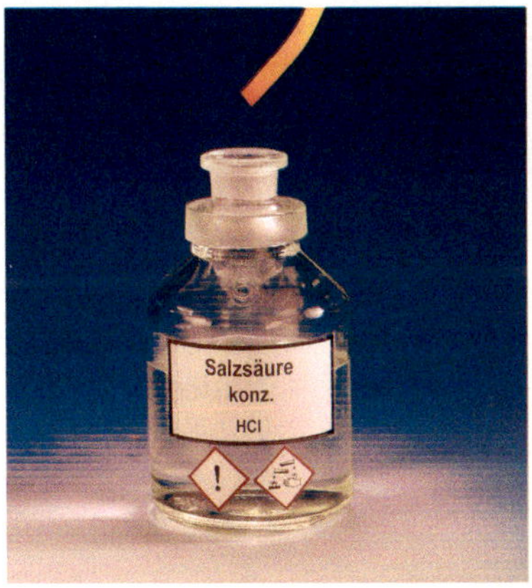

1 Konzentrierte Salzsäure

3. Demonstrationsversuch
Es wird ein Versuch wie in Bild 2 aufgebaut. Ein hohes Becherglas wird zu Dreiviertel mit Wasser gefüllt. Ein Indikator wird hinzugefügt. Das Glasrohr darf die Wasseroberfläche nicht berühren. Das Reagenzglas enthält 3 ml konzentrierte Schwefelsäure. In das Reagenzglas wird ein Spatellöffel Kochsalz zur Schwefelsäure gegeben, danach wird es sofort mit dem Gummistopfen verschlossen.

4. A
Beobachte die Reaktion und deute das Ergebnis von Versuch 3.

5. V
Rieche sehr vorsichtig an dem Gas, das in Versuch 3 entsteht und vergleiche mit dem Geruch aus Versuch 1.

6. V **Demonstrationsversuch**
Der Versuch wird wie in Bild 3 aufgebaut. Der trockene Standzylinder enthält Chlorwasserstoff-Gas. Das Wasser in der Glasschale wurde mit Universalindikator angefärbt. Der Standzylinder wird mit einer Glasplatte verschlossen. Diese wird unter Wasser weggezogen.

7. A
Beschreibe und erkläre die Beobachtungen bei Versuch 6.

8. Q
Finde mithilfe eines Fachbuchs oder des Internets eine Erklärung dafür, dass es 100%ige Salzsäure nicht gibt.

Chlorwasserstoff

Salzsäure kann aus Kochsalz und Schwefelsäure hergestellt werden (Bild 2). Es entsteht ein farbloses, stechend riechendes Gas, das **Chlorwasserstoff-Gas** (HCl). Es löst sich sehr gut in Wasser und bildet eine **saure Lösung,** die **Salzsäure.**
Aus einem Salz entsteht also eine Säure. Von dieser chemischen Reaktion hat die Salzsäure ihren Namen. Chlorwasserstoff ist auch die Ursache dafür, dass konzentrierte Salzsäure „raucht“. Tatsächlich handelt es sich um Salzsäure-Tröpfchen, die vom aufsteigenden Chlorwasserstoff-Gas mit der Luftfeuchtigkeit gebildet werden.

Beim Versuch in Bild 3 ist der Standzylinder mit Chlorwasserstoff-Gas gefüllt. Gelangt Wasser in den Standzylinder, löst sich das gesamte Chlorwasserstoff-Gas darin. Dadurch entsteht ein Unterdruck. Jetzt wird durch den äußeren Luftdruck das Wasser in den Standzylinder gedrückt. Chlorwasserstoff löst sich also sehr gut in Wasser.

Du kannst den Namen der Salzsäure und ihre Herstellung erklären. Du kannst Eigenschaften der Salzsäure nennen.

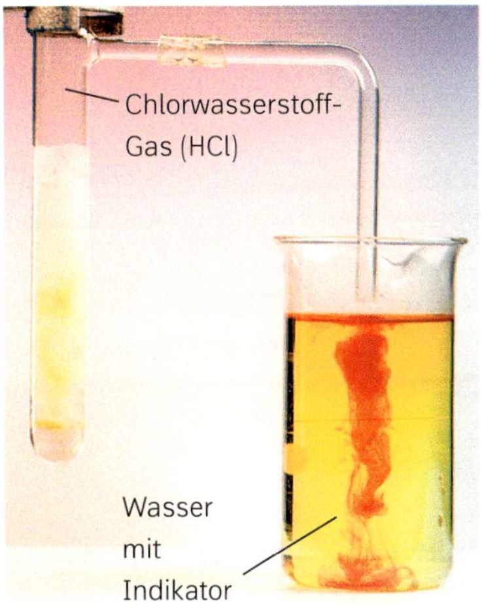

2 Herstellung von Salzsäure

3 Chlorwasserstoff-Gas löst sich in Wasser.

Säuren – chemisch betrachtet

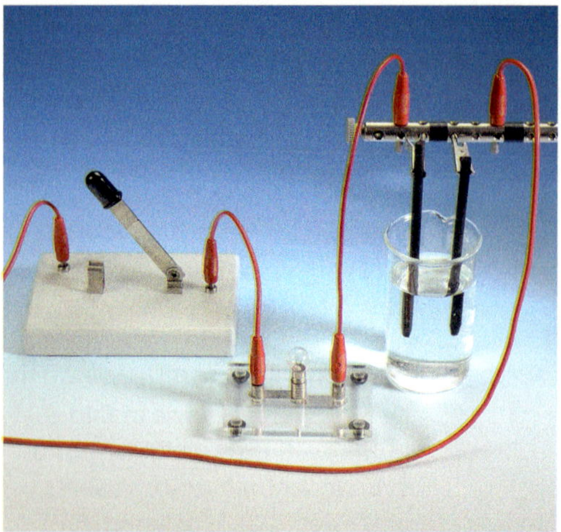

1 Leiten Säurelösungen den elektrischen Strom?

1. Ⓐ
Vergleiche die elektrische Leitfähigkeit von destilliertem Wasser und einer Salzlösung und begründe den Unterschied.

2. Ⓥ
a) Prüfe die elektrische Leitfähigkeit von verdünnter Salzsäure und danach von verdünnter Essigsäure. Verwende dabei Kohleelektroden und Gleichstrom.
b) Beschreibe und erkläre den Versuchsablauf. Beachte dabei vor allem die Vorgänge, die du an der Kathode (dem Minuspol) beobachten kannst.

3. Ⓐ
Suche möglichst viele Indikatoren für Säuren und gib jeweils die Farben an, die eine Säure anzeigen.

Die Stoffgruppe der Säuren

Die Säuren, die uns in Haushalt, Labor oder Industrie begegnen, bilden eine Stoffgruppe mit gemeinsamen Eigenschaften.

• Säuren färben Indikatoren

Indikatoren zeigen Säuren durch eine Änderung der Farbe an.

• Säuren wirken ätzend

Viele Säuren wie Salzsäure, Schwefelsäure oder die Salpetersäure wirken stark ätzend und sind gesundheitsschädlich.

• Säuren reagieren mit Kalk

Tropft zum Beispiel Salzsäure auf Kalkstein ($CaCO_3$), entsteht das Salz Calciumchlorid, außerdem entstehen Wasser und Kohlenstoffdioxid.

$$2\,HCl + CaCO_3 \rightarrow CaCl_2 + CO_2 + H_2O$$

• Säuren reagieren mit unedlen Metallen

Tropft Schwefelsäure auf Zink, entstehen das Salz Zinksulfat und Wasserstoff.

$$Zn + H_2SO_4 \rightarrow ZnSO_4 + H_2$$

• Säuren leiten den elektrischen Strom

Saure Lösungen enthalten Ionen. Diese dienen als Träger für den Transport elektrischer Ladungen.

• Säuren geben Protonen ab

In Wasser zerfallen Säuremoleküle, zum Beispiel die HCl-Moleküle, in Ionen. Es bilden sich positiv geladene **Wasserstoff-Ionen** (H^+) und negativ geladene Säurerest-Ionen (Cl^-). Wasserstoff-Ionen sind **Protonen.** Sie bewirken die saure Reaktion.

$$\text{Säuremolekül} \xrightarrow{\text{Wasser}} \text{Wasserstoff-Ion} + \text{Säurerest-Ion}$$

$$HCl \xrightarrow{H_2O} H^+ + Cl^-$$

Die H^+-Ionen verbinden sich sofort mit Wassermolekülen und bilden H_3O^+-Ionen. Sie heißen **Oxonium-Ionen.**

$$H^+ + H_2O \rightarrow H_3O^+$$

Die H_3O^+-Ionen werden von weiteren H_2O-Molekülen umhüllt (Bild 3 C). Sie bilden eine **Hydrathülle.** Diese H_3O^+-Ionen sind für die typischen Eigenschaften der sauren Lösungen verantwortlich.

HINWEIS
Aus Gründen der Vereinfachung wird in diesem Buch weiterhin der Begriff H^+-Ionen verwendet.

• Säuren entwickeln Wasserstoff

Bei der Elektrolyse einer Säure werden die Wasserstoff-Ionen zu Wasserstoff-Atomen entladen. Es entstehen Wasserstoff-Moleküle (H_2-Moleküle).

Wie entsteht Salzsäure?

Eine besonders wichtige Säure im Labor ist die Salzsäure. Sie entsteht beim Lösen von Chlorwasserstoff-Gas in Wasser. Die Lösung erwärmt sich dabei. Sie reagiert mit Indikatorfarbstoffen und leitet den elektrischen Strom. Die Bildung von Salzsäure ist also kein einfaches Lösen. Es ist eine chemische Reaktion des Chlorwasserstoff-Gases mit Wasser. Dabei entstehen H^+-Ionen und Cl^--Ionen. Die Ionen können sich in der Salzsäure-Lösung frei bewegen und sorgen so für die elektrische Leitfähigkeit. Die Wassermoleküle spielen bei diesen Vorgängen eine entscheidende Rolle. Wassermoleküle sind Dipolmoleküle. Sie tragen elektrische Ladungen, umhüllen die H^+- und die Cl^--Ionen und halten sie so voneinander getrennt (Bild 3 B). Durch die chemische Reaktion von Chlorwasserstoff-Gas (HCl) mit Wasser entsteht eine saure Lösung, die Salzsäure. Die Formel **HCl** bedeutet sowohl **Chlorwasserstoff-Gas** als auch **Salzsäure.**

Du kannst erläutern, dass die Säuren eine Stoffgruppe mit gemeinsamen Eigenschaften bilden. Du kannst Säuren nachweisen und die Bedeutung der H^+-Ionen erklären.

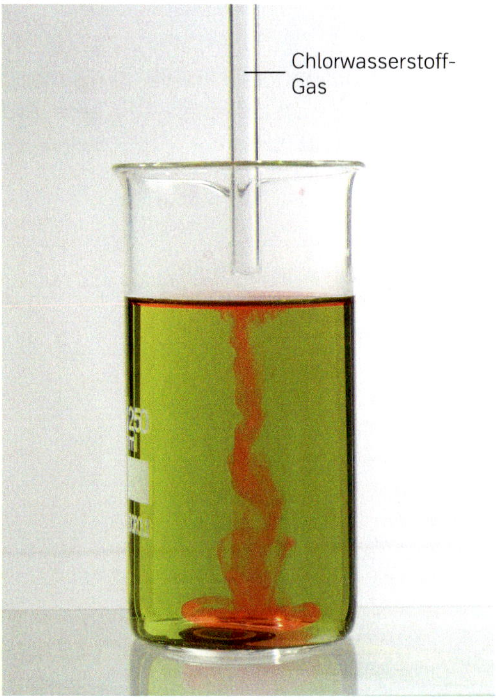

2 Chlorwasserstoff-Gas reagiert mit Wasser.

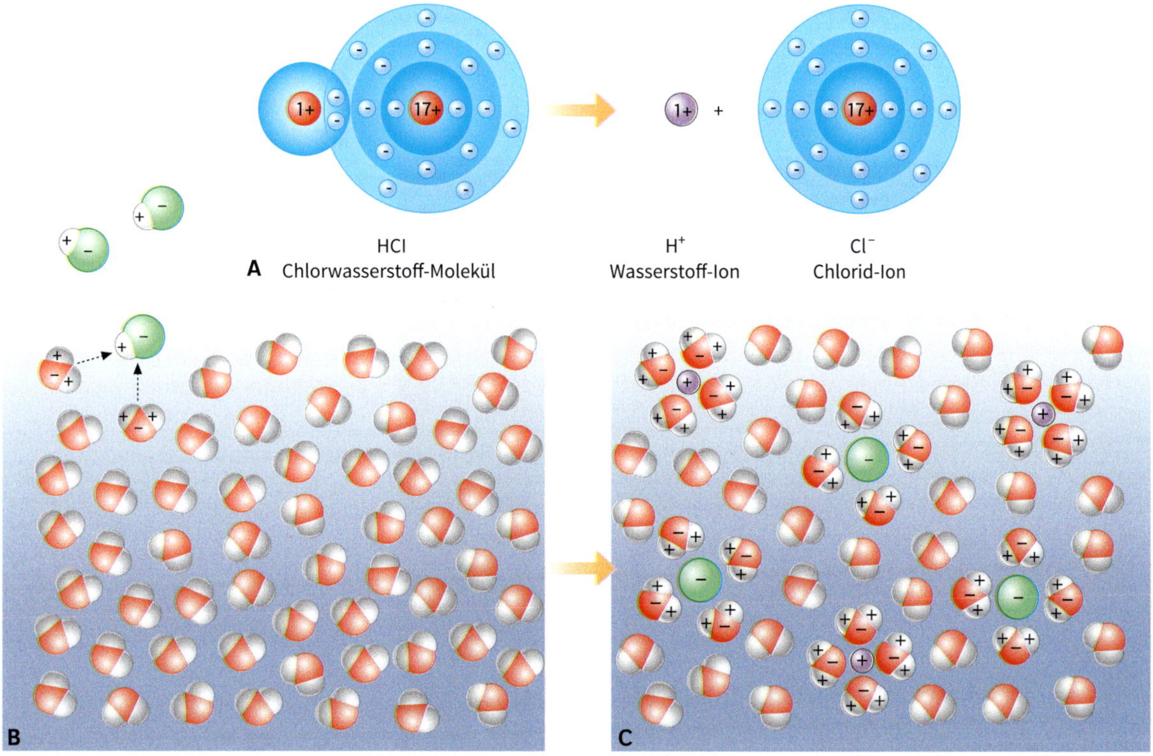

3 Die Bildung von Salzsäure im Modell: A Zerlegung eines HCl-Moleküls in H^+- und Cl^--Ionen, **B** HCl-Moleküle fallen ins Wasser, **C** Sie zerfallen in Ionen. Die Ionen werden von Wassermolekülen umhüllt.

Säuren

1.
Gib einige Tropfen Cola, Limonade und Orangensaft auf einen Streifen Universalindikator-Papier. Was stellst du fest?

2.
Gib ein Stück Zink in verdünnte Salzsäure. Was kannst du beobachten?

3.
a) Gib verdünnte Salzsäure auf ein Stück Marmor. Was passiert?
b) Begründe, ob sich Salzsäure zum Reinigen einer Marmor-Fensterbank eignet.

4.
Stelle Eigenschaften einer Säure zusammen.

5.
Nenne Sicherheitsvorkehrungen beim Arbeiten mit Säuren und begründe sie.

1 Säurenachweis mit Universalindikator-Papier

Säure greift Metall an.

Viele Metalle, wie Aluminium, Magnesium und Zink werden von Säuren angegriffen oder sogar aufgelöst. Zitronen dürfen daher nicht in Alufolie verpackt werden.

2 Säuren im Alltag

Säuren sind alltäglich

Du hast in deinem Alltag täglich Kontakt mit Lebensmitteln, die Säuren enthalten. Denke an Zitronen und Essig in der Küche oder an Mineralwasser, Limonaden und Cola-Getränke. Auch die Milchsäure im Jogurt zählt dazu.

In deinem Körper gibt es verdünnte Salzsäure. Es ist die Magensäure.
In der Technik kommt Schwefelsäure zum Einsatz. Sie ist zum Beispiel in Autobatterien enthalten.

Herstellung von Säure

Eine ganz einfache Art, eine Säure herzustellen, gibt es in vielen Haushalten: den Sprudelbereiter. Aus Kohlenstoffdioxid und Wasser bildet sich Kohlensäure.

Säure löst Kalk auf.

In Wasserkochern oder Kaffeemaschinen kommt es durch hartes Wasser zu Kalkablagerungen. Das ist Calciumcarbonat. Es wird mit verdünnten Säuren entfernt. Dabei wird der Kalk aufgelöst. Auf einem Schneidbrett aus Marmor wie in Bild 2 ist daher im Umgang mit säurehaltigen Lebensmitteln Vorsicht geboten, da Marmor überwiegend aus Calciumcarbonat besteht.

Du kannst beschreiben, wo Säuren im Haushalt vorkommen.
Du kannst eine Möglichkeit zur Herstellung einer Säure und einige wichtige Eigenschaften von Säuren nennen.

Säuren, Säuren, Säuren

Säuren erfrischen
In Erfrischungsgetränken sind Säuren enthalten.

Auch Vitamin C ist eine Säure
Vitamin C ist vor allem in frischem Obst und Gemüse enthalten. Vitamin C ist **Ascorbinsäure.** Auch ein bekanntes Schmerzmittel ist eine Säure, die **Acetylsalicylsäure (ASS).**

1. A
Suche auf den Etiketten von Colaflaschen oder anderen Erfrischungsgetränken, welche Säuren in der Zutatenliste jeweils angegeben sind.

5. V
Prüfe den pH-Wert einiger Obst- und Gemüseproben mit Universalindikator-Papier.

6. V
Färbe Wasser mit Universalindikator. Gib eine Tablette ASS hinzu. Erkläre deine Beobachtung.

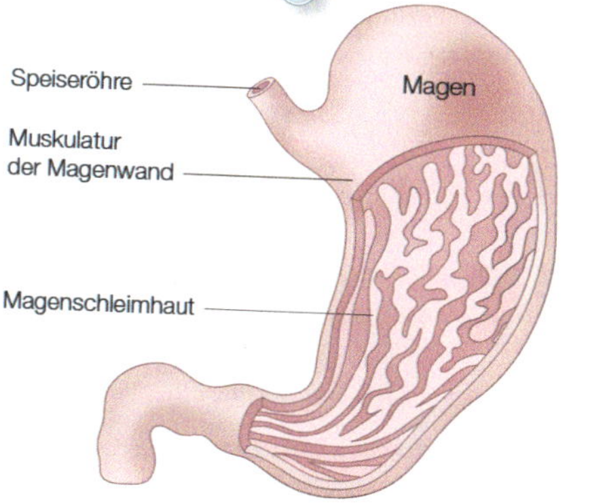

Salzsäure im Bauch?
Magensaft, der von Drüsen produziert wird, enthält eine etwa 0,3 %ige **Salzsäure.**

Viele Milchprodukte sind Säuren
Sauermilchprodukte wie Jogurt enthalten **Milchsäure.**

2. A
Wozu dient Salzsäure im Magen?

3. Q
Warum wird der Magen selbst nicht von der Salzsäure angegriffen?

4. Q
Erkläre, wie Sodbrennen entsteht.

7. Q
Informiere dich über die Herstellung von Jogurt und berichte.

8. Q
Finde heraus, warum es in warmen Ländern viele Sauermilchprodukte gibt und nenne typische Beispiele.

Ein Problem diskutieren

Saurer Regen schädigt Wald

Hannover - Die Fläche unserer Wälder nimmt massiv ab. Immer mehr Bäume sterben.
Was wird aus unseren Naherholungsgebieten?

Der ewige Patient

München - Der Wald ist noch nicht tot, aber er leidet.

Waldfreies Deutschland?

Hannover - Bis heute ist der deutsche Wald nicht gestorben. Diejenigen, die schon immer alles besser wussten, sprechen heute von falschem Alarm, wittern Lug und Trug.

Von wegen Waldsterben

München - Die Fläche des Waldes nimmt zu, in den letzten elf Jahren um 4,9 Prozent!

1 Informationen zum Waldsterben

Die Skeptiker

Ihr seid der Meinung, dass das Waldsterben weit fortgeschritten und kaum noch zu stoppen ist. Maßnahmen sind dringend erforderlich.

2 Fichten, Schadstufe 3

Eure Aufgabe

Führt eine Internetrecherche zum Waldsterben durch. Sucht nach dem neuesten „Waldzustandsbericht". Bildet euch eine Meinung über das Ausmaß der Waldschäden und die dagegen getroffenen Maßnahmen.

Teilt dann die Klasse in zwei Gruppen auf.

Skeptiker und Optimisten

Schreibt Argumente heraus, die für eure Auffassung sprechen. Gliedert die Argumente nach Teilthemen. Unterscheidet Wichtiges von Unwichtigem. Notiert euch einige wesentliche Punkte für einen Grundsatzvortrag. Bildet euch eine eigene Meinung. Achtet bei eurem Vortrag darauf, was Fakten sind und was eure persönliche Auffassung ist. Diskutiert in der Klasse.

Die Optimisten

Ihr seid der Auffassung, dass das Waldsterben zwar existiert, dass aber die eingeleiteten Maßnahmen das Schlimmste verhindern werden.

3 Gesunde Fichte

Mögliche Diskussionspunkte

Was könnt ihr selbst gegen das Waldsterben tun? Diskutiert Maßnahmen in verschiedenen Bereichen: Schule, Haushalt, Verkehr, Industrie, Kraftwerke. Erörtert unterschiedliche Lebensweisen: früher – heute, beziehungsweise Naturvolk – Menschen im Industriestaat. Ist das Waldsterben überhaupt ein Problem oder könnte der Mensch auch mit weniger Bäumen oder sogar ohne Wald leben? Handelt es sich um ein weltweites Problem, an dem wir in Deutschland nur wenig ändern können? Formuliert ein Ergebnis eurer Diskussion.

4 Diskutieren im Stuhlkreis

Diskussionsregeln
Beteilige dich an der Diskussion.
Höre zu und lass die anderen ausreden.
Schaue deinen Vorredner an und gehe bei deiner Antwort möglichst auch auf seine Argumente ein.
Sprich verständlich und höflich.

Säuren schädigen Bäume und Bauwerke

Saurer Regen

Seit 30 Jahren werden in Deutschland Waldschäden dokumentiert. Eine Ursache für das Baumsterben ist neben trockenen Sommern und Orkanschäden der saure Regen. Er entsteht durch Verbrennung von Nichtmetallen.
Viele Brennstoffe enthalten Schwefel. 1 kg Braunkohle kann 30 g Schwefel enthalten. Beim Verbrennen dieser Menge entstehen 20 l gasförmiges Schwefeldioxid. Es reagiert mit Luftfeuchtigkeit oder Regen zu schwefliger Säure. Außerdem entsteht daraus Schwefelsäure. Sie gelangt mit dem Regen auf die Erde. Dieser saure Regen ist es vor allem, der die Bäume schädigt.
Der saure Regen enthält auch Salpetersäure, die aus Stickstoffoxiden entsteht. Diese stammen zum größten Teil aus den Abgasen der Autos. Aber auch Abgase aus Industrie, Kraftwerken, Landwirtschaft und Haushalten tragen erheblich zur Bildung von saurem Regen und damit zum Waldsterben bei.

Säureschäden

Die meisten Pflanzen leiden unter den Belastungen der Luft und dem sauren Regen. Die Schädigung geschieht dabei auf zwei Wegen. Zum einen gelangen die Säuren von außen auf die Oberfläche der Blätter, Stängel und Äste. Diese werden dadurch geschädigt. Zum anderen gelangt der saure Regen in den Boden und somit zu den Wurzeln. Die Pflanzen holen sich das Wasser, das sie zum Leben brauchen, aus dem Boden. So werden die Pflanzen auch von innen geschädigt.

Schäden an Bauwerken entstehen durch die Säureeinwirkung von außen. Durch deren ständigen Einfluss werden vor allem Sandstein und Marmor geschädigt. Nur durch kostspielige Renovierungs- und Konservierungsmaßnahmen können Kunstgegenstände im Freien erhalten werden. Dafür werden Jahr für Jahr viele Millionen Euro ausgegeben.

Maßnahmen gegen das Waldsterben

Das Waldsterben konnte bisher nicht gestoppt werden, obwohl bereits große Anstrengungen unternommen werden. So werden Autos schon seit vielen Jahren mit Katalysatoren ausgerüstet. Die Abgase von Kraftwerken werden in Entschwefelungs- und Entstickungsanlagen gereinigt. Damit konnte der Ausstoß von Schwefeldioxid und Stickstoffoxiden um bis zu 90 % verringert werden. Andererseits nahm der Straßenverkehr so stark zu, dass die Erfolge in der Luftreinhaltung bei den Stickstoffoxiden teilweise wieder zunichte gemacht wurden.
Jeder Einzelne ist aufgefordert, zur Verringerung der Emissionen beizutragen. Das gelingt, wenn wir weniger Gas, Heizöl, Elektrizität und Benzin nutzen, beispielsweise durch häufigere Benutzung von Bussen und Bahnen statt des Pkws sowie durch die Verlagerung des Güterverkehrs auf die Eisenbahn.

Laugen im Haushalt

1 Helfer im Haushalt

1. Q
a) Suche auf Putz- und Reinigungsmitteln nach Gefahrenhinweisen.
b) Begründe warum Abflussreiniger einen Sicherheitsverschluss haben.

2. V
a) Bestimme den pH-Wert von Haushaltsreinigern und Waschmitteln. Was stellst du fest?
b) Ordne die Ergebnisse in eine pH-Wert-Skala ein. Welche Stoffe sind Säuren, welche Laugen?

3. V
Miss und vergleiche die pH-Werte von verdünnter Natronlauge und von Abflussreiniger.

4. V **Demonstrationsversuch**
Folgende Stoffe werden in je drei Reagenzgläsern zu konzentrierter Natronlauge, Abflussreiniger und Seifenlauge gegeben:
- einige Haare,
- ein Woll- und ein Baumwollfaden,
- etwas Speiseöl.

5. A
Beschreibe die Veränderungen der Stoffe in den neun Reagenzgläsern bei Versuch 4 nach 30 min und vergleiche.

6. A
Erkläre, warum die Augen „brennen", wenn Seife hineingelangt.

7. A
Nenne Sicherheitsmaßnahmen beim Umgang mit alkalischen Lösungen.

Haushaltsreiniger

Viele Haushaltsreiniger, auch Seifen und Waschmittel, sind Laugen oder alkalische Lösungen, also Stoffe mit einem pH-Wert größer als 7. Es handelt sich teilweise um recht gefährliche Stoffe, die du sehr vorsichtig und nur nach Vorschrift verwenden darfst. Selbst schwache Laugen wie Seifenlauge können die Augen und die Mundschleimhäute reizen.

Starke Laugen

Die pH-Werte von Haushaltsreinigern sind sehr unterschiedlich. Es gibt eher harmlose Stoffe wie Waschmittellauge und gefährliche Produkte wie Abflussreiniger. Die Wirkung starker Laugen auf der Haut ähnelt der starker Säuren. Beide haben eine stark ätzende Wirkung.

Sicherheit

In jedem Labor sind Sicherheitsmaßnahmen wie Schutzbrille, Schutzkleidung und Schutzhandschuhe vorgeschrieben. Die gleichen Schutzmaßnahmen müssten eigentlich auch beim Umgang mit Laugen im Haushalt angewendet werden.

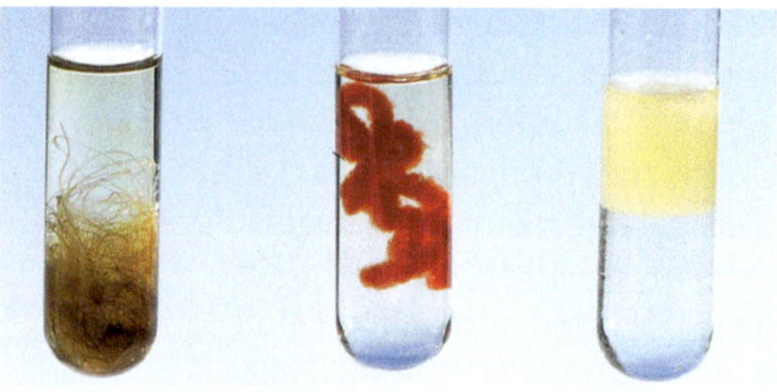

2 Organische Stoffe in Natronlauge

Du kannst Eigenschaften und Verwendungsmöglichkeiten von Laugen nennen.

Laugen und Hydroxide

1.
Verreibe etwas Magnesia auf deinen Händen. Beschreibe die Oberfläche der Hände. Erkläre, warum Turner Magnesia vor ihrer Übung benutzen.

2.
Gib zu Magnesia etwas Wasser, verrühre beides und prüfe mit Universalindikator. Beschreibe das Ergebnis.

3.
Erkläre, warum du bereits vom Turnen angegriffene Hände nicht mit Magnesia einreiben solltest.

4.
Prüfe frisch angerührten Kalkmörtel mit Universalindikator. Beschreibe, was du festgestellt hast.

5.
Die Hände eines Maurers wie in Bild 2 sind oft rissig und aufgeplatzt. Sie werden nicht nur von den meist rauen Steinen angegriffen. Nenne einen weiteren Grund für die Veränderungen der Hände.

1 Turner reiben ihre Hände mit Magnesia ein.

Magnesia

Turner reiben ihre Hände vor jeder Übung kräftig mit Magnesia ein. Dieser weiße Stoff ist Magnesiumoxid. Er bewirkt nicht nur ein Trocknen, sondern auch ein leichtes Aufquellen der Hände. Dadurch werden sie glatt, bleiben aber dennoch griffig.
Magnesiumoxid zeigt mit Wasser eine alkalische Reaktion. Sie ist eine Ursache für die Veränderung der Haut.

Branntkalk und Löschkalk

Eine noch stärkere alkalische Reaktion als das Magnesiumoxid zeigt Calciumoxid mit Wasser. Es wird durch Brennen von Kalkstein gewonnen und heißt deshalb auch **Branntkalk.** Branntkalt ist ein Bestandteil von Zement.

Calciumoxid reagiert mit Wasser in einer stark exothermen Reaktion zu einem weißen Pulver mit dem chemischen Namen Calciumhydroxid. Das ist **Löschkalk.** Löschkalk dient zur Herstellung von Kalkmörtel und Kalksandstein:

Branntkalk	+ Wasser	→	Löschkalk	
CaO	+	H_2O	→	$\mathbf{Ca(OH)_2}$
Calciumoxid	+	Wasser	→	Calciumhydroxid

Während Calciumoxid Sauerstoff enthält, hat Calciumhydroxid zwei OH-Gruppen. Diese **Hydroxidgruppen** sind einwertig. Sie sind für die alkalische Reaktion verantwortlich.
Die wässrige Lösung von Calciumhydroxid ist die Calciumlauge (Kalkwasser).

2 Hier wird gemauert!

Du kannst die Reaktion von Metalloxiden mit Wasser beschreiben.

Seltsame Metalle bilden alkalische Lösungen

1.
a) Fülle ein Reagenzglas zu zwei Drittel mit Wasser. Gib etwas Universalindikator hinzu. Nimm mit einer Pinzette ein linsengroßes Stück Lithium und gib es vorsichtig ins Wasser.
Beobachte und erkläre die Veränderungen.
b) Wiederhole Versuch a), aber verschließe das Reagenzglas mit einem durchbohrten Stopfen mit Glasröhrchen. Fange so das entstehende Gas mit einem zweiten Reagenzglas auf.
c) Halte die Öffnung des zweiten Reagenzglases über die kleine Brennerflamme. Welches Gas kannst du nachweisen?

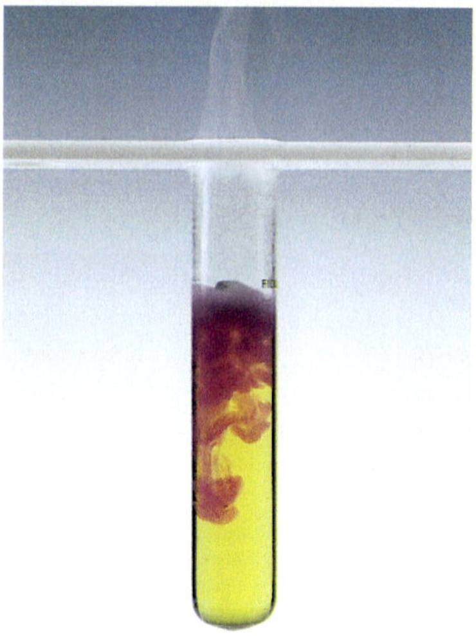

1 Lithium reagiert mit Wasser.

2.
a) Führe Versuch 1 a) auch mit Calcium und danach mit Magnesiumspänen durch.
b) Beschreibe und vergleiche die Ergebnisse der drei Versuche.

3. Demonstrationsversuch
Eine große Glasschale wird auf einen Tageslichtprojektor gestellt und halb mit Wasser gefüllt. Es wird mit Universalindikator angefärbt. Ein erbsengroßes Stück Natrium wird in die Glasschale gegeben.

4.
Beschreibe und erkläre die Farbänderung bei Versuch 3.

Alkalische Lösungen und Wasserstoff

Lithium (Li) und Natrium (Na) sind seltsame Metalle. Sie sind sehr weich. Beide Metalle oxidieren an der Luft sehr schnell. Die Reaktionen des Lithiums und vor allem des Natriums in Wasser sind sehr heftig. Die beiden Metalle bewegen sich unter Entwicklung von Wasserstoff über die Wasseroberfläche. Calcium (Ca) reagiert weit weniger heftig. In allen drei Fällen entsteht eine alkalische Lösung.

Natrium	+	Wasser	→	Natronlauge	+	Wasserstoff
2 Na	+	2 H_2O	→	2 NaOH	+	H_2

Alkalische Lösungen entstehen

Lithium und Natrium gehören zu den **Alkalimetallen.** Calcium zählt wie Magnesium zu den **Erdalkalimetallen.** Diese Metalle reagieren mit Wasser unter Bildung von Wasserstoff zu Hydroxiden. In Wasser gelöst bilden sie alkalische Lösungen.

Du kannst die Reaktion von Alkali- und Erdalkalimetallen mit Wasser beschreiben.

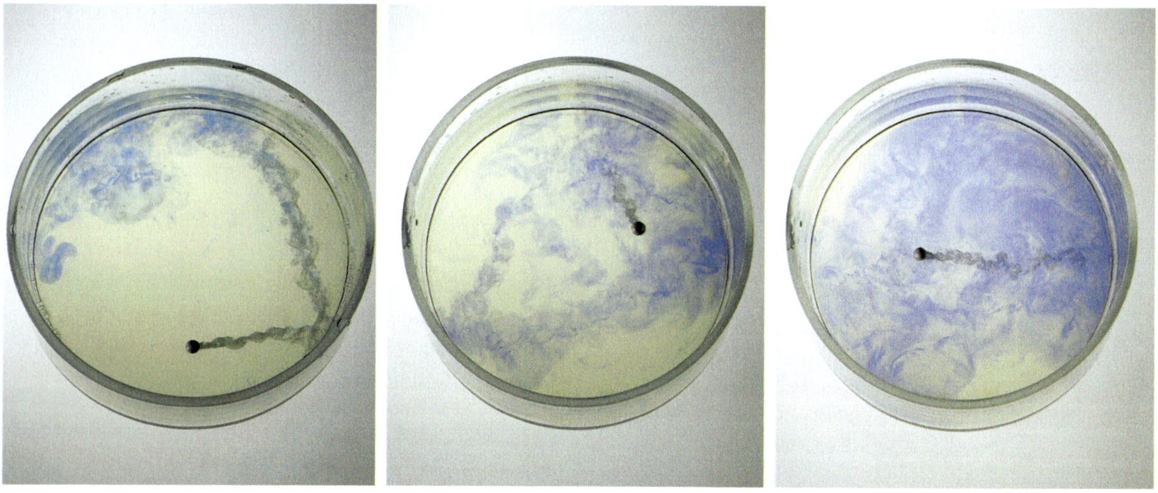

2 Reaktion von Natrium mit Wasser

Ammoniak und Ammoniaklösung

1.
Fächle dir wie in Bild 1 vorsichtig 10 %ige Ammoniaklösung zu. Beschreibe den Geruch. Woher kennst du ihn? Vergleiche mit dem Geruch von Salzsäure.

2.
Halte erst einen trockenen, dann einen feuchten Streifen Universalindikator über eine geöffnete Flasche mit Ammoniaklösung. Was stellst du fest?

3. Demonstrationsversuch
In einen Erlenmeyerkolben wird konzentrierte Ammoniaklösung gegeben. Der Kolben wird mit einem durchbohrten Stopfen verschlossen, in dem ein Glasrohr steckt. Die Ammoniaklösung wird mit kleiner Flamme vorsichtig erhitzt. Das entstehende Gas wird in einen umgekehrt eingespannten Rundkolben geleitet. Ist der Kolben gefüllt, wird er mit einem durchbohrten Gummistopfen verschlossen, in dem ein Glasrohr mit Spitze nach innen steckt. Eine große Glasschale wird zur Hälfte mit Wasser gefüllt, das mit Universalindikator angefärbt ist. Der Rundkolben wird in das Wasser eingetaucht (Bild 2).

4.
Beschreibe und erkläre deine Beobachtungen.

5.
Befeuchte ein Wattestäbchen mit Salzsäure. Halte es über eine geöffnete Flasche mit Ammoniaklösung. Was siehst du?

6.
Suche Informationen zu den beiden Forschern Fritz Haber und Carl Bosch im Zusammenhang mit Ammoniak. Was haben die beiden Wissenschaftler erfunden?

7.
Recherchiere die Bedeutung des Begriffs Salmiakgeist.

1 Riechen an Ammoniak

2 Ammoniak-Springbrunnen

Eigenschaften

Öffnest du eine Flasche mit Ammoniaklösung, so fällt dir sofort ein stechender Geruch auf. Ähnlich wie bei der Salzsäure ist auch hier ein Gas in Wasser gelöst. Das Gas heißt **Ammoniak** (NH_3). Ein Streifen Universalindikator zeigt, dass die Lösung alkalisch ist. Ammoniaklösung ist also eine Lauge.

Die Gase Ammoniak und Chlorwasserstoff bilden zusammen weißen Rauch. Es entsteht das Salz Ammoniumchlorid (Salmiak).

$$NH_3 + HCl \rightarrow NH_4Cl$$

So kannst du mit Chlorwasserstoff Ammoniak nachweisen. Ammoniak ist sehr gut in Wasser löslich. Etwa 700 l Ammoniak lösen sich bei Zimmertemperatur in 1 l Wasser. Dies zeigt der Springbrunnenversuch. Im ersten Wassertropfen, der in den Rundkolben eindringt, löst sich das gesamte Gas im Kolben. Im Rundkolben entsteht daher ein Unterdruck. Der äußere Luftdruck presst dann das Wasser aus der Glasschale in den Rundkolben.

Herstellung

Ammoniak gehört zu den wichtigsten Stoffen in der chemischen Industrie. Es wird nach dem **Haber-Bosch-Verfahren** hergestellt.
Dazu wird ein Gemisch aus Wasserstoff und Stickstoff bei etwa 500 °C unter hohem Druck über einen Katalysator geleitet. Dabei reagieren die beiden Gase zu Ammoniak.

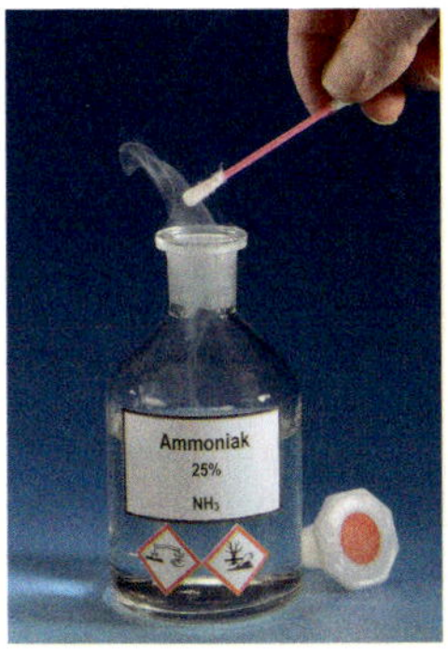

3 Ammoniaknachweis

Du kannst Herstellung und Eigenschaften von Ammoniak beschreiben.

Laugen – chemisch betrachtet

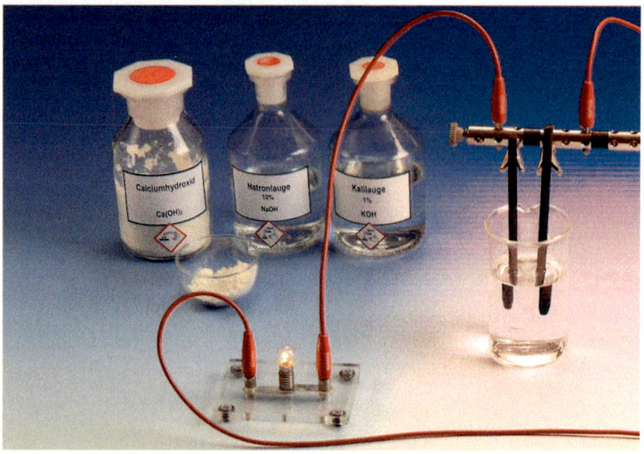

1 Leiten alkalische Lösungen den elektrischen Strom?

1.
Prüfe die elektrische Leitfähigkeit von Natronlauge, Kalilauge und festem Calciumhydroxid.

2.
Begründe, warum Laugen in Batterien verwendet werden können.

3.
Fülle ein Reagenzglas zur Hälfte mit Wasser. Färbe es mit Universalindikator an. Gib mit einer Pinzette ein Natriumhydroxid-Plätzchen dazu und beobachte. Welcher Stoff ist entstanden?

4.
a) Wiederhole Versuch 3 mit Calciumhydroxid.
b) Filtriere die Suspension. Es entsteht ein Nachweismittel. Was lässt sich damit nachweisen?

5.
a) Gib mit einer Pinzette einige Natriumhydroxid-Plätzchen auf ein Uhrglas und lasse sie 30 min offen liegen. Welche Veränderung zeigt sich?
b) Welche Eigenschaft hat demnach Natriumhydroxid?

6.
Erkläre mit dem Ergebnis aus Versuch 5, warum Natriumhydroxid als Trockenmittel verwendet werden kann.

7.
Nenne Stoffe, die entstehen, wenn du Lithiumlauge und Kalilauge eindampfst.

Die Stoffgruppe der Laugen

Zur Stoffgruppe der Laugen gehören unter anderem Natronlauge, Kalilauge und Calciumlauge (Kalkwasser). Laugen sind **alkalische Lösungen** mit gemeinsamen Eigenschaften. Es sind wässrige Lösungen von Hydroxiden wie Natriumhydroxid, Kaliumhydroxid oder Calciumhydroxid.

• Laugen zersetzen organische Stoffe

Wird ein Tropfen verdünnter Natronlauge zwischen den Fingern zerrieben, fühlt sich die Haut schmierig-seifig an, denn Laugen zersetzen die Hautoberfläche. Deshalb ist beim Umgang mit Laugen Vorsicht geboten.

• Laugen verändern Indikatorfarbstoffe

Universalindikatoren färben sich in Lauge meist blau oder blau-violett. Die farblose Lösung des Indikators Phenolphthalein färbt sich in einer alkalischen Lösung rot-violett. Phenolphthalein ist deshalb für den Nachweis von Laugen besonders gut geeignet.

• Alkalische Lösungen leiten den elektrischen Strom

Festes Hydroxid, zum Beispiel Natriumhydroxid (NaOH) ist ein **Nichtleiter.** Wird das Natriumhydroxid in Wasser gelöst, leitet die entstandene alkalische Lösung den elektrischen Strom.

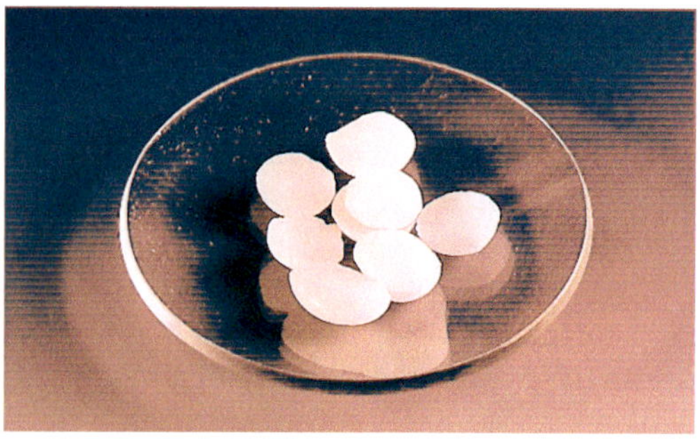

2 Natriumhydroxid-Plätzchen

Wie entsteht Natronlauge?

Natronlauge entsteht, wenn festes Natriumhydroxid in Wasser gelöst wird. Die Lösung erwärmt sich dabei deutlich. Sie reagiert mit Indikatorfarbstoffen und leitet den elektrischen Strom. Natronlauge ist die wichtigste alkalische Lösung im Chemielabor.

Festes Natriumhydroxid besteht aus positiv geladenen Natrium-Kationen (Na^+) und negativ geladenen Hydroxid-Anionen (OH^-). Feste Hydroxide sind Nichtleiter, weil die Ionen an feste Plätze gebunden sind. Erst in Wasser gelöst können die dann frei beweglichen Ionen den Transport elektrischer Ladungen übernehmen.

Bei der Bildung von Natronlauge spielen die besonderen Eigenschaften der Wassermoleküle eine entscheidende Rolle. Wassermoleküle sind Dipolmoleküle, sie tragen elektrische Ladungen. Beim Auflösen wird das Ionengitter des Natriumhydroxids mithilfe dieser Dipolmoleküle abgebaut. Danach lagern sich die Wassermoleküle um die Ionen und bilden jeweils eine **Hydrathülle.** So bleiben die Ionen in der Lösung voneinander getrennt (Bild 5 B).

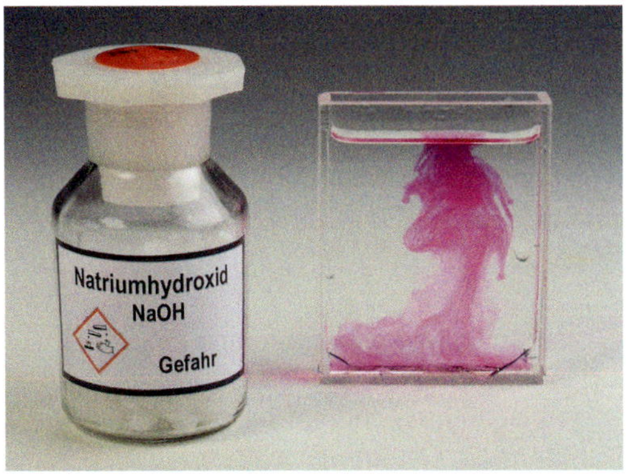

3 Natriumhydroxid bildet in Wasser Natronlauge. Sie verändert die Farbe von Phenolphthalein-Lösung.

Du kannst erklären, dass Laugen Hydroxid-Ionen enthalten.
Du kannst Laugen nachweisen und Sicherheitsregeln für den Umgang mit Laugen begründen.

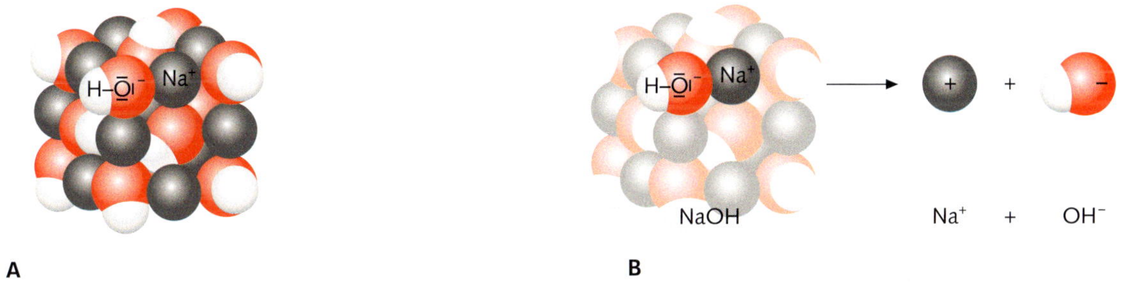

4 A Festes Natriumhydroxid bildet ein Kristallgitter aus Natrium-Ionen (Na^+) und Hydroxid-Ionen (OH^-), **B** Der Kristall zerfällt im Wasser in Natrium-Ionen und Hydroxid-Ionen.

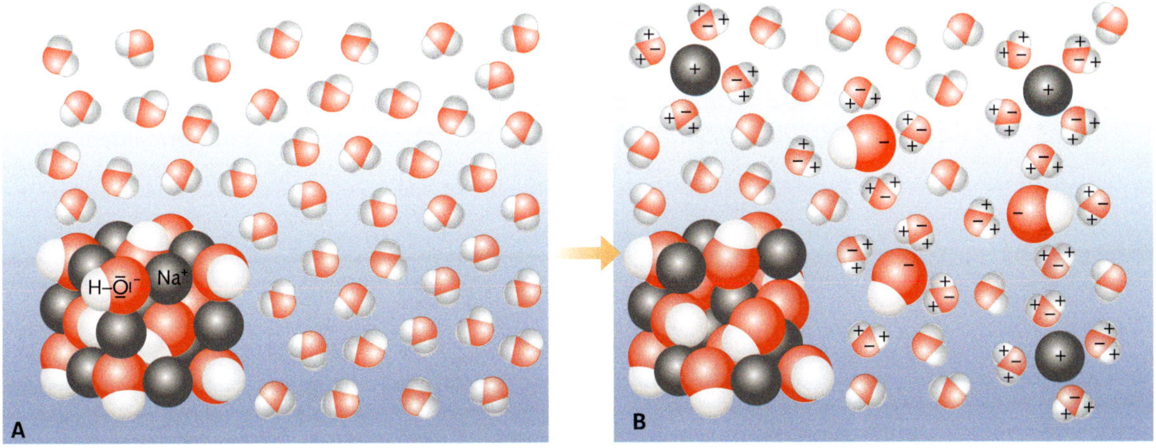

5 Die Bildung von Natronlauge im Modell: A Ein Natriumhydroxid-Kristall liegt im Wasser, **B** Er zerfällt in Ionen. Im Wasser sind die Ionen jeweils von Wassermolekülen umgeben, sie sind hydratisiert.

Basiskonzepte S. 275

Laugen

1. V
Gib einige Tropfen Seifenlauge und Natronlauge auf einen Streifen Universalindikatorpapier. Was stellst du fest?

2. V
Gib einen Spatel Calciumhydroxid in Wasser und halte einen Streifen Universalindikator-Papier in die Mischung. Was hast du hergestellt?

3. Q
Finde drei Verwendungen für Salmiakgeist.

4. A
Stelle Eigenschaften einer Lauge zusammen.

5. A
Nenne Sicherheitsvorkehrungen beim Arbeiten mit Laugen.

1 Laugennachweis mit Universalindikator-Papier

Laugen sind alltäglich

Mit Laugen kommst du häufig in Kontakt, zum Beispiel, wenn du deine Hände wäschst. Seifenlösungen reagieren alkalisch, es sind Laugen.

Für starke Verschmutzungen war früher Ammoniaklösung (Salmiakgeist) vorhanden. Sie ist besonders geeignet zur Reinigung von Fenstern.

Beliebt ist auch Laugengebäck. Es wird vor dem Backen kurz in verdünnte Natronlauge getaucht. Das ergibt nach dem Backen den typischen Geschmack, zum Beispiel von Laugenbrezeln.

Herstellung von Lauge

Rührt ein Maurer aus Sand, Löschkalk und Wasser Mörtel an, so erzeugt er eine Lauge. Dafür sorgen der Löschkalk und das Wasser. Sie bilden zusammen ätzende Calciumlauge (Calciumhydroxid-Lösung). Ein Maurer sollte daher bei der Arbeit eigentlich stets Schutzhandschuhe und eine Schutzbrille tragen.

Fettiger Schmutz? Lauge hilft

Natronlauge (Natriumhydroxid-Lösung) oder Kalilauge (Kaliumhydroxid-Lösung) sind in vielen Backofenreinigern enthalten. Nach einer längeren Einwirkungszeit ist der fest sitzende Schmutz gelöst und kann abgewaschen werden.

2 Laugen beim Hausbau und im Haushalt

ACHTUNG
Reizt die Augen und die Haut. Darf nicht in die Hände von Kindern gelangen. Berührung mit den Augen und der Haut vermeiden.

Du kannst beschreiben, wo Laugen im Haushalt vorkommen. Du kannst eine Möglichkeit zur Herstellung einer Lauge und einige wichtige Eigenschaften von Laugen nennen.

Laugen, Laugen, Laugen

PINNWAND

Lauge bringt Geschmack
Um den typischen Geschmack des Laugengebäcks zu erreichen, wird zum Backen von Laugenbrezeln 3%ige Natronlauge verwendet. Beim Backen entsteht daraus auf der Gebäckoberfläche unschädliches Natron.

Laugen helfen beim Tauchen
Bei diesem Tauchgerät wird das ausgeatmete Gas nicht in das Wasser gegeben, sondern über eine Patrone mit Kaliumhydroxid in einen Kreislauf geführt. Der Kohlenstoffdioxid-Anteil des ausgeatmeten Gases reagiert mit dem Kaliumhydroxid und wird dadurch gebunden. So kann der in der ausgeatmeten Luft noch vorhandene Sauerstoff genutzt werden.

Laugen desinfizieren
Ställe werden mit Kalkmilch weiß gestrichen. Diese Lauge wirkt zugleich desinfizierend. Sie besteht aus Löschkalk, Calciumhydroxid, und Wasser.

Anwendung von Ammoniak und Salmiak
Ammoniaklösung kann in verdünnter Form als Salmiakgeist im Haushalt zur Fleckentfernung oder als Insektenstift dienen. Sie ist auch in handelsüblichen Reinigungs- und Fensterputzmitteln enthalten. Auch Bonbons und Süßwaren können Ammoniak enthalten.

1. ☰ V
Prüfe die Oberfläche von Brezeln mit feuchtem Universalindikatorpapier.

2. ☰ Q
Untersuche die Behälter von Düngemitteln und Reinigungsmitteln auf Hinweise zu Ammoniak oder Salmiakgeist.

3. ☰ Q
Finde heraus, was Hirschhornsalz ist.

4. ☰ A
Begründe, warum Salmiakgeist nach der Anwendung auf Kleidungsstücken wieder ausgewaschen werden muss.

5. ☰ Q
Was sind Salmiakpastillen?

Haber-Bosch-Verfahren

Anfänge

Ammoniak (NH_3) wird zur Herstellung von Düngemitteln, aber auch für Sprengstoffe, Kunststoffe und Farbstoffe benötigt. Es ist eine der wichtigsten Verbindungen in der chemischen Industrie. Der Chemiker FRITZ HABER (1868–1934) und der Ingenieur CARL BOSCH (1874–1940) entwickelten zu Beginn des 20. Jahrhunderts das nach ihnen benannte Verfahren, Ammoniak aus den beiden Grundstoffen Stickstoff und Wasserstoff industriell herzustellen. Damit konnte auch ohne Import von Stickstoffsalzen die Produktion von Düngemitteln und Sprengstoff aufrechterhalten werden.

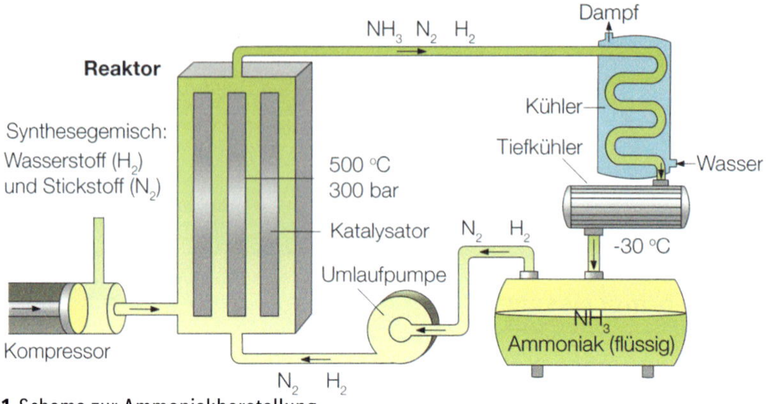

1 Schema zur Ammoniakherstellung

Rohstoffe

Die beiden Rohstoffe für die Ammoniakherstellung stehen nahezu unbegrenzt zur Verfügung. Stickstoff ist ein Bestandteil der Luft und der Reaktionspartner Wasserstoff ist als ein chemisch gebundener Bestandteil des Wassers ausreichend vorhanden.

Bedeutung

Mit dem Haber-Bosch-Verfahren werden jährlich weltweit über 100 Millionen Tonnen Ammoniak hergestellt. Dafür werden etwa 1,5 % des weltweiten Energiebedarfs benötigt.

Verfahren

Ein Gemisch aus drei Raumteilen Wasserstoff und einem Raumteil Stickstoff wird über Katalysatorschichten aus Eisenoxid geleitet und zur Reaktion gebracht. Damit aus diesen chemischen Elementen Ammoniak mit hoher Ausbeute entsteht, sind ein Druck von über 300 bar und eine Temperatur von etwa 500 °C notwendig.

$$N_2 + 3\,H_2 \rightarrow 2\,NH_3$$

Das entstehende Gasgemisch enthält etwa 17 Volumenprozent Ammoniak. Dieses Gemisch wird so lange gekühlt, bis sich Ammoniak als Flüssigkeit abscheidet. Das restliche Gasgemisch enthält noch Stickstoff und Wasserstoff. Es wird daher in den Reaktor zurückgeleitet.

Herstellung von Salpetersäure

Ammoniak wird auch für die Herstellung von **Salpetersäure** benötigt. Dazu wird Ammoniakgas unter Katalysatoreinwirkung zu Stickstoffmonooxid, NO, verbrannt:

$$4\,NH_3 + 5\,O_2 \rightarrow 4\,NO + 6\,H_2O$$

Mit weiterem Sauerstoff reagiert das farblose Stickstoffmonooxid zu braunem Stickstoffdioxid, NO_2. Dieses Gas wird dann mit Sauerstoff im Gegenstromprinzip in Wasser geleitet. Gase und Wasser strömen dabei in unterschiedliche Richtungen. Salpetersäure entsteht:

$$4\,NO_2 + O_2 + 2\,H_2O \rightarrow 4\,HNO_3$$

Die großtechnische Herstellung der Salpetersäure geschieht durch das **Ostwald-Verfahren.**

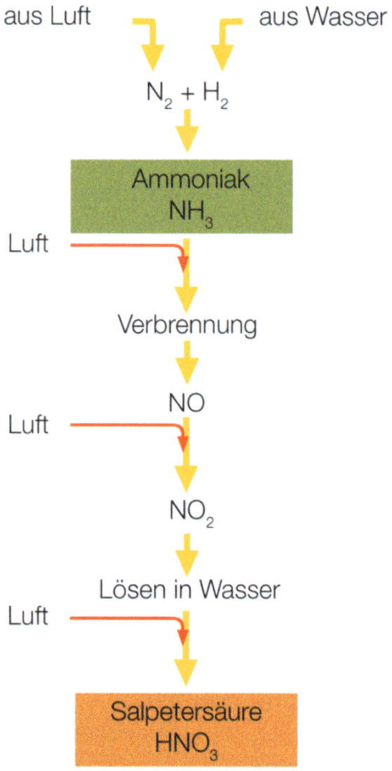

2 Salpetersäureherstellung

Ätzen von Metallen

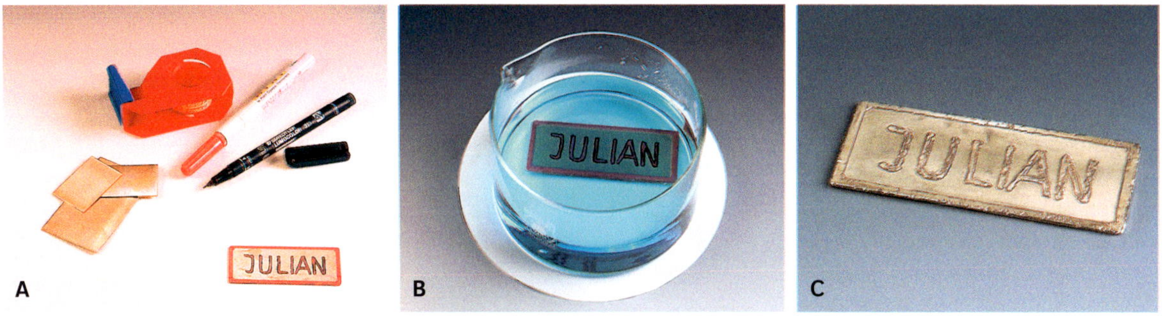

1 A – C So wird ein Namensschild durch Hochätzung hergestellt.

Säuren lösen viele Metalle auf. Das wird technisch genutzt, um Metallschichten auf chemischem Wege abzutragen. Dieser Vorgang heißt Ätzen von Metallen. Teile, die nicht weggeätzt werden sollen, müssen dabei durch Abdecken geschützt werden.
Dieses Verfahren wird zum Beispiel bei der Herstellung von Platinen oder beim Anfertigen von Namensschildern angewendet. Zum Ätzen können neben Säuren in bestimmten Fällen auch Laugen oder spezielle Salzlösungen verwendet werden.

Material zum Ätzen von Schildern

- Kupfer- und Aluminiumblech, etwa 1 mm dick
- wasserfester Filzschreiber oder Aufreibebuchstaben, Stahlnagel
- Klebestreifen, schnelltrocknende Lackfarbe
- säurefeste Schale, Tiegelzange
- Spiritus , Aceton , Salzsäure (etwa 20 %ig), 20 %ige Natriumpersulfatlösung oder Eisenchloridlösung

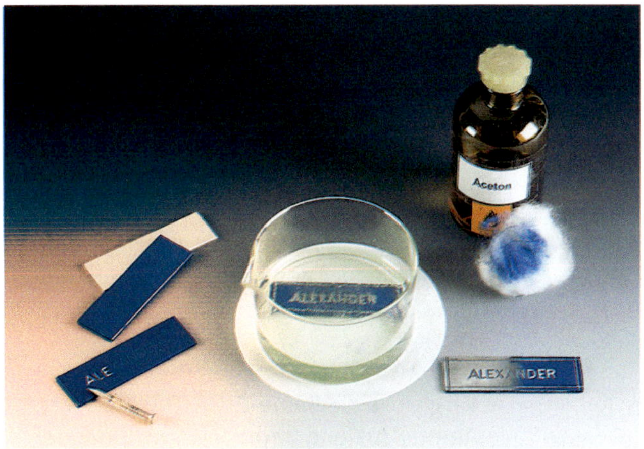

2 Tiefätzen von Aluminium in Salzsäure.

Hochätzen eines Namenschildes

Schreibe einen Namen mit wasserfestem Filzstift auf ein gereinigtes Kupferblech. Verwende Aufreibebuchstaben, wenn du eine besonders exakte Schrift erreichen möchtest.

Decke alle Stellen, die nicht weggeätzt werden sollen, sorgfältig mit Klebestreifen ab, auch die Kanten und die Rückseite des Blechs.

Lege das Kupferblech danach für mindestens 20 min in eine angewärmte Natriumpersulfatlösung oder in eine Eisenchloridlösung.

Beobachte den Ätzvorgang und nimm das Schild mit der Zange aus der Ätzlösung, wenn es tief genug geätzt ist. Spüle es danach gut mit Wasser ab. Ziehe die Klebestreifen ab und entferne die Filzstiftfarbe mit Spiritus.

Tiefätzen eines Namenschildes

Lackiere ein passend zugeschnittenes Stück Aluminiumblech mit schnelltrocknendem Lack oder mit Spraylack. Das Blech muss danach vollständig mit einer dünnen Lackschicht bedeckt sein. Sie wird dort wieder entfernt, wo etwas eingeätzt werden soll. Schreibe mit einem Stahlnagel deinen Namen so auf das Blech, dass das blanke Aluminium wieder zum Vorschein kommt.

Tauche das vorbereitete Namensschild für etwa 30 min in die Salzsäure. Nimm das Schild danach mit der Zange aus dem Ätzbad, spüle es gut ab und entferne die Lackschicht mit Aceton.

Säure-Base-Begriff

STREIFZUG

Säuren und Laugen

Obwohl Säuren und Laugen seit vielen Jahrhunderten bekannt sind, gab es keine einheitlichen Vorstellungen darüber, was Säuren und Laugen eigentlich sind. Deshalb versuchten Forscher, eine allgemein gültige Theorie für Säuren und Laugen zu entwickeln. Dabei wurde der Begriff **Säure** beibehalten; er wurde aber immer wieder neu definiert. Für den „Gegenspieler" der Säure gab es dagegen verschiedene Namen. Manche sprachen von **Laugen,** andere von **Basen.**
Immer noch weit verbreitet ist die Säure-Base-Definition von ARRHENIUS. Die vor allem in der wissenschaftlichen Chemie heute weltweit gültige Theorie wurde jedoch von BRÖNSTED entwickelt. Sie bezieht sich nicht länger auf das Verhalten von Stoffen in Wasser, sondern auf das Reaktionsverhalten von Teilchen.

1663
Der Engländer ROBERT BOYLE (1627–1692) fand die erste Erklärung des Begriffs Säure. Für ihn ist „eine Säure ein Stoff, der mit Kreide aufschäumt,... gewisse Pflanzenfarbstoffe rötet und durch eine Base neutralisiert wird".

1778
ANTOINE LAURENT DE LAVOISIER (1743–1794) schloss aus seinen Untersuchungen über Gase, dass der Sauerstoff der Träger der Säuren ist. Säuren entstehen durch die Reaktion von Nichtmetallen mit Wasser. Sie sind also bestimmte Sauerstoff-Verbindungen.

1814
SIR HUMPHRY DAVY (1778–1829) gelang es, durch Elektrolyse die Elemente Natrium, Kalium, Lithium, Calcium, Barium, Magnesium und Strontium darzustellen. Er erkannte, dass Wasserstoff die sauren Eigenschaften einer Säure bestimmt. Er beschrieb deshalb Säuren als Wasserstoff-Verbindungen.

1838
JUSTUS VON LIEBIG (1803–1873) gilt als Begründer der organischen Chemie. Seine Erkenntnisse auf dem Gebiet der Agrarchemie waren wegweisend für die Landwirtschaft. Er fand heraus, dass Säuren Stoffe sind, die Wasserstoff enthalten. Nach LIEBIG sind Säuren Verbindungen aus Wasserstoff und einem Säurerest, wobei der Wasserstoff durch Metall ersetzbar ist.

1887
Der schwedische Chemiker und Physiker SVANTE ARRHENIUS (1859–1927) erweiterte den Säure-Base-Begriff von LIEBIG. Er erkannte, dass Säuren Wasserstoff-Verbindungen sind, die in wässriger Lösung in positiv geladene Wasserstoff-Ionen und in negativ geladene Säurerest-Ionen zerfallen. Basen hingegen bilden negativ geladene Hydroxid-Ionen und positiv geladene Metall-Ionen.

1923
Eine wesentliche Erweiterung erfuhr die Säure-Base-Theorie durch den Dänen JOHANNES N. BRÖNSTEDT (1879–1947). Nach BRÖNSTEDT kann ein Säureteilchen Protonen abgeben. Entsprechend kann ein Base-Teilchen Protonen aufnehmen. Bei einer Säure-Base-Reaktion findet also eine Übertragung von Protonen statt.

1. ≡ A
Ordne die hier genannten Personen auf einer Zeitskala an.

2. ≡ A
Vergleiche die Säure-Base-Theorien von ARRHENIUS und BRÖNSTEDT miteinander.

Übersicht: Säuren und Laugen

Saure Lösungen oder Säuren

Herstellung:

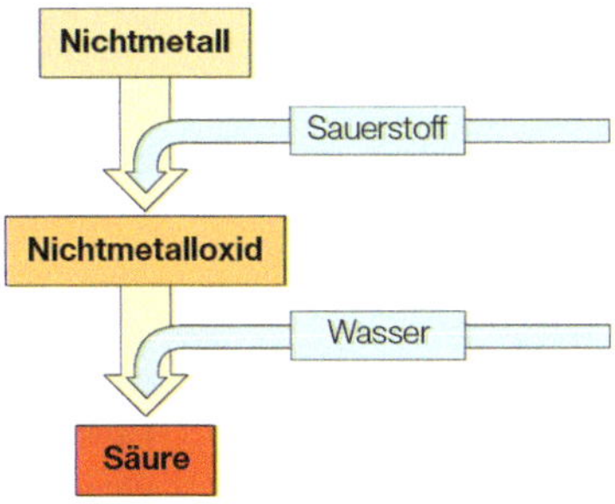

Beispiele:

Schwefel + Sauerstoff → Schwefeldioxid

Schwefeldioxid + Wasser → schweflige Säure

Anders verläuft die Herstellung von Salzsäure:

Wasserstoff + Chlor → Chlorwasserstoff

Chlorwasserstoff + Wasser → Salzsäure

Name	Formel	Säurerest Name	Säurerest Formel	Wissenswertes
Salzsäure	HCl	Chlorid-Ion	Cl^-	Magensäure ist 0,3%ige Salzsäure
Schweflige Säure	H_2SO_3	Sulfit-Ion	SO_3^{2-}	Ausschwefeln von Fässern, Anteil am sauren Regen
Schwefelsäure	H_2SO_4	Sulfat-Ion	SO_4^{2-}	in Starterbatterien, stark Wasser anziehend
Salpetersäure	HNO_3	Nitrat-Ion	NO_3^-	Düngemittelherstellung, löst Silber
Phosphorsäure	H_3PO_4	Phosphat-Ion	PO_4^{3-}	Säuerungsmittel in Cola-Getränken
Kohlensäure	H_2CO_3	Carbonat-Ion	CO_3^{2-}	in Erfrischungsgetränken, sehr schwache Säure
Essigsäure	CH_3-$COOH$	Acetat-Ion	CH_3COO^-	Haushaltsessig ist verdünnte Essigsäure

Alle sauren Lösungen oder Säuren enthalten Wasserstoff.

Alkalische Lösungen oder Laugen und Hydroxide

Herstellung:

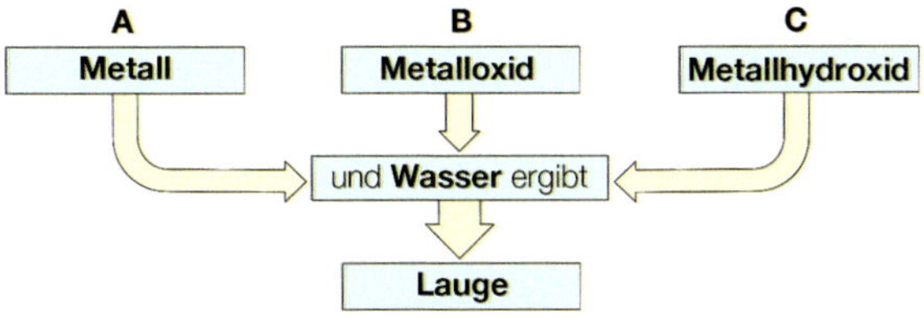

Beispiele:

A: Lithium + Wasser → Lithiumhydroxid + Wasserstoff

B: Magnesiumoxid + Wasser → Magnesiumhydroxid

C: Natriumhydroxid + Wasser → Natronlauge

Name	Formel	wässrige Lösung	Ionen	Wissenswertes
Lithiumhydroxid	$LiOH$	Lithiumlauge	Li^+, OH^-	in Batterien, Luftreinigung
Natronlauge	$NaOH$	Natronlauge	Na^+, OH^-	in Abflussreinigern, bekannteste Lauge
Kalilauge	KOH	Kalilauge	K^+, OH^-	Waschmittelrohstoff, Trockenmittel
Calciumhydroxid	$Ca(OH)_2$	Kalkwasser	Ca^{2+}, 2 OH^-	im Kalkmörtel, Nachweis von Kohlenstoffdioxid
Magnesiumhydroxid	$Mg(OH)_2$	Magnesiumlauge	Mg^{2+}, 2 OH^-	in Zahncreme, sehr schwer löslich
Ammoniaklösung	NH_4OH	Ammoniakwasser	NH_4^+, OH^-	in Düngemitteln, Sprengstoff, stechender Geruch

Alle Hydroxide enthalten die OH-Gruppe. Laugen sind die alkalischen Lösungen von Hydroxiden in Wasser.

Die Entstehung einer neutralen Lösung

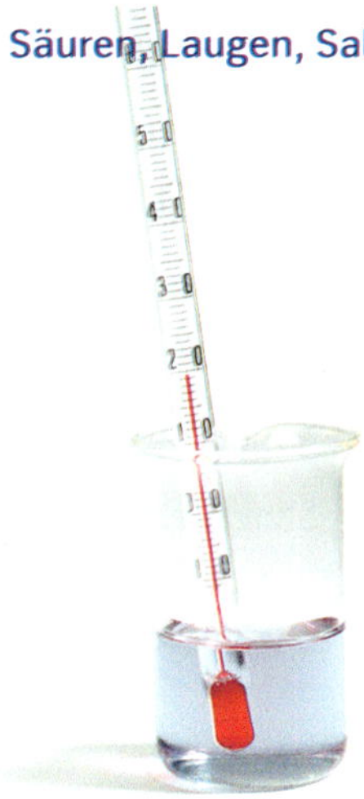

1. V

a) Gib 20 ml einer 1 %igen Natronlauge in ein kleines Becherglas und miss die Temperatur. Füge einige Tropfen Universalindikator hinzu und bestimme den pH-Wert.

b) Gieße etwa 15 ml 1 %ige Salzsäure zu der Natronlauge. Rühre mit dem Glasstab um. Gib dann mit einer Pipette tropfenweise und unter ständigem Rühren solange weiter Salzsäure hinzu, bis der Indikator eine neutrale Lösung anzeigt. Bestimme die Temperatur der Lösung und beschreibe deine Beobachtungen.

c) Dampfe die Hälfte der Lösung vorsichtig in einer Abdampfschale ein. Lass die andere Hälfte auf einer Uhrglasschale verdunsten. Betrachte die Rückstände mit einer Lupe und vergleiche sie.

2. A

Warum ist die Lösung in Versuch 1 b) wärmer geworden?

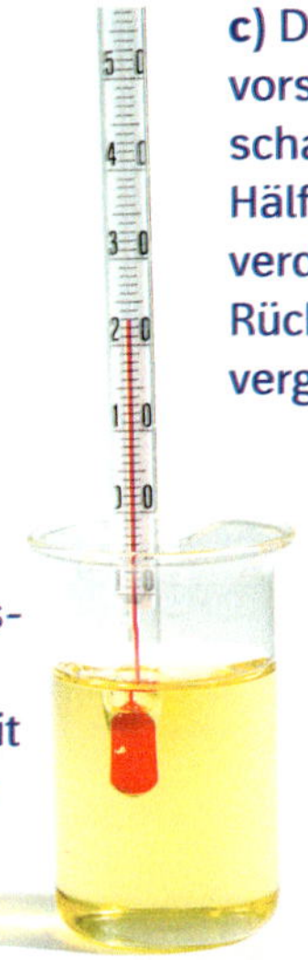

3. V

a) Wiederhole Versuch 1 mit frisch hergestellter Calciumlauge (Kalkwasser) und 0,5%iger Schwefelsäure.

b) Was kannst du über die Löslichkeit des Salzes aussagen, das bei dieser Reaktion entstanden ist? Vergleiche auch mit Versuch 1.

4. A

Im Chemielabor befinden sich Gefäße zur Entsorgung von Chemikalienresten.

a) Erläutere, warum saure und alkalische Flüssigkeiten in einem einzigen Gefäß entsorgt werden können.

b) Begründe, warum nur verdünnte Säuren und Laugen auf diese Weise entsorgt werden dürfen.

5. A

Überlege, auf welche Weise saure oder alkalische Abwässer behandelt werden müssen, damit sie keinen Schaden anrichten.

Salz aus Säure und Lauge

Werden eine Lauge und eine Säure in den passenden Mengen vermischt, entsteht die **neutrale Lösung** eines Salzes in Wasser. Dieser Vorgang heißt **Neutralisation.** Wärme wird frei.

Ist dieses Salz gut löslich, bleibt die Lösung klar. Erst nach dem Eindampfen oder Verdunsten erkennst du einen Rückstand. Manchmal kannst du nur mit einer Lupe Salzkristalle entdecken. Wenn sich die Lösung passender Mengen aus Lauge und Säure trübt, ist ein schwer lösliches Salz entstanden.

Natronlauge	+	Salzsäure	→	Natriumchlorid	+	Wasser
$NaOH$	+	HCl	→	$NaCl$	+	H_2O

Bei der Reaktion einer Lauge mit einer Säure entsteht eine Salzlösung. Wärme wird frei.

1 Aus einer Lauge und einer Säure entsteht Salz.

6. (A)
Nenne den wesentlichen chemischen Vorgang bei einer Neutralisation.

7. (A)
Schreibe die Neutralisation von Kalilauge mit Salpetersäure und von Schwefelsäure mit Calciumlauge als Wortgleichung und in Symbolschreibweise.

Was geschieht bei der Neutralisation?

Saure und alkalische Lösungen enthalten Ionen. So enthält Natronlauge Na^+-Ionen und OH^--Ionen, Salzsäurelösung enthält H^+-Ionen und Cl^--Ionen. In wässrigen Lösungen sind außerdem alle Ionen von Wassermolekülen umhüllt, sie sind **hydratisiert** (Bild 2).

Werden Salzsäure und Natronlauge zusammengegossen, so erwärmt sich das Gemisch. Das ist ein Hinweis darauf, dass eine chemische Reaktion stattfindet. Werden passende Mengen zusammengegossen und etwas Universalindikator hinzugefügt, so zeigt sich ein überraschendes Ergebnis. Es entsteht eine Lösung, die weder **alkalisch** noch **sauer** sondern **neutral** reagiert. Diese Lösung enthält nämlich gleich viele OH^-- und H^+-Ionen, außerdem gleich viele Na^+- und Cl^--Ionen. Das ist das Ergebnis einer **Neutralisation.**

Wasser entsteht

Die entscheidende chemische Reaktion bei der Neutralisation findet zwischen den hydratisierten H^+-Ionen der sauren Lösung und den hydratisierten OH^--Ionen der alkalischen Lösung statt. Dabei entstehen neutrale Wassermoleküle:

$$H^+ + OH^- \rightarrow H_2O$$, Wärme wird frei

Die Gesamtreaktion lautet demnach:

$$Na^+ + OH^- + H^+ + Cl^- \rightarrow Na^+ + Cl^- + H_2O$$, Wärme wird frei

Die ätzende Natronlauge und die ätzende Salzsäure wurden zu einer neutralen **Kochsalzlösung.** Beim Eindampfen setzen sich die verbliebenen Na^+- und Cl^--Ionen zu geordneten NaCl-Kristallen zusammen.

Du kannst die Neutralisation als Reaktion zwischen den Wasserstoff-Ionen der sauren Lösung mit den Hydroxid-Ionen der alkalischen Lösung erklären.

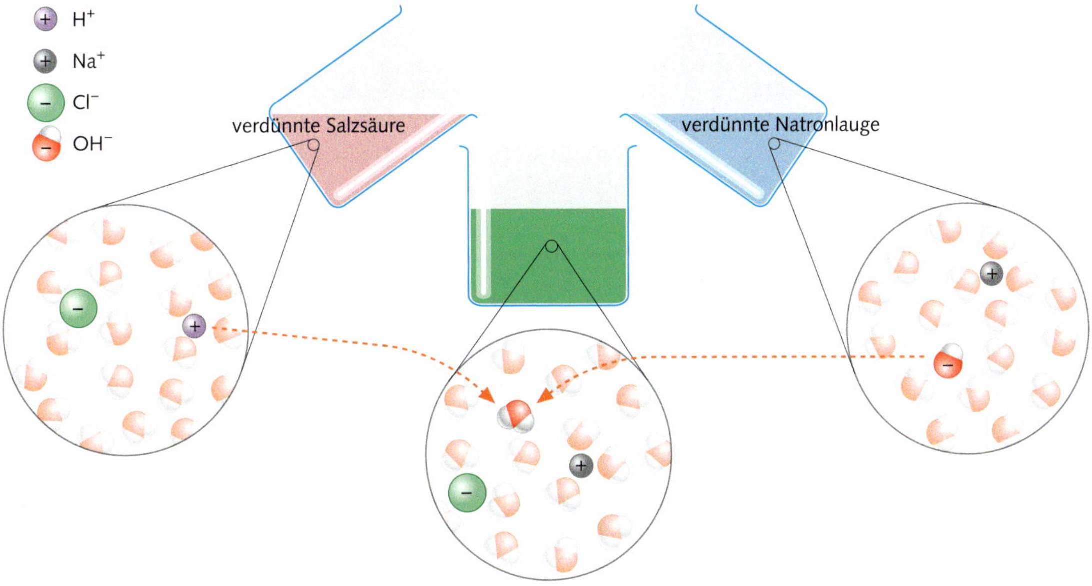

2 Die Neutralisationsreaktion im Teilchenmodell

Basiskonzepte S. 275

Anwendungen der Neutralisation

Natron gegen Sodbrennen?

1. V
Gib zu 0,3 %iger Salzsäure etwas Universalindikator. Neutralisiere diese verdünnte Salzsäure mit Natron.

2. Q
Erkunde, welche Wirkstoffe in Medikamenten zur Säureneutralisation enthalten sind. Suche im Internet, welche Stoffe im Magen entstehen, um die Magensäure zu neutralisieren.

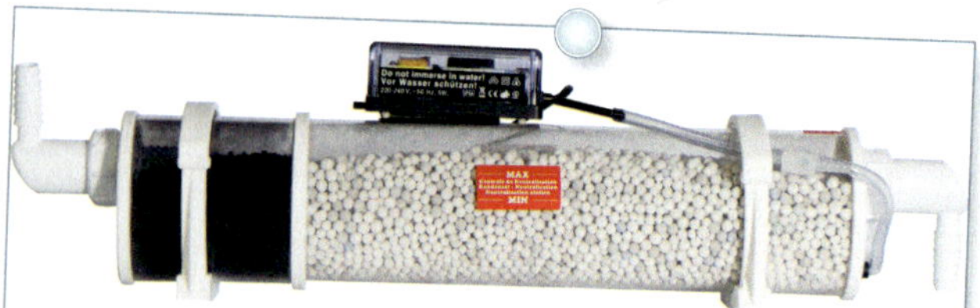

Abgase werden neutralisiert

3. Q
Erkunde, warum bei einem Ölbrennwertkessel die kondensierten Abgase neutralisiert werden müssen.

4. Q
Recherchiere, wieso bei einem Gasbrennwertkessel keine Neutralisation vorgeschrieben ist.

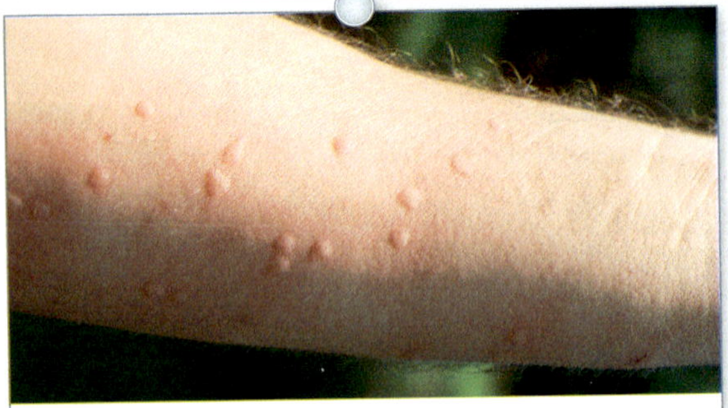

Insekten nutzen Säuren zur Abwehr
Insekten spritzen bei einem Biss oder Stich häufig Säuren in die Haut. Am bekanntesten ist die Ameisensäure.

5. Q
Begründe, warum zum Behandeln von Hautverätzungen durch Insekten Salmiakgeist (Ammoniaklösung) verwendet wird.

Ein Säureunfall

6. A
Worauf ist bei einer Neutralisation wie in obigem Säureunfall zu achten?

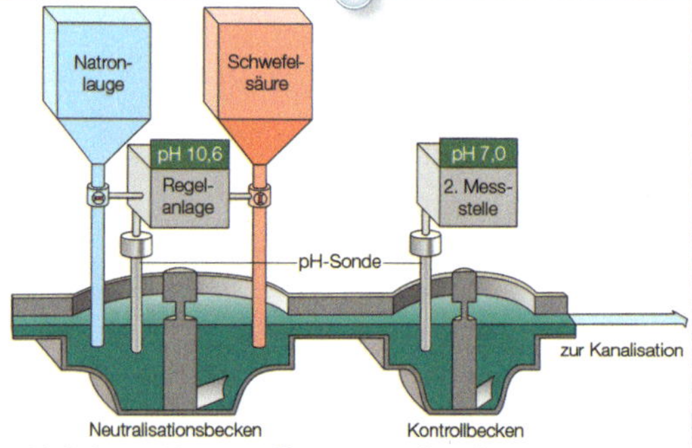

pH-Wert-Kontrolle von Abwässern

7. A
Die Abwässer von Chemielabors müssen kontrolliert werden, bevor sie in die Kläranlage geleitet werden. Oft müssen Säuren oder Laugen zugesetzt werden. Erkläre, warum.

Protonen werden übertragen

1. Ⓐ
Erkläre den Unterschied der Säure-Base-Definition von Brönsted zu den früheren Definitionen.

2. Ⓥ **Demonstrationsversuch**
Chlorwasserstoff-Gas (HCl) wird in Wasser geleitet. Es entsteht eine Säure.

3. Ⓐ
a) Notiere deine Beobachtungen zu Versuch 2.
b) Kennzeichne anhand der Reaktionsgleichung Protonenabgabe und Protonenaufnahme.
c) Benenne Protonenakzeptor und Protonendonator.

4. Ⓠ
Begründe, warum die Reaktion einer sauren Lösung mit einer alkalischen Lösung eine Säure-Base-Reaktion ist.
Hinweis: Überlege, welche Teilchen für eine Säure und welche für eine Base charakteristisch sind.

1 Chlorwasserstoff-Gas wird auf Wasser geleitet.

Säuren und Basen nach BRÖNSTED

Die heute weltweit gültige Säure-Base-Definition wurde von dem dänischen Chemiker JOHANNES NIKOLAUS BRÖNSTED entwickelt. Er bezog den Begriff von Säuren und Laugen nicht länger auf das Verhalten von Stoffen in Wasser, sondern ganz allgemein auf das Reaktionsverhalten von Teilchen.

Nach BRÖNSTED ist
- eine Säure ein Teilchen, das Protonen abgeben kann, ein **Protonendonator** (donare, lat.: schenken).
- eine Base ein Teilchen, das Protonen aufnehmen kann, ein **Protonenakzeptor** (acceptare, lat.: annehmen).
- eine Säure-Base-Reaktion eine **Protonen-Übertragungsreaktion.**

Chlorwasserstoff und Wasser

Wird Chlorwasserstoff-Gas (HCl) in Wasser gelöst, entsteht Salzsäure. Nach der Säure-Base Definition von BRÖNSTED gibt dabei jedes Chlorwasserstoff-Molekül ein Wasserstoff-Ion an ein Wasser-Molekül ab. Ein Wasserstoff-Ion (H^+) ist ein **Proton:**

$$HCl + H_2O \rightarrow H^+ + Cl^- + H_2O$$
$$H^+ + Cl^- + H_2O \rightarrow H_3O^+ + Cl^-$$

Das Chlorwasserstoff-Molekül ist also ein Protonendonator und damit nach BRÖNSTED eine Säure.

Das Wasser-Molekül verbindet sich mit dem Proton und ist also der Protonenakzeptor. Nach BRÖNSTED ist es eine Base. Es entsteht das **Oxonium-Ion (H_3O^+).**

Du kannst beschreiben, wie bei Säure-Base-Reaktionen Protonen übertragen werden.

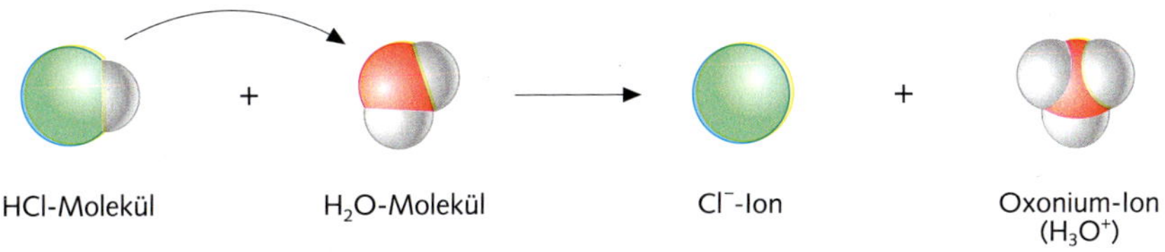

2 Die Reaktion von Chlorwasserstoff mit Wasser zu Salzsäure im Kalottenmodell

Die Konzentration von Lösungen

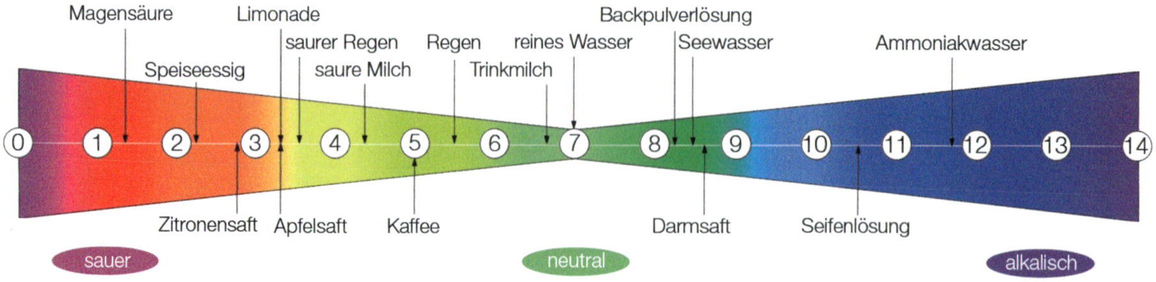

1 Die pH-Wert-Skala

1.
a) Miss den pH-Wert von Salzsäure einer Konzentration c von 1 $\frac{mol}{l}$.
b) Verdünne 10 ml der Lösung mit Wasser auf ein Volumen von 100 ml. Miss erneut den pH-Wert.
c) Verdünne anschließend die Lösung aus Versuch b) auf das Zehnfache ihres Volumens. Stelle wieder den pH-Wert fest.
d) Erkläre, wie eine Änderung der Konzentration c den pH-Wert der Lösung beeinflusst.

2.
Wiederhole Versuch 1 mit Natronlauge ($c_{NaOH} = 1\ \frac{mol}{l}$).

3.
Aus 1 l Salzsäure mit einem pH-Wert von 3 soll eine Salzsäure mit einem pH-Wert von 4 hergestellt werden. Beschreibe deine Vorgehensweise.

4.
In 1 l Wasser werden 20 g Natronlauge gelöst. Berechne die Stoffmengenkonzentration der Lösung.

5.
Berechne die für eine 0,2-molare NaOH-Lösung benötigte Menge NaOH in Gramm.

Die Stoffmengenkonzentration

Eine Angabe für Lösungen ist die **Stoffmengenkonzentration *c*.** Sie bezieht sich auf die Teilchenzahl. Sie gibt an, welche Menge *n* eines Stoffes in einem bestimmten Volumen *V* der Lösung enthalten ist.

$$c = \frac{n}{V_{Lösung}} \quad \text{Einheit: } \frac{mol}{l}$$

Die Konzentration bestimmt den pH-Wert

Neutrale Lösungen enthalten **Oxonium-Kationen (H_3O^+)** und **Hydroxid-Anionen (OH^-)** in sehr geringen, aber gleich großen Konzentrationen. Ihre Wirkungen heben sich gegenseitig auf.
In einer Salzsäure mit dem pH-Wert 0 beträgt die Konzentration an H_3O^+-Ionen 1 $\frac{mol}{l}$. Wird sie auf das Zehnfache des Volumens verdünnt, sinkt die Konzentration auf 0,1 $\frac{mol}{l}$, der pH-Wert steigt auf 1.
Bei einer erneuten Verdünnung auf das zehnfache Volumen ($c = 0{,}01\ \frac{mol}{l}$) erhöht sich der pH-Wert auf 2.

Eine Änderung der Stoffmengenkonzentration c um den Faktor 10 bedeutet also eine Änderung des pH-Wertes um eine Einheit. Eine Lauge mit der OH^--Ionenkonzentration 1 $\frac{mol}{l}$ hat den pH-Wert 14. Wird sie um den Faktor 10 verdünnt, sinkt der pH-Wert auf 13.

Beispiel

Für eine Natronlauge mit einer Konzentration von $c_{NaOH} = 1\ \frac{mol}{l}$ werden 40 g festes Natriumhydroxid benötigt.

$$m_{NaOH} = m_{Na} + m_O + m_H$$

$$m_{NaOH} = (23 + 16 + 1)\ \frac{g}{mol} = 40\ \frac{g}{mol}$$

Diese Portion wird in einen Messkolben gegeben. Der Kolben wird anschließend mit destilliertem Wasser auf genau 1 l Lösung aufgefüllt. Die entstandene Lösung enthält dann 1 mol Na^+-Ionen und 1 mol OH^--Ionen.

Titration einer Natronlauge

Aufgabe
In diesem Praktikum sollst du durch Titration die Konzentration einer Natronlauge bestimmen. Dazu führst du eine Neutralisation durch und verwendest eine Maßlösung. Die Stoffmengenkonzentration dieser Maßlösung ist bekannt.

Hinweise
Da du hier die Konzentration einer Lauge bestimmen sollst, muss also die Konzentration der zugegebenen Säure bekannt sein. Ist die Probe neutralisiert, liest du die Menge der verbrauchten Maßlösung ab und kannst damit die Konzentration der untersuchten Lauge berechnen. Soll die Konzentration einer Säure bestimmt werden, muss die Konzentration der zugegebenen Lauge bekannt sein.

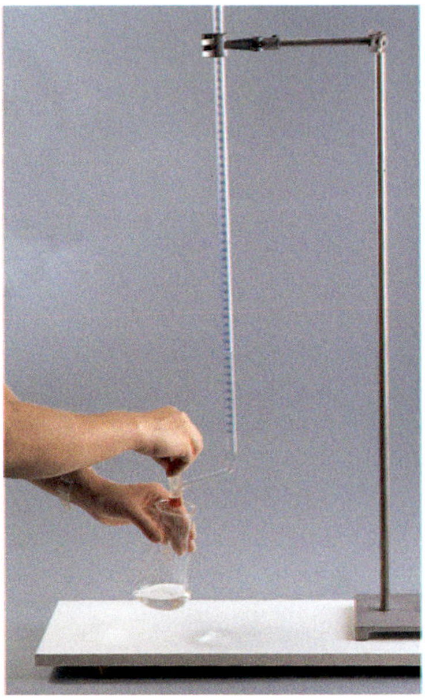
1 Die Titration

Material
- 100 ml Weithals-Erlenmeyerkolben,
- 10 ml Messpipette,
- Pipettierhilfe,
- Bürette,
- Bürettenklammer,
- Trichter,
- Becherglas,
- Stativ,
- Salzsäure $c_{HCl} = 0{,}1 \frac{mol}{l}$,
- Natronlauge unbekannter Konzentration,
- Indikator Phenolphthalein

Durchführung
a) Fülle die Bürette mit der Salzsäure-Maßlösung und lass etwas davon in das Becherglas laufen, sodass keine Luftblasen mehr in der Bürette vorhanden sind. Notiere den Flüssigkeitsstand.
b) Fülle mit der Messpipette 10 ml Natronlauge in den Erlenmeyerkolben und gib 10 Tropfen Phenolphthalein dazu.
c) Lass unter ständigem Umschwenken Salzsäure zur Natronlauge tropfen, bis die Farbe des Indikators nach farblos umschlägt.
d) Lies den Flüssigkeitsstand ab und ermittle aus der Differenz das Volumen der verbrauchten Salzsäure
e) Überprüfe das ermittelte Volumen durch eine zweite Titration.
f) Berechne die Stoffmengenkonzentration der Natronlauge.

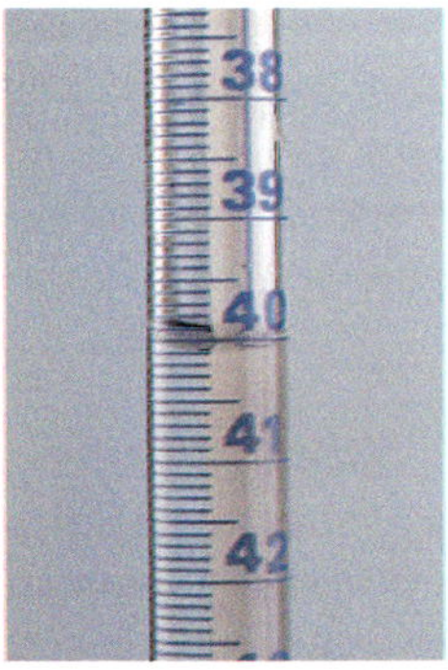

2 Flüssigkeitsstand ablesen

Auswertung
Die Stoffmengenkonzentration c, kurz auch nur Konzentration genannt, wird als Stoffmenge n pro Volumen V einer Lösung angegeben:

$$c = \frac{n}{V} \text{ (in } \frac{mol}{l}\text{)}$$

Daraus ergibt sich für die Stoffmenge: $n = c \cdot V$
Wenn am Umschlagpunkt des Indikators gleiche Stoffmengen $n(H^+)$ der Säure und $n(OH^-)$ der Lauge vorliegen, ergibt sich daraus:

$$(\text{Konzentration} \cdot \text{Volumen})_{\text{Säure}} = (\text{Konzentration} \cdot \text{Volumen})_{\text{Lauge}}$$
$$c_{\text{Säure}} \cdot V_{\text{Säure}} = c_{\text{Lauge}} \cdot V_{\text{Lauge}}$$

Sind drei der Werte aus der Gleichung bekannt, so lässt sich der vierte, unbekannte Wert berechnen.

Beispielrechnung
Zur Neutralisation von 25 ml Natronlauge werden 30 ml Salzsäure $c_{HCl} = 0{,}1 \frac{mol}{l}$ benötigt. Berechne die Konzentration der Natronlauge.
Gegeben:
$c_{HCl} = 0{,}1 \frac{mol}{l}$, $V_{HCl} = 30$ ml, $V_{NaOH} = 25$ ml
Gesucht: $c_{NaOH} = ?$

$$c_{HCl} \cdot V_{HCL} = c_{NaOH} \cdot V_{NaOH}$$

$$0{,}1 \frac{mol}{l} \cdot 30 \text{ ml} = c_{NaOH} \cdot 25 \text{ ml}$$

$$0{,}1 \frac{mol}{l} \cdot \frac{30 \text{ ml}}{25 \text{ ml}} = c_{NaOH}$$

$$0{,}12 \frac{mol}{l} = c_{NaOH}$$

Die Konzentration der Natronlauge ist $0{,}12 \frac{mol}{l}$.

Faktor zehn

STREIFZUG

Faktor zehn

Die Verdünnung einer Säure oder Lauge ist immer mit einer Änderung des pH-Wertes verbunden. Wird der pH-Wert um eine ganze Zahl durch Verdünnung geändert, spielt der Faktor 10 die entscheidende Rolle.

Wird zum Beispiel 1 ml Säure mit destilliertem Wasser auf insgesamt 10 ml verdünnt, so verändert sich der pH-Wert um eine Einheit, zum Beispiel von 3 auf 4.
Eine weitere Verdünnung mit 90 ml Wasser auf insgesamt 100 ml ergibt eine weitere Erhöhung auf den pH-Wert 5.

Dies gilt entsprechend für Laugen. Auch hier ist der Faktor 10 entscheidend, wenn durch Verdünnung der pH-Wert um eine ganze Zahl geändert wird.

Wird zum Beispiel 1 ml einer Lauge mit 9 ml Wasser auf insgesamt 10 ml verdünnt, so verringert sich der pH-Wert um eine Einheit, zum Beispiel von 12 auf 11.
Eine weitere Verdünnung mit Wasser auf insgesamt 100 ml ergibt eine weitere Verringerung des pH-Wertes auf den pH-Wert 10.

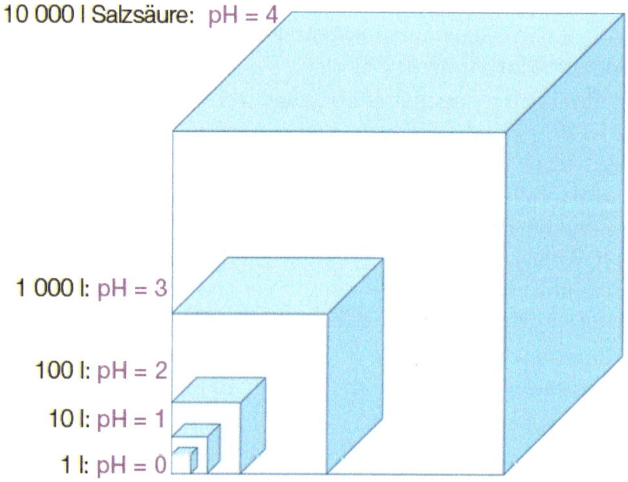

2 Salzsäure wird mit Wasser verdünnt.

1. ☰ Ⓐ
10 ml einer Salzsäure mit pH 2 soll mit destilliertem Wasser auf insgesamt 100 ml verdünnt werden. Nenne den pH-Wert dieser Lösung.

2. ☰ Ⓐ
Der pH-Wert einer konzentrierten Kalilauge hat den Wert 14. Sie soll so verdünnt werden, dass der neue pH-Wert 13 beträgt. Bestimme den Faktor, mit dem die Lauge verdünnt werden muss.

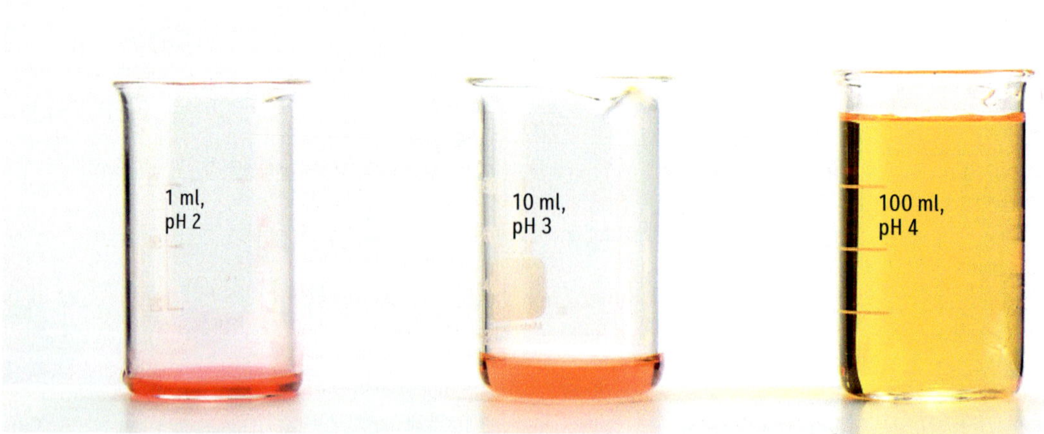

1 Verdünnung bestimmt den pH-Wert.

Erweitern des Messbereichs durch Verdünnen

Der Messbereich reicht nicht aus

Bei einem Nitratgehalt von über 100 $\frac{mg}{l}$ in Gewässern nimmt das Pflanzenwachstum derart zu, dass es zum sogenannten "Umkippen" kommen kann. Die Kontrolle des Nitratgehalts im Trinkwasser und im Abwasser spielt also eine wichtige Rolle.

Nun kommt es vor, dass beim Bestimmen der Konzentration einer Chemikalie der Höchstwert des Messbereichs angezeigt wird. Ist die Konzentration aber höher als dieser Wert, zeigt zum Beispiel ein Teststreifen jedes Mal das gleiche Ergebnis.

Erweitern des Messbereichs

Durch gezieltes Verdünnen der Ausgangslösung können niedrigere Konzentrationen erreicht werden, die nun mit dem Teststreifen bestimmt werden können. Dann wird die ursprüngliche Konzentration berechnet.

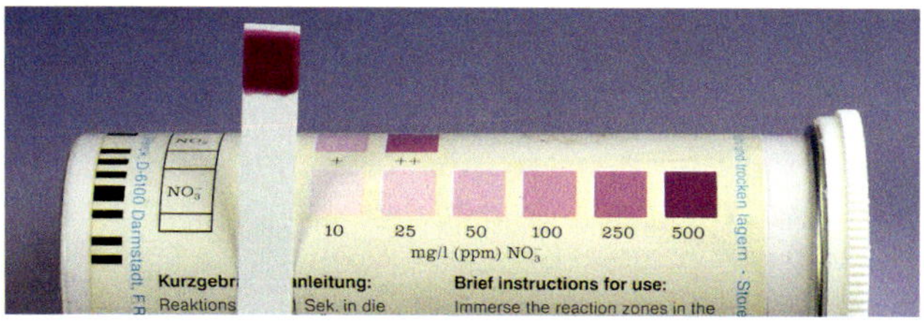

1 Farben und Konzentrationsangaben in Milligramm pro Liter, $\frac{mg}{l}$

Untersuchung der Lösungen

1 Löse in einem 150 ml-Becherglas in 100 ml Wasser 5 g Kaliumnitrat (KNO_3) auf (Bild 2 A) und bestimme mit einem Teststreifen die Konzentration des Nitrats.

2 Gib 1 ml dieser Lösung in ein leeres 150 ml-Becherglas, fülle mit Wasser auf 100 ml auf (Bild 2 B) und bestimme erneut die Konzentration mithilfe eines Teststreifens.

3 Gib von der verdünnten Lösung 10 ml in ein weiteres 150 ml-Becherglas, fülle erneut mit Wasser auf 100 ml auf (Bild 2 C) und bestimme wieder die Konzentration.

Berechnung der Konzentration

4 Bei der letzten Bestimmung wirst du eine Konzentration von etwa 50 $\frac{mg}{l}$ erhalten haben. Da du die Ausgangslösung einmal um das 100fache und dann noch einmal um das 10fache verdünnt hast, musst du die zuletzt bestimmte Konzentration einmal mit 100 und dann noch mit 10 multiplizieren:

$$50\,\frac{mg}{l} \cdot 100 \cdot 10 = 50\,000\,\frac{mg}{l}.$$

Vergleich mit der Ausgangslösung

5 Du hast 5 g Kaliumnitrat in 100 ml Wasser aufgelöst. 5 g entsprechen 5000 mg. Bei 1 l der gleichen Konzentration hättest du 50 g lösen müssen. Diese 50 g entsprechen dem gemessenen Wert von 50 000 $\frac{mg}{l}$.

Verdünnungsfaktoren

Die Wahl der Verdünnung muss durch Ausprobieren herausgefunden werden. Der Teststreifen sollte dann Werte innerhalb des Messbereichs anzeigen.

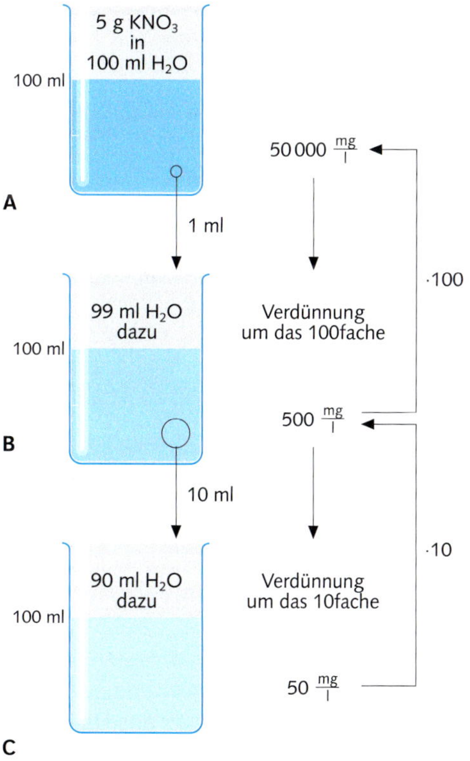

2 A – C Gezieltes Verdünnen

1. A

In einer Wasserprobe, die du zweimal um das 100fache verdünnt hast, misst du mit einem Teststreifen 20 $\frac{mg}{l}$. Bestimme die Konzentration der ursprünglichen Lösung.

METHODE

Ursachen der Verschmutzung von Gewässern

1.
Notiere, an welchen Gewässern dein Wohnort liegt oder wie der nächstgelegene Fluss heißt.

2.
a) Finde heraus, welche Industrie es an deinem Wohnort gibt und was hergestellt wird.
b) Berichte über die Reinigungsmethoden der Abwässer.

3.
Erläutere, worauf beim Düngen in der Landwirtschaft geachtet werden muss.

4.
a) Ermittle, welche Gewässer deiner Umgebung verschmutzt sind.
b) Beschreibe Möglichkeiten, wie du dies überprüfen könntest.

5.
Beschreibe, was du selbst zur Reinhaltung von Gewässern beitragen kannst.

6.
Vergleiche die Gewässergütekarte von 1972 mit der von 2004.
a) Wie hat sich das Wasser des Rheins verändert?
b) Beschreibe und erläutere Stellen besonders starker Verunreinigungen.
c) Benenne Nebenflüsse des Rheins, die ihre Wasserqualität stark verbessert haben.
d) Erläutere, wodurch es möglich war, die Wasserqualität zu verbessern.

7.
Berichte darüber, was für die Verbesserung der Wasserqualität der Seen und Flüsse in der Umgebung deines Wohnorts getan wurde.

Eine Stadt an einem Fluss

Eine Produktionsstätte an einem Fluss

Abwasser aus Städten und Dörfern

Auf einer Landkarte siehst du, dass Städte und Dörfer häufig an Flüssen oder Bächen liegen. Dadurch war es leicht, sich mit dem lebensnotwendigen Wasser zu versorgen. Auch das Abwasser aus Haushalten und Gewerbe wurde in die Gewässer geleitet. Die Bewohner machten sich über die Verschmutzung wenig Gedanken, denn diese eher geringen Mengen konnten von dem Gewässer selbst gereinigt werden.
Als aber die Städte größer wurden und die Menschen immer mehr Abwasser erzeugten, nahm die Verschmutzung stark zu. Die Gewässer konnten sich nicht mehr selbst reinigen. Manche wurden zu übel riechenden Abwasserkanälen. Heute werden die meisten Abwässer in effektiven Kläranlagen gereinigt. Manchmal reicht aber selbst das noch nicht aus.

Abwasser aus Industrieanlagen

Schon im Mittelalter bauten Gerber und Färber ihre Betriebe an Gewässern. Sie benötigten Wasser für ihre Arbeit. Das Abwasser, das dabei entstand, konnte der Bach oder der Fluss gleich abtransportieren. Auch als später Fabriken mit Dampfmaschinen ausgerüstet wurden, waren dafür Plätze an Wasserläufen notwendig.
Moderne Industrieanlagen benötigen ebenfalls viel Wasser für die Produktion, zum Kühlen und zum Reinigen. Darum werden sie auch heute noch an Flüssen gebaut. Inzwischen müssen Industriebetriebe ihr Abwasser klären, bevor sie es in Gewässer einleiten dürfen.

Belastung der Gewässer durch Landwirtschaft

Auch die Landwirtschaft trägt stark zur Verschmutzung der Gewässer bei. Wenn Felder zu stark oder falsch gedüngt werden, nehmen die Pflanzen den Dünger nicht vollständig auf. Nicht genutzter Dünger bleibt zurück und wird vom Regenwasser in Bäche und Flüsse geschwemmt. Die Düngemittelreste können sogar bis ins Grundwasser gelangen. Auch Pflanzenschutzmittel, die in zu großer Menge oder zum falschen Zeitpunkt gespritzt werden, verschmutzen die Gewässer.

Belastung durch Unfälle und Müllablagerungen

Verunreinigungen von Flüssen, Bächen und Seen können auch durch Unfälle entstehen.
Beim Transport von Heizöl, Benzin oder anderen Wasser gefährdenden Stoffen in Tankwagen oder Tankschiffen kann es solche Unfälle geben.

Aber auch Betriebsunfälle in Fabriken können zu einer starken und großflächigen Gewässerverschmutzung führen.
Leider gibt es auch Menschen, die Müll einfach irgendwo abladen und damit zur Verschmutzung des Grundwassers und auch der fließenden Gewässer beitragen.

Zu viel Düngen schadet den Gewässern.

Betriebsstörung in einer chemischen Fabrik

Gewässergüteklassen

Um die Verschmutzung eines Gewässers zu beschreiben, werden ihm „Noten“ erteilt. Sie heißen **Gewässergüteklassen.** Es gibt vier Klassen mit jeweils einer Zwischenstufe. Auf Karten wird jede Güteklasse in einer bestimmten Farbe dargestellt.

Du kannst Ursachen der Verschmutzung von Gewässern aus unterschiedlichen Bereichen aufzählen und Gegenmaßnahmen erläutern.

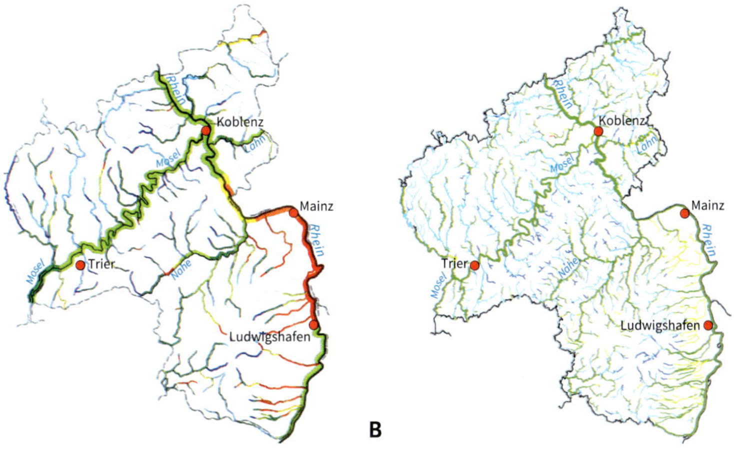

2 Gewässergütekarte von Rheinland-Pfalz. **A** 1972, **B** 2004

Die Kläranlage – verschmutztes Wasser wird gereinigt

1. Ⓐ
Beschreibe, was bei der mechanischen Reinigung aus dem Abwasser entfernt wird.

2. Ⓐ
Stelle zusammen, welche Trennverfahren bei der mechanischen Reinigung angewendet werden.

3. Ⓐ
Erläutere die weitere Behandlung der in den einzelnen Stufen abgetrennten Stoffe.

4. Ⓐ
Beschreibe die biologische Reinigung.

5. Ⓠ
Schätze die Folgen eines Ausfalls einer großen Kläranlage ab.

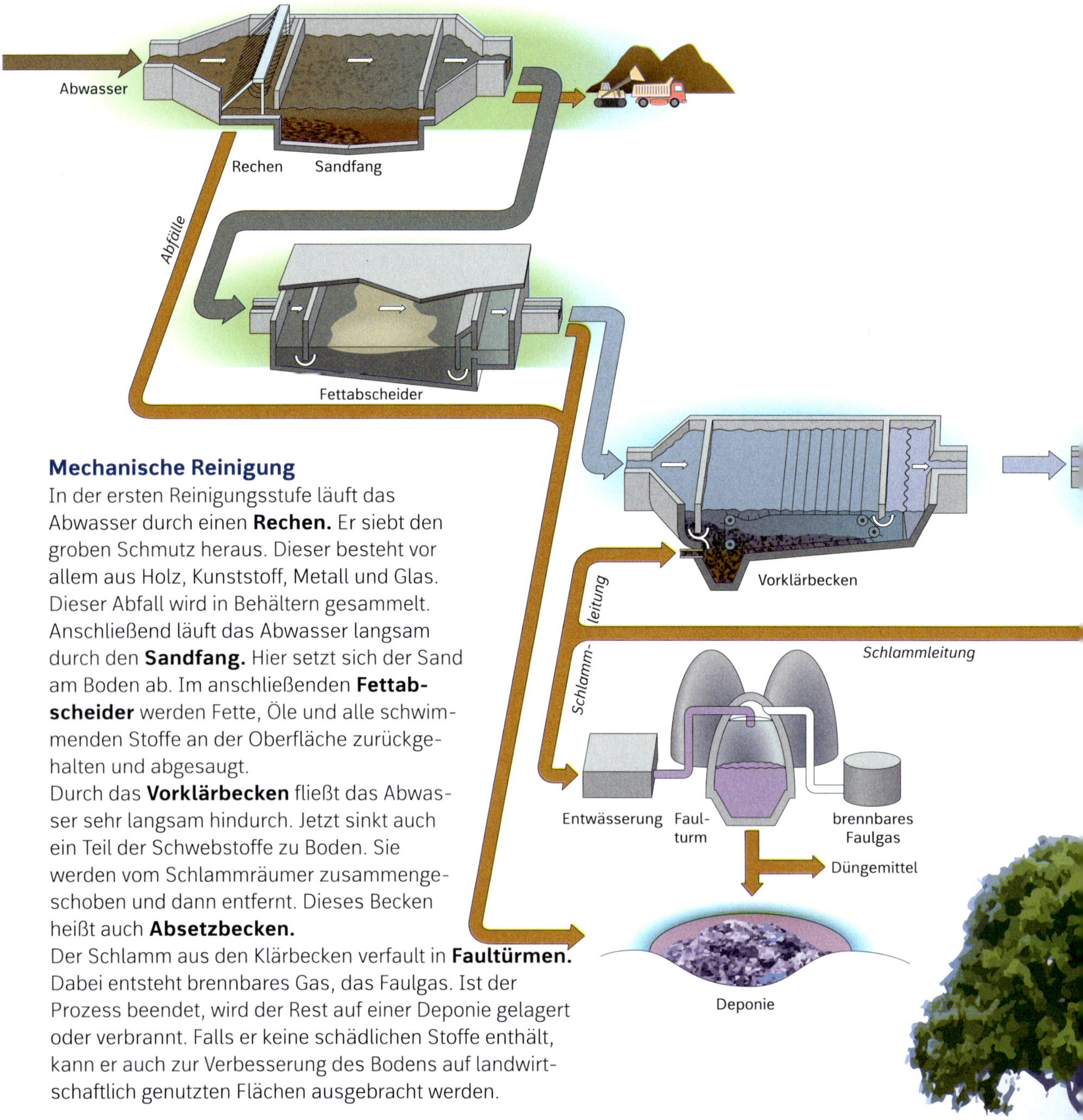

Mechanische Reinigung

In der ersten Reinigungsstufe läuft das Abwasser durch einen **Rechen.** Er siebt den groben Schmutz heraus. Dieser besteht vor allem aus Holz, Kunststoff, Metall und Glas. Dieser Abfall wird in Behältern gesammelt. Anschließend läuft das Abwasser langsam durch den **Sandfang.** Hier setzt sich der Sand am Boden ab. Im anschließenden **Fettabscheider** werden Fette, Öle und alle schwimmenden Stoffe an der Oberfläche zurückgehalten und abgesaugt.
Durch das **Vorklärbecken** fließt das Abwasser sehr langsam hindurch. Jetzt sinkt auch ein Teil der Schwebstoffe zu Boden. Sie werden vom Schlammräumer zusammengeschoben und dann entfernt. Dieses Becken heißt auch **Absetzbecken.**
Der Schlamm aus den Klärbecken verfault in **Faultürmen.** Dabei entsteht brennbares Gas, das Faulgas. Ist der Prozess beendet, wird der Rest auf einer Deponie gelagert oder verbrannt. Falls er keine schädlichen Stoffe enthält, kann er auch zur Verbesserung des Bodens auf landwirtschaftlich genutzten Flächen ausgebracht werden.

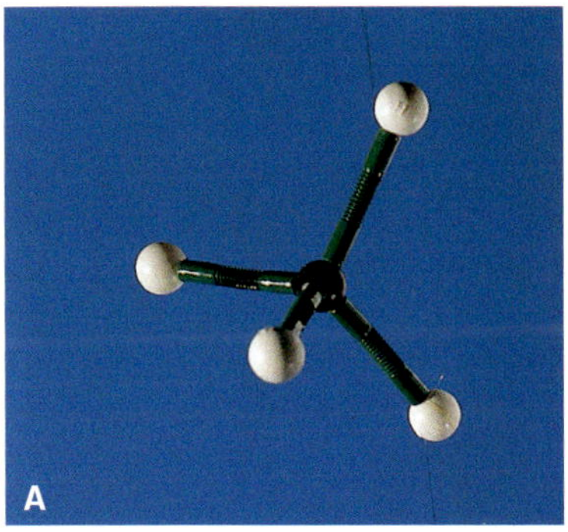

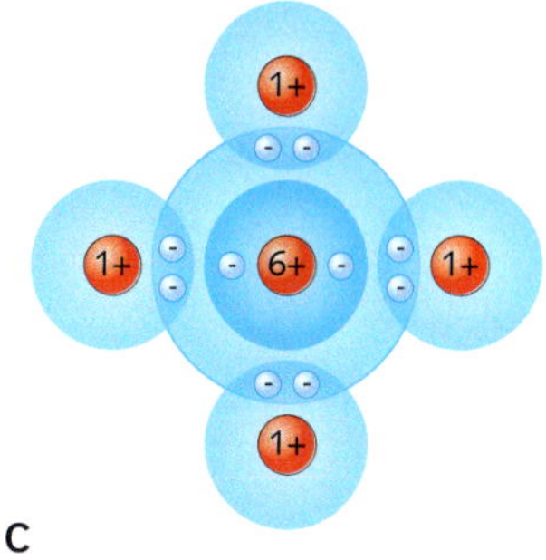

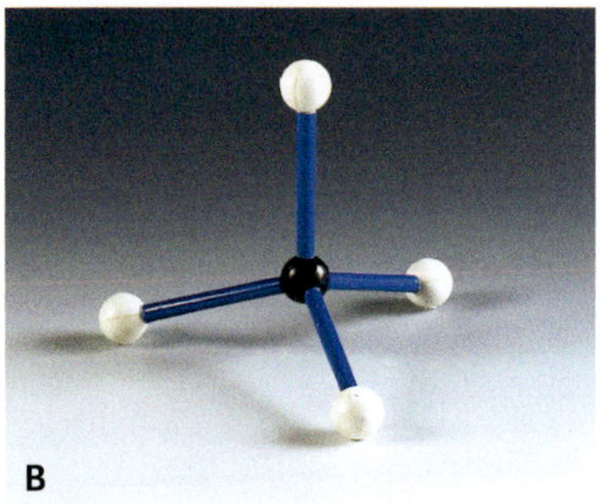

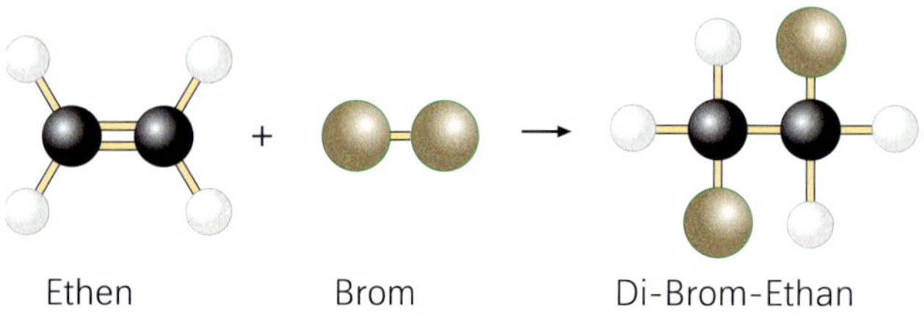

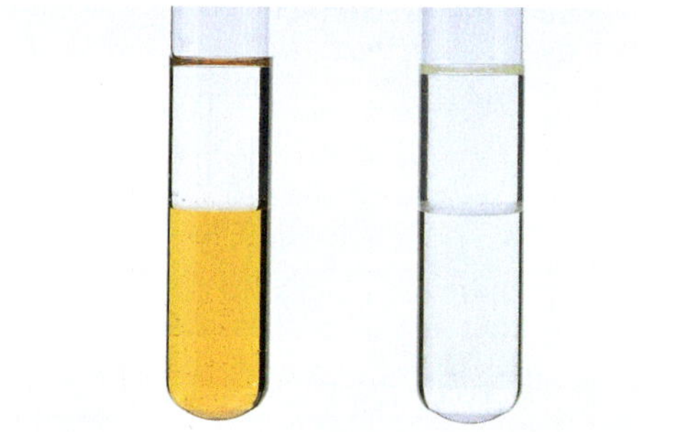

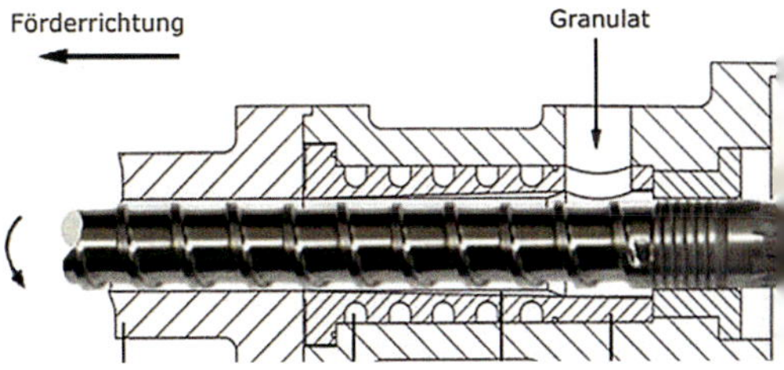

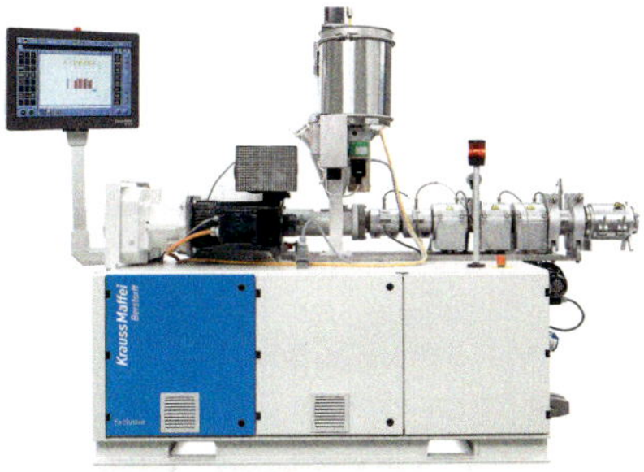

Eine neue Heizungsanlage

Die Heizungsanlage ist veraltet. Der Schornsteinfeger hat schon darauf hingewiesen, dass die Anlage nicht mehr wirtschaftlich arbeitet und dass die gesetzlich vorgeschriebenen Abgaswerte und der geforderte Wirkungsgrad nicht mehr eingehalten werden können.

Eine neue Heizungsanlage muss her! Doch da tauchen eine Menge Fragen zu folgenden Kriterien auf:

- die Auswahl der Anlage
- der Aufwand für den Ein- und vielleicht auch der Umbau der Heizungsanlage
- die Voraussetzungen für den Einbau der neuen Anlage
- die durchschnittlichen Betriebskosten pro Jahr für eine 100 m²-Wohnung
- die Umweltbelastung durch die Anlage
- der Arbeitsaufwand zum Betreiben der Anlage
- ein Einsatz regenerativer Energieträger oder fossiler Energieträger
- die Höhe der Anschaffungskosten

Um verschiedene Anlagen miteinander vergleichen zu können, muss von gleichen Voraussetzungen ausgegangen werden.

- Es sollen 100 m² Wohnfläche beheizt werden.
- Die veraltete Ölheizung soll durch einen anderen Heizungstyp ersetzt werden.
- Kann die neue Anlage die gesamte Heizung übernehmen oder wird sie von einer zweiten Heizung unterstützt?
- Unter welchen Voraussetzungen kann die neue Anlage finanziell gefördert werden?

Ihr sollt in Gruppen vier verschiedene Heizungstypen näher untersuchen und ihre Stärken und Schwächen herausfinden.

1 Manche mögen's heiß!

Team 1
Holzpellets

Informiert euch neben den allgemeinen Fragen zu Heizungsanlagen auch über spezielle Probleme zur Holzpelletsheizung:

- Ausgangsstoff zur Herstellung von Pellets
- Herstellung von Pellets
- Liefersicherheit von Pellets
- Anlieferung und Lagerung von Pellets
- Preisentwicklung der Pellets in den letzten zehn Jahren
- Energieart zur Regelung und Steuerung der Heizungsanlage

2 Holzpellets

Team 2
Erdwärme

Informiert euch neben den allgemeinen Fragen zu Heizungsanlagen auch über spezielle Fragen zum Heizen mit Erdwärme:

- Kann die Erdwärme überall sinnvoll genutzt werden?
- Funktionsweise der Erdwärmepumpe
- Der Weg der Erdwärme zur Heizungsanlage
- Ist eine weitere Heizquelle notwendig? Wenn ja, wie werden beide Heizungssysteme miteinander verbunden?
- Kann die Wärmepumpe auch bei sehr tiefen Außentemperaturen noch genügend Wärme liefern?
- Mit welcher Energieart wird die Pumpe betrieben?

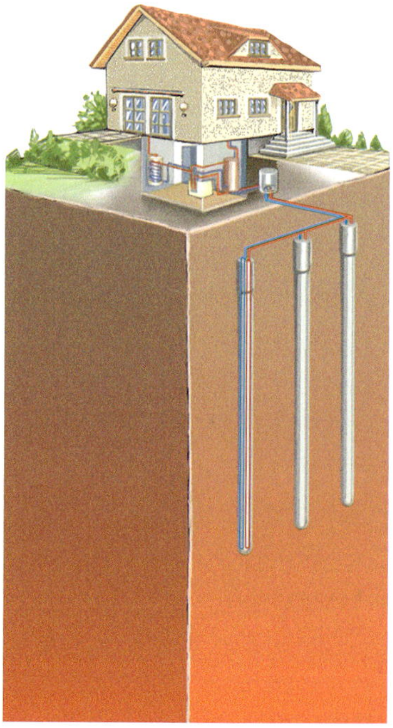

3 Wärme aus der Erde

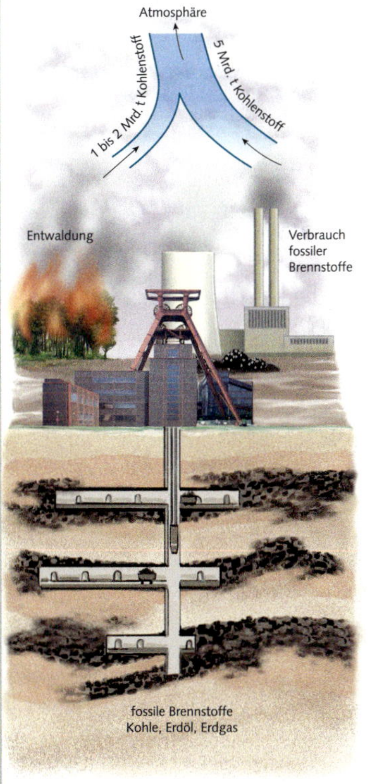

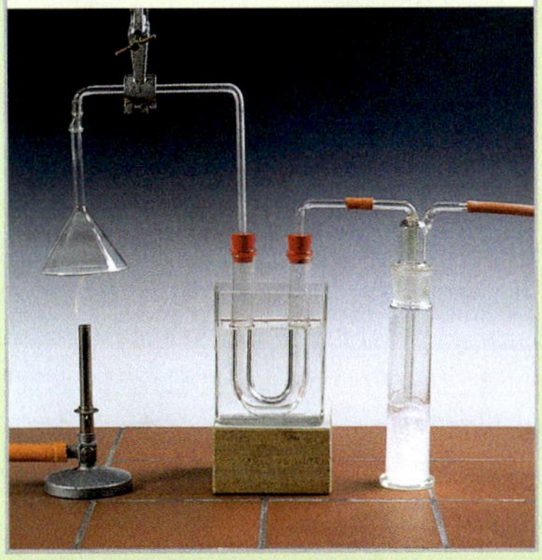

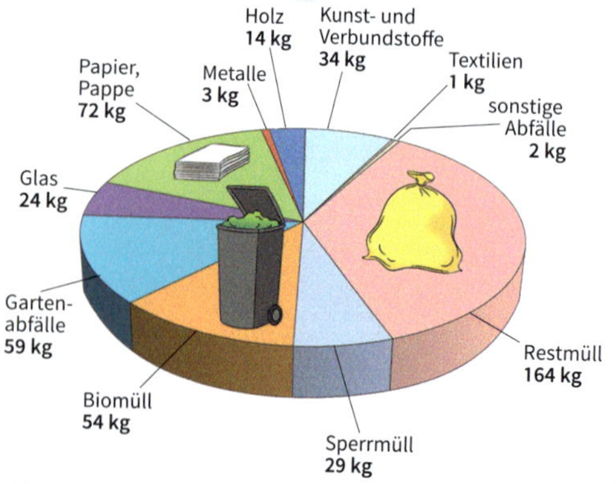

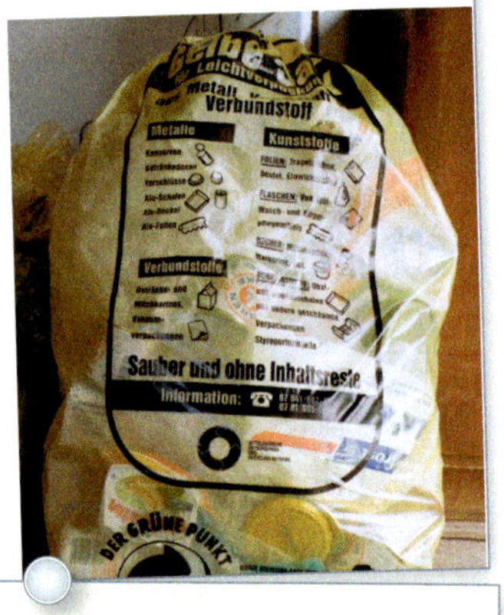

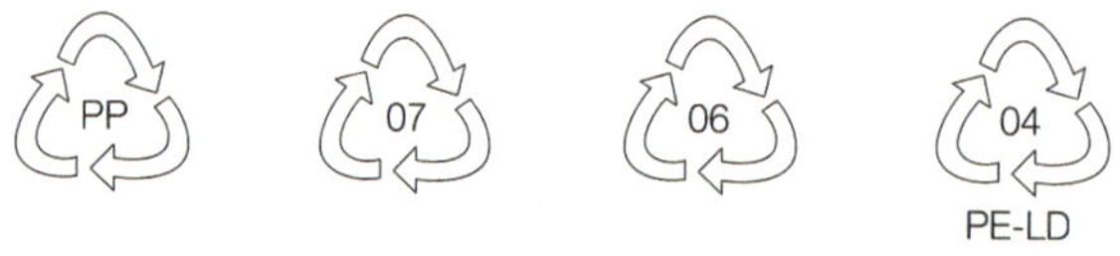

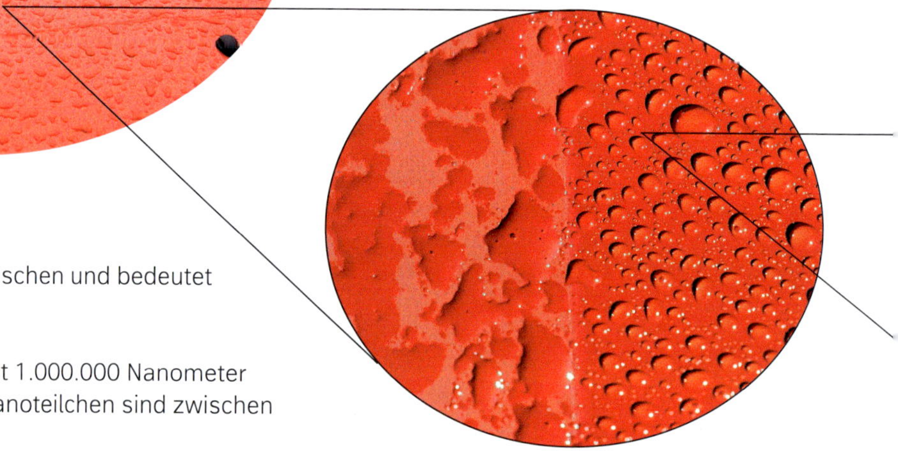

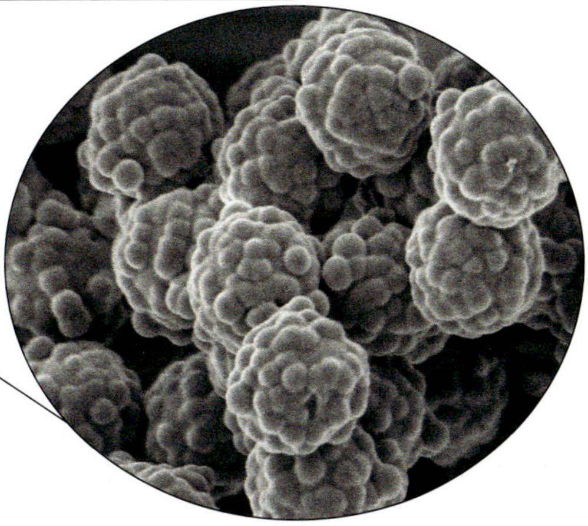

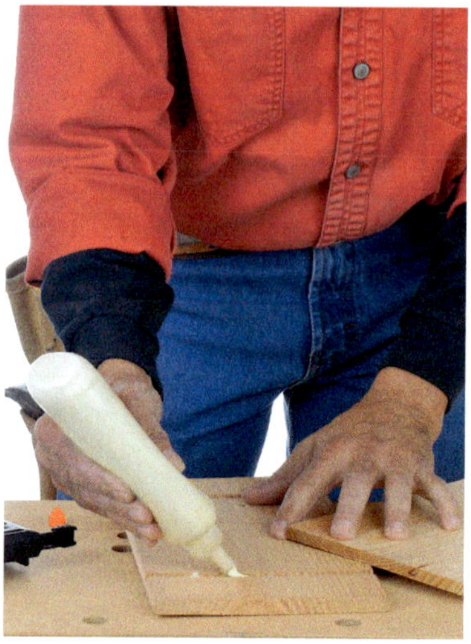

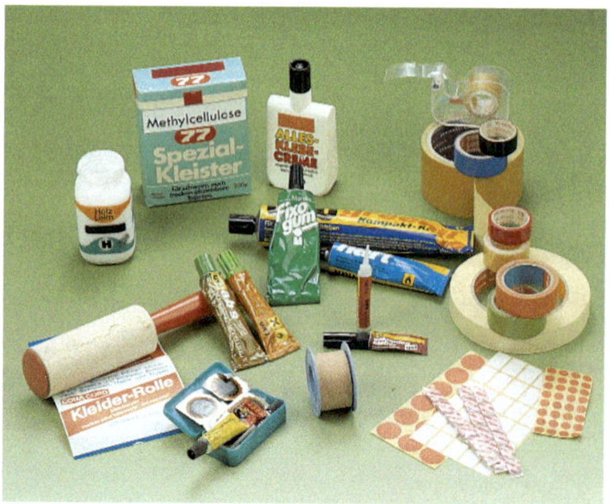

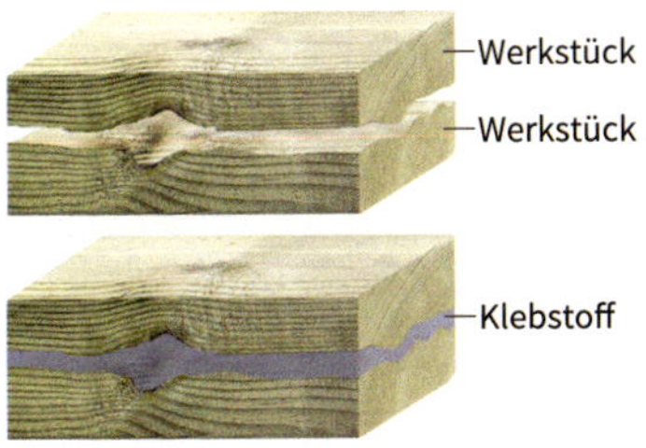

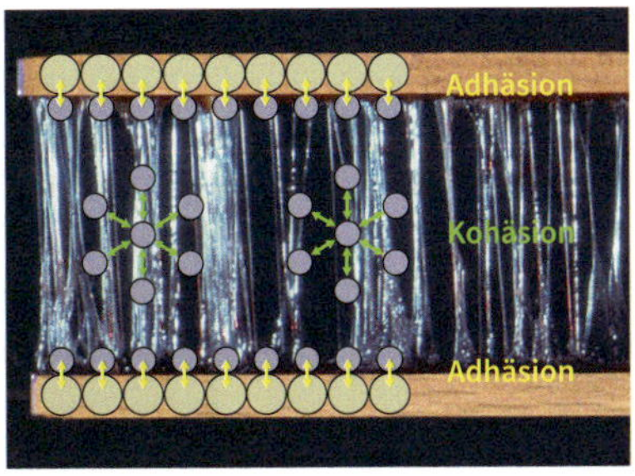

Biologische Reinigung

Das Abwasser wird im **Belebungsbecken** durch Kleinstlebewesen wie Bakterien weiter gereinigt. Die im Abwasser immer noch reichlich vorhandenen Schwebstoffe und viele der gelösten Stoffe, vor allem Stickstoffverbindungen dienen den Bakterien als Nahrung. Im Belebungsbecken verbleibt das Abwasser viele Stunden lang. Dabei wird es ständig von unten belüftet und bewegt. So erhalten die Kleinstlebewesen den lebensnotwendigen Sauerstoff. Bei diesen idealen Bedingungen vermehren sie sich und bilden einen flockigen **Belebtschlamm.**

Aus dem Belebungsbecken wird ständig ein Teil des Belebtschlamms in ein **Nachklärbecken** gepumpt. Dort wird er nicht mehr belüftet und nicht bewegt. Die Kleinstlebewesen sinken nach unten, viele sterben ab, denn es fehlen ihnen Sauerstoff und Nährstoffe. Am Boden des Beckens setzt sich der Schlamm ab. Er wird mit einem Schieber in die vertiefte Mitte des Beckens geschoben. Ein Teil davon wird in das Belebungsbecken zurückgepumpt, der andere Teil kommt in den Faulturm.

Chemische Reinigungsstufe

In fast allen Kläranlagen werden aus dem Abwasser auch noch die Phorphorverbindungen entfernt. Dies geschieht entweder ganz am Anfang oder nach der biologischen Reinigungsstufe. Eisensalze fällen die Phosphate aus.

Alles geklärt?

Das geklärte Abwasser läuft dann über den Rand des Nachklärbeckens in eine Rinne. Jetzt darf es in einen Fluss oder Bach eingeleitet werden. Das aufnehmende Gewässer heißt **Vorfluter.** Bei guten Kläranlagen hat das gereinigte Abwasser nahezu Trinkwasserqualität.

Wohin mit dem Schmutz?

Die von den Rechen zurückgehaltenen Abfälle werden in Müllverbrennungsanlagen verbrannt. Der Sand aus dem Sandfang wird deponiert. Öl, Fett und andere Schwimmstoffe aus dem Fettabscheider werden ebenfalls verbrannt. Der Schlamm aus den Vor- und Nachklärbecken wird entwässert und ebenfalls in den Faulturm gepumpt. Der ausgegorene Klärschlamm wird meistens als Dünger auf Ackerflächen verwendet.

Du kannst die einzelnen Reinigungsstufen einer Kläranlage in der richtigen Reihenfolge aufzählen und beschreiben.

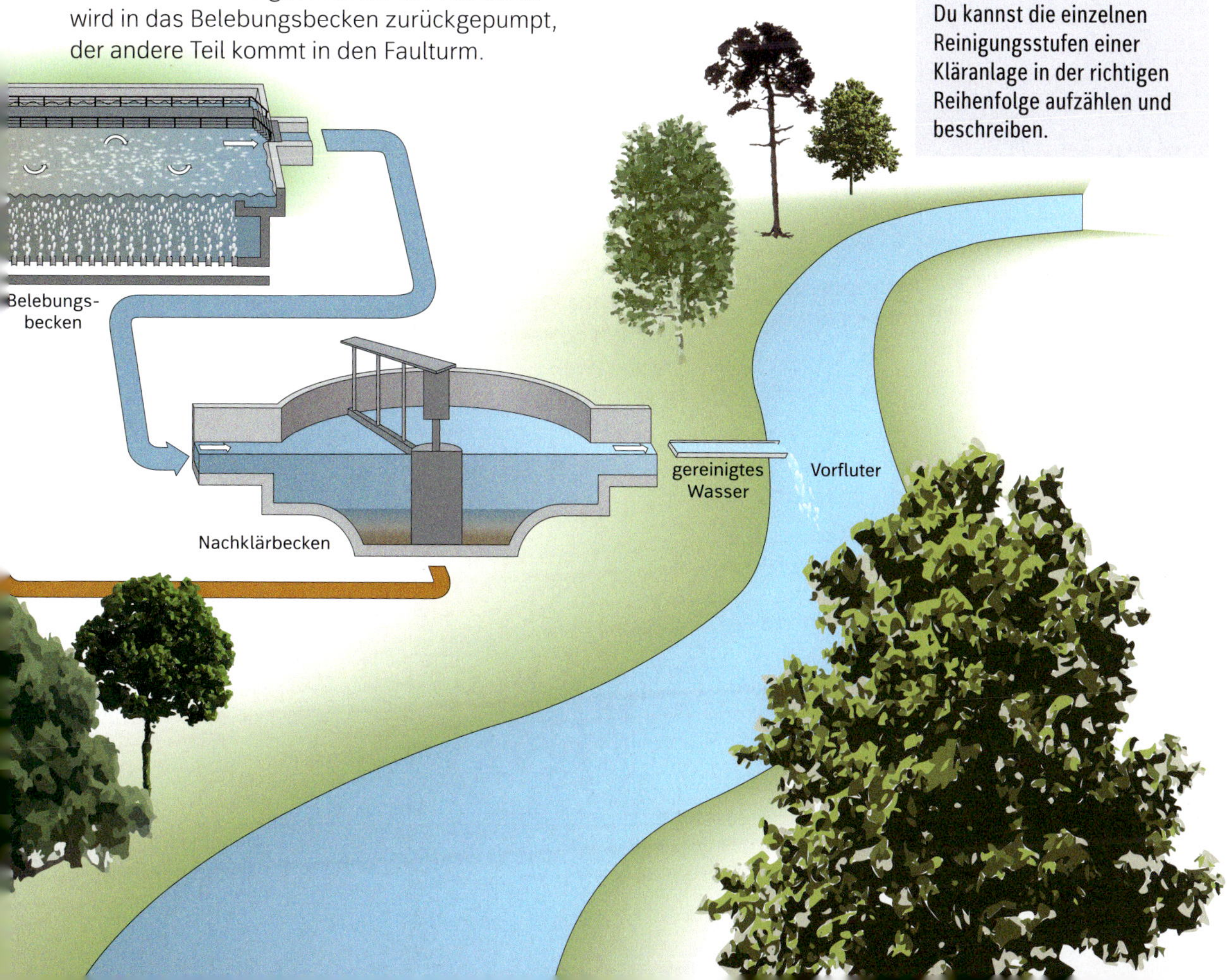

Lernen im Team

METHODE

Planung eines Projektes mit der ganzen Klasse

Lernen im Team bedeutet selbstständiges Arbeiten in Gruppen. Dabei wird ein solches Projekt entweder innerhalb eines Faches oder fächerübergreifend erarbeitet. Es läuft meistens über mehrere Unterrichtsstunden. Bearbeitet mit der ganzen Klasse folgende Punkte:

- Notiert das Thema des Projektes.
- Gliedert selbstständig das Projektthema in Teilthemen, die euch interessieren.
- Bildet Gruppen aus Schülerinnen und Schülern, die sich für das jeweilige Thema interessieren.
- Trefft eine Zeitabsprache: Wann sollte jede Gruppe ihre Aufgabe beendet haben?

TIPP
Manchmal passiert es, dass ihr bei der Bearbeitung eures Themas nicht weiterkommt. Geht dann einen Schritt zurück und überlegt euch, ob ihr das Thema anders bearbeiten könnt. Oder wählt eine neue Arbeitsweise.

Planung der Aufgaben im Team

- Überlegt, welche Arbeiten in welcher Reihenfolge durchgeführt werden sollten.
- Verteilt die Aufgaben im Team und berücksichtigt dabei die Fähigkeiten und Neigungen der einzelnen Teammitglieder.
- Trefft eine Zeitabsprache und bestimmt einen Zeitwächter.
- Wählt einen Gruppensprecher, der bei Diskussionen beispielsweise mit anderen Gruppen die Gesprächsleitung übernimmt.

Arbeitsformen und -material

- Sammelt Fotos, Bilder und Texte. Nutzt dabei Bücher und Internetquellen.
- Überlegt, ob es Versuche gibt, die bei der Erfüllung der Aufgabe helfen.
- Erstellt eine Materialliste für das praktische Arbeiten.
- Plant, wenn möglich, Fachleute zu befragen.
- Sucht bei Bedarf Hilfestellung durch eure Fachlehrerin oder euren Fachlehrer sowie durch Eltern.

Die Arbeit im Team

- Jeder erfüllt den Arbeitsauftrag gewissenhaft, für den er sich gemeldet hat.
- Überprüft in regelmäßigen Abständen, ob zum Beispiel bei der Herstellung mehrerer Einzelteile, die zu einem größeren Werkstück zusammengefügt werden müssen, keine Fehler aufgetreten sind.
- Achtet auf die Zeit. Die Arbeiten müssen rechtzeitig fertig werden. Der Zeitwächter hilft, auf die Zeit zu achten.
- Probiert fertige Arbeiten und Versuche aus. Funktioniert etwas nicht, müsst ihr noch einmal einen Schritt zurückgehen.
- Löst kleinere Probleme in der Gruppe selbst, bei größeren hilft die Lehrerin oder der Lehrer weiter.

TIPP
Sollte ein Teammitglied während der Arbeitsphase krank werden und nicht mehr teilnehmen können, müsst ihr euren Arbeitsplan umstellen und die Aufgaben neu verteilen.

Die Präsentation des Teams

Am Ende des Projektes erfolgt eine Vorstellung der Ergebnisse. Überlegt euch, mit welchen Mitteln eure Arbeiten am besten präsentiert werden können:

- Plakate
- Diagramme
- Vorträge
- Ausstellungsstücke
- Experimente
- Computerpräsentation

Die Vorstellung der Ergebnisse kann stattfinden für

- die Klasse
- die Jahrgangstufe
- die Schule
- die Eltern oder eine größere Öffentlichkeit.

Jede Gruppe bestimmt die Teammitglieder, die bei der Vorstellung genau festgelegte Aufgaben übernehmen. Jedes Teammitglied soll bei der Vorstellung der Ergebnisse helfen. Der Gruppensprecher moderiert die Darbietung des Teams.

30 cm, von denen wir leben

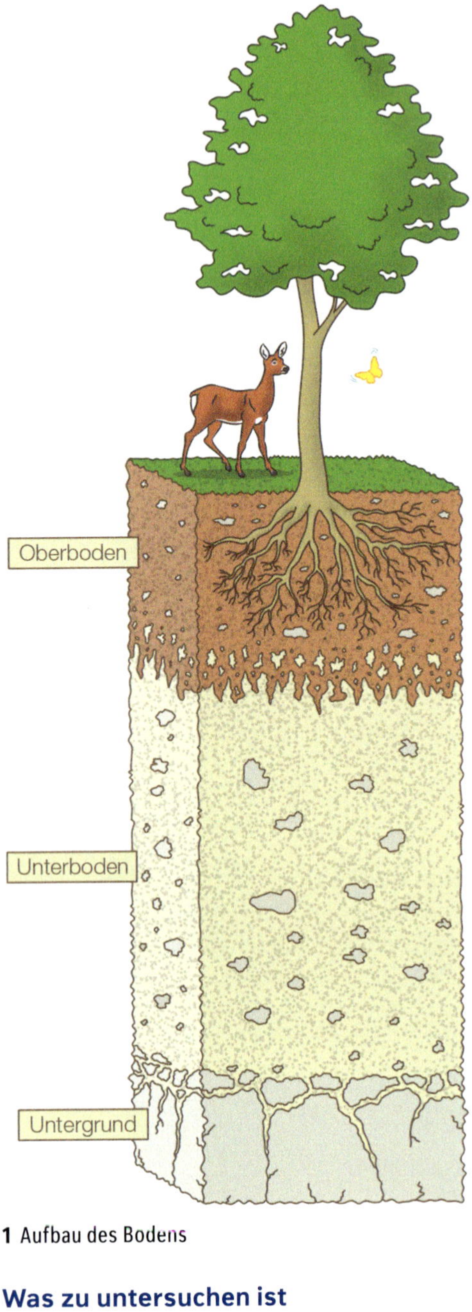

1 Aufbau des Bodens

Der Aufbau des Bodens

Die Pflanzen, von denen sich Tiere und Menschen ernähren, brauchen einen Boden, auf dem sie wachsen können. Boden ist wie Sonne, Wasser und Luft eine Lebensgrundlage.

Boden entsteht im Laufe von 10000 bis 15000 Jahren aus Felsgestein. Hitze und Kälte sowie Wasser und Wind zerkleinern das Urgestein. Bodenorganismen unterstützen die physikalische und chemische Verwitterung. Das zersetzte Gestein bildet zusammen mit abgestorbenen Pflanzen und Tieren die Humusschicht. Sie ist die wichtigste Schicht für die Pflanzen und voller Leben. Eine Handvoll Humus bietet Lebensraum für Millionen Bakterien und Pilze, für Algen, Würmer, Schnecken und Insekten. Die beiden oberen Bodenschichten spielen außerdem eine große Rolle bei der Reinigung des Regenwassers und der Abwässer. Das durch sie hindurchsickernde Wasser sammelt sich in porösen Schichten als sauberes Grundwasser.

Die oberste Schicht besteht aus abgestorbenen und verrotteten Pflanzenteilen und Tieren. Sie bilden zusammen mit Gesteinsmaterial die Humusschicht, in der die Pflanzen wurzeln. Leicht lösliche Nährstoffe und Mineralien stehen den Pflanzen hier zur Verfügung. Fast alle Bodenlebewesen befinden sich in dieser Schicht.

Ausgewaschene Stoffe aus dem Oberboden sammeln sich im Unterboden. Auch Pflanzenwurzeln reichen bis in diese Schicht. Durch Verwitterung wird hier das Urgestein weiter zerkleinert. Dabei werden bodeneigene Nährstoffe freigesetzt und in den Oberboden transportiert.

Die unverwitterte Ausgangsschicht besteht aus festem Fels und lockerem Gestein. Sie ist arm an löslichen aber reich an zersetzbaren Nährstoffen. Aus diesem „Muttergestein“ entwickelt sich das, was wir Boden nennen.

Was zu untersuchen ist

In diesem Projekt untersucht ihr den Boden auf vielfältige Art. Ihr erfahrt etwas über die Stoffe, aus denen er sich zusammensetzt und über Stoffe, die für die Ernährung der Pflanzen wichtig sind. Außerdem untersucht ihr die Fähigkeit des Bodens, Wasser zu speichern und zu filtrieren. Ihr werdet auch Lebewesen der obersten Bodenschicht suchen und kennen lernen. Die Gefährdungen für den Boden zu erkunden und zusammenzustellen ist eine weitere wichtige Aufgabe in diesem Projekt.

Beschafft euch Informationen aus Büchern und Zeitschriften oder aus dem Internet. Befragt auch Landwirte und Förster. Achtet bei der Entnahme von Bodenproben darauf, dass ihr keine Schäden anrichtet. Auch Kleinstlebewesen müssen nach dem Betrachten ohne Beschädigungen zurückgebracht werden.

TEAM 1

Bodenart und Bodentemperatur

Die Zusammensetzung des Bodens und seine Temperatur sind wichtige Voraussetzungen für das Pflanzenwachstum.

Stecht mit einem Spaten einen Erdklumpen aus und nehmt eine esslöffelgroße Probe. Diese muss solange mit wenig Wasser geknetet werden, bis kein Wasser mehr von der Probe aufgenommen wird. Anschließend führt ihr die Untersuchungen nach Bild 2 durch. Bestimmt und benennt verschiedene Bodenproben.

Die Pflanzen sind von der Blüte bis zur letzten Wurzelspitze unterschiedlichen Temperaturen ausgesetzt. Bei zu großen Unterschieden würden sie absterben. Fangt mit der Messung der Temperaturen an der Oberfläche an und messt dann jeweils fünf Zentimeter tiefer im Boden. Benutzt zur Messung ein elektronisches Thermometer. Zeichnet Tiefe-Temperatur-Diagramme der Böden.

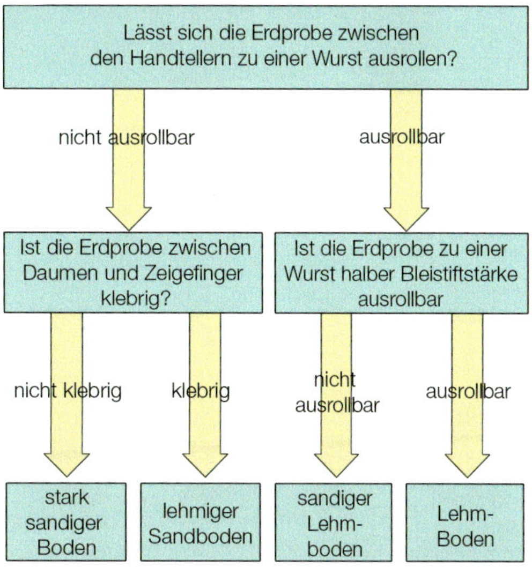

2 Bestimmung der Bodenarten

TEAM 2

Bodenbestandteile

Mit Sieben und durch Aufschlämmen könnt ihr die Bestandteile des Bodens trennen und bestimmen. Fünf Sorten werden dabei unterschieden. Der gröbste Bestandteil ist Kies. Es folgen Sand und Schluff. Der Bestandteil mit den kleinsten Teilen ist der Ton. Schwimm- und Schwebstoffe aus der Humusschicht sind die fünfte Sorte.

Trennt trockene Bodenproben durch immer feinere Siebe. Beschreibt, was in den einzelnen Sieben hängen bleibt.

Gebt weitere Bodenproben zum Aufschlämmen in einen Standzylinder und verrührt sie mit etwa 300 ml Wasser. Vergleicht den Inhalt der Zylinder nach 10 min und nach 1 h.

Fertigt vergrößerte Zeichnungen der Inhalte der Standzylinder an und beschriftet sie.

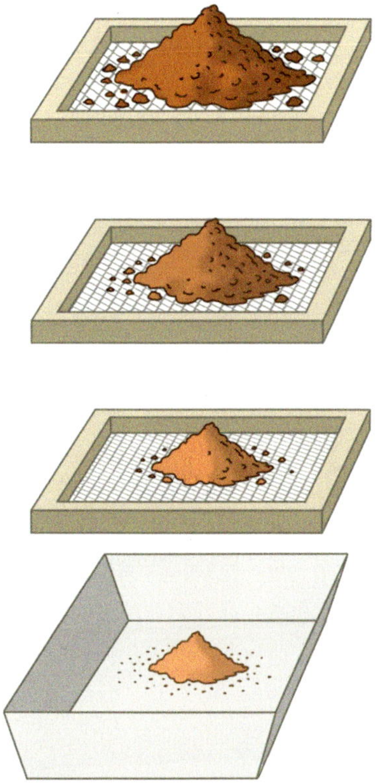

3 Sieben des Bodens

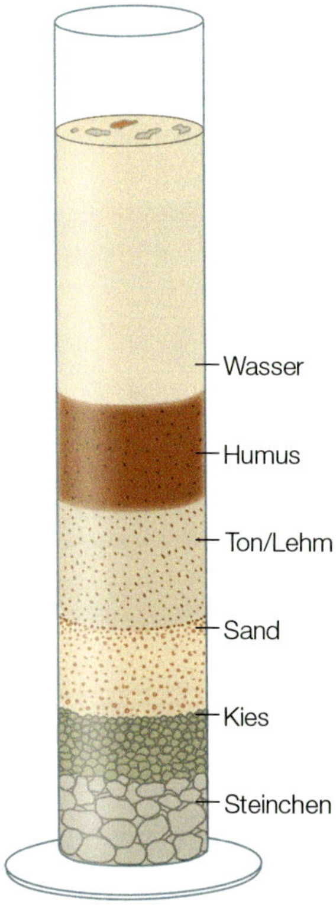

4 Sedimentierte Bodenprobe

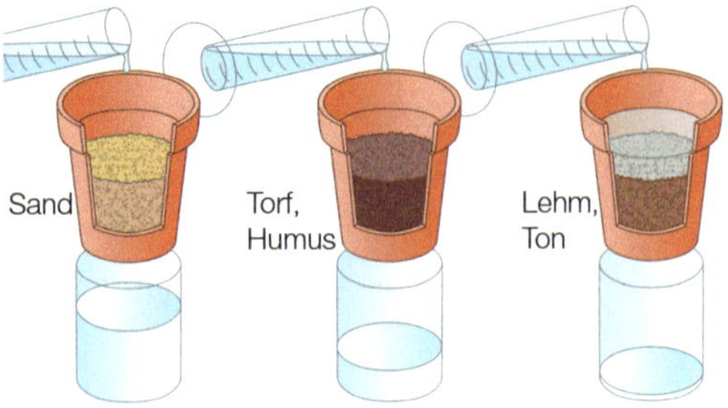

5 Boden speichert Wasser.

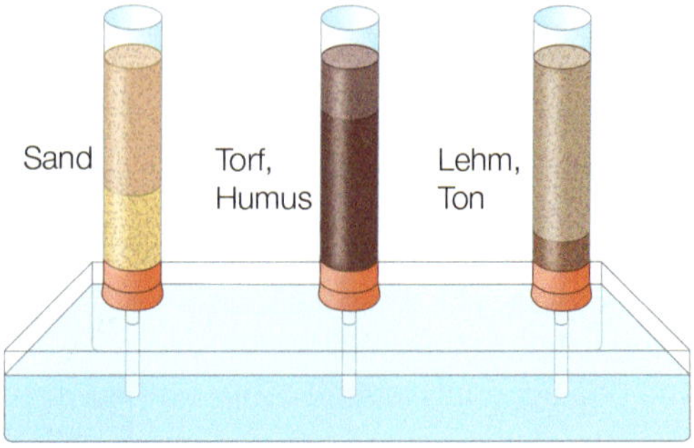

6 Boden saugt Wasser an.

TEAM 3

Bodenfeuchtigkeit

Der Boden muss Wasser speichern können. Doch es darf nicht auf einer undurchlässigen Schicht stehen bleiben, denn ständig „nasse Füße“ schaden den Pflanzen.
Legt über das Loch im Boden von Blumentöpfen je eine kleine Tonscherbe. Füllt die Töpfe dann wie in Bild 5 jeweils zur Hälfte mit verschiedenen Bodenproben. Gießt langsam einen halben Liter Wasser auf die verschiedenen Proben und messt die durchgelaufene Menge. Berechnet und vergleicht die in den Bodenproben gespeicherten Wassermengen.

Wie ein Schwamm sind Böden in der Lage, Wasser von unten her aufzunehmen. So steht es den Pflanzen für eine ausreichende Wasserversorgung zur Verfügung. Das ist eine der wichtigsten Voraussetzungen für das Wachsen von Pflanzen.
Verschließt drei weite Glasrohre mit je einem durchbohrten Stopfen, in dem ein kleines Glasrohr steckt (Bild 6). Füllt dann unterschiedliche Bodenproben ein und drückt sie leicht an. Bis zum Stopfen werden die Glasrohre dann in Wasser eingetaucht. Beobachtet, ob und wie weit Wasser in die Bodenproben aufsteigt. Beendet den Versuch nach 15 min. Notiert, wie hoch das Wasser aufgestiegen ist.

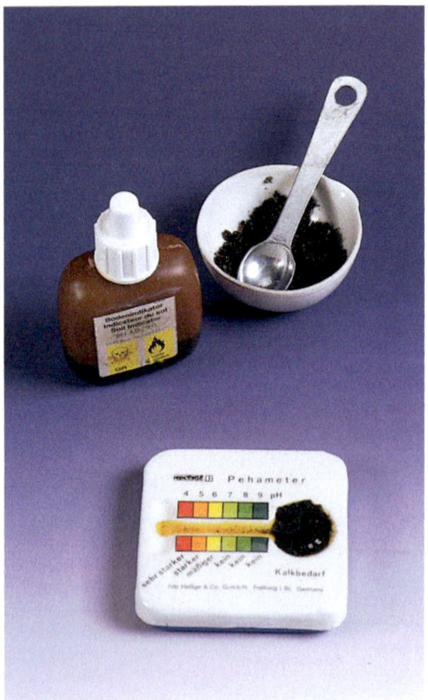

7 Bestimmung des pH-Wertes

TEAM 4

Bodenchemie

Kalk, Nitrate und Phosphate gehören zu den wichtigsten Nährstoffen für Pflanzen. Der pH-Wert zeigt den Kalkbedarf eines Bodens an. Je niedriger der pH-Wert, desto größer ist der Kalkbedarf. Die benötigten Mengen sind aber von Pflanze zu Pflanze unterschiedlich.

Bestimmt mit Indikatorpapier oder einem Boden-pH-Meter den pH-Wert verschiedener Böden. Stellt den Nitrat- und Phosphatgehalt mit Teststreifen fest. Findet heraus, welche Pflanzen auf den von euch untersuchten Böden gut wachsen würden.

8 Bestimmung des Nitratgehaltes

Milben

Raubmilbe

Mücken-
larven

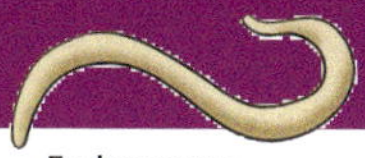
Fadenwurm

Ohrwurm

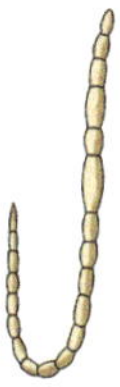
Topf-
wurm

Stein-
läufer

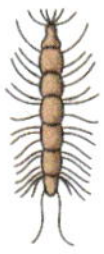
Wenig-
füßer

TEAM 5
Bodenlebewesen

In einer Hand voll Erde aus der obersten Bodenschicht gibt es mehr Lebewesen als Menschen auf der Erde. Mehr als 7 Milliarden Bakterien, Pilze, Algen, Würmer, Insekten, Spinnen und Schnecken haben hier ihren Lebensraum. Bakterien, Pilze, Algen, Einzeller und Fadenwürmer, die den größten Anteil ausmachen, sind nur mit einem Mikroskop zu sehen. Mit dem bloßen Auge oder einer Lupe entdeckt ihr Milben, Würmer, Schnecken, Spinnen, Asseln, Käfer und Larven.
Diese kleinen Lebewesen sorgen rund um die Uhr für neuen Humus. Sie fressen und zersetzen Pflanzenreste und lockern den Boden. Um Bodenlebewesen beobachten zu können, müsst ihr Bodenproben der oberen Bodenschicht vorsichtig sieben. Im Frühling und im Sommer sind hier viele Lebewesen zu finden. Betrachtet sie mit einer Lupe und zeichnet einige. Bestimmt sie mithilfe eines Bestimmungsbuches. Hinweis: Setzt alle Tiere nach der Beobachtung wieder ins Freie.

9 Fangvorrichtung für Bodentiere

Spring-
schwanz

Borstenschwanz

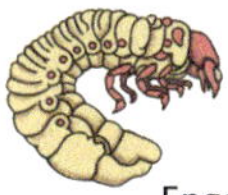
Engerling

Kugelassel

Drahtwurm

Schnur-
füßer

Saft-
kugler

Zwerg-
füßer

TEAM 6
Bodengefährdung und Bodenschutz

So selbstverständlich wie die Nutzung des Bodens sollte sein Schutz sein. Vielen wird die Gefährdung aber erst bei Unfällen bewusst, etwa wenn Dieselöl ausläuft. Verseuchten Boden zu reinigen ist sehr zeitaufwändig und teuer.
Aber die hauptsächlichen Gefährdungen kommen nicht von Unfällen, sondern aus der alltäglichen Beanspruchung und übermäßigen Bewirtschaftung des Bodens. Beispiele dafür sind die Verdichtung durch schwere Landmaschinen, die Versiegelung und die Nitratbelastung durch zu viel Gülle und die Vergiftung durch Pflanzenschutzmittel und sauren Regen.
Informiert euch über die Ursachen und Auswirkungen von Gefährdungen und stellt sie auf Plakaten dar. Was können Landwirte, was kann jeder von uns tun, um den Boden zu schützen? Stellt auch diese Möglichkeiten auf Plakaten dar.

10 Gefährdung für den Boden

Keller-
assel

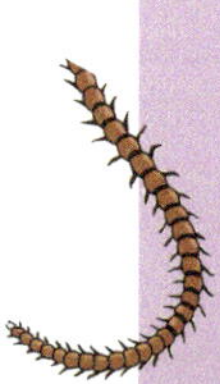
Erdläufer

Doppelschwanz

rote Waldameise

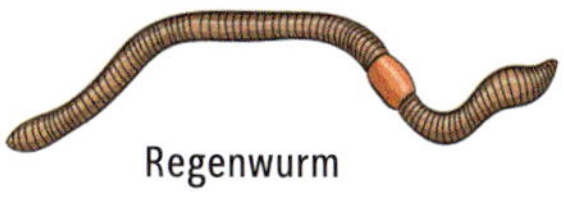
Regenwurm

Käferlarve

Vielfältige Möglichkeiten der Salzbildung

PINNWAND

Metall + Nichtmetall → Salz

Eisen + Schwefel → Eisensulfid

1. V
a) Mische in einer Schale sorgfältig 4 g Schwefelpulver und 7 g Eisenpulver. Forme aus dem Gemisch auf einer feuerfesten Kachel einen Damm. Erhitze ihn an einem Ende mit dem Brenner.
b) Beschreibe den Ablauf der Reaktion und vergleiche die Ausgangsstoffe mit dem Reaktionsprodukt.

2. A
Schreibe die Reaktionsgleichung für die entsprechenden Reaktionen von Kupfer mit Schwefel und von Eisen mit Chlor auf.

Metall + Säure → Salzlösung + Wasserstoff

Magnesium + Salzsäure → Magnesiumchloridlösung + Wasserstoff

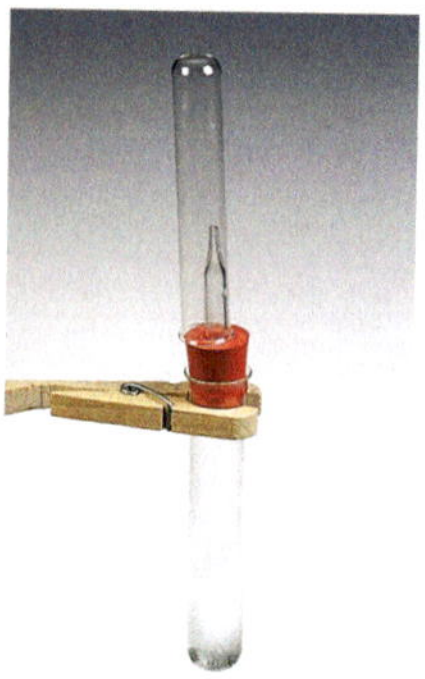

5. V
a) Fülle ein Reagenzglas zu einem Viertel mit verdünnter Salzsäure. Gib kleine Stückchen Magnesiumband hinzu. Fange das entstandene Gas in einem trockenen Reagenzglas auf und führe damit die Knallgasprobe durch.
b) Prüfe den pH-Wert der Lösung, wenn die Gasentwicklung beendet ist.
c) Dampfe einen Teil der Lösung ein und beschreibe.

6. A
Schreibe die Reaktionsgleichungen für die entsprechenden Reaktionen von Aluminium mit Salzsäure und von Zink mit Salzsäure auf.

Lauge + Säure → Salzlösung

Kalilauge + Salzsäure → Kaliumchloridlösung

3. V
a) Gib etwas Universalindikator in 10 ml 1%ige Kalilauge. Verdünne mit etwas destilliertem Wasser. Lass dann aus einer Bürette 1–2%ige Salzsäure hineintropfen. Rühre dabei die Lauge ständig um.
b) Warum ist es wichtig, dass bei dieser Neutralisationsreaktion ständig gerührt wird?

Mit dieser Anordnung kannst du eine Neutralisation sehr einfach durchführen. Damit lässt sich die Konzentration von Lösungen bestimmen.

4. A
Nenne die Gemeinsamkeit aller Reaktionen zur Salzbildung.

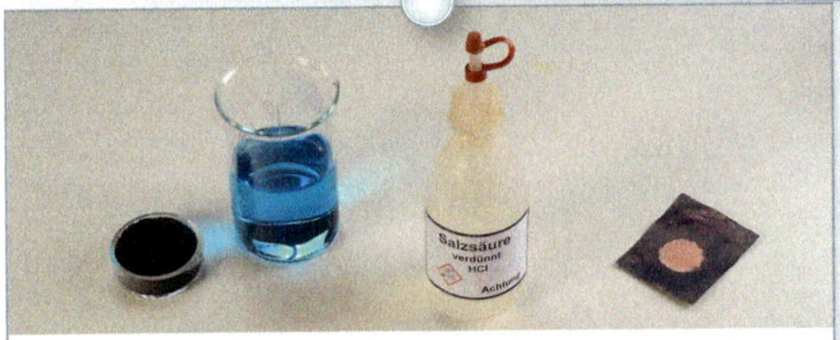

Metalloxid + Säure → Salzlösung

Kupferoxid + Salzsäure → Kupferchloridlösung

7. V
Gib Kupferoxidpulver in verdünnte Salzsäure. Beschreibe, was passiert.

8. A
Die schwarze Oxidschicht auf einem Kupferblech lässt sich mit verdünnter Salzsäure leicht abreiben. Erkläre diesen Vorgang.

9. A
Warum darf ein oxidiertes Eisen- oder Zinkblech nicht mit verdünnter Salzsäure gereinigt werden?

Basiskonzepte S. 275

Wie Salznamen gebildet werden

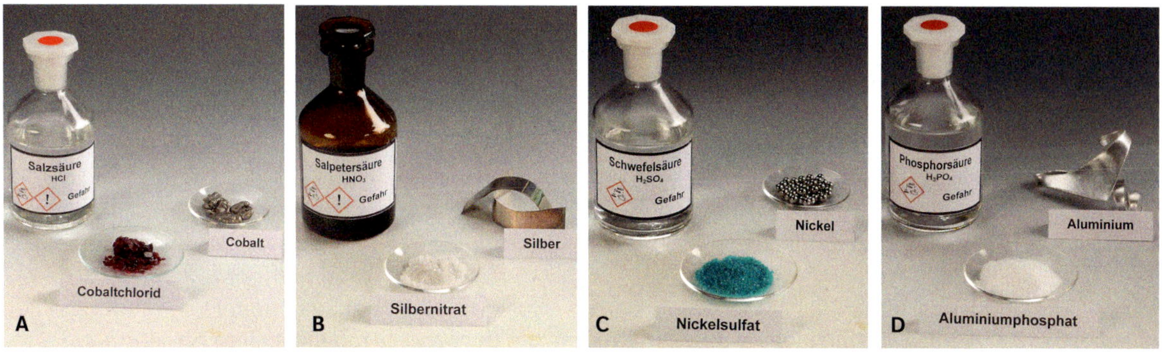

1 Salze, hergestellt aus Metall und Säure. **A** Cobaltchlorid, **B** Silbernitrat, **C** Nickelsulfat, **D** Aluminiumphosphat

1.
a) Fülle etwa 3 ml verdünnte Schwefelsäure (10 %ig) in ein Reagenzglas. Gib eine Spatelspitze Zinkspäne hinzu und gib solange weiteres Zink hinzu, bis die Gasentwicklung aufhört. Warte, bis sich das Metall vollständig aufgelöst hat. Gieße die Lösung in eine Glasschale und bestimme mit Universalindikatorpapier ihren pH-Wert.
b) Lass die Lösung verdunsten oder dampfe sie in einer Abdampfschale mit kleiner Flamme ein.
c) Beschreibe die Reaktion. Vergleiche die Ausgangsstoffe mit den Reaktionsprodukten.

2.
Wiederhole Versuche 1
a) mit verdünnter Phosphorsäure (5 %ig) und Magnesium,
b) mit verdünnter Salpetersäure (5 %ig) und Eisenpulver.

3.
Schreibe die Reaktionsgleichungen für Versuch 2 auf und benenne die entstandenen Salze.

4.
Erkläre an einem Beispiel, wie sich der Name eines Salzes zusammensetzt.

5.
Schreibe die Namen der Salze auf, die durch die folgenden Formeln angegeben werden: $MgCO_3$, $ZnSO_4$, KNO_3, LiCl, FeS und NaF.

6.
Schreibe für die folgenden Reaktionen die Wortgleichung auf. Gib die Namen und die Formeln der Salze an:
a) Kalium (K) reagiert mit Salzsäure.
b) Silber (Ag) reagiert mit Salpetersäure.
c) Aluminium (Al) reagiert mit Phosphorsäure.
d) Calcium (Ca) reagiert mit schwefliger Säure.
e) Natrium (Na) reagiert mit Flusssäure.

Alle Salze haben einen Namen

Welchen Namen bekommt ein Salz, das zum Beispiel bei der Reaktion zwischen Zink und Schwefelsäure entsteht? Betrachte zunächst die Reaktionsgleichung. Sie beschreibt übersichtlich, was bei diesem Vorgang abläuft:

Zink	+	Schwefelsäure	→	Wasserstoff	+	Salz
Zn	+	H_2SO_4	→	H_2	+	$ZnSO_4$

Die Säure, hier die Schwefelsäure (H_2SO_4), gibt bei dieser Reaktion den „Säurewasserstoff" (H_2) ab. Das Metall **Zink (Zn)** verbindet sich mit dem „Rest" der Säure **(SO_4)**. Dieser Säurerest heißt Sulfat. Das Salz, das sich aus diesem Metall und diesem Säurerest zusammensetzt, heißt deshalb **Zinksulfat ($ZnSO_4$)**.

Name der Säure	Formel	Säurerest-Ion	Name des Säurerestes
Salzsäure	HCl	Cl^-	Chlorid
Salpetersäure	HNO_3	NO_3^-	Nitrat
Schwefelsäure	H_2SO_4	SO_4^{2-}	Sulfat
Schweflige Säure	H_2SO_3	SO_3^{2-}	Sulfit
Kohlensäure	H_2CO_3	CO_3^{2-}	Carbonat
Phosphorsäure	H_3PO_4	PO_4^{3-}	Phosphat
Flusssäure	HF	F^-	Fluorid

2 Wichtige Säuren und die Namen ihrer Säurereste

Du kannst beschreiben, wie Salznamen gebildet werden und dies auch an Beispielen erläutern.

Salze in der Erde – Mineralien

1 Marmorabbau in Carrara

1.
a) Gib einige Tropfen verdünnte Salzsäure auf Calciumcarbonat. Beschreibe deine Beobachtung.
b) Gib Salzsäure auf Bruchstücke von Marmor, Kalkstein, Mörtel, Kreide und Gips. In welcher Probe hast du Calciumcarbonat festgestellt?

2.
Gib ein kleines Stück Marmor in ein Becherglas und übergieße es mit verdünnter Schwefelsäure. Lass das Gefäß eine Zeit lang stehen. Beschreibe die Veränderungen.

3.
Marmor wird durch sauren Regen in Gips umgewandelt. Stelle die Folgen dar. Beachte dabei die Löslichkeit der Salze.

4.
a) Finde heraus, wo in Deutschland Marmor abgebaut wird.
b) Beschreibe Verwendungsmöglichkeiten für Marmor.

Mineralien

In der Nähe von Carrara in Italien werden schon seit der Römerzeit ganze Berge abgetragen. Heute werden aus dem weißen Gestein große Platten mit Stahlseilen herausgesägt und dann ins Tal gebracht. Es ist **Marmor,** der als edler und teurer Werkstoff seit Jahrtausenden geschätzt wird. Marmor gehört zur Stoffgruppe der **Mineralien.** Das sind alle kristallinen Stoffe, die im Verlauf der Erdgeschichte in der Erdkruste entstanden sind. Dazu gehören die Erze, die Metalle und die Gesteine.

Salzkristalle

Marmor ist eine besondere Form von Kalkstein. Es ist ein Salz, das **Calciumcarbonat.** Das lässt sich mit einem Tropfen Salzsäure nachweisen. Die Salzsäure zersetzt das Calciumcarbonat, dabei wird das Gas Kohlenstoffdioxid frei. Auch viele andere Mineralien wie der Gips und natürlich das Steinsalz sind Salze. In so schönen Kristallen wie auf den Bildern 2 bis 4 sind diese Mineralien aber nur selten zu finden.

Marmor ist bedroht

Der Marmor war ein über Jahrtausende beständiger Baustoff, denn er ist in reinem Wasser kaum löslich. Heute jedoch setzt die Schwefelsäure aus dem sauren Regen dem Marmor zu. Die Schwefelsäure verwandelt den Marmor an der Oberfläche in **Calciumsulfat,** das ist Gips. Weil Gips etwas wasserlöslich ist, zerfällt nach und nach die Marmoroberfläche.

Name des Minerals	chemischer Name	in 1 l Wasser von 20 °C lösen sich
Steinsalz	Natriumchlorid	360 g
Gips	Calciumsulfat	2 g
Marmor	Calciumcarbonat	0,01 g

Du kann erklären, was Mineralien sind.
Du kannst die chemische Zusammensetzung, den Abbau und die Verwendung von Marmor erläutern.

2 Natriumchlorid

3 Calciumsulfat

4 Calciumcarbonat

Vom Sand zum Chip

1 Quarzsand als Rohstoff

2 Silicium in verschiedenen Formen

3 Transistor und Computer-Chips

Silicium – ein besonderer Stoff

Viele elektrische Geräte enthalten Bauteile wie Transistoren oder Computer-Chips. Sie werden aus reinem Silicium hergestellt. Das Silicium ist ein Stoff mit besonderen Eigenschaften. Als dunkelgrauer Kristall hat es einen metallischen Glanz, leitet aber nur sehr schlecht den elektrischen Strom. Seine Leitfähigkeit nimmt aber mit steigender Temperatur zu. Silicium ist sehr hart und spröde.

Silicium ist das zweithäufigste Element nach Sauerstoff. Es kommt es nur in chemischen Verbindungen vor, hauptsächlich im Quarzsand als Siliciumdioxid.

Silicium wird durch Reduktion hergestellt

Der Quarzsand wird mithilfe von Kohlenstoff zu Rohsilicium reduziert. Das Rohsilicium wird dann durch spezielle Verfahren so gereinigt, dass sich unter zehn Milliarden Silicium-Atomen nur noch ein Fremdatom befindet. Zum Vergleich: Ein solch hoher Reinheitsgrad liegt vor, wenn ein Fußballfeld mit weißen Reiskörnern dicht an dicht ausgelegt würde und unter den weißen Reiskörnern sich nur ein einziges schwarzes Reiskorn befindet.

Vom Einkristall zum Chip

Das reine Silicium wird bei 1440 °C geschmolzen. Ein Silicium-Impfkristall wird in die Schmelze getaucht und unter Drehen langsam herausgezogen. Es entsteht ein **Einkristall** aus reinstem Silicium. Aus dem so entstandenen Siliciumstab werden 1 mm dicke Scheiben gesägt, die **Wafer.** Die Wafer werden mit einem lichtempfindlichen Lack beschichtet. Darauf wird der Schaltplan der zukünftigen Chips mittels Licht aufgetragen.
In vielen sich wiederholenden Schritten wie Belichten, Entwickeln, Ätzen, **Dotieren** und Bedampfen entstehen die fertigen Schaltungen, die Chips. Ein Chip enthält Zehntausende elektronischer Schaltelemente.
Die Computer-Chips werden geprüft, aus dem Wafer geschnitten, mit Anschlüssen versehen und in Kunststoffgehäuse gefasst.

4 Die gäbe es nicht ohne Sand!

Dotieren zum Halbleiter

Das Dotieren verändert den elektrischen Ladungszustand des Siliciumkristalls, der ursprünglich keine freien Elektronen besitzt.
Beim **n-Dotieren** werden in Siliciumkristalle Phosphoratome eingebaut. Sie haben jeweils ein Elektron mehr als Silicium-Atome. Es wird nicht zur Bindung gebraucht. Der Kristall aus Silicium und Phosphor enthält jetzt freie Elektronen. Er ist zum Leiter geworden. In dem n-dotierten Stoff funktioniert die Elektronenleitung wie in einem metallischen Leiter.
Beim **p-Dotieren** werden in Siliciumkristalle Aluminiumatome eingebaut. Aluminiumatome haben ein Elektron weniger als Silicium-Atome. Beim Einbau kann ein Aluminiumatom nur für drei benachbarte Silicium-Atome je ein Bindungselektron zur Verfügung stellen. Beim vierten Atom fehlt ein Elektron zur Bindung. Diese Fehlstelle wird **Loch** genannt.
Auf ein freies Elektron wirkt es wie eine positive Ladung. Elektronen und Löcher in den dotierten Stoffen können ihre Positionen verändern. Der Stoff ist zum **Halbleiter** geworden. Er wird beispielsweise zum Bau von Chips und Transistoren eingesetzt.

Salze in Pflanzen und im Boden – Mineraldünger

1. V

a) Stelle einen Brei aus Wasser und Mineraldünger her. Glühe ein Magnesiastäbchen aus. Tauche das ausgeglühte Ende in den Mineraldüngerbrei und halte es in die Flamme. Betrachte die Flammenfärbung mit und ohne Cobaltglas.
b) Beschreibe die Verfärbungen. Nenne die damit nachgewiesenen Bestandteile.

2. V

Verdünne den Brei aus Versuch 1 mit etwas Wasser, sodass eine Mineraldüngerlösung entsteht. Zeige dann mit Teststreifen, dass Nitrate und Sulfate enthalten sind.

3. V

Stelle eine Lösung aus Wasser und der Pflanzenasche eines Salatblattes her (Bild 4). Untersuche diese Lösung wie in Versuch 1 und Versuch 2. Nenne die nachweisbaren Stoffe.

4. A

Begründe die Notwendigkeit, in den Versuchen 1 und 3 die Flamme auch durch ein Cobaltglas zu betrachten.

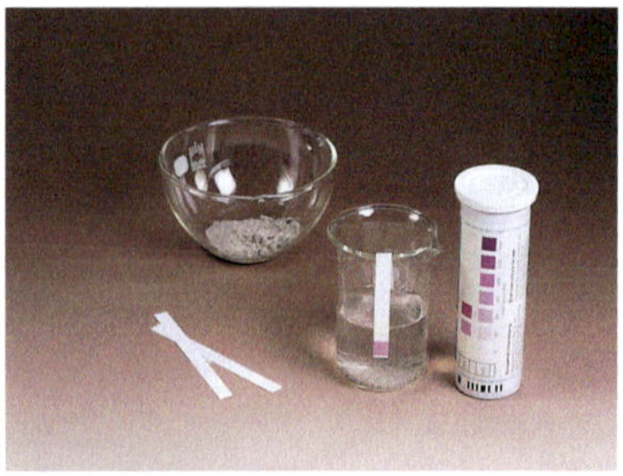

2 Nitratnachweis

Bestandteile von Mineraldüngern

Die Bestandteile der Mineraldünger können mit verschiedenen Methoden nachgewiesen werden. Zwei davon sind die Flammenfärbung und die Verwendung besonderer Teststreifen.

Flammenfärbung

Durch die Flammenfärbung kannst du Natrium (Na) und Kalium (K) als Bestandteile der Mineraldünger nachweisen. Natrium färbt eine Flamme intensiv gelb und Kalium ergibt eine violette Flamme. Da das Natrium alle anderen Farben überdeckt, wird die Flamme durch ein Cobaltglas betrachtet. Cobaltglas lässt das gelbe Licht der Natriumflamme nicht hindurch. Dadurch wird die Flammenfärbung des Kaliums sichtbar (Bild 5). Mit der Flammenfärbung kannst du Natrium und Kalium sowohl in Mineraldüngern als auch in Pflanzenasche nachweisen.

4 Pflanzenasche-Lösung

Teststreifen

Kleine Indikatorpapierstücke auf den Teststreifen zeigen den nachzuweisenden Stoff durch Verfärben an. Die Teststreifen weisen Nitrate als Verbindungen des Stickstoffs und Sulfate als Verbindungen des Schwefels nach. Je intensiver die Verfärbung der Teststreifen ist, desto mehr ist jeweils vorhanden.

Du kannst mit Flammenfärbungen und Teststreifen Bestandteile der Mineraldünger in Pflanzen nachweisen.

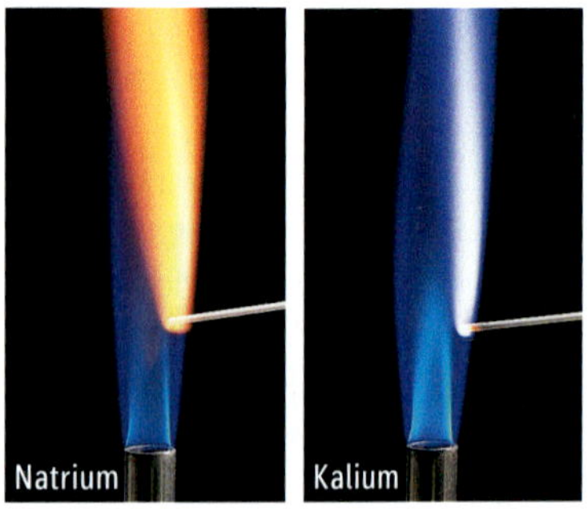

1 Flammenfärbung

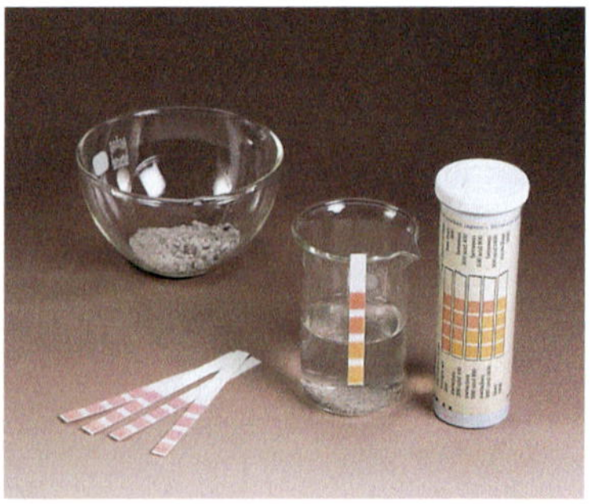

3 Sulfatnachweis

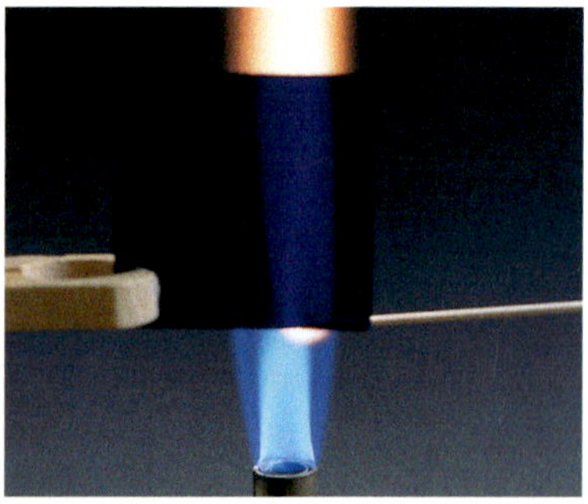

5 Kaliumnachweis

Pflanzen brauchen mehr als Licht, Luft, Wärme und Wasser

1. Erkundige dich, wie sich Stickstoffmangel auf das Pflanzenwachstum auswirkt.

2. Stelle einen Zusammenhang zwischen den Namen und den Bestandteilen von Mineraldüngern her.

3. Schreibe die Bestandteile einiger Mineraldünger auf.

Nährstoffe aus dem Boden

Pflanzen benötigen zum Wachsen Licht und Wärme, Kohlenstoffdioxid aus der Luft sowie Wasser und Mineralsalze aus dem Boden. Da diese für die Ernährung der Pflanzen wichtig sind, werden sie auch **Nährsalze** genannt. Wenn sie in Wasser gelöst sind, können sie von den Pflanzen über die Wurzeln aufgenommen werden. Für ein gutes Wachstum und einen hohen Ertrag müssen sie in ausreichenden Mengen vorhanden sein. Die Feldfrüchte, zum Beispiel Kartoffeln, entziehen aber dem Boden beim Wachsen große Mengen dieser Nährsalze. Dieser Verlust muss von den Landwirten durch Düngung wieder ausgeglichen werden, wenn es auch im nächsten Jahr eine gute Ernte geben soll.

Wichtige Nährsalze

Die wichtigsten Nährsalze sind Verbindungen des Stickstoffs (N), des Phosphors (P), des Kaliums (K), des Calciums (Ca), des Schwefels (S) und des Magnesiums (Mg). Weitere Nährsalze müssen in geringen Mengen als Spuren im Boden vorhanden sein, damit die Pflanzen gedeihen. Wichtigen Spurenelemente sind Bor (B), Mangan (Mn), Kupfer (Cu), Zink (Zn), Molybdän (Mo), Cobalt (Co), Eisen (Fe), Chlor (Cl) und Selen (Se). Sie werden in geringen Mengen zusammen mit den **Mineraldüngern** auf den Feldern ausgebracht. Es gibt noch andere Möglichkeiten, die dem Boden entnommenen Nährsalze zurückzugeben: Gründünger, der vor allem über die Wurzeln Nährsalze bindet oder natürlichen Dünger wie Kompost, Mist und Gülle. Durch den jährlichen Wechsel der angebauten Früchte wird eine einseitige Entnahme von Nährsalzen verhindert. Im biologischen Anbau werden durch die Wahl bestimmter Fruchtfolgen die natürlichen Kreisläufe wesentlich besser genutzt als in der herkömmlichen Landwirtschaft.

Du kannst die Voraussetzungen für ein gutes Pflanzenwachstum nennen und Beispiele für Nährsalze geben.

Basiskonzepte S. 275

Nährsalze aus Mineraldüngern

In diesem Projekt untersucht ihr die Bedingungen des Pflanzenwachstums. In mehreren Versuchsreihen, die bis zu vier Wochen dauern können, beobachtet ihr Pflanzen unter verschiedenen Bedingungen.

Zusätzlich sollt ihr in diesem Projekt etwas über die Zusammensetzung von Düngemitteln und ihre Bedeutung für die Ernährung der Menschheit erfahren. Auch alternative Landwirtschaft und besondere Anbaumethoden werden eine Rolle spielen.
In den Gruppen 1 bis 3 werden Versuchsreihen durchgeführt. Überlegt jeweils vorher, welche Ergebnisse ihr erwartet und notiert sie. Vergleicht am Ende der Versuche das tatsächliche Ergebnis mit euren Erwartungen.

Für alle Wachstumsversuche könnt ihr wahlweise Samen von Bohnen, Erbsen, Kresse oder Mais nehmen. Sie müssen auf feuchtem Untergrund vorgekeimt werden. Wenn die Pflanzen 5 cm bis 6 cm groß sind, können sie für die Versuche mit den Nährlösungen verwendet werden. Mit den folgenden Nährsalzen könnt ihr eine Nährlösung herstellen, in der alle notwendigen Bestandteile enthalten sind. Sie wird Vollnährlösung genannt.

Rezept für eine Vollnährlösung:
Rührt in 1 l destilliertes Wasser:

1 g	Calciumnitrat,
0,25 g	Kaliumdihydrogenphosphat,
0,25 g	Magnesiumsulfat,
1 ml	Eisenchloridlösung

TEAM 1
Licht – Luft – Wärme

Setzt gleiche Pflanzen in Vollnährlösungen, die alle notwendigen Stoffe enthalten. Verwendet möglichst auch gleiche Gefäße wie in Bild 1. Stellt die Versuchspflanzen dann an möglichst unterschiedliche Orte im Schulgebäude, zum Beispiel in eine Abstellkammer oder an einen sonnigen Platz auf der Fensterbank eines Klassenraums. Auch der Sammlungsraum Chemie ist ein geeigneter Versuchsort. Beobachtet das Wachstum über mehrere Wochen und vergesst das Gießen nicht. Zeichnet nach jeweils zwei oder drei Tagen die veränderten Pflanzen. Welchen Einfluss haben Licht, Luft und Wärme auf das Wachstum der Pflanzen?

1 Unterschiedliche Standorte

TEAM 2
Nährsalzlösungen

Setzt gleiche Pflanzen in 5 Petrischalen auf Watte. Haltet sie dann jeweils mit der Vollnährlösung und den vier in Tabelle 2 angegebenen Nährsalzlösungen feucht.

Stellt die Glasschalen an einen hellen, warmen Ort. Vermeidet dabei direktes Sonnenlicht. Beobachtet das Wachstum der Pflanzen drei Wochen. Fertigt jeden zweiten oder dritten Tag Zeichnungen der veränderten Pflanzen an. In welcher Lösung wachsen die Pflanzen am besten? Stellt eine Reihenfolge der Qualität der Nährsalzlösungen auf.
Folgende Ausgangsstoffe benötigt ihr für die Herstellung der Nährsalzlösungen:

A: Calciumnitrat
B: Kaliumdihydrogenphosphat
C: Magnesiumsulfat
D: Eisenchloridlösung

Die folgenden Mengen der Ausgangsstoffe werden in 1 l destilliertes Wasser eingerührt:

	A	B	C	D
Nährlösung ohne Stickstoff	–	0,25 g	1 g	1 ml
Nährlösung ohne Phosphor	1 g	–	0,5 g	1 ml
Nährlösung ohne Eisen	1 g	0,25 g	0,25 g	–
Nährlösung für Überdüngung	2 g	0,5 g	2 g	2 ml

2 Verschiedene Nährsalzlösungen

TEAM 3

Dieselöl – Waschmittel – Streusalz

Setzt gleiche Pflanzen in 4 Reagenzgläser. In jedes Glas kommt die Vollnährlösung. Zusätzlich werden aber in das zweite Glas 4 Tropfen Dieselöl, in das dritte eine Spatelspitze Waschpulver und in das vierte eine gehäufte Spatelspitze Kochsalz gegeben. Stellt eure Versuchspflanzen an einen hellen, warmen Ort und beobachtet mehrere Tage ihre Veränderungen. Fertigt jeden Tag Zeichnungen der Pflanzen an. Welche Schädigungen verursachen die verschiedenen Stoffe?

TEAM 4

Ökologische Landwirtschaft

Immer mehr Landwirte entschließen sich zu einer ökologischen Bewirtschaftung ihrer Höfe. Der Boden wird dabei so bearbeitet und bestellt, dass seine Qualität erhalten bleibt oder verbessert wird. Auf chemische Spritzmittel wird verzichtet. Die Schädlingsbekämpfung geschieht mit natürlichen Mitteln, indem zum Beispiel natürliche Feinde der Schädlinge eingesetzt werden. Bei der Rinder- und Schweinezucht werden die Tiere artgerecht gehalten und ihr Futter stammt aus eigenem ökologischen Anbau.

Zwischen der herkömmlichen Bewirtschaftung und dem ökologischen Wirtschaften liegt die Methode des „integrierten Pflanzenanbaus" (Bild 3). Hier wird ein Mittelweg zwischen beiden Bewirtschaftungsarten versucht. Besucht Betriebe und stellt deren Wirtschaftsweise dar. Erarbeitet eine Plakatwand, auf der ihr die drei Methoden darstellt und vergleicht.

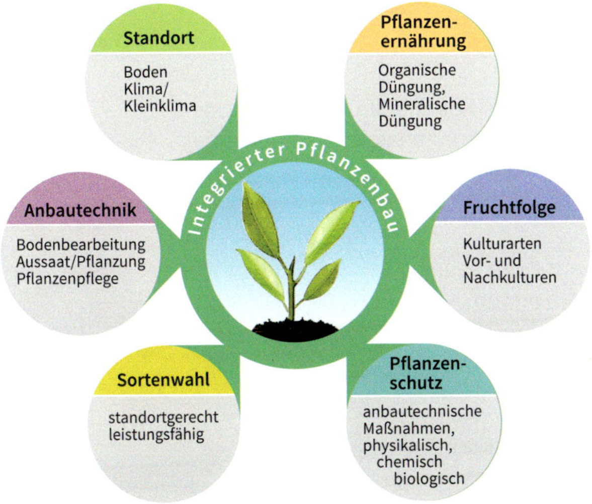

3 Integrierter Pflanzenanbau

4 Gesetz vom Wachstumsminimum

TEAM 5

Geschichte und Bedeutung der Düngemittel

Der Chemiker JUSTUS VON LIEBIG (1803–1873) erkannte vor über 150 Jahren, dass Pflanzen für ein gesundes Wachstum bestimmte Nährsalze brauchen. Außerdem entdeckte er das Gesetz vom Wachstumsminimum: Der Stoff, an dem es am stärksten mangelt, begrenzt das Wachstum der Pflanzen (Bild 4). So kann zum Beispiel ein Mangel an Kalium nicht durch einen Überschuss an Stickstoff ausgeglichen werden.
Durch den verstärkten Einsatz von Mineraldünger wurden die Erträge in der Landwirtschaft enorm gesteigert. Sie bilden die Grundlage für eine ausreichende Ernährung vieler Menschen. Aber dennoch gibt es viele Menschen, die hungern müssen. Krankheiten, Seuchen, Kriege und Misswirtschaft führen immer wieder zu Hungersnöten.
Stellt eine Zeitleiste mit der Geschichte der verwendeten Düngemittel, ihren verwendeten Mengen und den Bevölkerungszahlen auf. Überlegt, welchen Zusammenhang es zwischen der Ertragsmenge und der Menge des verwendeten Mineraldüngers gibt.
Welche Nutzpflanzen benötigen welche Menge an Nährsalzen? Wie kann erreicht werden, dass sich alle Menschen ausreichend gut ernähren können?

Chemikantin und Chemikant – Berufe im Bereich Chemie

1.
Informiere dich, welche Berufe im Bereich Chemie von dir ergriffen werden können
a) mit dem Abschluss Berufsreife,
b) mit dem mittleren Bildungsabschluss.

2.
Informiere dich, welche freien Stellen in deiner Region im Bereich Chemie angeboten werden.

3.
Erstelle eine Liste mit Betrieben in deiner Umgebung, die im Bereich Chemie Ausbildungsstellen anbieten.

4.
Informiere dich über das Berufsfeld der Chemikantin oder des Chemikanten.

Die Voraussetzungen

Ein Beruf, der auch mit dem Abschluss Berufsreife ergriffen werden kann, ist der der Chemikantin oder des Chemikanten. Dein Arbeitgeber erwartet von dir:

- gute Leistungen in den naturwissenschaftlichen Fächern,
- gute Mathematikkenntnisse, da unter anderem Massen- und Volumenverhältnisse berechnet werden müssen,
- genaues, zuverlässiges Arbeiten und Verantwortungsbewusstsein.

1 Chemikant bei der Arbeit

Tätigkeiten

Chemikanten überwachen und steuern Maschinen, mit deren Hilfe chemische Erzeugnisse hergestellt werden. Dazu zählen Medikamente, Kosmetika, Düngemittel, Farben und Lacke, Desinfektions- und Pflanzenschutzmittel oder Kunststoffe. Sie starten die Produktionsanlagen, befüllen die Maschinen mit Rohstoffen, überwachen den Fabrikationsablauf anhand von Messungen und führen hierüber Protokollbücher.

2 Chemikantin bei der Arbeit

Ausbildung

Chemikantin und Chemikant sind anerkannte Ausbildungsberufe. Die Ausbildung dauert dreieinhalb Jahre. In dieser Zeit lernst du beispielsweise

- wie Produktionsanlagen gereinigt und gewartet werden,
- wie Anlagen angefahren und abgefahren werden,
- wie Gemische durch Sedimentieren und Filtrieren getrennt werden,
- wie Stoffeigenschaften, etwa Siedetemperaturen bestimmt werden,
- wie bestimmte Prozessabläufe dokumentiert werden,
- wie Programme für Steuerungen von Anlagen eingegeben werden.

Prüfungen und Abschluss

Nach zwei Jahren erfolgt die Zwischenprüfung und am Ende der Ausbildung die Abschlussprüfung vor der Industrie- und Handelskammer. Danach trägst du die Berufsbezeichnung Chemikantin oder Chemikant.

Vergütung

Die Ausbildungsvergütung beginnt bei etwa 700 Euro im ersten Lehrjahr und steigt im vierten Lehrjahr bis auf fast 1000 Euro an.

Du kannst den Beruf der Chemikantin und des Chemikanten und den Ausbildungsablauf beschreiben.

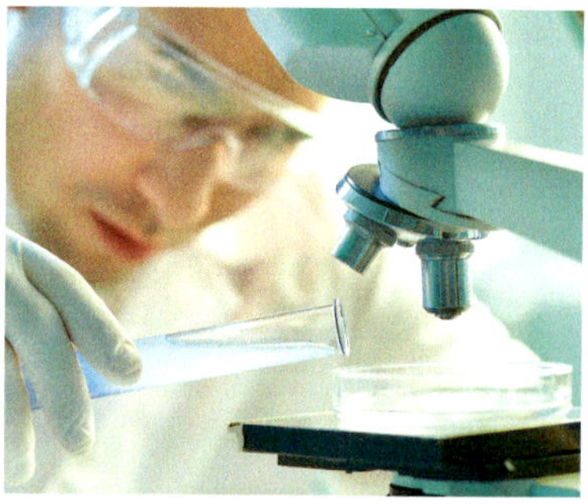

3 Auch Laborarbeit gehört dazu.

Chemische Berufe

Produktionsfachkraft Chemie
Schulische Voraussetzungen: Berufsreife
Ausbildungsdauer: 2 Jahre
Ausbildungsinhalte: Anlagen für chemietechnische Produktions- und Verarbeitungsprozesse bedienen, Wartung und Instandhaltung
Prüfungen: praktische und schriftliche Zwischenprüfung nach einem Jahr; ebensolche Abschlussprüfung nach zwei Jahren
Ausbildungsvergütung: 700 € – 850 €

1. Wähle einen der unten genannten Berufe aus, informiere dich darüber im Internet oder bei der Arbeitsagentur und stelle den Beruf deiner Klasse vor.

2. Suche nach weiteren, hier nicht aufgeführten Berufen in der Chemie und stelle einen davon in einem Kurzvortrag der Klasse vor.

Chemielaborant/in
Schulische Voraussetzungen: Berufsreife, aber fast immer wird mindestens ein mittlerer Bildungsabschluss verlangt
Ausbildungsdauer: 3,5 Jahre
Ausbildungsinhalte: Vorbereiten und Durchführen chemischer Untersuchungen und Versuchsreihen, Analysieren von Stoffen, Trennen von Stoffgemischen, Herstellen chemischer Substanzen
Prüfungen: praktische und schriftliche Zwischenprüfung am Ende des zweiten Jahres; Abschlussprüfung in prozessorientiertem Arbeiten und analytischer Chemie
Ausbildungsvergütung: 700 € – 1000 €

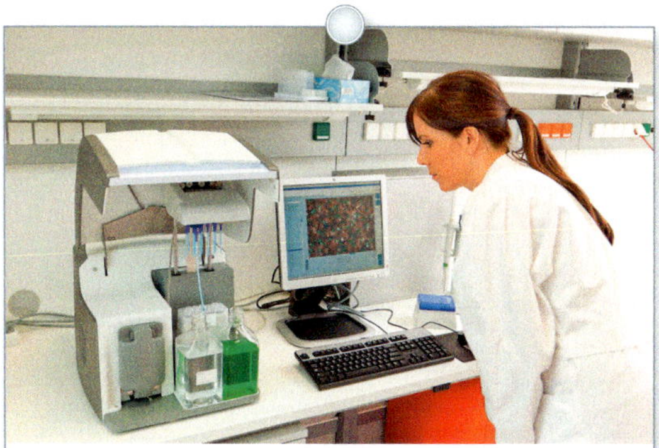

Chemielaborjungwerker/in
Schulische Voraussetzungen: Berufsreife
Ausbildungsdauer: 2 Jahre
Ausbildungsinhalte: einfache Laborarbeiten, Prüfen der Produkte der chemischen Industrie, Probenentnahmen, Versuche und Messungen mit Apparaten und Geräten, Auswertungen
Prüfungen: praktische und schriftliche Zwischenprüfung nach einem Jahr; ebensolche Abschlussprüfung nach zwei Jahren
Ausbildungsvergütung: 750 € – 900 €

Chemisch-technische/r Assistent/in
Schulische Voraussetzungen: mittlerer Bildungsabschluss
Ausbildungsdauer: mindestens 2 Jahre
Ausbildungsinhalte: Analysieren von Proben unterschiedlicher Stoffe, Herstellen chemischer Substanzen, Dokumentieren und Auswerten der Untersuchungsergebnisse
Prüfungen: praktische und schriftliche Abschlussprüfung
Ausbildungsvergütung: keine, da schulische Ausbildung

PINNWAND

Säuren, Laugen, Salze

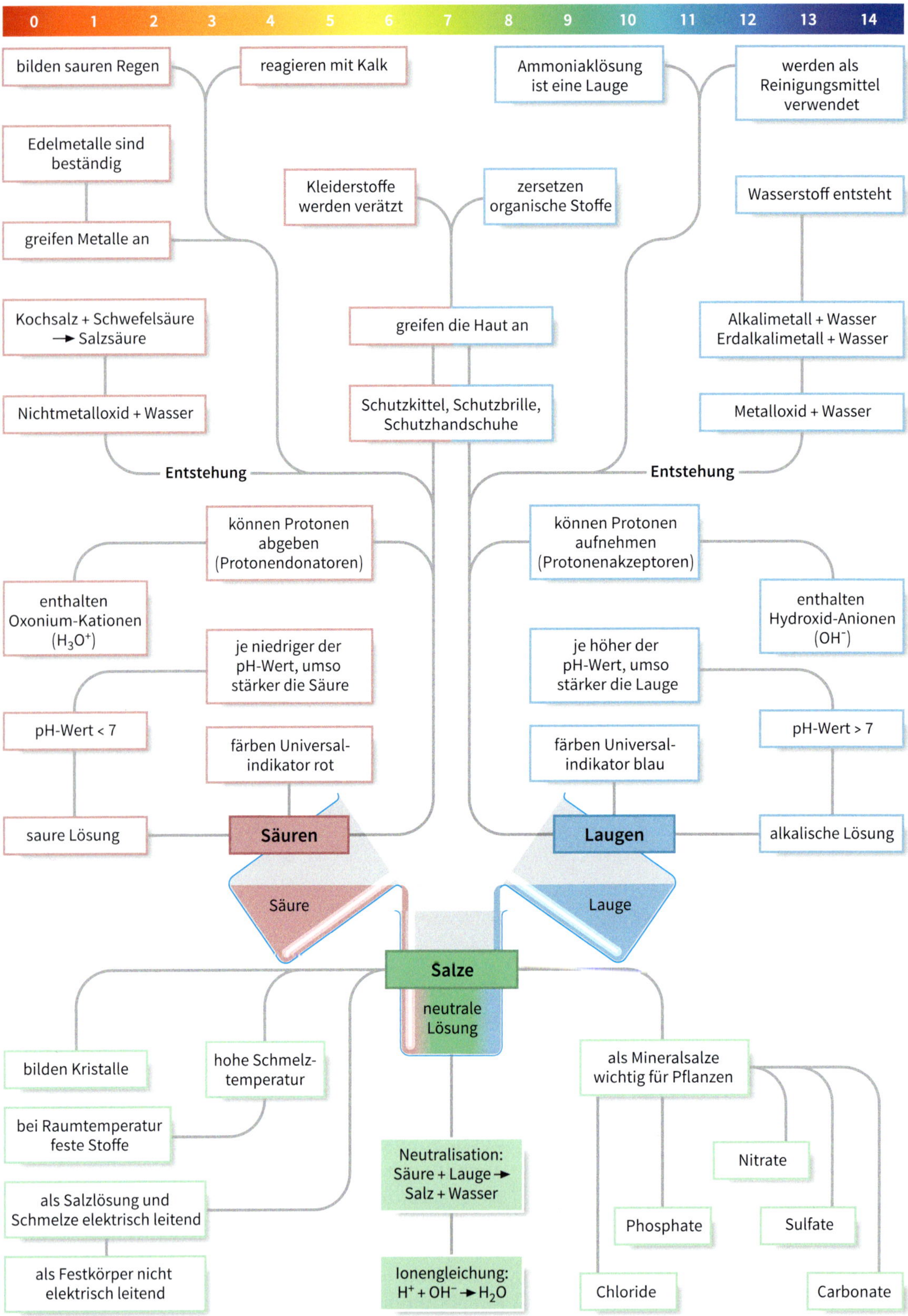

→ METHODE S. 12/13

Säuren, Laugen, Salze

Stoff-Teilchen-Beziehungen | **Struktur-Eigenschafts-Beziehungen** | **Chemische Reaktion**

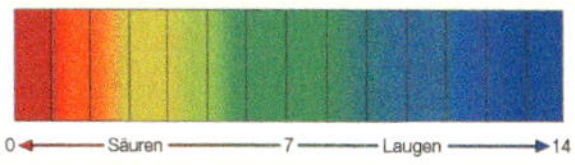

Stoff-Teilchen-Beziehungen

1. Ⓐ
Beschreibe die unterschiedlichen Eigenschaften von Säuren und Laugen.

→ S. 223

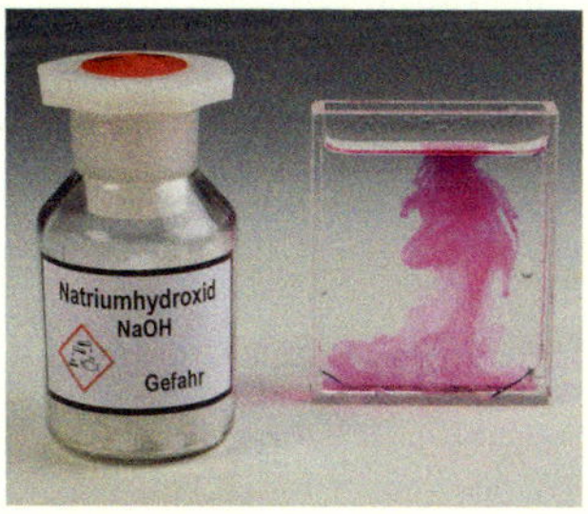

Stoff-Teilchen-Beziehungen

2. Ⓐ
Nenne die Teilchen, die saure oder alkalische Lösungen kennzeichnen.

3. Ⓐ
Nenne Stoffe, die mit Wasser alkalische Lösungen bilden können.

→ S. 239

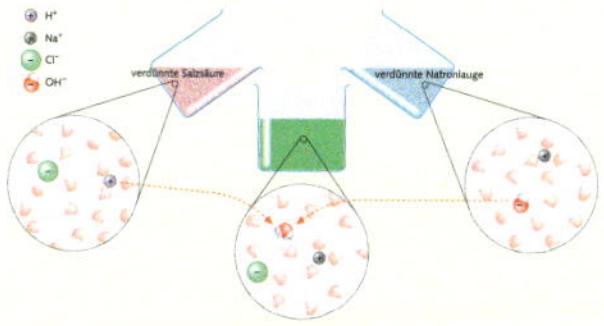

Struktur-Eigenschafts-Beziehungen

4. Ⓐ
Nenne drei Verwendungsmöglichkeiten von
a) Säuren,
b) Laugen.

5. Ⓐ
Säuren unterscheiden sich in ihrem Aufbau von Laugen. Beschreibe diese Unterschiede.

→ S. 247

Chemische Reaktion

6. Ⓐ
Die Reaktion zwischen Salzsäure und Kalilauge ist eine chemische Reaktion.
a) Benenne diese Reaktion.
b) Handelt es sich um eine exotherme oder um eine endotherme Reaktion?
c) Formuliere die Reaktionsgleichung in Symbolschreibweise.

→ S. 264

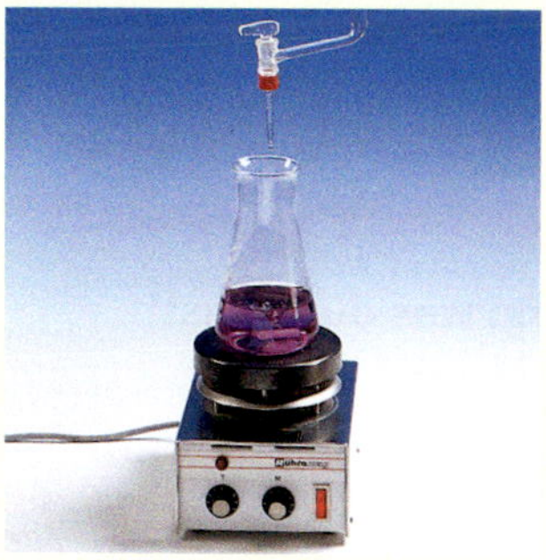

Stoff-Teilchen-Beziehungen

7. Ⓐ
Beschreibe die Aufgaben der Salze als Mineraldünger in Gartenbau und Landwirtschaft.

→ S. 269

Säuren, Laugen, Salze

Säuren und saure Lösungen

Kannst du schon...

... Beispiele für Säuren aus Haushalt und Chemielabor aufzählen? (S. 222)
... mögliche Indikatoren für Säuren und Laugen nennen? (S. 222)
... Sicherheitsmaßnahmen beim Arbeiten mit Säuren und Laugen aufzählen? (S. 222)
... pH-Werte von verschiedenen Stoffen interpretieren? (S. 223)
... erläutern, wie schweflige Säure und Kohlensäure entstehen und verwendet werden? (S. 224)
... die unterschiedliche Reaktion von Metallen mit sauren Lösungen beschreiben? (S. 225)
... erläutern, wie verschiedene Säuren mit weiteren Stoffen reagieren? (S. 226)
... Eigenschaften von Salzsäure, Schwefelsäure und Salpetersäure nennen? (S. 226)
... die Herstellung von Salzsäure beschreiben? (S. 227)
... den Zusammenhang zwischen sauren Lösungen und Oxonium-Ionen erklären? (S. 228 – 229)
... Beispiele für die Verwendung von Säuren in deinem Alltag nennen? (S. 231)
... den Zusammenhang zwischen sauren Lösungen und dem Waldsterben erläutern? (S. 233)

Zeig, was du kannst!

1. Nenne den Zusammenhang zwischen Säuren und Laugen und dem pH-Wert.

2. Beschreibe die Reaktion von Salzsäure mit Magnesium.

3. Beschreibe die Reaktion von Salzsäure mit Kalk.

4. Nenne Verwendungsmöglichkeiten für Salzsäure, Schwefelsäure und Salpetersäure.

Laugen und alkalische Lösungen

Kannst du schon...

... Beispiele für Laugen aus Haushalt und Chemielabor aufzählen? (S. 234)
... die Reaktion von Metalloxiden und Wasser beschreiben? (S. 235)
... die Bedeutung von Hydroxid-Ionen bei alkalischen Lösungen nennen? (S. 235)
... erklären, wieso Kalk und alkalische Lösungen im Zusammenhang stehen? (S. 235)
... den Zusammenhang zwischen Laugen und der Reaktion von Alkali- oder Erdalkalimetallen mit Wasser herstellen? (S. 236)
... den Zusammenhang zwischen alkalischen Lösungen und Hydroxid-Ionen erklären? (S. 238 – 239)
... beschreiben, wie Ammoniak hergestellt wird? (S. 237)
... die Eigenschaften von Ammoniak nennen und den Springbrunnenversuch erklären? (S. 237)
... Beispiele für die Verwendung von Laugen in deinem Alltag nennen? (S. 241)
... das Haber-Bosch-Verfahren beschreiben? (S. 242)
... den Zusammenhang zwischen der Konzentration von sauren oder alkalischen Lösungen und dem pH-Wert erklären? (S. 250)

Zeig, was du kannst!

5. Nenne Verwendungsbeispiele für Laugen in deinem Alltag.

6. Beschreibe die Reaktion von Branntkalk mit Wasser.

7. Beschreibe, wie ein Versuch zum Nachweis von Chlorwasserstoff mittels Ammoniak durchgeführt werden kann.

8. Erläutere das Haber-Bosch-Verfahren.

9. Erkläre den Namen der Laugenbrezel.

Neutralisationen und Salze

Kannst du schon...

... die Reaktion zwischen einer Säure und einer Lauge beschreiben? (S. 246)
... die entsprechenden Ionengleichungen aufschreiben? (S. 247)
... Anwendungen der Neutralisation nennen? (S. 248)
... die Definition von Säuren und Basen nach BRÖNSTED erläutern? (S. 249)
... mehrere Möglichkeiten der Salzbildung aufschreiben? (S. 264)
... erklären, wie Salznamen gebildet werden? (S. 265)
... die Bedeutung von Salzen als Mineralien und als Mineraldünger erläutern? (S. 266 – 269)

Zeig, was du kannst!

10. A
Beschreibe unter Zuhilfenahme des Ionenbegriffs die grundsätzliche Reaktion einer Säure mit einer Lauge und erläutere, warum das Endprodukt meist ein ungefährlicher Stoff ist.

11. A
Erläutere, warum Wälder gelegentlich gekalkt werden.

12. A
a) Erläutere, was unter einem Protonendonator und einem Protonenakzeptor zu verstehen ist.
b) Bringe die beiden Begriffe mit sauren und alkalischen Lösungen in Verbindung.

13. A
Notiere die Definition für die Stoffmengenkonzentration *c*.

Wasser wird verschmutzt und gereinigt

Kannst du schon...

... mehrere mögliche Ursachen der Verschmutzungen von Gewässern nennen? (S. 254 – 255)
... die Veränderungen der Wassergüte des Rheins in den letzten Jahrzehnten beschreiben? (S. 255)
... die Reinigungsstufen einer Kläranlage aufzählen? (S. 256 – 257)
... übersichtlich darstellen, wie Abwasser gereinigt wird? (S. 256 – 257)

Zeig, was du kannst!

14. A
Zähle mehrere Bereiche auf, aus denen es zu einer Wasserverschmutzung kommen kann.

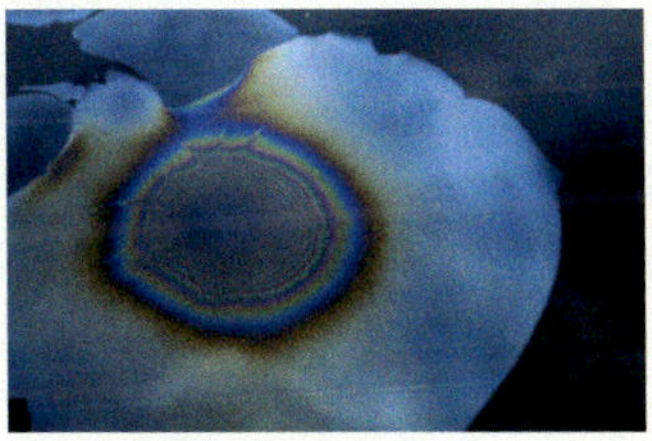

15. A
Nenne die Eigenschaften von Wasser der Gewässergüteklasse 1.

16. A
Begründe die Verbesserung der Qualität vieler Oberflächengewässer in den letzten Jahrzehnten.

17. A
Zähle die einzelnen Stationen einer Kläranlage auf.

Wichtige Begriffe

- Indikator
- pH-Wert
- Säure, saure Lösung
- Base, Lauge, alkalische Lösung
- Neutralisation
- Oxonium-Kation
- Hydroxid-Anion
- Protonenübertragung
- Donator-Akzeptor-Prinzip

Erdöl, Erdgas und Kohle

Können Kühe das Klima beeinflussen?

Die Erde – ein Treibhaus? Welche Gase sind dafür verantwortlich?

In Kohlekraftwerken wird Kohle verbrannt. Welche anderen Möglichkeiten der Energieerzeugung gibt es?

Die Entstehung von Erdöl, Erdgas und Kohle

1. Nenne je vier Länder
a) mit Erdgasvorkommen,
b) mit Erdölvorkommen,
c) mit Braunkohlevorkommen,
d) mit Steinkohlevorkommen.

2. Beschreibe,
a) woraus Erdöl und Erdgas
b) woraus Braunkohle und Steinkohle entstanden sind.

3. Nenne Gemeinsamkeiten und Unterschiede bei der Entstehung von Erdöl und Kohle.

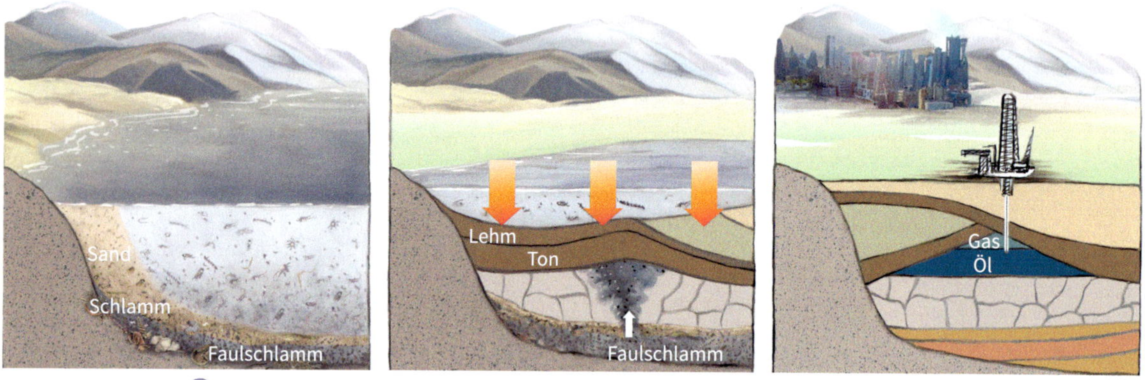

1 So entstand Erdöl.

Erdöl und Erdgas entstehen

Vor Millionen Jahren waren weite Teile der Erde von Meeren bedeckt, in denen unzählige Kleinstlebewesen lebten. Abgestorben sanken sie auf den Meeresboden. Sie bildeten dort mächtige Schichten, die von der Luft abgeschlossen waren.
Bakterien zersetzten die Kleinstlebewesen und es bildete sich Faulschlamm. Darüber lagerten sich in Jahrmillionen immer wieder Erdschichten. Durch Druck und Wärme wurde der Faulschlamm allmählich in Erdöl und Erdgas umgewandelt.

Kohle entsteht

Vor mehr als 300 Millionen Jahren waren große Teile der Erde von tropischen Sumpfwäldern bedeckt, die immer wieder von Wasser überflutet wurden. Bäume und andere Pflanzen starben ab, Ton und Sand deckten die abgestorbenen Pflanzen zu. Dadurch wurden diese von der Luft abgeschlossen. Sie wandelten sich um zu Torf.
Dieser Vorgang wiederholte sich und die Schichten wurden immer stärker zusammengepresst. Der Torf wurde schließlich in Jahrmillionen zu Braunkohle und in weiteren Jahrmillionen zu Steinkohle. Die Prozesse spielen sich auch heute noch ab.

Du kannst die Entstehung von Erdöl, Erdgas und Kohle beschreiben.

2 So entstand Kohle.

Förderung von Braun- und Steinkohle

1. A
Nenne zwei Braunkohleabbaugebiete in Deutschland.

2. Q
Recherchiere, wie viele Tonnen Braunkohle jährlich in Deutschland abgebaut werden.

3. Q
Informiere dich und berichte, was mit den ausgekohlten Förderstätten geschieht.

4. A
Beschreibe die abgeschlossene Rekultivierung des ehemaligen Braunkohlereviers in der Niederlausitz.

5. Q
Informiere dich und berichte über die Erschließung neuer Gebiete, in denen Braunkohle abgebaut werden soll.

6. Q
a) Nenne zwei Abbaugebiete von Steinkohle in Deutschland.
b) Recherchiere, wie viele Tonnen Steinkohle jährlich in Deutschland abgebaut werden. Wie viele Tonnen werden jährlich importiert?

7. A
Begründe, warum immer mehr Steinkohle importiert wird.

Abbau von Braunkohle

Braunkohle wird im Tagebau abgebaut, da sie im Gegensatz zur Steinkohle nur 40 m bis 160 m unter der Erdoberfläche liegt. Die Schichten der Braunkohle, die **Flöze,** sind durchschnittlich 40 m stark. Zunächst wird die Deckschicht aus Erde, Sand und Kies abgebaggert. Das ist der Abraum. Im Tagebau werden riesige Maschinen eingesetzt. So kommen dort Schaufelradbagger zum Einsatz, die 200 m lang und 100 m hoch sein können. Sie räumen pro Tag bis zu 240 000 t ab. Das ist das Volumen eines Würfels mit einer Kantenlänge von 62 m. Über Förderbänder wird die Braunkohle zu den nahe gelegenen Kraftwerken transportiert. Mit dem Abraum werden die ausgeräumten (ausgekohlten) Förderstätten wieder aufgefüllt. So können die ehemaligen Abbaugebiete rekultiviert werden.

Abbau von Steinkohle

In der Regel liegt die Steinkohle in Europa in Flözen von geringer Dicke sehr tief in der Erde. Deshalb kann sie nicht im Tagebau abgebaut werden, sondern wird im **Untertagebau** gewonnen. Von Schächten, die über 1000 m tief in das Erdreich über Kohle führende Schichten getrieben werden, gehen Förderstrecken zu allen Seiten ab. Hier werden Spezialmaschinen eingesetzt (Bild 2). Die Förderleistung pro Mann und Schicht beträgt im Steinkohlebergbau nur einen Bruchteil der Fördermenge, die beim Abbau von Braunkohle erreicht wird. Für die Sicherheit im Untertagebau muss viel mehr Geld ausgeben werden als im Tagebau. Der Preis für eine Tonne Steinkohle, die in Europa abgebaut wird, ist viel höher als der Preis für Importsteinkohle, denn diese kann meistens im Tagebau abgebaut werden, zum Beispiel in Australien.

Du kannst die unterschiedliche Förderung von Braun- und Steinkohle in Deutschland beschreiben.

1 Braunkohleabbau im Tagebau

2 Steinkohleabbau im Untertagebau

Verarbeitung von Braun- und Steinkohle

1. Gib den Anteil der Kohlearten an der Gesamterzeugung von elektrischer Energie an.

2. Nenne Umweltbelastungen, die bei der Verstromung von Kohle auftreten.

3. Nenne weitere Verwendungsmöglichkeiten für Braunkohle.

4. Erkläre, was Koks ist, wie er hergestellt wird und wozu er gebraucht wird.

5. Berichte über Braun- und Steinkohle als Rohstoff in der chemischen Industrie.

6. Begründe, warum heute aus Steinkohle kein Benzin mehr hergestellt wird.

1 Kohlekraftwerk

Verstromung von Kohle

Der weitaus größte Teil der Braunkohle und große Teile der Steinkohle werden in Kraftwerken verbrannt, um Wasser zu verdampfen. Mithilfe des Dampfes werden Turbinen angetrieben, deren angekoppelte Generatoren Elektrizität erzeugen. Das wird Verstromung der Kohle genannt. Bei der Verbrennung entstehen riesige Mengen Kohlenstoffdioxid.

Verkokung von Kohle

Für die Gewinnung von Roheisen aus Eisenerz wird reiner Kohlenstoff benötigt. Dazu wird Steinkohle unter Luftabschluss auf etwa 1100 °C erhitzt. Die in der Kohle enthaltenen Stoffe werden so als Gase ausgetrieben. Auch der Schwefel entweicht gasförmig, sodass das Endprodukt, der **Koks,** schwefelfrei ist. Der Koks wird zur Gewinnung von Roheisen aus Eisenerz benötigt. Er dient als Energielieferant und ist gleichzeitig Reduktionsmittel. Bei der Verkokung von Steinkohle entstehen außer Koks noch Steinkohlenteer und brennbare Gase, die Kokereigase. Sie werden als Energieträger eingesetzt. Wird Braunkohle unter Luftabschluss erhitzt, kann ein wertvolles Filtermaterial gewonnen werden, das die viel teurere Aktivkohle ersetzen kann. Es wird bei der Wasseraufbereitung benutzt.

Kohle in der chemischen Industrie

Der Steinkohlenteer, der bei der Verkokung entsteht, ist für die chemische Industrie ein Rohstoff. Er dient unter anderem zur Herstellung von Kunststoffen und Farbstoffen. Eine Reaktion des Kohlenstoffs der Kohle mit Wasserstoff heißt Kohlehydrierung. Auf diese Weise kann Benzin gewonnen werden.

Du kannst Verarbeitungsprodukte aus den Kohlearten angeben.

2 Herstellung von Koks aus Steinkohle

Steinkohlenteer – Abfall und Rohstoff

Der Steinkohlenteer, der bei der Koksherstellung aus Steinkohle anfällt, wurde lange Zeit als Abfall angesehen. Um die Mitte des 19. Jahrhunderts untersuchten Chemiker diesen Steinkohlenteer und fanden darin Ausgangsstoffe für viele Produkte. Heute sind über 1000 verschiedene Bestandteile im Teer bekannt, etwa 50 davon werden industriell genutzt.

Steinkohlenteer ist eine schwarzbraune, zähe Flüssigkeit. Er ist übelriechend, giftig und kann Krebs erzeugen.

Den Chemikern FELIX HOFFMANN (1868–1946) und ARTHUR EICHENGRÜN (1867–1949) gelang 1897 die Herstellung von Acetylsalycilsäure (ASS). Ausgangsstoff war die **Salycilsäure,** die aus dem Steinkohlenteer gewonnen wurde. ASS wurde unter dem Namen „Aspirin" weltbekannt.

1. ☰ Q
Erstelle eine Liste mit weiteren Stoffen, die aus dem Steinkohlenteer gewonnen werden.

2. ☰ Q
Neben FELIX HOFFMANN gibt es im Zusammenhang mit dem Steinkohlenteer noch einen anderen Chemiker mit fast gleichem Nachnamen, nämlich AUGUST HOFMANN. Halte einen Kurzvortrag über seine Entdeckung.

Im Steinkohlenteer wurde **Anilin** gefunden, ein Ausgangsstoff für künstliche Farben. Dadurch wurde die Kleiderwelt bunter. Die billigeren künstlichen Farbstoffe verdrängten die natürlichen Farbstoffe in allen Bereichen. Heute wird Anilin hauptsächlich aus Erdöl hergestellt.

Um 1890 wurde aus **Toluol,** einem Bestandteil des Steinkohlenteers, ein neuer Sprengstoff, TNT (Trinitrotoluol), hergestellt. Dieser Sprengstoff kann allein durch Feuer nicht zur Explosion gebracht werden. Er muss mit einer Sprengkapsel gezündet werden. Deshalb wird er auch Sicherheitssprengstoff genannt.

Lagerstätten von Erdgas und Erdöl

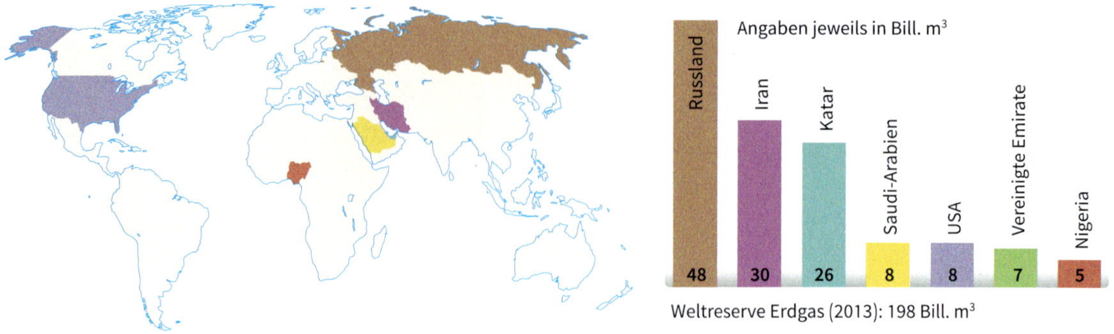

1 Sicher gewinnbare Erdgasmengen

1. Gib den Vorrat an Erdgas in den jeweiligen Lagergebieten in Prozent des Gesamtvorrats an.

2. Nenne mithilfe des Atlas drei Lagerstätten von Erdgas in Westeuropa.

3. Gib den Vorrat an Erdöl in den jeweiligen Lagergebieten in Prozent des Gesamtvorrats an.

4. Nicht alle nachgewiesenen Erdölvorräte werden abgebaut. Nenne Gründe dafür.

Bekannte Erdgas- und Erdöllagerstätten

Die förderbaren Vorräte in den bekannten Lagerstätten reichen bei gleichbleibendem Verbrauch von Erdgas noch für etwa 60 Jahre. Die größten Vorräte liegen im Nahen Osten und in Russland.
Weitere riesige Mengen von Erdgas befinden sich als Gashydrat vor der nordamerikanischen Ostküste in 2000 m bis 3000 m Tiefe. Dieses Gashydrat ist eine Mischung aus Erdgas und Wasser. Es liegt als dicker schneeartiger Teppich auf dem Meeresboden. Allerdings gibt es bis heute noch keine Möglichkeit, diese Vorräte wirtschaftlich zu fördern. Die mit Abstand größten Lagerstätten von Erdöl liegen in Südamerika und Nahen Osten. Doch auch in Europa wird Erdöl gefördert.

Die Vorräte sind endlich

Die Vorräte an Erdöl in den nachgewiesenen Erdöllagerstätten reichen bei gleichbleibendem Verbrauch noch für etwa 50 Jahre. Das ist eine relativ kurze Zeit. Durch geringeren Verbrauch kann die Zeitspanne, in der das Erdöl noch vorhanden ist, ausgedehnt werden. Ganz wichtig ist, dass jetzt schon Alternativen zur Energieversorgung für die Zeit nach dem Erdöl erarbeitet werden.

Du kannst Lagerstätten von Erdgas und Erdöl angeben.

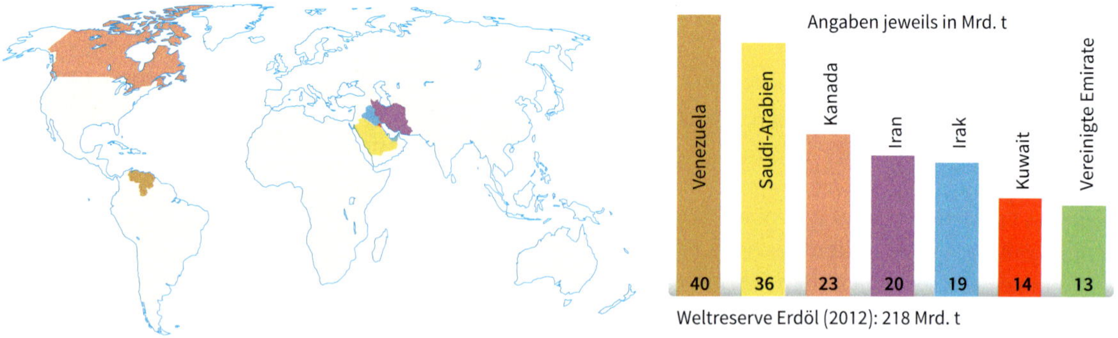

2 Nachgewiesene Erdölreserven

Fördermengen als Wirtschaftsfaktor

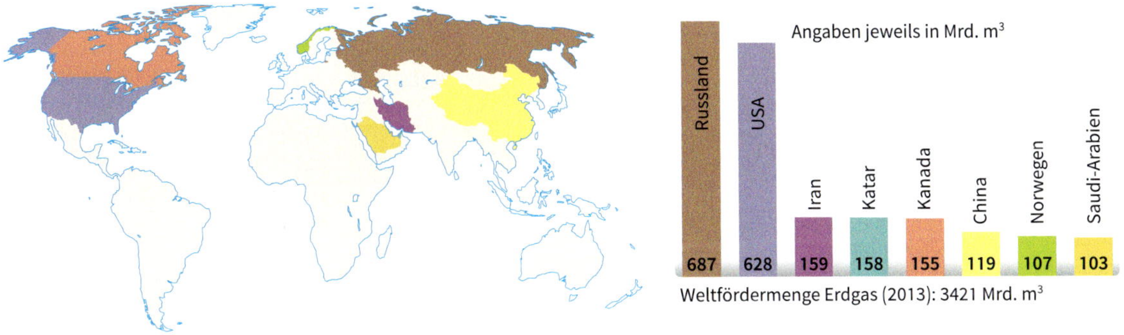

1 Die wichtigsten Erdgasförderländer mit Fördermengen

1. A
Wie viel Prozent der Gesamtfördermengen fördern jeweils die ersten drei Länder (Bild 1)?

2. A
Nenne Gründe, warum die Erdgasfördermengen von Jahr zu Jahr zunehmen.

3. A
Nenne jeweils die wirtschaftlichen Interessen der Länder, die Erdgas oder Erdöl importieren, und der Länder, die Erdgas oder Erdöl exportieren.

4. Q
Informiere dich und berichte über Interessen der OPEC.

OPEC
Organization of the
Petroleum
Exporting
Countries

Erdgas und Erdöl werden exportiert

Die Einnahmen aus dem Export von Erdgas und Erdöl sichern den Förderländern die wirtschaftliche Grundlage. Sie sind daran interessiert, dass sie einen möglichst hohen Preis für ihre Produkte bekommen.
Wird aber Erdgas oder Erdöl in zu großen Mengen angeboten, so sinkt durch das Überangebot der Preis. Wird weniger exportiert, so kann ein höherer Preis für kleinere Mengen erreicht werden. Das geht aber nur, wenn die Erdöl exportierenden Länder sich einig sind. Deshalb haben sie sich zu einem Kartell, der OPEC, zusammengeschlossen.

Erdgas und Erdöl werden importiert

Die Industriestaaten benötigen Erdgas und Erdöl in großen Mengen als Energieträger oder Rohstoff. Doch nicht alle Industriestaaten verfügen selbst über die benötigten Mengen. Sie müssen diese Stoffe aus Ländern importieren, die mehr fördern, als im eigenen Land benötigt wird. Die Importländer wollen möglichst wenig für die Energieträger und Rohstoffe bezahlen und erwarten sie, dass Erdgas und Erdöl immer in den von ihnen gewünschten Mengen zur Verfügung gestellt werden.

Du kannst jeweils die Interessen der Erdgas und Erdöl exportierenden und importierenden Länder angeben.

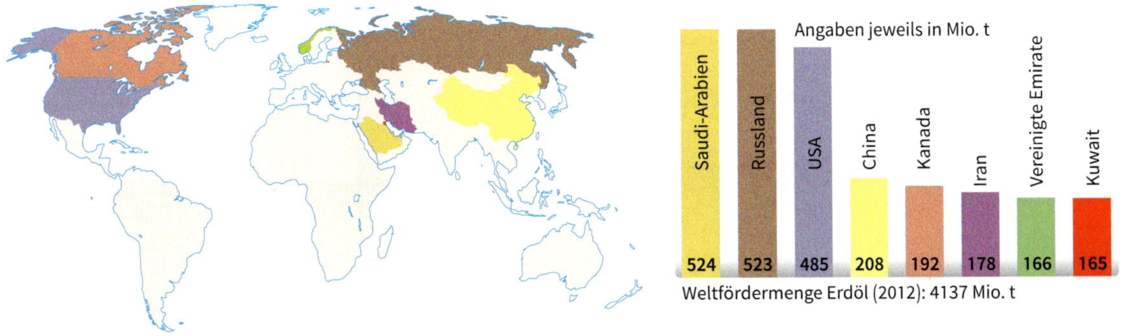

2 Die wichtigsten Erdölförderländer mit Fördermengen

Die Förderung von Erdöl und Erdgas

1. Erkläre den Begriff Offshore bei der Erdölförderung.

2. Mithilfe welcher Verfahren wird Erdöl aus Gesteinsschichten gelöst?

3. Nenne je drei Förderstellen von Erdöl und Erdgas in der Nordsee.

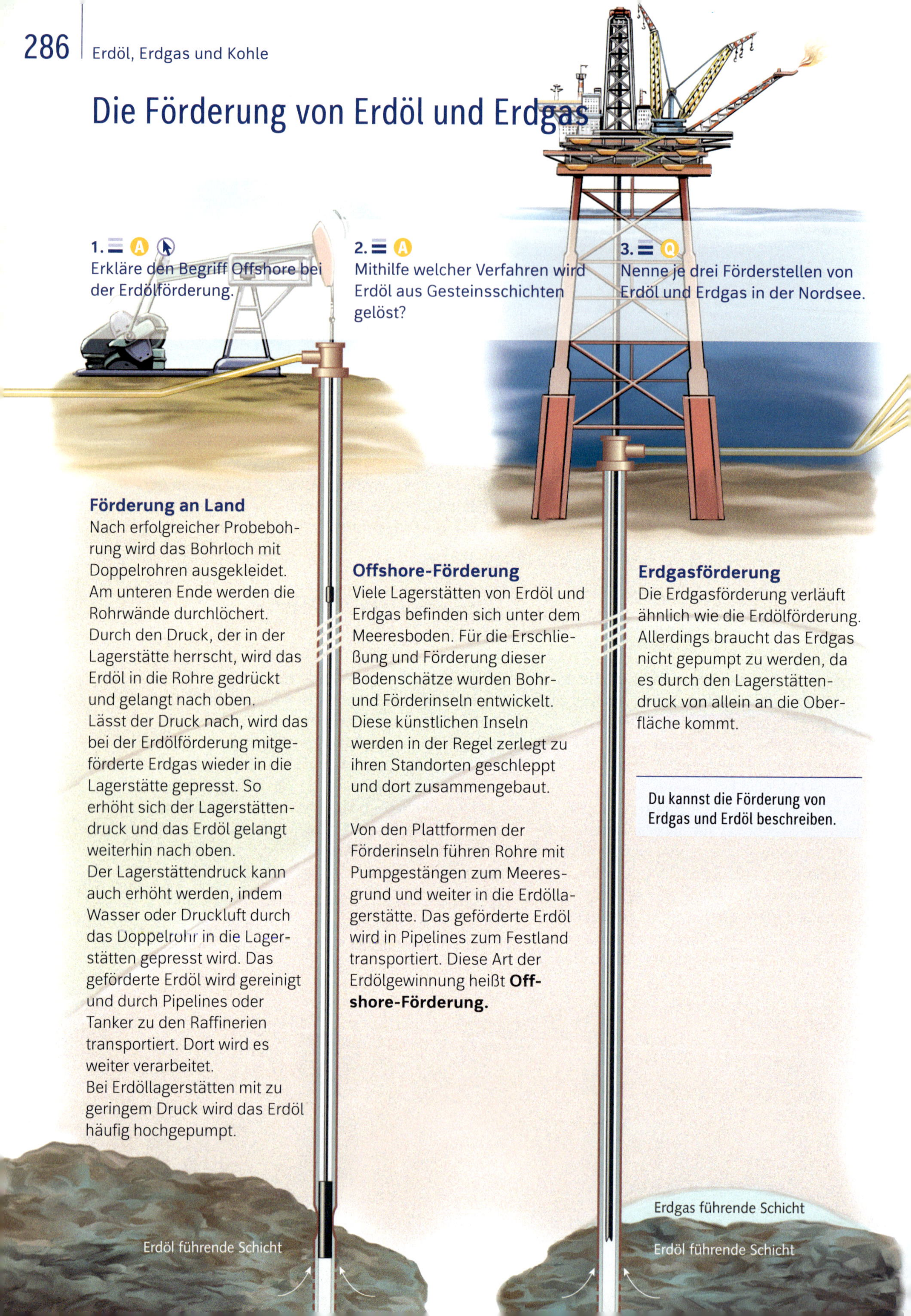

Förderung an Land

Nach erfolgreicher Probebohrung wird das Bohrloch mit Doppelrohren ausgekleidet. Am unteren Ende werden die Rohrwände durchlöchert. Durch den Druck, der in der Lagerstätte herrscht, wird das Erdöl in die Rohre gedrückt und gelangt nach oben. Lässt der Druck nach, wird das bei der Erdölförderung mitgeförderte Erdgas wieder in die Lagerstätte gepresst. So erhöht sich der Lagerstättendruck und das Erdöl gelangt weiterhin nach oben. Der Lagerstättendruck kann auch erhöht werden, indem Wasser oder Druckluft durch das Doppelrohr in die Lagerstätten gepresst wird. Das geförderte Erdöl wird gereinigt und durch Pipelines oder Tanker zu den Raffinerien transportiert. Dort wird es weiter verarbeitet. Bei Erdöllagerstätten mit zu geringem Druck wird das Erdöl häufig hochgepumpt.

Offshore-Förderung

Viele Lagerstätten von Erdöl und Erdgas befinden sich unter dem Meeresboden. Für die Erschließung und Förderung dieser Bodenschätze wurden Bohr- und Förderinseln entwickelt. Diese künstlichen Inseln werden in der Regel zerlegt zu ihren Standorten geschleppt und dort zusammengebaut.

Von den Plattformen der Förderinseln führen Rohre mit Pumpgestängen zum Meeresgrund und weiter in die Erdöllagerstätte. Das geförderte Erdöl wird in Pipelines zum Festland transportiert. Diese Art der Erdölgewinnung heißt **Offshore-Förderung.**

Erdgasförderung

Die Erdgasförderung verläuft ähnlich wie die Erdölförderung. Allerdings braucht das Erdgas nicht gepumpt zu werden, da es durch den Lagerstättendruck von allein an die Oberfläche kommt.

Du kannst die Förderung von Erdgas und Erdöl beschreiben.

Die Transportwege des Erdöls

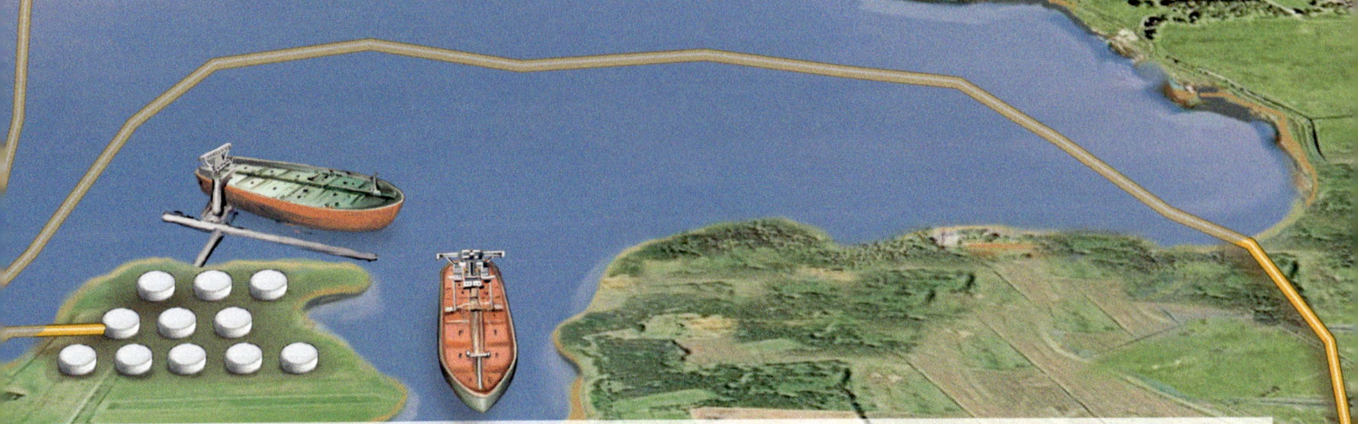

1. Beschreibe mögliche Wege des Erdöls von Kuwait nach Deutschland.

2. Nenne die Vorteile des Öltransports durch Pipelines.

3. Nenne Gefahren, die beim Transport von Erdöl durch Tanker bestehen.

4. Informiere dich und berichte über das Tankerunglück der Exxon Valdez 1989 vor der Küste Alaskas.

Öl muss transportiert werden

Das geförderte Erdöl muss in der Regel vom Bohrloch über weite Wege transportiert werden, bis es in den Raffinerien zu gebrauchsfertigen Produkten verarbeitet werden kann.

Transport durch Pipelines

Pipelines sind Rohrleitungen, durch die Flüssigkeiten oder Gase über weite Strecken transportiert werden können. Die Rohre werden in der Regel aus dicken Stahlblechen hergestellt. Sie haben einen Durchmesser von bis zu 1,5 m und erhalten von außen eine zusätzliche Kunststoffbeschichtung. Die Rohre werden zusammengeschweißt und meistens unterirdisch verlegt. Pipelines sind sehr sichere Transportwege.

Tanker fahren über die Meere

Muss Erdöl über Meere transportiert werden, werden **Tankschiffe** eingesetzt. Das bisher größte Tankschiff ist 485 m lang, 69 m breit und hat einen Tiefgang von 24 m.

Von den Tankern geht eine große Gefahr für die Umwelt aus. Läuft wegen eines Schiffsunglücks Öl aus, werden große Gebiete des Meeres von einem Ölteppich bedeckt und lange Küstenstreifen durch Erdöl verseucht. Viele Tiere, die im Meer oder an der Küste leben, gehen elend zugrunde.
Seit einigen Jahren müssen neue Tankschiffe einen Doppelrumpf haben, damit auch bei einem Unfall das Öl nicht sofort auslaufen kann.

Du kannst die Förderung von Erdgas und Erdöl beschreiben.

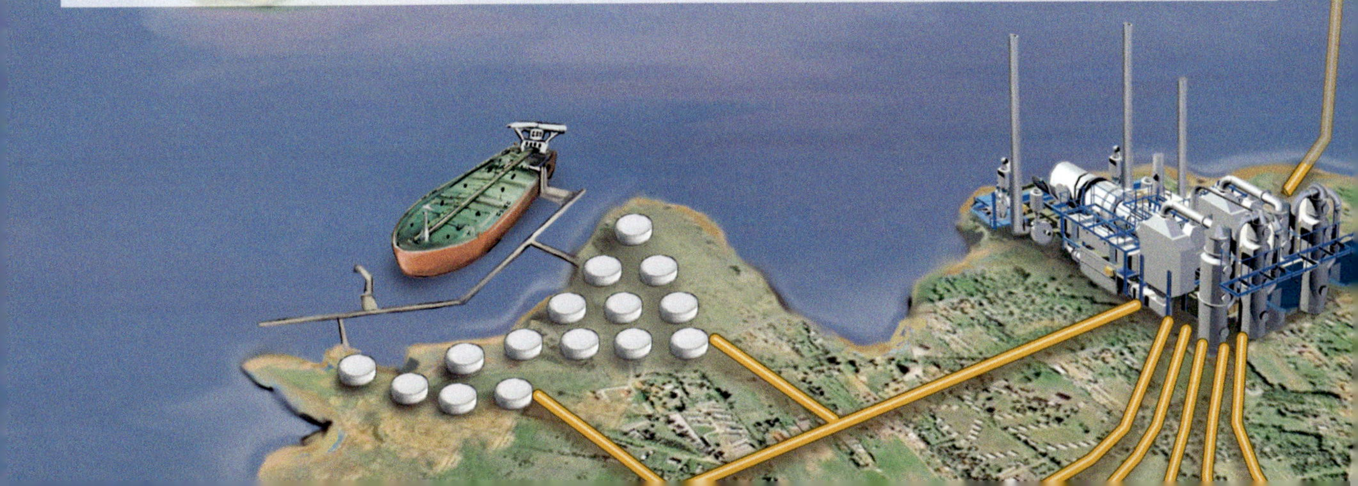

Suche nach weiteren Erdölvorkommen

1. Ⓐ
Beschreibe das Prinzip des seismischen Suchverfahrens bei der Erdölsuche.

2. Ⓐ
Begründe, warum bei der Suche nach Erdöl immer mehrere Verfahren angewandt werden.

3. Ⓐ
Erkläre, warum nach erfolgreicher Bohrung nicht alle Erdölquellen zur Förderung genutzt werden.

4. Ⓐ
Nenne Gründe, warum bei der Erdgassuche ähnliche Verfahren eingesetzt werden wie bei der Erdölsuche.

Mit Schall zum Erdöl

Die Vorräte der bekannten Lagerstätten von Erdöl und Erdgas reichen nicht mehr lange, wenn keine neuen Lagerstätten gefunden werden.

Durch Schall ist es möglich, den Aufbau der Erdschichten und mögliche Erdöllagerstätten zu erkennen. Sprengungen erzeugen Schallwellen, die sich in den verschiedenen Gesteinsschichten mit unterschiedlichen Geschwindigkeiten ausbreiten. An den Schichtgrenzen wird ein Teil der Schallwellen reflektiert. In die Erde eingelassene Mikrofone, die **Geofone,** nehmen den reflektierten Schall auf. Diese Methode wird als **seismisches Verfahren** bezeichnet. Aus den Messdaten wird ähnlich wie bei der Messung von Erdbeben ein Seismogramm erstellt, das Informationen über die Art der Gesteinsschichten und ihre Mächtigkeit gibt. Daraus kann eine Prognose erstellt werden, ob an einer bestimmten Stelle Erdöl oder Erdgas vorhanden sein könnte.

Sicherheit durch mehrere Verfahren

Da Probebohrungen sehr teuer sind, werden zur Bestätigung der aus dem seismischen Verfahren gewonnenen Vermutungen weitere Untersuchungsverfahren eingesetzt.

Erst wenn die Vermutung durch mehrere Verfahren bestätigt worden ist, erfolgen Probebohrungen. Die meisten Bohrtiefen liegen zwischen 1000 m und 3000 m. Bei erfolgreicher Bohrung werden die Bohrlöcher verrohrt und durch Armaturen verschlossen. Entweder beginnt jetzt die Förderung oder das Vorkommen dient als Reserve.

Du kannst das seismische Verfahren zur Suche von Erdölvorkommen beschreiben.

Ein merkwürdiger Stoff verändert ein Dorf

Der merkwürdige Stoff
Im Jahre 1652 schrieb der Vogt von Winsen/Aller an den Großvogt in Celle über einen Stoff, der auf den Wiesen und auf den Äckern des Dorfes Wietze aus dem Boden quoll. Die Bewohner des Dorfes gruben den mit Sand vermischten Stoff aus. In großen Trögen wurde das Gemisch mit Wasser versetzt und kräftig gerührt. Der Sand setzte sich am Boden des Troges ab, der Stoff schwamm auf dem Wasser und konnte abgeschöpft werden. Er wurde zum Abdichten von Fässern, Kähnen und Dächern, als Wagenschmiere und Teer genutzt. Noch ahnten die Einwohner nicht, dass sie Erdöl gefunden hatten.

Jetzt ging es richtig los
1859 wurde in Wietze die erste Bohrung nach Bodenschätzen in Deutschland durchgeführt. Es wurde nach Braunkohlelagerstätten gesucht. Dabei wurde überraschend Erdöl gefunden. Die anfänglich geringe Fördermenge wurde durch das Auffinden neuer Erdölfelder immer größer. Ein Erdölboom war ausgebrochen. 1910 konnten etwa 80 % des Erdölbedarfs von Deutschland durch das Erdöl aus den Erdölquellen in Wietze gedeckt werden.

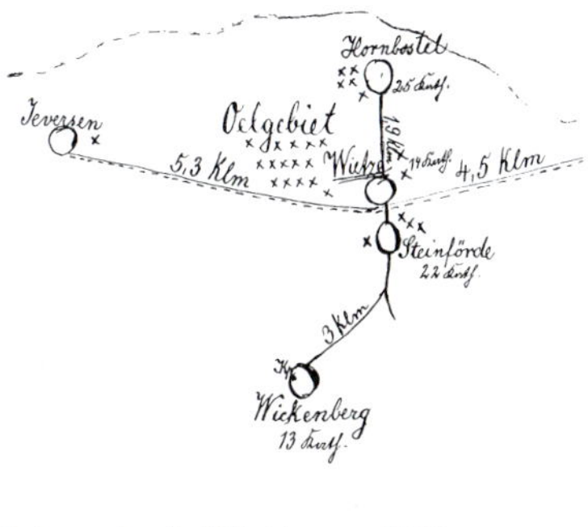

1 Lage des Erdölfeldes um 1910

2 Erdölfeld bei Wietze um 1910

Der Ort verändert sich
Mit den Erdölquellen und der Förderung des Erdöls veränderten sich die Einwohnerzahl und die wirtschaftliche Struktur des Ortes Wietze. Aus einer ruhigen und stillen Ortschaft wurde der Mittelpunkt der Erdölförderung in Deutschland. Es wurden viele Arbeitskräfte für die Förderung des Öls benötigt, weit mehr als Wietze zu der Zeit an Einwohnern hatte. Arbeitskräfte von auswärts wurden angeworben. Schnell hatte sich die Einwohnerzahl des Ortes verzehnfacht.

Erdöl schmiert die Wirtschaft
Das geförderte Öl musste zur Weiterverarbeitung abtransportiert werden. Dazu waren viele Fuhrleute und Fuhrwerke notwendig, die außerdem auch das benötigte Baumaterial herbeischafften. Geräte und Fuhrwerke mussten repariert werden, Wohnungen und Fahrwege mussten gebaut werden, Baumaterial hergestellt werden. So wirkte die Erdölförderung auf viele andere Wirtschafts- und Berufszweige und verschaffte vielen Menschen Arbeit und Brot.

Umweltbelastungen durch das Erdöl
Die Umwelt wurde durch die Erdölförderung sehr stark belastet. Oft waren die Bohrlöcher nicht ausreichend abgedichtet, sodass große Mengen von Erdöl unkontrolliert an der Erdoberfläche austraten und anschließend im Boden versickerten. Beim Abfüllen des Erdöls in Fässer traten weitere Verunreinigungen auf. Weite Landflächen, Bäche und Flüsse waren schwarz vom Erdöl.

Das war's – fast
1963 wurde die Erdölförderung in Wietze eingestellt. Die vorhandenen Quellen waren erschöpft, die Erschließung weiterer Quellen war zu teuer. Heute ist in Wietze von den ursprünglichen Umweltbelastungen durch das Erdöl nichts mehr zu sehen.
So ganz hat sich das Erdöl aber nicht von Wietze verabschiedet. Hier befindet sich nämlich das bedeutendste Erdölmuseum Europas mit seltenen Ausstellungsstücken und einer großen Außenanlage mit Bohrgeräten.

Die Verarbeitung von Erdgas und Erdöl

1.
Nenne verschiedene Gründe, warum Erdgas
a) getrocknet werden muss,
b) entschwefelt werden muss.

2.
Gib an, was mit dem Schwefel geschieht, der bei der Entschwefelung des Erdgases anfällt.

3.
Begründe, warum das geförderte Erdöl vor dem weiteren Transport gereinigt wird.

4.
Beschreibe den Unterschied zwischen Erdöl und Rohöl.

5.
Begründe, warum Erdölfraktionen einen Siedebereich und keinen Siedepunkt haben.

6.
Nenne die verschiedenen Fraktionen, die bei der Destillation entstehen. Gib auch ihre Verwendung an.

1 Entschwefelungsanlage für Erdgas

2 Erdölraffinerie

Aufbereitung des Erdgases

Das Erdgas, das aus dem Bohrloch kommt, enthält neben Wasser auch den sehr giftigen, übelriechenden Schwefelwasserstoff. Diese beiden Stoffe greifen Pipelines und Verarbeitungsanlagen stark an. Rohre und Leitungen würden sehr schnell korrodieren und müssten immer wieder ersetzt werden. Der giftige Schwefelwasserstoff muss außerdem aus Gründen der Sicherheit und des Umweltschutzes aus dem Erdgas entfernt werden.

Das Erdgas wird in einer Trocknungsanlage vom Wasser befreit. Es wird durch Glykol geleitet, das dem Erdgas das Wasser entzieht. Nach der Trocknung wird das Erdgas in eine Entschwefelungsanlage geleitet.
Bei der Entschwefelung des Erdgases werden pro Jahr fast zwei Millionen Tonnen Schwefel gewonnen. Das deckt mehr als den gesamten Bedarf der chemischen Industrie in Deutschland an Schwefel. Das vollständig entschwefelte Erdgas wird an Haushalte und Industrie geliefert.

Aufbereitung des Erdöls

Das Erdöl, das aus dem Bohrloch fließt, enthält außer Öl auch Gas, Salzwasser und weitere Verunreinigungen. Durch diese Verunreinigungen können Pipelines und Tanks stark angegriffen und schließlich zerstört werden. Deshalb wird das Erdöl vor dem Weitertransport mit Pipelines oder Tankschiffen von den aggressiven Beimischungen befreit.

Zuerst wird das Erdöl im Gasabscheider vom Gas getrennt. Im anschließenden Nassöltank setzen sich das Salzwasser und weitere Verunreinigungen wie Schlamm und Gesteinsbröckchen wegen ihrer höheren Dichte am Boden ab. Sie können abgezogen werden. Das Erdöl heißt jetzt **Rohöl.**

Das Salzwasser wird wieder in die Lagerstätte des Erdöls gepresst. Das so gereinigte Rohöl wird zu den Raffinerien transportiert, wo es verarbeitet wird.

Der Destillationsturm

Das Rohöl wird in einem Röhrenofen auf etwa 350 °C erhitzt. Dabei entsteht ein Gemisch aus Öldampf und flüssigem Öl. Es wird in den bis zu 50 m hohen **Destillationsturm** geleitet. Die flüssigen Bestandteile sinken nach unten und werden zur weiteren Bearbeitung abgezogen. Der Öldampf enthält viele verschiedene Bestandteile des Rohöls. Sie bestehen aus unterschiedlich großen Molekülen, haben deshalb unterschiedliche Siedetemperaturen und können so im Destillationsturm getrennt werden. Der Turm ist durch Zwischenböden in Stockwerke eingeteilt. Vom untersten zu den oberen Stockwerken nimmt die Temperatur ab. Die Zwischenböden enthalten viele Öffnungen, die jeweils mit einem gewölbten Deckel, der **Glocke,** überdeckt sind (Bild 3). Die Zwischenböden heißen deshalb **Glockenböden.**

Vorgänge im Destillationsturm

Jeder Zwischenboden wird auf einer bestimmten Temperatur gehalten. Von unten strömt der Öldampf durch die Öffnungen im Boden. Er wird dabei von der Glocke so umgelenkt, dass er durch die Flüssigkeit am Boden hindurchströmen muss (Bild 3). Die heißen Öldämpfe kühlen sich dabei ab. Alle Bestandteile mit einer Siedetemperatur um beispielsweise 200 °C kondensieren hier. Die Bestandteile des Öldampfs, die eine niedrigere Siedetemperatur als 200 °C haben, bleiben gasförmig und steigen weiter zum nächsten Glockenboden auf. Dort wiederholt sich der Kondensationsvorgang bei einer niedrigeren Temperatur. Die Stoffe mit einer sehr niedrigen Siedetemperatur bleiben gasförmig. Sie werden an der Spitze des Turms abgeleitet.

Zerlegen in Fraktionen

Bei der Erdöldestillation wird das Rohöl nicht in einzelne Reinstoffe zerlegt, sondern es entstehen Gemische aus Erdölbestandteilen, deren Siedetemperaturen nahe beieinanderliegen. Sie werden von den Glockenböden regelmäßig abgezogen und in Tanks gesammelt. Solche Gemische heißen **Fraktionen.** Diese Art der Destillation eines Flüssigkeitsgemisches heißt deshalb **fraktionierte Destillation.**

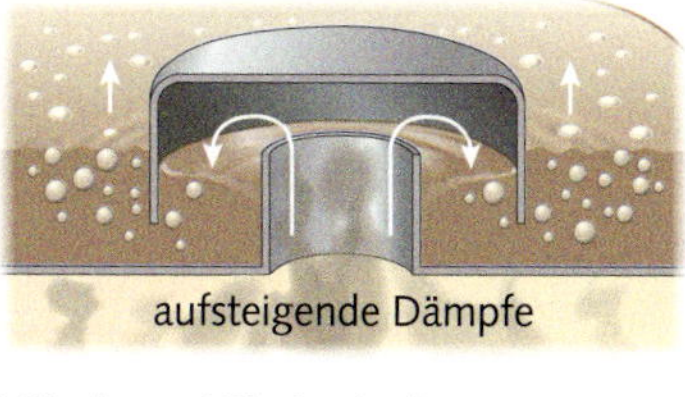

3 Glocke und Glockenboden

Du kannst die Verarbeitung von Erdgas und Erdöl beschreiben.

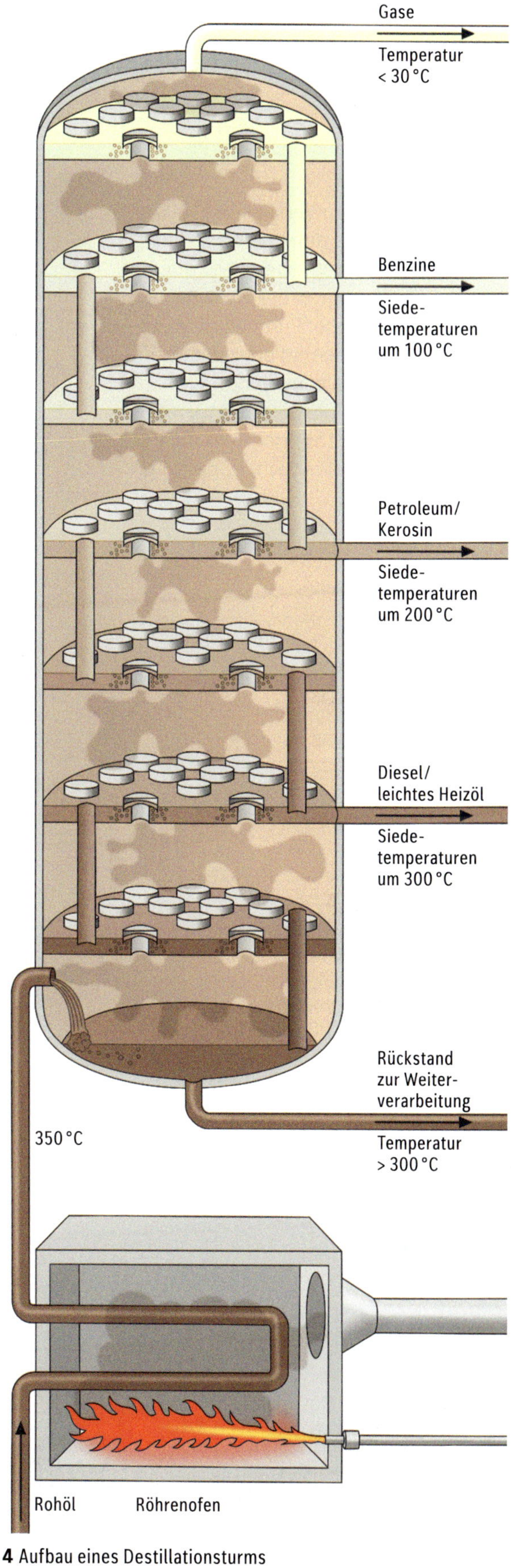

4 Aufbau eines Destillationsturms

Destillation bei Unterdruck

1.

a) Baue den Versuch wie in Bild 1 auf. Fülle den Kolben zu vier Fünftel mit Wasser. Verbinde das Winkelrohr mit der Wasserstrahlpumpe. Pumpe Luft aus dem Kolben und erhitze das Wasser bis zum Sieden.
b) Notiere die Siedetemperatur, die du am Thermometer abliest.
c) Erkläre das Verhalten des Wassers.

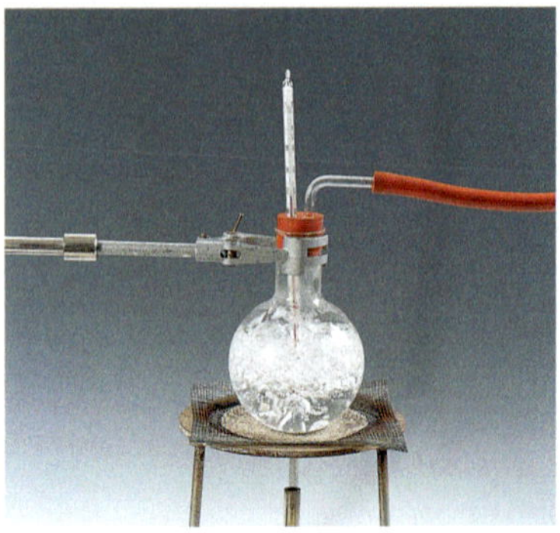

1 Sieden bei Unterdruck

2.

a) Erkläre, warum die Rückstände der fraktionierten Destillation nicht durch weiteres Erhitzen in neue Bestandteile zerlegt werde können.
b) Begründe, wie die Rückstände ohne weiteres Erhitzen durch Destillation dennoch in verschiedene Fraktionen zerlegt werden können. Beachte dazu Versuch 1.

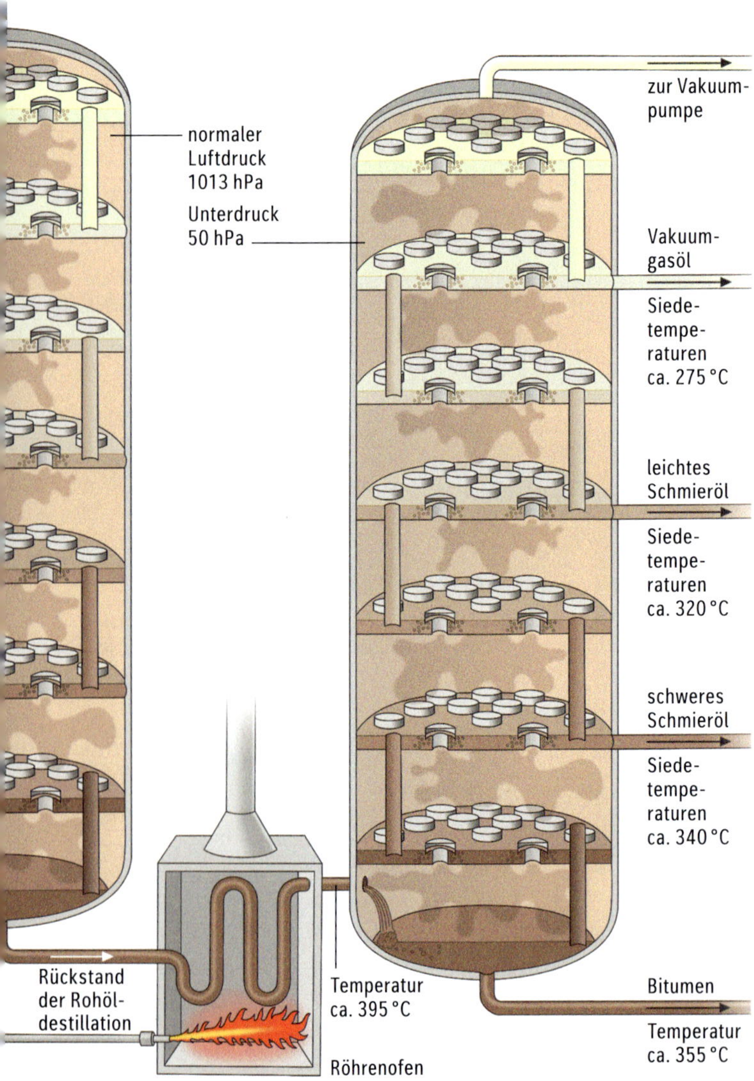

2 Vakuumdestillationsanlage

Problem mit dem Rückstand

Der Rückstand der Rohöldestillation kann nicht durch weiteres Erhitzen in Fraktionen zerlegt werden. Die Bestandteile würden sich zersetzen und unbrauchbar werden.

Unterdruck hilft weiter

Der Rückstand wird daher bei Unterdruck in weitere Fraktionen zerlegt. Dabei sind nicht so hohe Temperaturen notwendig, denn bei Unterdruck sieden die Bestandteile bei niedrigeren Temperaturen. Nach erneuter Erwärmung gelangt der heiße Rückstand in die Vakuumanlage. Dieser Destillationsturm ist genauso aufgebaut wie der für die Destillation unter normalem Luftdruck. Im Turm herrscht aber nur noch ein Druck von 50 hPa, etwa $\frac{1}{20}$ des normalen Luftdrucks.

Neue Fraktionen

Im oberen Teil des Vakuumdestillationsturms wird das Vakuumöl aufgefangen. Es wird dem Heizöl und Dieselöl zugemischt. Im mittleren und unteren Teil des Turms werden verschiedene Schmieröldestillate aufgefangen. Sie werden zu Motorenöl, Maschinenölen und Schmierfetten weiterverarbeitet. Der zähflüssige Rückstand bei dieser Destillation wird als Bitumen im Straßenbau eingesetzt. Je nach Raffinerie können die gewonnenen Produkte unterschiedlich zusammengesetzt sein.

Du kannst erklären, wie durch Vakuumdestillation der Rückstand weiter zerlegt werden kann.

Eigenschaften von Erdölfraktionen

1. V Demonstrationsversuch:
Vier Porzellanschalen werden jeweils mit 3 ml Benzin, Kerosin (Petroleum), Dieselöl und Motorenöl gefüllt. Ein brennender Holzspan wird jeweils dicht über die Schalen gehalten.

2. A
Notiere deine Beobachtungen von Versuch 1 und erkläre sie.

3. V Demonstrationsversuch:
Die Schalen mit Dieselöl und Motorenöl werden auf einer Heizplatte erhitzt. Von Zeit zu Zeit wird ein brennender Holzspan über die Schalen gehalten.

4. A
a) Notiere deine Beobachtungen von Versuch 3.
b) Warum wurden Dieselöl und Motorenöl erhitzt?

5. V Demonstrationsversuch:
In je ein Reagenzglas wird Benzin, Kerosin (Petroleum), Dieselöl und Motorenöl gefüllt. In jedes Reagenzglas wird eine Stahlkugel (d = 3 mm) fallen gelassen und die Absinkzeit gemessen.

6. A
Erkläre die Unterschiede bei den Messungen aus Versuch 5.

1 Die Entzündungstemperaturen sind unterschiedlich.

2 Motorenöl als Schmieröl

Die Entzündungstemperatur

Sollen die verschiedenen Erdölfraktionen bei Raumtemperatur entzündet werden, gelingt das nur bei Benzin und Kerosin (Petroleum). Diese Stoffe bestehen aus kleineren Molekülen als Diesel- oder Motorenöl. Deshalb besitzen Benzin und Kerosin niedrigere Siedetemperaturen. Sie verdampfen leicht und haben daher niedrige **Entzündungstemperaturen.** Solche Stoffe sind leicht entzündbar und deshalb besonders feuergefährlich.

Dieselöl und Motorenöl lassen sich bei Raumtemperatur nicht entzünden. Erst nachdem sie erhitzt wurden, entstehen entzündbare Dämpfe.

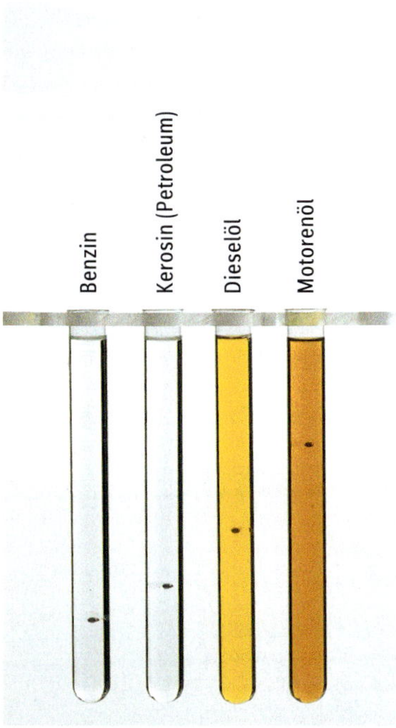

3 Unterschiedliche Viskosität

Die Viskosität

Benzin ist dünnflüssig, Motorenöl hingegen ist zähflüssig. Diese unterschiedliche Zähigkeit wird **Viskosität** genannt. Sie lässt sich gut beobachten, wenn eine Kugel in verschiedenen Fraktionen herabsinkt. Je höher die Viskosität der Fraktion ist, desto langsamer sinkt die Kugel (Bild 3). Die Ursache liegt in der unterschiedlichen Größe der Moleküle in den Fraktionen. Mit zunehmender Molekülgröße nehmen auch die Anziehungskräfte zwischen den Molekülen und damit die Viskosität der Stoffe zu. Solche Stoffe werden in der Regel als Schmiermittel verwendet.

Du kannst unterschiedliche Eigenschaften der Fraktionen angeben.

Methan – der einfachste Kohlenwasserstoff

1. V Demonstrationsversuch
Ein umgekehrter Trichter wird wie in Bild 1 mit einem gekühlten U-Rohr und einer mit Kalkwasser gefüllten Gaswaschflasche verbunden. Ein Gasbrenner mit kleiner, blauer Flamme wird unter den Trichter gestellt. Auf der rechten Seite saugt eine Wasserstrahlpumpe die Verbrennungsgase durch die Apparatur.

2. V
a) Notiere, was du bei Versuch 1 im U-Rohr und in der Waschflasche erkennen kannst.
b) Gib auf weißes Kupfersulfat Tropfen der im U-Rohr gesammelten Flüssigkeit. Notiere deine Beobachtungen.
c) Benenne die Stoffe, die du nachgewiesen hast.
d) Finde heraus, aus welchen Elementen Methan besteht.

3. V
a) Baue mit einem Molekülbaukasten das Strukturmodell des Moleküls CH_4.
b) Stelle die Verbrennungsreaktion mit dem Molekülbaukasten dar.

4. A
Nenne den Unterschied zwischen einer Strukturformel und einer Summenformel.

Die Analyse von Methan

Die Ermittlung der Bestandteile einer Verbindung heißt **Analyse.** Bei der Analyse von Methan werden die bei der Verbrennung entstehenden Gase untersucht. Versuch 1 zeigt den Aufbau, mit dem zwei Gase nachgewiesen werden.

Im U-Rohr schlägt sich an den kalten Glaswänden eine klare Flüssigkeit nieder. Wird weißes Kupfersulfat hinzugeben, ist die Blaufärbung ein Nachweis für Wasser.

In der dahinter stehenden Gaswaschflasche ist Kalkwasser. Das hindurch gesaugte Gas verursacht eine Trübung. Es wird Kohlenstoffdioxid nachgewiesen.

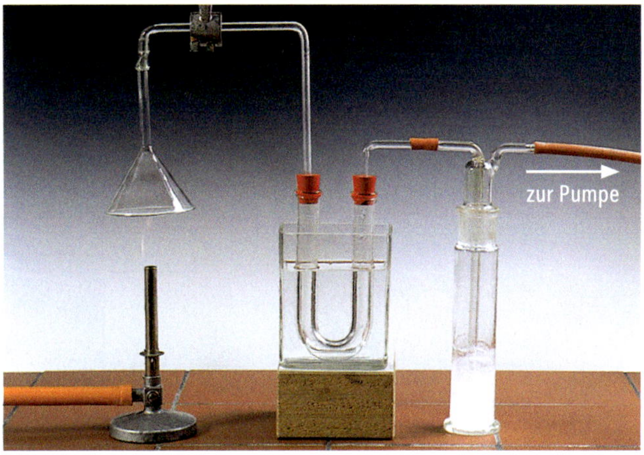

1 Versuchsaufbau der Methananalyse

Bestandteile des Methans

Bei der Verbrennung von Methan sind demnach Wasserdampf (H_2O) und Kohlenstoffdioxid (CO_2) entstanden. Der zur Verbrennung benötigte Sauerstoff stammt aus der Luft.
Methan besteht also aus Wasserstoff- und Kohlenstoff-Atomen. Es ist der einfachste **Kohlenwasserstoff.**

Der Aufbau des Methanmoleküls

Jedes Kohlenstoff-Atom hat vier Bindungsmöglichkeiten. Jedes Wasserstoff-Atom kann eine Bindung eingehen. Es kann sich ein Kohlenstoff-Atom mit vier Wasserstoff-Atomen zu CH_4 verbinden. Dies ist die **Summenformel** des Methans.

Von der Wortgleichung zur Reaktionsgleichung

❶ Wortgleichung:

Methan + Sauerstoff → Kohlenstoffdioxid + Wasser

❷ Reaktionsgleichung:

$CH_4 + O_2 \rightarrow CO_2 + H_2O$

❸ Ausgleich der Wasserstoff-Atome:

$CH_4 + O_2 \rightarrow CO_2 + 2\,H_2O$

❹ Ausgleich der Sauerstoff-Atome:

$CH_4 + 2\,O_2 \rightarrow CO_2 + 2\,H_2O$

Basiskonzepte S. 321

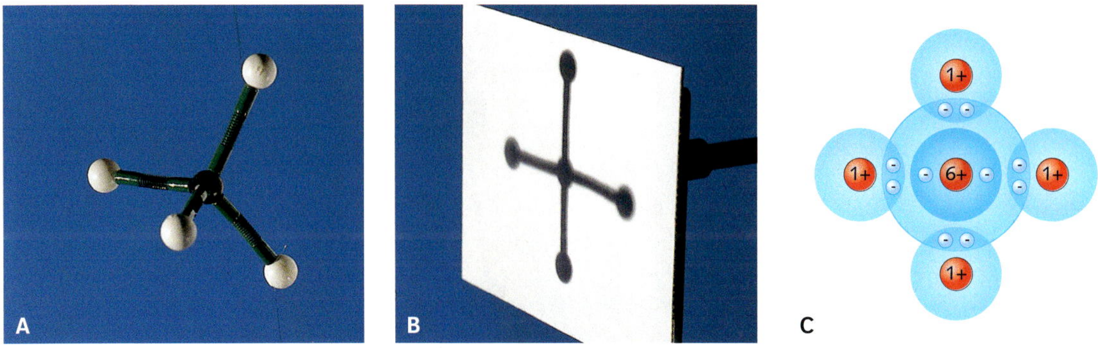

2 A Vom Strukturmodell... **B** ...über die Strukturformel... **C** ...zum Schalenmodell

Strukturmodell

Im Methanmolekül nimmt das Kohlenstoff-Atom die zentrale Stelle ein. Die vier Wasserstoff-Atome sind im gleichen Abstand voneinander angeordnet. Sie bilden die Eckpunkte eines Tetraeders. Als **Strukturmodell** wird diese Anordnung in Bild 2 A anschaulich.

Strukturformel

Eine Vereinfachung des Strukturmodells ergibt sich, wenn du dieses im Schattenbild betrachtest. Das Schattenbild zeigt ein Kreuz und entspricht der **Strukturformel** des Methanmoleküls (Bild 2 B).

Schalenmodell

Das **Schalenmodell** zeigt die vier Elektronenpaarbindungen im Methanmolekül (Bild 2 C).

Du kannst eine Analyse am Beispiel der Methanverbrennung beschreiben.

Räumlicher Bau von Molekülen

STREIFZUG

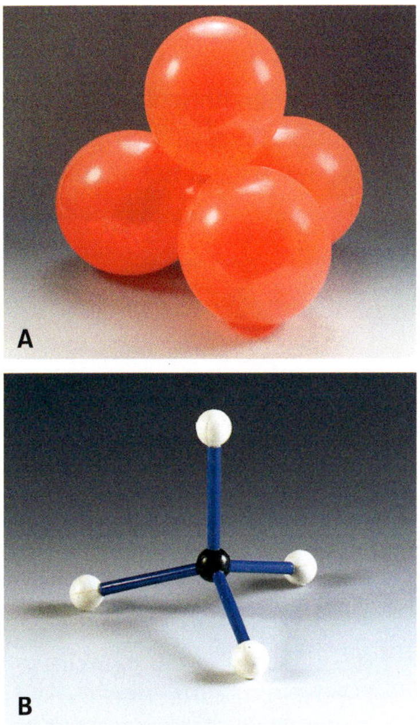

3 Methanmolekül: **A** als Luftballonmodell, **B** als Kugelstabmodell

Der räumliche Bau des Methanmoleküls

Moleküle lassen sich mit der Summenformel oder der Strukturformel beschreiben, zum Beispiel das Methanmolekül:

CH_4

$$\begin{array}{ccccc} & & H & & \\ & & | & & \\ H & - & C & - & H \\ & & | & & \\ & & H & & \end{array}$$

Die Summenformel gibt an, aus welchen Atomen das Molekül besteht. Die Strukturformel zeigt zusätzlich die Bindungen im Molekül an. Über den räumlichen Bau des Moleküls geben aber beide Formeln wenig Auskunft. Dieser Bau lässt sich am besten mit **Molekülmodellen** darstellen.

Aufenthaltsräume der Elektronen

In den Molekülen halten sich die gemeinsamen Elektronenpaare in bestimmten Bereichen um den Atomkern auf.

Diese Aufenthaltsräume der Elektronen lassen sich als **Elektronenwolken** darstellen. Die Elektronen stoßen sich gegenseitig ab und nehmen so den größtmöglichen Abstand voneinander ein.

Beim Methanmolekül ergibt sich dadurch eine tetraederförmige Anordnung (Bild 3 B). Die Elektronenwolken lassen sich mithilfe von Luftballons veranschaulichen (Bild 3 A).

Ein Gas mit vielen Namen

PINNWAND

Biogas – Energie vom Acker
Vielerorts entstanden in den letzten Jahren Biogasanlagen. Mais- oder Gras-Silage, Gülle oder Rübenschnitzel werden dort vergoren. Das entstehende Biogas enthält 50 % bis 70 % Methan und wird meist zur Erzeugung elektrischer Energie genutzt. Freuen sich die einen über die Nutzung regenerativer Energieträger aus der Umgebung, kritisieren andere, dass zu viel wertvoller Ackerboden in Anspruch genommen wird.

Irrlichter durch Faulgas im Sumpf?
Seit langem gibt es Erzählungen von Beobachtungen von geheimnisvollen Lichtern vor allem in Sumpfgebieten. Diese Irrlichter werden als kurz aufleuchtend und umherspringend beschrieben. Wissenschaftler suchen nach Erklärungen. Eine davon könnte sein, dass sich im Sumpf austretendes Faulgas selbst entzündet und so für den Lichtschein sorgt.

1. Q
Informiere dich in Zeitungen oder im Internet zum Thema Methan. Berichte.

2. A
Stelle zusammen, wo Methan vorkommt und wie das jeweilige Gasgemisch heißt.

3. Q
Nimm Stellung zur Biogas-Nutzung.

Werkstatt bei Erdgasexplosion zerstört
Ludwigshafen. Vorgestern flog im Stadtteil Rheingönnheim eine kleine Werkstatt in die Luft. Menschen wurden nicht verletzt. Der Sachschaden beträgt 180.000 €. Wie Feuerwehr und Polizei feststellten, war aus einem defekten Gasventil Erdgas ausgetreten, das durch einen Funken entzündet wurde.

Grubengas verursacht Schlagwetterexplosion
Fuxin. Gestern kam es in einem ostchinesischen Kohlebergwerk zu einer Schlagwetterexplosion. Austretendes Grubengas, das einen hohen Anteil Methan hat, entzündete sich. Ob Bergleute zu Schaden gekommen sind, ist noch nicht bekannt.

Klärgas: Energie aus der Kläranlage
Knapp 30 Millionen m^3 Klärgas werden in den Faultürmen der rheinlandpfälzischen Kläranlagen im Jahr gewonnen. Damit wird etwa ein Viertel des Energieverbrauchs der Anlagen gedeckt. Methan ist Hauptbestandteil des Klärgases.

Methan und die Umwelt

1. Ⓐ
Fasse zusammen, aus welchen Quellen Methan in die Atmosphäre gelangen kann.

2. Ⓠ
Nimm Stellung zur aktuellen Diskussion über das Fracking in Deutschland.

Methan als Umweltproblem

Methan ist als Hauptbestandteil von Erdgas ein sehr wichtiger Energieträger. Die Förderung und die Freisetzung können aber zu Umweltschäden führen. Freigesetzt wird das Gas unter anderem bei der Rinderhaltung, dem Reisanbau, in Abfalldeponien, bei Lecks in Pipelines sowie bei Fäulnisprozessen.

Methan als Treibhausgas

Methan trägt ebenso wie Kohlenstoffdioxid zum Treibhauseffekt bei. Die schädliche Wirkung des Methans als Treibhausgas ist etwa 30mal höher als die des Kohlenstoffdioxids (CO_2). Seit 1750 hat sich der Anteil von Methan in der Atmosphäre mehr als verdoppelt. Dies ist vor allem auf menschliche Aktivitäten wie Grünlandumbruch, Reisanbau, Viehzucht und Gasförderung zurückzuführen. Unter Druck in der Tiefsee und in der Kälte der Dauerfrostböden ist sehr viel Methan als Methanhydrat gespeichert. Es gibt Schätzungen, dass auf diese Weise doppelt so viel Kohlenstoff gebunden ist wie in fossilen Brennstoffen. Eine wenn auch langsame Freisetzung aus der Tiefsee und beim Auftauen der Dauerfrostböden infolge des Klimawandels würde diese noch beschleunigen.

1 Ein Brocken Methanhydrat

2 Abfackeln von Erdgas

Umweltschäden bei der Förderung

Länger bekannte Umweltschäden bei der Erdgasförderung sind Gasausbrüche oder Grundwasserverunreinigungen. Bestimmte Fördermethoden bergen weitere Gefahren.

Beim **Fracking** – dem Aufbrechen – wird methanhaltiges Gestein angebohrt und mit einem Gemisch zahlreicher Chemikalien sowie kleinen künstlichen Erdbeben aufgebrochen. So kann das Methan entweichen und wird über die Bohrlöcher gefördert. Diese Methode ist umstritten, da es zu gesundheitsschädlichen Verunreinigungen des Grundwassers kommen kann.

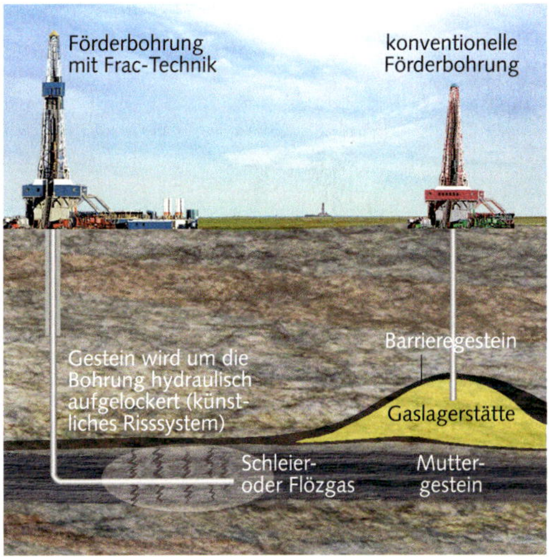

3 Fracking ist eine Erdgasfördermethode.

Methan als Abfall der Erdölförderung

Bei der Ausbeutung von Erdöllagerstätten wird auch Methan freigesetzt. Oft wird es an Ort und Stelle einfach über Fackeltürme verbrannt. Durch Ruß und andere Verunreinigungen belastet dieses sogenannte **Flaring** – Abfackeln – die Umgebung dabei erheblich.

Du kannst beschreiben, welche Umweltprobleme durch Methan ausgelöst werden.

Die Reihe der Alkane

1. Ⓐ
Zähle auf, was an der Tankstelle in Bild 1 angeboten wird. Welche Gemeinsamkeiten haben die Stoffe?

2. Ⓐ
Was haben die Bilder 2 bis 4 auf dieser Seite gemeinsam?

3. Ⓐ
a) Wie viele Wasserstoffatome enthält das Alkanmolekül aus 15 Kohlenstoffatomen?
b) Erstelle Summen- und Strukturformeln von Alkanen mit 9 und 16 Kohlenstoffatomen.

4. Ⓐ
Was haben die Namen der Alkane wie Methan, Ethan, Propan gemeinsam?

1 Tankstelle

Die Vielfalt der Alkane

Im Brennstoff in der Petroleumlampe, im Gas zum Kochen und Heizen, in den Salben im Badezimmerschrank oder in den Kerzen am Weihnachtsbaum – überall spielen bestimmte Kohlenwasserstoffe eine Rolle. Sie werden **Alkane** genannt und sind Bestandteile von Erdgas und Erdöl. Alkane sind brennbar, verhalten sich aber gegenüber vielen Chemikalien sehr reaktionsträge. Selbst mit konzentrierten Säuren und Laugen reagieren sie nicht.

2 Gaslaterne

Gasförmige Alkane

Methan, Ethan, Propan und Butan sind **gasförmige Alkane.** Hauptsächlich werden sie verbrannt, um Wärme zum Heizen und Kochen oder Energie anderer Form zu erhalten. Sie dienen in Campinglampen oder Gaslaternen auch zur Beleuchtung.

Flüssige Alkane

Von großer Bedeutung als Energieträger sind die **flüssigen Alkane** in Benzin, Kerosin, Diesel und Heizöl. Es sind zum Beispiel Pentan, Hexan oder Octan. Sie verdampfen sehr leicht und bilden mit Luft explosive Gasgemische.
Sie haben eine niedrige Entzündungstemperatur und sind deshalb sehr feuergefährlich. Sie sind leichter als Wasser und schwimmen deshalb auf der Wasseroberfläche. In flüssigen Alkanen lösen sich Fette und Öle sehr gut. Mit Wasser sind Alkane nicht mischbar.
Dickflüssigere Alkane werden in großen Mengen als Bestandteile von Schmierölen verwendet. Hochgereinigt werden sie in der Medizin und in der Kosmetikindustrie als Weißöle in Salben eingesetzt.

Feste Alkane

In Salben und Cremes sind **feste Alkane** zu finden, die **Paraffine** genannt werden. Feste Alkane werden auch zur Herstellung von Kerzen, Autowachsen und Linoleum verwendet.

3 Kerze

Größe der Moleküle und Aggregatzustand

Die Anzahl der Kohlenstoffatome im Alkanmolekül bestimmt den Aggregatzustand des Alkans. Alkane, deren Moleküle bis zu 4 Kohlenstoffatome enthalten, sind bei Raumtemperatur gasförmig. Alkane, deren Moleküle 5 bis 15 Kohlenstoffatome enthalten, sind bei Raumtemperatur flüssig. Alkane, deren Molekülketten aus 16 und mehr Kohlenstoffatomen bestehen, sind bei Raumtemperatur fest (Bild 5).

4 Petroleumlampe

Homologe Reihe der Alkane

Kohlenstoffatome können lange Ketten bilden. So wird aus dem Methanmolekül durch Anfügen eines Kohlenstoffatoms und zweier Wasserstoffatome ein Ethanmolekül (C_2H_6). Mit einer dritten CH_2-Gruppe ergibt sich das Propanmolekül:

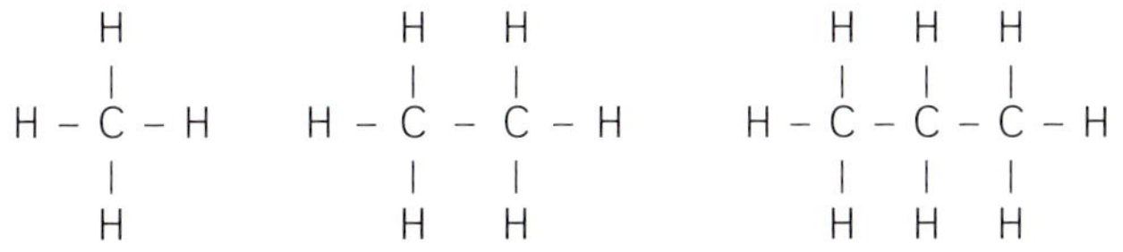

Methan **Ethan** **Propan**

Durch Einfügen weiterer CH_2-Gruppen ergibt sich eine Reihe von immer länger werdenden Kohlenwasserstoffmolekülen. Sie wird als **homologe Reihe** bezeichnet. Aus der Anzahl der Kohlenstoffatome in einem Alkanmolekül kannst du auch die Anzahl der zugehörigen Wasserstoffatome ermitteln.

Die Summenformel

Enthält ein Alkanmolekül 3 Kohlenstoffatome, so beträgt die Anzahl der Wasserstoffatome $2 \cdot 3 + 2 = 8$. Das ist das Propanmolekül. Aus diesem Beispiel lässt sich die allgemeine Summenformel der Alkane erstellen:

$$C_nH_{2n+2}$$

n steht für die Anzahl der C-Atome.

Beispiele: Ethan n = 2 C_2H_6
Pentan n = 5 C_5H_{12}

Du kannst die homologe Reihe der Alkane und ihren Molekülbau beschreiben.

Name/ Summenformel	Schmelztemp.	Siedetemp.	Aggregatzustand bei 20 °C	Verwendung	Strukturformel
Methan CH_4	−182 °C	−162 °C	gasförmig	Heizgas, Brennstoff für Gasmotoren	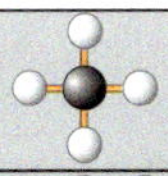
Ethan C_2H_6	−183 °C	−89 °C	gasförmig	Gewinnung von Essigsäure und Ethen	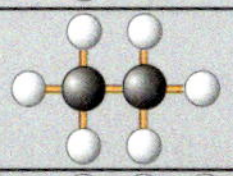
Propan C_3H_8	−188 °C	−42 °C	gasförmig	Heizgas, Treibgas in Sprays, Kältemittel in der Industrie	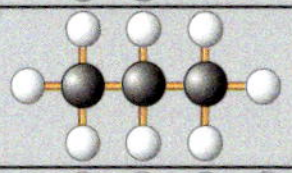
Butan C_4H_{10}	−138 °C	−1 °C	gasförmig	Campinggas, Treibgas in Spraydosen	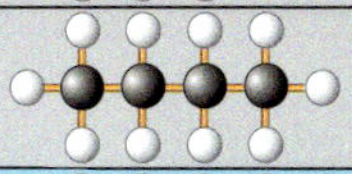
Pentan C_5H_{12}	−130 °C	36 °C	flüssig	Lösungsmittel, Benzin	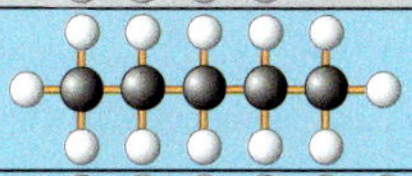
Hexan C_6H_{14}	−95 °C	69 °C	flüssig	Benzin, Lösungsmittel, Extraktionsmittel	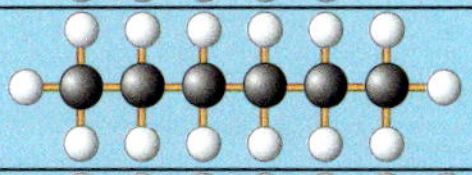
Heptan C_7H_{16}	−90 °C	98 °C	flüssig	Benzin, Lösungsmittel für Lacke und Klebstoffe	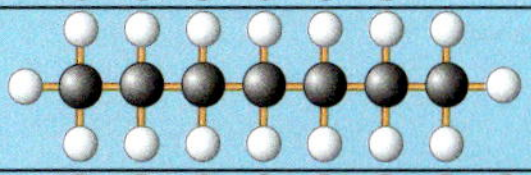
Octan C_8H_{18}	−57 °C	126 °C	flüssig	Bestandteil des Benzins	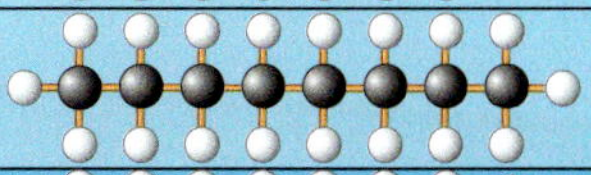
Heptadecan $C_{17}H_{36}$	22 °C	302 °C	fest	Verwendung in der Gaschromatografie	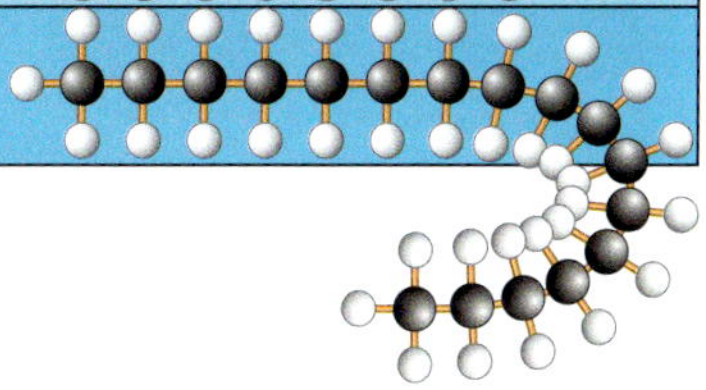

5 Ein Ausschnitt aus der homologen Reihe der Alkane

Alkene – Kohlenwasserstoffe mit Doppelbindung

1. V Demonstrationsversuch:
Unter dem Abzug wird ein Reagenzglas mit etwas Hexen gefüllt. Dann wird langsam die gleiche Menge Bromwasser dazugegeben. Das Reagenzglas wird mit einem Stopfen verschlossen und geschüttelt.

2. A
Notiere deine Beobachtungen zu Versuch 1.

3. A
Erkläre den Unterschied zwischen Alkanen und Alkenen.

4. A
Erläutere die Bedeutung der Alkene für die chemische Industrie.

Reaktionsfreudige Moleküle

Neben den reaktionsträgen Alkanen gibt es auch Kohlenwasserstoffe, die reaktionsfreudiger sind. Es sind die **Alkene.** Der Unterschied der Alkene zu den Alkanen besteht darin, dass Alkene eine Doppelbindung zwischen zwei Kohlenstoffatomen haben. Dadurch sind sie sehr reaktionsfreudig, denn an Doppelbindungen können sie leicht mit anderen Atomen reagieren. Diese Eigenschaft macht die Alkene zu einer wichtigen Chemikaliengruppe Alkene sind **ungesättigte Kohlenwasserstoffe.** Sie enthalten weniger Wasserstoff-Atome als die entsprechenden Alkane. Ihre Namen sind von denen der Alkane abgeleitet. Statt der Endung an haben sie die Endung en. Wie die Alkane sind auch die Alkene Bestandteile von Erdgas und Erdöl. Die Alkane sind maximal mit Wasserstoff-Atomen besetzt, also **gesättigte Kohlenwasserstoffe.**

Eigenschaften der Alkene

Wie bei den Alkanen hängt der Aggregatzustand der Alkene von der Länge der Molekülketten ab.
Die Reaktion von Hexen mit Bromwasser zeigt die Reaktionsfreudigkeit der Alkene. Beim Mischen beider Stoffe verschwindet die rotbraune Farbe des Broms sofort. Diese Entfärbungsreaktion wird als **Nachweisreaktion** für Alkene benutzt (Bild 2). Die in den Alkenen vorhandene C=C-Doppelbindung wird von den Brommolekülen aufgebrochen. An jeder der Doppelbindung verbindet sich ein Brom-Atom mit dem jeweiligen Kohlenstoff-Atom.

Verwendung der Alkene

Die Reaktionsfreudigkeit der Alkene wird zum Beispiel bei der Herstellung von Kunststoffen genutzt. Kunststoffe bestehen aus sehr langen Molekülketten, die aus kleinen Molekülbausteinen aufgebaut sind. Ethen dient zur Herstellung des Kunststoffes Polyethen. Aus Propen wird Polypropen hergestellt. Die längerkettigen, flüssigen und festen Alkene werden vor allem als Ausgangsstoffe zur Herstellung von Alkoholen, organischen Säuren und Waschmittelrohstoffen eingesetzt.

Ethen in der Natur

In der Natur spielt Ethen als Pflanzenhormon eine Rolle bei der Entwicklung von Blüten und dem Reifen von Früchten. Grün geerntete Bananen werden mit Ethen gezielt zum Ausreifen gebracht.
Bei Schädlingsbefall oder Verwundungen von Pflanzen dient Ethen als Alarmstoff. So regt es unter anderem auch bei benachbarten Pflanzen die Bildung von Pflanzengiften an.

Du kannst Aufbau, Eigenschaften und Verwendung von Alkenen beschreiben.

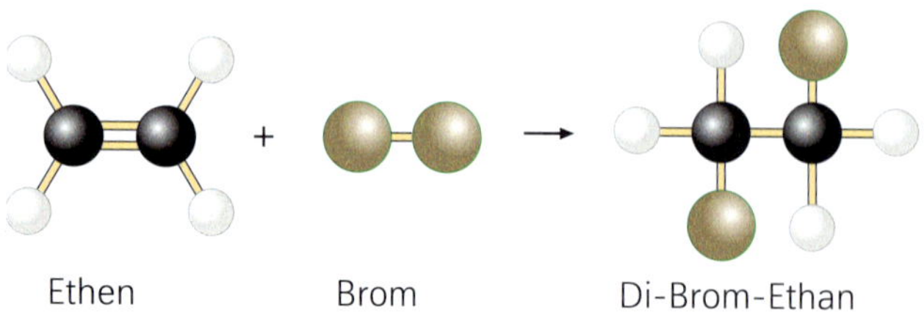

1 An Doppelbindungen lagern sich Brom-Atome an.

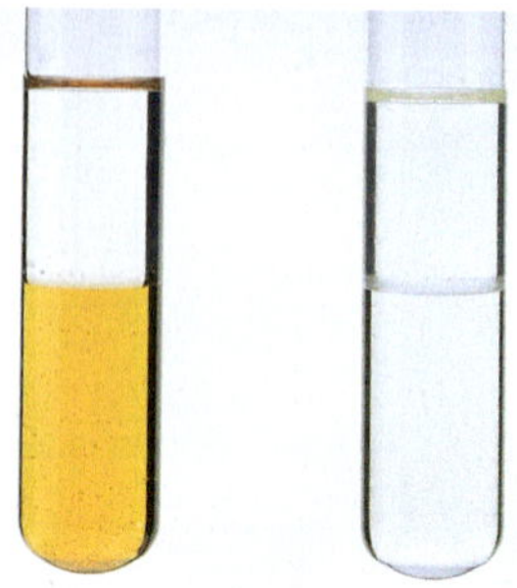

2 Bromwasser wird entfärbt.

Das Cracken – Teilen langer Molekülketten

1. V Demonstrationsversuch:
In ein schwer schmelzbares Reagenzglas wird Glaswolle gegeben (Bild 2). Sie wird mit 4 ml Paraffinöl getränkt. Anschließend wird das Reagenzglas zu drei Vierteln mit Perlkatalysator aufgefüllt.
Während des gesamten Versuchs wird der Katalysator mit der blauen Brennerflamme erhitzt. Zwischendurch wird mit kleiner Flamme das Paraffinöl erwärmt. Die entstehenden Dämpfe werden über den heißen Katalysator geleitet. Sie können nach einiger Zeit an der Spitze des Glasrohres entzündet werden.

2. A
a) Notiere deine Beobachtungen.
b) Vergleiche Brennbarkeit, Aussehen, Geruch und Zähigkeit von Paraffinöl und der Flüssigkeit im U-Rohr.
c) Benenne die entstandenen Stoffe.

3. A
Begründe die Notwendigkeit des Crackens zähflüssiger Bestandteile des Erdöls.

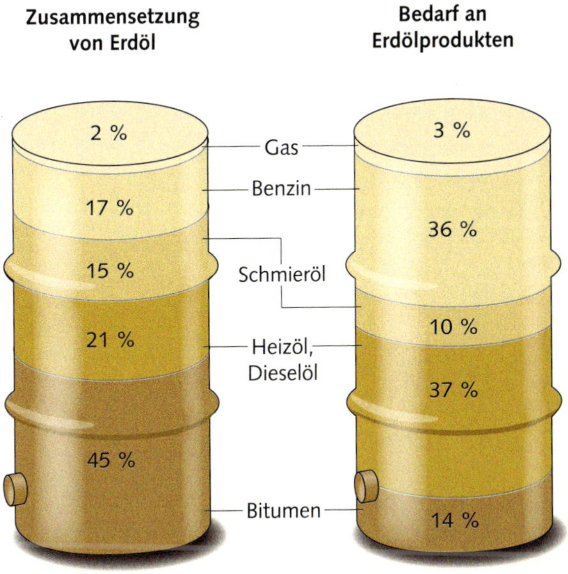

1 Erdöl enthält zu wenig Benzin.

Zu wenig Benzin im Erdöl

Erdöl besteht aus vielen unterschiedlichen, gasförmigen bis zähflüssigen Kohlenwasserstoffen. Nur 20 % des heutigen Benzinbedarfs lassen sich direkt aus dem Erdöl gewinnen. Bei der Erdöldestillation fallen nämlich weit mehr zähflüssige Kohlenwasserstoffe an als tatsächlich gebraucht werden (Bild 1). Sie werden deshalb durch besondere Verfahren in dünnflüssigere Fraktionen umgewandelt.

Mehr Benzin durch Cracken

In der Industrie wurde dazu das katalytische Cracken entwickelt (to crack, engl.: zerbrechen). Dabei werden zähflüssige Kohlenwasserstoffe, die aus langkettigen Molekülen bestehen, bis zum Sieden erhitzt. Die Dämpfe werden über einen Katalysator geleitet. An der Oberfläche des Katalysators zerbrechen die Kohlenwasserstoff-Moleküle. Dabei entstehen kurzkettige Moleküle. Sie bilden Kohlenwasserstoffgemische wie Benzin oder Dieselöl. Es entstehen dabei auch ungesättigte Kohlenwasserstoffe (Bild 3).
Durch die Umwandlung von zähflüssigen in dünnflüssigere Erdölfraktionen lässt sich der Bedarf an diesen Bestandteilen decken.

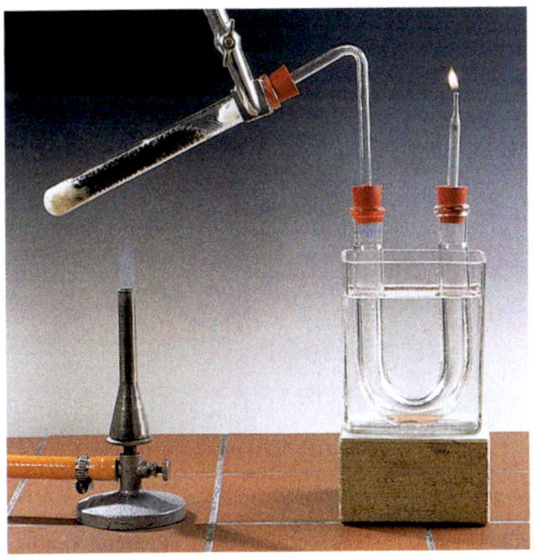

2 Cracken im Versuch

Du kannst beschreiben, wie Erdölbestandteile aus langkettigen Molekülen durch Cracken in Stoffe aus kürzeren Molekülketten aufgespalten werden.

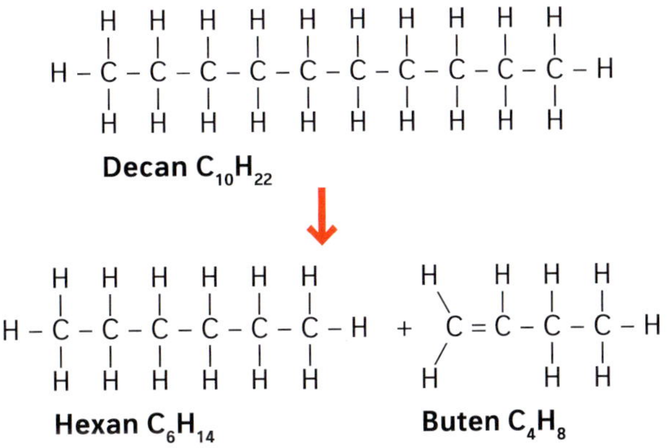

3 Beispiel einer Crack-Reaktion

Alkine – sehr reaktiv durch Dreifachbindung

STREIFZUG

Reaktionsfähige Alkine

Die Vielfalt der Kohlenwasserstoffe wird noch durch die Möglichkeit der Dreifachbindung zwischen zwei Kohlenstoffatomen erweitert. Eine C≡C-Bindung ist noch reaktionsfreudiger als eine C=C-Bindung. Das macht diese Kohlenwasserstoffe besonders interessant für die chemische Industrie. An den Dreifachbindungen können sie leicht mit anderen Atomen reagieren. Kohlenwasserstoffe, deren Moleküle eine Dreifachbindung aufweisen, heißen **Alkine.** Ihre allgemeine Summenformel ist C_nH_{2n-2}.

Das einfachste Alkin

Im einfachsten Fall sind zwei Kohlenstoffatome über eine Dreifachbindung miteinander verbunden. So ist jedes Kohlenstoffatom nur noch an ein Wasserstoffatom gebunden. Diese Verbindung heißt **Ethin.**
Ethin ist eine ungesättigte Kohlenwasserstoffverbindung mit der Summenformel C_2H_2. Die Strukturformel ist H–C≡C–H.

1 Kugelstabmodelle

2 Eine alte Carbidlampe

Verwendung von Ethin

Bereits vor mehr als 150 Jahren gelang es dem Chemiker FRIEDRICH WÖHLER (1800 – 1882), Ethin aus Calciumcarbid und Wasser herzustellen. Es entsteht ein farbloses Gas, das mit rußender Flamme verbrennt. In speziellen Carbidlampen wurde Ethin für Beleuchtungszwecke hergestellt (Bild 2). Durch eine besondere Brennerform verbrannte das Gas nun mit gleißend heller Flamme.

Vor allem in Bergwerken verwendeten die Bergleute Carbidlampen, um mit ihrem hellen Licht die dunklen Stollen ausreichend zu beleuchten. Die ersten Autos und Fahrräder hatten als Scheinwerfer ebenfalls Carbidlampen.

Reines Ethin wird in der Technik auch Acetylen genannt. Ethin-Luft-Gemische sind sehr explosiv. Mit Sauerstoff verbrennt Ethin mit sehr heißer Flamme. Dabei werden Temperaturen bis zu 3000 °C erreicht. Ethin wird deshalb zum Schweißen und Schneidbrennen von Eisen und Stahl verwendet.

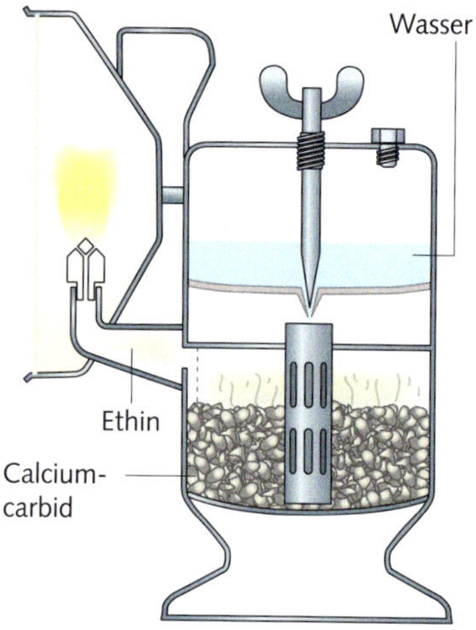

3 Das Innere einer Carbidlampe

Vorkommen in der Natur

Alkine kommen in der Natur beispielsweise als Gifte zur Selbstverteidigung vor. So findet sich in der Haut der südamerikanischen Baumsteigerfrösche ein stark giftiges Alkin, das von den Regenwaldbewohnern als Pfeilgift verwendet wird (Bild 4). Einige Bakterien sondern Alkine als Antibiotika ab. Da sie auch gegen Tumorzellen wirken, besteht die Hoffnung, aus ihnen Heilmittel gegen Krebs herstellen zu können.

4 Baumsteigerfrosch

1. ≡ Ⓐ
Beschreibe die Funktionsweise einer Carbidlampe.

Vielfalt durch Verzweigung

1.
a) Zeichne drei Isomere des Hexanmoleküls.
b) Stelle alle weiteren Isomere des Hexans dar.

2.
Erkläre, warum es keine Isomere von Propan gibt.

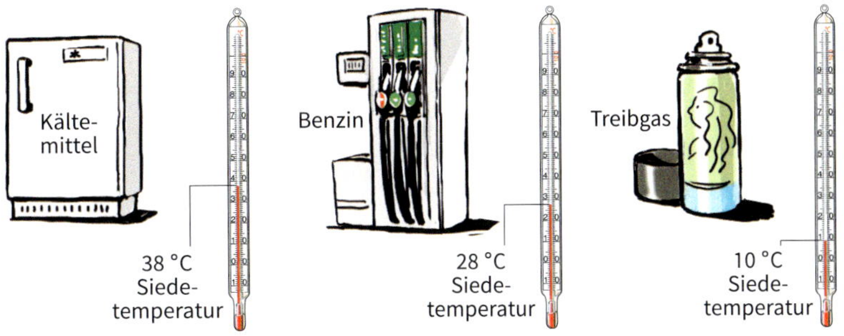

n-Pentan | Isopentan | Neopentan

1 Die Pentan-Varianten werden unterschiedlich verwendet.

Ein Molekül – viele Varianten

Pentan ist kein Reinstoff. Es besteht nicht aus einer einzigen Sorte von Molekülen, sondern aus einem Gemisch von drei unterschiedlich gebauten Pentanmolekülen. Im normalen Pentan oder n-Pentan sind die Kohlenstoffatome in einer Kette angeordnet. Bei den anderen Pentanmolekülen sind die Ketten verzweigt.

Alle drei möglichen Pentan-Moleküle haben die gleiche Summenformel C_5H_{12}, doch sie bilden unterschiedlich benannte Stoffe mit unterschiedlichen Eigenschaften. In Bild 1 siehst du, dass diese verschiedenen Pentane aufgrund ihrer unterschiedlichen Siedetemperaturen auch unterschiedlich verwendet werden.

Isomerie

Stoffe wie die drei Pentane, die die gleiche Summenformel, aber unterschiedliche Strukturformeln haben, werden **Isomere** genannt. Alkane mit einer unverzweigten Kohlenstoffkette heißen **n-Alkane.** Alkane mit verzweigter Kette heißen **Isoalkane.**

Die Zahl der möglichen Isomere einer Kohlenwasserstoffverbindung nimmt mit der Anzahl der Kohlenstoffatome zu. Vom Butan gibt es zwei, vom Heptan neun und vom Decan 75 Isomere.

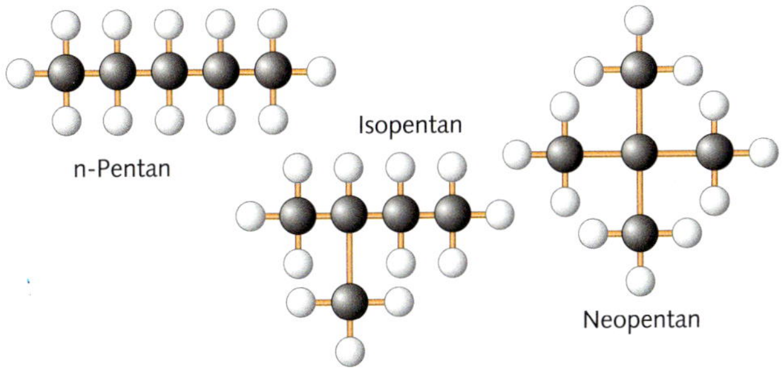

2 Die drei Isomere des Pentans

Verzweigung hilft gegen Klopfen

Am Beispiel des Octans lässt sich die Bedeutung von Verzweigungen zeigen. Octan ist ebenso wie Heptan ein Bestandteil des Benzins. Die unverzweigten Varianten haben die ungünstige Eigenschaft, im Motor zu früh zu verbrennen. Die Folge sind Klopfgeräusche und Schäden am Motor. Die verzweigten Kohlenwasserstoffe verbrennen dagegen verzögert, weil die Verzweigungen erst aufgebrochen werden müssen, bevor die Kohlenwasserstoffverbindungen mit Sauerstoff reagieren können.

Bedeutung des Begriffs Isomer
Der Name setzt sich aus den griechischen Worten isos = gleich und meros = Teil zusammen. Die Moleküle bestehen also aus den gleichen Bestandteilen.

Du kannst den Begriff Isomere mit Blick auf Summenformel und Strukturformeln erklären.

Ringförmige Alkane

Alkane können nicht nur Ketten bilden sondern auch Ringe.
Wenn das erste und das letzte Kohlenstoffatom des Hexans miteinander eine Bindung eingehen, entsteht **Cyclohexan.** Es hat 2 Wasserstoffatome weniger, also die Summenformel C_6H_{12}.

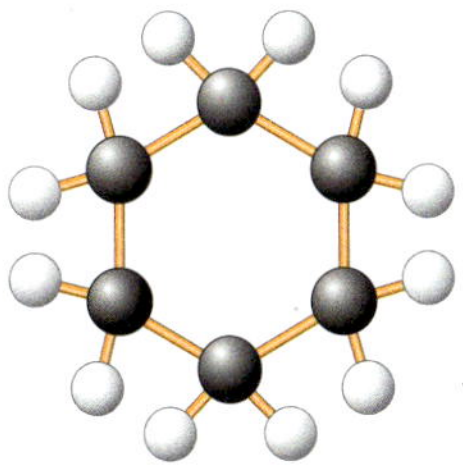

Den verzweigten Alkanen Namen geben

1. V
a) Baue mit einem Molekülbaukasten unterschiedlich verzweigte Butan-Moleküle.
b) Stelle die unterschiedlichen Moleküle mit Strukturformeln dar.

2. V
a) Baue mit einem Molekülbaukasten unterschiedlich verzweigte Alkane mit 6 C-Atomen.
b) Stelle die unterschiedlichen Moleküle dar.

3. A
Schreibe die Strukturformeln für folgende Alkane
- 3-Methylheptan,
- 2,2-Dimethylpropan,
- 4-Ethyl-2,4-dimethyloctan.

Vielfalt benennen

Von Butan gibt es neben dem unverzweigten Molekül, dem n-Butan, noch ein Molekül mit einer Seitenkette. Das heißt Iso-Butan. Bei längeren Molekülketten gibt es weitere Möglichkeiten der Verzweigung.
Um die verschiedenen Alkane eindeutig zu benennen, gibt es Regeln. Ein verzweigtes Alkan besteht aus einer Hauptkette und den Seitenketten. Die längste Kette ist die Hauptkette und entscheidet über den **Stammnamen**. Die Seitenketten werden **Alkyl-Gruppen** genannt.

Octanzahl

Ein Maß für die Klopffestigkeit des Benzins ist die **Octanzahl** (OZ). Sie ist abhängig von der Verzweigung der Alkanmoleküle im Benzin. Besonders wenig klopffest ist das n-Heptan. Ihm wurde die Octanzahl 0 zugeordnet. Das sehr klopffeste 2,2,4-Trimethylpentan erhielt die Octanzahl 100.
Benzin ist eine Mischung aus vielen unterschiedlichen Alkanen. Darin muss der Anteil klopffester Alkansorten möglichst hoch sein. Superbenzin hat eine Octanzahl zwischen 95 und 98.

Stoff	Summenformel	Oktanzahl
n-Heptan	C_7H_{16}	0
n-Octan	C_8H_{18}	17
3-Methylheptan	C_8H_{18}	35
2,5-Dimethylhexan	C_8H_{18}	56
3-Ethyl-3-methylpentan	C_8H_{18}	89
2,2,4-Trimethylpentan	C_8H_{18}	100
2,3-Dimethylbutan	C_6H_{14}	102

1 Octanzahlen verschiedener Alkan-Isomere

Regeln für die Benennung

❶ Zähle die längste Kette durch. Im Beispiel hat die Hauptkette 7 C-Atome. Der Stammname ist -heptan.
❷ Nummeriere die C-Atome der Hauptkette so durch, dass an den Verzweigungen möglichst kleine Zahlen stehen. Im Beispiel stehen an den Verzweigungen die Zahlen 2 und 4.
❸ Bestimme die Namen der Seitenketten. Am C-Atom 2 gibt es eine Methylgruppe ($-CH_3$): 2-Methyl. Am C-Atom 4 gibt es eine Methyl- und eine Ethyl-Gruppe: 4-Methyl, 4-Ethyl.
❹ Fasse gleiche Gruppen zusammen, indem du ihrem Namen ein Zahlwort voranstellst. Hier gibt es am 2. und 4. C-Atom je eine, also insgesamt zwei Methylgruppen: 2,4-Dimethyl-.
❺ Setze den Namen zusammen. Zähle zuerst die Seitenketten alphabetisch geordnet auf, also Ethyl vor Methyl. Den Stammnamen setze ans Ende: 4-Ethyl-2,4-dimethylheptan

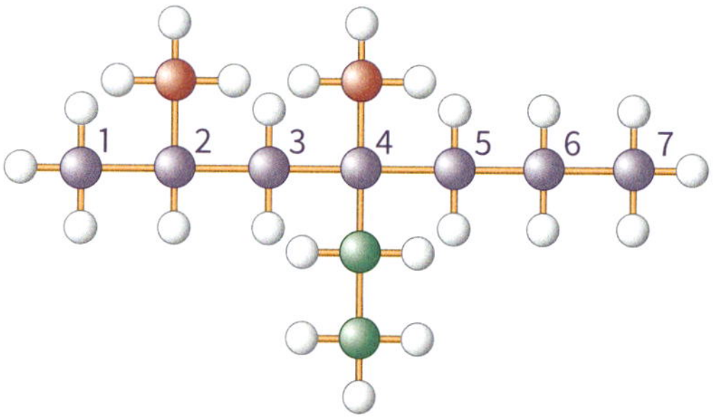

4-Ethyl-2,4-dimethylheptan

Stammname

4 C-Atome: -butan	7 C-Atome: -heptan
5 C-Atome: -pentan	8 C-Atome: -octan
6 C-Atome: -hexan	9 C-Atome: -nonan

Seitenketten

1 C-Atom: Methyl	3 C-Atome: Propyl
2 C-Atome: Ethyl	4 C-Atome: Butyl

Zahlworte für mehrere gleiche Gruppen

2: Di- 3: Tri- 4: Tetra- 5: Penta-

Du kannst verzweigte Alkane in der Fachsprache benennen.

Verbrennung von Alkanen

1 Benzin verbrennt.

1. V
a) Halte über die blaue Brennerflamme einen Tiegelboden.
b) Wiederhole Versuch a) mit der gelben Brennerflamme.
c) Halte über eine brennende Kerze einen Tiegelboden.
d) Fasse die Beobachtungen zusammen. Überlege, warum sich die Beobachtung bei Versuch a) von denen bei b) und c) und bei Bild 1 unterscheidet.

2. A
Formuliere die Wort- und die Symbolgleichungen für die Verbrennung von Methan, Butan und Hexan.

3. A
Vergleiche Methan mit flüssigen Alkanen wie Heptan in Bezug auf
a) den Anteil des CO_2 an den Verbrennungsprodukten,
b) die freigesetzte Energie.

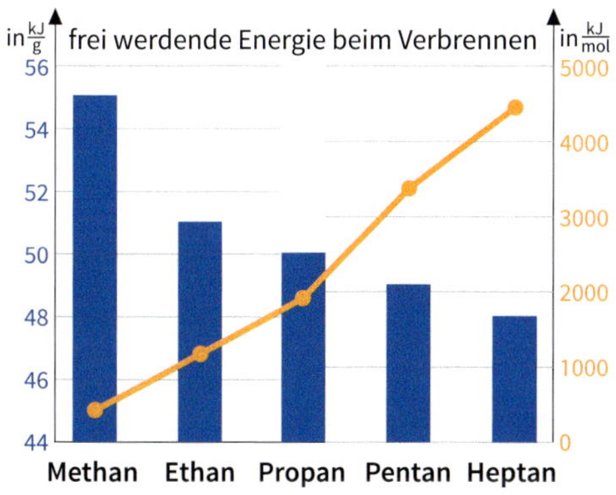

2 Verbrennungsenergien von Alkanen

Alkane verbrennen

Alkane sind wichtige Rohstoffe für viele Produkte. Die meisten Alkane werden jedoch verbrannt – ob als Erdgas in der Heizung oder als Gemisch flüssiger Alkane im Benzinmotor. Bei der Verbrennung reagieren die Alkane mit Sauerstoff zu Kohlenstoffdioxid und Wasser.
Für das einfachste Alkan, das Methan, lautet die Wortgleichung:
Methan + Sauerstoff → Kohlenstoffdioxid + Wasser

Die Symbolgleichung lautet:
$CH_4 + 2\,O_2 \rightarrow CO_2 + 2\,H_2O$

Für Pentan lautet die Symbolgleichung:
$C_5H_{12} + 8\,O_2 \rightarrow 5\,CO_2 + 6\,H_2O$

Je länger das Alkanmolekül ist, desto größer wird der Anteil des Treibhausgases Kohlenstoffdioxids an den Verbrennungsprodukten.

Verbrennung im Motor

Benzin oder Dieselöl werden in den Motoren nicht in reinem Sauerstoff, sondern in Luft verbrannt. Auch kann die Verbrennung unvollständig sein. Als Verbrennungsprodukte können dabei weitere umweltbelastende Stoffe wie Stickstoffoxide, Kohlenstoffmonooxid und unverbrannter Kohlenstoff (Ruß) entstehen (Bild 1).

Wie viel Energie wird bei der Verbrennung frei?

Die Energiemengen, die bei der Verbrennung von Alkanen freigesetzt werden, lassen sich errechnen. Die Energie, die zur Spaltung der Ausgangsstoffe nötig ist, wird mit der Energie verrechnet, die bei der Bildung der Reaktionsprodukte freigesetzt wird. Den Energieüberschuss in Form von Wärme nutzen wir als Energie im Motor oder der Heizung. Ein kurzes Alkanmolekül setzt während der Verbrennungsreaktion weniger Energie frei als ein langes Alkanmolekül: Ein Heptanmolekül setzt mehr als 4,5-mal so viel Energie frei als ein Methanmolekül (Kurve in Bild 2).

Beim Vergleich der Energien bei gleicher Masse in g ist die frei werdende Energie beim Methan am größten (Balken in Bild 2). Je leichter das einzelne Molekül ist, umso mehr Moleküle werden benötigt, um die Masse von 1 g zu erreichen. Bezogen auf die Masse ist die Verbrennungsenergie bei Methan also am größten.

Du kannst Aussagen über die Reaktionsgleichungen und die Verbrennungsenergien von Alkanen machen.

Basiskonzepte S. 321

Zum Verbrennen zu schade

1.
Informiere dich darüber, wozu die Bestandteile des Erdöls verwendet werden. Fasse deine Ergebnisse übersichtlich zusammen.

2.
Nenne Kunststoffprodukte, die aus Erdöl und Erdgas hergestellt werden.

3.
Berichte über mögliche Folgen für deinen Alltag, wenn keine Kunststoffe mehr hergestellt werden könnten.

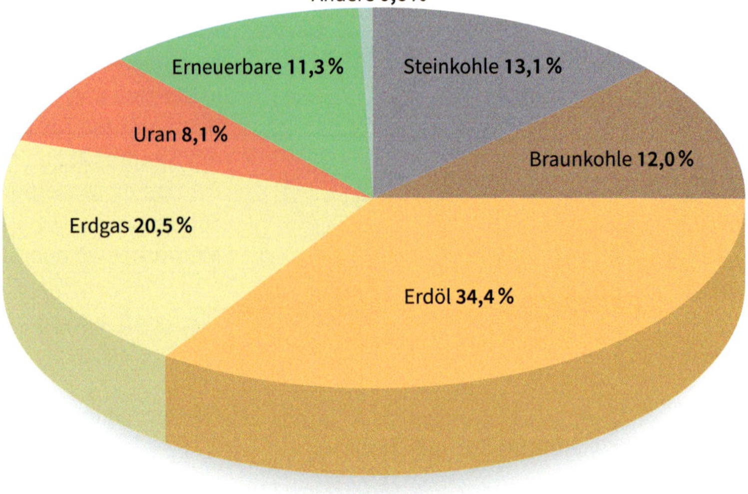

1 Fossile Brennstoffe sind heute die wichtigsten Energieträger.

Du kannst die Bedeutung von Erdöl, Erdgas und Kohle als Energieträger und unentbehrliche Rohstoffe erklären.

Verwendung fossiler Brennstoffe

Kohle, Erdöl und Erdgas werden zu etwa 93 % als Energieträger für Kraftwerke, Industrie, Haushalte und Fahrzeuge genutzt. Nur etwa 7 % dienen als Grundstoff in der chemischen Industrie, beispielsweise zur Kunststoffherstellung.

Was weg ist, ist weg

Die Bildung fossiler Brennstoffe hat viele Millionen Jahre gedauert. Bei dem derzeitigen, hohen Bedarf werden sie in absehbarer Zeit zur Neige gehen. Auch Neufunde werden an diesem Problem grundsätzlich nichts ändern.
Da diese Stoffe als wichtige Grundstoffe für zahllose Produkte dienen, ist es eigentlich nicht zu verantworten, sie als Energieträger zu verbrennen. Um Erdgas, Erdöl und Kohle als wertvolle Rohstoffe zu erhalten, muss ihre Verwendung als Brennstoff deutlich verringert werden.

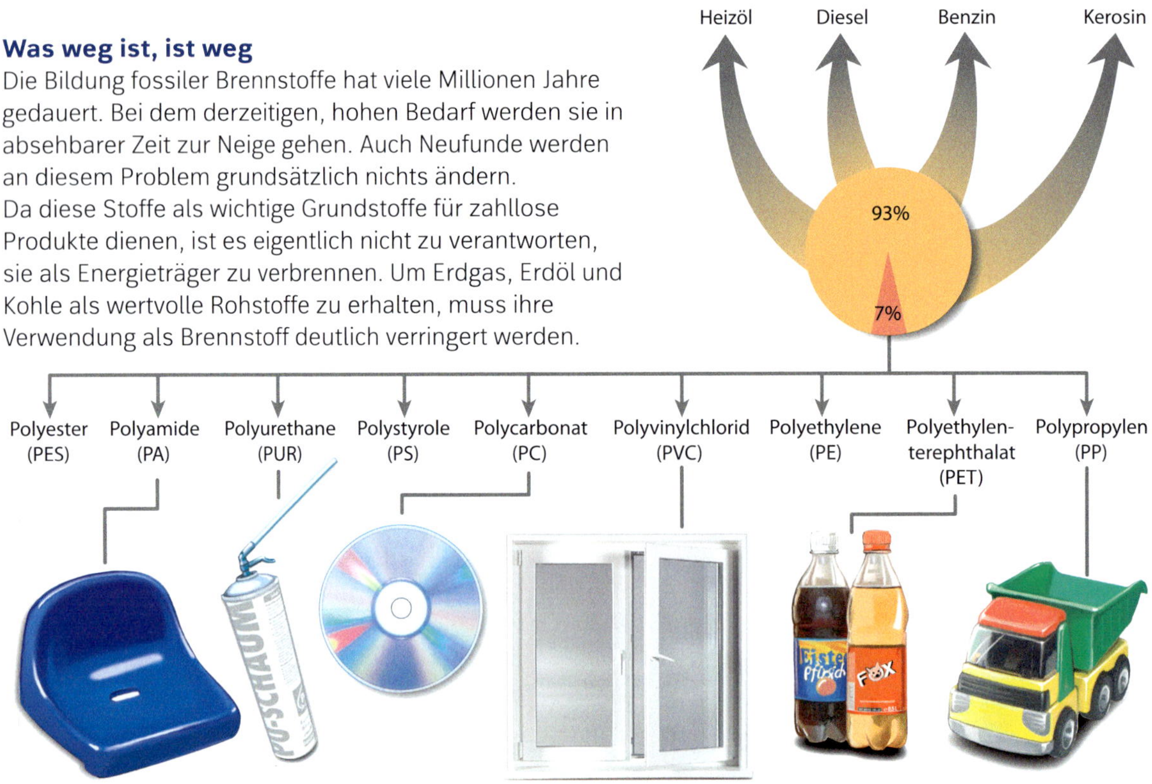

2 Aus Erdölbestandteilen wird eine Vielzahl an Produkten hergestellt.

Brennstoffe, die nachwachsen

1. Führt in der Klasse eine Diskussion über Vor- und Nachteile nachwachsender Brennstoffe.
Bildet dazu zwei Gruppen, die die jeweiligen Argumente recherchieren und vertreten.

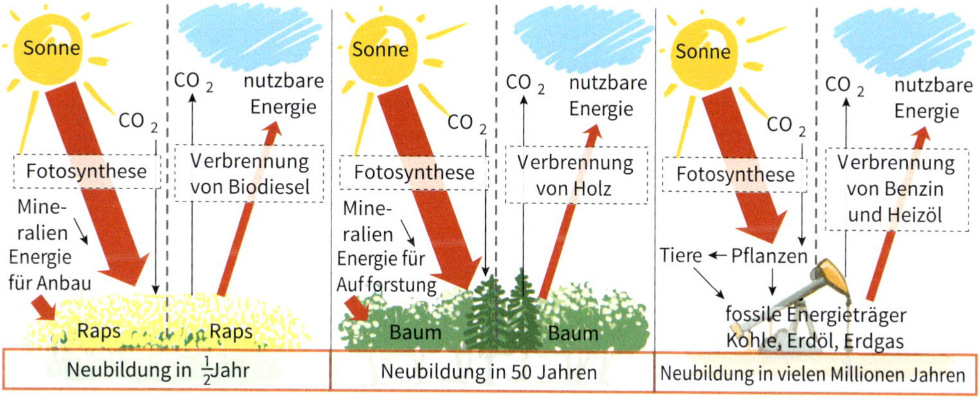

1 Vergleich der Energieträger

Holz

Seitdem der Mensch das Feuer nutzt, dient ihm Holz als nachwachsender Brennstoff. Heute sind Kaminöfen wieder sehr beliebt. Manche Heizungen nutzen Holzpellets als Brennmaterial.

Biodiesel, Bioethanol und Biogas

Aus ölhaltigen Pflanzensamen wie Rapssamen lässt sich Biodiesel gewinnen (Bild 2). Sogar altes Frittierfett kann dazu aufbereitet werden.
Bioethanol wird aus Kartoffeln, Zuckerrüben, Zuckerrohr oder Getreidestroh gewonnen. Es kann dem Benzin beigemengt werden. Aus Mist, Gülle, Müll oder Klärschlamm sowie eigens angebauten Mais wird Biogas erzeugt.

Ein Vergleich

Für den Anbau nachwachsender Brennstoffe wie Holz und Raps ist neben der Energie der Sonne auch Energie für das Betreiben der Maschinen nötig. Hier werden meist fossile Energieträger benutzt. Während Raps innerhalb eines Jahres wieder wächst, dauert die Neubildung von Holz Jahrzehnte.
Für die Entstehung von Erdgas, Erdöl und Kohle lieferte allein die Sonne die Energie. Die Bildung fossiler Brennstoffe dauerte allerdings viele Millionen Jahre. Beim Vergleich nachwachsender und fossiler Brennstoffe ist also der Zeitfaktor zu beachten (Bild 1).

Du kannst erklären, was nachwachsende Brennstoffe von fossilen Brennstoffen unterscheidet.

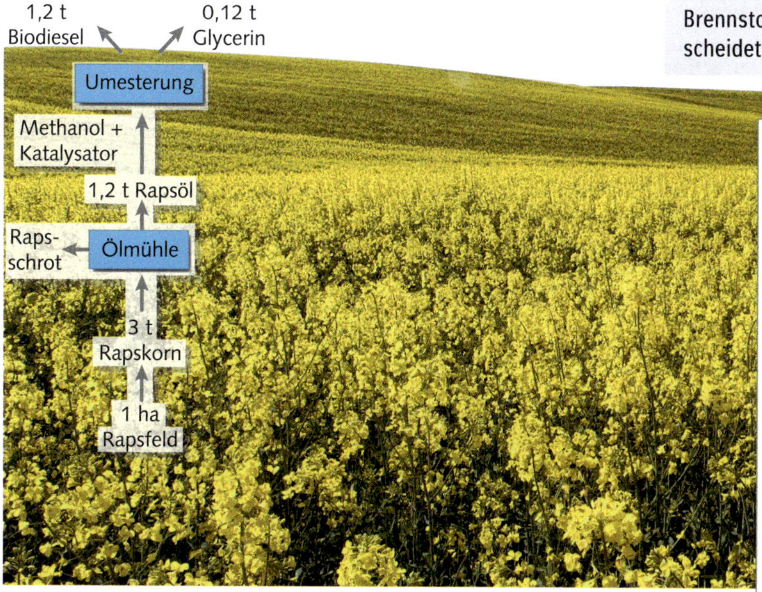

2 Biodiesel-Gewinnung

Die Kehrseite des Biosprit-Booms

Die Ausweitung der Anbauflächen für Pflanzen, die als nachwachsende Brennstoffe dienen, hat auch Nachteile. Es gehen wertvolle Anbauflächen für Nahrungsmittel verloren. Außerdem werden Regenwälder gerodet, um neue Anbauflächen beispielsweise für Ölpalmen zu gewinnen.

Vom Erdöl zur Handyschale

1. Ⓐ
a) Notiere die drei wichtigsten Länder mit Erdöllagerstätten.
b) Informiere dich, auf welchen Wegen das Rohöl nach Europa transportiert wird.

2. Ⓐ
a) In welche Bestandteile wird das Rohöl in der Raffinerie zerlegt?
b) Wozu werden die einzelnen Stoffe verwendet?

3. Ⓐ
Notiere zehn Gegenstände, die aus Kunststoffen hergestellt sind.

5 Raffinerie

Ein langer Weg

Dein Handy oder Smartphone hat wahrscheinlich eine Schale aus Kunststoff. Der Rohstoff, aus dem dieses Material hergestellt wird, ist Erdöl. Vom Rohstoff zum Produkt führt ein langer Weg.

Erdöl wird gefördert

Die Erdöllagerstätten befinden sich oft in großer Tiefe unter Land oder unter dem Meeresboden. Stehen die Lagerstätten unter Druck, kommt das Öl von selbst nach oben. Sonst wird es hochgepumpt. Auf dem Festland geschieht das mit Pferdekopf-Pumpen, auf See von Ölförderplattformen aus.

Der Transport

An Land oder unter Wasser wird das Öl in Pipelines transportiert. Von Förderplattformen auf See wird es oft von Tankschiffen abgeholt. Das Öl wird entweder direkt an einer Raffinerie oder am Beginn einer Pipeline entladen.

3 Öltanker

1 Rohöl

4 Pipeline

2 Nickende Pferdekopf-Pumpe

Die Ölverarbeitung

Raffinerien sind Fabriken zur Verarbeitung des Rohöls. **Rohöl** ist ein Gemisch aus Tausenden verschiedener Bestandteile.
Das Öl wird in Röhrenöfen erhitzt, bis der größte Teil verdampft ist. Im **Destillationsturm** werden die Bestandteile nach der Temperatur aufgetrennt, bei der sie kondensieren: ganz oben die gasförmigen, in der Mitte die flüssigen und ganz unten die zähflüssigen Bestandteile wie Bitumen. Die einzelnen Stoffe und Stoffgemische werden entweder noch weiterverarbeitet oder direkt verwendet.

Erdölbestandteile

93 %

7 %

Energieträger
Der größte Teil der gasförmigen und flüssigen Bestandteile des Erdöls wird als Energieträger verwendet. Erdgas dient zum Heizen und zur Erzeugung elektrischer Energie.
Kerosin, Benzin und Dieselöl treiben Flugzeuge, Landfahrzeuge und Schiffe an. Schiffe können auch Schweröl verwenden.
Die fossilen Brennstoffe sind nicht nachwachsend.

Kunststoffe
Nur ein kleiner Teil der Erdölbestandteile wird für die Herstellung von Kunststoffen verwendet.

Granulate
Die aus Erdöl hergestellten Kunststoffe kommen beispielsweise als Granulate (Bild 6) auf den Markt. Sie werden in Extrudern (Bild 7) weiterverarbeitet. Das Granulat wird erhitzt und mit der Schraube zusammengepresst. Eine heiße Kunststoffmasse kommt heraus, die in Formen gedrückt wird (Bild 8). So entstehen Kunststoffformteile wie Handyschalen (Bild 9). Auch Textilfasern werden mit Extrudern hergestellt, die Kunststoffmasse wird dabei durch feine Düsen gepresst.

6 Granulate

Flaschen und Schäume
Beim Blasformen zur Flaschenherstellung wird Kunststoff in eine Form hineingeblasen, sodass innen ein Hohlraum entsteht. Für Schaumstoffe als Dämmungs- und Verpackungsmaterial werden bestimmte Kunststoffe durch Gase aufgeschäumt.

Du kannst den Weg beschreiben, wie aus Erdöl schließlich eine Handyschale wird.

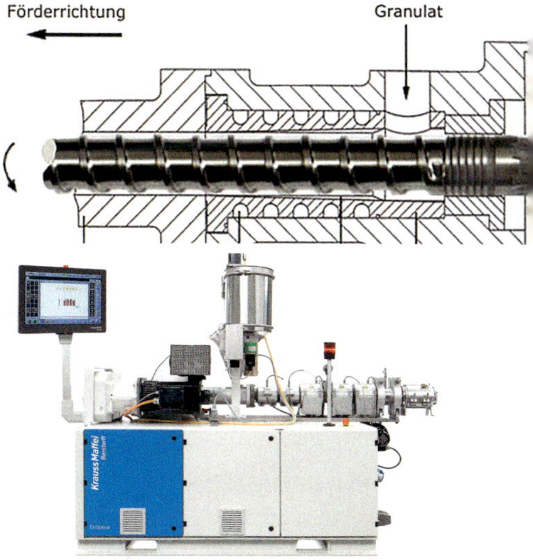

7 Extruder

8 Presse

9 Formteile aus Kunststoff

Luftverschmutzung

Smogalarm

Fahrverbote werden in Städten verhängt, Kindergärten und Schulen schließen, Fabriken müssen ihre Produktion einstellen. Diese Dinge geschehen aktuell vermehrt in fernen Ländern, aber auch in Deutschland hat es das schon gegeben. Das Wort Smog besteht aus den englischen Wörtern **smoke** (Rauch) und **fog** (Nebel). Damit ist verschmutze Luft gemeint.

Spurensuche

Aber was ist eigentlich verschmutze Luft? Wo kommt sie her und was können wir gegen sie tun? Begebt euch in Gruppen auf Spurensuche und teilt eure Ergebnisse mit den anderen. Verwendet dabei unterschiedliche Medien zum Vorstellen eurer Ergebnisse.

TEAM 1

Luftschadstoffe

- Nennt Schadstoffe, die es in der Luft gibt.
- Beschreibt, woher sie kommen und wie sie entstehen.
- Beschreibt, welche Wirkung sie auf die Umwelt haben.

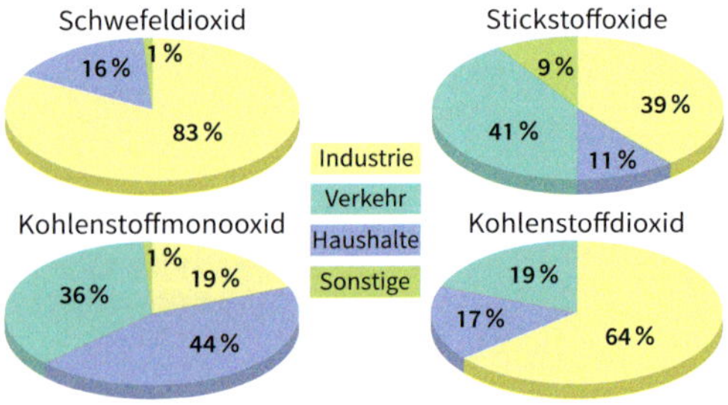

1 Herkunft einiger Luftschadstoffe

TEAM 2

Gesetzliche Maßnahmen

- Nennt Grenzwerte, die es für Schadstoffe gibt.
- Nennt Maßnahmen gegen Luftverschmutzung die der Gesetzgeber vorsieht.
- Recherchiert Informationen über den Erfolg der Maßnahmen.

2 Umweltzonen in deutschen Städten

TEAM 3

Luftverschmutzung lokal und global

- Erkundigt euch in eurer Stadt, eurem Dorf oder eurer Gemeinde über die Luftverschmutzung vor Ort.
- Recherchiert die Luftverschmutzung in Deutschland und anderen Ländern. Erläutert anschließend Gemeinsamkeiten und Unterschiede.

3 Luftverschmutzung ist für einige Menschen Alltag.

TEAM 4

Möglichkeiten des Einzelnen

- Beschreibt, was jeder Einzelne tun kann, um den Schadstoffanteil in der Luft zu verringern.
- Beurteilt, wie schwer es ist diese Maßnahmen umzusetzen.
- Beschreibt, was diese Maßnahmen bewirken können.

4 Fahrrad fahren schont die Umwelt.

Autoabgas-Katalysator

Giftige Gase werden umgewandelt

Bei der Verbrennung von Kraftstoffen im Motor entstehen unter anderem giftige Gase wie Kohlenstoffmonooxid und Stickstoffoxide. Diese werden vom Abgas-Katalysator fast vollständig in umweltverträglichere Stoffe wie Kohlenstoffdioxid, Stickstoff und Wasser umgewandelt.

Ein Katalysator besteht meist aus einem wabenförmig aufgebauten, hitzebeständigen Keramikkörper. Er ist von einer Vielzahl feiner Kanäle durchzogen. Die Oberfläche dieser Kanäle ist sehr rau und dadurch so groß wie die Fläche von mehr als zwei Fußballfeldern. Sie ist mit den Edelmetallen Platin und Rhodium hauchdünn beschichtet. Diese Metalle ermöglichen bei hohen Temperaturen die Umwandlung der giftigen Abgase. Dabei werden die Metalle selbst nicht verändert. Damit eine möglichst große Wirkung erzielt wird, wird der Sauerstoff-Anteil im Auspuffgas reguliert.

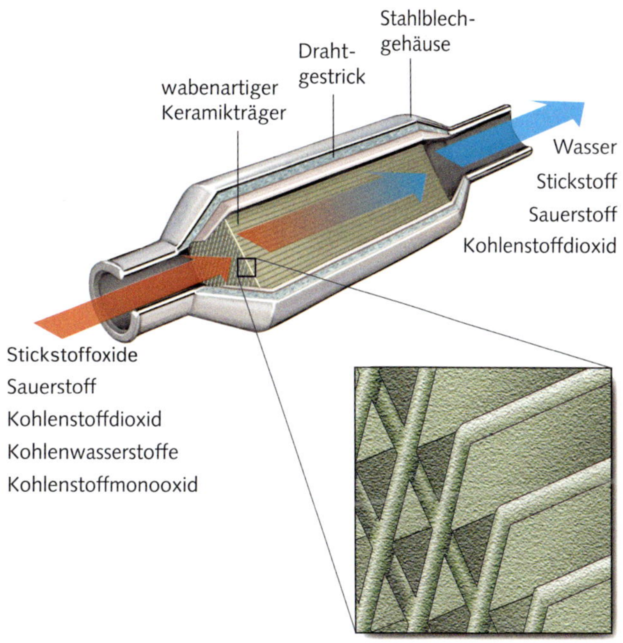

1 Vorgänge im Abgas-Katalysator

Feinstaubfilter

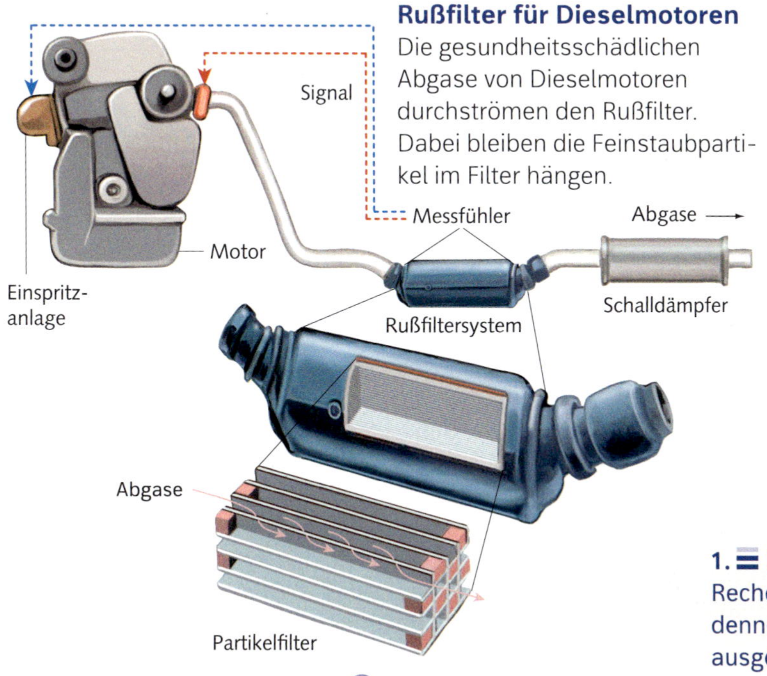

2 Funktionsweise des Feinstaubfilters

Rußfilter für Dieselmotoren

Die gesundheitsschädlichen Abgase von Dieselmotoren durchströmen den Rußfilter. Dabei bleiben die Feinstaubpartikel im Filter hängen.

Filter mit Selbstreinigung

Nach einigen hundert Kilometern ist der Filter voll. Dies wird von Messfühlern am Partikelfilter registriert und zum Motor gemeldet. Hier wird durch Nacheinspritzung von Treibstoff die Abgastemperatur erhöht. Die heißen Abgase verbrennen die Rußpartikel im Filter zu Kohlenstoffdioxid und einem geringen Teil Asche. Dadurch ist der Filter wieder gereinigt und kann seine Wirkung erneut entfalten.

1. Recherchiere, warum Feinstaubfilter dennoch ab und zu gereinigt oder ausgetauscht werden müssen.

Belastungen der Luft und des Wassers

1.
Benenne mindestens fünf Luftschadstoffe.

2.
Nenne natürliche Quellen von Luftschadstoffen.

3.
Nenne vom Menschen verursachte Quellen von Luftschadstoffen.

4.
Beurteile anhand von Bild 2, wie die Schadstoffbelastung der Luft sich für die verschiedenen Schadstoffe im Verlauf der Jahre gewandelt hat.

1 Unsere Luft ist belastet.

Ein **Luftschadstoff** ist eine Luftverschmutzung, die eine schädliche Umwelteinwirkung verursacht. Die Herkunft eines Luftschadstoffes kann sowohl natürlich bedingt als auch vom Menschen verursacht sein.

5.
Beurteile anhand von Bild 3 die Grenzwertüberschreitungen bei Ozon seit 1995. Informiere dich und berichte über mögliche Gegenmaßnahmen.

6.
a) Erstelle aus den Werten in Bild 4 ein Säulendiagramm zur Schwefeldioxidbelastung.
b) Beschreibe und interpretiere es.

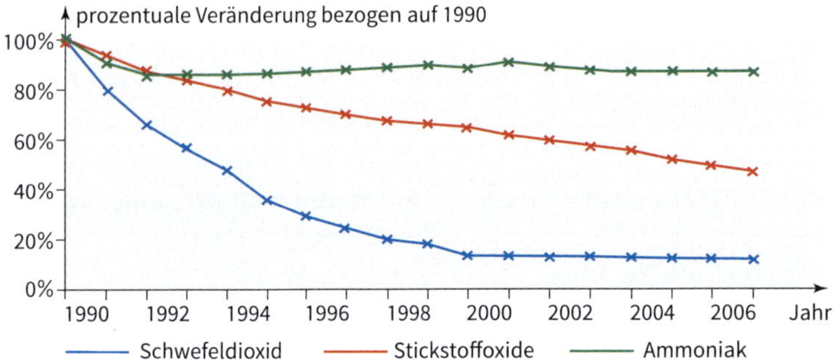

2 Schadstoffbelastung der Luft von 1990 bis 2007

Jahr	Messwerte in $\frac{\mu g}{m^3}$
1965	173
1970	131
1975	145
1980	93
1985	63
1990	23
1995	14
2000	8
2005	7
2010	6

4 Schwefeldioxidbelastung im Rhein-Ruhr-Gebiet

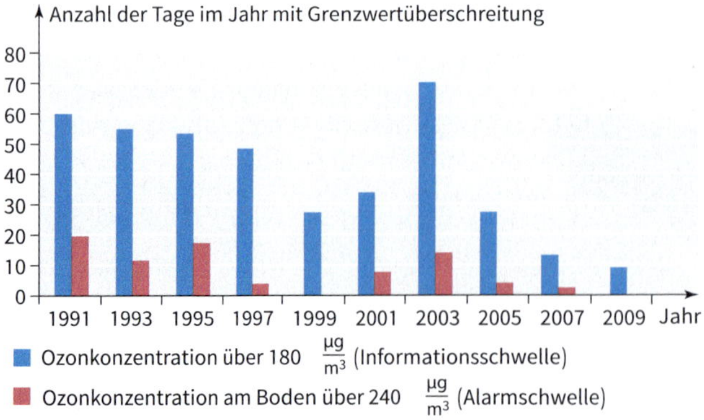

3 Ozonwertüberschreitungen am Boden

Entwicklung der Luftbelastung

Die Belastung der Luft mit Schadstoffen wird seit vielen Jahren untersucht. Die Belastung mit **Schwefeldioxid** hat in Deutschland nach einem Höchststand um 1975 stark abgenommen. Stickstoffoxide wurden nicht ganz so stark verringert. Beide Stoffe verursachen sauren Regen. In letzter Zeit tritt die Belastung mit **Feinstaub** und **Ozon** (Sommersmog) in den Vordergrund. Sie überschreiten häufig die Grenzwerte. Diese Stoffe führen zu Reizungen und Erkrankungen der Atemwege.

7. Q
Nenne fünf Schadstoffe, die unser Wasser belasten.

8. Q
Nenne fünf Wasserverschmutzer aus verschiedenen Bereichen.

9. A
Beim Nitratgehalt des Grundwassers gibt es einen Frühwarnwert bei 25 $\frac{mg}{l}$. Der gesetzliche Grenzwert liegt bei 50 $\frac{mg}{l}$.
a) Lies aus dem Diagramm (Bild 6) ab, wie viel Prozent der Messstationen Überschreitungen bei den beiden Werten aufweisen.
b) Beschreibe die Tendenz in den letzten 20 Jahren.

5 Unser Wasser wird verschmutzt.

Gewässerverschmutzung ist die Verschmutzung von Oberflächengewässern wie Flüssen, Seen und Meeren oder des Grundwassers.

10. A
a) Beschreibe mithilfe von Bild 7, wie die Phosphorbelastung im Bodensee zunahm und durch Vermeidung weiteren Eintrags wieder sank.
b) Finde Erklärungen für den Verlauf des Diagramms.

11. A
Stelle die Zahlen zur Belastung des Wassers im Rhein (Bild 8) in einem Diagramm dar und interpretiere sie.

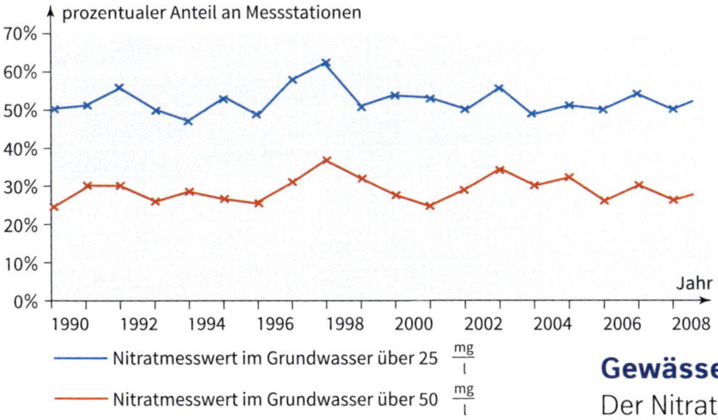

6 Nitrate im Grundwasser in Nordrhein-Westfalen (angegeben in Prozent sind die Messstationen, bei denen die Grenzwerte überschritten wurden)

in $\frac{t}{a}$	1985	1992	2000
Blei	550	330	250
Cadmium	9	5,9	5,1
Chrom	500	220	150
Quecksilber	6	3,2	1,6
Zink	3600	1900	1400

8 Schwermetallbelastung des Rheins

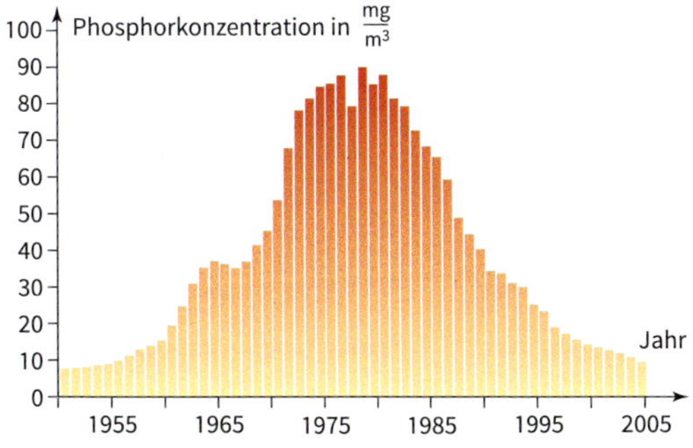

7 Phosphorkonzentration (verursacht vor allem durch Phosphate) im Wasser des Bodensees

Gewässerbelastung

Der Nitratgehalt von Grundwasser und damit unseres Trinkwassers ist in vielen Fällen zu hoch. **Nitrat** in Gemüsen oder anderen Lebensmitteln gefährdet die Gesundheit besonders bei Kleinkindern. Vor allem durch die Einleitung von Haushaltsabwässer war der Bodensee lange stark mit **Phosphat** aus Waschmitteln belastet. Dies führt zur Überdüngung und starkem Algenwachstum. Abgestorbene Algen entziehen dem See Sauerstoff. Der See kann „umkippen", Lebewesen sterben. Der Bau von Kläranlagen konnte die Situation am Bodensee entschärfen. **Schwermetalle** sind giftig. Industriebetriebe leiteten in früheren Jahrzehnten große Mengen Schwermetalle in den Rhein und andere Gewässer. Sie sind nur schwer abbaubar.

Du kannst Belastungen der Luft und des Wassers nennen und Gefährdungen abschätzen.

Kreisläufe des Kohlenstoffs

1.
a) Plane Versuche zum Nachweis von Kohlenstoff in Stoffen wie Holz, Zucker, Kochsalz, Stärke, Lampenöl oder Pflanzenöl.
b) Führe die Versuche durch.
c) Vergleiche die Beobachtungen und Ergebnisse.
d) Entscheide, welche Stoffe organisch sind. Begründe deine Entscheidung.

2.
a) Wiege auf einer Feinwaage Siedesteinchen und eine noch ungeöffnete 1-Liter-Mineralwasserflasche. Öffne die Flasche, gib die Siedesteinchen hinein und warte, bis möglichst viel Kohlenstoffdioxid ausgetrieben worden ist. Wiege dann die Flasche erneut.
b) Berechne die Menge des gelösten Kohlenstoffdioxids.
c) Berechne, wie viel Kohlenstoffdioxid bei gleicher Konzentration in der Nordsee mit einem Wasservolumen von 54 000 km³ gelöst sein könnte.

Der natürliche Kreislauf

Kohlenstoff kommt auf der Erde fast immer in Verbindungen vor, vor allem in Kohlenstoffdioxid (CO_2) und in kohlenstoffhaltigen Gesteinen wie Kalkstein. Wichtig sind auch der in allen Lebewesen gebundene Kohlenstoff und die großen Mengen an Kohlenstoff in den fossilen Brennstoffen. Ein Teil dieses Kohlenstoffs ist nicht auf Dauer fest gebunden, sondern durchläuft verschiedene Kreisläufe.

Kohlenstoff-Kreislauf an Land

Der meiste Kohlenstoff wird im Kohlenstoffkreislauf an Land umgesetzt (Bild 2 A). Pflanzen nehmen Kohlenstoffdioxid auf und bauen den Kohlenstoff bei der Fotosynthese in Biomasse ein. Zusammen mit Wasser und der Energie des Sonnenlichtes wird Zucker gebildet. Daraus produziert die Pflanze zum Beispiel Holzstoffe und Stärke oder Öle. Der Kohlenstoff ist in den lebenden Pflanzen und in Pflanzenresten wie Humus oder Torf gespeichert. Auch die Pflanzen atmen einen kleinen Teil Kohlenstoffdioxid aus. Pflanzliches Material wird von Tieren gefressen und im eigenen Stoffwechsel später als Kohlenstoffdioxid ausgeatmet. Auch Bakterien zersetzen Biomasse, wobei wieder Kohlenstoffdioxid freigesetzt wird.

1 Kohlenstoff wird in Gesteinen gebunden.

A

2 A – C Jährliche Kohlenstoffumsätze

Kohlenstoff-Kreislauf in und über den Meeren

Auch zwischen den Meeren und der Atmosphäre wird Kohlenstoff ausgetauscht (Bild 2 B). Kohlenstoffdioxid wird im Wasser gelöst, dabei entsteht auch etwas Kohlensäure. Algen brauchen Kohlenstoffdioxid für die Fotosynthese. Tiere im Meer geben beim Atmen Kohlenstoffdioxid ins Wasser ab. Korallen nehmen gelöste Carbonate auf und bauen aus Calciumcarbonaten Riffe auf. Auch dabei wird etwas Kohlenstoffdioxid freigesetzt.
Ein Teil des Kohlenstoffs sinkt eingebaut in den Panzern und Schalen abgestorbener Meeresbewohner auf den Grund und bildet dort Kalksedimente.

Der Einfluss des Menschen

Für viele Millionen Jahre war eine sehr große Menge Kohlenstoff in Form von Kohle, Erdöl und Erdgas fest gebunden. Heute wird durch die Verbrennung dieser fossilen Energieträger und großer Mengen Holz viel Kohlenstoffdioxid freigesetzt. Da es nicht im gleichen Maße wieder durch Pflanzen verwertet werden kann, steigt der Kohlenstoffdioxid-Gehalt in der Atmosphäre ständig an (Bild 2 C).

Du kannst die Kohlenstoff-Kreisläufe beschreiben.

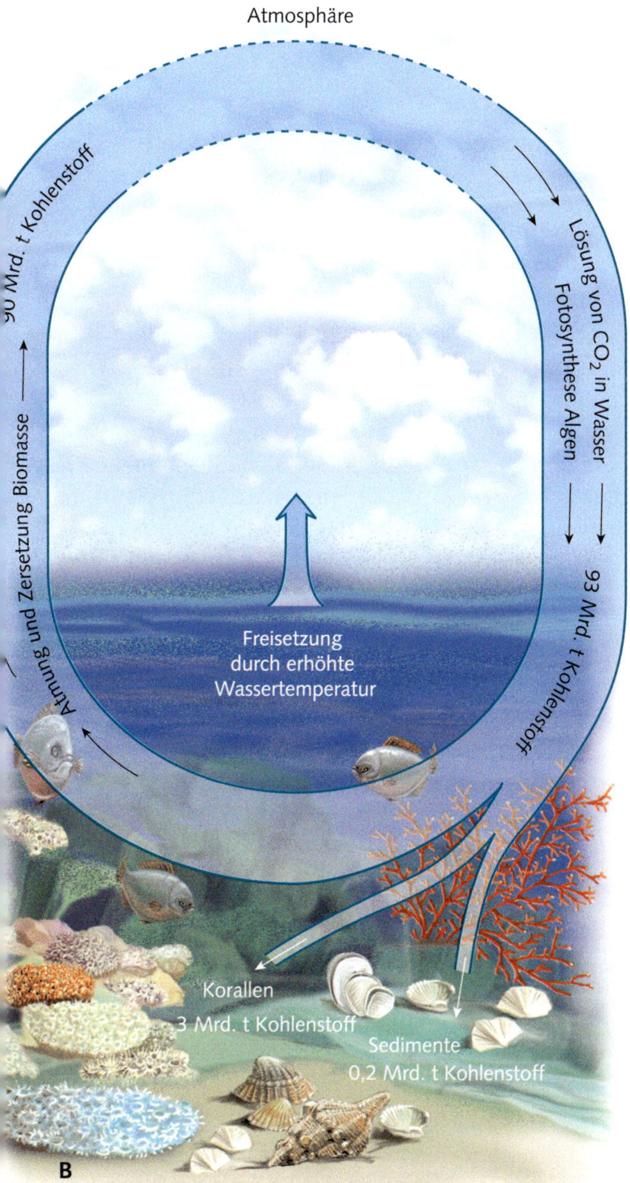

B

C

Basiskonzepte S. 321

Dynamische Klimamodelle

1.
a) Fülle einen Standzylinder mit Wasser mit einer Temperatur von 20 °C und decke ihn mit einem Deckglas ab. Stelle ihn wie in Bild 1 mit der Öffnung nach unten in eine mit Wasser gefüllte Wanne. Entferne das Deckglas unter Wasser. Gib eine Brausetablette unter den Standzylinder, so dass das entstehende CO_2 in den Standzylinder gelangt. Markiere die aufgefangene Gasmenge mit einem Stift am Zylinder.

1 CO_2 löst sich in Wasser.

b) Wiederhole Versuch a) mit einer zweiten Tablette und bestimme erneut das Volumen des aufgefangenen CO_2.
c) Berechne, wie viel CO_2 sich im Wasser gelöst hat.
d) Wiederhole die Versuche a) bis c) jeweils mit einer Wassertemperatur von 5 °C und 40 °C.
e) Vergleiche die Ergebnisse deiner Versuche und formuliere einen Je-desto-Satz.

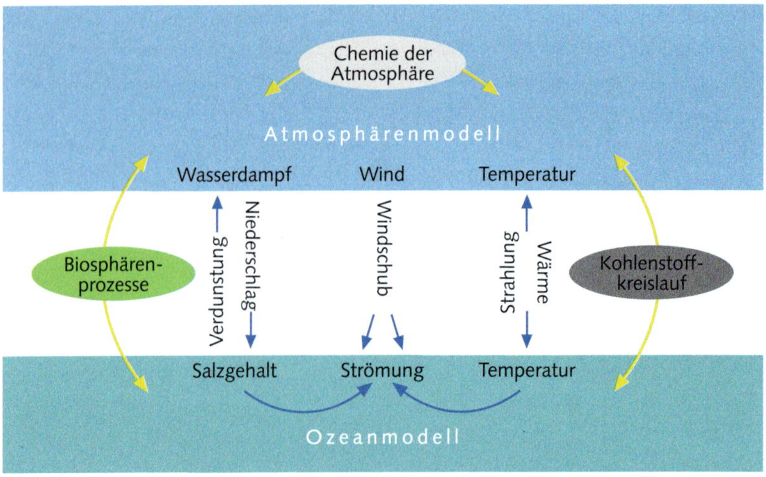

2 Faktoren im Klimamodell

Faktoren, die im Klimamodell berücksichtigt werden

Der Austausch von Kohlenstoffdioxid (CO_2) zwischen Atmosphäre und Meer oder zwischen Pflanzen und Mensch und Tier kann zusammengefasst werden wie in Bild 3.
Entsprechende Zusammenfassungen für den Austausch zwischen Atmosphäre und Ozean gibt es auch für Wasser, Temperatur und Luftströmungen.

Grundlage des Modells

Der Zusammenhang zwischen Temperatur des Wassers und dem Vermögen, CO_2 zu speichern kann in einer Gleichung beschrieben werden. Das wäre die Grundlage eines einfachen **dynamischen Modells.**

Auch andere Wechselwirkungen (Bild 2) können in Gleichungen beschrieben werden. So ergibt sich ein Gleichungssystem, mit dessen Hilfe Berechnungen zur Klimaänderung durchgeführt werden können.

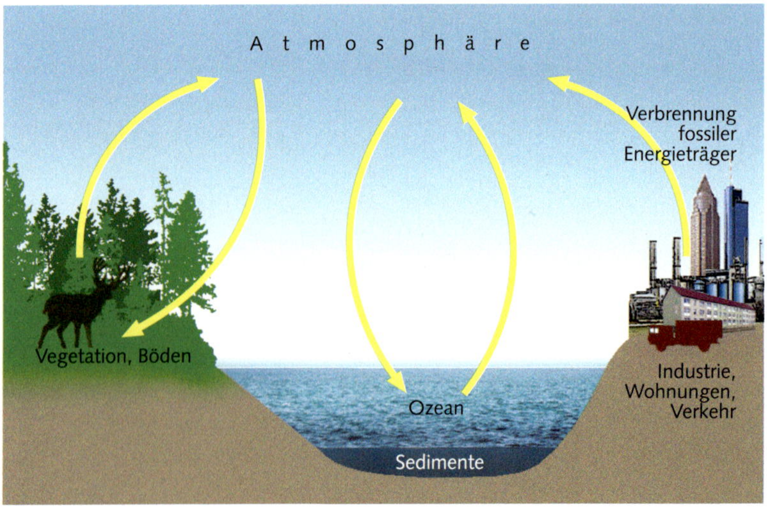

3 Der kurzfristige Kohlenstoffkreislauf

Messstationen

Die Kontinente sind überzogen mit einem Netz von Messstationen, die jeweils aktuelle Wetterdaten liefern. Die Daten werden mithilfe spezieller Satelliten erfasst. Die so erhaltenen Daten werden dann in die Gleichungssysteme der jeweiligen Klimamodelle eingegeben.

Dabei wird beispielsweise berechnet, wie sich langfristig die Niederschlagsmenge ändert, wenn die Temperatur zunimmt. Die Rechnungen sind so umfangreich, dass sie nur durch leistungsstarke Computer ausgeführt werden können. Sie berechnen den **Trend der Klimaentwicklung** und liefern Prognosen in Bezug auf Größen wie Temperatur, Regenmenge und Windstärke.

Anpassung der Modelle

Es gibt viele Klimamodelle, nach denen Prognosen erstellt werden können. Dabei gehen unterschiedliche Modelle von unterschiedlichen Voraussetzungen aus und liefern deshalb auch unterschiedliche Ergebnisse.

Ändern sich Voraussetzungen für ein Modell, werden die Berechnungen angepasst. Dadurch werden die Modelle **dynamisch.** So haben beispielsweise Änderungen der Bevölkerungsdichte, der Landwirtschaft und der Industrieansiedlungen Einfluss auf die Klimadaten. Langfristige Prognosen müssen deshalb immer wieder überprüft und geändert werden.

Prognosen

Die aus den Berechnungen gelieferten Daten können grafisch aufbereitet werden (Bild 4). Unterschiedliche Modelle ergeben dabei unterschiedliche Grafiken.

Es darf nicht vergessen werden, dass es sich immer um Prognosen handelt und nicht um abgesicherte Aussagen.

Je besser aber die Zusammenhänge zwischen den Faktoren, die das Klima beeinflussen, erkannt werden, desto genauer werden dann die Prognosen.

Du kannst die Grundzüge von Klimamodellen und ihren Prognosen beschreiben.

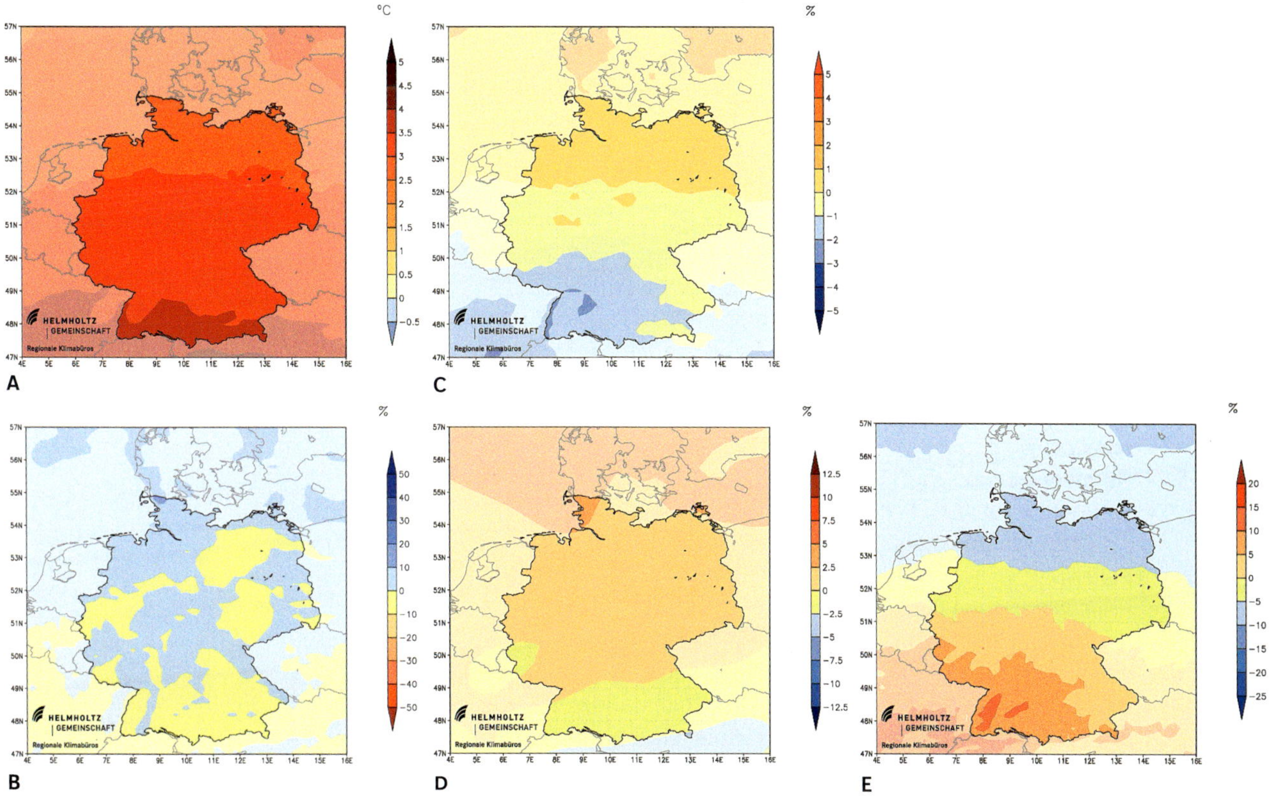

4 Klimaentwicklung – mögliche mittlere Änderung: **A** durchschnittliche Temperatur, **B** Niederschlag, **C** relative Luftfeuchte, **D** mittlere Windgeschwindigkeit, **E** Sonnenscheindauer

Eine neue Heizungsanlage

Die Heizungsanlage ist veraltet. Der Schornsteinfeger hat schon darauf hingewiesen, dass die Anlage nicht mehr wirtschaftlich arbeitet und dass die gesetzlich vorgeschriebenen Abgaswerte und der geforderte Wirkungsgrad nicht mehr eingehalten werden können.

Eine neue Heizungsanlage muss her! Doch da tauchen eine Menge Fragen zu folgenden Kriterien auf:

- die Auswahl der Anlage
- der Aufwand für den Ein- und vielleicht auch der Umbau der Heizungsanlage
- die Voraussetzungen für den Einbau der neuen Anlage
- die durchschnittlichen Betriebskosten pro Jahr für eine 100 m²-Wohnung
- die Umweltbelastung durch die Anlage
- der Arbeitsaufwand zum Betreiben der Anlage
- ein Einsatz regenerativer Energieträger oder fossiler Energieträger
- die Höhe der Anschaffungskosten

Um verschiedene Anlagen miteinander vergleichen zu können, muss von gleichen Voraussetzungen ausgegangen werden.

- Es sollen 100 m² Wohnfläche beheizt werden.
- Die veraltete Ölheizung soll durch einen anderen Heizungstyp ersetzt werden.
- Kann die neue Anlage die gesamte Heizung übernehmen oder wird sie von einer zweiten Heizung unterstützt?
- Unter welchen Voraussetzungen kann die neue Anlage finanziell gefördert werden?

Ihr sollt in Gruppen vier verschiedene Heizungstypen näher untersuchen und ihre Stärken und Schwächen herausfinden.

1 Manche mögen's heiß!

Team ❶
Holzpellets

Informiert euch neben den allgemeinen Fragen zu Heizungsanlagen auch über spezielle Probleme zur Holzpelletsheizung:

- Ausgangsstoff zur Herstellung von Pellets
- Herstellung von Pellets
- Liefersicherheit von Pellets
- Anlieferung und Lagerung von Pellets
- Preisentwicklung der Pellets in den letzten zehn Jahren
- Energieart zur Regelung und Steuerung der Heizungsanlage

2 Holzpellets

Team ❷
Erdwärme

Informiert euch neben den allgemeinen Fragen zu Heizungsanlagen auch über spezielle Fragen zum Heizen mit Erdwärme:

- Kann die Erdwärme überall sinnvoll genutzt werden?
- Funktionsweise der Erdwärmepumpe
- Der Weg der Erdwärme zur Heizungsanlage
- Ist eine weitere Heizquelle notwendig? Wenn ja, wie werden beide Heizungssysteme miteinander verbunden?
- Kann die Wärmepumpe auch bei sehr tiefen Außentemperaturen noch genügend Wärme liefern?
- Mit welcher Energieart wird die Pumpe betrieben?

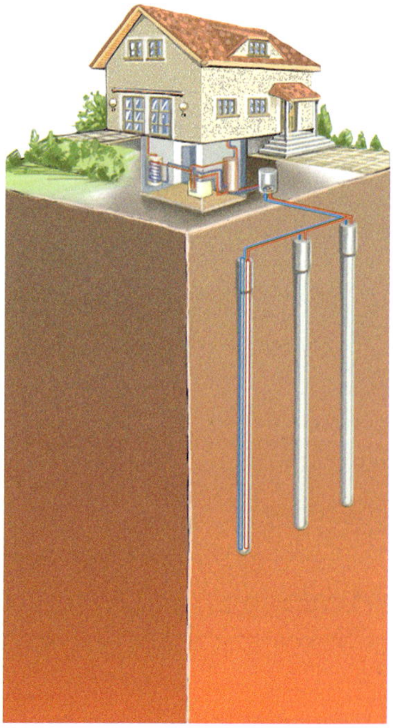

3 Wärme aus der Erde

Team ❸

Sonnenkollektoren

Informiert euch neben den allgemeinen Fragen zu Heizungsanlagen auch über spezielle Fragen zum Heizen mit Sonnenenergie.

- Die Funktionsweise der Sonnenkollektoren
- Bleibt bei diesigem Wetter oder bei Regen die Heizung kalt?
- Müssen bestimmte baulichen Voraussetzungen gegeben sein, um mit Sonnenenergie heizen zu können?
- Ist die Dachkonstruktion stabil genug für die Sonnenkollektoren?
- Welche Kollektorfläche wird für eine Wohnfläche von 100 m² benötigt?
- Wie gelangt die durch die Kollektoren gewonnene Wärme zum Heizkörper?
- Mit welcher Energieart wird eine Kollektorheizung betrieben?
- Kann ein Haus allein mit Sonnenkollektoren beheizt werden?

Team ❹

Das Blockheizkraftwerk

Informiert euch neben den allgemeinen Fragen zu Heizungsanlagen auch über spezielle Fragen zum Heizen mit einem Blockheizkraftwerk (BHKW):

- Gibt es Unterschiede zwischen einem Blockheizkraftwerk und einer normalen Heizungsanlage?
- Ist der Wirkungsgrad dieser Anlage im Vergleich zu anderen Heizungsanlagen besser?
- Kann ein BHKW überall sinnvoll eingesetzt werden?
- Besteht ein finanzieller Anreiz bezüglich der erzeugten elektrischen Energie?
- Dient ein BHKW in erster Linie zur Erzeugung von elektrischer Energie oder in erster Linie zum Erzeugen von Wärme?
- Ab wie viel Betriebsstunden arbeitet ein Blockheizkraftwerk wirtschaftlich?
- Mit welchem Energieträger wird in der Regel ein BHKW betrieben?

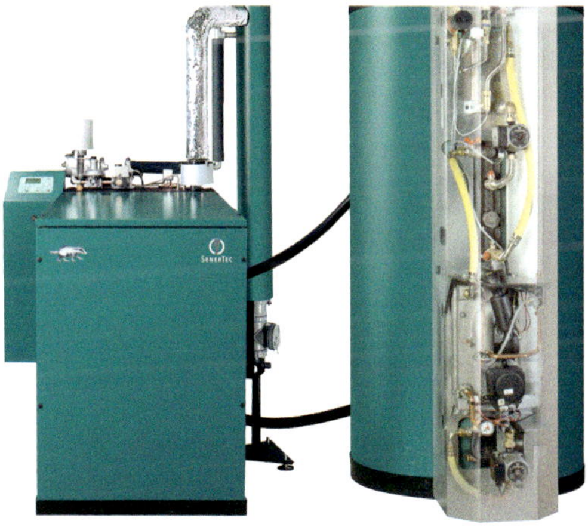

4 Blockkraftheizwerk

Bewerten der Heizungsanlagen im Überblick

Zum Schluss überträgt jede Schülerin und jeder Schüler nach Vorstellung der verschiedenen Heizungssysteme die folgende Tabelle in das Heft und bewertet die Systeme nach dem angegebenen Bewertungssystem.
Ermittelt dann die Gesamtpunktzahl für jede Heizungsanlage.
Alle ausgefüllten Tabellen werden gesammelt und von zwei Schülerinnen und Schülern ausgewertet.

sehr gut (4 Punkte)
gut (3 Punkte)
befriedigend (2 Punkte)
ausreichend (1 Punkt)
schlecht (0 Punkte)

	Anschaffungs-kosten	Betriebskosten	Umweltbelastung	Nachhaltigkeit des Energieträgers	Einbau der Anlage	Punkte
Pellets						
Erdwärme						
Kollektoren						
BHKW						

Erdöl, Erdgas und Kohle

Braunkohle und Steinkohle

abgestorbene Pflanzen

Torf

Braunkohle → Steinkohle

Förderung: Tagebau | Untertagebau, Tagebau

Verwendung: Energieträger | Energieträger, chem. Industrie

Erdgas und Erdöl

zersetzte Kleinstlebewesen

über Jahrmillionen
Luftabschluss und hoher Druck, Wärme

Erdgas und Erdöl

Förderung:
Offshore, an Land

Transport:
Pipelines, Tanker

Verarbeitung:
Erdöl: Destillation, Cracken

Verwendung:
Erdgas: Energieträger
Erdöl: Energieträger,
chem. Industrie (z. B. Kunststo

Kohlenwasserstoffe

	Alkane	Alkene	Alkine
Merkmal	Kohlenwasserstoffe mit Einfachbindung	Kohlenwasserstoffe mit Doppelbindung	Kohlenwasserstoffe mit Dreifachbindung
allgemeine Formel	C_nH_{2n+2}	C_nH_{2n}	C_nH_{2n-2}
Molekül-Modell	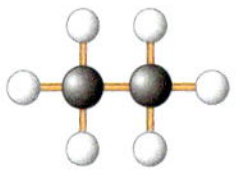 Beispiel: Ethan C_2H_6	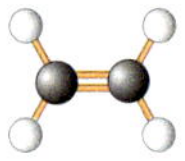 Beispiel: Ethen C_2H_4	 Beispiel: Ethin C_2H_2
Eigenschaften	reaktionsträge	reaktionsfreudig	sehr reaktionsfreudig
Verarbeitung	Destillation und Cracken		
Verwendung	Brennstoffe und Treibstoffe Grundstoffe der chemischen Industrie	Ausgangsstoffe für die Kunststoffherstellung	Herstellung von Acrylsäure, Acrylamid

Energieträger

Werden Kohle, Erdöl und Erdgas als Energieträger genutzt, sind diese nach der Verbrennung verloren. Die Verwendung **nachwachsender Brennstoffe** kann die fossilen Brennstoffe schonen. Erdöl bleibt auf diese Weise beispielsweise für die Herstellung von Kunststoffen erhalten.

Kohlenstoffkreislauf

Kohlenstoff wird in einem Kreislauf an Land und über dem Wasser umgesetzt. Durch den Einfluss des Menschen steigt der Gehalt an Kohlenstoffdioxid in der Atmosphäre an. Da das Gas für den **Treibhauseffekt** mitverantwortlich ist, führt dies zum Anstieg der Temperatur.

Klimamodelle

Mithilfe von Klimamodellen wird versucht, Aussagen über die weitere Entwicklung des Klimas zu machen. Durch Klimamodelle können Prognosen erstellt werden, wie sich beispielsweise die Temperaturen und die Niederschlagsmengen in den nächsten Jahrzehnten ändern werden.

Umweltprobleme

Bei der Verbrennung von Kohle und Erdölprodukten wie Benzin und Diesel werden gesundheitsschädliche **Schadstoffe** freigesetzt. In Autos werden aus diesem Grund Abgas-Katalysatoren und Feinstaubfilter eingebaut. Luft und Wasser werden auch durch andere Schadstoffe belastet.

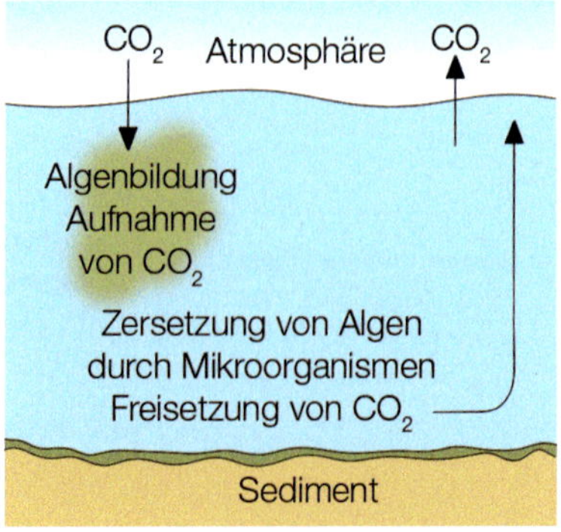

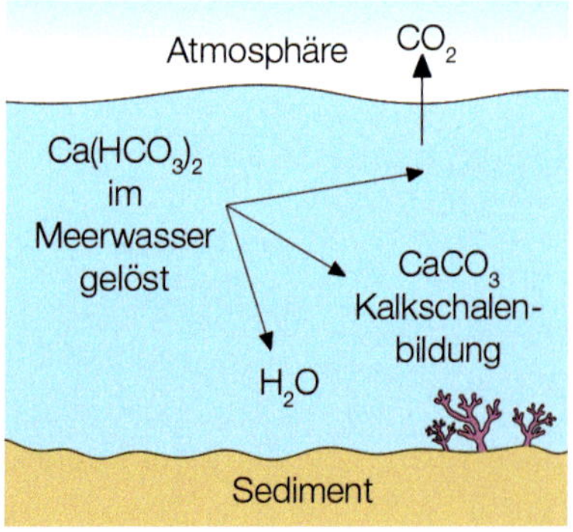

→ METHODE S. 12/13

Struktur-Eigenschafts-Beziehungen

Chemische Reaktion

Energie

Struktur-Eigenschafts-Beziehungen

1.
a) Nenne Beispiele für verschiedene Kohlenstoffkreisläufe.
b) Nenne Faktoren, mit denen die Menschen den Kohlenstoffkreislauf beeinflussen.

→ S. 315

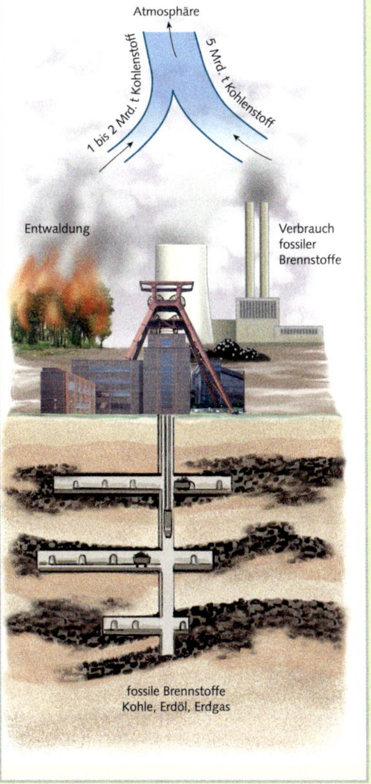

Chemische Reaktion

2.
Methan wird verbrannt.
a) Nenne die Wortgleichung dieser Reaktion.
b) Stelle die Symbolgleichung für die Verbrennung auf.

→ S. 294

Energie, Struktur-Eigenschafts-Beziehungen

3.
a) Beschreibe am Beispiel der Alkanverbrennung, wie die freigesetzte Energie berechnet werden kann.
b) Nenne die freigesetzten Energiebeträge pro Mol Methan- und Heptanmolekül.
c) Vergleiche die Werte von Aufgabe b) mit der freigesetzten Energie in $\frac{J}{g}$.

→ S. 305

Erdöl, Erdgas und Kohle

LERNCHECK

Erdöl, Erdgas und Kohle

Kannst du schon ...

... angeben, woraus Erdöl und Erdgas entstanden sind? (S. 280)

... angeben, woraus und wie Kohle entstanden ist? (S. 280)

... beschreiben, wie Braunkohle und Steinkohle abgebaut werden? (S. 281)

... angeben, wozu Kohle weiter verwendet wird? (S. 282)

... benennen, wo sich Lagerstätten von Erdgas und Erdöl befinden? (S. 284)

... beschreiben, welche Rolle Fördermengen als Wirtschaftsfaktor spielen? (S. 285)

... beschreiben, wie Erdöl und Erdgas gefördert werden? (S. 286)

... berichten, auf welchen Wegen Erdöl transportiert wird? (S. 287)

... beschreiben, wie nach weiteren Erdölvorkommen gesucht wird? (S. 288)

... die Verarbeitung von Erdgas und Erdöl beschreiben? (S. 290 – 292)

... die Verwendung der verschiedenen Erdölfraktionen benennen? (S. 291 – 292)

Alkane, Alkene, Alkine

Kannst du schon ...

... beschreiben, wie Methan analysiert wird? (S. 294)

... die Bestandteile und die Summenformel des Methans nennen? (S. 294)

... die Strukturformel von Methan zeichnen? (S.294 – 295)

... Vorkommen und Bezeichnungen des Methans nennen? (S. 296)

... Umweltprobleme bei der Förderung und Verwendung von Methan beschreiben? (S. 297)

... Beispiele für die Verwendung von Alkanen nennen? (S. 298)

... erklären, wie die Aggregatzustände der Alkane mit ihrer Molekülstruktur zusammenhängen? (S. 298)

... erklären, wie die homologe Reihe der Alkane gebildet wird? (S. 299)

... Eigenschaften und Verwendung von Alkenen nennen? (S. 300)

... die Methode des Crackens beschreiben? (S. 301)

... Besonderheiten der Alkine benennen? (S. 302)

... erklären, was verzweigte Alkane sind? (S.303)

... die Regeln für die Namensgebung verzweigter Alkane nennen? (S.304)

Zeig, was du kannst!

1. ≡ Ⓐ
Beschreibe die Entstehung der Steinkohle aus Pflanzen in mehreren Stufen.

2. ≡ Ⓐ
Nenne die drei Regionen oder Staaten mit den
a) größten Erdgaslagerstätten,
b) größten Erdöllagerstätten.

3. ≡ Ⓐ
Beschreibe den Weg des Erdöls von der Lagerstätte bis zur fraktionierten Destillation.

4. ≡ Ⓐ
Fasse die Vorgänge bei der fraktionierten Destillation kurz zusammen.

Zeig, was du kannst

5. ≡ Ⓐ
Nenne die Produkte, die bei der Verbrennung von Methan entstehen.

6. ≡ Ⓐ
Beschreibe Umweltbelastungen, die durch das Fracking und das Flaring entstehen.

7. ≡ Ⓐ
Notiere die ersten acht Alkane mit Namen und Strukturformel.

8. ≡ Ⓐ
Erkläre die größere Reaktionsfreudigkeit der Alkene und Alkine gegenüber den Alkanen.

Energieträger und Luftverschmutzung

Kannst du schon ...

... die Wortgleichung und die Symbolgleichung für die Verbrennung von Methan und Pentan aufstellen? (S. 305)
... benennen, welche Verbrennungsprodukte bei der Verbrennung von Benzin im Motor entstehen? (S. 305)
... die Abhängigkeit der Verbrennungsenergie von der Länge der Alkanmoleküle beschreiben? (S. 305)
... erklären, warum fossile Brennstoffe eigentlich zu schade zum Verbrennen sind? (S. 306)
... den Prozentanteil des Erdöls benennen, aus dem Kunststoffe hergestellt werden? (S. 306)
... nachwachsende Brennstoffe und ihre Vorteile benennen? (S. 307)
... den Weg vom Erdöl zur Handyschale beschreiben? (S. 308 – 309)
... Ursachen der Luft- und Wasserverschmutzung nennen? (S. 310 – 313)
... beschreiben, wie Abgaskatalysator und Feinstaubfilter funktionieren? (S. 311)
... beschreiben, wie sich die Belastungen der Luft und des Wassers verändert haben? (S. 312 – 313)

Zeig, was du kannst!

9. A
Vergleiche die Verbrennungsenergien von Methan, Propan und Heptan in $\frac{kJ}{g}$.

10. A
Nenne drei wichtige Energieträger.

11. A
Nenne jeweils wichtige Schadstoffe, die verantwortlich sind für die Belastung von
a) Luft,
b) Gewässern.

Kohlenstoffkreislauf und Klimamodelle

Kannst du schon ...

... benennen, wo Kohlenstoff auf der Erde vorkommt? (S. 314)
... den Kohlenstoffkreislauf an Land beschreiben? (S. 314)
... den Kohlenstoffkreislauf in und über den Meeren beschreiben? (S. 315)
... erklären, welchen Einfluss der Mensch auf die Kohlenstoffkreisläufe hat? (S. 315)
... benennen, welche Mengen an Kohlenstoff pro Jahr durch den Menschen in die Atmosphäre gelangen? (S. 315)
... Faktoren nennen, die im Klimamodell berücksichtigt werden? (S. 316)
... benennen, welche Zusammenhänge die Grundlage eines dynamischen Klimamodells bilden? (S. 316)
... beschreiben, wie Klimamodell an geänderte Voraussetzungen angepasst werden? (S. 317)

Zeig, was du kannst!

12. A
Beschreibe, wie Kohlenstoff in die pflanzliche Biomasse eingelagert wird.

13. A
Wie können Voraussagen über das Klima in fünfzig Jahren getroffen werden?

Wichtige Begriffe

- Fossile Brennstoffe
- Homologe Reihe der Alkane
- Energieträger
- Nachwachsende Brennstoffe
- Kohlenstoffkreislauf
- Katalysatoren
- Klimamodelle

Kunststoffe – Werkstoffe unserer Zeit

Wie sind solche Kunststoffe aufgebaut?

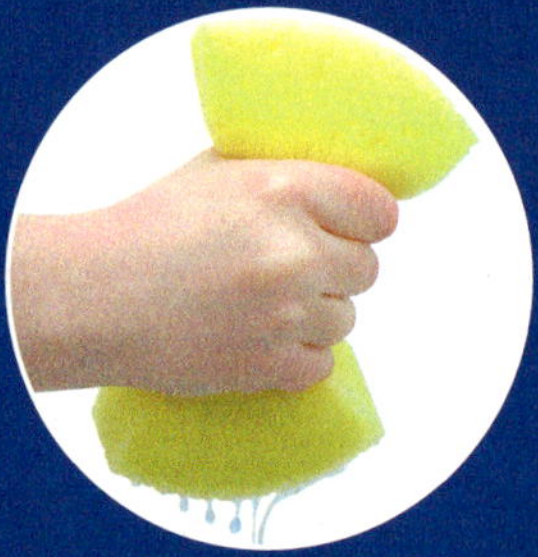

Wie können Kunststoffe recycelt werden?

Kunststoffe werden in jeder Form und Farbe angeboten. Aus welchen Ausgangsstoffen lässt sich die Vielfalt der Kunststoffe herstellen?

Kunststoffe – Werkstoffe nach Maß

1 Kunststoffe und andere Werkstoffe

1. Q
Finde heraus, wo in deiner Umwelt Kunststoffe eingesetzt werden.

2. A
Nenne je drei Vorteile für Naturstoffe und für Kunststoffe.

3. A
Nenne drei dir bekannte Kunststoffe.

Kunststoffe – Neue Werkstoffe

Kunststoffe wurden zunächst als Ersatz für **Naturstoffe** entwickelt. Doch sehr schnell war klar, dass sie für viele Verwendungszwecke besser geeignet waren als entsprechende Naturstoffe. Heute werden ganz gezielt neue Kunststoffe mit ganz bestimmten Eigenschaften entwickelt und hergestellt. Kunststoffe sind besonders gut zur Verpackung und Aufbewahrung von Lebensmitteln, Getränken, Reinigungsmitteln und vielem anderen geeignet. Für jeden Gegenstand gibt es die gewünschte Kunststoffverpackung. In vielen Bereichen haben sie die Verpackungen aus Pappe, Glas oder Metall verdrängt.
Kunststoffe können weich, hart oder biegsam sein. Sie sind widerstandsfähig gegenüber Säuren, Laugen und vielen Lösungsmitteln.

Kunststoffe im Sport

In Sport und Freizeit haben die Kunststoffe die bisher verwendeten Naturstoffe fast vollständig verdrängt. So sind Skier nicht mehr aus Holz, sondern aus verschiedenen Kunststoffen aufgebaut. Auch viele andere Sportgeräte, zum Beispiel Fußbälle, Kanus und Kajaks, bestehen heute vollständig aus Kunststoffen.

Kunststoffe in der Bekleidung

Bei der Bekleidung ersetzen die Kunststoffe vielfach die bisher verwendeten Naturfasern. Kunststofffasern werden zu Schuhen, Hosen, Jacken, Pullovern und vor allem zu wetterfester Sportbekleidung verarbeitet. Kleidung aus diesen Materialien ist leicht, wind- und regendicht und sehr pflegeleicht.

Nachteile von Kunststoffen

Trotz vieler Vorteile haben Kunststoffe die Naturstoffe wie Wolle, Baumwolle oder Leinen nicht verdrängen können. Kleidung aus Baumwolle ist angenehm auf der Haut. Ein Pullover aus Wolle wärmt auch dann noch, wenn er nass geworden ist. Kleidung aus Naturfasern kann Feuchtigkeit und Wärme gut regulieren. Das liegt am Aufbau der Fasern. Kunststofffasern sind glatt, Wollfasern dagegen rau.

Du kannst erklären, warum Kunststoffe viele Naturstoffe ersetzt haben.

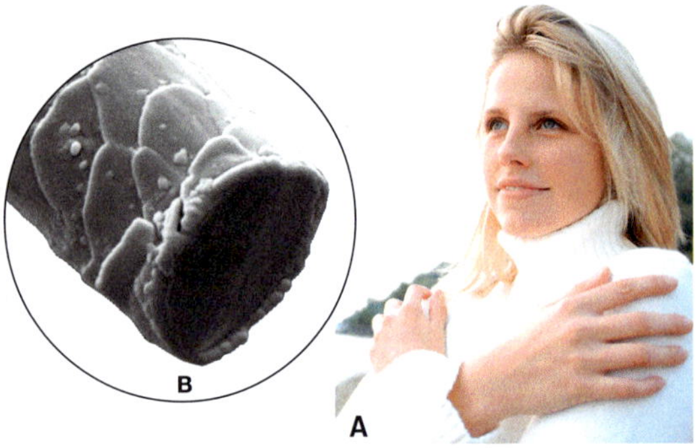

2 A Pullover aus Wolle, **B** Wollfaser

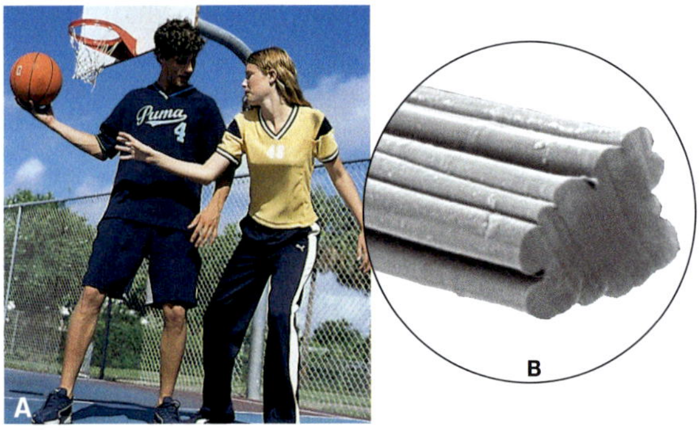

3 A Hose aus Kunststoff, **B** Viskosefaser

Kunststoffeigenschaften

1. V

a) Schneide aus einer Plastikflasche und einem Jogurtbecher mehrere gleich lange Streifen heraus. Zerbrich eine Steckdosen-Abdeckplatte in kleine Stücke.
b) Lass Proben der drei verschiedenen Kunststoffe und einen Eisennagel längere Zeit in einem Becherglas mit Wasser stehen. Vergleiche und notiere deine Beobachtungen.
c) Halte nacheinander jeweils eine Probe der drei Kunststoffe unter dem Abzug in die blaue Brennerflamme. Nimm sie dann aus der Flamme und vergleiche sie. Notiere deine Beobachtungen.

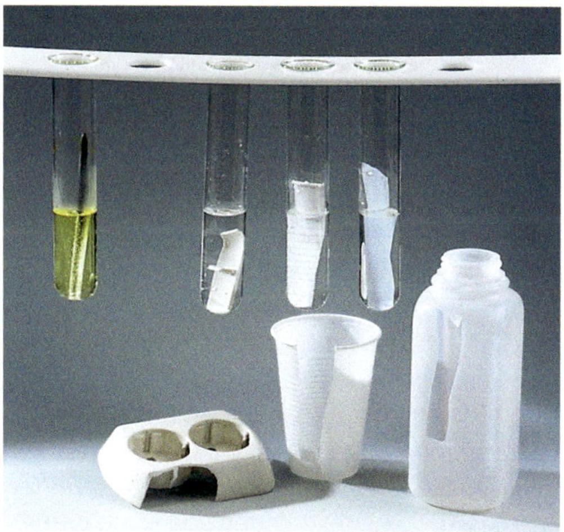

1 Kunststoffe im Vergleich

2. V

a) Fülle drei Reagenzgläser zur Hälfte mit verdünnter Salzsäure, drei weitere mit Benzin. Gib in jedes Reagenzglas eine der drei Kunststoffproben aus Versuch 1 (Bild 1).
b) Wiederhole den Versuch mit einem Kupferblech und einem Eisennagel. Trage deine Beobachtungen in eine Tabelle ein.

Materialprobe	Salzsäure	Benzin
Getränkeflasche		
Jogurtbecher		

3. V

a) Prüfe die Härte der drei Kunststoffproben aus Versuch 1, indem du alle drei gegenseitig ritzt.
b) Wiederhole die Ritzprobe mit einem Eisennagel und trage deine Beobachtungen in eine Tabelle ein.
c) Welche Reihenfolge in der Härte stellst du fest?

4. A

Nenne Vorteile und Nachteile einer Verpackung aus Kunststoff gegenüber einer Verpackung aus Metall oder Glas.

Kunststoffe im Vergleich zu anderen Stoffen

Kunststoffe haben viele günstige Eigenschaften. Aber nicht jeder Kunststoff ist für jeden Zweck gleich gut geeignet. Kunststoffe besitzen oft eine geringere Dichte als Wasser und schwimmen auf der Wasseroberfläche. Manche sind weich und leicht verformbar, andere sind hart und spröde. Von Säuren, Laugen und Lösungsmitteln, wie Reinigungsbenzin oder Alkohol, werden viele Kunststoffe nicht angegriffen. Deshalb werden aus solchen Kunststoffen Gefäße zur Aufbewahrung dieser Stoffe hergestellt. Auch viele Getränke werden in Kunststoffflaschen abgefüllt. Überall dort, wo Gewicht eingespart werden soll, zum Beispiel im Auto- und Flugzeugbau finden sie Verwendung.

2 Abflussrohr aus Kunststoff und aus Gusseisen

Kunststoffe und Wärme

Ein Nachteil vieler Kunststoffe ist ihre Brennbarkeit. Nach dem Entzünden schmelzen sie und verbrennen mit gelber und zum Teil rußender Flamme. Manche Kunststoffe lassen sich nicht entzünden. Sie sind nicht brennbar, zersetzen sich aber bei starker Erwärmung.

Du kannst die unterschiedlichen Eigenschaften der Kunststoffe nennen.
Du kannst ihre unterschiedlichen Verwendungsmöglichkeiten erklären.

Kunststoffe – weich, hart oder elastisch

1. Ⓐ
Begründe, warum Thermoplaste nicht als Lampenfassungen geeignet sind.

2. Ⓐ
Erkläre, warum sich Gegenstände aus Duroplasten nicht umschmelzen lassen.

Makromoleküle bestimmen die Eigenschaften

Die Ursache für die vielseitigen Eigenschaften der Kunststoffe liegt in ihrem inneren Aufbau. Er unterscheidet sich deutlich vom inneren Aufbau anderer Werkstoffe, etwa dem der Metalle. Metalle sind aus einzelnen Metall-Atomen aufgebaut, die geordnet nebeneinander liegen. Kunststoffe hingegen bestehen aus miteinander verbundenen Molekülen. Diese bilden lange Ketten, die **Makromoleküle.** Ein Makromolekül kann aus mehr als 100 000 einzelnen Molekülbausteinen aufgebaut sein.

1 Thermoplaste und ihre Makromoleküle

Kunststoffe, die weich werden

Kunststoffe, die beim Erwärmen weich werden und sich in jede gewünschte Form bringen lassen, heißen **Thermoplaste.** Bei den Thermoplasten bilden die Makromoleküle lange Ketten, die nicht miteinander verknüpft sind (Bild 1). Beim Erwärmen wird der Zusammenhalt zwischen den Makromolekülketten gelockert, sie können sich deshalb gegeneinander verschieben. Zu den thermoplastischen Kunststoffen gehören **Polyethen (PE)** und **Polystyrol (PS).** Polyethen wird zum Beispiel zur Herstellung von Plastiktüten verwendet, Polystyrol für Lebensmittelverpackungen.

2 Duroplaste und ihre Makromoleküle

Kunststoffe, die hart bleiben

Kunststoffe, die auch beim Erwärmen nicht schmelzen, heißen **Duroplaste** (Bild 2). Sie sind hart und brechen beim Biegen. In ihnen sind die Makromoleküle vielfach miteinander verknüpft. Ein engmaschiges Netz entsteht. Bei höheren Temperaturen wird dieses Netz zerstört und der Kunststoff zersetzt sich. Zu den Duroplasten gehören die Epoxidharze, die im Bootsbau eingesetzt werden.

3 Elastomere und ihre Makromoleküle

Kunststoffe, die elastisch bleiben

Kunststoffe, die sich leicht zusammenpressen lassen und dann wieder ihre alte Form einnehmen, heißen **Elastomere** (Bild 3). Hier bilden die Makromoleküle ein weitmaschiges Netz. Bei Druck werden die Molekülketten zusammengeschoben, bei Zug auseinandergezogen. Ist der Zug zu stark oder die Temperatur zu hoch, wird das Netz zerstört. Der Kunststoff zersetzt sich. Zu den Elastomeren gehört Elasturan®, aus dem Inlineskater-Rollen hergestellt werden.

Du kannst beschreiben, dass Kunststoffe aus Makromolekülen bestehen.

Basiskonzepte S. 343

Die Polymerisation

1. (V) **Demonstrationsversuch**

a) In ein Becherglas werden 20 ml Styrol und 2 ml Cumolhydroperoxid gegeben. Das Gemisch wird unter dem Abzug etwa 5 min in einem heißen Sandbad erwärmt.

Vorsicht: Bei zu heftiger Reaktion, das Gemisch kurz aus dem Sandbad nehmen. Sobald das Gemisch zähflüssig wird, wird es aus dem Sandbad herausgenommen.

b) Ein Glasstab wird in die fest werdende Masse getaucht und langsam wieder herausgezogen.

c) Ein Teil des festen Produktes wird in einen Porzellantiegel gegeben und mit der Brennerflamme erwärmt. Beginnt der Feststoff zu schmelzen, wird ein Glasstab in die Schmelze getaucht und langsam herausgezogen.

2. (A)

Beschreibe deine Beobachtungen von Versuch 1.

3. (V)

Gib die Komponenten A und B eines Zweikomponentenklebers nach Gebrauchsanweisung in einen Kronkorken. Vermische beide Komponenten gut miteinander. Beschreibe die Veränderungen des Kunststoffgemisches.

4. (A)

a) Erkläre den Begriff Monomer.

b) Beschreibe mit Bild 1, was mit den Bausteinen bei der Polymerisation passiert.

5. (Q)

a) Finde heraus, wie in der Industrie Kunststoffe durch Polymerisation hergestellt werden.

b) Nenne Verwendungsmöglichkeiten dieser Kunststoffe.

Herstellung von Kunststoffen

Manche Kunststoffe lassen sich auf sehr einfache Weise herstellen, zum Beispiel das **Polystyrol (PS).** Hierfür wird ein flüssiger Ausgangsstoff, das Styrol, mit einer Startchemikalie wie Cumolhydroperoxid vermischt. Nach der Reaktionszeit liegt ein fester, harter Kunststoff vor, das Polystyrol.

Um diese Vorgänge zu verstehen, muss der innere Aufbau der Stoffe betrachtet werden. Flüssiges Styrol besteht aus vielen einzelnen Styrol-Molekülen. Sie heißen **Monomere.** Durch die Startchemikalie wird eine Kettenreaktion ausgelöst. Dabei werden die Monomere zu langkettigen Riesenmolekülen verbunden. Diese werden als **Polymere** bezeichnet. Die chemische Reaktion heißt **Polymerisation.**

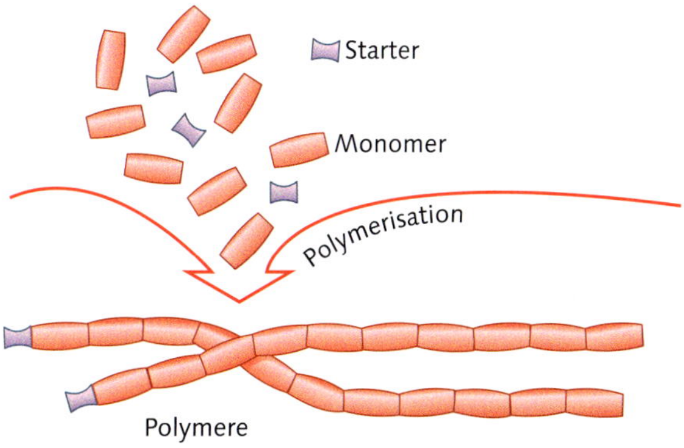

1 Monomere verbinden sich zu Riesenmolekülen.

Herstellung von Polyethen

Ein weiterer Kunststoff, mit dem wir täglich zu tun haben ist das **Polyethen (PE).** Es entsteht ebenfalls durch Polymerisation. Weil die Monomere sehr einfach gebaut sind, lässt sich die Polymerisation gut im Strukturmodell darstellen (Bild 2).

Du kannst die Polymerisation von Monomeren zu Makromolekülen beschreiben.

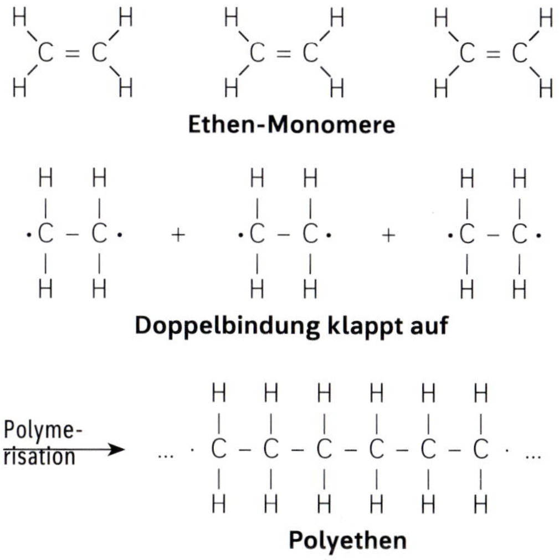

2 Polymerisation von Ethen im Strukturmodell

Die Polyaddition

1. V Demonstrationsversuch
Ein 1 l-Becherglas wird mit einem Plastikbeutel ausgekleidet. Unter dem Abzug werden 33 g des Desmophen®/Aktivator-Gemisches und 50 g Desmodur® hinzugegeben. Dieses Gemisch wird so lange mit einem Holzstab umgerührt, bis die Reaktion einsetzt.

2. A
a) Beschreibe deine Beobachtungen aus Versuch 1.
b) Erkläre das Aufschäumen während der Reaktion.

1 Mischen der Komponenten

3. A
Beschreibe, wie sich weiche Schaumstoffe herstellen lassen.

4. Q
a) Recherchiere, wie in der Industrie Kunststoffe durch Polyaddition hergestellt werden.
b) Nenne Einsatzbereiche dieser Kunststoffe.

Monomer A + Monomer B

Bei einem weiteren Herstellungsverfahren von Kunststoffen werden im Gegensatz zur Polymerisation zwei unterschiedliche Monomere miteinander vermischt. Während der Reaktion verbinden sich die Monomere im Wechsel so miteinander, dass dabei langkettige Makromoleküle entstehen. Diese Reaktion heißt **Polyaddition.** Ein Beispiel dafür ist der Kunststoff **Polyurethan,** kurz **PU** genannt.

Polyurethan-Schaumstoffe

Schaumstoffe aus Polyurethan entstehen, wenn neben geradkettigen auch verzweigte Monomere verwendet werden. Der schaumartige Aufbau entsteht, weil bei der Reaktion als Treibmittel Kohlenstoffdioxid freigesetzt wird.

Einsatz von PU-Schaumstoff

Je nach Wahl der Monomere und je nach Vernetzungsgrad können diese Schaumstoffe sehr unterschiedliche Eigenschaften haben. So lassen sich auf diese Weise weiche, elastische und harte Schaumstoffe herstellen. Weicher PU-Schaumstoff wird für Polstermöbel, elastischer PU-Schaum wird für Schuhsohlen von Sportschuhen benötigt. Aus Hartschaum werden Fahrradhelme gefertigt, aber auch als Isolierschaum in Kühlschränken ist er zu finden. Viele Lacke enthalten Polyurethan als Bindemittel.

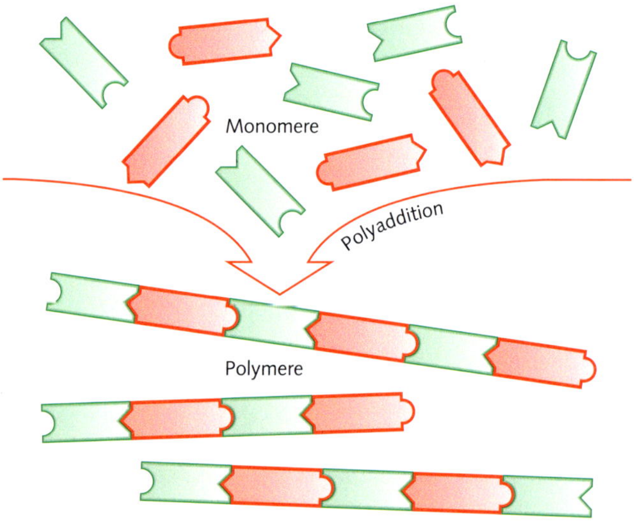

2 Die Polyaddition

Herstellung von Epoxidharzen

Neben Polyurethan werden auch **Epoxidharze** durch Polyaddition hergestellt. Dabei werden als Monomere reaktionsfähige langkettige Makromoleküle mit kurzkettigen Molekülen gemischt. Durch die Wahl der Ausgangsstoffe lassen sich auch Kunststoffe mit ganz unterschiedlichen Eigenschaften herstellen. Epoxidharze sind in Lacken ebenso zu finden wie in Glasfaser verstärkten Kunststoffen. Sie werden auch als Gießharze und als Zweikomponentenkleber verwendet.

Du kannst die Polyaddition beschreiben und das Aufschäumen des Kunststoffes erklären.

Die Polykondensation

1. V Demonstrationsversuch
a) Unter dem Abzug werden 3 ml Hexandisäuredichlorid in 100 ml Heptan gelöst.
b) Eine zweite Lösung ergibt sich aus 6 g 1,6-Diaminohexan, 30 ml Wasser und 0,5 g Natriumcarbonat.
c) Die zweite Lösung wird nun vorsichtig über die erste Lösung geschichtet, sodass sich an der Grenzfläche eine dünne Nylonschicht bildet.
d) Mithilfe einer stumpfen Pinzette lässt sich die Schicht zu einem sehr langen Faden ziehen, der sich auf einem Glasstab aufwickeln lässt.

2. Q
a) Recherchiere, wie in der Industrie Kunststoffe durch Polykondensation hergestellt werden.
b) Nenne Bereiche, wo diese Kunststoffe eingesetzt werden.

3. A
Vergleiche die unterschiedlichen Reaktionen zur Kunststoffherstellung. Stelle Gemeinsamkeiten und Unterschiede gegenüber.

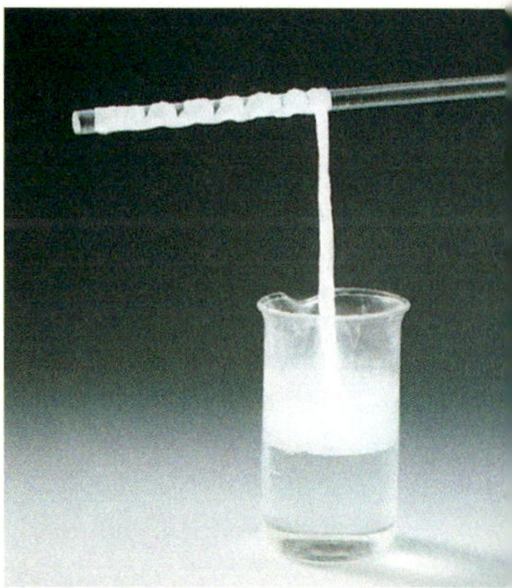
1 Ein Nylonfaden entsteht.

Kunststoffe durch Kondensation
Der Kunststoff für CDs oder DVDs darf sich beim Erwärmen nicht verformen. Er muss außerdem für das Licht der Laserdiode besonders gut durchlässig sein. Dafür ist der Kunststoff **Polycarbonat** besonders geeignet. Bei der Herstellung von Polycarbonat werden zwei Ausgangsstoffe vermischt. Sie bestehen aus unterschiedlichen Monomeren. Sie verbinden sich zu langkettigen Makromolekülen so miteinander, dass dabei kleine Moleküle, oft Wassermoleküle, abgespalten werden (Bild 2). Diese Reaktion heißt **Polykondensation.**

Vom Granulat zur CD
Das Polycarbonat wird als Granulat angeliefert und in einer Spritzgießmaschine geschmolzen. Der jetzt flüssige Kunststoff wird unter hohem Druck in eine Form gepresst, die alle notwendigen Informationen in Form vieler kleiner Erhebungen enthält. Nach dem Abkühlen wird die durchsichtige CD entnommen. Auf die Seite der CD, die keine Informationen enthält, wird eine hauchdünne Aluminiumschicht aufgedampft. Sie wird später bedruckt.

Kunststofffasern
Eine weitere wichtige Gruppe der durch Polykondensation hergestellten Kunststoffe sind die **Polyester (PES).** Polyester sind Ausgangsstoffe für Fasern, Flaschen und Verpackungen. Aus Polyestern lassen sich durch das Einarbeiten von Glasfasermatten sogar Boote herstellen. Auch **Nylon** entsteht durch Polykondensation. Zur Herstellung von Nylonfasern wird das Nylon durch sehr feine Düsen gepresst. Die zunächst noch flüssigen Fäden erstarren schnell. Sie werden auf Rollen aufgespult und dabei stark gestreckt. Auf diese Weise entstehen die extrem dünnen Nylonfäden.

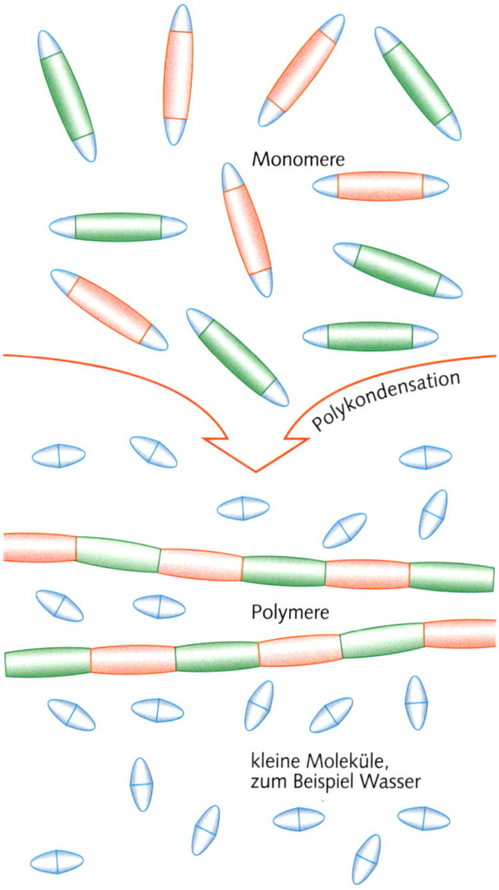

2 Die Polykondensation

Du kannst die Polykondensation beschreiben.

Basiskonzepte S. 343

Makromoleküle – verzweigt und vernetzt

1. Nenne weitere Monomere mit zwei oder mehr Doppelbindungen.

2. Erkläre den Begriff Copolymerisation.

3. Zeichne ein verzweigtes Makromolekül aus den Monomeren Isopren und Buten.

Kunststoffe nach Maß

Werden Monomere sehr unterschiedlicher Molekülstruktur miteinander verknüpft, lassen sich Kunststoffe fast nach Wunsch herstellen. So bestehen Autoreifen, Spielzeug-Bausteine oder Motorradhelme nicht einfach nur aus einem Kunststoff, der aus einem Monomer entstanden ist, sondern sie sind aus zwei oder mehreren verschiedenen Monomeren durch **Misch-** oder **Copolymerisation** maßgefertigt worden.

Verzweigte Makromoleküle

Spielzeug-Bausteine bestehen aus einem Kunststoff, der aus verzweigten Makromolekülen aufgebaut ist. Lange Ketten aus Polybutadien bilden das Grundgerüst. An die C=C-Doppelbindungen des Polybutadiens sind dann zusätzlich noch Seitenketten aus Styrol und Acrylnitril polymerisiert worden. Der so entstandene Kunststoff aus verzweigten Makromolekülen wird als **A**crylnitril-**B**utadien-**S**tyrol-Kunststoff, kurz **ABS**-Kunststoff bezeichnet. Er ist chemikalienbeständig, formstabil, elastisch und fast unzerbrechlich. Er wird außerdem noch zur Herstellung von Motorradhelmen, Autoteilen, Elektrogeräten und Rohren verwendet.

Vernetzte Makromoleküle

Wurden vor etwa 100 Jahren Autoreifen aus Naturkautschuk hergestellt, so bestehen sie heute überwiegend aus Synthese-Kautschuk, auch Styrol-Butadien-Kautschuk genannt. Wird Styrol zusammen mit einem hohen Anteil an Butadien polymerisiert, entstehen als Reaktionsprodukte weitmaschige Molekülnetze. Sie verleihen dem Synthesekautschuk eine hohe Elastizität.

> Du kannst erklären, wie durch Copolymerisation verschiedene Momomere miteinander polymerisiert werden und sich so Kunststoffe mit bestimmten Eigenschaften gezielt herstellen lassen.

Basiskonzepte S. 343

Verzweigte Polymere

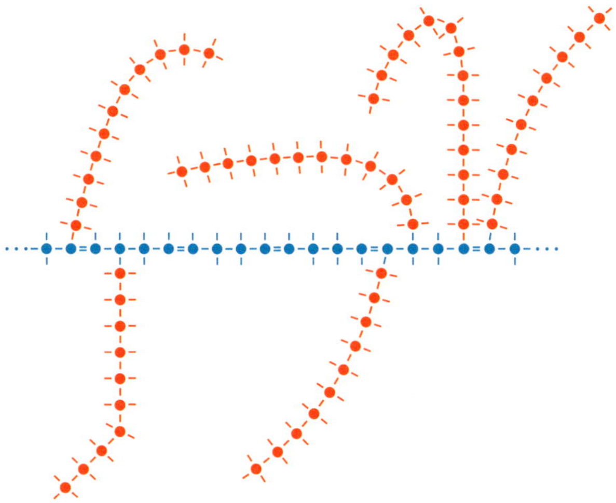

1 Ein verzweigtes Makromolekül aus den Monomeren Butadien und Ethen

Vernetzte Polymere

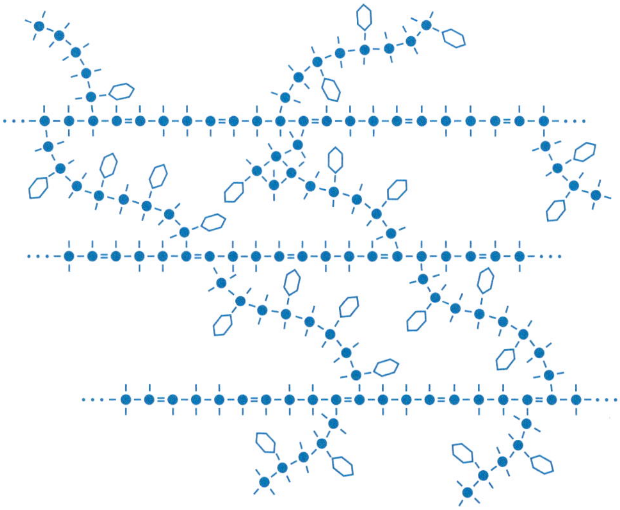

2 Vernetztes Makromolekül aus den Monomeren Butadien und Styrol

Bestimmung von Kunststoffen

Material

- verschiedene Kunststoffproben,
- Waage, Messzylinder, Prüfgläser (Glühröhrchen), Heizplatte, Stahlbleche (10 cm × 10 cm), Gasbrenner, Reagenzgläser mit Stopfen, Wattestäbchen, nicht brennbare Unterlage, Schere, Tiegelzange, Temperaturfühler oder Thermochromstift, Universalindikator-Papier, Aceton, Heptan

Durchführung

1. a) Prüfe das Bruchverhalten deiner verschiedenen Kunststoffproben durch mehrmaliges Abknicken. Teile die Proben in biegsam (b), elastisch wie Gummi (g) oder hart (h) ein.
b) Überlege dir Versuche, mit denen du die Dichte deiner Kunststoffproben bestimmen kannst und führe sie durch.

2. Lass abgewogene Kunststoffstreifen in Reagenzgläsern mit Aceton und Heptan für mehrere Stunden verschlossen stehen. Trockne dann die Proben, wiege sie und beurteile die Löslichkeit. Teile die Proben in unlöslich (u), löslich (l) oder in quellbar (q) ein.

3. a) Erhitze unter dem Abzug etwa 0,5 cm lange, schmale Probenstückchen in einem Glühröhrchen. Gib jeweils ein angefeuchtetes Wattestäbchen in die Öffnung des Glases, sodass es an der Glaswand haftet. Beobachte das Verhalten der Kunststoffe.
b) Überprüfe mithilfe der Wattestäbchen aus den Glühröhrchen, ob die Dämpfe einiger Kunststoffe mit Wasser sauer oder alkalisch reagiert haben.

4. Halte unter dem Abzug über einer nicht brennbaren Unterlage kleine Kunststoffproben mit der Tiegelzange in die Brennerflamme. Beobachte das Brennverhalten des Kunststoffes auch außerhalb der Flamme.

5. Decke die Heizplatte mit dem Stahlblech ab und lege einige Kunststoffproben darauf. Erwärme das Stahlblech langsam. Bestimme die Temperaturbereiche, bei denen die einzelnen Proben schmelzen.

Auswertung

Stelle deine Ergebnisse und Beobachtungen nach dem Muster der unten stehenden Tabelle zusammen. Bestimme anhand dieser Tabelle deine Kunststoffproben.

Legende		
	b – biegsam	u – unlöslich
	g – elastisch wie Gummi	l – löslich
	h – hart	q – quellbar

Kunststoff	Bruchverhalten	Dichte in $\frac{g}{cm^3}$	Löslichkeit in Aceton	Löslichkeit in Heptan	Verhalten beim Erhitzen im Glühröhrchen/ Reaktion der Dämpfe	Verhalten in der Flamme	Schmelzbereich in °C
Polyethen	b	0,92 – 0,96	u/q	u/q	wird klar, schmilzt, zersetzt sich / neutral	gelbe Flamme, tropft brennend ab	105 – 120
Polypropen	h	0,91	u	u/q			
Polystyrol	h	1,05	l	q/l	schmilzt, verdampft / neutral	brennt stark rußend	80 – 100
PVC (hart)	h	1,4	u/q	u	schmilzt, verkohlt / sauer	schwer entflammbar, gelbe Flamme mit grünem Saum, rußend	75 – 110
PVC (weich)	g	1,2 – 1,3	q	u			
Polymethylmethacrylat (Acrylglas)	h	1,2	l	u	schmilzt, verdampft / neutral	brennt knisternd, tropft ab, leuchtende Flamme, rußend	85 – 105
Polyamid	b/h	1,1	u	u	schmilzt, verkohlt / alkalisch	bläuliche Flamme, tropft fadenziehend ab	185 – 255
Polycarbonat	h	1,2 – 1,4	q	u	schmilzt, verkohlt / sauer	leuchtende Flamme, rußend, brennt nicht weiter, verkohlt	220 – 230
Polytetrafluorethen	b	2,1	u	u	wird klar, schmilzt nicht / sauer	brennt und verkohlt nicht, grüner Flammensaum	320 – 330

1 Bestimmungstabelle für einige Kunststoffe

Kunststoffe

In diesem Projekt sollt ihr die Geschichte der Kunststoffe kennenlernen. Des Weiteren werden die Verarbeitung verschiedener Kunststoffe und ihr Recycling untersucht.

Für die Bearbeitung könnt ihr euch an den Verband der Kunststoff verarbeitenden Industrie, an die Hersteller von Kunststoffen oder an Verwertungsunternehmen wie das Duale System Deutschland wenden. Viele dieser Firmen sind auch im Internet vertreten.

1 Bakelit

2 Styropor®

TEAM 1
Geschichte der Kunststoffe

Vor etwa 150 Jahren begann die Entwicklung der organischen Chemie. Erst etwa 50 Jahre später wurden die ersten Kunststoffe hergestellt. Zwar waren bereits makromolekulare Naturstoffe bekannt, es gelang aber zunächst noch nicht, sie künstlich nachzubauen.

- Findet heraus, welche Naturstoffe einen makromolekularen Aufbau haben.
- Stellt fest, wann die ersten vollsynthetischen Kunststoffe erfunden und wie sie bis heute weiterentwickelt wurden.
- Welche der ersten Kunststoffe finden heute noch Verwendung und wo werden sie eingesetzt?
- Welche Forscher haben diese ersten Kunststoffe erfunden? Stellt eure Ergebnisse in einer Tabelle zusammen.
- Informiert euch über die Geschichte der Herstellung von Nylon und Perlon.
- In den letzten 50 Jahren sind viele neue Kunststoffe auf den Markt gekommen. Stellt fest, seit wann Styropor, Polyethen und Polyethentherephthalat (PET) auf dem Markt zu finden sind.
- Welche drei Kunststoffe werden heute weltweit am meisten hergestellt?

3 Verpackungsfolie

4 Stadiondach

TEAM ❷
Kunststoffverarbeitung

Die verschiedenen Kunststoffgruppen verlangen auch eine unterschiedliche Verarbeitung. So kann ein Duroplast nicht mit dem gleichen Verfahren verarbeitet werden wie ein Thermoplast. Aufgabe dieser Gruppe ist es zu untersuchen, welche Möglichkeiten der Kunststoffverarbeitung es gibt.

- Stellt an Hand von Beispielen die verschiedenen Verarbeitungsverfahren dar.
- Erklärt, warum es für die drei Kunststoffgruppen unterschiedliche Verfahren gibt. Ordnet die Verfahren den drei Kunststoffgruppen zu.
- Stellt fest und erklärt, warum die für Thermoplaste geeigneten Verfahren nicht für die anderen Kunststoffgruppen geeignet sind.
- Welche Verarbeitungsverfahren können bei allen drei Kunststoffgruppen angewendet werden?
- Beschreibt jeweils an einem ausgewählten Beispiel ein dazu passendes Verarbeitungsverfahren.
- Wo wird das Verfahren der Vulkanisation angewendet?

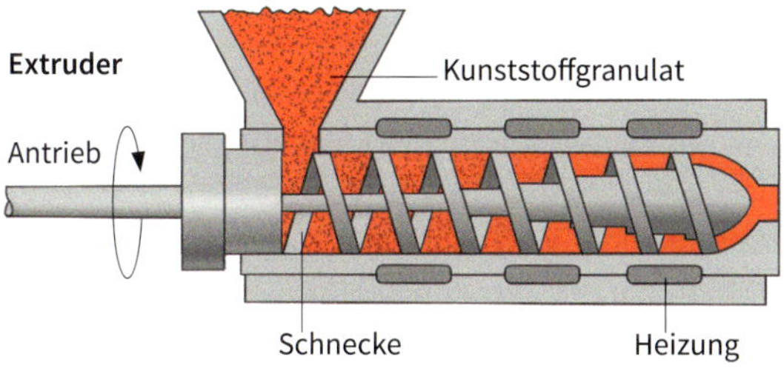

5 Vulkanisation von Pkw-Reifen

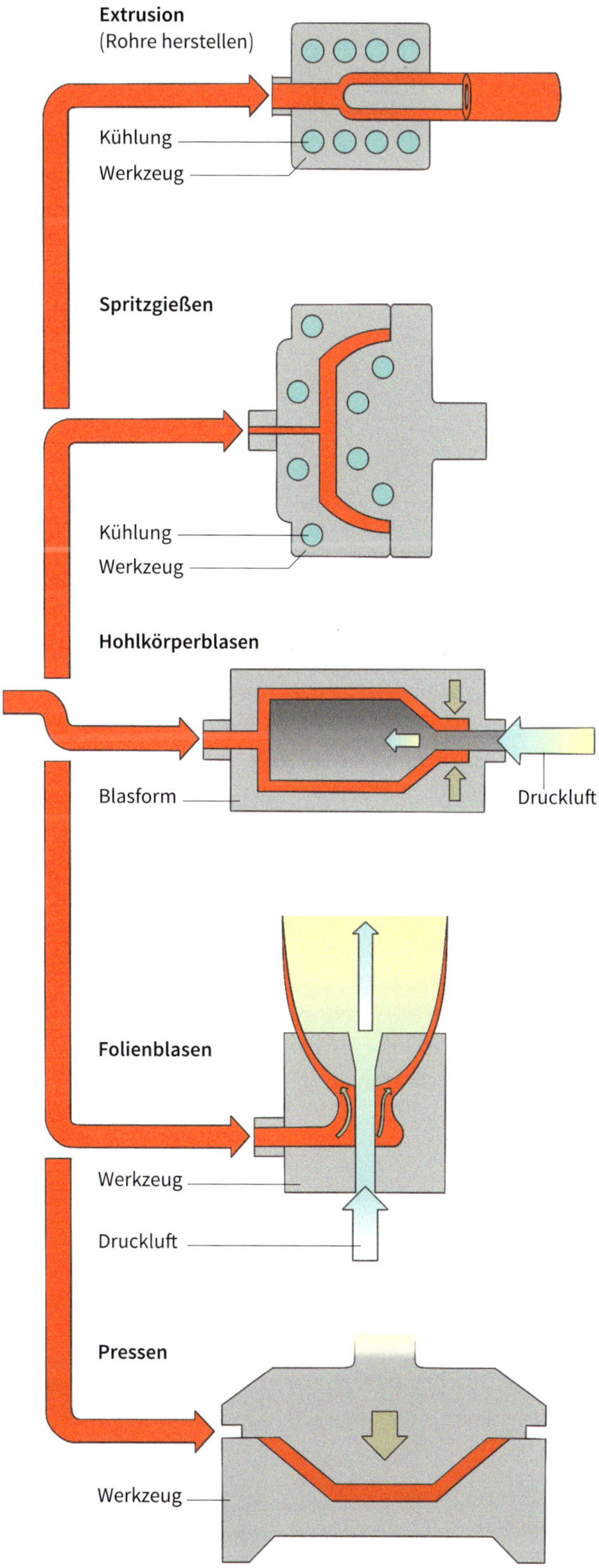

6 Verarbeitungsverfahren für Thermoplaste

7 Kanuherstellung aus Faser-Verbund-Werkstoff

8 Kunstfasern

TEAM 3

High-Tech-Kunststoffe

Kunststoffe sind heute allgegenwärtig und ihre Vielfalt wird immer größer. Neben „maßgeschneiderten" High-Tech-Kunststoffen für bestimmte Verwendungszwecke wie Fußbälle, nimmt auch die Anzahl der Faser-Verbund-Kunststoffe zu.

- Stellt fest, aus welchen Monomeren High-Tech-Kunststoffe hergestellt werden.
- Wo werden diese Kunststoffe eingesetzt?
- Erklärt den Begriff Faser-Verbund-Kunststoffe (F-V-K).
- Nennt Beispiele für diese Kunststoffe.
- Beschreibt die Herstellung eines Faser-Verbund-Kunststoffes.
- Stellt fest, in welchen Bereichen Faser-Verbund-Kunststoffe eingesetzt werden.

TEAM 4

Mikrofaser-Kunststoffe

Kunstfasern werden bei der Textilherstellung häufig zusammen mit Naturfasern verwendet. Textilien aus rein synthetischen Fasern sind oft nicht angenehm zu tragen, wenig luftdurchlässig und nicht so saugfähig wie Naturfasern. Trotzdem gibt es heute Bekleidung, die ganz aus besonderen Kunstfasern besteht.

- Findet heraus, welche Kunstfasern bei der Herstellung von Textilien eingesetzt werden.
- Stellt fest, welche Fasern bei der Herstellung wasserdichter Kleidung eingesetzt werden und welche besonderen Merkmale sie aufweisen.
- Informiert euch über Gore-Tex®, Sympatex® und ähnliche Kunstfasern. Wo werden sie verwendet?
- Informiert euch, welche Kunstfasern für Funktionswäsche benutzt werden.
- Beschreibt mithilfe der Bilder 9 A bis 9 C, welche Eigenschaft eines Mikrofasergewebes jeweils getestet wird.

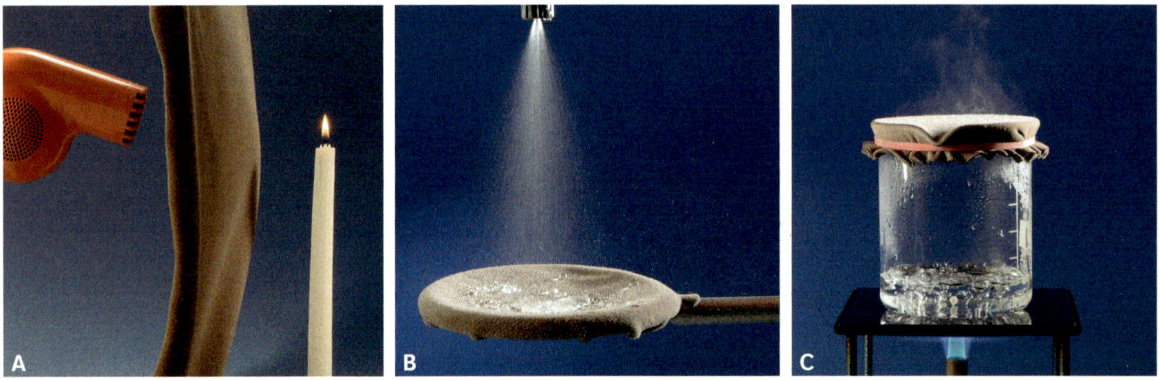

9 Mikrofasergewebe im Test: **A** Wind, **B** Wasser, **C** Wasserdampf

10 Kunststoffabfall

11 Kunststoffe wiederverwertet

TEAM ❺

Kunststoffrecycling

Was geschieht mit den vielen Produkten aus Kunststoff, wenn sie nicht mehr gebraucht werden? Werden sie gesammelt und wiederverwertet oder landen sie auf dem Müll? Wie groß ist die Menge an Kunststoffabfall in Deutschland pro Jahr?

- Stellt fest, welchen Weg der Kunststoffabfall bei euch zu Hause und in eurer Gemeinde nimmt.
- Wie sammelt und verwertet zum Beispiel die Autoindustrie ihre Kunststoffabfälle?
- Erkundigt euch, welche Möglichkeiten der Wiederverwertung von Kunststoffabfall es gibt.
- Welche Kunststoffe bereiten bei der Entsorgung Probleme?
- Vergleicht die unterschiedlichen Verfahren der Kunststoffwiederverwertung miteinander.
- Welche Art der Wiederverwertung scheint vom ökologischen oder ökonomischen Standpunkt aus am sinnvollsten zu sein?
- Überlegt euch Versuche, mit denen ihr den Energiegehalt beim Verbrennen von Kunststoffen zeigen könnt.
- Informiert euch über ein Entsorgungssystem für Kunststoffabfälle.
- Informiert euch über das Duale System Deutschland.
- Der Gelbe Sack wird überall kostenlos abgeholt. Stellt fest, wer diese kostenlose Abholung bezahlt.
- Welche Industriezweige verwerten ihren Kunststoffabfall selbst?
- Was wird aus wiederverwertbarem Kunststoff hergestellt?
- Informiert euch darüber, was mit den PET-Flaschen gemacht wird, die in großen Mengen nach China exportiert werden.

VERSUCH

Deckt eine Heizplatte mit Alufolie ab. Stellt eine Ausstechform aus Metall auf die Heizplatte. Füllt die Form mit gereinigten Kunststoffschnipseln.
Stellt die Heizplatte an und bringt die Kunststoffmischung zum Schmelzen. Ist alles geschmolzen und wieder abgekühlt, könnt ihr die Folie zusammen mit der Form vorsichtig von der Platte nehmen. Stellt fest, wie sich das Gemisch verändert hat. Vergleicht mit dem Ausgangsstoff.
Wiederholt das Experiment mit Kunststoffschnipseln aus nur einer Kunststoffsorte.

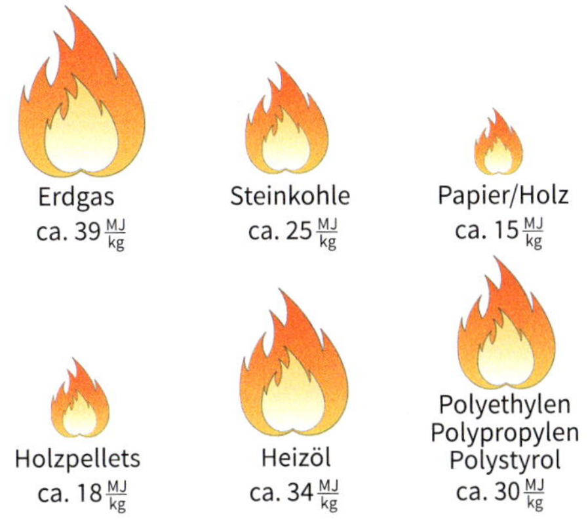

12 Brennwerte im Vergleich

Kunststoffabfälle und ihre Verwertung

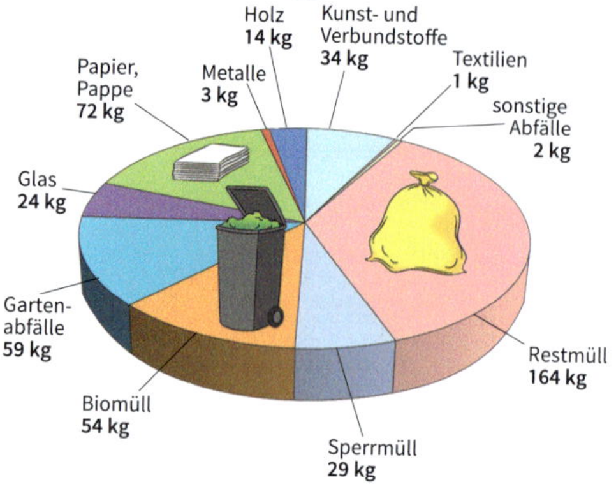

Zusammensetzung des Hausabfalls

Im Jahr 2012 fielen in Deutschland 36 721 800 t Haushaltsabfälle an. Das bedeutet, dass je Einwohner 456 kg Abfälle verursacht wurden. Davon sind ungefähr 34 kg Kunststoff- und Verbundstoffabfälle.

Sammeln und Sortieren

Bis in die 80er Jahre des letzten Jahrhunderts gelangten die Kunststoffabfälle mit dem normalen Hausmüll auf Abfalldeponien oder in Müllverbrennungsanlagen. Seit 1990 wurde die getrennte Sammlung eingeführt. Das Duale System Deutschland übernahm die Aufgabe, Kunststoffverpackung einzusammeln, zu sortieren und zu verwerten. Durch die Einführung der Rücknahme von Kunststoff-Getränkeflaschen wurde das System weiter verbessert. Mithilfe von Laser-Sortier-Techniken ist es heute möglich, Kunststoffe fast sortenrein zu trennen.

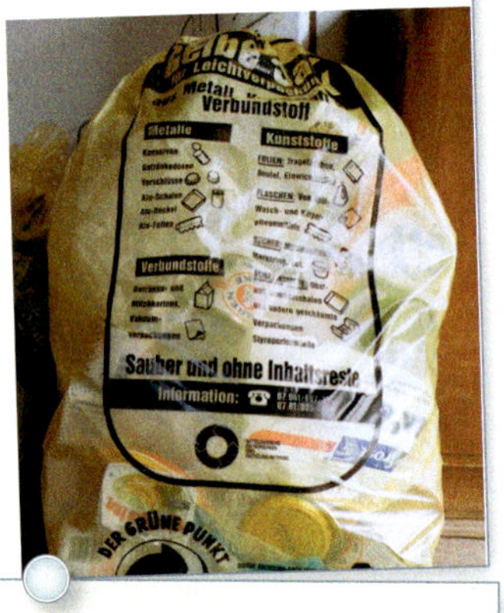

1. Erkläre, warum Kunststoffabfälle nicht mehr auf Deponien gelagert werden dürfen.

Verwertung von Kunststoffen

❶ Werkstoffliches Recycling

Saubere, sowohl sortenreine als auch gemischte Kunststoffe werden mittels mechanischer Aufbereitung wieder zu verarbeitungsfähigen Stoffen. Dabei bleibt die chemische Struktur der Kunststoffe erhalten.

❷ Rohstoffliches Recycling

Durch Wärme werden die Polymerketten bei vermischten und verschmutzten Kunststoffen aufgespalten. Sie werden in ihre Ausgangsstoffe wie Öle und Gase zerlegt. Aus diesen Stoffen können neue Kunststoffe hergestellt werden.

❸ Energetische Verwertung

Kunststoffe, deren werkstoffliche oder rohstoffliche Verwertung aus technischen, ökonomischen oder ökologischen Gründen nicht möglich oder sinnvoll ist, dürfen verbrannt werden. In Kraftwerken, Zementdrehöfen oder Müllverbrennungsanlagen dienen sie als Brennmaterial.

Nummer	Bezeichnung	chemischer Name
01	PET	Polyethenterephthalat
02	PE-HD	Polyethen hoher Dichte
03	PVC	Polyvinylchlorid
04	PE-LD	Polyethen niedriger Dichte
05	PP	Polypropen
06	PS	Polystyrol
07	O	Sonstige („Others")
	SAN	Styrol-Acrylnitril
	PU	Polyurethan

2. Bringt von zuhause drei Kunststoffteile mit in die Schule. Untersucht, welche Kunststoffsorten sich darunter befinden. Benutzt dazu die nebenstehende Tabelle.

3. Beschreibt, wie in eurer Gemeinde das Sammeln von Kunststoffen und anderen Abfällen gehandhabt wird.

4. Erkundigt euch, wie die Industrie Kunststoffabfall verwertet.

Müllverbrennung – Beseitigung von Abfällen

1.
Verbrenne unter dem Abzug einen Streifen Polystyrol. Halte über die Flamme feuchtes Universalindikatorpapier. Notiere deine Beobachtungen.

2.
Verbrenne unter dem Abzug eine Probe aus Polyvinylchlorid. Halte feuchtes Universalindikatorpapier über die Flamme. Notiere deine Beobachtungen.

3.
Vergleiche deine Beobachtungen aus den Versuchen 1 und 2 miteinander und erkläre sie.

4.
Ermittle die Menge an Polyethen die du verbrennen musst, um 5 l Wasser von 20 °C zum Sieden zu bringen.

Mengen, um 1 l Wasser von 20 °C auf 100 °C zu erwärmen	
Heizöl	12 g
Holz	31 g
Papier	30 g
Polyethen (PE)	12 g
PVC	28 g

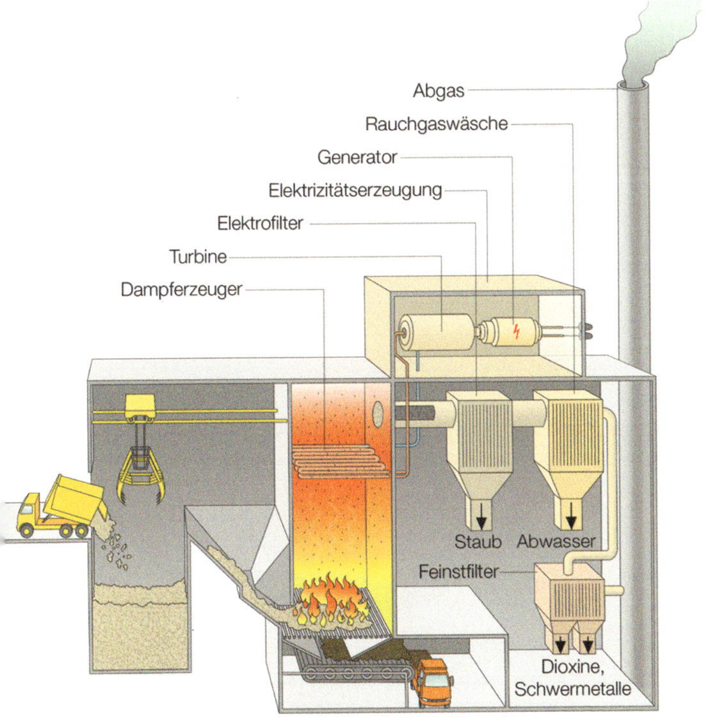

1 Müllverbrennungsanlage

2 Mülllager einer Müllverbrennungsanlage

Kunststoffe werden verbrannt

Die Verbrennung von Müll in Verbrennungsanlagen stellt eine Möglichkeit dar, den anfallenden Müll zu entsorgen. Dabei wird die enthaltene Energie genutzt. Es entsteht viel Wärme, die zur Erzeugung von elektrischer Energie und als Fernwärme genutzt wird. In Deutschland gibt es zurzeit 73 Müllverbrennungsanlagen, in denen 17,9 Mio. t Hausmüll verbrannt werden können.

Abgasreinigung

Für Müllverbrennungsanlagen gelten strenge Abgasvorschriften. Bei der Müllverbrennung entstehen neben Kohlenstoffdioxid auch noch zahlreiche giftige Abgase. Bei der Verbrennung von PVC entsteht zum Beispiel schädlicher Chlorwasserstoff. Er bildet mit dem Wasserdampf der Luft Salzsäure. Es entstehen aber auch noch andere hoch giftige Schadstoffe, zum Beispiel Dioxine.
Die Müllverbrennungsanlagen haben deshalb eine sehr aufwändige **Abgasreinigungsanlage.** Sie entfernt aus dem Rauchgas Staub, Stickoxide und fast alle anderen giftigen Abgase. Am Ende bleibt nur die Schlacke zurück. Je nach eingebrachtem Abfall kann die anfallende Schlacke noch aufbereitet werden, um sie beispielsweise als Straßenbaumaterial zu verwerten. Nicht verwertbare Schlacke enthält umweltschädliche Schwermetalle. Sie muss deshalb auf einer Sondermülldeponie gelagert werden. Die Schlacke hat nur noch 10% des ursprünglichen Müllvolumens.

Du kannst erklären, wozu Müllverbrennungsanlagen dienen.

Nanoteilchen

1.
Nenne zwei Einsatzmöglichkeiten von Nanoteilchen und beschreibe sie.

2.
Recherchiere im Internet, wie Nanoteilchen hergestellt werden.

3.
Erkläre, wieso die Wassertropfen auf der linken Seite auf Bild 2 anders aussehen als auf der rechten Seite.

4.
Berechne die Größe einer Haselnuss, wenn diese im gleichen Maßstab vergrößert wird wie ein Nanoteilchen, das von einem Durchmesser von 1 nm auf 1 cm vergrößert wurde.

1 Nasses Auto (100 cm)

Was sind Nanoteilchen?

"Nano" kommt aus dem Griechischen und bedeutet "Zwerg" oder "zwergenhaft".

Ein Millimeter (1 mm) entspricht 1.000.000 Nanometer (1.000.000 nm). Die meisten Nanoteilchen sind zwischen 1 nm und 100 nm groß.

Teilchen dieser Größe haben besondere Eigenschaften. Sie können zum Beispiel die Härte, die chemische Reaktionsfähigkeit oder die elektrische Leitfähigkeit von Stoffen verändern.

Einsatz von Nanoteilchen

Nanoteilchen werden in der Industrie auf vielfältige Weise eingesetzt. Nanotechnologie gilt als Zukunftstechnologie. Deshalb wird viel Geld investiert, um sie zu erforschen.

Werden Nanoteilchen aus Silberoxid einem Kunststoff beigemischt, so wird er elektrisch leitend. Diese Kunststoffe können Metalle als elektrische Leiter ersetzen.

Einsatz in der Kosmetik

Nanoteilchen aus Zinkoxid werden in Sonnenschutzmitteln verwendet. Sie reflektieren die UV-Strahlung, so dass ein Sonnenbrand verhindert wird.

Auch in Kosmetikprodukten sind Nanopartikel enthalten. In Make-Up dienen sie dazu Falten zu kaschieren. Sie sollen für die Hautalterung verantwortliche Stoffe binden.

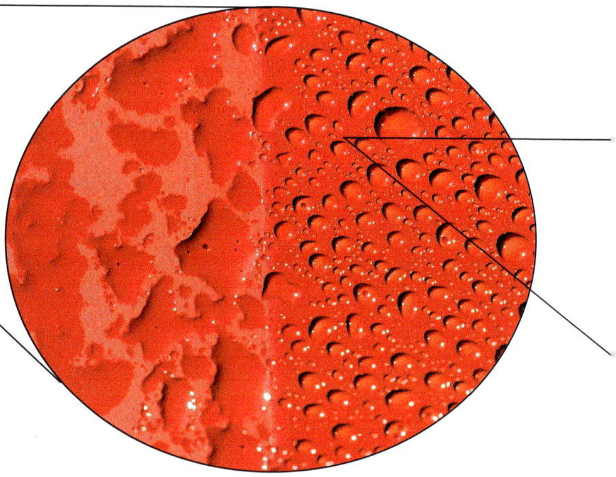

2 Wassertropfen auf einer Motorhaube (10 cm)

Einsatz in Medizin und Textilindustrie

Auch in der Medizin werden Nanoteilchen eingesetzt. Durch ihre geringe Größe können sie leicht zu den Zentren der Erkrankung im Körper vordringen und dort den in ihnen enthaltenen Wirkstoff freisetzen.

Nanoteilchen bewirken einen Lotuseffekt auf Oberflächen von Textilien. Wasser- oder Schmutzteilchen haben keinen direkten Kontakt mit der Oberfläche. Sie perlen einfach wie von den Blättern einer Lotuspflanze ab.

Nanoteilchen in Autolacken

Nanoteilchen werden Autolacken beigemischt. Dadurch verändern sich deren Eigenschaften. Keramiknanopartikel sorgen für eine erhöhte Kratzfestigkeit. Andere Nanoteilchen sorgen dafür, dass das Wasser bei Regen nicht auf dem Auto haften bleibt. Auch hier handelt es sich um einen Lotuseffekt.

Auf Bild 2 siehst du auf der linken Seite einen Autolack ohne und auf der rechten Seite einen Autolack mit Nanoteilchen. Beim Lack mit Nanoteilchen bilden sich keine großen Pfützen, sondern die Wassertropfen sind auf der Oberfläche einzeln voneinander getrennt.

Durch die dem Lack beigemischten Nanoteilchen muss die Autooberfläche beim Lackieren nicht zuerst mit umweltschädlicher Chromsäure behandelt werden. Auch die Innenspiegel in Autos sind oft mit Nanoteilchen beschichtet. Diese ermöglichen die Abblendfunktion bei hohem Lichteinfall. Werden Nanopartikel in Katalysatoren im Auto zur Reinigung von Abgasen eingesetzt, erhöht dies deren Wirkungsgrad. Sogar in Autoreifen sind Nanopartikel zu finden. Dort nehmen sie dem Kautschuk die Klebrigkeit und machen die Reifen belastbarer.

Gefahren von Nanoteilchen

Der Einsatz von Nanoteilchen ist jedoch umstritten. Durch ihre geringe Größe dringen sie leicht in Organismen ein. Dort können sie unter Umständen eine schädliche Wirkung zeigen. Eingeatmete Nanoteilchen können sich zum Beispiel in der Lunge absetzen und Schäden verursachen. Giftige Nanoteilchen gelangen zudem über den Mund in den Darm und ins Blut.

Weitere Einsatzmöglichkeiten, sowie die Wirkung auf den menschlichen Körper müssen durch die Forschung noch geklärt werden.

Aktuelle Forschung

Aufgrund des hohen Zukunftspotentials ist die Forschung in der Nanotechnologie sehr aktuell. Nanoteilchen bieten Potenzial für eine Vielzahl an Produkten. Ein Forschungsgebiet ist beispielsweise die Verwendung von Nanoteilchen in Baustoffen für die Luftfahrt, wo sie zur Herstellung stärkerer und widerstandsfähigerer Verbundwerkstoffe eingesetzt werden.

3 Wassertropfen auf einer Motorhaube: Lotuseffekt (0,3 cm)

4 Nanoteilchen (200 nm ≙ 0,00002 cm)

Größenverhältnis von Nanoteilchen
Nanoteilchen sind so klein, dass in einen Würfel mit 1 cm Kantenlänge 10^{21} Nanoteilchen mit 1 nm Durchmesser passen. Bei der Vorstellung, dass ein Nanoteilchen so groß wie ein Pfirsich mit 6 cm Durchmesser ist, hätte der Pfirsich bei einer Vergrößerung um den gleichen Maßstab etwa den Durchmesser des Mondes (3.480 km).

Du kannst Nanoteilchen und ihre Wirkungsweise beschreiben sowie ihren Nutzen und ihre Gefahren wiedergeben.

Kunststoffe – Werkstoffe unserer Zeit

Kunststoffe und ihre Eigenschaften

Für fast jeden Verwendungszweck gibt es heute den geeigneten Kunststoff. Holz, Naturfasern oder Metalle wurden in vielen Bereichen durch Kunststoffe verdrängt. Teile aus Kunststoff sind leicht und können in jeder beliebige Form hergestellt werden.
Die meisten Kunststoffe sind gegenüber Lösungsmitteln, Säuren oder Laugen beständig.

Kunststoffherstellung

Kunststoffe bestehen aus Makromolekülen. Darin sind die einzelnen Molekülbausteine, die **Monomere,** zu großen Molekülen verknüpft. Diese Moleküle heißen **Polymere.**
Kunststoffe lassen sich durch Polymerisation, Polyaddition oder Polykondensation herstellen.

Kunststoffarten

Thermoplaste werden beim Erhitzen weich, schmelzen und sind deshalb leicht formbar.
Duroplaste sind hart, schlagfest und nicht schmelzbar. Sie werden durch Erhitzen zerstört.
Elastomere sind weich und elastisch. Sie zersetzen sich beim Erwärmen.

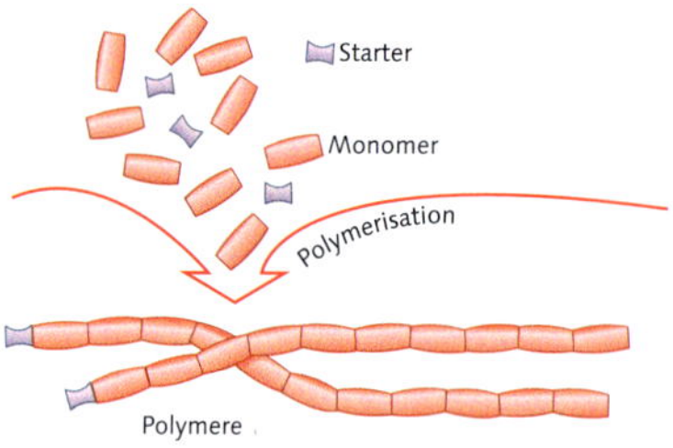

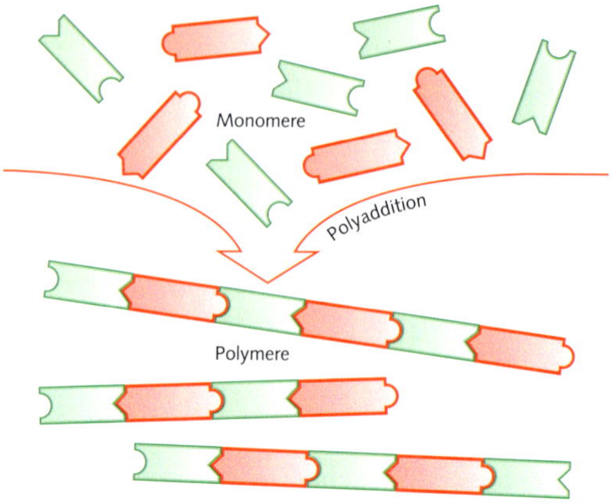

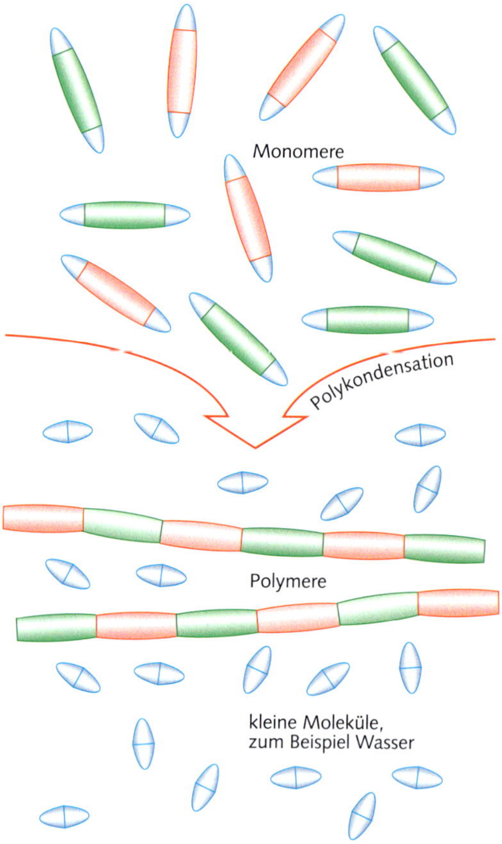

Kunststoff-Recycling

Gebrauchte Kunststoffe und Kunststoffabfälle können wiederverwendet werden. Beim werkstofflichen und rohstofflichen Recycling werden aus den gebrauchten Gegenständen neue Gegenstände aus Kunststoff hergestellt. Bei der energetischen Verwertung werden die Kunststoffe verbrannt, um die darin enthaltene Energie zu nutzen.

Nanoteilchen

„Nano" kommt aus dem Griechischen und bedeutet „Zwerg". Die meisten Nanoteilchen sind zwischen 1 nm und 100 nm groß. Nanoteilchen können die Eigenschaften von Stoffen wie Härte, elektrische Leitfähigkeit oder die chemische Reaktionsfähigkeit, verändern. Nanoteilchen werden bereits in vielen Bereichen in unserer Umwelt eingesetzt.

1 Nanometer (1 nm) = 0,000 000 1 cm

→ METHODE S. 12/13

Kunststoffe – Werkstoffe unserer Zeit

BASISKONZEPTE

Struktur-Eigenschafts - Beziehung

Stoff-Teilchen-Beziehungen

Struktur-Eigenschafts-Beziehungen

1. Ⓐ
Erkläre, warum Thermoplaste im Gegensatz zu Duroplasten beim Erhitzen weich werden.

2. Ⓐ
Nenne Eigenschaften der Elastomere, die sie für die Roller der Inlineskates geeignet machen.

→ S. 328

Stoff-Teilchen-Beziehungen

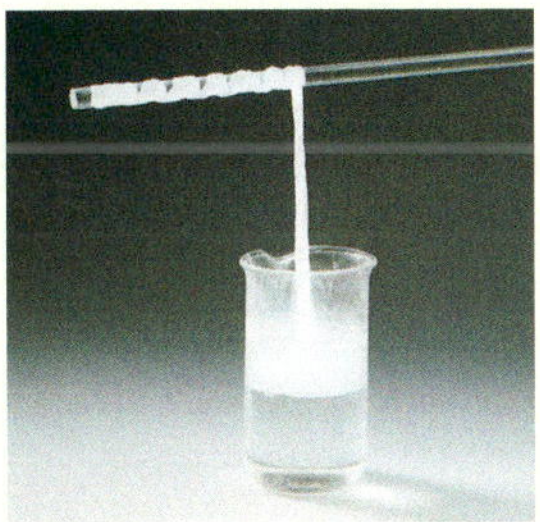

3. Ⓐ
a) Nenne die Reaktion, bei der ein solcher Nylonfaden entsteht.
b) Zeichne die Entstehung des Makromoleküls aus den Monomeren mit einem einfachen Modell.
c) Nenne weitere Reaktionen zur Herstellung von Makromolekülen.

→ S. 331

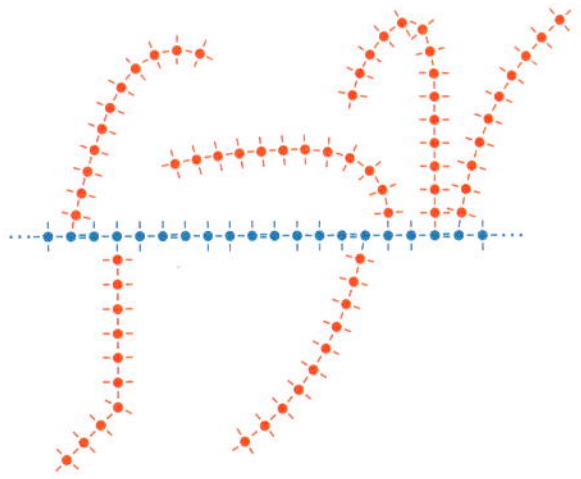

4. Ⓐ
Verzweigte Polymere haben andere Stoffeigenschaften als vernetzte Polymere.
Nenne Monomere, aus denen vernetzte Kunststoffe aufgebaut sein können.

→ S. 332

Kunststoffe – Werkstoffe unserer Zeit

Kannst du schon ...

... Kunststoffe von Naturstoffen unterscheiden? (S. 326)

... Bereiche nennen, in denen Kunststoffe Verwendung finden? (S. 326)

... Vor- und Nachteile von Kunststoffen nennen? (S. 326 – 327)

... Verwendungsmöglichkeiten von Kunststoffen nennen? (S. 327 – 328)

... den Unterschied zwischen Thermoplasten und Duroplasten beschreiben? (S. 328)

... beschreiben, aus welchen Makromolekülen Thermoplaste und Elastomere aufgebaut sind? (S. 328)

... den Unterschied zwischen Monomeren und Polymeren beschreiben? (S. 329)

... eine Polymerisation mit einer Reaktionsgleichung beschreiben? (S. 329)

... eine Polyaddition beschreiben? (S. 330)

... erklären, wie Polyurethan-Schaumstoffe hergestellt werden? (S. 330)

... den Unterschied zwischen Polyethen und Polyurethan erklären? (S. 329 – 330)

... beschreiben, wie Kunststoffe durch Polykondensation hergestellt werden? (S. 331)

Zeig, was du kannst!

1. Ⓐ
Nenne vier Verwendungsbereiche für Kunststoffe.

2. Ⓐ
Gib an, warum immer mehr Kunststoffe in Autos eingesetzt werden.

3. Ⓐ
Erkläre, was ein Makromolekül ist.

4. Ⓐ
Erkläre, warum das im Bild gezeigte Geschirr nicht aus einen Thermoplast bestehen sollte.

5. Ⓐ
Nenne die Eigenschaft, die ein Kunststoff haben muss, der sich zur Wärmedämmung eignet.

6. Ⓐ
Erkläre, warum Styropor® als Verpackungsmaterial für empfindliche Geräte gut geeignet ist.

7. Ⓐ
Ordne den Molekülmodellen die jeweilige Kunststoffart zu.

a)

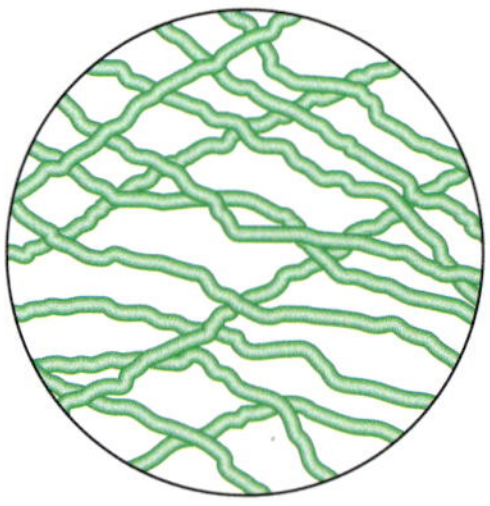

b)

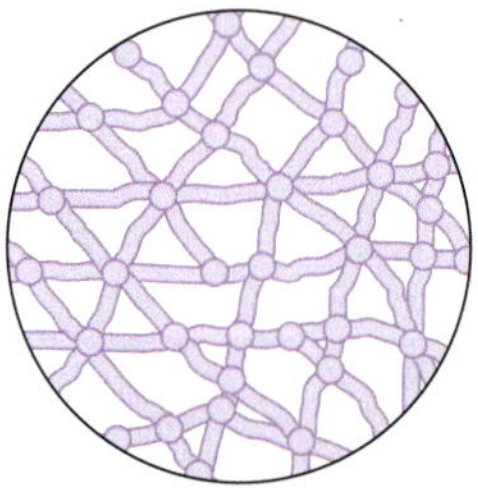

c)

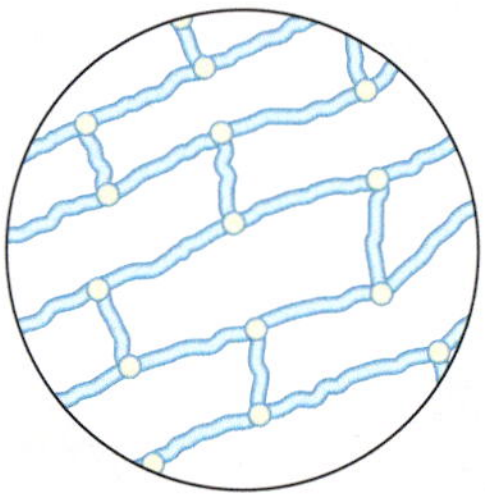

Kunststoff-Recycling

Kannst du schon ...

... angeben aus welchem Kunststoff CDs hergestellt werden? (S. 331)
... angeben, was ein ABS-Kunststoff ist? (S. 332)
... beschreiben, was werkstoffliches, rohstoffliches und energetisches Recycling bedeuten? (S. 338)
... angeben, wie groß der Kunststoffanteil am Haushaltsabfall ist? (S. 338)
... erklären, wozu Müllverbrennungsanlagen dienen? (S. 339)

Zeig, was du kannst!

8. A
Erkläre die chemischen Abläufe bei der
a) Polymerisation,
b) Polykondensation,
c) Polyaddition.

9. Q
Gib an, was die Buchstaben PP und PU auf einer Kunststoffverpackung bedeuten.

10. A
Nenne Möglichkeiten, Kunststoffe zu verwerten.

11. A
Gib den Anteil des Kunststoffabfalls im Haushaltsmüll in Prozent an.

12. A
Erkläre, warum in einer Müllverbrennungsanlage die Abgase gereinigt werden müssen.

13. A
Erkläre die Funktion einer Abgasreinigungsanlage bei der Müllverbrennung.

Nanoteilchen

Kannst du schon ...

... erklären, was Nanoteilchen sind? (S. 340)
... die Größe von Nanoteilchen nennen? (S. 340 – 341)
... die Verwendung von Nanoteilchen nennen? (S. 340 – 341)
... Gefahren durch Nanoteilchen nennen? (S. 340)

Zeig, was du kannst!

14. A
Erläutere den Begriff „Nano“.

15. A
Erkläre den Lotuseffekt der Nanoteilchen.

16. A
Erkläre, warum die Verwendung von Zinkoxid-Nanopartikeln in Sonnenschutzmitteln umstritten ist.

Wichtige Begriffe

- Kunststoffe, Naturstoffe
- Makromolekül
- Mehrfachbindung
- Monomer, Polymer
- Thermoplast, Duroplast, Elastomer
- Polymerisation, Polyaddition, Polykondensation
- Kunststoffrecycling
- Nanoteilchen

Warum klebt Klebstoff?

LERNEN IM TEAM

Wie selbstverständlich verwendet ihr Klebstoffe zum Beispiel, um einen zerbrochenen Gegenstand zusammenzukleben. Aber nicht immer gelingt es, für den jeweiligen Zweck den passenden Klebstoff zu finden. Die Zahl der Stoffe und Anwendungen ist sehr groß geworden.
Bereits vor 6000 Jahren wurden Erdpech und Baumharz zum Kleben verwendet. Später wurde Leim benutzt, der aus Tierhäuten und Tierknochen hergestellt wurde. Heute werden die meisten Klebstoffe aus Erdölprodukten hergestellt.

1 Kleben von Holz

Um zwei Gegenstände miteinander verkleben zu können, muss der Klebstoff bestimmte Eigenschaften aufweisen. Er muss das zu klebende Material sehr gut benetzen. Damit er in die kleinsten Unebenheiten der Oberfläche eindringen kann, wird er meist in flüssiger Form aufgetragen. Beim anschließenden Klebevorgang härtet er auf der Klebefläche aus. Es bildet sich dabei ein Klebstofffilm aus vielen Makromolekülen. Der Klebeeffekt beruht darauf, dass zwischen den langkettigen Klebstoffmolekülen und den Molekülen des zu verklebenden Stoffes Bindekräfte entstehen, die die Moleküle fest zusammenhalten. Diese Kräfte werden als **Adhäsionskräfte** bezeichnet. Auch zwischen den einzelnen Klebstoffmolekülen sind Bindekräfte vorhanden. Sie sind ebenfalls für die Festigkeit der Klebeverbindung wichtig. Sie werden als **Kohäsionskräfte** bezeichnet.

Damit die Adhäsion optimal wirken kann, ist es sinnvoll, die Oberfläche des Materials durch Anrauen zu vergrößern. Sie sollte frei von Fett, Staub und Feuchtigkeit sein, damit die Klebeflächen gut benetzt werden können.

In diesem Projekt sollt ihr feststellen, wie groß die Vielfalt an Klebstoffen ist und welche Einsatzgebiete es gibt.

- Untersucht die Festigkeit der verschiedenen Klebstoffverbindungen.
- Stellt fest, woraus sich Klebstoffe herstellen lassen
- Untersucht, welche Naturstoffe als Klebstoffe geeignet sind.

Weiterhin sind die Gefahren beim Umgang mit Klebstoffen zu untersuchen und es soll geprüft werden, ob es umweltfreundliche Klebstoffe gibt. Außerdem soll der Einsatz von Klebstoffen in der Natur und der Medizin untersucht werden.
Für die Bearbeitung eurer Fragen könnt ihr euch an die verschiedenen Hersteller von Klebstoffen wenden oder im Internet nach Adressen suchen.

2 Klebstoffe für Haushalt und Hobby

3 Kleben in der Industrie

4 Mischen eines Zweikomponentenklebers

TEAM ❶
Klebstoffvielfalt

Heute lassen sich die unterschiedlichsten Materialien miteinander verkleben. Für fast jeden Zweck und jedes Material gibt es den richtigen Klebstoff.
Deshalb ist es nicht immer einfach, den am besten geeigneten Klebstoff zu finden.
In dieser Gruppe sollt ihr die Vielfalt der heutigen Klebstoffe aufzeigen und übersichtlich ordnen.

- Stellt zunächst fest, welche Klebstoffarten es gibt. Informiert euch dazu in den Werbebroschüren der Hersteller über die Vielfalt der Klebstoffe.
- Unterscheidet zwischen Klebstoffen, die aus Erdölprodukten und solchen, die aus Naturstoffen hergestellt wurden.
- Stellt fest, welche Klebstoffarten in Baumärkten zu finden sind.
- Nennt Beispiele für die verschiedenen Klebstoffarten.

TEAM ❷
Klebeverbindungen

Je nach zu verklebendem Material werden an den Klebstoff sehr unterschiedliche Ansprüche gestellt. Für eine dauerhafte und haltbare Klebeverbindung ist die Auswahl des geeigneten Klebers sehr wichtig.
Es kann aber auch sein, dass der Kleber nach einiger Zeit wieder von der Klebefläche entfernt werden soll, wie bei Wundpflastern und Klebestreifen.

- Untersucht in eurer Gruppe, welche Voraussetzungen gegeben sein müssen, damit es zu einer dauerhaften und festen Klebeverbindung kommen kann.
- Beachtet dabei, dass es nicht nur auf den Klebstoff, sondern auch auf die Oberfläche des zu verarbeitenden Materials ankommt. Schaut euch dazu auch Bild 5 an.
- Untersucht, welche Hinweise zur Verarbeitung auf den Verpackungen zu finden sind.

6 Eine dauerhafte Verbindung

- Untersucht, wie eine Klebeverbindung für einen Wiederaufnahmekleber beschaffen sein muss, wie sie bei Pflastern und Notizzetteln verwendet wird.
- Stellt die Bedeutung der Adhäsion und Kohäsion für eine Klebeverbindung fest.
- Überlegt euch einfache Versuche zur Adhäsion und Kohäsion, die ihr euren Mitschülerinnen und Mitschülern zeigen könnt.

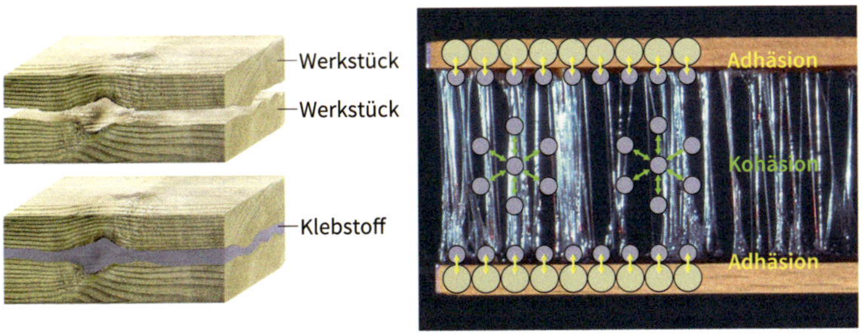

5 Beim Kleben treten Adhäsions – und Kohäsionskräfte auf.

LERNEN IM TEAM

7 Kartoffelkleber

8 Tapetenkleister

TEAM 3
Klebstoffe, selbst gemacht

Klebstoffe lassen sich aus den verschiedensten Materialien selbst herstellen. Das können einfache Naturstoffe sein wie Stärke und Eiweiß. Ihr könnt aber auch Stoffe aus dem Bereich der Kunststoffchemie verwenden. In dieser Gruppe sollt ihr aus Naturstoffen und Kunststoffen Klebstoffe herstellen und ihre Klebewirkung untersuchen.

- Stellt zunächst aus verschiedenen dazu geeigneten Naturstoffen jeweils einen Klebstoff her.
- Informiert euch darüber, wie die jeweiligen Ausgangsstoffe chemisch aufgebaut sind.
- Kleben alle Naturkleber Papier und andere Stoffe gleich gut? Erstellt eine Reihenfolge der Klebefestigkeit der Naturkleber.
- Versucht eine Erklärung für das Klebeverhalten zu finden.
- Untersucht, ob gekaufter Tapetenkleister auch aus Naturstoffen hergestellt worden ist.
- Welche Klebstoffe lassen sich auch aus Kunststoffen herstellen?
- Versucht ebenfalls, verschiedene Kunststoffkleber eventuell mithilfe von Lösungsmitteln herzustellen. **Hinweis:** Achtet dabei auf den sicheren Umgang mit den Lösungsmitteln.
- Wie sind diese Kunststoffe chemisch aufgebaut?
- Wie gut kleben diese Klebstoffe? Vergleicht mit den Naturklebern.
- Erstellt eine Reihenfolge der Klebefestigkeit der Kunststoffkleber.
- Vergleicht eure Kunststoffklebstoffe mit einem gekauften Klebstoff.

TEAM 4
Klebstoffe und Umwelt

Damit die Klebeeigenschaften eines Klebstoffes gut zur Wirkung kommen, sind fast alle Klebstoffe in einem Lösungsmittel aufgelöst. Das Lösungsmittel muss aber entweichen können, damit die Klebstoffe fest werden. Daraus entstehen Probleme für die Umwelt und für die Gesundheit der Menschen. Ihr sollt untersuchen, welche Wirkung Klebstoffe und die verschiedenen Lösungsmittel in unserer Umwelt haben.
Untersucht ebenfalls, ob es auch umweltfreundliche Klebstoffe und Lösungsmittel gibt.

- Stellt fest, welche Lösungsmittel sich in den verschiedenen Klebstoffen befinden. Unterscheidet dabei zwischen umweltverträglichen und umweltschädlichen Lösungsmitteln.
- Erkundigt euch, was bei der Verarbeitung der verschiedenen Klebstoffe beachtet werden muss. Lest dazu auch die Informationen auf den Verpackungen der Klebstoffe.
- Erstellt eine Liste von umweltfreundlichen Klebstoffen.
- Welche Auswirkungen haben die verschiedenen Lösungsmittel in der Umwelt?

9 Warnhinweis auf einer Klebstoffverpackung

10 Klebstoffe in der Tierwelt: Wespennest

TEAM 5

Klebstoffe in der Natur

Auch in der Tier- und Pflanzenwelt findet sich eine Vielzahl von Klebstoffen. So gibt es auch hier für den erforderlichen Zweck den geeigneten Klebstoff.
In dieser Gruppe sollt ihr herausfinden, welche Tiere und Pflanzen Klebstoffe einsetzen.

- Stellt fest, wofür Tiere und Pflanzen den jeweiligen Klebstoff verwenden.
- Aus welchen Ausgangsstoffen sind diese Klebstoffe hergestellt worden?
- Überlegt, ob diese Klebstoffe auch für die Verwendung im Haushalt geeignet wären.
- Lassen sich ähnliche Klebstoffarten auch bei Menschen finden?

11 Klebstoffe in der Pflanzenwelt: Sonnentau

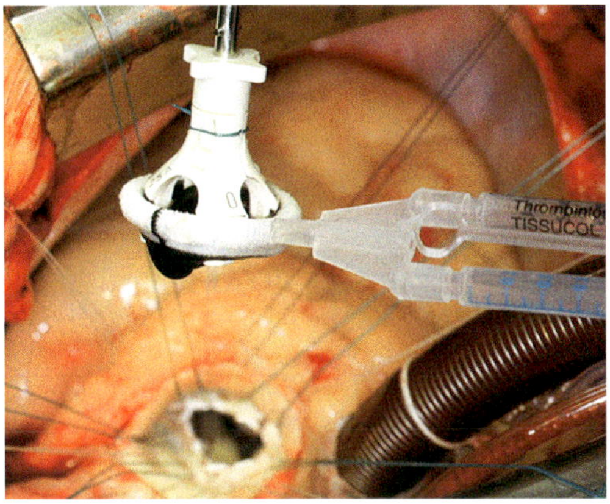

12 Klebstoffe in der Medizin: Herzklappe

TEAM 6

Klebstoffe in der Medizin

Schon auf den ersten Blick scheint klar zu sein, dass auch in der Medizin Klebstoffe Verwendung finden. Schließlich kennt ihr das Wundpflaster, das zum Schutz über eine Wunde geklebt wird. Aber auch für andere Zwecke werden in der Medizin Klebstoffe eingesetzt.

- Erkundet, in welchen Bereichen der Medizin Klebstoffe eingesetzt werden.
- Findet heraus, welche Klebstoffe das sind.
- Welche Probleme ergeben sich bei der Verarbeitung von Klebstoffen in der Medizin?
- Informiert euch darüber, welche körpereigenen Klebstoffe es gibt und wobei sie Verwendung finden.

13 Wundverklebung mit einem Klebstoff: Pflaster

Alkohol, Essig, Ester

Was hat Frostschutzmittel mit Alkohol zu tun?

Ester riechen oft gut. Welche Rolle spielen diese kleinen Fläschchen?

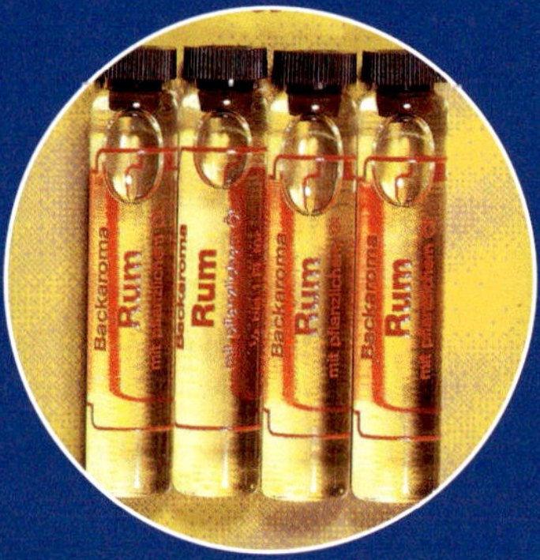

Wie können aus Weintrauben alkoholische Getränke oder auch Essig hergestellt werden?

Aviation

Alkoholische Gärung

1. Q
Nenne Gelegenheiten, bei denen in unserer Gesellschaft Alkohol getrunken wird.

2. Q
Gib das vorgeschriebene Mindestalter der Käufer alkoholischer Getränke in Geschäften oder Lokalen in Deutschland an.

3. Q
Gib zu verschiedenen alkoholischen Getränken jeweils den Alkoholgehalt in Prozent an.

4. Q
Nenne Früchte, die für die Herstellung alkoholischer Getränke geeignet sind.

5. Q
Suche Möglichkeiten zur Herstellung alkoholhaltiger Getränke aus Getreide oder Kartoffeln.

6. V
a) Löse in einem Reagenzglas einen Löffel Traubenzucker in etwa 20 ml destilliertem Wasser. Erwärme die Lösung vorsichtig auf maximal 35 °C. Was beobachtest du?
b) Gib zu der Traubenzuckerlösung etwas Hefe und mische gründlich. Erwärme die Lösung wiederum auf höchstens 35 °C. Schildere die Beobachtungen nach einigen Minuten.
c) Vermute, welches Gas in Versuch b) entstanden sein könnte.

7. V
Verschließe das Reagenzglas aus Versuch 6 mit einem durchbohrten Stopfen, in dem ein abgewinkeltes Glasrohr steckt. Halte das andere Ende des Glasrohres in ein zweites Reagenzglas mit Kalkwasser. Beschreibe die Veränderung beim Kalkwasser und nenne den Stoff, den du damit nachgewiesen hast.

8. V
Fülle 50 ml selbst hergestellten Fruchtsaft, zum Beispiel Apfel- oder Traubensaft in einen 250 ml-Erlenmeyerkolben. Verschließe den Kolben mit einem Gäraufsatz, in den du etwas Kalkwasser gibst. Lass den Versuch drei bis vier Tage im Warmen stehen. Kontrolliere zwischenzeitlich ein bis zwei Mal. Prüfe abschließend den Geruch. Vermute, welche beiden Stoffe entstanden sind.

9. A
Nenne die beiden Stoffe, die für eine alkoholische Gärung unbedingt vorhanden sein müssen. Notiere die gesamte Wortgleichung zur alkoholischen Gärung.

10. A
Nenne Risiken des Genusses alkoholischer Getränke. Zähle Beispiele für unerwünschte Wirkungen des Alkohols auf.

1 Im Stehkolben gärt es.

$$\text{Zucker} \xrightarrow{\text{Hefe}} \text{Alkohol} + \text{Kohlenstoffdioxid}$$

$$C_6H_{12}O_6 \xrightarrow{\text{Hefe}} 2\,C_2H_5OH + 2\,CO_2$$

2 Fruchtsäfte gären

Nicht trinken!
Laborgefäße können unbekannte, gesundheitsgefährdende Verunreinigungen enthalten. Bei den Versuchen mit Alkohol können Schimmelpilze und giftiges Methanol entstehen!

Basiskonzepte S. 375

Alkoholische Getränke
Die Herstellung alkoholischer Getränke ist seit Jahrtausenden bekannt. In Ägypten, im Zweistromland und im alten Griechenland wurde Wein aus dem Saft von Früchten hergestellt. Eine über 8000 Jahre alte Keilschrift beschreibt bereits die Herstellung von Bier. Die Römer brachten auf ihren Feldzügen den Weinstock nach Deutschland.

Alkoholgenuss ist altbekannt
Im Mittelalter wurde sehr viel mehr Wein und Bier getrunken als heute, obwohl die Qualität damals sehr zu wünschen übrig ließ. Um das Jahr 1400 war die Stadt Köln für ihren blühenden Weinhandel bekannt. Die Aufnahme in die Kölner Weinbruderschaft war eine Auszeichnung. Schon damals wurde Wein besteuert und Weinpanscherei war strafbar.

Alkoholgenuss ist vielseitig
Es gibt eine Vielzahl alkoholischer Getränke. Am bekanntesten sind Wein und Bier. Wein enthält meist zwischen acht und zwölf Prozent Alkohol, Bier um fünf Prozent. Schnäpse, Liköre und ähnliche Getränke weisen höhere Alkoholgehalte auf. Auch die bei Jugendlichen beliebten meist süßen Mixgetränke enthalten beachtenswerte Mengen an Alkohol.

So entsteht der Alkohol
Der Alkohol in Getränken entsteht durch **Gärung** zuckerhaltiger Flüssigkeiten. Hierzu sind Hefepilze notwendig, die den energiereichen Zucker für ihre Ernährung nutzen und ihn dabei zu Alkohol und Kohlenstoffdioxid abbauen.

3 Kampagne gegen Alkohol

Es geht auch ohne Hefezusatz
Unbehandelte Fruchtsäfte gären ohne Hefezugabe, da auf den Früchten bereits Hefepilze vorhanden sind. Der natürlich enthaltene Zucker wird von ihnen vergoren. Am Geruch erkennst du, dass Alkohol entstanden ist.

Gefahr im Gärkeller
In Gärkellern entsteht das Kohlenstoffdioxid in großen Mengen. Es ist schwerer als Luft und lagert sich daher am Boden ab. Hat ein solcher Keller keine Absauganlage, ist das Betreten während der Gärung wegen Erstickungsgefahr lebensgefährlich. Da Kohlenstoffdioxid farb- und geruchlos ist, nimmt der Winzer in solchen Fällen eine brennende Kerze mit in den Keller. Er hält sie in der Nähe des Bodens. Erlischt die Kerze, muss er den Keller sofort verlassen.

Alkoholgenuss ist gefährlich
Der Genuss alkoholischer Getränke birgt jedoch erhebliche Risiken. Sie beginnen bei verzögerten oder falschen Reaktionen beispielweise im Straßenverkehr und enden bei der Krankheit Alkoholismus. Die Gefahren des Alkohols werden in unserer Gesellschaft verharmlost. Vor allem junge Menschen, deren Körper noch empfindlicher auf Alkohol reagiert als der von Erwachsenen, sind häufig stark gefährdet. Es häufen sich die Fälle, in denen Jugendliche nach Wetttrinken ins Krankenhaus eingeliefert werden müssen.

Du kannst den Ablauf der alkoholischen Gärung beschreiben. Du bist in der Lage, Gefahren durch Alkoholgenuss zu nennen.

4 Alkoholkontrolle

Alkohol destillieren

1.
Beschreibe den Stoff Brennspiritus.

2.
a) Verdünne Brennspiritus mit Wasser in Zehnerschritten nacheinander auf Konzentrationen von 80 % bis 30 %. Entzünde jeweils eine kleine Probe in einer Abdampfschale.
b) Beschreibe deine Beobachtung.

3.
Fülle einen 250 ml-Erlenmeyerkolben mit 50 ml 20 %igem Brennspiritus. Verschließe den Kolben mit einem durchbohrten Stopfen, durch den ein 50 cm langes Glasrohr gesteckt ist (Bild 1). Befestige das Glasrohr an einem Stativ. Erhitze das Gemisch bis zum Sieden und versuche, den Dampf am oberen Ende des Glasrohres zu entzünden. Notiere deine Beobachtung.

4.
Wiederhole Versuch 3 mit 100 ml vergorenem Fruchtsaft. Was ist darin enthalten?

5.
Baue eine Destillationsapparatur wie in Bild 2 auf. Fülle den Rundkolben zu einem Viertel mit Rotwein. Füge einige Siedesteinchen hinzu. Erhitze den Wein vorsichtig auf etwa 80 °C, möglichst aber nicht höher. Fange das Destillat in einem Becherglas auf. Beschreibe Farbe und Geruch.

6.
Wiederhole Versuch 5 mit vergorenem Fruchtsaft. Notiere Unterschiede und Gemeinsamkeiten.

7.
Miss den Alkoholgehalt der Destillate aus Versuch 5 und 6 mit einem Alkoholometer. Vergleiche sie mit den Angaben auf käuflichen Getränken.

Nachweis des Alkohols

Vielleicht hast du schon gesehen, wie eine Speise flambiert oder eine Feuerzangenbowle entzündet wurde. Alkohol ist brennbar. Alkoholische Getränke enthalten neben Alkohol zwar in erster Linie Wasser, doch ab einem Anteil von etwa 50 % Alkohol brennt ein solches Gemisch.
Bei der Gärung sind so hohe Alkoholgehalte jedoch nicht zu erzielen. Dabei entsteht höchstens ein Alkoholgehalt von etwa 18 %. Oberhalb dieser Konzentration sterben die Hefepilze ab.
Um den Alkohol dennoch durch Entzünden nachzuweisen, wird seine gegenüber dem Wasser niedrigere Siedetemperatur genutzt. Sie liegt bei 78 °C. Beim Erhitzen in einem Kolben mit aufgesetztem Glasrohr (Bild 1) steigt ein Gemisch aus Alkohol- und Wasserdampf auf. Es kondensiert am Glasrohr. Wenn das Glasrohr eine Temperatur von über 78 °C erreicht hat, kondensiert das Wasser noch immer, während der Alkohol gasförmig bleibt. Der Alkoholdampf lässt sich dann am oberen Ende des Glasrohres entzünden.

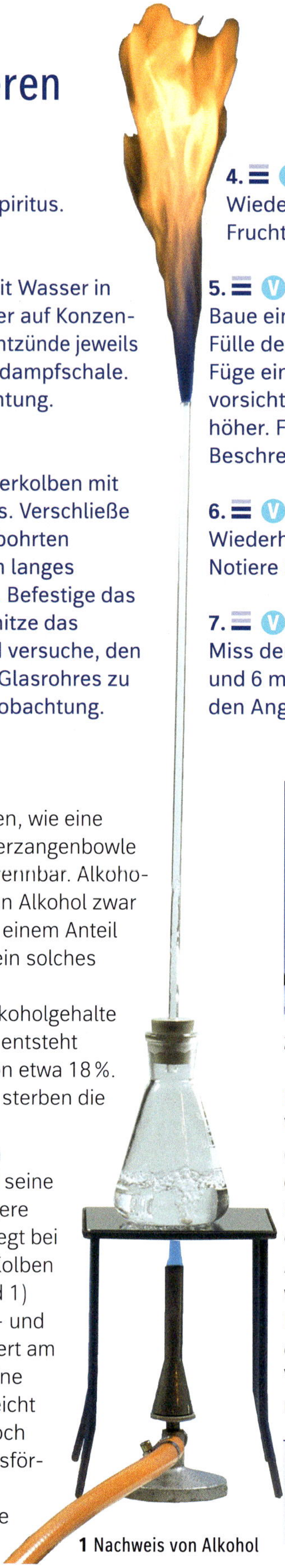

1 Nachweis von Alkohol

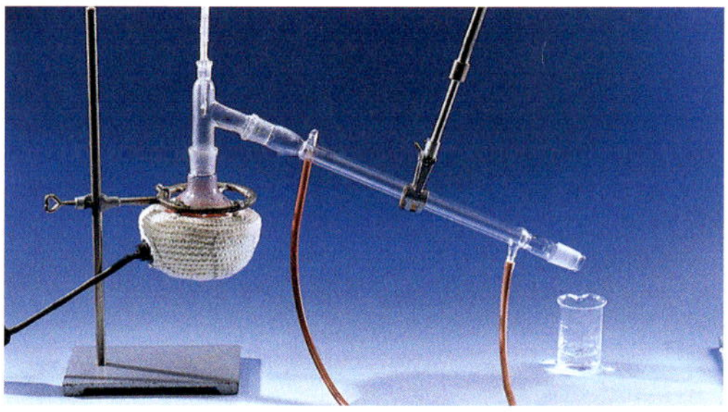

2 Destillation von Wein

Hochprozentiges

Wird für technische Zwecke oder für Getränke ein höherer Alkoholgehalt gewünscht, muss **destilliert** werden. Dabei wird die vergorene Flüssigkeit in einer Destillationsapparatur auf etwa 80 °C erhitzt. Es verdampft vorwiegend Alkohol, der in einem Kühler aufgefangen wird. Dieser Vorgang wird Brennen genannt. Es lässt sich aber nicht vermeiden, dass etwas Wasser mit verdampft. Mit diesem Verfahren ist deshalb ein Alkoholgehalt von maximal 96 % erreichbar.

Du kannst Alkohol nachweisen. Du kannst beschreiben, wie hochprozentige alkoholische Getränke hergestellt werden.

Alkohol ist schädlich und macht süchtig

Alkoholische Getränke sind aus dem Alltag vieler Jugendlicher und Erwachsener kaum noch wegzudenken. In diesem Projekt sollt ihr untersuchen, welche Bedeutung Alkohol in der Gesellschaft hat, wie er auf den Menschen wirkt und welche Schäden durch Alkohol entstehen.

Veröffentlichung des Statistischen Bundesamtes:
Alkoholeinfluss war 2014 bei 4,5 % aller Unfälle mit Personenschaden eine der Unfallursachen. Allerdings starben 7,7 % aller tödlich verletzten Verkehrsteilnehmer in Deutschland infolge eines Alkoholunfalls, das heißt, etwa jeder 13. Getötete.

LERNEN IM TEAM

TEAM 1

Viele trinken zu viel

In Deutschland wird sehr viel Alkohol getrunken. Dies gilt nicht nur für Erwachsene, sondern zunehmend auch für Jugendliche.

- Recherchiert, welche Mengen an verschiedenen alkoholischen Getränken in Deutschland getrunken werden.
- Differenziert diese Zahlen nach Altersgruppen.
- Findet heraus, mit welchem Alter Jugendliche im Durchschnitt beginnen, Alkohol zu trinken.
- Erklärt den Begriff „Einstiegsdroge“ im Zusammenhang mit Alkohol.
- Beschreibt das Verhalten von Jugendlichen auf Partys in Bezug auf Alkohol.

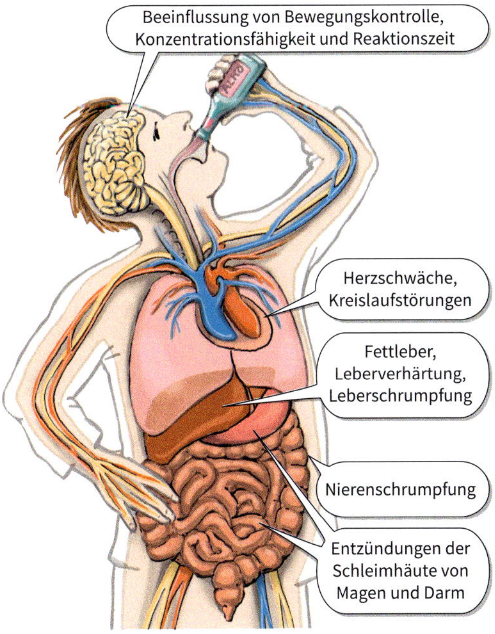

1 Unser Körper mag keinen Alkohol.

TEAM 2

Wirkungen von Alkohol

Schon wenig Alkohol bewirkt ein verändertes Verhalten. Ab 0,3 ‰ kann ein Autofahrer bestraft werden.

- Stellt die Wirkungen von Alkohol bei verschiedenen Promillegraden zusammen.
- Benennt die Promillegrenze beim Steuern eines Kraftfahrzeuges.
- Recherchiert die Anzahl der Führerscheine, die pro Jahr wegen Überschreitens der Promillegrenze eingezogen werden.
- Ermittelt, ob es für das Fahrradfahren eine Promillegrenze gibt.
- Sucht nach Erklärungen für die Wirkung des Alkohols im Körper und das Entstehen des Rauschgefühls.

TEAM 3

Körperliche und seelische Schäden

Bei regelmäßigem Alkoholkonsum werden viele Organe des menschlichen Körpers geschädigt. Aber auch die Psyche ist häufig stark angegriffen.

- Stellt körperliche und seelische Schäden durch Alkohol zusammen.
- Sucht nach den schädigenden Wirkungen des Alkohols.
- Berichtet über die Krankheit Alkoholismus und ihre Folgen.
- Recherchiert zu möglichen Wegen in den Alkoholismus.
- Untersucht die Möglichkeiten und die Erfolgswahrscheinlichkeit eines Entzugs.
- Informiert euch über die Aufgaben von Selbsthilfegruppen wie den "Anonymen Alkoholikern".

TEAM 4

Gesellschaftliche Schäden

Alkohol ist die Ursache für viele Unfälle im Straßenverkehr mit Personenschaden. Dies gilt auch für Unfälle am Arbeitsplatz oder in der Freizeit.

- Stellt fest, wie hoch die Anzahl der Unfälle in einzelnen Bereichen ist.
- Stellt Zahlen über die finanziellen Auswirkungen zusammen.
- Findet heraus, wie viele Menschen durch Alkohol zeitweise oder dauernd arbeitsunfähig werden.
- Recherchiert zu den Auswirkungen des Alkoholismus in der Familie. Beschreibt Folgen für den Ehepartner und die Kinder. Bedenkt auch mögliche Auswirkungen auf schulische Leistungen.

Ethanol

1 Ethanol befindet sich in vielen Produkten.

1. Q
Erstelle einen Steckbrief zu Ethanol.

2. A
Nenne mindestens fünf Anwendungsmöglichkeiten für Ethanol im Haushalt.

3. V
a) Mische in drei Reagenzgläsern jeweils gleiche Mengen:
- Ethanol und Wasser,
- Ethanol und Hexan,
- Hexan und Wasser.

b) Vergleiche deine Beobachtungen.

4. V
Gib in drei Reagenzgläser zu Ethanol je einen Spatel Haushaltszucker, Kochsalz und Speisefett und schüttle. Stelle fest, welche der Stoffe sich in Ethanol lösen.

5. V
Gib einen Tropfen Speiseöl in 3 ml Ethanol. Schüttle und beschreibe das Ergebnis.

6. V
Bestimme die Masse von 5 ml Ethanol und berechne daraus die Dichte (in $\frac{g}{cm^3}$).
Hinweis: 1 ml entspricht 1 cm^3.

7. A
Stelle die Eigenschaften von Ethanol und Wasser tabellarisch gegenüber.

Nicht nur zum Trinken

Wenn im Alltag von **Alkohol** gesprochen wird, ist der trinkbare Alkohol gemeint, der bei der alkoholischen Gärung entsteht. Er heißt **Ethanol.** Im Haushalt wird er beispielsweise auch zur Konservierung oder als Geschmackszutat verwendet.
Nur ein geringer Teil des Ethanols wird aber zur Herstellung alkoholischer Getränke genutzt. Da Ethanol Öl und Fett löst, wird es in großen Mengen als Reinigungsmittelzusatz und Lösungsmittel verwendet. So helfen alkoholhaltige Fensterputzmittel beim Reinigen. Auch für die Computer-Tastatur ist Ethanol geeignet, da es sehr schnell wieder verdunstet. Ebenso werden Bioethanol-Öfen damit betrieben (Bild 2). Sie sind wegen der Luftbelastung durch Verbrennungsgase in den Räumen nicht unumstritten.
Außerdem ist Ethanol eine Grundchemikalie in der chemischen Industrie, beispielsweise bei der Herstellung von Medikamenten.

2 Nicht unumstritten: Bioethanol-Ofen

Eigenschaften
Ethanol ist eine klare Flüssigkeit mit einer geringeren Dichte als Wasser und einem typischen Geruch. Ab einem Anteil von etwa 50 % ist ein Ethanol-Wasser-Gemisch brennbar. Dies wird beim Flambieren von Speisen oder bei der Feuerzangenbowle genutzt.

Das Ethanolmolekül
Der Name Ethanol lässt sich aus dem Molekülbau erklären. Das Ethanolmolekül kann aus dem Ethanmolekül abgeleitet werden (Bild 4). Ein Wasserstoffatom ist durch eine OH-Gruppe ersetzt. Diese Gruppe wird **Hydroxy-Gruppe** genannt. Sie ist für die besonderen Eigenschaften des Ethanols verantwortlich. Die chemische Formel von Ethanol ist C_2H_5OH.

Die Bindung des Wasserstoffatoms an der Hydroxy-Gruppe unterscheidet sich von der Bindung der Wasserstoffatome im Ethanmolekül. Es handelt sich wie beim Wasser um eine **polare Elektronenpaarbindung.** Dadurch ist Ethanol mit seiner Hydroxy-Gruppe und deren Ähnlichkeit zum Wassermolekül in Wasser löslich. Die Bindungen beim Kohlenwasserstoffanteil sind wie beim Ethan unpolar. Hier sorgt der unpolare Alkan-Rest für die Löslichkeit in vielen Alkanen.

Ethanol als Kraftstoff
Seit einigen Jahren wird dem Benzin Ethanol zugesetzt. Es soll das Benzin teilweise ersetzen. Dieses **Bioethanol** steht in der Kritik. Die Pflanzen, aus denen es hergestellt wird, wachsen auf Flächen, die dann für die Produktion von Nahrungsmitteln entfallen. Teilweise werden auch Urwälder dafür gerodet.

Ethanol als Desinfektionsmittel
Große Bedeutung hat Ethanol als Hauptbestandteil von Desinfektionsmitteln im medizinischen Bereich. Bei einem Alkoholgehalt zwischen 50 % und 80 % wird die Zellwand von Bakterien zerstört und Ethanol wirkt damit tödlich. Alle Bakterien werden innerhalb einer Minute abgetötet. Auch zur Beseitigung von Schimmel kann Ethanol aufgrund seiner desinfizierenden Wirkung genutzt werden.

3 Feuerzangenbowle

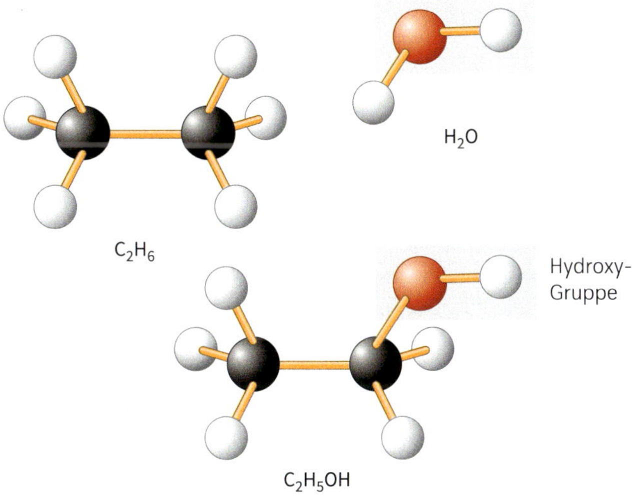

4 Vergleich: Ethanmolekül – Ethanolmolekül

5 Mit Ethanolzusatz fahren auch Autos.

Du kannst die Verwendungsmöglichkeiten und Eigenschaften von Ethanol nennen. Du kannst die Löslichkeit von Ethanol in Wasser und auch in Alkanen erklären.

Basiskonzepte S. 375

Verwandte des Ethanols

1. Vergleiche Propanol und Propantriol bezüglich der Löslichkeit in Wasser, der Zähflüssigkeit und der Siedetemperaturen.

2. Erläutere die Zusammensetzung der Namen Propantriol und Hexandiol.

3. Notiere die Summenformeln von Pentanol und Hexanol.

4. Nenne die Wertigkeit des Alkohols Sorbit.

5. Zeichne zwei verschiedene Strukturformeln von Propanol.

1 Frostschutzmittel enthalten Glykol.

Weitere Alkohole

Neben Ethanol gibt es noch weitere Alkohole. Ihre Moleküle enthalten mindestens eine OH-Gruppe. Der einfachste Alkohol ist das **Methanol,** eine klare, leicht brennbare Flüssigkeit, die sehr giftig ist. Die Formel des Methanols (CH_3OH) ähnelt der des Methans (CH_4). Ein Wasserstoffatom beim Methan wird beim Methanol durch eine Hydroxy-Gruppe (OH) ersetzt.

Das Propanol (C_3H_7OH) enthält ebenfalls eine OH-Gruppe. Es hat seinen Namen vom **Propan** (C_3H_8). Der Alkohol mit vier Kohlenstoffatomen und einer OH-Gruppe heißt **Butanol** (C_4H_9OH).

Diese Alkohole bilden die **homologe Reihe der Alkanole.** Die für die Eigenschaften der Alkanole verantwortliche OH-Gruppe heißt **funktionelle Gruppe der Alkanole.** Fast alle Alkohole sind gesundheitsschädlich oder giftig.

Mehrwertige Alkohole

Die bisher genannten Alkohole haben eine nur OH-Gruppe. Sie sind **einwertig.** Glykol (Ethandiol) und Glycerin (Propantriol) sind Alkohole, die mehrere OH-Gruppen enthalten. Sie werden daher als **mehrwertige Alkohole** bezeichnet. Das Glykol mit zwei OH-Gruppen ist ein zweiwertiger Alkohol, das Glycerin mit drei OH-Gruppen ein dreiwertiger Alkohol.

Glykol wird als Frostschutzmittel und in Bremsflüssigkeiten verwendet. Glycerin ist Bestandteil vieler Kosmetika und eine Grundchemikalie der chemischen Industrie, beispielsweise zur Herstellung von Schuhcreme. Beide Alkohole lösen sich in jedem Verhältnis in Wasser.

Wie setzt sich der Name Ethandiol zusammen?

Glycerin wird auch Ethandiol genannt. Der Name Ethandiol besteht aus drei Teilen, aus Ethan, di und ol. Ethan ist der Name für das Alkan mit zwei Kohlenstoffatomen, "di" ist die lateinische Vorsilbe für "zwei", "ol" ist das Namensende eines Alkohols. Es kennzeichnet die OH-Gruppe.

CH_3OH

2 Methanolmolekül

$C_3H_5(OH)_3$

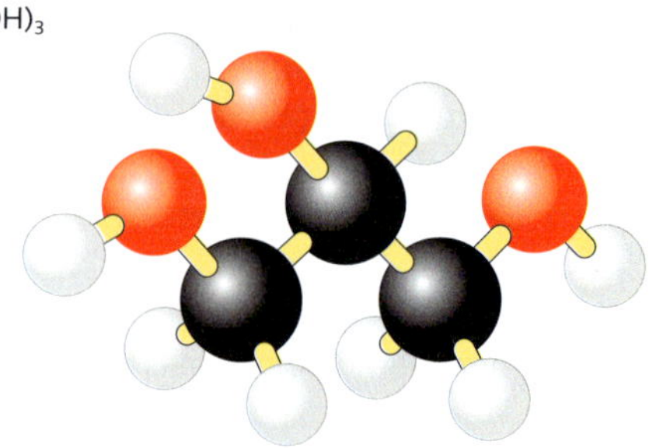

3 Glycerinmolekül

Gemeinsame Eigenschaften

Die ersten Alkohole der homologen Reihe sind Flüssigkeiten, die einen charakteristischen Geruch haben. Alkohole mit längeren Molekülketten sind meist feste Verbindungen mit nur schwach ausgeprägtem Geruch.

Schmelz- und Siedetemperaturen

Beim Vergleich von Alkanen mit Alkoholen ist festzustellen, dass Alkohole höhere Schmelz- und Siedetemperaturen als die entsprechenden Alkane besitzen.

Ursache sind die Wasserstoffbrückenbindungen zwischen Alkohol-Molekülen. Zum Auftrennen der Bindungen wird zusätzliche Wärme gebraucht.

Je mehr Hydroxy-Gruppen ein Molekül aufweist, desto mehr Wasserstoffbrückenbindungen können ausgebildet werden und desto höher ist der Siedepunkt. Daher besitzen mehrwertige Alkohole höhere Schmelz- und Siedepunkte als einwertige. Gleichzeitig steigen die Schmelz- und Siedetemperaturen der Stoffe mit der Kettenlänge der Moleküle.

Löslichkeit in Wasser

Viele Alkohole sind gut in Wasser löslich. Dies gilt aber vorwiegend für die Alkohole mit kurzer Molekülkette. Je länger die Kohlenstoffkette der Moleküle wird, umso schlechter wird die Wasserlöslichkeit der Stoffe. Mehrwertige Alkohole sind wegen der größeren Anzahl an Hydroxy-Gruppen besser in Wasser löslich als einwertige.

Zähflüssigkeit

Auch die Zähflüssigkeit oder **Viskosität** der Alkohole verändert sich mit der Länge der Kohlenstoffkette ihrer Moleküle. Sind die ersten Alkohole der homologen Reihe noch leicht bewegliche Flüssigkeiten, so werden sie mit zunehmender Kettenlänge der Moleküle immer zähflüssiger und letztendlich sogar fest.

Dabei sind Alkohole noch etwas zähflüssiger als die entsprechenden Alkane. Mehrwertige Alkohole sind zähflüssiger als einwertige. Auch dies hat seine Ursache in den Wasserstoffbrückenbindungen.

Du kannst erklären, wie Alkohole zu ihrem Namen kommen und was mehrwertige Alkohole sind.
Du kannst die Veränderungen wichtiger Eigenschaften der Alkohole mit der Kettenlänge und der Mehrwertigkeit ihrer Moleküle erläutern.

Name	Summenformel	Strukturformel	Schmelztemp.	Siedetemp.	Verwendung
Methanol	CH_3OH	H H–C–OH H	–97 °C	65 °C	Kunststoffindustrie, Benzinzusatz
Ethanol	C_2H_5OH	H H H–C–C–OH H H	–114 °C	78 °C	alkoholische Getränke, Brennspiritus, Lösungs- und Reinigungsmittel
Propanol	C_3H_7OH	H H H H–C–C–C–OH H H H	–126 °C	97 °C	Enteisungsmittel, Lösungs- und Extraktionsmittel
Butanol	C_4H_9OH	H H H H H–C–C–C–C–OH H H H H	–89 °C	117 °C	Lösungs- und Extraktionsmittel in der Lack- und Kunststoffindustrie, Weichmacher
Ethandiol (Glykol)	$C_2H_4(OH)_2$	H H H–C–C–H OH OH	–12 °C	197 °C	Frostschutzmittel, Kunststoffherstellung, Bremsflüssigkeit
Propantriol (Glycerin)	$C_3H_5(OH)_3$	H H H H–C–C–C–H OH OH OH	18 °C	290 °C	Kosmetika, Sprengstoffe, Weichmacher, Kühlmittel, Kunststoffe
Hexanhexol (Sorbit)	$C_6H_8(OH)_6$	H H H H H H H–C–C–C–C–C–C–H OH OH OH OH OH OH	112 °C	295 °C	Zuckerersatz in Lebensmitteln für Diabetiker

4 Ein- und mehrwertige Alkohole

Vom Wein zum Essig

1 Verschiedene Essige

1. V
Lass eine Probe Wein zwei Wochen im Warmen stehen. Prüfe dann den Geruch. Nenne Veränderungen.

2. A
Beschreibe die Eigenschaften von Essigessenz und nenne Verwendungszwecke.

3. Q
Nenne Speisen und Nahrungsmittel, die Essig enthalten.

4. V
Mische 1 ml Essigessenz mit je 1 ml, 10 ml und 100 ml Wasser. Untersuche die pH-Werte. Was stellst du fest?

5. V **Demonstrationsversuch**
In einer Porzellanschale werden 3 ml konzentrierte Essigsäure auf ihre Brennbarkeit untersucht.

6. A
Nenne das Ergebnis von Versuch 5.

7. V
Gib einige Tropfen Essigessenz auf Kalkstein und beschreibe die Reaktion.

8. V
a) Gib jeweils eine Probe der Metalle Aluminium, Magnesium, Kupfer und Eisen in 10 %ige Essigsäure. Beschreibe die Reaktionen.
b) Nenne Vorsichtsmaßnahmen zum Umgang mit Essigessenz, die aus Versuch a) abzuleiten sind.

9. V
Lege einige Gurkenscheiben in Essig ein. Lass sie abgedeckt eine Woche stehen. Lege zum Vergleich Gurkenscheiben in Wasser. Welche Wirkung hat der Essig?

10. Q
a) Begründe den Einsatz von Essig als Konservierungsmittel.
b) Nenne weitere Verwendungen von Essig.

Die Konzentration bestimmt den Namen

Essigsäure: organische Säure
Essig: Gemisch aus Wasser und Essigsäure mit einem Säureanteil von etwa 5 %
Essigessenz: Gemisch aus Wasser und Essigsäure, mit einem Säureanteil von 25 %
Eisessig: 95 %ige Essigsäure, eine stark ätzende Chemikalie

Essigsäure

Bleibt Wein längere Zeit offen an der Luft stehen, entsteht aus dem darin enthaltenen Ethanol Essig. Essig enthält **Essigsäure.** Die Umwandlung wird durch Essigbakterien bewirkt, die überall in der Luft vorhanden sind.

$$\text{Ethanol} + \text{Sauerstoff} \xrightarrow{\text{Essigsäurebakterien}} \text{Essigsäure} + \text{Wasser}$$
$$C_2H_5OH + O_2 \xrightarrow{\text{Essigsäurebakterien}} CH_3COOH + H_2O$$

Essig wird zum Würzen und Konservieren verwendet. Er ist in vielen Reinigungsmitteln enthalten. Essigsäure ist eine **organische Säure,** die sich in jedem Verhältnis mit Wasser mischt. Sie ist ätzend und wird zum Entkalken von Haushaltsgeräten verwendet. Essigsäure zersetzt viele Metalle. Dabei entstehen **Acetate,** die Salze der Essigsäure. Aus Kupfer und Essigsäure bildet sich das giftige Kupferacetat, der Grünspan. Essigsaure Speisen dürfen deshalb nicht in Kupfergefäßen aufbewahrt werden.
Die chemische Industrie stellt jährlich weltweit 2 Mio. bis 3 Mio. t Essigsäure her. Diese wird in der Kunststoffproduktion, in Färbereien, in der pharmazeutischen Industrie und zur Herstellung von Reinigungsmitteln eingesetzt.

Name	Formel	Schmelz-temp.	Siedetemp.	Verwendung
Methansäure (Ameisensäure)	H-COOH	8 °C	101 °C	Unterstützung der Milchsäuregärung in Siloanlagen, Lösungsmittel für Kunststoffe, Färberei, Lebensmittelzusatz E236
Ethansäure (Essigsäure)	CH_3-COOH	17 °C	118 °C	Lebensmittelzusatz E260, Konservierungsstoff, Gewürz, Grundchemikalie in der chemischen Industrie
Propansäure (Propionsäure)	CH_3-CH_2-COOH	– 21 °C	141 °C	Lebensmittelzusatz E280, Herstellung von Aromastoffen und Schädlingsbekämpfungsmitteln
Butansäure (Buttersäure)	CH_3-$(CH_2)_2$-COOH	– 6 °C	164 °C	Herstellung von Aromastoffen, Kunststoffen, Medikamenten, Schädlingsbekämpfungsmitteln
Hexadecansäure (Palmitinsäure)	CH_3-$(CH_2)_{14}$-COOH	63 °C	222 °C	Herstellung von Seife, Zusatzstoff in Schmiermitteln, Herstellung von Wasch-, Reinigungs- und Imprägniermitteln

2 Verschiedene Alkansäuren

Die Essigsäure...

Die Essigsäure gehört wie die Ameisensäure und die Buttersäure zu den **Alkansäuren.** Diese Säuren gehören zu der großen Gruppe der Carbonsäuren. Sie alle sind durch die COOH-Gruppe gekennzeichnet. Diese funktionelle Gruppe heißt **Carboxy-Gruppe** (Bild 3). Die Namen der Alkansäuren leiten sich von den entsprechenden Alkanen ab.

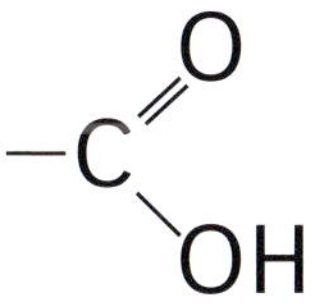

3 Die Carboxy-Gruppe, vereinfacht: COOH

... und ihre Verwandten

So wird die Essigsäure mit ihren zwei Kohlenstoffatomen auch Ethansäure genannt. Die Buttersäure mit vier Kohlenstoffatomen heißt Butansäure. Langkettige Alkansäuren sind Bestandteile der Fette. Sie werden deshalb oft als **Fettsäuren** bezeichnet. Die Hexadecansäure mit 16 Kohlenstoffatomen kommt im Palmöl vor und heißt Palmitinsäure.

Du kannst angeben, wie Essigsäure entsteht, welche Eigenschaften sie hat und wie ihre Verwandten genannt werden.

Saures aus der Küche

PRAKTIKUM

Rezept 1: Apfelessig

Mische 1 l Apfelwein mit 1 l Wasser. Gib 10 Tropfen Essig und 40 g Sauerteig vom Bäcker dazu. Rühre gut um, decke mit einem Tuch ab und lass das Gemisch an einem warmen Ort 3 bis 4 Wochen stehen. Filtriere es dann. Das Filtrat ist der fertige Apfelessig.

Rezept 2: Rosmarin-Essig

Wasche zwei Rosmarinzweige und lass sie abtropfen. Gib sie in eine saubere Flasche und gieße 0,5 l Rotweinessig und 100 ml Essigessenz darüber. Lass das Gemisch mindestens 14 Tage ziehen. Danach ist der Würzessig zu verwenden.

4 Zutaten für den Rosmarin-Essig

Carbonsäuren sind lebensnotwendig

PINNWAND

Formel: $C_3H_6O_3$

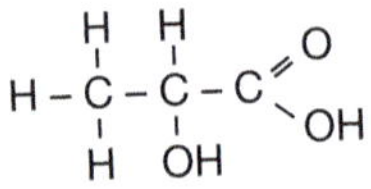

Milchsäure

Vorkommen: in Jogurt, Früchten, Sauerkraut · wichtiges Stoffwechselprodukt bei Tier und Mensch

Name der Salze: Lactate

Eigenschaften: klare, farblose, sirupartige Flüssigkeit · fast geruchlos · schmeckt sauer · in Wasser und Ethanol gut löslich

Verwendung: in der Lebensmittelindustrie zur milchsauren Vergärung · Konservierungsstoff · Säuerungsmittel · in Gerbereien zum Behandeln von Fellen und als Hilfsmittel in der Druck- und Färbetechnik

Herstellung: großtechnisch durch Milchsäuregärung mit verschiedenen Bakterien aus Milch, Molke und zuckerhaltigen Abfällen

Besonderheiten: wird in der Medizin als verdauungsförderndes Mittel eingesetzt

Formel: $C_6H_8O_7$

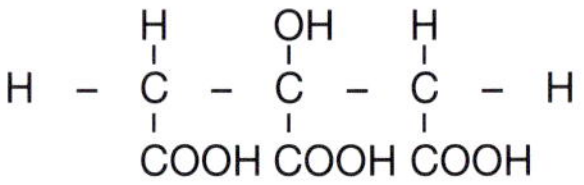

Citronensäure

Vorkommen: in Zitrusfrüchten, Beeren, Tabak, Pilzen und Nadelhölzern · spielt eine Rolle beim menschlichen Stoffwechsel

Name der Salze: Citrate

Eigenschaften: weißes, kristallines, sauer schmeckendes Pulver · gut löslich in Wasser und Ethanol

Verwendung: Lebensmittelzusatzstoff · in Backpulver, Brauselimonade, kosmetischen Produkten · beim Färben und Entfärben von Textilien · beim Reinigen und Entkalken

Besonderheiten: Citronensäure enthält drei COOH-Gruppen, es ist eine Tricarbonsäure

Herstellung: aus Citrusfrüchten, mithilfe von Bakterien aus zuckerhaltigen Abfällen

1. Nenne mindestens zehn Früchte, die Citronensäure enthalten.

2. Recherchiere die E-Nummer von Citronensäure. Benenne die Gruppe von Stoffen, zu der sie gehört.

3. Beschreibe den Unterschied zwischen
a) Oxalsäure und Essigsäure,
b) Milchsäure und Propionsäure.

4. Schreibe einen weiteren Steckbrief über
a) Weinsäure,
b) Äpfelsäure.

Formel: $C_2H_2O_4$

Oxalsäure

Vorkommen: Rhabarber, Sauerampfer und Sauerklee · geringe Mengen im Harn

Namen der Salze: Oxalate

Eigenschaften: farb- und geruchlose Kristalle · in Wasser und Ethanol gut löslich

Verwendung: Hilfsmittel in der Färberei · Neutralisationsmittel beim Waschen · Bleichmittel für Textilien und Holz · zur Rostentfernung · Herstellung von Tinte

Besonderheiten: Oxalsäure ist eine Dicarbonsäure, da sie zwei COOH-Gruppen enthält. Befindet sich im Harn aufgrund einer Stoffwechselstörung zu viel Calciumoxalat, bilden sich Blasen- und Nierensteine.

Herstellung: aus Zucker und Salpetersäure oder aus Ameisensäure und Natriumhydroxid

Chemische Konservierungsmethoden

Viele Lebensmittel verderben nach kurzer Zeit und werden ungenießbar. In diesem Projekt sollt ihr Möglichkeiten der Konservierung von Lebensmitteln in der Vergangenheit und in der Gegenwart erkunden, beschreiben und darstellen. Stellt in jeder Gruppe auch die Vor- und Nachteile der Konservierungsmethoden zusammen.

TEAM 1

Haltbarmachen im Haushalt

Noch heute werden in vielen Haushalten Marmeladen gekocht und Gelees hergestellt. Es werden auch Gurken eingelegt und Pilze getrocknet. Eure Gruppe soll eine Übersicht erstellen, in der möglichst alle Methoden der Konservierung im Haushalt dargestellt sind. Einige davon könnt ihr in der Schulküche oder zuhause selbst ausprobieren. Sammelt Rezepte zum Konservieren von Lebensmitteln. Dabei dürft ihr gerne Freunde und Familie befragen. Beurteilt die Qualität im Vergleich zu den jeweiligen frischen Lebensmitteln. Stellt die selbst zubereiteten Lebensmittel in der Klasse vor.

TEAM 2

Haltbarmachen in Handwerksbetrieben

Der Bäcker setzt genauso wie der Fleischer Verfahren und Stoffe zur Haltbarmachung von Lebensmitteln ein.

Ihr sollt feststellen, mit welchen Verfahren und Stoffen in diesen Handwerksbetrieben gearbeitet wird und wie die Stoffe wirken, die dabei eingesetzt werden. Dafür könnt ihr in Metzgereien und Bäckereien direkt nachfragen oder auch im Internet recherchieren.

TEAM 3

Haltbarmachen in der Nahrungsmittelindustrie

Bei der Herstellung von Fischkonserven wie auch in Molkereien werden viele verschiedene Konservierungsstoffe zur Haltbarmachung eingesetzt.

Erstellt eine Liste von typischen Konservierungsmitteln, die bei der industriellen Lebensmittelproduktion und -verarbeitung eingesetzt werden. Erkundigt euch, in welchen Produkten sie enthalten sind. Erklärt eurer Klasse anschließend, wie Konservierungsmittel auf der Zutatenliste eines Lebensmittels erkannt werden können und was sich hinter dem Begriff E-Nummer verbirgt.

TEAM 4

Geschichte des Konservierens

Die mittelalterlichen Seefahrer wären auf ihren langen Reisen verhungert, hätten sie nicht auch gepökeltes Fleisch an Bord gehabt. Auch lange Winter und Dürreperioden konnten Menschen nur überstehen, weil sie haltbar gemachte Lebensmittel als Vorräte hatten. Stellt die Geschichte des Haltbarmachens von Lebensmitteln dar. Erkundet dazu, welche Methoden und Hilfsmittel es für die Haltbarmachung früher gab. Vergleicht die Methoden von früher mit heutigen Methoden und findet heraus, was sich nicht bewährt hat und was uns bis heute geblieben ist.

Ester

1. V Demonstrationsversuch
In einem Rundkolben mit Rückflusskühler werden 20 ml konzentrierte Essigsäure, 20 ml Ethanol und 5 ml konzentrierte Schwefelsäure 15 min erhitzt.

2. A
Prüfe den Geruch bei Versuch 1 vorher und nachher.

3. V Demonstrationsversuch
In einem Reagenzglas werden unter dem Abzug zu 2 ml Butansäure (Buttersäure) gleiche Mengen Ethanol und konzentrierte Schwefelsäure gegeben und im Wasserbad auf etwa 60 °C erwärmt.

4. A
Prüfe den Geruch bei Versuch 3 vorher und nachher.

5. V Demonstrationsversuch
Zu 2 ml Pentanol und der gleichen Menge Essigsäure werden 0,5 ml konzentrierte Schwefelsäure gegeben und vermischt. Die Lösung wird im Wasserbad auf 60 °C erwärmt.

6. A
Beschreibe deine Beobachtungen bei Versuch 5.

7. V
Mische Ethansäure-Ethyl-Ester jeweils mit Fett, Wachs, Öl, Benzin und Wasser. Nenne deine Beobachtungen.

8. A
Beschreibe die Reaktion von Methansäure und Ethanol zu Methansäure-Ethyl-Ester mithilfe von Strukturformeln.

9. A
a) Wie heißt der Ester aus Butansäure und Methanol?
b) Nenne die Carbonsäure und den Alkohol, aus denen Propansäure-Butyl-Ester entsteht.

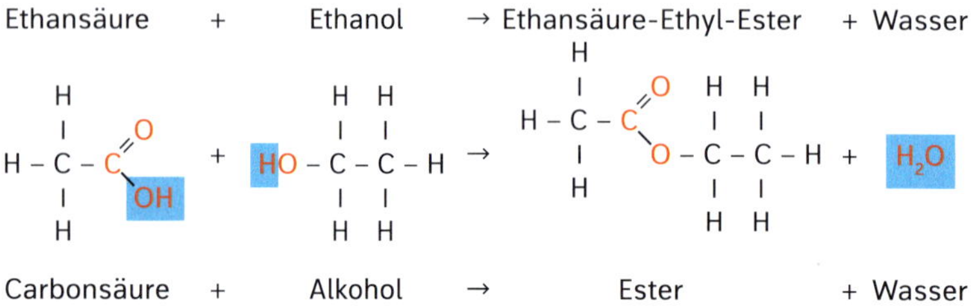

1 Die Ester-Synthese ist eine Kondensationsreaktion.

2 Schmackhafte Ester

Meistens riecht es gut

Der angenehme Geruch vieler Früchte und Aromastoffe wird von Estern hervorgerufen. Ester werden auch als Lösungsmittel für Klebstoffe und Lackfarben eingesetzt.
Ester entstehen aus der Reaktion einer Carbonsäure mit einem Alkohol. Dabei bildet sich auch Wasser. Die Zugabe von Schwefelsäure beschleunigt die Reaktion.
Aus Ethanol und der übel riechenden Butansäure entsteht so Butansäure-Ethyl-Ester, der nach Ananas riecht. Nach Birnen riecht der Ester aus Ethansäure und Pentanol, der Ethansäure-Pentyl-Ester.
Die Ester sind dünnflüssige, leicht flüchtige Flüssigkeiten, wenn sie aus kurzkettigen Carbonsäure- und Alkoholmolekülen entstanden sind. Mit zunehmender Molekülgröße werden die Ester zähflüssiger. Sie bilden Wachse und Fette. Aus der großen Anzahl von Carbonsäuren und Alkoholen ergeben sich viele Kombinationsmöglichkeiten. Es gibt daher eine sehr große Anzahl von Estern.

Esterspaltung

Durch eine Reaktion mit Wasser lassen sich Ester wieder in Carbonsäure und Alkohole zerlegen. Dieser Vorgang heißt **Hydrolyse**. Sie ist die Umkehrung der **Kondensationsreaktion** (Bild 1).

Du kannst beschreiben, wie Ester entstehen.
Du kannst mehrere Beispiele nennen, wo Ester vorkommen.

Basiskonzepte S. 375

Weitere Ester

Nitroglycerin

Ein ungewöhnlicher Ester ist Glycerintrinitrat, besser bekannt als Nitroglycerin. Dieser Ester entsteht aus Propantriol (Glycerin) und einer anorganischen Säure, der Salpetersäure (HNO_3). Nitroglycerin ist eine hochexplosive Flüssigkeit, die schon auf geringen Druck oder leichte Erschütterungen reagiert. Deshalb wird ein saugfähiges Material mit Nitroglycerin getränkt, um dieses gegen ungewollte Explosionen unempfindlich zu machen. Diesen Sprengstoff hat ALFRED NOBEL (1833 – 1896) erfunden. Er nannte ihn **Dynamit.**

Name	Geruch		Strukturformel
Methansäure-Ethyl-Ester	Rum		$H-C(=O)-O-C_2H_5$
Ethansäure-Butyl-Ester	Banane		$CH_3-C(=O)-O-C_4H_9$
Ethansäure-Pentyl-Ester	Birne		$CH_3-C(=O)-O-C_5H_{11}$
Benzoesäure-Ethyl-Ester	Pfefferminze		$C_6H_5-C(=O)-O-C_2H_5$

Angenehme Gerüche

1. Erstelle eine Kurzbiografie von ALFRED NOBEL.

2. Ungesättigte Fettsäuren gelten als besonders gesund. Nenne Fette und Öle im Bild oben rechts, die besonders viele dieser ungesättigten Fettsäuren enthalten.

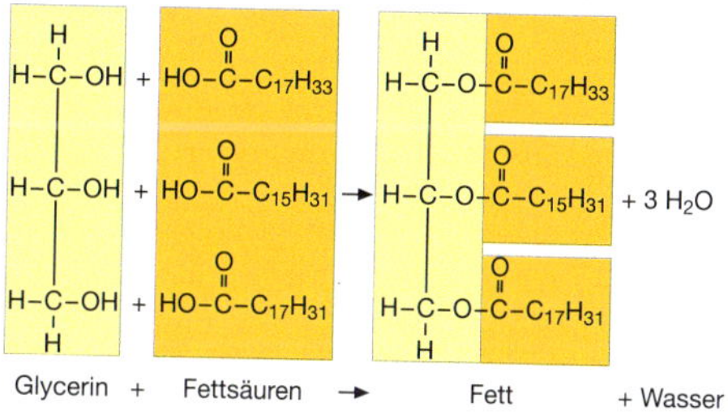

Fette

Fette und Öle sind aus dem Alkanol Glycerin und langkettigen Carbonsäuren aufgebaut. **Fette** sind chemisch betrachtet also Ester. Sie enthalten neben dem Glycerin drei solcher Carbonsäuren, die hier Fettsäuren genannt werden. Fettsäuren sind für die menschliche Ernährung von besonderer Bedeutung.

Bienenwachs

Es besteht zum größten Teil aus einem Alkohol und Carbonsäuren. Es gehört also in die Gruppe der Ester. Bienenwachs ist aber ein Gemisch vieler verschiedener Stoffe.

Eigenschaften organischer Stoffe

1.
a) Untersuche die Wasserlöslichkeit von Hexan, Speiseöl und Ethanol.
b) Erkläre die Ergebnisse anhand der Struktur der Moleküle.

2.
a) Nenne das Alkan mit der höheren Siedetemperatur: Hexan oder Dodecan.
b) Begründe anhand der Struktur, welches Alkan die höhere Siedetemperatur hat.

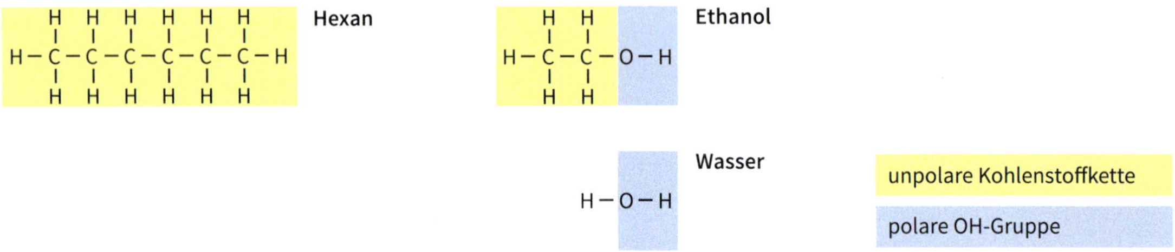

1 Das Ethanol-Molekül ähnelt dem Hexan-Molekül und dem Wasser-Molekül.

„Gleiches löst sich in Gleichem"

Du musst dir nur diese Aussage merken, wenn du wissen willst, ob sich ein Stoff in einem anderen löst.
Ein Beispiel dafür sind Wasser und Ethanol. Beide weisen im Molekül eine polare OH-Gruppe auf. Diese Ähnlichkeit führt dazu, dass sich beide Stoffe ineinander lösen können.
Hexan löst sich ebenfalls in Ethanol, da sich die Moleküle beider Stoffe ähnlich sind. Sie haben beide eine unpolare Kohlenstoffkette, wodurch sie sich ineinander lösen können.
Wasser und Hexan hingegen können sich nicht ineinander lösen. Ihre Moleküle ähneln sich nicht. Wasser ist polar und Hexan unpolar.

Schmelzen und Sieden

Schmelz- und Siedetemperatur eines organischen Stoffes hängen davon ab, welche Anziehungskräfte sich zwischen den Molekülen ausbilden. Bei den Alkanen sind das die Van-der-Waals-Kräfte.
Diese Kräfte werden von der Kettenlänge der Moleküle bestimmt. Es gilt: Je länger die Kette, desto stärker sind die Van-der-Waals-Kräfte.
Beim Schmelzen oder Sieden müssen diese Kräfte überwunden werden. Daher steigen mit zunehmender Kettenlänge die Schmelz- und die Siedetemperatur der Stoffe.

Du kannst das Löslichkeitsverhalten von organischen Stoffen erklären.
Du kannst die unterschiedlichen Siede- und Schmelztemperaturen organischer Stoffe erklären.

2 Ethanol löst sich in Wasser.

3 Ethanol löst sich in Hexan.

4 Hexan löst sich nicht in Wasser.

Organische Stoffe und ihre Eigenschaften

Methan

Das Methanmolekül ist mit 5 Atomen das kleinste Kohlenwasserstoffmolekül. Hier wirken die geringsten Anziehungskräfte zwischen den Molekülen. **Methan** hat mit einer Schmelztemperatur von −182 °C und einer Siedetemperatur von −162 °C die niedrigsten Werte unter den Kohlenwasserstoffen.

Ameisensäure

Ameisensäure zählt wie Milchsäure und Citronensäure zu den Carbonsäuren. Obwohl das Molekül der Ameisensäure aus nur 5 Atomen besteht, ist Ameisensäure bei Zimmertemperatur flüssig. Die Ameisensäuremoleküle weisen eine polare Gruppe auf. Dadurch ziehen sich die Moleküle deutlich stärker an. Ameisensäure ist daher unter 8 °C fest und siedet ab 101 °C.

Octan

Aufgrund der längeren Molekülkette sind die Anziehungskräfte zwischen den Molekülen im **Octan** größer als beim Methan. Seine Schmelztemperatur liegt bei −57 °C und seine Siedetemperatur bei 126 °C. Octan ist bei Zimmertemperatur flüssig.

Octan ist nicht mit Wasser mischbar, weil das Molekül unpolar ist.

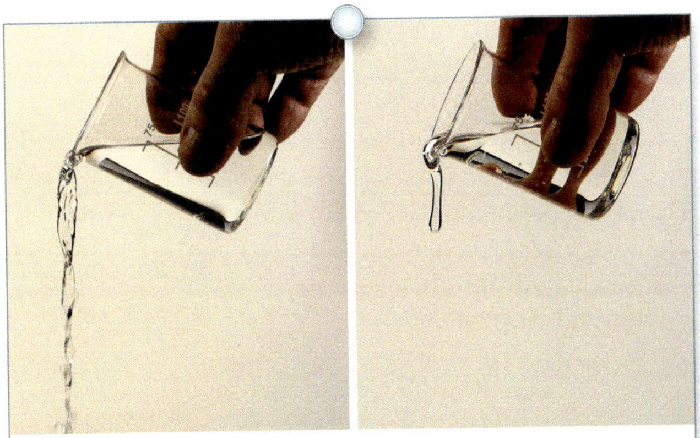

Ethanol und Glycerin

Ethanol ist bei 20 °C flüssig. Die Ursache ist eine polare Molekül-Gruppe. Sie bildet mit den entsprechenden Gruppen anderer Ethanol-Moleküle Wasserstoffbrückenbindungen. Das sind stärkere Kräfte als die Van-der-Waals-Kräfte. Die polare Gruppe ist auch für die Löslichkeit in Wasser verantwortlich.

Weil das Molekül auch einen unpolaren Alkan-Rest hat, löst sich Ethanol ebenso in Benzin. **Glycerin** hat drei polare OH-Gruppen. Die Anziehungskräfte sind deshalb besonders groß. Glycerin ist daher bei Zimmertemperatur zähflüssig.

1. ≡ Ⓐ

a) Begründe, warum Ethan gasförmig ist.

b) Erkläre die Löslichkeit von Ethanol in Wasser.

Funktionelle Gruppen in der organischen Chemie

1. Lege eine Übersichtstabelle der ersten fünf Alkane mit ihren entsprechenden Alkanolen, Alkanalen und Alkansäuren an.

2. Zeichne alle möglichen Strukturformeln der Alkane, Alkanole, Alkanale und Alkansäuren, die auf Butan basieren.

3. Informiere dich über die weitere Gruppe der Ketone und über ihr Vorkommen und ihre Verwendung.

Alkane

Die **Alkane** sind die Grundbausteine der organischen Chemie. Die Moleküle bestehen nur aus Kohlenstoff- und Wasserstoffatomen. Dabei geht jedes Kohlenstoffatom vier Bindungen ein. Die Alkane bilden die Grundstruktur für viele organische Verbindungen, bei denen die Wasserstoffatome durch **funktionelle Gruppen** ersetzt worden sind.

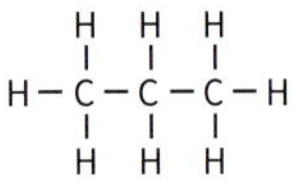

1 Propan

Die Eigenschaften der Alkane sind abhängig von der Länge ihrer Moleküle. Bis Butan sind die Alkane bei Raumtemperatur gasförmig, bis Hexadecan flüssig und ab Heptadecan fest. Dementsprechend steigen Siede- und Schmelztemperaturen mit zunehmender Kettenlänge der Moleküle. Die flüssigen Alkane sind **hydrophob,** also wassermeidend und **lipophil,** also fettliebend.

Alkanole (Alkohole)

Alkanole sind Kohlenwasserstoffe mit einer **Hydroxygruppe.** Diese besteht aus einem Sauerstoffatom und einem Wasserstoffatom. Das Sauerstoffatom der Hydroxygruppe ist durch eine Einfachbindung an ein Kohlenstoffatom gebunden. Die Namen der Alkanole enden auf die Silbe -ol, wie Ethanol.

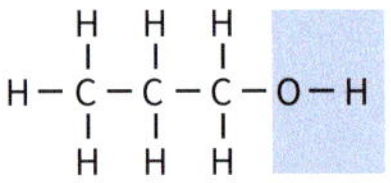

3 Hydroxygruppe beim Propanol

Alkanole sind meist brennbare und farblose Flüssigkeiten. Sie sind leicht entflammbar und wirken desinfizierend. Einige Alkanole dienen als Lösungsmittel. Viele Alkanole sind im Gegensatz zu den Alkanen in Wasser löslich. Manche, wie Methanol und Ethanol, sind unbegrenzt in Wasser löslich. Ab 12 C-Atomen sind Alkanole bei Raumtemperatur feste Stoffe. Zusammen mit Alkansäuren können Alkanole **Ester** bilden.

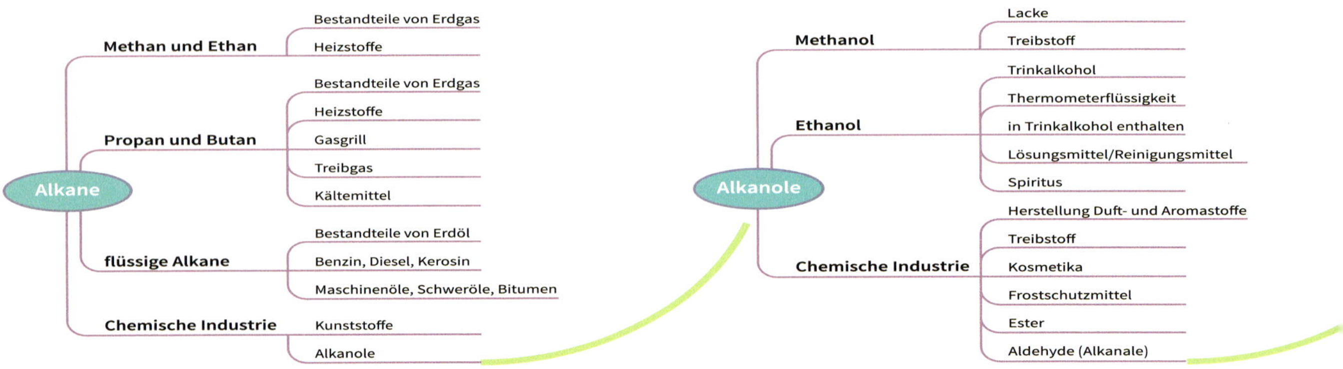

2 Verwendung der Alkane, Alkanole, Alkanale und Alkansäuren

Basiskonzepte S. 375

4. Q
Alkanale kommen in Obst und Gemüse als Aromastoffe vor. Recherchiere zwei Sorten Obst oder Gemüse, bei denen das der Fall ist, und nenne das Alkanal.

5. A
Vergleiche die Struktur der Alkansäuren mit der Struktur der anorganischen Säuren. Beschreibe die Gemeinsamkeit, die für die ätzende Wirkung verantwortlich ist.

6. A
Nenne für jede Gruppe eine Stoffeigenschaft, die durch die Molekülstruktur bestimmt wird.

Alkanale (Aldehyde)

Alkanale sind Kohlenwasserstoffketten mit einer **Aldehydgruppe.** Sie sind dehydrierte Alkohole. Das heißt, dass ihnen das Wasserstoffatom aus der Hydroxygruppe entzogen wurde. Bei Alkanalen kommt die Aldehydgruppe ausschließlich am Kettenende vor. Die Namen der Alkanale enden auf die Silbe -al, wie Ethanal.

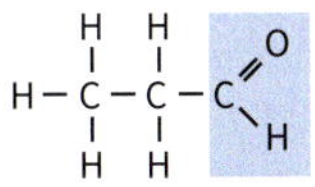

4 Aldehydgruppe beim Propanal

In der Aldehydgruppe ist die C=O-Doppelbindung stark polar. Die Alkanale sind deshalb Dipole. Diese Doppelbindung ist deutlich reaktiver als die C=C-Doppelbindung bei den Alkenen. Alkanale, deren Moleküle aus kurzen Ketten bestehen, lösen sich gut in Wasser, weil sie mit Wassermolekülen Wasserstoffbrückenbindungen bilden können. Alkanale, deren Moleküle aus langen Ketten bestehen, lösen sich nicht in Wasser. Bei ihnen überwiegt der unpolare Teil. Die Siede- und Schmelztemperaturen steigen mit zunehmender Kettenlänge, da die Van-der-Waals-Kräfte zunehmen.

Alkansäuren (Carbonsäuren)

Alkansäuren sind Kohlenwasserstoffe mit einer **Carboxygruppe.** Die Carboxygruppe kommt ausschließlich am Kettenende vor. An ein Kohlenstoffatom ist ein Sauerstoffatom mit einer Doppelbindung und eine OH-Gruppe gebunden.

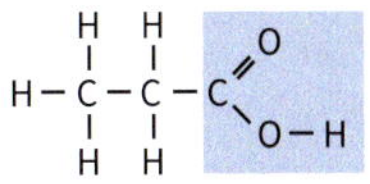

5 Carboxygruppe bei der Propansäure

Die Eigenschaften der Alkansäuren werden von der Carboxygruppe bestimmt. Von der OH-Gruppe kann leicht das Wasserstoffatom abgespalten werden. Dies sorgt für die ätzende Wirkung der Alkansäuren. Die Alkansäuren, deren Moleküle aus kurzen Ketten bestehen, sind farblose Flüssigkeiten und riechen stechend. Die Siede- und Schmelztemperaturen der Alkansäuren sind höher als bei den entsprechenden Alkanen.

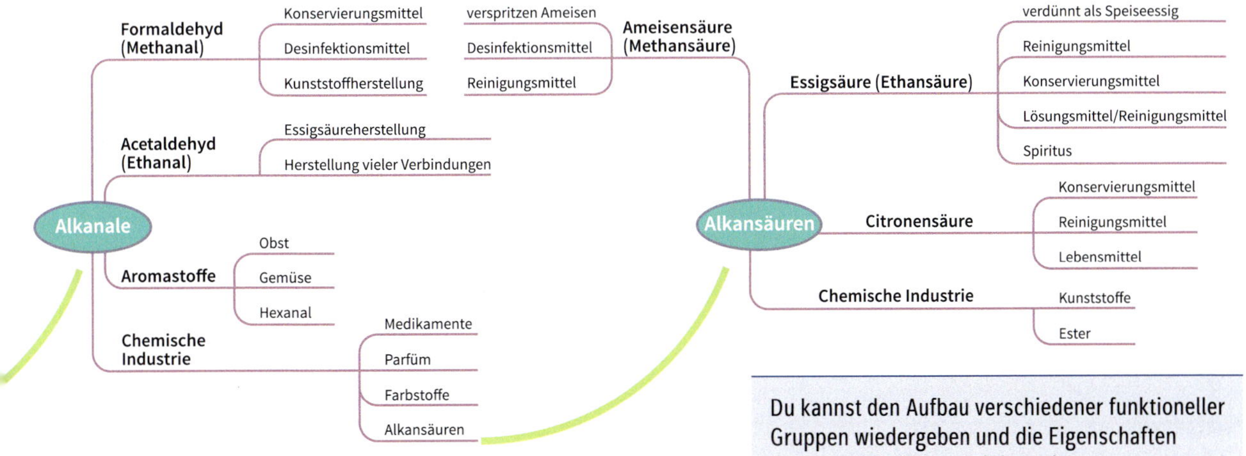

Du kannst den Aufbau verschiedener funktioneller Gruppen wiedergeben und die Eigenschaften nennen, die mit ihnen einhergehen.

Basiskonzepte S. 375

Duft- und Aromastoffe

Düfte beeinflussen unser Leben. Sie sind Reize, denen wir ständig ausgesetzt sind. Jeder weiß, wie vielfältig Duftstoffe uns im alltäglichen Leben begleiten. Von morgens bis abends, in jeder Situation und an jedem Ort spielen Duft- und Aromastoffe eine wichtige Rolle. Ihr sollt euch in diesem Projekt mit dem Geruchssinn bei Mensch und Tier und mit der Wirkung verschiedener Gerüche auf den Menschen beschäftigen. Ebenso sollt ihr herausfinden, wie und wozu Gerüche verwendet werden, um Menschen zu beeinflussen. Ein Team soll die Geschichte und Herkunft von Gewürzen erkunden. Ihr sollt außerdem verschiedene Verfahren zur Gewinnung natürlicher Duft- und Aromastoffe kennenlernen und erkunden, wie ein Duft komponiert wird.

TEAM 1

Der Geruchssinn

Lebewesen unterscheiden Duftstoffe über ihren Geruchssinn. Findet heraus und stellt dar, wie er funktioniert. Benennt seine Aufgaben. Stellt den Weg von der Reizung der Sinneszellen bis zur bewussten Wahrnehmung eines Geruchs durch den Menschen dar. Benennt die Aufgaben des Geruchssinns bei uns Menschen. Unterscheidet diese Aufgaben von den Aufgaben des Geruchssinns bei anderen Lebewesen, zum Beispiel bei Raubtieren. Recherchiert im Internet nach Lebewesen ohne Geruchssinn und benennt sie gegebenenfalls.

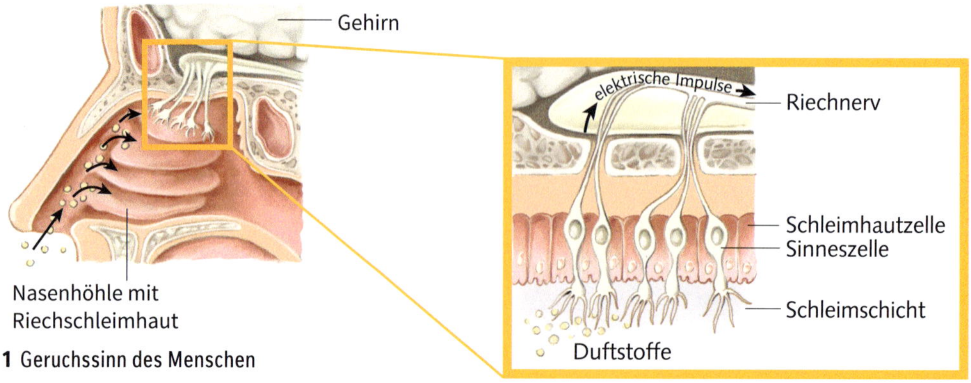

1 Geruchssinn des Menschen

TEAM 2
Wirkung von Gerüchen
Gerüche beeinflussen unsere Stimmungen, Bedürfnisse und Entscheidungen. Sie können heftige Reaktionen auslösen bevor uns bewusst wird, warum.
Sammelt Sprüche, die sich mit der Wirkung von Gerüchen beschäftigen. Ermittelt ihre Bedeutung.
Testet verschiedene Gerüche und beobachtet euch dabei. Bei welchen Gerüchen habt ihr welche Empfindungen? Bei welchen Gerüchen seht Ihr bei eurem Gegenüber eine Reaktion?

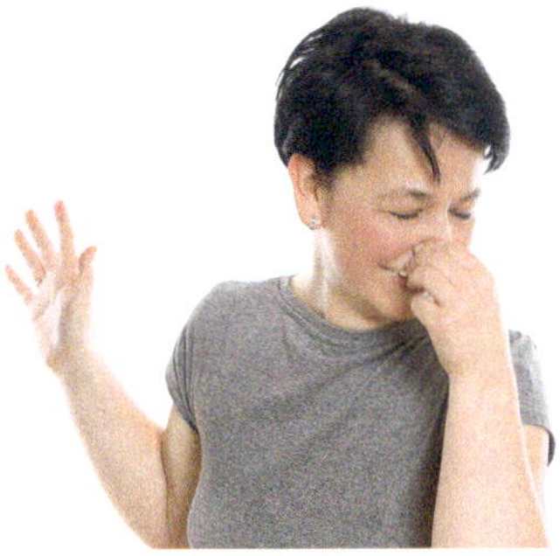
3 Ein Geruch wird als unangenehm empfunden.

2 Weihrauch in der katholischen Kirche

TEAM 4
Nutzung von Duft-und Aromastoffen
Viele Produkte und Gegenstände, mit denen ihr im Alltag zu tun habt, enthalten Duft- und Aromastoffe. Manche sind darin schon natürlich vorhanden, andere werden künstlich zugesetzt.

Erkundet, an welchen Orten und in welchen Situationen Düfte eine wichtige Rolle spielen. Unterscheidet dabei, ob die Duftstoffe natürlich vorhanden sind, oder künstlich zugesetzt werden. Stellt die Wirkung bestimmter Düfte dar und findet heraus, was mit ihrem Einsatz erreicht werden soll. Präsentiert Beispiele!

TEAM 3
Aromastoffe in der Geschichte
Gewürze enthalten Duft- und Aromastoffe. Diese werden für die Zubereitung von Nahrung genutzt. Ihre Verwendung ist schon lange bekannt. Welche einheimischen Gewürze wurden verwendet, bevor neue Gewürze nach Europa kamen?

Über Handelsstraßen erreichten Gewürze aus vielen Ländern Europa und wurden zum Teil mit Gold aufgewogen. Später wurden aus den Kolonien Gewürze auf den verschiedensten Wegen importiert. Stellt eine Sammlung von Gewürzen zusammen und erstellt eine Präsentation: Welche Gewürze wurden in Europa ab wann verwendet? Auf welchen Wegen kamen sie zu uns?

Ergänzt eure Präsentation durch Informationen über das Herkunftsland, den Verwendungszweck und die Wirkung.

4 Eine Auswahl an Gewürzen

TEAM 5

Gewinnung aus Naturstoffen

Bei allen Duft- und Aromastoffen wird zwischen künstlichen und natürlichen Stoffen unterschieden. Findet heraus, wie natürliche Duft- und Aromastoffe gewonnen werden.
Aus fast allen Pflanzenteilen – von der Wurzel bis zum Blütenblatt – werden mit unterschiedlichen Verfahren Duft- und Aromastoffe gewonnen. Recherchiert, aus welchen Pflanzen und Pflanzenteilen welche Duftstoffe gewonnen werden.
Die Extraktion ist zum Beispiel ein Verfahren zur Gewinnung von Duft- und Aromastoffen. Hierbei wird der Naturstoff in eine Flüssigkeit gelegt und gewartet bis die gewünschten Inhaltsstoffe extrahiert sind. Je nach Naturstoff werden verschiedene Flüssigkeiten und manchmal Wärme benötigt.
Ermittelt weitere Verfahren und stellt für verschiedene Naturstoffe ihr genutztes Verfahren dar.

6 Extraktion von Aromastoffen

5 Parfümeur bei der Arbeit

TEAM 6

Herstellung eines Parfüms

Das Komponieren eines Parfüms ist eine Kunst. Den Parfümeuren stehen dafür viele einzelne Duftstoffe zu Verfügung. Dabei werden einzelne Duftfamilien unterschieden. Findet heraus, wie ein Duft komponiert wird und welches die grundsätzlichen Bestandteile eines Parfüms sind. Parfümeure unterscheiden Duftfamilien. Stellt diese vor.
Das Ergebnis einer Duftkomposition muss nicht immer ein neues Parfüm sein. Es können zum Beispiel auch Duftzusätze zu Waschmitteln und Kosmetika sein.
Zur Ergänzung der Darstellung eurer Ergebnisse ist es sinnvoll, Rezepte anzugeben und auch eigene Parfüms herzustellen. Stellt euch einen kleinen Parfüm-Mixkoffer zusammen. Experimentiert und führt eure Ergebnisse vor.

Duft- und Aromastoffe im Hausgebrauch

Aromatherapie für zu Hause

Kräutersäckchen aus Baumwolle sind mit getrockneten und aromatisch duftenden Kräutern befüllt. Sie werden genutzt, um einen bestimmten Duft- oder Aromastoff über einen längeren Zeitraum abzugeben. Je nach erwünschter Wirkung werden die Baumwollsäckchen mit unterschiedlichen Kräutern gefüllt. So gilt Lavendel als stressmindernd und Salbei als entzündungshemmend. Ein gefülltes Säckchen wird neben das Kopfkissen gelegt. So atmet der Schlafende die Aromen die ganze Nacht ein. Spätestens nach einem Jahr sollten die Kräuterfüllungen ausgewechselt werden.

Aromen aus dem Kräutergarten

Ehe viele Gewürze aus fernen Ländern eingeführt wurden, waren neben Kochsalz einheimische Kräuter die einzige Möglichkeit, Gerichte schmackhafter zu machen. Zum Beispiel gaben die grünen Blätter des Schnittlauch den Gerichten Schärfe, Dill ein krautig- und kümmelartiges Aroma. Viele dieser Kräuter sind heute nicht mehr bekannt. So werden zum Beispiel Wermuth, Ypsod oder Blutampfer heute kaum noch genutzt.

Aromatisierte Getränke früher

Als die ersten exotischen Gewürze wie Pfeffer über die Handelsstraßen nach Europa kamen, wurden diese Gewürze zum Teil mit Gold aufgewogen. Nur sehr wohlhabende Leute konnten sich diese leisten. Um ihren Reichtum zu demonstrieren, mischten Fürsten und reiche Kaufleute exotische Gewürze wie zum Beispiel eine geriebene Muskatnuss in ihren Wein. Dies gab dem Getränk einen ganz besonderen Geschmack.

1. ≡ V
Stelle drei Becher mit heißem Kakao her. Würze je einen Kakao
- mit gemahlenem Zimt,
- mit gemahlenen Nelken,
- mit gemahlenem Pfeffer.

Beschreibe den Geschmack der drei Getränke. Könntest du dir vorstellen, so etwas öfters zu trinken?
Hinweis: Diesen Versuch musst du in der Schulküche durchführen.

2. ≡ V
Fülle ein kleines Baumwollsäckchen mit getrockneter Kamille, Melisse oder Salbei. Verschließe es gut und lege das Säckchen für eine Nacht neben dein Kopfkissen. Beschreibe dein Empfinden am nächsten Morgen. Vergleiche deine Eindrücke mit denen deiner Mitschülerinnen und Mitschüler in der Klasse.

3. ≡ V
a) Kaufe frischen Rosmarin, Salbei und frische Petersilie. Nimm jeweils ein Blatt von diesen Kräutern, reibe es zwischen den Fingern und rieche daran. Beschreibe den Geruch.
b) Gib Gerichte an, zu denen diese Kräuter als Gewürz dienen können. Begründe deine Entscheidung jeweils.

Alkohol, Essig, Ester

Alkoholische Gärung

Durch Gärung entstehen aus zuckerhaltigen Lösungen unter Mitwirkung von Hefepilzen **Alkohol** und Kohlenstoffdioxid. Dadurch kann eine alkoholische Lösung mit maximal 18 % Alkohol erreicht werden. Dieser trinkbare Alkohol heißt **Ethanol.**

Destillation

Alkoholische Lösungen mit einem Alkoholgehalt von mehr als 18 % werden durch **Destillation** gewonnen. Dabei wird ein Großteil des Wassers aus der alkoholischen Lösung entfernt und so ein Destillat mit höherem Alkoholgehalt gewonnen.

zuckerhaltige Lösung $\xrightarrow{\text{Hefe}}$ Alkohol + Kohlenstoffdioxid

$$C_6H_{12}O_6 \xrightarrow{\text{Hefe}} 2\ C_2H_5OH + 2\ CO_2$$

Alkoholische Getränke

Der Genuss von Alkohol ist in unserer Gesellschaft akzeptiert. Den kurzfristigen Wirkungen wie Heiterkeit oder Gelöstheit steht aber ein hohes Risiko für körperliche oder seelische Erkrankungen gegenüber. Das **Suchtpotenzial** von Alkohol, vor allem für Jugendliche wird oft unterschätzt.
Das Jugendschutzgesetz regelt unter anderem die Abgabe von Alkohol an Jugendliche.

Alkanole

Alkohole bilden die homologe Reihe der Alkanole. Diese sind durch eine OH-Gruppe, die **Hydroxy-Gruppe,** gekennzeichnet. Methanol (CH_3OH) ist das einfachste Alkanol.
Glycol und **Glycerin** sind Alkanole, die mehrere OH-Gruppen in ihrer Molekülstruktur haben. Sie heißen **mehrwertige Alkanole.** Fast alle Alkohole sind ungenießbar und giftig.

Alkanale (Aldehyde)

Alkanale sind dehydrierte Alkanole und kommen als Aromastoffe vor. Sie enthalten eine **Aldehydgruppe** im Molekül. Wichtigster Vertreter ist der giftige **Formaldehyd (Methanal).**

Alkansäuren

Durch Essigsäurebakterien entsteht aus Ethanol Essigsäure. Essigsäure (CH_3-COOH) ist eine organische Säure. Sie gehört zu den Carbon- oder Alkansäuren. Sie sind alle durch die COOH-Gruppe, die **Carboxy-Gruppe,** gekennzeichnet.
Langkettige Alkansäuren heißen **Fettsäuren.**

Ester

Bei der Reaktion einer Carbonsäure mit einem Alkohol entsteht ein Ester. Es gibt viele verschiedene Ester. Duft- und Aromastoffe, aber auch Wachse, Fette und Öle sind Ester.

Ethanol

Name: Ethanol
Aussehen: farblos
Aggregatzustand: flüssig
Geruch: aromatisch
Eigenschaften: löslich in Wasser und in Benzin, brennbar sind Lösungen ab 50 % Ethanolgehalt
Verwendung: in alkoholischen Getränken, als Lösungsmittel in Haushaltsreinigern, als Treibstoff und Treibstoffzusatz
Summenformel: C_2H_5OH
Strukturformel:

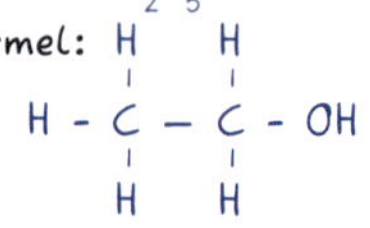

→ METHODE S. 12/13

Struktur-Eigenschafts-Beziehungen

Stoff-Teilchen-Beziehungen

Chemische Reatkion

Struktur-Eigenschafts-Beziehungen

1. ≡ Ⓐ
Ethan und Ethanol haben unterschiedliche Eigenschaften.
a) Zeichne die Strukturformel für beide Moleküle.
b) Benenne die funktionelle Gruppe im Alkohol.
c) Erkläre die unterschiedlichen Löslichkeiten von Ethan und Ethanol in Wasser und in Alkanen.
→ S. 357

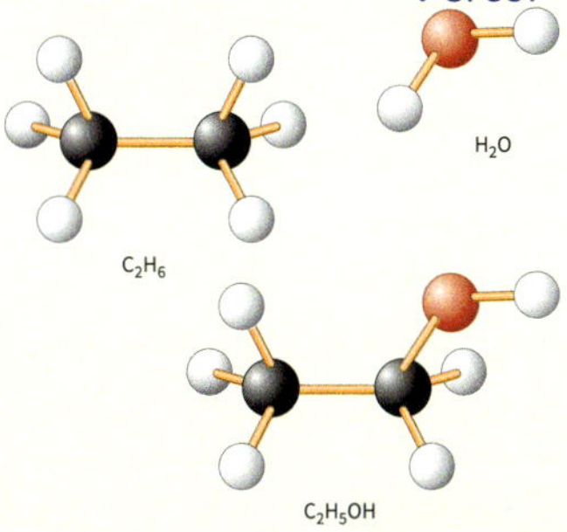

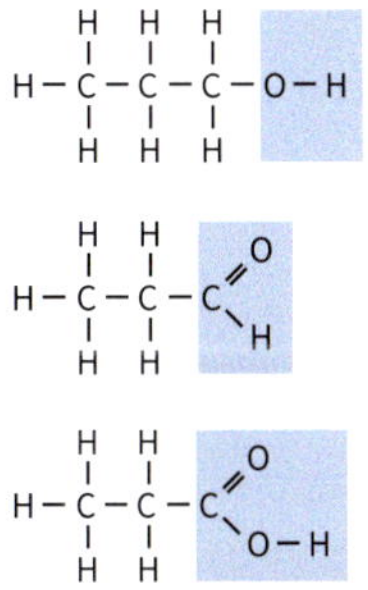

Struktur-Eigenschafts-Beziehungen

2. ≡ Ⓐ
Benenne alle im Bild dargestellten funktionellen Gruppen.

3. ≡ Ⓐ
Ordne den funktionellen Gruppen die jeweiligen Kohlenwasserstoffe zu.
→ S. 368/369

Chemische Reaktion

4. ≡ Ⓐ
Beschreibe die Esterbildung und die Esterspaltung als Wortgleichung.
→ S. 364

Chemische Reaktion

5. ≡ Ⓐ
a) Formuliere die Reaktionsgleichung zur alkoholischen Gärung in Symbolschreibweise.
b) Erkläre, warum es sich dabei um eine chemische Reaktion handelt.

→ S. 352

Alkohol, Essig, Ester

LERNCHECK

Alkohol in Getränken

Kannst du schon...

... die Entstehung von Alkohol durch Gärung schildern? (S. 352)
... Alkoholgehalte verschiedener Getränke aufzählen? (S. 353)
... erläutern, in welcher Art alkoholische Getränke die Gesundheit der Menschen negativ beeinflussen? (S. 353)
... begründen, warum der Aufenthalt in Gärkellern gefährlich sein kann? (S. 353)
... den Nachweis von Alkohol schildern? (S. 354)
... einen Versuch beschreiben, in dem ein alkoholisches Getränk destilliert wird? (S. 354)
... den Begriff Brennen bei alkoholischen Getränken erklären? (S. 354)

Zeig, was du kannst!

1. A
Schildere einige Beispiele zur Herstellung alkoholhaltiger Getränke aus verschiedenen Ausgangsstoffen.

2. A
Begründe, warum natürlicher Traubensaft auch ohne Zusatz von Hefe gärt.

3. A
Begründe den Namen Branntwein anstelle von Schnaps.

4. A
a) In welcher Form wird der Alkoholgehalt von Getränken angegeben?
b) Wie wird der Blutalkoholgehalt angegeben?

5. A
Begründe die besondere Gefahr für Jugendliche bei alkoholischen Mixgetränken.

Alkanole

Kannst du schon...

... die unterschiedlichen Verwendungsmöglichkeiten von Ethanol nennen? (S. 356 – 357)
... mindestens drei Eigenschaften von Ethanol aufzählen? (S. 357)
... beschreiben, wie ein Ethanolmolekül aufgebaut ist? (S. 357)
... den Namen der OH-Gruppe bei Alkanolen nennen? (S. 357)
... die Namen weiterer Alkanole nennen? (S. 358 – 359)
... den Unterschied zwischen einwertigen und mehrwertigen Alkoholen erklären? (S. 358 – 359)
... gemeinsame Eigenschaften der Alkanole aufzählen? (S. 359)

Zeig, was du kannst!

6. A
Begründe die Mischbarkeit von Ethanol sowohl mit Wasser als auch mit Alkanen.

7. A
Begründe die Bezeichnung dreiwertiger Alkohol für Glycerin.

8. A
a) Nenne den chemischen Namen von Glykol.
b) Wozu wird Glykol verwendet?

9. A
Das mehrwertige Alkanol Sorbit hat den chemischen Namen Hexanhexol.
a) Was beschreibt dieser Name?
b) Nenne Verwendungsmöglichkeiten von Sorbit.

Alkansäuren

Kannst du schon...

... erklären, unter welchen Bedingungen Wein zu Essig wird? (S. 360)
... mehrere Verwendungsmöglichkeiten von Essig aufzählen? (S. 360)
... den Begriff Acetate erläutern? (S. 360)
... darlegen, wodurch sich Alkansäuren auszeichnen? (S. 361)
... erklären, was Fettsäuren sind? (S. 361)
... weitere Beispiele von Alkansäuren nennen? (S. 362)

Zeig, was du kannst!

10. Ⓐ
Erläutere einen möglichen Herstellungsprozess für Essigsäure.

11. Ⓐ
Notiere drei Eigenschaften der Essigsäure.

12. Ⓐ
a) Nenne die Säuregruppe, zu der Essigsäure gehört.
b) Nenne das Kennzeichen dieser Gruppe.

13. Ⓐ
Erläutere den Begriff Fettsäuren und nenne den Unterschied zu Carbonsäuren.

14. Ⓐ
Erkläre die Wortherkunft und notiere Verwendungsbeispiele von Citronensäure.

Ester und Co.

Kannst du schon...

... die Wortgleichung zur Entstehung eines Esters notieren? (S. 364)
... den Vorgang der Hydrolyse beschreiben? (S. 364)
... Beispiele für Ester nennen? (S. 365)
... erklären, was eine polare OH-Gruppe ist? (S. 366)
... erklären, wovon die unterschiedlichen Schmelz- und Siedepunkte organischer Stoffe abhängen? (S. 366)
... die verschiedenen funktionellen Gruppen den entsprechenden Stoffgruppen zuordnen? (S. 368 – 369)

Zeig, was du kannst!

15. Ⓐ
Notiere die Stoffgruppe, die unter geeigneten Bedingungen aus Alkansäuren und Alkanolen entsteht.

16. Ⓐ
Gib Verwendungsmöglichkeiten für Ester an.

17. Ⓐ
Stelle eine Verbindung zwischen der Stoffgruppe der Ester und dem Sprengstoff Nitroglycerin her.

18. Ⓐ
Erläutere Bedingungen, unter denen sich ein Stoff in einem anderen löst.

19. Ⓐ
Zähle drei funktionelle Gruppen auf.

20. Ⓐ
Nenne ein Beispiel für Kräfte zwischen Molekülen.

Wichtige Begriffe

- Alkoholische Gärung
- Alkanol
- Alkansäure
- Ester
- polare Bindung
- funktionelle Gruppe

Lebensmittel und Nährstoffe

Lebensmittel enthalten viele Stoffe, die sich nach ihrer Bedeutung für die menschliche Ernährung in Gruppen zusammenfassen lassen. Zur Gruppe der **Nährstoffe** gehören die **Fette,** die **Kohlenhydrate** und die **Eiweiße.** Die Gruppe der **Wirkstoffe** umfasst die **Vitamine, Mineralstoffe** und **Spurenelemente.**

Auch die Bedeutung der Lebensmittel und ihrer Nährstoffe für unsere Ernährung ist zu klären, ebenso wie die Wirkungen der Vitamine, der Mineralstoffe und der Lebensmittelzusatzstoffe.

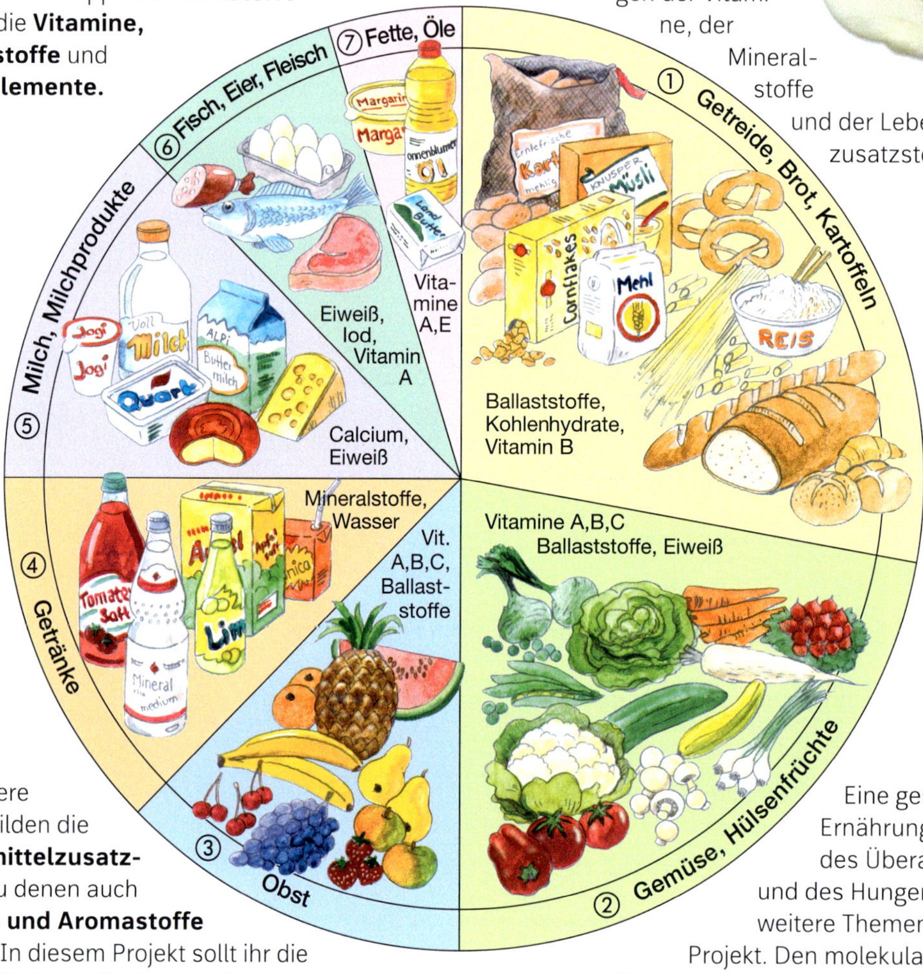

Eine weitere Gruppe bilden die **Lebensmittelzusatzstoffe,** zu denen auch die **Farb- und Aromastoffe** gehören. In diesem Projekt sollt ihr die Lebensmittel und die darin enthaltenen Nährstoffe erkunden. Die Gewinnung, Herstellung und Verarbeitung der Lebensmittel sowie die Nährstoff-Nachweise gehören ebenfalls dazu.

Eine gesunde Ernährung, Probleme des Überangebots und des Hungers sind weitere Themen in diesem Projekt. Den molekularen Aufbau der Nährstoffe und deren chemisches Verhalten untersuchen mehrere Gruppen dieses Projektes. In fast allen Projektgruppen sind Versuche beschrieben. So könnt ihr eigene Untersuchungen durchführen. Sie werden ergänzend zu den Aufträgen der jeweiligen Gruppe angeboten.

TEAM ①

Ernährung – vom Hunger bis zum Überfluss

Obst und Gemüse auf riesigen Müllhalden und Nahrungsmittel im Überfluss, aber hungernde Menschen in weiten Teilen der Welt – größer können die Gegensätze nicht sein.

Ihr sollt in dieser Gruppe die Probleme des Überflusses und die Probleme der Unterversorgung erforschen und darstellen.

Erstellt dazu auch eine Weltkarte zur Ernährungslage. Ergänzend soll eure Gruppe auch noch eine normale, gesunde Ernährung und Lebensweise darstellen. Die folgenden Fragestellungen und Aufgaben sollt ihr durch eigene ergänzen.

1 Ernährung im Überfluss

Zu viel

- Beschreibt, was zu Übergewicht führt.
- Schildert Lebensgewohnheiten die für die Entstehung von Übergewicht entscheidend sind.
- Stellt die Dauerfolgen von Übergewicht dar. Bedenkt nicht nur die persönlichen Folgen, sondern auch die gesellschaftlichen Folgen
- Zählt Möglichkeiten auf, die Übergewichtige haben, ihr Gewicht zu reduzieren.
- Erörtert Hilfen und dauerhafte Lösungen für Übergewichtige.

Normal

- Beschreibt eine gesunde Ernährung.
- Listet dazugehörige Nahrungsmittel auf.
- Stellt Ernährungspläne für Menschen mit unterschiedlichen körperlichen Belastungen auf.
- Stellt dar, was Menschen an einer gesunden Lebensweise hindert.
- Erstellt Tagespläne für verschiedene Berufsgruppen, die eine gesunde Ernährung beinhalten und eine gesunde Lebensweise beachten.

2 Ausgewogene Ernährung

Zu wenig

- Weltweit werden genug Nahrungsmittel produziert, um alle Menschen satt zu machen. Zählt Gründe auf, warum trotzdem so viele Menschen hungern müssen.
- Vergleicht die Nahrungsportionen eines Landes, in dem Überschuss herrscht, mit denen in einem Land, in dem es Mangel gibt.
- Stellt die Ursachen für Hunger und Unterernährung dar.
- Beschreibt Möglichkeiten der Betroffenen, sich selber zu helfen?
- Erörtert Möglichkeiten einer umweltverträglichen Steigerung der landwirtschaftlichen Erträge.
- Stellt Hilfen der reichen Länder dar und bewertet sie.

3 Mangelernährung

TEAM ❷
Kohlenhydrate

Diese Projektgruppe soll herausfinden, was Kohlenhydrate sind, welche Kohlenhydrate es gibt, wie sie eingeteilt werden und wozu sie in unserer Nahrung dienen. Außerdem ist es Aufgabe der Gruppe darzustellen, wo und wie die Kohlenhydrate entstehen, warum sie von den Pflanzen gebildet werden und wie wir daraus Nahrungsmittel gewinnen. Dazu gehört unter anderem die Beantwortung folgender Fragen, die ihr durch eigene Fragestellungen und Versuche ergänzen könnt.

- Stellt dar, was Kohlenhydrate sind.
- Beschreibt Kohlenhydrate, die zu unserer Nahrung gehören.
- Benennt verschiedene Kohlenhydrate in unterschiedlichen Nahrungsmitteln.
- Erklärt die Zuckergewinnung aus Zuckerrüben und Zuckerrohr.
- Ab wann und wo wurden die verschiedenen Zuckerarten gewonnen?
- Stellt Zuckerarten und -sorten in unseren Nahrungsmitteln zusammen.

4 Zucker- und stärkehaltige Lebensmittel

- Beschreibt die Bildung von Zucker und Stärke in Pflanzen.
- Beschreibt, wie und wozu Kohlenhydrate in unserem Körper verwendet werden.
- Stellt die Folgen eines zu hohen Zuckerkonsums dar.
- Erklärt die Krankheit Diabetes und zählt Ursachen, Folgen und Behandlungsmöglichkeiten auf.

Versuche zu den Eigenschaften und zum Nachweis von Kohlehydraten

1. Erhitzt unter dem Abzug jeweils eine erbsengroße Menge Weißbrot, Graubrot, Nudeln, Reis, Kartoffeln, Zucker und Traubenzucker in einem Reagenzglas. Was stellt ihr fest?

2. Betropft eine Kartoffelscheibe, Weißbrot, Mehl und gekochte Nudeln mit Iod-Kaliumiodid-Lösung. Beschreibt eure Untersuchungsergebnisse.

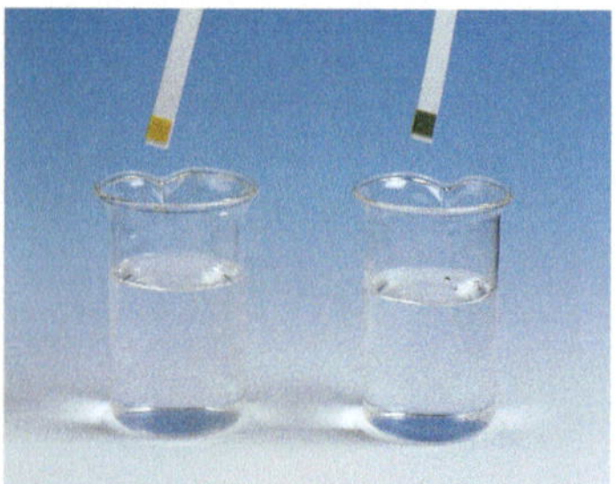
5 Glucose-Test

3. a) Erhitzt eine Spatelspitze Zucker in einem schräg eingespannten Reagenzglas. Untersucht die Flüssigkeitstropfen im oberen Teil mit weißem Kupfersulfat. Beschreibt das Ergebnis eurer Untersuchung.
b) Aus welchen chemischen Elementen setzen sich die Kohlenhydrate zusammen?

4. Untersucht Wasser, Traubenzuckerlösung, Rohrzuckerlösung und ein Wasser-Mehl-Gemisch mit Glucose-Teststreifen. Beschreibt eure Untersuchungsergebnisse.

5. Führt den Glucose-Test aus Versuch 4 zuhause mit eurem Urin durch.

6. Informiert euch über die Durchführung des Zuckernachweises nach Fehling. Führt den Nachweis durch. Beachtet dabei die Sicherheitshinweise!

7. a) Kaut ein kleines Weißbrotstück etwa 2 min ohne zu schlucken. Beschreibt eure Wahrnehmungen.
b) Erklärt den Satz: Die Verdauung beginnt im Mund.

6 Stärke-Nachweis

TEAM 3

Moleküle der Kohlenhydrate

Die Moleküle der Kohlenhydrate, ihr Aufbau, ihre Zusammensetzung und ihr chemisches Verhalten stehen im Mittelpunkt der Arbeit eures Teams. Ihr sollt herausfinden und darstellen, wie die Moleküle der Kohlenhydrate gebaut sind. Führt auch wichtige chemische Reaktionen durch. Ergänzt Aufgaben und Fragestellungen durch eigene, weiterführende Aufträge.

> **HINWEIS**
> Zur Durchführung und Lösung der Versuche ist die Recherche im Internet erforderlich.

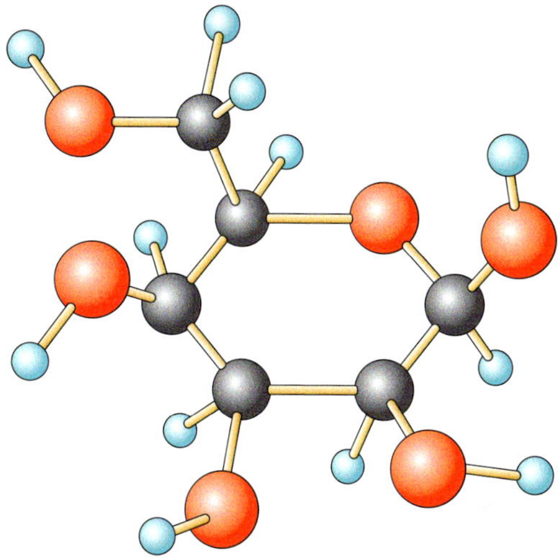

7 Molekülmodell: Glucose

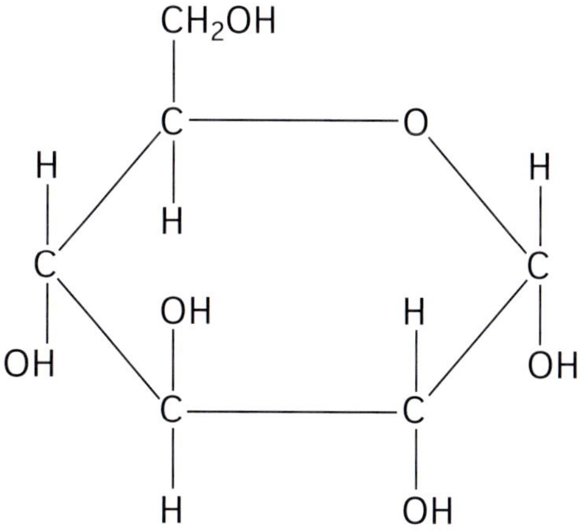

8 Strukturformel Glucose

Die Gruppen der Kohlenhydrate

Die Kohlenhydrate werden in drei Gruppen eingeteilt:
- die Monosaccharide (Einfachzucker)
- die Disaccharide (Zweifachzucker)
- die Polysaccharide (Vielfachzucker).

Die Monosaccharide Glucose und Fructose sind die einfachsten Zucker und stellen die Grundbausteine aller Zuckerarten dar.

Versuche und Aufgaben

1. Erstellt eine tabellarische Übersicht der Zuckerarten und benennt für jede Gruppe mindestens zwei Zucker.

2. Baut mit einem Molekülbaukasten ein Zuckermodell aus jeder Gruppe.

3. Zeichnet mindestens einen Zucker jeder Gruppe als Strukturformel und als Symbol.

4. Mit welchem Versuch kann der Name „Kohlenhydrate" begründet werden?

5. a) Beschreibe den Nachweis von Monosacchariden.
b) Führt den Nachweis durch. Beachtet die Sicherheitshinweise.
c) Führt den Versuch erneut mit Rohrzucker durch.
d) Kocht eine Rohrzuckerlösung ca. 3 min mit Salzsäure auf, neutralisiert und führt den Nachweis erneut durch.
e) Erklärt das Versuchsergebnis und vermutet, wie Rohrzucker aufgebaut sein könnte.

6. Beschreibe die Behandlung von Stärke oder Cellulose, damit auch hier der Nachweis von Monosacchariden gelingt.

7. Unterscheidet Stärke und Cellulose.

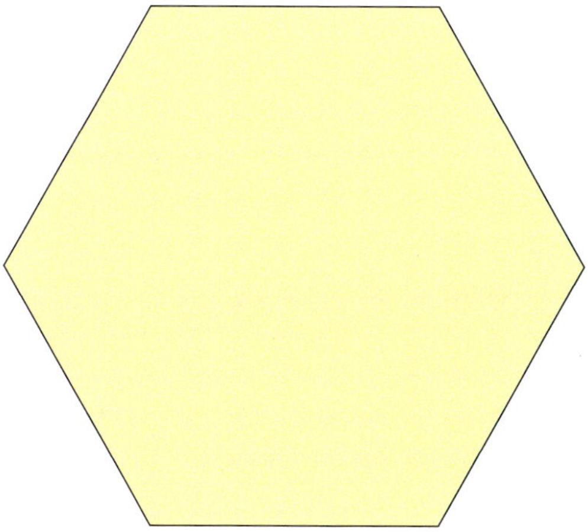

9 Symbol eines Glucose-Moleküls

LERNEN IM TEAM

Speiseöle und Speisefette werden immer aus Pflanzen oder Tieren gewonnen. Sie dürfen auf keinen Fall mit Ölen und Fetten aus Erdöl verwechselt werden. Diese Mineralöle und -fette sind für den menschlichen Verzehr ungeeignet. Viele sind sogar giftig.

TEAM 4

Fette und Öle

Fette sind wesentliche Nährstoffe in unseren Lebensmitteln. Wir nehmen sie mit Speiseöl und Butter auf, aber auch mit Wurst, Käse oder Nüssen. Ihr sollt untersuchen, welche Fette und Öle zu unserer Ernährung dienen, in welche Gruppen sie eingeteilt sind und wozu Fette und Öle im Körper gebraucht werden. Auch die Fragen nach der Herkunft, Gewinnung und Verarbeitung sollen für verschiedene Fette und Öle beantwortet werden. Aus diesen Fragen ergeben sich Arbeitsaufträge, die ihr durch eigene Fragestellungen und Versuche ergänzen sollt.

- Zählt Fette und Öle auf, die zur Ernährung verwendet werden. In welche Gruppen werden sie eingeteilt?
- Beschreibt die Herstellung unserer Nahrungsfette und -öle. Wie wird Butter hergestellt, wie Margarine?

10 Pflanzliche und tierische Fette und Öle

- Beschreibt die Gewinnung von Pflanzenölen. Was sind Ölpflanzen? Fertigt zum Thema Ölpflanzen eine Weltkarte mit Anbaugebieten an.
- Nennt Nahrungsmittel, die 40% Fett und mehr enthalten. Was sind versteckte Fette?
- Stellt die Bedeutung von Fetten und Ölen in der menschlichen Ernährung dar. Erläutert die Folgen eines zu hohen Fett- und Ölanteils in der Ernährung.
- Erklärt die Aussage: Fette und Öle sind Geschmacksträger und Wirkstoffträger.
- Benennt weitere Verwendungsmöglichkeiten von Fetten und Ölen.

Versuche zu Eigenschaften und zum Nachweis von Fetten und Ölen

1. Erhitzt unter dem Abzug mit nicht leuchtender Brennerflamme einen Tropfen Speiseöl in einem Reagenzglas. Welche Farbe hat der Rückstand? Welches chemische Element habt ihr damit nachgewiesen?

2. Wiederholt Versuch 1 mit kleinen Mengen weiterer Nahrungsfette. Verallgemeinert die Ergebnisse in einem Merksatz.

3. a) Gebt einen Tropfen Öl auf ein Blatt Papier und betrachtet es im Gegenlicht. Was stellt ihr fest?
b) Gebt weitere Proben von Nahrungsfetten auf Papier und vergleicht. Formuliert dazu einen allgemeingültigen Satz.

4. Gebt in je ein Reagenzglas eine Probe Butter, Frittierfett, Schmalz und Margarine. Bestimmt im Wasserbad die Schmelztemperatur dieser Fette. Stellt, falls möglich, eine Reihenfolge von der niedrigsten bis zur höchsten Schmelztemperatur auf.

5. Untersucht die Löslichkeit verschiedener Nahrungsfette in Wasser, Ethanol und Benzin. Stellt die Ergebnisse in einer Tabelle zusammen.

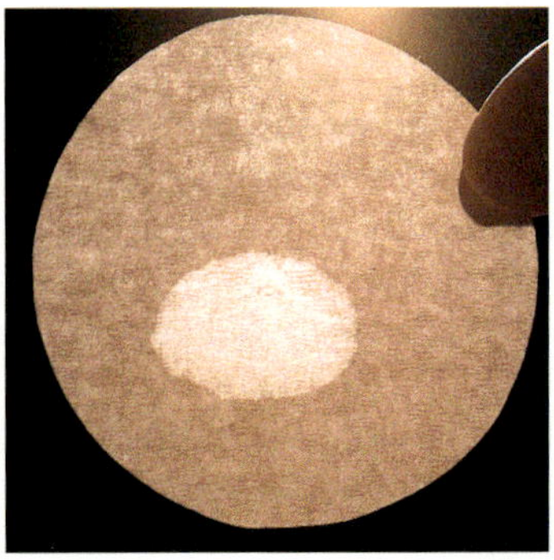

11 Fettfleck

TEAM 5

Moleküle der Fette

Die Moleküle der Fette, ihr Aufbau, ihre Zusammensetzung und ihr chemisches Verhalten stehen im Mittelpunkt der Arbeit eurer Gruppe. Findet heraus, wie Fettmoleküle gebaut sind, was Öle von Fetten unterscheidet. Lernt wichtige chemische Eigenschaften der Fette kennen. Die Aufgaben und Fragestellungen sollt ihr durch eigene Aufträge ergänzen.

HINWEIS
Zur Durchführung und Lösung der Versuche ist die Recherche im Internet erforderlich.

Mineralfette bestehen aus langkettigen Kohlenwasserstoffmolekülen. Im Unterschied dazu sind Speisefette und Speiseöle Ester des dreiwertigen Alkohols Glycerin und langkettigen Carbonsäuren, die hier Fettsäuren heißen. Enthalten Carbonsäuren Doppelbindungen, werden sie **ungesättigte Fettsäuren** genannt.

Versuche und Aufgaben

Hinweis: Beachtet die Sicherheitshinweise.

1. a) Beschreibt Verfahren zur Gewinnung von Fetten und Ölen für unsere Ernährung.
b) Gewinnt je ein pflanzliches Öl und ein tierisches Fett.
c) Unterscheidet Fette und Öle.

2.
Untersucht das Verhalten von Fetten und Ölen gegenüber Wasser, Alkohol und Benzin. Plant Versuche dazu und führt sie durch.

3. a) Erklärt den Unterschied zwischen gesättigten und ungesättigten Fettsäuren.
b) Informiert euch darüber, wie ungesättigte Fettsäuren nachgewiesen werden.
c) Führt diesen Nachweis mit zwei verschiedenen Ölen oder Fetten durch.
d) Nennt die Anzahl der ungesättigten Fettsäuren in Bild 13.
e) Erläutert Bedeutung ungesättigter Fettsäuren für unsere Ernährung.

4. Benennt die Summenformeln von Palmitinsäure, Stearinsäure, Ölsäure und Linolsäure.

5. a) Benennt die Fettsäuren in Bild 13.
b) Zeichnet in Symbolschreibweise ein Fettmolekül mit den drei Fettsäuren Palmitinsäure, Ölsäure und Linolsäure.
c) Stellt Möglichkeiten für diese Kombination dar.

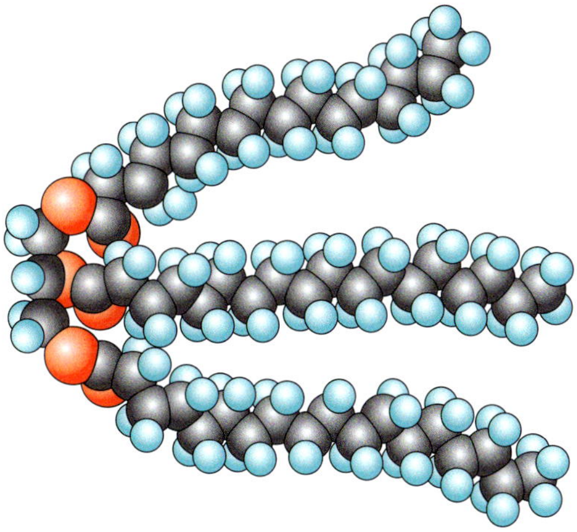

12 Molekülmodell: Fette

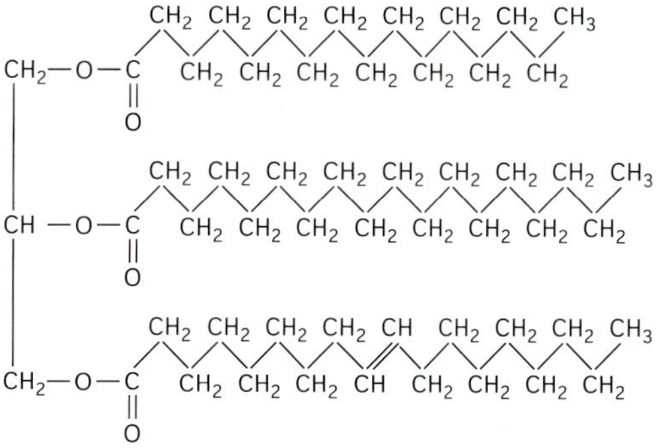

13 Strukturformel eines Fettes

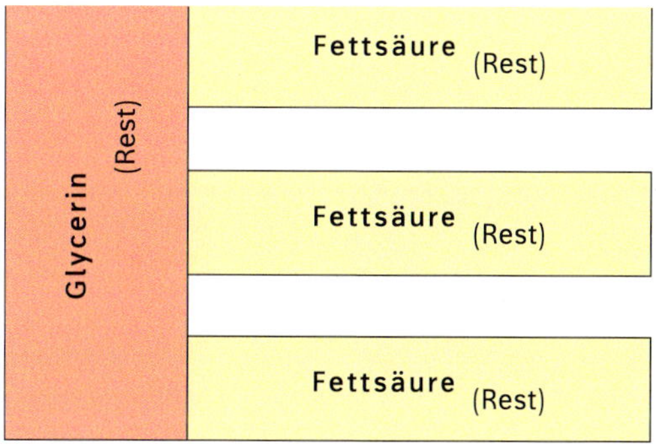

14 Symbol eines Fettes

LERNEN IM TEAM

TEAM 6
Eiweiße

Tierische und pflanzliche Eiweiße in Fleisch, Fisch, Käse und Eiern bilden einen wesentlichen Teil unserer Ernährung. Wir benötigen Eiweiße als Baustoffe für die Körperzellen, aber auch als Nährstoffe. Ihr sollt untersuchen, in welchen Nahrungsmitteln Eiweiße vorkommen, in welcher Form wir sie aufnehmen und wozu sie unserem Körper dienen. Herauszufinden, wie pflanzliche Eiweiße entstehen und wie tierische Eiweiße, zum Beispiel Fleisch, erzeugt werden, gehört ebenfalls zu den Aufgaben dieser Gruppe. Untersucht auch die mit der Fleischproduktion verbundenen Probleme und die Folgen für die Umwelt. Unter anderem sollt ihr folgende Fragen beantworten und sie durch eigene Fragestellungen und Versuche ergänzen.

- In welchen Nahrungsmitteln sind Eiweiße enthalten und in welchen Mengen?
- Beschreibt, wie tierisches Eiweiß für unsere Ernährung produziert wird. Bedenkt in diesem Zusammenhang auch Fragen der Tierhaltung, der Transporte, der Schlachtung und Verarbeitung.

15 Eiweißhaltige Nahrungsmittel

- Zählt die chemischen Namen der Eiweiße auf und beschreibt ihre Zusammensetzung.
- Beschreibt die Funktion der Eiweiße bei der menschlichen Ernährung und schildert Folgen von Über- oder Unterversorgung mit Eiweißen.
- Erläutert, warum es möglich ist, auf tierisches Eiweiß zu verzichten.

Versuche zu Eigenschaften und zum Nachweis von Eiweißen

1. Erhitzt unter dem Abzug jeweils kleine Proben von Fleisch, Fisch, Eiklar und Käse in einem Reagenzglas. Beschreibt eure Beobachtung.

2. Erhitzt eine Probe Eiklar in einem Reagenzglas in einem Wasserbad. Messt die Gerinnungstemperatur. Könnt ihr die Gerinnungsreaktion rückgängig machen? Begründet die Antwort.

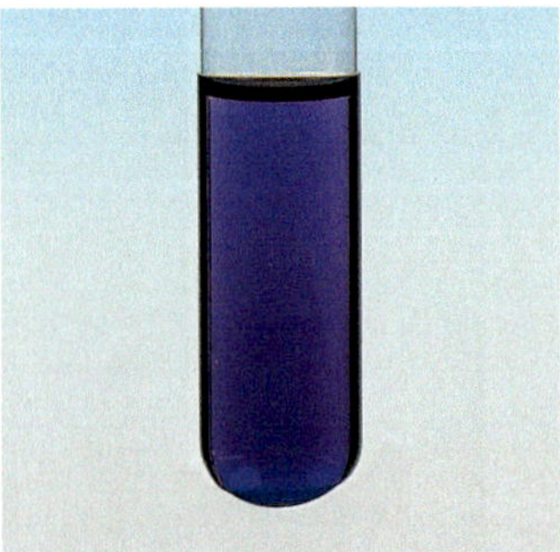

16 Nachweis von Eiweiß

3.
Gebt eine Probe Eiklar in ein schräg eingespanntes Reagenzglas. Erhitzt die Probe langsam und mit kleiner Flamme. Haltet feuchtes Bleiacetatpapier in die Dämpfe. Welchen Bestandteil des Eiklars habt ihr nachgewiesen?

4. Wiederholt Versuch 3, haltet feuchtes Indikatorpapier in die Dämpfe. Welcher Bestandteil wird so nachgewiesen?

5.
Wiederholt Versuch 3 mit getrocknetem Eiklar und gebt auf die Tropfen im oberen Bereich des Reagenzglases weißes Kupfersulfatpulver. Welche Elemente werden so als Bestandteile des Eiklars nachgewiesen?

6.
Gebt zu 2 ml einer verdünnten Eiweißlösung je 1 ml verdünnte Natronlauge und 1 ml verdünnte Kupfersulfatlösung. Vermischt die beiden Chemikalien ohne die Eiweißlösung und vergleicht.

7. Untersucht wie in Versuch 6
a) Milchspeiseeis und Wassereis,
b) italienische Nudeln und Eiernudeln.

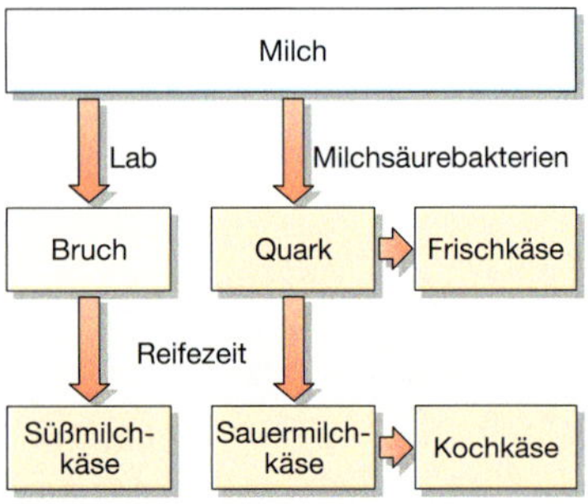

17 Von der Milch zum Käse

TEAM 7

Moleküle der Eiweiße

Die Bausteine der Eiweiße, ihre Zusammensetzung und Struktur, ihre Verbindungen und einige chemische Eigenschaften sind die Schwerpunkte der Arbeit eurer Gruppe. Die Aufgaben und Fragestellungen sollt ihr um eigene Aufträge ergänzen.

> **HINWEIS**
> Zur Durchführung und Lösung der Versuche ist die Recherche im Internet erforderlich.

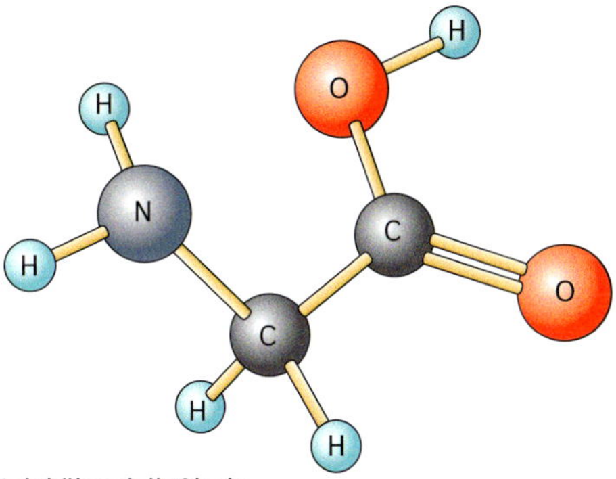

18 Molekülmodell: Glycin

Die Bausteine der Eiweiße sind Aminosäuren. Sie enthalten neben der Säure-Gruppe (COOH-Gruppe) auch immer noch eine Amino-Gruppe (NH_2- Gruppe). Im Molekülbild der Aminosäure Glycin (Bild 18) und auch in der Strukturformel (Bild 19) sind diese beiden Gruppen deutlich zu erkennen. Verbinden sich Aminosäuren zu sehr großen Molekülen, entstehen Eiweiße.

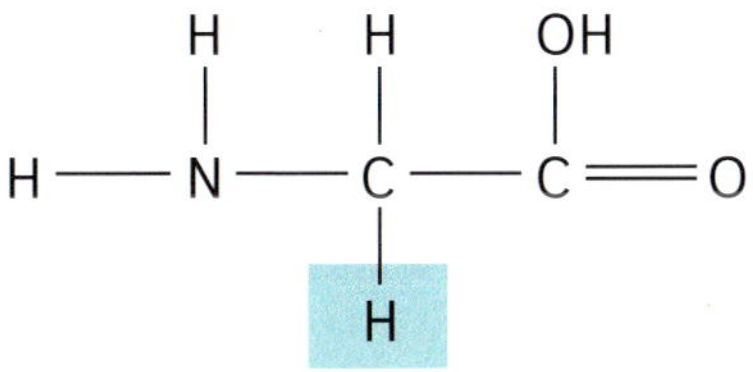

19 Strukturformel Glycin

Versuche und Aufgaben

Hinweis: Beachtet die Sicherheitshinweise.

1. a) Findet heraus, mit welchen Versuchen die Bestandteile von Eiweißen nachgewiesen werden können.
b) Führt diese Versuche durch.

2. a) Findet heraus, wie Eiweiße nachgewiesen werden.
b) Führt diese Versuche durch.

3. Benennt die funktionellen Gruppen der Aminosäuren.

4. a) Beschreibt mit Hilfe von Bild 22, wie sich zwei Aminosäuren verbinden können.
b) Übertragt Bild 22 in eure Hefter und markiert in der Verbindung die Stellen, wo sich weitere Aminosäuren anlagern könnten.

5. a) Benennt die Anzahl von Aminosäuren, die sich zu einem Eiweiß verbinden können.
b) Beschreibt eine Aminosäuresequenz.

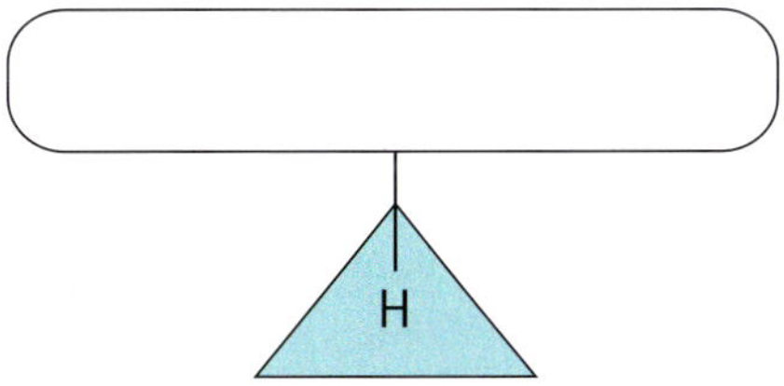

20 Symbol Glycin

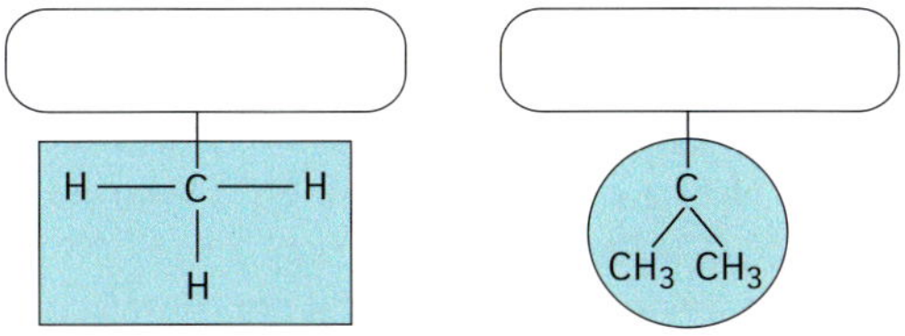

21 Symbole Alanin und Valin

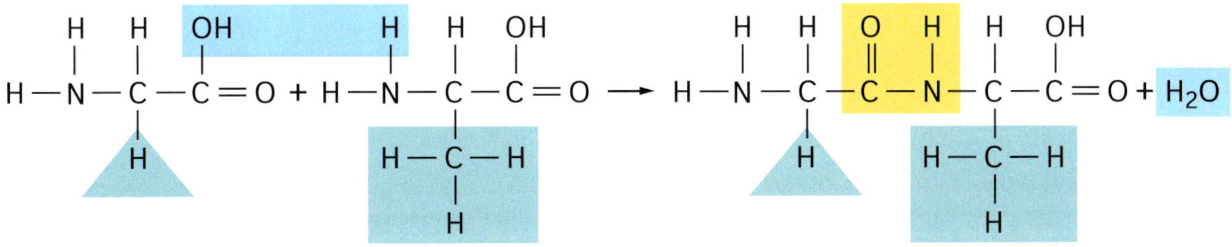

22 Peptid-Bindung

TEAM 8

Vitamine – Mineralstoffe – Spurenelemente

Vitamine, Mineralstoffe und Spurenelemente erfüllen im Körper sehr unterschiedliche Aufgaben. Sie wirken schon in kleinsten Mengen und sind im Unterschied zu den Nährstoffen keine Energielieferanten.
Findet heraus, welche Wirkstoffe es gibt, wie sie heißen, wo sie vorkommen, welche Funktionen sie haben, wie hoch der tägliche Bedarf ist und welche Folgen ein Mangel hat. Die folgenden Aufgaben müssen dazu bearbeitet werden. Ergänzt sie durch eigene Fragestellungen und Versuche.

- Benennt Vitamine, die für eine gesunde Ernährung unbedingt notwendig sind.
- Zählt Vitamine oder Bausteine für Vitamine auf, die mit der Nahrung aufgenommen werden müssen, weil der menschliche Körper sie nicht allein herstellen kann.
- Nennt Mineralstoffe, die für eine gesunde Ernährung unbedingt notwendig sind.
- Mit welchen Nahrungsmitteln und in welchen Mengen nehmen wir diese Vitamine und Mineralstoffe auf?
- Beschreibt Mangelerscheinungen oder Erkrankungen die bei einer Unter- oder Überversorgung mit Vitaminen und Mineralstoffen auftreten.
- Gibt es Zeiten oder Situationen, die einen erhöhten Bedarf an bestimmten Vitaminen und Mineralstoffen erfordern? Begründet eure Antworten.
- Beschreibt die Bedingungen, unter denen der Körper Wirkstoffe optimal aufnehmen kann.

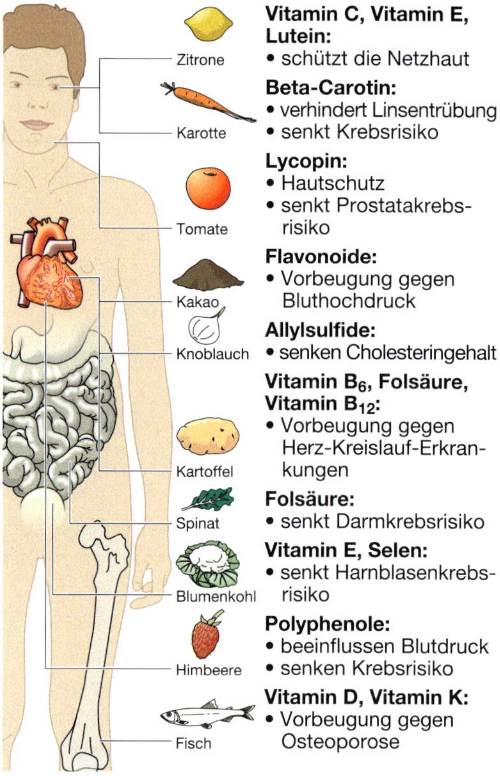

23 Funktionen von Wirkstoffen im menschlichen Körper

- Begründet, ob der Mangel in einem Bereich durch erhöhte Gaben in einem anderen Bereich ausgeglichen werden kann.

Versuche zu den Eigenschaften von Vitamin C und zum Nachweis von Mineralstoffen

1. a) Untersucht mehrere Obst- und Gemüsesorten mit einem Teststreifen auf ihren Vitamin C-Gehalt an ihren frischen Schnittflächen.
b) Testet zum Vergleich die entsprechenden Tiefkühlprodukte.
c) Kocht jeweils zwei Obst- und Gemüsestücke etwa 5 min in Wasser. Nehmt sie heraus, lasst sie abkühlen und testet erneut auf den Vitamin C-Gehalt. Vergleicht mit den Ergebnissen aus den Versuchen a) und b).

2. Befeuchtet ausgeglühte Magnesiastäbchen mit unterschiedlichen Obst- und Gemüsesäften. Haltet sie dann in den Rand der nicht leuchtenden Flamme und beschreibt die Flammenfärbung. Betrachtet die Flamme auch durch ein Kobaltglas. Nenne die Elemente, die ihr durch die Färbungen nachweisen könnt.

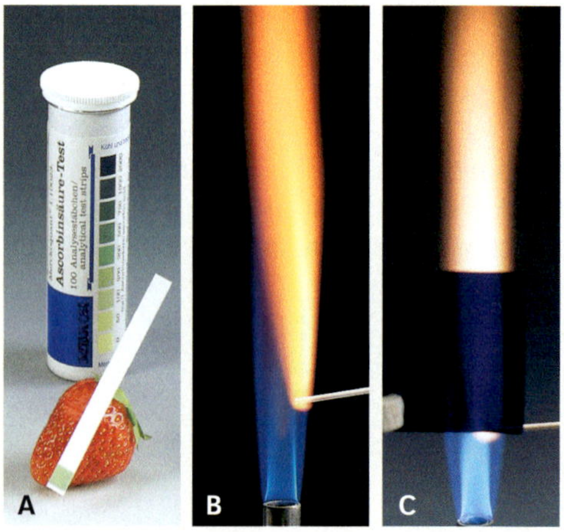

24 Nachweise von Wirkstoffen: **A** Vitamin C, **B** Natrium, **C** Kalium

TEAM 9

Lebensmittel-Zusatzstoffe

Über 5000 Lebensmittel-Zusatzstoffe sind weltweit zugelassen. Die im Raum der Europäischen Union zugelassenen Zusatzstoffe haben eine E-Nummer. Lebensmittel-Zusatzstoffe sind häufig sehr nützliche Stoffe, wie manche Konservierungsmittel. Es können aber auch Stoffe sein, die nur dem besseren Aussehen dienen.
Einige Lebensmittel-Zusatzstoffe haben trotz ihrer Zulassung bedenkliche Nebenwirkungen. Ihr sollt in dieser Gruppe die Lebensmittel- Zusatzstoffe darstellen.
Bearbeitet folgende Aufträge, die ihr durch eigene Fragen und Versuche ergänzen könnt.

- Benennt Lebensmittel-Zusatzstoffe und stellt dar, in welche Gruppen sie eingeteilt sind. Beschreibt an Beispielen jeder Gruppe den Einsatz dieser Zusatzstoffe, ihre Wirkungen und Nebenwirkungen.
- Stellt Nahrungsmittel vor, die besonders viele Zusatzstoffe enthalten.
- Erklärt die Begriffe Functional Food und Food Design.
- Neben der Forderung, möglichst ohne Zusatzstoffe auszukommen, gibt es auch die Forderung: Zurück zu den E-Nummern. Erklärt diesen Widerspruch.
- Listet Zusatzstoffe auf, die in Bio-Produkten enthalten sein dürfen.
- Erklärt verschiedene Bio-Siegel auf unterschiedlichen Produkten.

E-Nummer	Farbe	Substanz
100	gelb	Kurkumin
101	gelb	Lactoflavin
101a	gelb	Phosphatester
140	gelb	Chlorophyll
160	gelb-orange	Carotinoide
160a	orange	Norbixin
160b	orange-purpur	Annato, Orlean
160c	kaminrot	Capsanthin
160d	violettrot	Capsorubin
160e	dunkelrot	Lucobin
160f	orange	Carotinal
161	orange	Yanthophylle
161a	goldgelb	Flavoxanthin
161b	orange	Lutein
161d	orange	Rubixanthin
161e	rot	Violaxanthin
161f	blau-schwarz	Rhodoxanthin
161g	violett	Canthaxanthin
162	violett	Beetenrot, Betanoin
163	dunkel-violett	Anthocyane

25 Ausschnitt aus der E-Nummern-Liste der Farbstoffe

Versuche zu Eigenschaften und Wirkungen einiger Lebensmittel-Zusatzstoffe

1. Stellt jeweils einen Teig mit Backpulver, Hefe, Hirschhornsalz und einen Teig ohne Backtriebmittel her. Lasst sie eine Stunde lange an einem warmen Ort abgedeckt stehe und vergleicht.

2. Extrahiert aus stark farbigen Nahrungs- und Genussmitteln die Farbstoffe und untersucht sie mithilfe der Chromatografie.

3. Stellt einige Gewürzproben bereit. Eure Mitschülerinnen und Mitschüler sollen die Proben am Geruch erkennen.

4. Färbt Eier mit natürlichen und künstlichen Farbstoffen und vergleicht die Ergebnisse. Begründet eure Entscheidung, mit welchen Farbstoffen ihr Ostereier färben würdet.

5. Stellt eine Mahlzeit mit stark färbenden Lebensmitteln zusammen und lasst eure Mitschülerinnen und Mitschüler diese beurteilen.

- Stellt die Richtlinien und Vorschriften dar, die in der ökologischen Landwirtschaft bei der Herstellung möglichst unbedenklicher Lebensmittel gelten.

26 Fleischsalat

Wahlpflicht: Seife und Waschmittel

Welches Waschmittel ist das richtige?

Warum werden deine Hände mithilfe von Seife sauber?

Warum solltest du dagegen beim Einsatz eines Geschirrspülmittels deine Hände mit Gummihandschuhen schützen?

Seife und ihre Herstellung

1.
Miss den pH-Wert von Seifen- und anderen Wasch- und Reinigungslösungen. Stelle die Ergebnisse in einer Tabelle zusammen.

2.
a) Fülle je ein Reagenzglas zur Hälfte mit destilliertem und kalkhaltigem Wasser. Gib in jedes Glas 5 Tropfen Seifenlösung. Schüttle kräftig und vergleiche.
b) Gib zum kalkhaltigen Wasser weiter Seifenlösung, bis so viel Schaum entsteht wie im anderen Glas. Mit welchem Wasser lässt es sich besser waschen?

3.
a) Erwärme in einem hohen 400 ml-Becherglas ein Gemisch aus 10 g Fett und 5 ml destilliertem Wasser, bis das Fett geschmolzen ist. Gieße unter ständigem Rühren vorsichtig 20 ml 20 %iger Natronlauge hinzu. Koche dieses Gemisch etwa 20 min lang (Bild 1 A).
b) Ersetze das verdampfte Wasser nach und nach durch destilliertes Wasser.
Vorsicht: Spritzgefahr!
c) Gieße die zähflüssige Masse in ein Becherglas, das zur Hälfte mit gesättigter Kochsalzlösung gefüllt ist (Bild 1 B). Schöpfe die oben schwimmende Masse nach einiger Zeit ab und lass sie trocknen. Prüfe den Erfolg des Versuchs durch Aufschäumen mit destilliertem Wasser in einem Reagenzglas (Bild 1 C).
d) Beschreibe, was du hergestellt hast.

4.
Erkläre, wozu Kochsalzlösung bei Seifenherstellungen benötigt wird.

Ausgangsstoffe für Seife

Seife wird aus tierischen und pflanzlichen Fetten und Ölen hergestellt. Außerdem werden Natronlauge (NaOH) oder Kalilauge (KOH), Wasser und Kochsalz benötigt.

Für die Herstellung hochwertiger Seifen werden vor allem Kokosfett und Palmöl verwendet. Die daraus hergestellten Feinseifen schäumen besonders gut.
Eine Seifenlösung ist alkalisch. Zusammen mit hartem, also kalkhaltigem Wasser bildet sich unlösliche **Kalkseife.**

1 Seifenherstellung im Labor

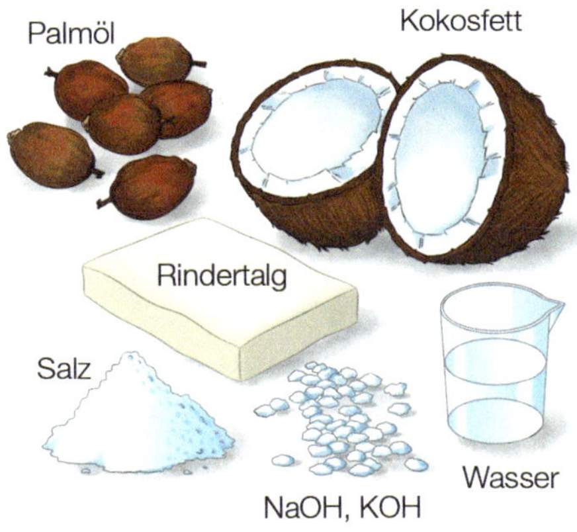

2 Rohstoffe zur Seifenherstellung

Seifenherstellung

Zur Seifenherstellung wird Fett oder Öl mit Natronlauge längere Zeit gekocht, bis sich eine Seifenlösung bildet. Dann wird Kochsalzlösung hinzugegeben, in der sich die Seife nicht auflösen kann. Es entsteht feste **Kernseife.**

Wird Kalilauge anstelle der Natronlauge für die Verseifung verwendet, entsteht **Schmierseife.**

Fett ist aus Fettsäuren und Glycerin aufgebaut. Bei der **Verseifungsreaktion** wird das Fett in seine Bestandteile zerlegt. Seifen sind Natrium- oder Kaliumsalze der Fettsäuren. Als Nebenprodukt fällt Glycerin an.

Verseifung
Fett + Lauge → Seife + Glycerin

Du kannst die Herstellung von Seife beschreiben und angeben, wie die verwendete Laugenart das Endprodukt beeinflusst.

Wie reinigt Seife?

Die Hand ist mit Öl verschmutzt. Wasser allein kann den Schmutz nicht lösen, weil sich das Fett nicht in Wasser löst.

Das **Seifenanion** besteht aus einer langen Kohlenwasserstoffkette und einer negativ geladenen Gruppe am Ende. Die Kohlenwasserstoffkette ist wasserabstoßend, aber fettfreundlich. Das negativ geladene Ende ist wasserfreundlich.

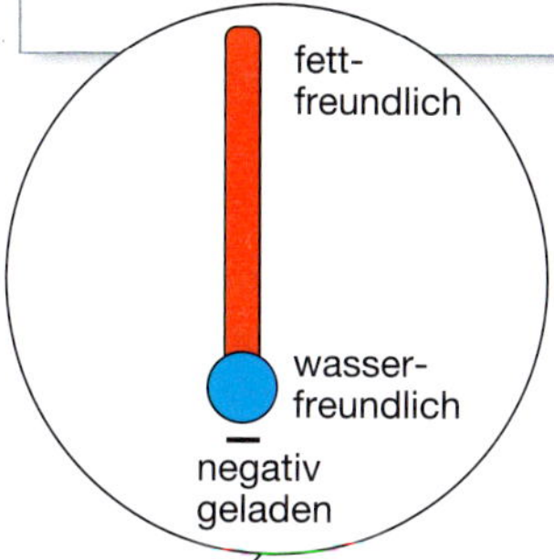

1. Ⓐ
a) Beschreibe, woraus ein Seifenanion besteht.
b) Gib jeweils eine Eigenschaft seiner Bestandteile an.

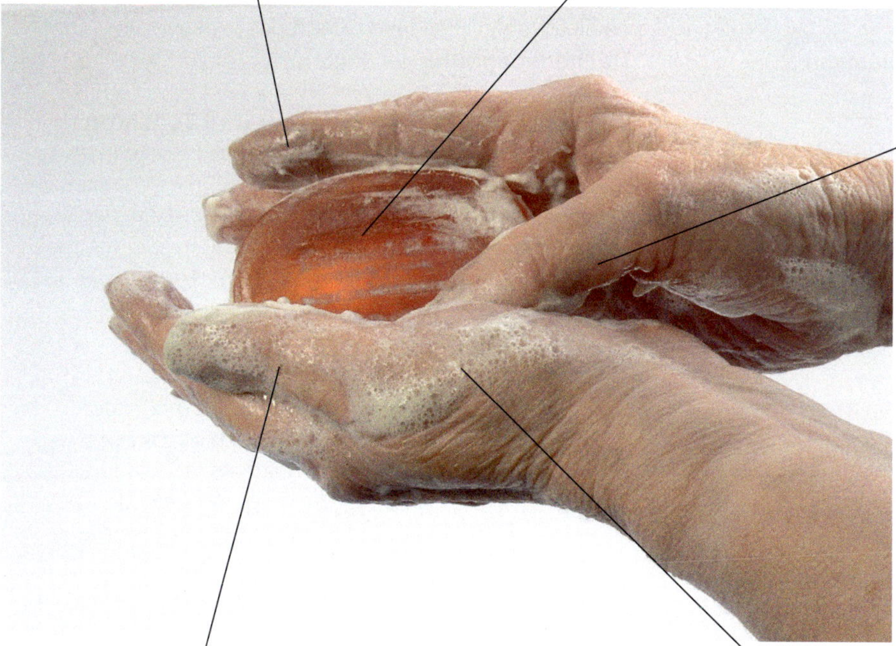

Die Seifenanionen dringen mit ihrem fettfreundlichen Teil in den Ölfilm ein. Die wasserfreundlichen Enden richten sich zum Wasser aus.

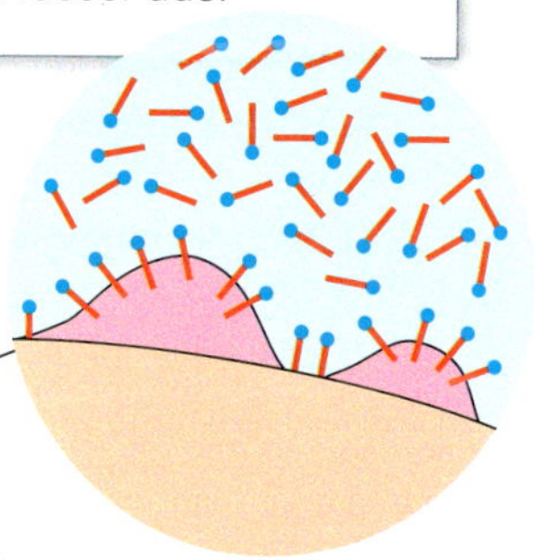

Der Ölfilm wird dadurch zusammengeschoben. Es bilden sich Öltröpfchen. Die Seifenanionen befinden sich jetzt nicht nur im Wasser und im Öl, sondern auch auf der Haut.

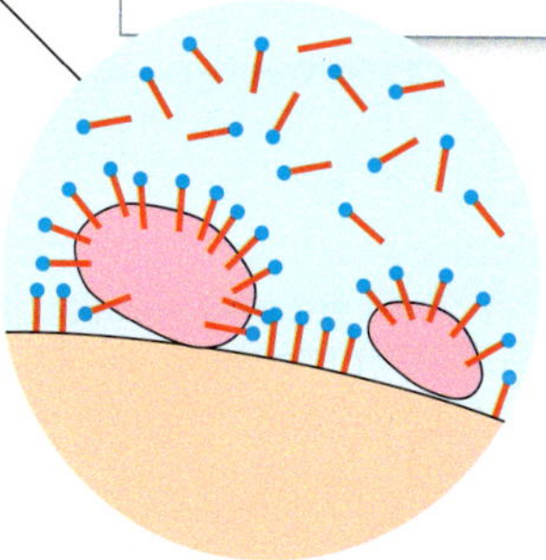

Da die Hautoberfläche und die Öltröpfchen jetzt negativ geladen sind, stoßen sie sich voneinander ab. Deshalb lösen sich die Öltröpfchen von der Haut. Es bildet sich eine Emulsion aus Öl und Wasser. Die Öltröpfchen werden vom Wasser weggeschwemmt. Die Haut ist jetzt sauber.

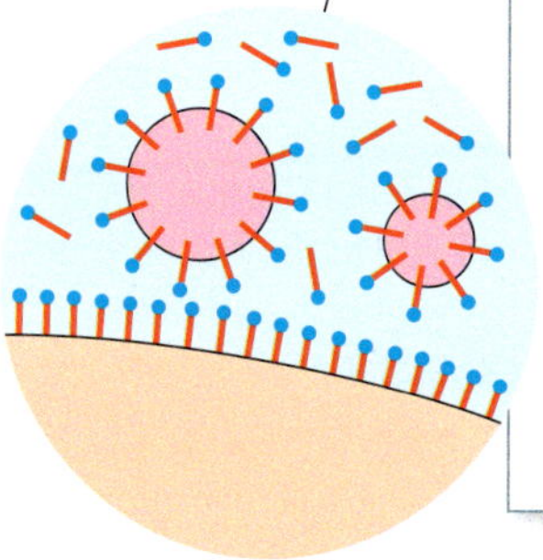

Wie reinigen Tenside?

1.
a) Lege eine Büroklammer auf ein Stück Löschpapier und lege dann das Papier mit der Klammer vorsichtig auf die Wasseroberfläche. Warte, bis das nasse Papier nach unten sinkt.
b) Gib vier Tropfen Seifenlösung hinzu.
c) Wiederhole den Versuch mit einer Nähnadel.
d) Erkläre die Versuchsergebnisse.

2.
a) Gib so lange tropfenweise Wasser auf eine Münze, bis ein möglichst hoher Wasserberg entsteht.
b) Wiederhole Versuch a), nimm aber statt Wasser eine stark verdünnte Spülmittellösung.
c) Erkläre deine Beobachtungen.

3.
Fülle zwei Reagenzgläser zur Hälfte mit Wasser und gib jeweils 1 ml Speiseöl hinzu. Gib in eines der Gläser 15 Tropfen Seifenlösung. Verschließe die Gläser und schüttle sie. Stelle sie dann ab und beobachte eine Zeit lang. Erkläre die Unterschiede.

4.
a) Erkläre, warum sich in einer Tensidlösung die von einer Faser abgelösten Öltröpfchen nicht wieder auf der Faser ablagern.
b) Begründe, warum sich die abgelösten Schmutzteilchen nicht wieder zu größeren Schmutzteilchen zusammenlagern.

5.
Nenne die Eigenschaften des Wassers, die ein Wasserläufer ausnutzt, der sich auf der Wasseroberfläche bewegt (Bild 4).

6.
Nenne Arten von Verschmutzung, die sich mit Seife gut und weniger gut entfernen lassen.

lipophil: fettfreundlich
lipophob: fettabstoßend
hydrophil: wasserfreundlich
hydrophob: wasserabstoßend

1 "Wasserberg" auf einer Münze

2 Seifenlösung emulgiert Öl.

Wasser hat eine Haut

Du kannst eine Nadel auf einer Wasseroberfläche zum Schwimmen bringen, obwohl Stahl schwerer ist als Wasser.
Auf einer Münze kannst du einen „Wasserberg" erzeugen (Bild 1). Wasser verhält sich in solchen Fällen so, als hätte es eine Haut. Diese Eigenschaft des Wassers wird **Oberflächenspannung** genannt.

Zusammenwirken von Wasser und Tensiden

Wasser alleine ist zum Waschen schlecht geeignet. Es kann fettigen Schmutz nicht benetzen und perlt wirkungslos ab. Die Zugabe von Seife ändert das. Die Oberflächenspannung des Wassers wird stark verringert. Deshalb geht die Nadel sofort unter und der Wasserberg auf der Münze läuft auseinander. Das Wasser eignet sich jetzt aber besser zum Waschen.

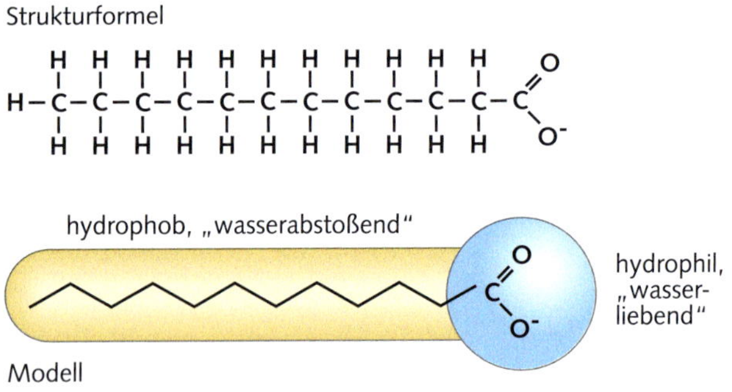

3 Bau eines Seifenanions

Der Grund für die Veränderung liegt im Bau der Seifenanionen. Sie bestehen aus einer langen Kohlenwasserstoffkette mit einer meist elektrisch negativ geladenen Gruppe am Ende (Bild 3). Die Kohlenwasserstoffkette stößt Wassermoleküle ab, sie ist **wasserfeindlich** (hydrophob), dafür aber **fettfreundlich** (lipophil). Das negativ geladene Ende zieht Wassermoleküle an, es ist wasserfreundlich (hydrophil). Ein Seifenmolekül vereinigt also zwei gegensätzliche Eigenschaften.

Tenside

Allgemein werden alle Stoffe, die wie die Seife die Wasseroberfläche entspannen, **Tenside** genannt.
Die Verringerung der Oberflächenspannung und die Waschwirkung lassen sich mit den besonderen Eigenschaften der Tensidmoleküle erklären.

4 Ein Wasserläufer

Wirkung der Tenside

In einer Tensidlösung ragen die wasserfeindlichen Enden der Tensidlösung aus der Oberfläche der Lösung (Bild 5).
Die Anziehungskräfte zwischen den Molekülen in dieser Lösung sind aber viel geringer als die Anziehungskräfte zwischen den Wassermolekülen. Deshalb hat die Tensidlösung eine geringere Oberflächenspannung als Wasser. Die Waschwirkung beruht außerdem darauf, dass die wasserfeindlichen Enden der Tensidmoleküle in die meist fettigen Schmutzteilchen eindringen und sie von den Fasern ablösen. Öliger Schmutz wird dann fein verteilt in der Schwebe gehalten, er wird **emulgiert** (Bild 6). Fester Schmutz wird in kleinere Schmutzteilchen zerteilt, er wird **dispergiert.**

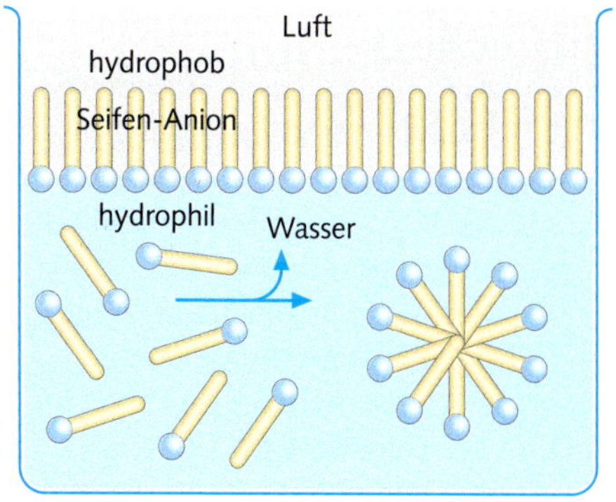

5 Tensidmoleküle ordnen sich im Wasser an.

Du kannst Eigenschaften und Wirkungen der Tenside beschreiben.

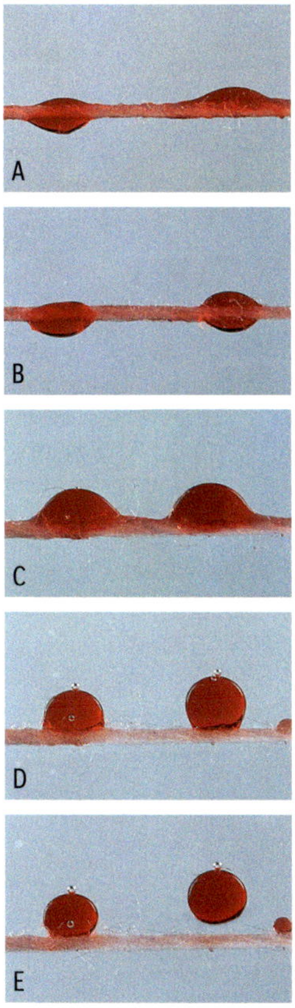

Anlagern: In einer ölverschmutzten Faser dringen die Tensidmolelüle mit den wasserfeindlichen Enden in das Öl ein (A).

Zusammenschieben: Die wasserfreundlichen Enden der Tensidmoleküle ragen in das Wasser. Das Öl wird benetzt und zusammengeschoben (B).

Tropfenbildung: Es bilden sich Öltröpfchen. Auch die Faser ist mit Tensidmolelülen bedeckt (C).

Ablösen: Öltröpfchen und Faser sind jetzt negativ geladen und stoßen sich voneinander ab. Die Öltröpfchen beginnen sich abzulösen (D).

Emulgieren: Die Faser ist sauber. Das Öl ist in kleine Tröpfchen zerteilt, die sich gegenseitig abstoßen (E).

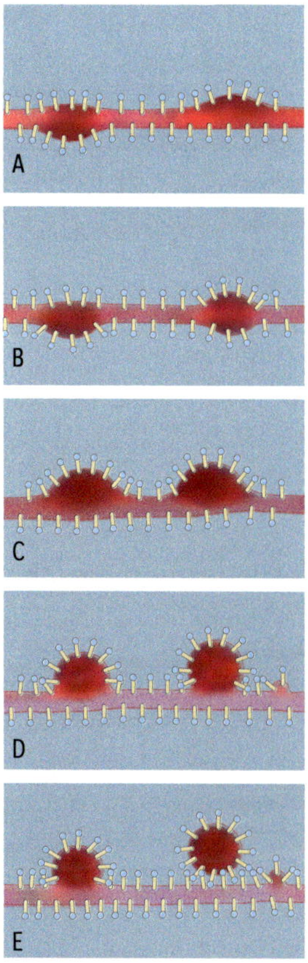

6 Waschvorgang bei einer ölverschmutzen Faser

Duschgel, Seife und Wasser

1. V
a) Befeuchte deine Hände mit destilliertem Wasser und miss den pH-Wert auf der Haut.
b) Wasche deine Hände mit der Duschgel-Lösung. Tupfe die Hände vorsichtig ab und miss den pH-Wert auf der Haut.
c) Wiederhole den Versuch mit der Seifenlösung.
d) Erkläre deine Beobachtungen.

Stelle eine Versuchslösung aus Duschgel und destilliertem Wasser und eine zweite aus Seife und destilliertem Wasser her. Miss die pH-Werte der Lösungen.

2. V
a) Gib auf je eine saubere Glasplatte einige Tropfen Leitungswasser und destilliertes Wasser. Lege die Glasplatten auf einen Heizkörper.
b) Nenne die Unterschiede. Erkläre deine Beobachtung.

3. V
a) Fülle zwei Reagenzgläser zu einem Drittel mit verdünntem Kalkwasser. Gib jeweils 2 ml der Versuchslösungen dazu. Schüttle kräftig.
b) Wiederhole den Versuch a) mit Leitungswasser und mit destilliertem Wasser.
c) Beschreibe und vergleiche deine Beobachtungen.

4. A
Stelle die gemeinsamen Eigenschaften und die Unterschiede von Seife und Duschgel zusammen.

5. Q
Ermittle die Wasserhärte des Trinkwassers an deinem Ort.

Unterschiedliche pH-Werte
In ihrer Reinigungswirkung unterscheidet sich Seife kaum von Duschgel. Aber die Lösungen von Seife und Duschgel haben unterschiedliche **pH-Werte.** Je näher der pH-Wert der Lösung am pH-Wert der Haut ist, umso schonender ist die Reinigung für die Haut.

Weiches und hartes Wasser
Neben Seife oder Duschgel brauchst du vor allem Wasser, um die Haut zu reinigen. Die Wirkung der Seife oder des Duschgels wird durch die Qualität des Wassers beeinflusst. Das Wasser ist je nach Ort unterschiedlich zusammengesetzt. Es ist ja kein destilliertes Wasser, sondern enthält als Grund- oder Oberflächenwasser gelöste Stoffe wie Calcium- und Magnesium-Salze. Ein Wasser mit geringem Gehalt an Calcium- und Magnesium-Ionen wird als **weiches Wasser** bezeichnet. Wasser mit hohem Anteil dieser gelösten Stoffe, wie Kalkwasser, heißt **hartes Wasser.**

Bildung von Kalkseife
Nach dem Härtegrad des Wassers richtet sich der Verbrauch an Seife. Beim Waschen mit Seife in hartem Wasser verbinden sich die Calcium-Ionen mit der Seife zu wasserunlöslicher **Kalkseife,** die sich ablagert. Erst nach Bindung des Kalkanteils im Wasser kann weitere Seife die Reinigung übernehmen. Seifen-Anionen sind anders gebaut als die **synthetischen Tenside** in Duschgels und Waschmitteln. Diese Tenside bilden im Wasser keine Kalkseife. Deshalb ist auch beim Waschen mit synthetischen Tensiden weniger Waschmittel nötig.

Du kannst Unterschiede von Seife und Duschgel angeben.

Tenside aus nachwachsenden Rohstoffen

Tensidherstellung früher
Ursprünglich wurden Tenside aus Erdöl hergestellt. Da die Erdölvorräte begrenzt sind, wurden Techniken entwickelt, Tenside aus nachwachsenden Rohstoffen herzustellen. Das hydrophile Ende der Tenside kann bei der Herstellung aus nachwachsenden Rohstoffen wie Zucker, das hydrophobe Ende aus Palmkernöl oder Kokosfett hergestellt werden. Allerdings müssen zur Herstellung dieser Tenside zusätzlich giftige Stoffe wie Phenole und Benzole eingesetzt werden.

1 Tensidforschung

Tensidherstellung heute
Umweltfreundlicher ist die Produktion von Tensiden mithilfe spezieller Hefepilze.
Diese Hefepilze werden in einer Nährlösung aus Wasser, Pflanzenöl, Zucker und Salzen gehalten.
Den größten Teil des Öls spalten die Hefepilze in Fettsäuren und Glycerin auf. Die Fettsäuren nehmen die Hefepilze während ihres Wachstums auf und wandeln sie später in Tenside um. Sie werden dann in einem jetzt noch sehr aufwändigen Verfahren von den Beimischungen getrennt.

STREIFZUG

Herstellung von Seifenblasen

2 Riesenseifenblasen

Seifenblasen sind Micellen
Wird Luft in eine Seifenlösung gepustet, bildet sich ein stabiler Schaum. Ursache hierfür ist der besondere Aufbau der Tensidmoleküle. Wenn ein Tensid in Wasser gelöst wird, umgibt sich das Wasser liebende Ende mit vielen Wassermolekülen. Das lange, hydrophobe Ende stößt die Wassermoleküle ab. Es kann sich nur mit gleichen Molekülen zusammenlagern. Die Tensidmoleküle ordnen sich daher kugelförmig an. Dieses Gebilde heißt **Micelle.** Füllt sich die Micelle mit Luft und lagert sich eine weitere Schicht Seifenanionen an, kann sich eine Seifenblase bilden.

Material
- Löffel, kleiner Eimer, Draht (1 mm bis 3 mm dick), Mullbinde, Trinkhalm
- flüssige Schmierseife, Puderzucker, Tapetenkleister
- warmes destilliertes Wasser

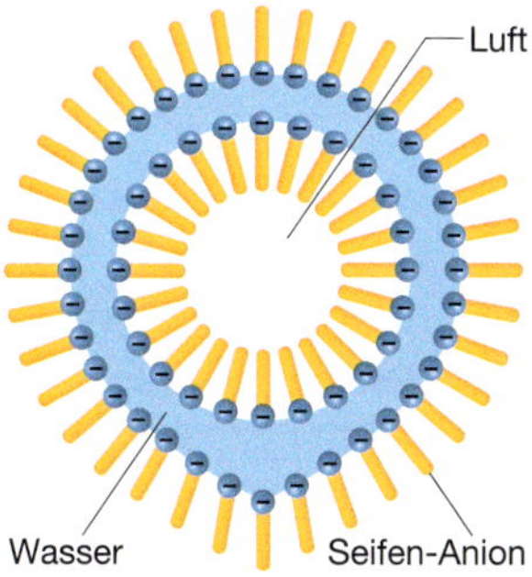

3 Seifenblase im Querschnitt

Anmischen
Vermische 1 l warmes Wasser mit $\frac{1}{2}$ l flüssiger Schmierseife. Gib 50 g Puderzucker und 10 g Tapetenkleister dazu. Rühre die Mischung sehr gut durch, lass sie dann etwa 6 h ruhen.

Durchführung
Biege aus dem Draht einen Ring mit einem Durchmesser von etwa 15 cm und umwickele ihn mit einer Mullbinde.

Du erhältst Riesenseifenblasen, wenn der Ring nach dem Eintauchen in die Lösung mit Schwung aus der Lösung wieder herausgezogen wird.

Wenn du die Lösung ohne Puderzucker und Tapetenkleister herstellst, erhältst du mithilfe eines Trinkhalmes kleinere Seifenblasen. Dazu muss die Lösung nur abkühlen.

PRAKTIKUM

Industrielle Seifenherstellung

1 Verseifungskessel

Herstellung der Seife

Seife wird in einem kontinuierlichen Prozess aus pflanzlichen und tierischen Fetten und Ölen sowie Natronlauge oder Kalilauge hergestellt. In großen Kesseln werden die Fette und Öle auf etwa 130 °C erhitzt. In Druckkesseln, den Verseifungskesseln, werden sie dann mit der Lauge vermischt. Unter hohem Druck, der durch den zugeführten heißen Wasserdampf entsteht, bilden sich Seife und Glycerin. Nach der Abtrennung von Glycerin und Laugenresten werden der Seife Konservierungsstoffe zugegeben.

4 Seifenspäne mit Zusätzen im Mischer

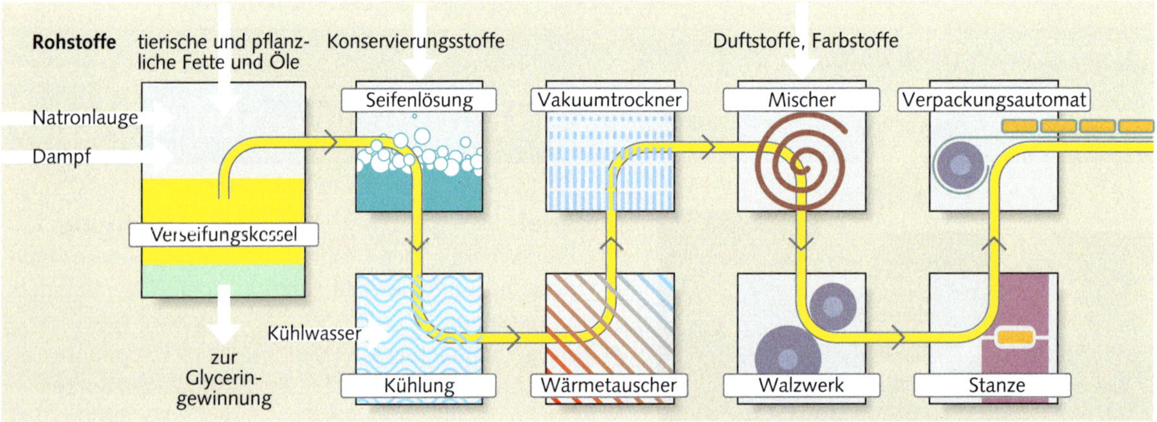

2 Herstellung von Seife

3 Seifenstrang im Walzwerk

Weiterverarbeitung der Seife

Die heiße Masse wird gekühlt. Anschließend wird sie in einem Vakuumtrockner bis zu einem genau festgelegten Wassergehalt getrocknet. Im Mischer kommen Duft- und Farbstoffe sowie Hautpflegemittel hinzu. Die fertige Seife verlässt das Walzwerk in einem Strang. Daraus werden in einer Stanze einzelne Seifenstücke geformt. In Verpackungsautomaten werden sie handelsfertig abgepackt. Je nach verwendeten Rohstoffen können alle Seifenarten industriell hergestellt werden.

5 Fertige Seifenstücke werden verpackt.

Die Bestandteile der Vollwaschmittel

1. Ⓐ
Nenne außer dem Vollwaschmittel drei weitere Arten von Waschmitteln.

2. Ⓐ
a) Nenne verschiedene Arten von Verschmutzungen.
b) Gib an, welcher Bestandteil des Waschmittels für welche Verschmutzung eingesetzt wird.

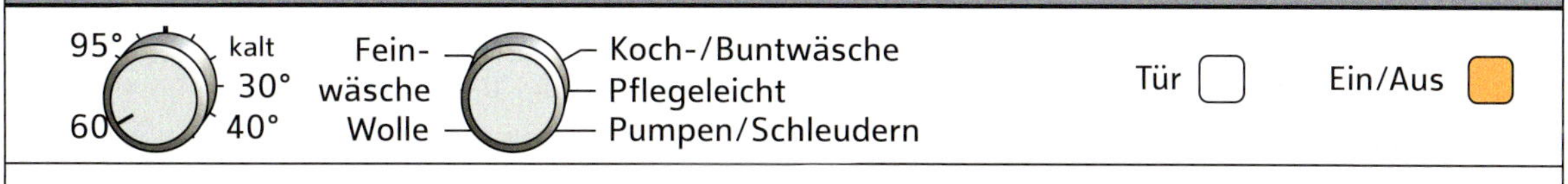

Verschmutzte Kleidung

Die Verschmutzung von Kleidungsstücken besteht aus unterschiedlichen Stoffen, die sich an den Textilfasern festgesetzt haben. Sie sollen durch Waschen entfernt werden. Neben wasserlöslichem Schmutz gibt es noch:

- festen, nicht wasserlöslichen,
- fett- und ölhaltigen,
- eiweißhaltigen,
- kohlenhydrathaltigen,
- farbstoffhaltigen Schmutz.

Für jeden etwas

Meistens ist die Kleidung nicht nur mit einer Art von Verschmutzung verunreinigt, sondern mit verschiedenen. Deshalb setzen sich die Waschmittel aus unterschiedlichen Bestandteilen zusammen. Diese sind jeweils auf eine bestimmte Verschmutzung abgestimmt und wirken bei der Reinigung des Kleidungsstücks zusammen.

Pro Jahr werden allein in Deutschland über 700 000 t Waschmittel verbraucht. In Sattelzüge verladen ergäbe das eine Kolonne von 280 km.

Voll- und Spezialwaschmittel

Vollwaschmittel für alle Temperaturbereiche gibt es als Pulver und in flüssiger Form. Verschiedene Faserarten wie Wolle oder Synthetik müssen bei niedrigeren Temperaturen gewaschen werden als Baumwolle.

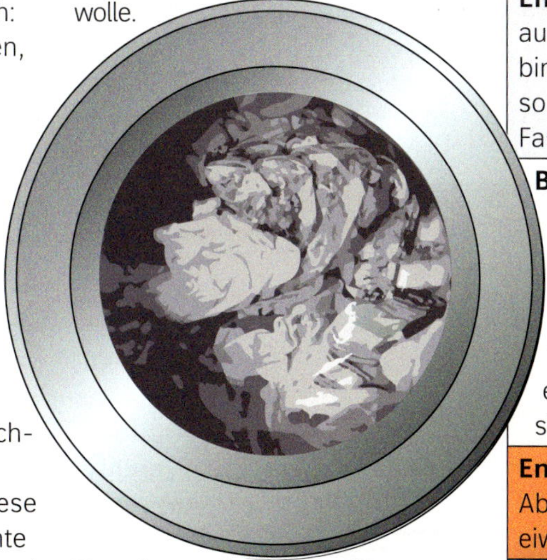

Trotzdem sollen sie sauber werden. Das wird mit Spezialwaschmitteln erreicht. Deren Bestandteile sind auf die Waschtemperatur und die Faserart abgestimmt. Außerdem werden Baukastensysteme angeboten.

Du kannst die verschiedenen Bestandteile der Waschmittel und ihre Aufgabe beschreiben.

Hauptbestandteile der Vollwaschmittel

Tenside verringern die Oberflächenspannung des Wassers und lösen feste sowie fett- und ölhaltige Stoffe.

Enthärtungsmittel bestehen aus Natriumaluminiumsilicaten, binden den Kalk und verhindern so Kalkablagerungen auf den Fasern und in der Maschine.

Bleichmittel zerstören Farbstoffe durch Sauerstoff. Hauptbestandteil ist Natriumpercarbonat, das bei Temperaturen über 60 °C Wasserstoffsuperoxid (H_2O_2) entwickelt und dann Sauerstoff abgibt.

Enzyme beschleunigen den Abbau kohlenhydrat- und eiweißhaltiger Stoffe.

Optische Aufheller wandeln das für das menschliche Auge unsichtbare UV-Licht in blaues Licht um. Zusammen mit dem Gelbstich der Wäsche entsteht dadurch ein strahlendes Weiß.

Duftstoffe sollen die Wäsche angenehm sauber duften lassen.

Wirkungen der Waschmittelbestandteile

PRAKTIKUM

1 Natriumperborat bleicht

Material
- 4 Reagenzgläser,
- Reagenzglasständer,
- Brenner,
- Spatel,
- Reagenzglashalter,
- Baumwolllappen,
- Thermometer,
- Wasser,
- Natriumperborat,
- Vollwaschmittel,
- schwarzer Johannisbeersaft

Durchführung

a) Verdünne 2 ml Saft mit der gleichen Menge Wasser in einem Reagenzglas. Gib eine Spatelspitze Natriumperborat dazu und erwärme auf über 50 °C. Beschreibe deine Beobachtung.
Gib an, welche Wirkung das Bleichmitteln Natriumperborat hat.
b) Wiederhole Versuch a) ohne Erhitzen und lass das Reagenzglas bis zum nächsten Morgen stehen. Beschreibe den Einfluss der Temperatur auf die Bleichmittelwirkung.
c) Betropfe den Baumwolllappen mit Saft. Lass den Fleck trocknen. Stopfe den Lappen locker in ein Reagenzglas. Fülle mit Wasser auf, bis er bedeckt ist. Gib eine Spatelspitze Natriumperborat dazu. Erhitze auf etwa 50 °C.
d) Wiederhole Versuch c) mit einem Vollwaschmittel und vergleiche die Ergebnisse.

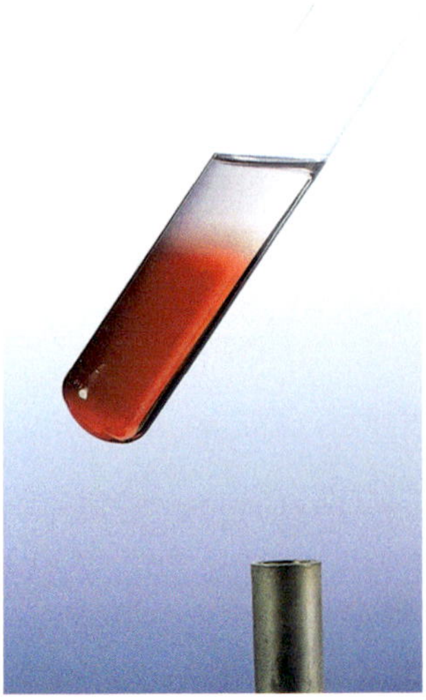
1 Bleichen

2 Entfärben

2 Seife bremst Schaum

Material
- 2 Bechergläser (600 ml, hohe Form),
- 3 Glasstäbe,
- 100 ml-Becherglas,
- Badezusatz,
- Seife

Durchführung

Bereite in dem 100 ml-Becher eine Lösung aus etwa 50 ml Wasser und mehreren kleinen Stückchen Seife zu. Stelle dann in beiden 600 ml-Bechergläsern eine aufgeschäumte Lösung aus etwa 400 ml Wasser und 2 bis 3 Tropfen Badezusatz bereit. Der Schaum sollte durch kräftiges Rühren feinporig und steif sein. Gib nun zu einer dieser Lösungen unter Umrühren tropfenweise Seifenlösung. Beschreibe deine Beobachtungen.

3 Pepsin klärt auf, Amylase entfärbt

Material
- 250 ml-Becherglas,
- Reagenzglas,
- Reagenzglasständer,
- Glasstab,
- Spatel,
- Wasser,
- Quark
- Amylase-Lösung,
- Pepsin,
- Iod-Kaliumiodid-Lösung,
- Stärkepulver

Durchführung

a) Verrühre im Becherglas etwa 100 ml Wasser und zwei Spatelspitzen Quark, bis eine milchige Flüssigkeit entsteht.
Gib dann 2 Tropfen Pepsin in diese Flüssigkeit. Beschreibe die Wirkung des Enzyms Pepsin.
b) Verdünne im Reagenzglas 5 Tropfen Iod-Kaliumiodid-Lösung mit 5 ml Wasser und gib eine halbe Spatelspitze Stärkepulver hinzu. Schüttle, bis eine blauviolette Lösung entsteht. Gib dann 3 Tropfen Amylase-Lösung hinein.
Beschreibe die Wirkung des Enzyms Amylase.

Umweltfreundliches Waschen

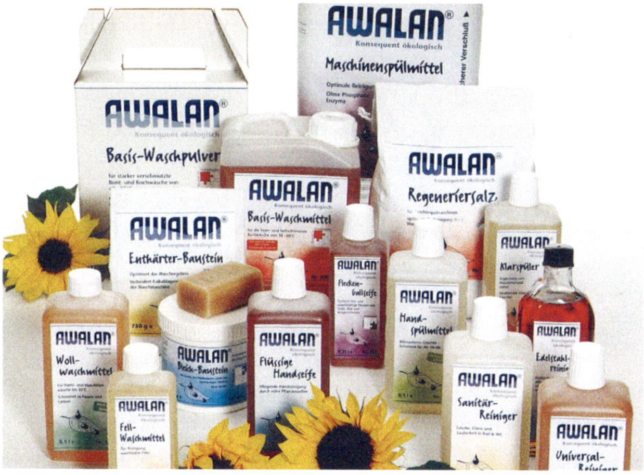

1 Baukastensystem eines Waschmittels

Wäsche waschen und das Reinigen der Kleidung sind immer mit Belastungen für die Umwelt verbunden. Der Energiebedarf der Waschmaschine ist hoch und die Abwässer werden durch Chemikalien belastet. Doch auch beim Waschen und Reinigen ist es möglich, einen Beitrag zum Umweltschutz zu leisten.

Waschtemperatur

Schon bei einer Waschtemperatur von 30 °C werden viele Kleidungsstücke sauber. Eine Temperatur bis zu 60 °C sorgt im Allgemeinen für hygienisch saubere Wäsche. Eine noch höhere Temperatur ist selten erforderlich. Der Energiebedarf und damit die Kosten und die Belastungen für die Umwelt steigen bei Kochwäsche sehr deutlich an, wie Bild 2 zeigt.

Waschgang und Füllmenge

Eine nur halb gefüllte Waschmaschine braucht fast genauso viel Energie und Waschmittel wie eine volle Maschine. Daher ist eine vollständige Füllung immer sinnvoller. Unabhängig von der Füllmenge reicht zudem das Waschen ohne Vorwäsche in der Regel für alle Verschmutzungen aus.

Bestandteile dosiert zugeben

Menge und Art der Waschmittel sowie eine nach Wasserhärte und Verschmutzung dosierte Waschmittelmenge schonen nicht nur den Geldbeutel, sondern auch die Umwelt. Noch preiswerter und umweltfreundlicher ist die Verwendung eines Baukastensystems (Bild 1). Hier werden der Wäsche je nach Art der Verschmutzung nur bestimmte Waschmittelbestandteile zugesetzt. So gibt es unterschiedliche Bleichmittel, die ihre volle Wirksamkeit bei verschiedenen Temperaturen entfalten (Bild 3).

Verschmutzungen und Textilarten

Nach Verschmutzungen und Textilart sortierte Wäsche kann mit sehr genau dosierten Waschmittelmengen und der entsprechenden Temperatur gewaschen werden. So ergeben sich auch hier wieder zwei Vorteile: Sparen und die Umwelt schonen.

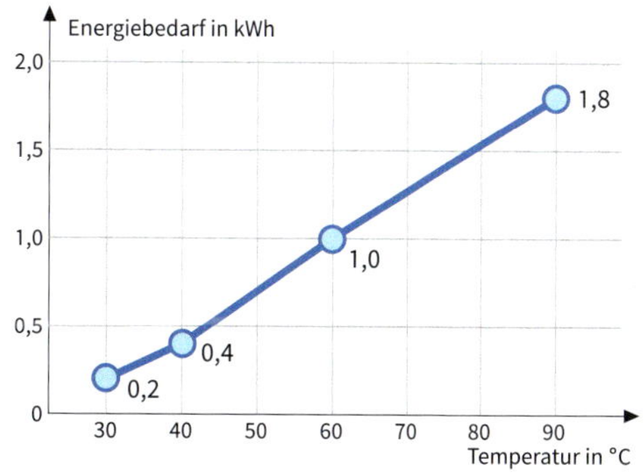

2 Energiebedarf je nach Waschtemperatur

Weitere Aspekte

Nicht jedes T-Shirt und jede Jeans müssen nach dem ersten Tragen gewaschen werden. Manche Kleidungsstücke können durchaus mehrmals getragen werden. So hält auch das Lieblings-T-Shirt länger! Um Verschmutzungen zu vermeiden, kann es in bestimmten Situationen durchaus sinnvoll sein, eine Schürze oder einen Kittel zu tragen. Und auch bei der Gartenarbeit oder dem Wohnungsputz muss nicht das neueste Designerstück getragen werden.

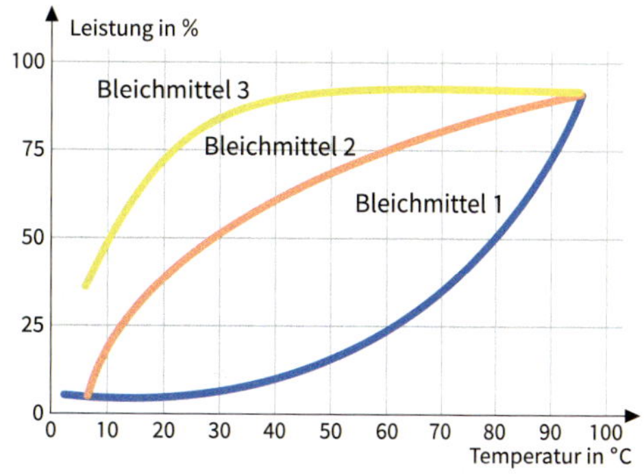

3 Bleichleistung je nach Waschtemperatur

Waschmittel – Waschen ohne Seife

Vom Feinwaschmittel oder Vollwaschmittel bis zum Baukastensystem sind viele unterschiedliche Waschmittel im Handel. Flüssige Waschmittel, Waschpulver oder Waschmittel in Form kleiner Perlen sind übliche Handelsformen. Ob hartes oder weiches Wasser, ob 30 °C-, 60 °C- oder 95 °C-Wäsche, ob weiße Wäsche, Buntwäsche oder ob Natur- oder Kunstfasern, für jede Wäsche gibt es ein geeignetes Waschmittel.

1 Wäsche wird gewaschen.

Welche Bestandteile sind in Waschmitteln enthalten und welche Wirkungen haben sie? Welche Bedingungen führen zu guten Waschergebnissen? Wie kann der Waschvorgang erklärt werden? Belasten auch moderne Waschmittel die Umwelt? In diesem Projekt könnt ihr Antworten auf solche und ähnliche Fragen finden. Mit Experimenten, aber auch durch Zeichnungen und Erkundungen sollt ihr das Thema Waschmittel bearbeiten.

LERNEN IM TEAM

TEAM 1

Wirkungsweise von Waschmitteln

Ruß und Öl als typische Verschmutzungen, mit oder ohne Waschpulver, mit warmem oder kaltem Wasser, mit bewegtem oder still stehendem Wasser und mit unterschiedlichen Stoffproben lassen sich viele Experimente durchführen, die die Wirkungsweise von Waschmitteln zeigen.

Untersucht den Einfluss von Waschmitteln auf die Fähigkeit des Wassers, in das Gewebe einzudringen. Gebt dazu Wassertropfen auf trockene Textilproben und messt die Zeit, bis sie in das Gewebe eingedrungen sind.

Wiederholt dann die Versuche mit Wasser, in dem Waschpulver gelöst wurde und vergleicht die Ergebnisse. Untersucht auch, wie sich Verschmutzungen am besten von Textilien lösen. Taucht dazu mit Öl und Ruß verschmutzte Textilproben in unterschiedliche Flüssigkeiten: kaltes oder warmes Wasser mit oder ohne Waschpulver. Hier könnt ihr die Versuche um die Bedingung „bewegtes Wasser oder still stehendes Wasser" ergänzen.

Stellt die Ergebnisse eurer Untersuchungen in Tabellen und Beschreibungen dar.

2 Wasser benetzt nicht.

3 Wasser benetzt.

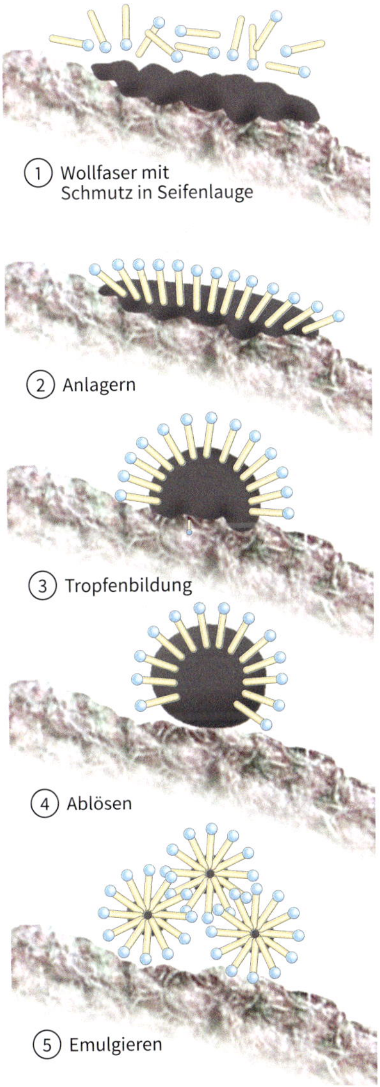

4 Ablösungsvorgang

TEAM ❷

Modell des Waschvorganges

Der wichtigste Bestandteil eines Waschmittels hat zwei Hauptwirkungen. Er verringert die Oberflächenspannung des Wassers und verteilt den Schmutz.

Beschreibt in einzelnen Schritten mithilfe von Bild 4, wie Verschmutzungen von den Fasern der Stoffe abgelöst werden. Fertigt eine vergrößerte, beschriftete Zeichnung eines waschaktiven Teilchens an.

Zeichnet auch die Anordnung der Teilchen an einer Wasser-Luft-Grenzfläche und an einer Öl-Luft-Grenzfläche.

Untersucht die Fähigkeit eines Waschmittels, eine Emulsion aus Wasser und Öl oder Ruß zu bilden, ohne dass sich die Verschmutzungen absetzen.

TEAM ❸

Waschmittelbestandteile

Informiert euch über die Zusammensetzung von Waschmitteln. Die Hersteller von Waschmitteln stellen euch Informationsmaterial zur Verfügung. Woraus bestehen Waschmittel? Welche Aufgaben haben die einzelnen Bestandteile? Wie wirken sie?
Erstellt Kreisdiagramme mit der Zusammensetzung verschiedener Waschmittel. Welche Bestandteile sind in fast allen Waschmitteln enthalten? Bezieht auch flüssige Waschmittel und Konzentrate in den Vergleich ein.
Untersucht die Wirkung einzelner Bestandteile der Waschmittel, indem ihr sie auf Flecken aus Eiweiß, Ruß und Fett einwirken lasst. Erstellt eine Übersicht.

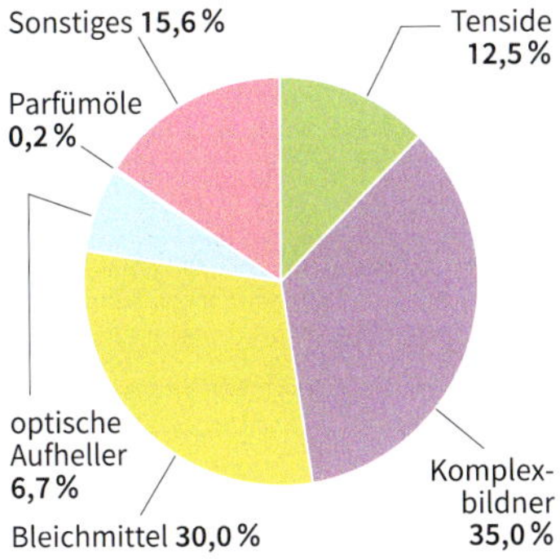

6 Zusammensetzung

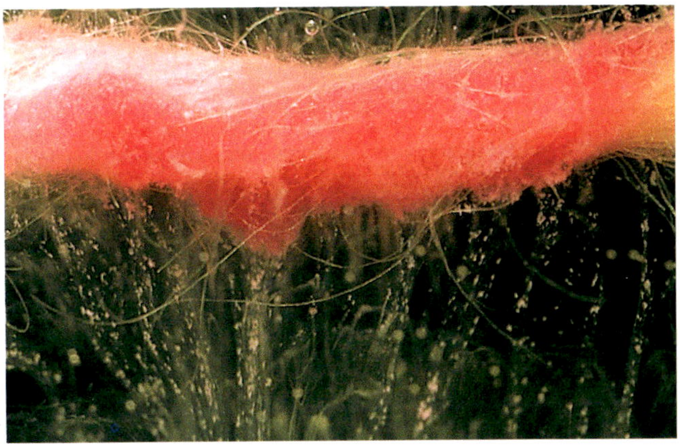

5 Schmutz löst sich ab.

TEAM ❹

Nicht nur Vorteile

Der hohe Verbrauch von Waschmitteln aller Art hat leider auch erhebliche Nachteile.

Erkundigt euch beim Umweltbundesamt in Dresden, bei Natur-und Umweltschutzverbänden und bei den Herstellern der Waschmittel nach negativen Folgen.

Was bedeutet der Begriff „biologisch abbaubar“? Welche gesetzlichen Regelungen gibt es dazu in der Europäischen Union?

Stoffliste

(Gefahr-)Stoff	GHS-Symbol	Signalwort	H-Sätze	P-Sätze
Aceton		**Gefahr**	H225-H319-H336-EUH066	P210-P233-P305+P351+P338
Alaun-Hydrat (Kaliumaluminiumsulfat)		**Achtung**	H315-H319-H302	P301+P312-P302+P352-P280-P305+P351+P338
Aluminiumpulver		**Gefahr**	H261-H228	P370+P378-P210-P402+P404
Ammoniakwasser ($10\,\% < w < 25\,\%$)		**Gefahr**	H314-H335-H400	P280-P304+P340-P305+P335+P338-P310
Ammoniumchlorid		**Achtung**	H302-H319	P305+P351+P338
Benzin		**Gefahr**	H225-H304-H336-H361-H373-H411	P210-P261-P273-P281-P301+P310-P331
Brennspiritus (Ethanol, vergällt)		**Gefahr**	H225	P210
Calcium		**Gefahr**	H261	P402+P404
Calciumchlorid		**Achtung**	H319	P305+P351+P338
Calciumhydroxid (Löschkalk)		**Gefahr**	H318	P305+P351+P338-P313
Calciumoxid (Branntkalk)		**Gefahr**	H318	P260-P280-P305+P351+P338
Chrom(III)-chlorid		**Achtung**	H302	P262
Citronensäure (fest)		**Achtung**	H319	P305+P351+P338
Eisen(III)chlorid		**Gefahr**	H302-H315-H318	P280-P302+P352-P305+P351+P338-P313
Eisenpulver		**Achtung**	H228	P370+P378
Eisensulfat		**Achtung**	H302-H319-H315	P305+P351+P338-P302+P352
Eisensulfatlösung		**Achtung**	H315-H319-H302	P305+P351+P338
Eisenwolle		**Achtung**	H228	–
Eisen(II)-oxid		**Achtung**	H228	P210

(Gefahr-)Stoff	GHS-Symbol	Signalwort	H-Sätze	P-Sätze
Essigessenz (10 % < *w* < 25 %)		**Achtung**	H315-H319	P280-P301+P330+P331-P305+P351+P338-P308+P313
Essigsäure, verd. (10 % < *w* < 25 %)		**Achtung**	H315-H319	P280-P301+P330+P331-P305+P351+P338-P308+P313
Ethanol (Ethylalkohol)		**Gefahr**	H225	P210
Ethansäure-Ethyl-Ester		**Gefahr**	H225-H319-H336-EUH066	P210-P240-P305+P351+P338
Gelbes Blutlaugensalz (Kaliumhexacyanido-ferrat(II))	–	**-**	H412	P273
Heptan		**Gefahr**	H225-H304-H315-H336-H410	P210-P273-P301+P310-P331-P302+P352-P403+P235-P304+P340
Hexan		**Gefahr**	H225-H304-H361-H373-H315-H336-H411	P210-P240-P273-P301+P310-P331-P302+P352-P403+P235
Kaliumlauge ($c = 0{,}1\ \frac{mol}{l}$)		**Achtung**	H319	P302+P352-P305+P351+P338
Kaliumnatriumtartrat		**Gefahr**	H224-H319-H336-EUH066	P210-P240-P305+P351+P338
Kaliumnitrat		**Achtung**	H272	P210
Kupfer(I)chlorid		**Achtung**	H302-H410	P273
Kupfercarbonat		**Achtung**	H302-H315-H319-H335	P210-P305+P351+P338
Malachit (Kupfer(II)-hydroxidcarbonat)		**Achtung**	H302-H315-H319-H335	P201-P305+P351+P338
Kupferiodid		**Achtung**	H302-H315-H319-H335-H400	P261-P273-P305+P351+P338
Kupfer(II)oxid		**Achtung**	H302-H410	P260-P273
Kupferpulver		**Achtung**	H228	P210-P241-P280-P240-P370-P378
Kupfersulfat, wasserfrei		**Achtung**	H302-H315-H319-H410	P273-P305+P351+P338-P302+P352
Kupfersulfatlösung (*w* < 25 %)		**Achtung**	H411	P273-P391
Lithium		**Gefahr**	H260-H314-EUH014	P280-P301+P330+P331-P305+P351+P338-P402+P404

Stoffliste

(Gefahr-)Stoff	GHS-Symbol	Signalwort	H-Sätze	P-Sätze
Lithiumchlorid		**Achtung**	H302-H315-H319	P302+P352-P305+P351+P338
Magnesiumband		**Gefahr**	H228-H260	P210-P223-P231-P232-P370+P378-P422
Magnesiumspäne		**Gefahr**	H228-H251-H261	P210-P231-P232-P241-P280-P420-P501
Mangan(II)-sulfat		**Achtung**	H373-H411	P273-P314
Methan/Propan		**Gefahr**	H220-H280	P210-P377-P381-P403
Natrium		**Gefahr**	H260-H314-EUH014	P280-P301+P330+P331-P305+P351+P338-P309+P310-P370+P378-P422
Natriumcarbonat		**Achtung**	H319	P260-P305+P351+P338
Natriumhydroxid		**Gefahr**	H314-H400-EUH031	P220-P280-P303+P361+P353-P305+P351+P338-P310-P301+P330+P331
Natriumperborat		**Gefahr**	H272-H360-H302-H335-H318	P305+P351+P338
Natriumpersulfat		**Gefahr**	H272-H302-H315-H319-H335-H334-H317	P280-P302+P352-P304+P341-P305+P351+P338-P342+P311
Natriumpersulfatlösung		**Gefahr**	H272-H334-H315-H319-H317	P210-P221-P285-P305+P351+P338-P501
Natriumsilicat		**Gefahr**	H302-H314-H335	P260-P303+P361+P353+P338-P301+P330+P331-P405-P501
Natronlauge ($w < 2\,\%$)		**Achtung**	H315-H319	P280-P302+P352-P305+P351+P338
Natronlauge ($2\,\% < w < 5\,\%$)		**Gefahr**	H314-H290	P280-P301+P330+P331-P305+P351+P338
Natronlauge ($5\,\% < w < 10\,\%$)		**Gefahr**	H314-H290	P280-P310-P303+P361+P353-P301+P330+P331-P305+P351+P338-P406
Natronlauge ($10\,\% < w < 25\,\%$)		**Gefahr**	H314-H290	P280-P310-P303+P361+P353-P301+P330+P331-P305+P351+P338-P406
Oktan		**Gefahr**	H225-H304-H315-H336-H410	P210-P273-P301+P330+P331-P302+P352
Oxalsäure		**Achtung**	H302-H312	P302+P352
Phenolphthaleinlösung ($w \leq 0{,}9\,\%$)		**Gefahr**	H225-H319	P102-P210-P243-P280-P501

(Gefahr-)Stoff	GHS-Symbol	Signalwort	H-Sätze	P-Sätze
Phosphorsäure ($w \geq 25\,\%$)		**Gefahr**	H290-H314	P280-P301+P330+P331-P305+P351+P338
Propanol		**Gefahr**	H225-H318-H336	P210-P233-P280-P305+P351+P338-P313
Propantriol (Glycerin)	–		–	–
Reinigungsbenzin (Benzin 80-110 oder 100-140)		**Gefahr**	H225-H304-H315-H336-H361-H373-H411	P102-P210-P261-P273-P281-P301+P310-P331
Salzsäure ($w < 10\,\%$)		**Achtung**	H290	P390-P406
Schwefeldioxid (als Nebenprodukt)		**Gefahr**	H314-H331	P260-P280-P305+P351+P338-P310-P304+P340
Schwefelpulver		**Achtung**	H228-H315	P302+P352
Schwefelsäure ($w = 10\,\%$)		**Gefahr**	H315-H319-H290	P280-P302+P352-P305+P351+P338
Silbernitratlösung ($w = 5\,\%$)		**Achtung**	H315-H319-H411	P273-P280-P302+P352-P305+P351+P338-P332+P313-P337+P313
Silberoxid		**Gefahr**	H272-H314-EUH044	P210-P301+P330+P331-P305+P351+P338-P309+P310
Trockenbrennstoff (Esbit)		**Achtung**	H228-H317	P361-P280-P302+P352-P333+P313-P501
Wasserstoff		**Gefahr**	H220-H280	P210-P377-P381-P410+P403
Wasserstoff (als Reaktionsprodukt)		**Gefahr**	H220	P210-P381
Zink, Granalien		**Achtung**	H410	P273-P391-P501
Zinkoxid		**Achtung**	H410	P273
Zinkpulver, nicht stabilisiert		**Gefahr**	H250-H260-H410	P210-P222-P231-P280
Zinkpulver, phlegmatisiert		**Achtung**	H410	P273
Zinksulfat		**Gefahr**	H302-H318-H410	P280-P273-P305+P351+P338-P301+P330+P331-P309+P310
Zinksulfatlösung		**Gefahr**	H318-H411	P280-P273-P305+P351+P338-P313

GHS-Gefahrenhinweise: H-Sätze und P-Sätze

H-Sätze

Physikalische Gefahren

H220 Extrem entzündbares Gas.
H224 Flüssigkeit und Dampf extrem entzündbar.
H225 Flüssigkeit und Dampf leicht entzündbar.
H228 Entzündbarer Feststoff.
H250 Entzündet sich in Berührung mit Luft von selbst.
H251 Selbsterhitzungsfähig; kann in Brand geraten.
H260 In Berührung mit Wasser entstehen entzündbare Gase, die sich spontan entzünden können.
H261 In Berührung mit Wasser entstehen entzündbare Gase.
H272 Kann Brand verstärken; Oxidationsmittel.
H280 Enthält Gas unter Druck; kann bei Erwärmung explodieren.
H290 Kann gegenüber Metallen korrosiv sein.

Gesundheitsgefahren

H302 Gesundheitsschädlich beim Verschlucken.
H304 Kann bei Verschlucken oder Eindringen in die Atemwege tödlich sein.
H312 Gesundheitsschädlich bei Hautkontakt.
H314 Verursacht schwere Verätzungen der Haut und schwere Augenschäden.
H315 Verursacht Hautreizungen.
H317 Kann allergische Hautreaktionen verursachen.
H318 Verursacht schwere Augenschäden.
H319 Verursacht schwere Augenreizung.
H331 Giftig bei Einatmen.
H334 Kann bei Einatmen Allergie, asthmaartige Symptome oder Atembeschwerden verursachen.
H335 Kann die Atemwege reizen.
H336 Kann Schläfrigkeit oder Benommenheit verursachen.
H360 Kann die Fruchtbarkeit beeinträchtigen oder das Kind im Mutterleib schädigen.
H361 Kann vermutlich die Fruchtbarkeit beeinträchtigen oder das Kind im Mutterleib schädigen.
H373 Kann die Organe schädigen bei längerer oder wiederholter Exposition.

Umweltgefahren

H400 Sehr giftig für Wasserorganismen.
H410 Sehr giftig für Wasserorganismen mit langfristiger Wirkung.
H411 Giftig für Wasserorganismen, mit langfristiger Wirkung.
H412 Schädlich für Wasserorganismen, mit langfristiger Wirkung.

EUH-Sätze

EUH014 Reagiert heftig mit Wasser.
EUH031 Entwickelt bei Berührung mit Säure giftige Gase.
EUH 044 Explosionsgefahr bei Erhitzen unter Einschluss.
EUH 066 Wiederholter Kontakt kann zu spröder oder rissiger Haut führen.

P-Sätze

Allgemeines

P102 Darf nicht in die Hände von Kindern gelangen.

Prävention

P201 Vor Gebrauch besondere Anweisungen einholen.
P210 Von Hitze/Funken/offener Flamme/heißen Oberflächen fernhalten. Nicht rauchen.
P220 Von Kleidung/.../brennbaren Materialien fernhalten/entfernt aufbewahren.
P221 Mischen mit brennbaren Stoffen/... unbedingt verhindern.
P222 Kontakt mit Luft nicht zulassen.
P223 Kontakt mit Wasser wegen heftiger Reaktion und möglichem Aufflammen unbedingt verhindern.
P231 Unter inertem Gas handhaben.
P232 Vor Feuchtigkeit schützen.
P233 Behälter dicht verschlossen halten.
P240 Behälter und zu befüllende Anlage erden.
P241 Explosionsgeschützte elektrische Betriebsmittel/ Lüftungsanlagen/Beleuchtung/...verwenden.
P243 Maßnahmen gegen elektrostatische Aufladungen treffen.
P260 Staub/Rauch/Gas/Nebel/Dampf/aerosol nicht einatmen.
P261 Einatmen von Staub/Rauch/Gas/Nebel/Dampf/Aerosol vermeiden.
P262 Nicht in die Augen, auf die Haut oder auf die Kleidung gelangen lassen
P273 Freisetzung in die Umwelt vermeiden.
P280 Schutzhandschuhe/Schutzkleidung/Augenschutz/Gesichtsschutz tragen.
P281 Vorgeschriebene persönliche Schutzausrüstung verwenden.
P285 Bei unzureichender Belüftung Atemschutz tragen.

Reaktion

P310 Sofort Giftinformationszentrum oder Arzt anrufen.
P313 Ärztlichen Rat einholen/ärztliche Hilfe hinzuziehen.
P314 Bei Unwohlsein ärztlichen Rat einholen/ärztliche Hilfe hinzuziehen.
P330 Mund ausspülen.
P331 Kein Erbrechen herbeiführen.
P353 Haut mit Wasser abwaschen/duschen.
P361 Alle kontaminierten Kleidungsstücke sofort ausziehen.
P370 Bei Brand:
P377 Brand von ausströmendem Gas: Nicht löschen, bis Undichtigkeit gefahrlos beseitigt werden kann.
P378 ... zum Löschen verwenden.
P381 Alle Zündquellen entfernen, wenn gefahrlos möglich.
P390 Verschüttete Mengen aufnehmen, um Materialschäden zu vermeiden.
P391 Verschüttete Mengen aufnehmen.

P301 + P310 Bei Verschlucken: Sofort Giftinformationszentrum oder Arzt anrufen.
P301 + P312 Bei Verschlucken: Bei Unwohlsein Giftinformationszentrum oder Arzt anrufen.
P301 + P330 + P331 Bei Verschlucken: Mund ausspülen. Kein Erbrechen herbeiführen.
P302 + P352 Bei Kontakt mit der Haut: Mit viel Wasser und Seife waschen.
P303 + P361 + P353 Bei Kontakt mit der Haut (oder dem Haar): Alle beschmutzten, getränkten Kleidungsstücke sofort ausziehen. Haut mit Wasser abwaschen/duschen.
P304 + P340 Bei Einatmen: An die frische Luft bringen und in einer Position ruhigstellen, die das Atmen erleichtert.
P304 + P341 Bei Einatmen: Bei Atembeschwerden an die frische Luft bringen und in einer Position ruhigstellen, die das Atmen erleichtert.
P305 + P335 + P338 Bei Kontakt mit den Augen: Lose Partikel von der Haut abbürsten. Eventuell vorhandene Kontaktlinsen nach Möglichkeit entfernen. Weiter ausspülen.
P305 + P351 + P338 Bei Kontakt mit den Augen: Einige Minuten lang behutsam mit Wasser spülen. Vorhandene Kontaktlinsen nach Möglichkeit entfernen. Weiter spülen.
P308 + P313 Bei Exposition oder falls betroffen: Ärztlichen Rat einholen/ärztliche Hilfe hinzuziehen.
P309 + P310 Bei Exposition oder Unwohlsein: Giftinformationszentrum oder Arzt anrufen.
P332 + P313 Bei Hautreizung: Ärztlichen Rat einholen/ärztliche Hilfe hinzuziehen.
P333 + P313 Bei Hautreizung oder -ausschlag: Ärztlichen Rat einholen/ärztliche Hilfe hinzuziehen.
P337 + P313 Bei anhaltender Augenreizung: Ärztlichen Rat einholen/ärztliche Hilfe hinzuziehen.
P342 + P311 Bei Symptomen der Atemwege: Giftinformationszentrum oder Arzt anrufen.
P370 + P378 Bei Brand: ... zum Löschen verwenden.

Aufbewahrung

P403 An einem gut belüfteten Ort aufbewahren.
P405 Unter Verschluss aufbewahren.
P406 In korrosionsbeständigem/... Behälter mit korrosionsbeständiger Auskleidung aufbewahren.
P420 Von anderen Materialien entfernt aufbewahren.
P422 Inhalt in/unter ... aufbewahren
P402 + P404 In einem geschlossenen Behälter an einem trockenen Ort aufbewahren.
P403 + P235 Kühl an einem gut belüfteten Ort aufbewahren.
P410 + P403 Vor Sonnenbestrahlung geschützt an einem gut belüfteten Ort aufbewahren.

Entsorgung

P501 Inhalt/Behälter ... zuführen.

Hinweis: Es werden nur die für die im Schulbuch verwendeten Stoffe relevanen GHS-Gefahrstoffhinweise aufgeführt.

Stichwortverzeichnis

f. = die folgende Seite
ff. = die folgenden Seiten

Stichwortverzeichnis

K

L

M

Stichwortverzeichnis

Stichwortverzeichnis

X, Y, Z

Namensverzeichnis

Übersicht

METHODEN

LERNEN IM TEAM

Bildquellenverzeichnis

A1PIX - Your Photo Today, Ottobrunn: 365; SGM 318. | akg-images GmbH, Berlin: 67, 104, 154; Lessing, Erich 77. | alamy images, Abingdon/Oxfordshire: PhotoStock-Israel 371. | allesalltag, Hamburg: 388. | Aral AG, Bochum: 293. | Arco Images GmbH, Lünen: J. Pfeiffer 345. | AURO Pflanzenchemie AG, Braunschweig: 399. | Avalon Licensing Ltd., Berlin: Bruce Coleman 367. | Avenue Images GmbH, Hamburg: Peter Bennett/DanitaDelimont/agefotostock 356. | BASF, Ludwigshafen: 334, 337, 350. | BASF Bilddienst, Ludwigshafen: Wintershall 308. | BASF SE, Ludwigshafen: Pressefoto BASF 395. | Bassin, Lutz, Berlin: 373, 373, 373. | Bayer Material Science AG, Leverkusen: 334. | Bayer Vital GmbH, Leverkusen: obs 283. | Bayerisches Landesamt für Denkmalpflege, München: Eberhard Lantz 233, 233. | BC GmbH Verlags- und Medien-, Forschungs- und Beratungsgesellschaft, Ingelheim: 9. | bildagentur-online GmbH, Burgkunstadt: Mitch Diamond/TIPS 283. | Bistumsarchiv Hildesheim, Fotosammlung, Hildesheim: Kaplan © Clemens Willke (1874-1961) an Bischöfliches Generalvikariat Hildesheim 10. Mai 1905 289. | Blickwinkel, Witten: McPHOTO 334, 388. | Bridgeman Images, Berlin: 105; Wolfgang Neeb 105. | Bundeszentrale für gesundheitliche Aufklärung (BZgA) - Referat 1-13, Prävention des Substanzmissbrauchs, Köln: http://www.kenn-dein-limit.info/ Mit freundlicher Genehmigung der Bundeszentrale für gesundheitlichen Aufklärung. Sämtliche Rechte vorbehalten. 353, 374. | Carl Kühne KG (GmbH & Co.), Hamburg: 360. | Caro Fotoagentur, Berlin: Oberhaeuser 132, 211. | Christ, Jürgen, Köln: 353. | CNH Deutschland GmbH, Heilbronn: 215. | Comet Photoshopping, Weisslingen: Dieter Enz 34. | Continental Reifen Deutschland GmbH, Hannover: Continental 335. | CROWN Gabelstapler, Feldkirchen: 5, 197. | Daimler AG, Stuttgart: 219. | ddp images GmbH, Hamburg: Erwin Wodicka 128; Norbert Millauer 211. | Deutsches Erdölmuseum Wietze, Wietze: aus: Ehrenwerth/Abel: Klein-Texas in der Heide. - Ströher, 1998 289. | Deutsches Museum, München: 244. | Dienstleistungszentrum ländlicher Raum Rheinpfalz (DLR), Neustadt-Mußbach: 224, 224. | Dobers, Joachim, Göttingen: 93. | dreamstime.com, Brentwood: 218; Magicshapes 340; Photoblueice 323. | ecopix Fotoagentur, Berlin: 122. | Evonik Industries AG, Konzernarchiv, Hanau/Marl: 126, 126, 126. | F1online, Frankfurt/M.: Johnér RF 388; MEV 129; Prisma 372; Tips Images 152. | Fabian, Michael, Hannover: 14, 20, 29, 136, 137, 137, 137, 137, 137, 138, 138, 138, 138, 140, 148, 148, 152, 152, 153, 216, 226, 376, 395. | Feuerwehr Naumburg / www.feuerwehr-naumburg-saale.de, Marcel Behrmann, Naumburg: Marcel Behrmann 296. | Fotoagentur Frank Ossenbrink, Bonn: 367. | fotolia.com, New York: ABC.pics 61; allegra47 201; Bonan, Marco 101; Conny Hagen 134; davis 23; demarco 216; DeVIce 134, 139; dreamnikon 207; ferkelraggae 357; franzky, thomas 16; frolova_elena 7, 325; hati 216; Heinz Waldukat 298; ivallis111 96; Jähne, Karin 220; LosHawlos 122; motivation1965 296; muellese 96; Niko 378; O.M. 12; Oliver Weber 278; PixMedia 363; PRILL Mediendesign 16; Renze, Gundolf 97; Robert Young 16; sennah0815 84; SENTELLO 371; Sergii Figurnyi 112, 131; st-fotograf 93; T. Michel 162. | GEA Refrigeration Technologies GmbH, Bönen: 56. | Germar, André, Hannover: 93. | Getty Images, München: Bloomberg 336; Cultura Science/Neva, Sheri 150; David Pollack 337; FoodPix/Cristina Cassinelli 14; George Grall 302; Jacques Jangoux 98; Joel Arem 114; Layne Kennedy 308; Maurice Rougemont/Sygma 377; Oliver Rossi 349. | Grames, Eberhard, Berlin: 362. | Gremblewski-Strate, O., Laatzen: 53, 143. | Guido Schiefer Fotografie, Köln: 314. | H-TEC EDUCATION GmbH, Lübeck: 88. | Hebel, Anja, Hinterzarten: 29. | Helga Lade Fotoagenturen GmbH, Frankfurt/M.: BAV 64, 103; Bramaz 174. | HELLA GmbH & Co. KGaA, Lippstadt: 142, 142. | Henkel AG & Co. KGaA, Düsseldorf: 401. | Hexis AG, Winterthur: 215. | Hollauer, Michael, München: 186. | HUOBER BREZEL GmbH & Co., Erdmannhausen: Kaltlauge während der Brezelherstellung bei der HOUBER BREZEL GmbH & Co 241. | IBC SOLAR AG, Bad Staffelstein: Widmann Energietechnik 2014 207. | IBM Deutschland, Ehningen: 126, 126. | Imago, Berlin: blickwinkel 186, 282; Horst Rudel 35; imagebroker 105; INSADCO 357, 376; Liedle 53, 142; Ralph Lueger 101; Reiner Weisflog 281; Stefan Hässler 340; Wilhelm Mierendorf 128. | Interfoto, München: imageBROKER/Hans Blossey 278; imagebroker/Michael Weber 235. | iStockphoto.com, Calgary: Allkindza 4, 99; helovi 98; JanMiko 5, 165; loraks 118; pressdigital 103; Raymond Truelove 98; SashaFoxWalters 102; SoopySue 194; VVCephei 9. | Johnson Controls Power Solutions EMEA, Hannover: 207. | Keystone Pressedienst, Hamburg: 313; tranquillium 326; Volkmar Schulz 113. | Kimerlis, Niko, Gelsenkirchen: 281. | Knauf Gips KG, Iphofen: 84, 84. | KraussMaffei Technologies GmbH / www.kraussmaffeiberstorff.com, München: www.kraussmaffeiberstorff.com 309. | Lackinger, Dr. Markus, München: Deutsches Museum 150. | laif, Köln: Hahn 117; Henseler 318. | Landesamt für Umwelt, Wasserwirtschaft und Gewerbeaufsicht Rheinland-Pfalz, Mainz: 255; (bearbeitet) 255, 255. | Lüdecke, Matthias, Berlin: 215, 307. | Lumileds Germany GmbH, Aachen: 142. | Mathias, Erhard, Reutlingen: 85. | mauritius images GmbH, Mittenwald: Alamy 241; Artur Cupak 120; Busse Yankushev 57, 94, 298; Claudia Schäfer 349; CuboImages 55; Eckart Pott 232; Guy Philippart De Foy 57; imagebroker 312; imagebroker.net 60; imageBROKER/Ted Raynor Titel, 1; imagebroker/Werner Bachmeier 120; Kohlhaupt 349; Kuchlbauer 60; Kuchlbauer, Josef 38; Ley, Martin 123, 131; Norbert Fischer 277; Photo Researchers 65, 248; Photononstop 34; Rainer Waldkirch 23; Rosenfeld 235; U. Kerth 344, 363. | Medenbach, Dr. Olaf, Witten: 20, 164, 266, 266, 266. | mediacolor's Fotoproduktion, Zürich: Abecasis 244. | Medizinische Hochschule Hannover, Hannover: Susanne Czichos 349. | Meinel, Mathias, Hannover: 187. | Messer Group GmbH, Bad Soden: 53. | metropress presseagentur GmbH & Co., Frankfurt: 326. | Michaela Begsteiger Foto- und Bildagentur, Gleisdorf: 362. | Mommertz GmbH, Günzburg: 248. | NASA, Washington: 100. | Norddeutsches Klimabüro - Institut für Küstenforschung, Helmholtz Zentrum Geesthacht, Geesthacht: Meinke, I., Gerstner, E.-M., von Storch, H., Marx, A., Schipper, H., Kottmeier, Ch., Treffeisen, R., Lemke, P., 2010: Regionaler Klimaatlas Deutschland der Helmholtz-Gemeinschaft informiert im Internet über möglichen künftigen Klimawandel. DMG Mitteilungen 2-2010, 5-7 317, 317, 317, 317, 317. | OKAPIA KG - Michael Grzimek & Co., Frankfurt/M.: Berthold Singler 338; Dan McCoy/Rainbow 7, 389; Dr. Gilbert S. Grant 232; H. Farkaschovsky 56; Horst Zanus 266; Josef Ege 263; Kjell-Arne Larsson 277; Manfred Uselmann 29; NAS/Charles D. Winters 162; NAS/Eisenbeiss, H. 393; Paolo Koch 339; Wolfgang Roloff 112. | Ostkreuz Bildagentur, Berlin: Heinrich Voelkel 60. | PantherMedia GmbH (panthermedia.net), München: bluewren 378; fotomaniak02 296; Roswitha Keller Lang 195; Wodicka, Erwin 17. | Per Pedale, Frankfurt: Christine Huwer 344. | Philipp, Dr. Eckhard, Berlin: 38. | Photocase GmbH, Berlin: Inuit 341. | photothek.net GbR, Radevormwald: Thomas

Koehler 211. | Picture-Alliance GmbH, Frankfurt/M.: 127, 142; chromorange 100; CHROMORANGE / Titus E. Czerski 290; dieKLEINERT/Kleinert, E. 278; dpa 53, 65, 297; dpa Themendienst 186; dpa/Carmen Jaspersen 121; dpa/dpaweb 296; dpa/dpaweb/Maurizio Gambarini 56; dpa/Frank May 110; dpa/Hannibal 372; dpa/Landesmuseum Mainz/Ursula Rudischer 105; dpa/lsw/Rolf Haid 105; dpa/Mahnke, Jürgen 248; dpa/Patrick Pleul 110; dpa/Paul Zinken 153; dpa/TASS/ Viktor Velikzhanin 120, 131; Frank Hoermann / SVEN SIMON 16; Godong 371; Helga Lade 28, 52; Hinrich Bäsemann/dpa 7, 351; Oliver Berg 283; Ton Koene 213; Uwe Anspach/dpa 363; W. Braun/Arco Images GmbH 308; ZB 133; ZB/Britta Pedersen 101; Zeljko Mrsic/PIXSELL 47. | plainpicture, Hamburg: Kuttig, Siegfried 196. | Project Photos GmbH & Co. KG, Walchensee: Reinhard Eisele 365. | RAG Deutsche Steinkohle AG, Herne: Dietmar Klingenburg 282. | Reinbacher, Dr. med. Lothar, Kempten: 84, 139. | Reis GmbH & Co. KG Maschinenfabrik, Obernburg: 346. | REUTERS, Berlin: China Stringer Network 310; Paulo Whitaker 307. | RUF Lebensmittelwerk KG, Quakenbrück: 350. | RWE AG, Konzernpresse/www.rweimages.com, Essen: 290. | Salzgitter AG, Salzgitter: 114, 114, 116, 117, 216. | Schlierf, Birgit und Olaf, Lachendorf: 347. | Schuphan, Dietmar, Idar-Oberstein: 38. | Schütt, Christian / 7-forum.com, Unna: 119. | Schwarzbach, Hartmut /argus, Hamburg: 89. | Science Photo Library, München: Emilio Segre Visual Archives/American Instititute of physics/SPL 244; SPL 244; SPL/David Taylor 47; SPL/Terry, Sheila 244. | Seilnacht, Thomas - www.seilnacht.com, Bern: 215, 226, 226, 400, 400. | SENERTEC Kraft-Wärme-Energiesysteme GmbH, Schweinfurt: 319. | Shutterstock.com, New York: ajt 347; Aleksandr Kurganov 297; Alenavlad 112; alterfalter 324; Anna Jedynak 328, 343; arosoft 400; Baloncici 207; boffi, gualtiero 323; Carlos Caetano 35; Cico 206; Ditty_about_summer 267; Dmitry Kalinovsky 272; Enrique Ramos 324; FotoBug11 6, 279; hxdbzxy 328; IgorKlimov 378; jordache 153; kolyvanov 123; lightpoet 273; Lisa S. 273; Markov, Georgy 324; MartinIsaac 201; Michaela Stejskalova 302; otnaydur 16; Prasit Rodphan 272; Pressmaster 272; Steve Cukrov 346; T.W. van Urk 220; Ti Santi 126; Vereshchagin Dmitry 211; Voyagerix 328, 343; Wade H. Massie 34; Wei Ming 367; Willyam Bradberry 187; Yasin, Mahathir Mohd 201. | Sieve, Dr. Bernhard F., Hannover: 133. | Siltronic AG, München: 267. | Simper, Manfred, Wennigsen: 19, 20, 27, 118, 118, 118, 131, 134, 138, 152, 174, 176, 190, 216, 267. | SPEICK Naturkosmetik, Leinfelden-Echterdingen: 396, 396, 396, 396. | Spekking, Raimond / CC-BY-SA-4.0 (via Wikimedia Commons), Köln: Raimond Spekking 218. | Stark, Friedrich, Dortmund: 298. | still pictures, Berlin: 127. | stockagentur Gerhard Leber, Berlin: 310. | StockFood GmbH, München: 362. | Superbild - Your Photo Today, Ottobrunn: 174. | Tegen, Hans, Hambühren: 3, 5, 8, 8, 8, 9, 11, 11, 11, 14, 15, 17, 17, 17, 17, 17, 17, 18, 18, 19, 19, 20, 21, 21, 25, 26, 26, 26, 27, 27, 28, 29, 29, 29, 30, 30, 30, 32, 32, 32, 32, 33, 36, 36, 36, 37, 37, 37, 37, 37, 39, 39, 39, 39, 40, 40, 40, 41, 41, 41, 42, 42, 42, 43, 43, 43, 43, 43, 45, 45, 45, 45, 48, 48, 48, 50, 50, 50, 50, 51, 51, 51, 51, 52, 52, 53, 54, 54, 54, 54, 55, 55, 57, 57, 58, 58, 58, 62, 62, 62, 62, 62, 63, 63, 63, 63, 63, 63, 64, 66, 66, 66, 66, 66, 66, 66, 70, 70, 70, 73, 73, 73, 73, 75, 75, 75, 75, 78, 78, 79, 79, 80, 80, 80, 80, 81, 81, 81, 81, 82, 82, 85, 86, 86, 86, 91, 94, 94, 94, 95, 95, 95, 95, 96, 100, 100, 101, 101, 102, 102, 104, 106, 106, 106, 106, 106, 108, 108, 108, 110, 112, 113, 118, 119, 122, 125, 125, 130, 136, 136, 136, 136, 136, 137, 137, 137, 138, 138, 138, 139, 140, 140, 140, 140, 141, 144, 144, 145, 145, 145, 145, 149, 149, 150, 151, 152, 153, 153, 161, 164, 164, 166, 166, 166, 166, 167, 168, 168, 168, 169, 169, 169, 169, 169, 170, 171, 171, 171, 171, 172, 174, 178, 178, 179, 179, 179, 180, 180, 181, 182, 183, 183, 185, 186, 188, 188, 190, 190, 191, 193, 196, 198, 198, 199, 199, 200, 200, 200, 200, 200, 200, 200, 201, 201, 202, 202, 202, 202, 203, 203, 203, 204, 204, 204, 206, 206, 208, 208, 210, 210, 212, 212, 212, 212, 212, 214, 216, 217, 217, 217, 217, 217, 217, 217, 217, 220, 221, 222, 222, 223, 223, 223, 224, 224, 225, 225, 226, 227, 227, 227, 228, 229, 230, 230, 231, 231, 231, 234, 236, 236, 236, 236, 237, 237, 237, 238, 238, 239, 240, 240, 241, 241, 243, 243, 243, 243, 246, 246, 246, 246, 246, 248, 249, 251, 251, 252, 253, 262, 262, 264, 264, 264, 264, 265, 265, 265, 265, 268, 268, 268, 268, 268, 275, 275, 283, 292, 293, 293, 294, 295, 295, 295, 298, 300, 301, 302, 305, 316, 321, 321, 326, 327, 327, 330, 331, 334, 336, 336, 336, 343, 346, 348, 348, 348, 350, 352, 352, 354, 354, 356, 356, 358, 360, 361, 363, 364, 365, 366, 366, 366, 367, 367, 374, 375, 375, 379, 379, 379, 380, 380, 380, 382, 384, 384, 386, 386, 386, 387, 390, 390, 390, 391, 392, 392, 393, 393, 393, 393, 393, 393, 398, 398; mit freundl. Unterstützung von PHYWE SYSTEME GmbH, Göttingen 22; Tegen 152. | thyssenkrupp Steel Europe AG, Duisburg: 116. | Tönnies, Uwe, Laatzen: 38. | TopicMedia Service, Mehring-Öd: 308; Bühler 38; Fritz Muthny 60; ib/KFS 128; ib/Olaf Döring 129; J. Lindenburger 53; Oleksiy Maksymenko 100; Pelka 345; Silvestris 113, 309; White Star/Guido Schiefer 34; YAY images 28; YAY media 240. | Trevira GmbH, Hattersheim: 326, 326, 336. | ullstein bild, Berlin: Caro/Rupert Oberhäuser 128; Imagebroker 308; Joker/G. Petersen 129; KPA 244; superclic 213; The Granger Collection, New York 155. | Ulrich Zillmann / FotoMedienService, Düsseldorf: 196. | vario images, Bonn: 35, 45, 65, 175; Foto Fabry 129; Hans-Guenther Oed 35; Sepp Spiegl 89. | Visum Foto GmbH, München: Daniel Pilar 114; Gustavo Alabiso 310; Jo Röttger 127; Joerg Mueller 61; Marc Steinmetz 4, 135; S. Reents 322. | Vollmer, Dr. Doris, Mainz: 341. | Wacker Chemie AG, München: 267. | Werner Otto Bildarchiv, Oberhausen: 120. | Westend 61 GmbH, München: Tom Hoenig 3, 49. | wikimedia.commons: 159; Alfred Hutter 110; Andrew Nash/CC BY-SA 2.0 322; Michael KR/gemeinfrei 100. | Wiley-VCH Verlag GmbH & Co KGaA, Weinheim: Davide Bonifazi, Hannes Spillmann, Andreas Kiebele, Michael de Wild, Paul Seiler, Fuyong Cheng, Hans-Joachim Güntherodt, Thomas Jung, François Diederich: Supramolecular Patterned Surfaces Driven by Cooperative Assembly of C60 and Porphyrins on Metal Substrates. Angewandte Chemie. 2004. Volume 116. Pages 4863 – 4867. Copyright Wiley-VCH Verlag GmbH & Co. KGaA. Reproduced with permission. 177. | Willemsen, Thomas, Stadtlohn: 309. | www.roggenthin.de, Nürnberg: 309. | Xeel GmbH, Bonn: 309.

Wir arbeiten sehr sorgfältig daran, für alle verwendeten Abbildungen die Rechteinhaberinnen und Rechteinhaber zu ermitteln. Sollte uns dies im Einzelfall nicht vollständig gelungen sein, werden berechtigte Ansprüche selbstverständlich im Rahmen der üblichen Vereinbarungen abgegolten.

Das Periodensystem der Elemente

Atommasse in u — 26,98
Eine eingeklammerte Atommasse gibt die Masse eines wichtigen Isotopsdes Elements an

Ordnungszahl (Protonenzahl) — 13

Element-symbol — Al

Element-name — Aluminium

schwarz = feste Elemente
rot = gasförmige Elemente
blau = flüssige Elemente
weiß = künstliche Elemente
grün = natürliche radioaktive Elemente

Perioden	Hauptgruppen I	Hauptgruppen II	Nebengruppen III	IV	V	VI	VII	VIII	VIII	VIII	I	II	Hauptgruppen III	IV	V	VI	VII	VIII
1 K-Schale	1,01 H 1 Wasserstoff																	4,00 He 2 Helium
2 L-Schale	6,94 Li 3 Lithium	9,01 Be 4 Beryllium											1 0,81 B 5 Bor	12,01 C 6 Kohlenstoff	14,01 N 7 Stickstoff	16,00 O 8 Sauerstoff	19,00 F 9 Fluor	20,18 Ne 10 Neon
3 M-Schale	22,99 Na 11 Natrium	24,31 Mg 12 Magnesium											2 6,98 Al 1 3 Aluminium	28,09 Si 14 Silicium	30,97 P 15 Phosphor	32,07 S 16 Schwefel	35,45 Cl 17 Chlor	39,95 Ar 18 Argon
4 N-Schale	39,10 K 19 Kalium	40,08 Ca 20 Calcium	44,96 Sc 21 Scandium	47,88 Ti 22 Titan	50,94 V 23 Vanadium	51,99 Cr 24 Chrom	54,94 Mn 25 Mangan	55,85 Fe 26 Eisen	58,93 Co 27 Cobalt	58,69 Ni 28 Nickel	63,55 Cu 29 Kupfer	65,39 Zn 30 Zink	69,72 Ga 31 Gallium	72,61 Ge 32 Germanium	74,92 As 33 Arsen	78,96 Se 34 Selen	79,90 Br 35 Brom	83,80 Kr 36 Krypton
5 O-Schale	85,47 Rb 37 Rubidium	87,62 Sr 38 Strontium	88,91 Y 39 Yttrium	91,22 Zr 40 Zirconium	92,91 Nb 41 Niob	95,94 Mo 42 Molybdän	(99) Tc 43 Technetium	101,07 Ru 44 Ruthenium	102,91 Rh 45 Rhodium	106,42 Pd 46 Palladium	107,87 Ag 47 Silber	112,41 Cd 48 Cadmium	114,82 In 49 Indium	118,71 Sn 50 Zinn	121,75 Sb 51 Antimon	127,60 Te 52 Tellur	126,90 I 53 Iod	131,29 Xe 54 Xenon
6 P-Schale	132,91 Cs 55 Caesium	137,33 Ba 56 Barium	La-Lu 57–71	178,49 Hf 72 Hafnium	180,95 Ta 73 Tantal	183,84 W 74 Wolfram	186,21 Re 75 Rhenium	190,23 Os 76 Osmium	192,22 Ir 77 Iridium	195,08 Pt 78 Platin	196,97 Au 79 Gold	200,59 Hg 80 Quecksilber	204,38 Tl 81 Thallium	207,20 Pb 82 Blei	208,98 Bi 83 Bismut	(209) Po 84 Polonium	(210) At 85 Astat	(222) Rn 86 Radon
7 Q-Schale	(223) Fr 87 Francium	(226) Ra 88 Radium	Ac-Lr 89–103	(261) Rf 104 Rutherfordium	(262) Db 105 Dubnium	(266) Sg 106 Seaborgium	(264) Bh 107 Bohrium	(269) Hs 108 Hassium	(268) Mt 109 Meitnerium	(271) Ds 110 Darmstadtium	(272) Rg 111 Roentgenium	(277) 112						

Elemente der Lanthan-Reihe	138,91 La 57 Lanthan	140,12 Ce 58 Cer	140,91 Pr 59 Praseodym	144,24 Nd 60 Neodym	(147) Pm 61 Promethium	150,36 Sm 62 Samarium	151,96 Eu 63 Europium	157,25 Gd 64 Gadolinium	158,93 Tb 65 Terbium	162,50 Dy 66 Dysprosium	164,93 Ho 67 Holmium	167,26 Er 68 Erbium	168,93 Tm 69 Thulium	173,04 Yb 70 Ytterbium	174,97 Lu 71 Lutetium
Elemente der Actinium-Reihe	(227) Ac 89 Actinium	(232) Th 90 Thorium	(231) Pa 91 Protactinium	(238) U 92 Uran	(237) Np 93 Neptunium	(239) Pu 94 Plutonium	(241) Am 95 Americium	(244) Cm 96 Curium	(249) Bk 97 Berkelium	(252) Cf 98 Californium	(253) Es 99 Einsteinium	(257) Fm 100 Fermium	(258) Md 101 Mendelevium	(259) No 102 Nobelium	(262) Lr 103 Lawrencium